Schriften zu Tourismus und Freizeit

Band 22

Aktuelle Herausforderungen in der Hotellerie

Innovationen und Trends

Herausgegeben von

Prof. Dr. Tobias Ehlen und Prof. Dr. Knut Scherhag

Mit Beiträgen von

Marc Aeberhard, Prof. Dr. Heike Bähre, Hartwig Bohne, Prof. Dr. Carmen Chasovschi, Thomas Corinth, Prof. Dr. Andreas Deuber, Prof. Dr. Tobias Ehlen, Jochen Eisentraut, Wolfgang Feldner, Prof. Dr. Ulrike Fergen, Dr. Robert E. Frash jr., Prof. Dr. Walter Freyer, Prof. Dr. Marco A. Gardini, Prof. Dr. Stephan Geisler, Stefanie Haselwanter, Prof. Dr. Rainer Hartmann, Prof. Dr. Marcus Herntrei, Prof. Dr. Kerstin Heuwinkel, Norbert Hörburger, Prof. Dr. Germann Jossé, Prof. Dr. Felix M. Kempf, Prof. Dr. Conny Mayer-Bonde, Dianelys Duarte Mazquirán, Prof. Dr. Gabriele Mielke, Dr. Svenja-Maria Mintert, Lukas Mittelbach, Prof. Dr. Markus Pillmayer, Prof. Dr. Hans Rück, David Ruetz, Prof. Dr. Manuel Sand, Prof. Dr. Knut Scherhag, Prof. Dr. Nicolai Scherle, Dr. Markus Schreyer, Aline Schröder, Prof. Dr. Jan Specht, Prof. Dr. Carolin Steinhauser, Prof. Dr. Matthias Straub, Jörg Tittnack, Prof. Dr. Dr. Christian Werner, Stefanie Wilczek, Prof. Dr. Nicola Zech, Prof. Dr. Anita Zehrer

ERICH SCHMIDT VERLAG

Bibliografische Information der Deutschen Nationalbibliothek
Die Deutsche Nationalbibliothek verzeichnet diese Publikation
in der Deutschen Nationalbibliografie;
detaillierte bibliografische Daten sind im Internet
über http://dnb.d-nb.de abrufbar.

Weitere Informationen zu diesem Titel finden Sie im Internet unter
ESV.info/978 3 503 17619 9

Gedrucktes Werk: ISBN 978 3 503 17619 9
eBook: ISBN 978 3 503 17620 5

ISSN 1612-8672

www.ESV.info

Dieses Papier erfüllt die Frankfurter Forderungen
der Deutschen Nationalbibliothek und der Gesellschaft für das Buch
bezüglich der Alterungsbeständigkeit und entspricht
sowohl den strengen Bestimmungen der US Norm Ansi/Niso
Z 39.48-1992 als auch der ISO-Norm 9706.

Druck und Bindung: Hubert & Co., Göttingen

Vorwort der Herausgeber

Die Hotellerie stellt einen bedeutenden Wirtschaftszweig in Deutschland dar. Mehr als eine halbe Million Beschäftigte erwirtschaften in 35.000 Betrieben einen Umsatz von über 27 Mrd. EUR. Ohne die Hotellerie oder allgemeiner – das Beherbergungswesen – kann Tourismus nur eingeschränkt stattfinden. Gerade innovative und ausgefallene Konzepte erreichen eine große Aufmerksamkeit, sowohl bei Reisenden als auch in der Medienlandschaft, und tragen somit zu einer Belebung der touristischen Nachfrage bei.

Dabei muss sich die Hotellerie vielfältigen Herausforderungen stellen. So führt der durch das günstige Finanzierungsumfeld hervorgerufene Bauboom seit Jahren zu steigenden Zahlen bei Hotelneueröffnungen. Der hierdurch entstehende Wettbewerbsdruck von Seiten markengebundener Hotels führt zum Ausscheiden vor allem inhabergeführter, mittelständischer Betriebe. Diese sehen sich u.a. aufgrund einer Verschärfung gesetzlicher Rahmenbedingungen (z.B. Brandschutz, Besteuerung) vor große Herausforderungen gestellt, wenn ihr Lebenswerk in die nächste Generation weitergegeben werden soll. Dazu haben sich Vermittler privater Unterkünfte – trotz intensiver ethischer und rechtlicher Diskussionen – innerhalb kurzer Zeit erfolgreich am Markt etabliert und stellen bislang althergebrachte Hotelkonzepte in Frage.

Die fortschreitende Digitalisierung beeinflusst daneben nicht mehr nur den Vertrieb der Hotelleistungen, sondern auch betriebsinterne Abläufe. Die Marktmacht von Hotelvermittlungsplattformen und die Frage „Wem gehört der Gast?“ beschäftigen die Branche genauso wie der demographische Wandel und die sich hieraus ergebenden Schwierigkeiten bei der Suche nach qualifizierten Fachkräften.

Auf der 20. Jahrestagung der DGT *Hotellerie – Innovationen, Trends und Herausforderungen* am 10. und 11. November 2016 an der Hochschule Worms wurde die Hotellerie von vielen Seiten beleuchtet. Behandelt wurden durch Digitalisierung und neue Produktkonzepte hervorgerufene Innovationen, Herausforderungen durch die Sharing Economy, Kooperationen von Hotelbetrieben untereinander oder mit anderen Leistungsträgern der touristischen Wertschöpfungskette, Fragen der Distribution, Kundenbindung und des Qualitätsmanagements in der Hotellerie, spezielle Aspekte der Finanzierung von Hotelinvestments und Lösungsmöglichkeiten zur Bekämpfung des Personalmangels.

Der vorliegende Tagungsband stellt die verschiedenen Kongressbeiträge in schriftlicher Form zur Verfügung. Er verfolgt das Ziel, in komprimierter Form Innovationen, Trends und Herausforderungen für die Hotellerie in ausgewählten Bereichen zu beleuchten und einen Diskussionsbeitrag zu einem wichtigen Glied der touristischen Wertschöpfungskette zu leisten. Er richtet sich gleichermaßen an Studierende, Wissenschaftler und Praktiker.

Großer Dank gebührt allen an der Ausrichtung der Jahrestagung und der Erstellung des Tagungsbandes beteiligten Personen im Fachbereich Touristik/Verkehrswesen – Pia Orth-Reich, Miriam von Fritschen, Nicole Wiechert – und selbstverständlich allen Autoren der Beiträge.

Worms, im Oktober 2017

Die Herausgeber
Tobias Ehlen und Knut Scherhag

Inhaltsverzeichnis

Vorwort der Herausgeber 5

Teil 1: Strategie/Investments/Finanzierung 11

Stefanie Haselwanter und Anita Zehrer
Strategische Positionierung in der familiengeführten Hotellerie: Die strategische Uhr als Planungsinstrument 13

Jochen Eisentraut
Das Hotel als touristischer Anziehungspunkt – Strategien der Inszenierung einer Hoteldestination 27

Nicola Zech
Crisis management within the hotel industry – ensuring business continuity and establishing a competitive advantage 39

Germann Jossé
Business Impact Analyse im Beherbergungswesen 51

Tobias Ehlen und Dianelys Duarte Mazquirán
Hotelinvestments auf Kuba – Ein Leitfaden 67

Marcus Herntrei und Jörn Tittnack
Innovative Finanzierungsinstrumente für die mittelständische Hotellerie 77

Teil 2: Produkt 97

Heike Bähre, Ulrike Fergen, Lukas Mittelbach und Carmen Chasovschi
Produktpolitik in der Hotellerie und demografischer Wandel 99

Andreas Deuber und Norbert Hörburger
Design to cost in der Ferienhotellerie – Entwicklung und Umsetzung standortgerechter Beherbergungskonzepte 115

David Ruetz und Marc Aeberhard
Zwischen Bling-Bling und Bambushain. Die internationale Luxus-Hotellerie: Wahrnehmung, Entwicklung, Perspektiven. Ergebnisse einer explorativen Studie auf der ITB Berlin 133

Nicolai Scherle und Markus Pillmayer
Übernachten mit Frühstück war gestern – Innovative Übernachtungskonzepte vor dem Hintergrund ausgewählter gesellschaftlicher Metaprozesse 149

Hans Rück
Die Tagungshotellerie im Wettbewerb der Veranstaltungsstätten 163

Teil 3: Marketing/Vertrieb/Zielgruppen 189

Marco A. Gardini
Evidenzen und Realitäten im Markenmanagement in der Hotellerie: Ein Blick auf Forschung und Praxis 191

Walter Freyer und Markus Schreyer
Emotion, Mehrwert, Personalisierung – Neuer Innovationsmanagementansatz für Dienstleistungsinnovationen im Hotellerievertrieb und -marketing 205

Carolin Steinhauser und Matthias Straub
Multi-Channel-Strategie: Klassische und moderne Vertriebswege in der Hotellerie – Eine theoretische und empirische Analyse 231

Knut Scherhag, Aline Schröder und Robert E. Frash jr.
Anforderungen von Motorradtouristen an Beherbergungsbetriebe – Erste Ergebnisse einer deutsch-amerikanischen Vergleichsstudie 249

Felix M. Kempf, Stephan Geisler, Thomas Corinth und Stefanie Wilczek
Erwartungen von Sporttouristen an Hotels – Eine Untersuchung am Beispiel eines Fitnesscamps 261

Manuel Sand, Christian Werner und Wolfgang Feldner
Adventure, Erlebnis und Bildung als Aushängeschild für Hotels – Eine Vorstellung des Adventure Campus in Treuchtlingen 271

Teil 4: Personal/Operations 281

Hartwig Bohne
Innovative Netzwerke für erfolgreiche Personalarbeit in der Hotellerie: Kooperationen zwischen Hotelketten und Hochschulen 283

Conny Mayer-Bonde
Zur Arbeitsplatzperspektive und zum Arbeitskräftepotential syrischer Flüchtlinge in Hotellerie und Gastronomie 301

Jan Specht
Facility Management in der Hotellerie: Möglichkeiten zum wirtschaftlichen Betrieb von Hotelimmobilien 315

Teil 5: Nachhaltigkeit 333

Rainer Hartmann
Das nachhaltige Hotel – Marktperformance und kritische Betrachtung von Zertifikaten 335

Kerstin Heuwinkel
CSR in Luxusunterkünften – Verantwortung als Element des Change Managements, dargestellt am Beispiel des Grootbos Private Nature Reserve 345

Gabriele Mielke und Svenja-Maria Mintert
Was kommt nach Olympia in Rio 2016? Regionalwirtschaftliche und standortpolitische Chancen und Risiken für den Tourismus in Rio de Janeiro............. 361

Verzeichnis der Autorinnen und Autoren 375

Vielen Dank für die Unterstützung!

nibelungenstadt worms

Kultur und Veranstaltungs GmbH

NIBELUNGEN FESTSPIELE WORMS

Gastlandschaften RHEINLAND-PFALZ

Teil 1:

Strategie/Investments/Finanzierung

STEFANIE HASELWANTER & ANITA ZEHRER

Strategische Positionierung in der familiengeführten Hotellerie: Die strategische Uhr als Planungsinstrument

1. Einführung

Familiengeführte Unternehmen haben einen wichtigen Stellenwert in der europäischen Wirtschaft; so lassen sich in den Ländern der EU-28 über 60% der Unternehmen als Familienunternehmen klassifizieren (Europäische Kommission, 2015). Tourismusspezifische Branchen eignen sich besonders für familiengeführte Unternehmen, da die direkte Interaktion mit der Gastgeberfamilie hier im Vordergrund steht (Getz & Carlsen, 2005). In familiengeführten Betrieben koexistiert das *‚System Familie‘* neben dem *‚System Unternehmen‘* (Burns, 2001). Vor allem für die Hotellerie stellt diese Koexistenz beider Systeme einen zentralen Wettbewerbsvorteil für familiengeführte Unternehmen dar (Zehrer & Siller, 2007). Familiengeführte Hotels sind bestrebt, den Betrieb an die nachfolgende Generation weiterzugeben; aufgrund dessen sind sie dazu angehalten, die langfristige Existenz des Betriebes durch strategische Unternehmensführung und Planung zu gewährleisten (Knight, 1993). Die *strategische Planung* verweist auf einen Prozess, welcher die Entwicklung zukünftiger Wettbewerbsstrategien und die Positionierung eines Unternehmens beinhaltet (Ward, 1988). Beiträge zur strategischen Planung in familiengeführten Unternehmen heben die Vorteile für die strategische Positionierung eines Familienbetriebs hervor (Jones, 1982; Ward, 1988). Nichtsdestotrotz besteht in der wissenschaftlichen Literatur ein Forschungsdefizit hinsichtlich der Durchführung des strategischen Planungsprozesses in familiengeführten Betrieben und der Verwendung etwaiger Planungsinstrumente (Gudmundson et al., 1999; Sharma et al., 1997). Das Fehlen einer klaren strategischen Ausrichtung und einer langfristigen strategischen Planung in familiengeführten Unternehmen wird in der Fachliteratur als einer der Hauptgründe für die hohe Misserfolgsquote von Familienbetrieben angesehenen (Gudmundson et al., 1999). Folgender Beitrag zielt darauf ab, an das bestehende Forschungsdefizit anzuknüpfen und konzeptionell die *strategische Uhr* als strategisches Planungsinstrument für die Positionierung familiengeführter Hotelleriebetriebe vorzustellen, mit dessen Hilfe die weitere Existenzsicherung für die Nachfolgegeneration sichergestellt werden kann.

2. Charakteristika von familiengeführten Hotelbetrieben

Familiengeführte Betriebe in der Hotellerie weisen Besonderheiten verglichen zu großen, managergeführten Unternehmen auf (Getz & Carlsen, 2000, 2005). Dies ist zum einen auf die familiäre Führungsstruktur und die relativ geringe Größe von familiengeführten Hotels zurückzuführen. Sharma, Chrisman & Chua (1997, S. 2) definieren Familienunternehmen als Betriebe, welche von Familienmitgliedern einer oder mehrerer Familien selbst, meist auch generationsübergreifend, gesteuert und geführt werden. Insbesondere die Tourismusbranche ist prädestiniert für familiengeführte Betriebe, da die Interaktion zwischen Gast und Gastgeber im Vordergrund steht (Getz & Carlsen, 2005). Die Gastgeberfamilie prägt durch Authentizität und Gastfreundschaft die Urlaubserfahrung nachhaltig und dies kann in einem nicht-imitierbaren Wettbewerbsvorteil für den Betrieb resultieren (Wanhill, 1997, 2000). Vor allem familiengeführte Hotels sind personenbezogene Wirtschaftssubjekte; sie zeichnen sich dadurch aus, dass die Unternehmerfamilie viele unternehmensrelevanten Agenden im operativen und strategischen Bereich übernimmt (Weiermair et al., 2004).

Bei familiengeführten Hotels liegen Eigentum und Kontrolle des Unternehmens bei der Familie selbst, dadurch sind mehrere Familienmitglieder direkt in die strategische Unternehmensführung und in operative Geschäftsprozesse involviert (Getz & Carlsen, 2000). Demgemäß ist eine Koexistenz der *Systeme „Familie“* und *„Unternehmen“* festzustellen (Burns, 2001) und es bestehen gegenseitige Abhängigkeiten zwischen diesen beiden Systemen (Getz & Carlsen, 2000). Familiendynamiken sind durch diese Koexistenz ein essentieller Bestandteil dieser Betriebsform, wobei die Herausforderung besteht, eine Balance zwischen dem System Familie und dem System Unternehmen zu gewährleisten (Getz & Carlsen, 2005). Hierbei entstehen einerseits positive Wechselwirkungen, andererseits aber auch negative Konfliktfelder für die strategische Unternehmensführung (Burns, 2001; LeMar, 2001).

Familiengeführte Hotels unterscheiden sich nicht nur in ihrer Führungsstruktur von großen managergeführten Hotels, sondern auch vor allem im Hinblick auf die langfristige Zielsetzung. Die Führung in Familienbetrieben agiert im Sinne der nachhaltigen Generationsübergabe und zielt darauf ab, den Betrieb an die nächste Generation zu übertragen (Sharma et al., 1997; Getz & Carlsen, 2000). Familienbetriebe sind vor allem durch die Präsenz einer expliziten oder auch impliziten Vision geleitet, welche darauf abzielt eine Verbesserung der Lebensumstände für die Familie auch im Hinblick auf die folgenden Generationen sicherzustellen (Sharma et al., 1997).

Obwohl sich Familienbetriebe nicht über die Größe definieren, ist die Tourismuslandschaft im deutschsprachigen Raum durch eine Vorherrschaft kleiner und mittlerer Unternehmen, welche im Besitz von Familien sind, geprägt (Zehrer & Siller, 2007). Neben den bereits erwähnten familiär-spezifischen Besonderheiten sind die weiteren Charakteristika auf die Struktur und Größe dieser Hotelbetriebe zurückzuführen (Gilmore, Carsen & Grant, 2001). In klein- und mittelbetrieblich-strukturierten Hotels ist der Manager und Eigentümer meist dieselbe Person (Culkin & Smith, 2000; Carson, 1980) und nimmt demzufolge eine zentrale Rolle im Unternehmen ein (Musso & Francioni, 2012). Aufgrund dessen ist diese Person – der Hotellier – auch emotional an den Betrieb gebunden (Brown, 1987) und Entscheidungen für das Unternehmen werden untrennbar von der eigenen Person und dessen Emotionen gefällt (Culkin & Smith, 2000). Basierend auf dieser Doppelrolle des Hoteliers resultiert auch der Zeitmangel in klein und mittelbetrieblich-strukturierten Hotelbetrieben und die dadurch entstehende Konzentration auf operative unternehmerischen Tätigkeiten im Betrieb (Gilmore et al., 2001). Eine weitere Herausforderung für kleine und mittlere Hotels stellt zum einen die Knappheit an personellen Ressourcen (Greene, Bush, & Brown, 1997), zum anderen die Knappheit der finanziellen Ressourcen und der beschränkte Zugang zum Kapitalmarkt dar (Gilmore et al., 2001; Zehrer & Siller, 2007). Ressourcen sind jedoch essentiell für das weitere Wachstum und die weitere strategische Entwicklung von Unternehmen (Greene et al., 1997).

3. Strategische Positionierung

Eine Strategie ist im weiteren Sinne *„ein Muster in einem Strom von Entscheidungen“* (Mintzberg, 1978, S.934). Chandler (1962) versteht unter Strategie die Festlegung von langfristigen Zielen eines Unternehmens und der damit verbundenen strategischen Ausrichtung sowie die Ressourcenallokation welche notwendig sind diese Unternehmensziele zu erreichen. Zur langfristigen Zielerreichung verfolgt jedes am Markt agierende Unternehmen – bewusst oder unbewusst – eine Wettbewerbsstrategie (Porter, 1998). Die Wettbewerbsstrategie befasst sich mit der Entscheidung offensiver/defensiver Maßnahmen eines Unternehmens, um eine bestimmte Position am Markt einzunehmen (Porter, 1988). Für die Festlegung dieser Positionierung eines Unternehmens, kann der strategische Planungsprozess als einer der wichtigsten Schritte in der Strategieformulierung in Unternehmen angesehen werden (Nordqvist & Melin, 2010). Strategische Planung in Unternehmen verweist auf einen Prozess, welcher die Entwicklung zukünftiger Wettbewerbsstrategien eines Unternehmens beinhaltet (Ward, 2004). Der Nutzen eines strategischen Planungsprozesses liegt darin, das sich stetig verändernde externe Umfeld mit den internen Vorgehensweisen und operativen Geschäftsprozessen abzustimmen (Chaffee, 1985).

Nach Porter (1998) gibt es drei grundlegende Marktpositionen für Unternehmen, um sich gegenüber den Mitbewerbern einen Wettbewerbsvorteil zu schaffen: Kostenführerschaft, Differenzierung oder Fokus auf eine Nische. Als *Kostenführer* erzeugt ein Unternehmen Produkte günstiger als die Konkurrenz. Um sich als Kostenführer am Markt zu behaupten, ist es eine Prämisse für diese Strategie der kostengünstigste Anbieter am Markt zu sein; dies basiert unter anderem auf Lernkurven- und Skaleneffekten. Die strikte Verfolgung dieser Kosteneffizienz führt zu höheren Gewinnmargen und hohen Marktanteilen, da in weiterer Folge Produkte günstiger hergestellt und verkauft werden können. Bei der *Differenzierungsstrategie* erzeugt ein Unternehmen Produkte, welche am Markt als einzigartig wahrgenommen werden und somit einen hohen Preis erzielen. Aufgrund der hohen Qualität, der bekannten Marke oder des hohen Innovationsgrades ist dieses Produkt schwer für die Wettbewerber zu imitieren und die Loyalität der Kunden steigt. Eine weitere strategische Ausrichtung des Unternehmens nach Porter stellt die *Fokusstrategie* dar. Bei dieser Strategie wird ein engeres Kundensegment bearbeitet. In dieser Nische wiederum muss sich ein Unternehmen entscheiden, ob es wiederum durch einzigartige Produkteigenschaften oder durch eine Kostenführerschaft den Markt bearbeitet. Ein Unternehmen, welches keine der generischen Strategien verfolgt ist nach Porter „stuck in the middle" – dies bedeutet, dass das Unternehmen keine Strategie entschieden und deshalb keine profitable Marktposition erreicht hat (Porter, 1998).

Unternehmen müssen demnach – um einen klaren Wettbewerbsvorteil zu erlangen – strikt eine der drei Wettbewerbspositionen verfolgen; dies stellt jedoch einen großen Kritikpunkt des Konzepts von Porter dar. So können die drei Strategien als wenig flexibel und starr bezeichnet werden. Ein weiterer Kritikpunkt ist die Konzentration auf interne Erfolgsfaktoren und die Nichtberücksichtigung der sich stetig verändernden Bedürfnisse des Marktes (Miller, 1992). Dadurch können beispielsweise durch das exklusive Verfolgen einer Kostenführerstrategie wichtige Veränderungen der Kundenbedürfnisse vernachlässigt werden (Faulkner & Bowman, 1992). Die *„strategische Uhr"* als Planungsinstrument für die Positionierung von Unternehmen setzt an diesen Kritikpunkten an und stellt eine Erweiterung des Konzepts von Porter dar. Sie wurde von Faulkner Bowman (1992, 1995) entwickelt und stellt acht verschiedene Positionen für ein Unternehmen am Markt dar. Die strategische Uhr bietet die Möglichkeit für Unternehmen sich entlang der Uhr flexibel strategisch neu zu positionieren. Die strategische Uhr kompensiert somit die Inflexibilität und Starrheit der drei generischen Wettbewerbsstrategien (Faulkner & Bowman, 1995; Bowman & Faulkner, 1997; Johnson et al., 2014).

Die Wettbewerbsstrategien der strategischen Uhr sind markt- und unternehmensorientiert: sie basieren auf *externen* sowie auch auf *internen Erfolgsfaktoren.* Externe Erfolgsfaktoren sind jeweils branchenspezifisch, beeinflussen jedoch die Kaufentscheidung des potenziellen Kunden. Externe Erfolgsfaktoren wie z.B. der Preis, das Markenimage und die wahrgenommene Qualität sind ersichtlich für den Kunden und ausschlaggebend für den weiteren Verlauf des Kaufentscheidungsprozesses. Um die vom Kunden wahrgenommenen externen Erfolgsfaktoren gewährleisten zu können, sind gewisse interne Erfolgsfaktoren wie effiziente Kostenkontroll-Systeme, Qualitätskontrollen und innovative F&E Produktentwicklung notwendig (Faulkner & Bowman, 1992). So basiert die strategische Uhr auf folgenden Dimensionen: *wahrgenommener Nutzen für den Kunden des Produktes* und *wahrgenommener Preis des Produktes* (Faulkner & Bowman, 1995; Johnson et al.,

2014). Daraus ergeben sich acht marktorientierte strategische Positionierungsmöglichkeiten. Wie in Abbildung 1 ersichtlich, werden die Positionen von 6 bis 10 Uhr als Niedrigpreisstrategien kategorisiert, hier stellt der vom Kunden wahrgenommene niedrige Preis den strategischen Vorteil dar. Bei 11 Uhr befindet sich die „Sowohl-als-Auch“-Position, diese hybride Strategie verbindet einen relativ moderaten Preis mit einem höheren Kundennutzen. Darauf folgen von 11 bis 14 Uhr die klassischen Qualitätsführerstrategien mit einem sehr hohen Nutzen für den Kunden. Die Positionen zwischen 14 und 17 Uhr auf lange Sicht werden als nicht wettbewerbsfähig angesehen, nur kurzfristig kann hier ein strategischer Wettbewerbsvorteil erzielt werden (Faulkner & Bowman, 1995; Johnson et al., 2012, Tarabishy & Isherwood, 2014).

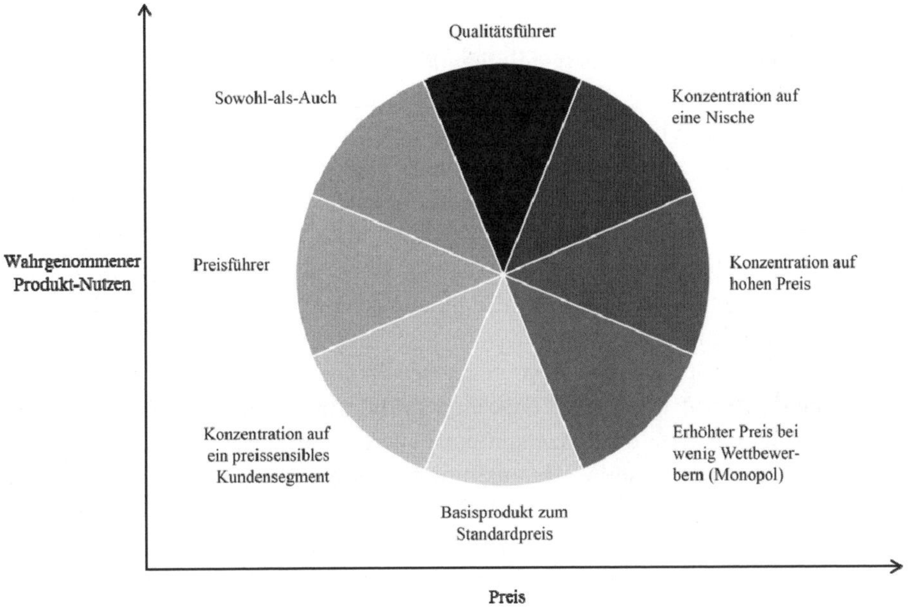

Abbildung 1: Die strategische Uhr
(Faulkner & Bowman, 1995, S.14)

Aufgrund der Berücksichtigung externer Faktoren und der gegebenen Flexibilität der strategischen Uhr wird die strategische Uhr als Planungsinstrument fortfolgend für familiengeführte Hotelbetriebe vorgestellt und in die jeweiligen strategischen Optionen explizit unter Berücksichtigung der Bedürfnisse dieses Unternehmenstyps beschrieben.

4. Strategische Positionierung in familiengeführten Hotelbetrieben

Herausforderung bei strategischen Planungsprozessen in der familiengeführten Hotellerie

Da das Eigentum und die Kontrolle des Unternehmens in Familienunternehmen bei der Familie selbst liegen, hat diese einen erheblichen Einfluss auf die strategischen und operativen Geschäftsprozesse (Sharma et al., 1997; Getz & Carlsen, 2005). So formen und beeinflussen die Gründer und mitwirkenden Familienmitglieder das strategische Verhalten von Familienbetrieben (Kelly, Athanassiou & Crittenden, 2000). Strategische Planung in der familiengeführten Hotellerie dient zur Orientierung des unternehmerischen Handelns; neben der langfristigen Zielsetzung des Betriebes dient dieser Prozess dazu, potentielle zukünftige Marktpositionen zu evaluieren und die für den jeweiligen Betrieb passende Wettbewerbsstrategie festzulegen, um die langfristige Existenz des Hotels sicherzustellen (Papesch, 2010). Der Prozess der strategischen Positionierung in familiengeführten Betrieben unterscheidet sich dabei stark von strategischen Planungsprozessen in anderen Organisationstypen (Sharma et al., 1997; Ward, 1988). Dies ist vor allem auf die im Betrieb immanenten Systeme Familie und Unternehmen zurückzuführen, aber auch auf die Besonderheiten, die sich aus der Struktur und Größe familiengeführter Hotels ergeben. Die daraus resultierenden Differenzen zwischen familiengeführten und nicht-familiengeführten Unternehmen sind allerdings nicht als positiv oder negativ zu betrachten. Jedoch können diese Unterschiede einen signifikanten Einfluss auf den strategischen Planungsprozess und die strategische Positionierung des Betriebes haben (Gudmundson et al., 1999).

Ein Grund für den Mangel an strategischer Planung in der Hotellerie ist auf das in Familienbetrieben immanente System Familie zurückzuführen. Aufgrund verschiedener Standpunkte der einzelnen am Unternehmen teilnehmenden Familienmitglieder können sich hierbei Herausforderungen ergeben. Animositäten und Rivalitäten zwischen den einzelnen Familienmitgliedern können als Hindernisse im strategischen Planungsprozess angesehen werden. Durch neue Familienverhältnisse, wie z.B. Heirat, Ruhestand oder Übergabe kann sich eine neue Führungsstruktur ergeben und die bisherige strategische Ausrichtung des Hotelbetriebs durchaus verändern. Daher ist die strategische Ausrichtung von Familienbetrieben stets einer gewissen Diskontinuität unterlegen (Ward, 1988). Familiäre Angelegenheiten, Fragen der Nachfolge und emotionale Diskussionen der im Betrieb mitwirkenden Familienmitglieder beeinflussen die Wahl der strategischen Ausrichtung von Familienunternehmen (Ward, 1988). Strategische Planungsprozesse werden als hilfreich für die aktive Einbindung der Nachfolgegeneration für die zukünftige strategische Positionierung angesehen, jedoch ist dieser Prozess nicht als konfliktfrei anzusehen (Mazzola, Marchiasio, & Astrachan, 2008). Strategische Entscheidungen in familiengeführten Betrieben sind nicht immer rational begründet, sondern meist auch emotional behaftet. Ward (1988, S.54) führt hierzu aus: „*the very nature of business often seems to contradict the nature of family. Families tend to be emotional;*

businesses are objective." Folglich können sich widersprüchliche Zielsetzungen der beiden Systeme ergeben. Neben Emotionen beeinflussen die Werte und Interessen der führenden Familienmitglieder den Strategieentwicklungsprozess maßgeblich (Nordqvist & Melin, 2010). Dies kann oft zu sehr stark persönlichkeitsbezogenen strategischen Entscheidungen führen, bei welcher die subjektive Perspektive – und nicht die wirtschaftliche – in den Vordergrund treten. Dabei können diese familieninternen Angelegenheiten auch zu Konfliktvermeidung führen; wobei die Strategieentwicklung dann unter Berücksichtigung aller Gesichtspunkte diplomatisch ausgehandelt wird und an aussagekräftigen Zielen verlieren kann.

Familienunternehmen sind personenbezogene Systeme; die Unternehmerfamilie nimmt als Eigentümer und Geschäftsführer des Familienbetriebs eine essentielle Rolle ein (Weiermair et al., 2004). Familienmitglieder in führenden Positionen sind als strategischer Entscheidungsträger des Betriebes anzusehen und durch persönliche und sozio-demographische Charakteristika, sowie durch bestimmte Kompetenzen beeinflusst (Musso & Francioni, 2012). Die Qualität der strategischen Entscheidungen hängt deshalb von den vorangegangenen Erfahrungen und von der betriebswirtschaftlichen Vorbildung der Familienmitglieder ab (Musso & Francioni, 2012; McKercher & Robbins, 1998). Die betriebswirtschaftliche Expertise stellt eine weitere Herausforderung für familiengeführte Hotels dar, da die führenden Personen meist im operativen Tätigkeitsbereich beschäftigt sind, wodurch kaum Zeit für Aus- oder Weiterbildung bleibt (Gilmore et al., 2001; Carson, 1990; Musso & Francioni, 2012). Durch diese Konzentration auf das operative Tagesgeschäft fehlt den Entscheidungsträgern die Zeit oder das entsprechende Wissen sich mit strategisch relevanten Inhalten auseinanderzusetzen (Culkin & Smith, 2000). Dieser Zeitmangel führt oft dazu, dass strategische Entscheidungen alleine von einzelnen Personen unter Zeitdruck und als Antwort auf sich ändernde Rahmenbedingungen chaotisch und zufällig getroffen werden (Gilmore et al., 2001). So sind sich Unternehmer von familiengeführten Hotels meist nicht über die Relevanz der strategischen Planung bewusst, wodurch potentielle Chancen nicht gesehen oder genützt werden (Ward, 1988).

In klein- und mittelbetrieblich strukturierten Hotels ist neben dem Mangel an Zeit auch ein Mangel an Ressourcen festzustellen. Nordqvist & Melin (2010) stellen in ihrer Studie über strategische Praktiken und Planung in Familienunternehmen fest, dass Unternehmer strategische Planung mit hoher Arbeitsbelastung und vor allem mit hohen Kosten in Verbindung bringen, wobei sich wenig neue strategische Inhalte ergeben würden. Auch dies ist einer der Gründe, weshalb Unternehmer von Familienbetrieben das operative Tagesgeschäfte priorisieren und die Auseinandersetzung mit strategischen Fragen auf ein Minimum reduzieren. Darüber hinaus weisen viele familienbetriebene Hotels nicht zuletzt aufgrund der Unternehmensgröße einen Mangel an einem konzeptionellen Regelwerk auf, um die zukünftige strategische Ausrichtung des Unternehmens aktiv zu gestalten (Ward, 1988).

Die strategische Uhr als konzeptionelles Planungsinstrument für familiengeführte Hotelbetriebe

Dieses Defizit an konzeptionellen strategischen Instrumenten zur strategischen Positionierung von Familienbetrieben soll in diesem Beitrag durch die Adaption der strategischen Uhr nach Faulkner & Bowman aufgearbeitet werden. Strategische Positionierung kann für familiengeführte Hotelbetriebe als Orientierungsmuster des unternehmerischen Handelns dienen (Papesch, 2010). Aufgrund der ständigen Interaktion zwischen dem System Familie und dem System Unternehmen, ist der Prozess der strategischen Positionierung in Familienbetrieben als sehr dynamisch anzusehen (Sharma et al., 1997). Um jedoch eine gewisse strategische Kontinuität zu gewährleisten, bedarf es strategischer analytischer Planungsinstrumente, welche explizit den Bedürfnissen familiengeführter Unternehmen Berücksichtigung schenken (Ward, 1988). Die strategische Uhr als Planungsinstrument soll als Entscheidungshilfe für dynamische Strategieentwicklungsprozesse dienen und zur Vermeidung strategischer Diskontinuitäten in familiengeführten Hotels dienen.

Die strategische Uhr als Planungstool für familiengeführte Hotels stellt eine flexible Sichtweise strategischer Ausrichtungsoptionen dar (Faulkner & Bowman, 1995). Aufgrund der hohen Flexibilität der strategischen Uhr können die sich einer stetigen Dynamik ausgesetzten Bedürfnisse familiengeführter Hotels berücksichtigt und die sich ändernden wirtschaftlichen Rahmenbedingung in die Strategieentwicklung miteinbezogen werden. Bei Bedarf besteht die Möglichkeit, dass Hotels sich entlang der Uhr flexibel neu positionieren können (Johnson et al., 2014).

Zur Existenzsicherung familiengeführter Hotels ist es essentiell für die Unternehmerfamilie eine strategisch günstige Position am Markt einzunehmen und darauffolgend Maßnahmen abzuleiten, um diese Position zu sichern (Porter, 1998). Bezugnehmend auf die Charakteristika von familiengeführten Hotels, wie Ressourcenknappheit, Mangel an Expertise und Zeitdruck, wird angenommen, dass die strategische Ausrichtung des Unternehmens in der Praxis kaum bedacht wird. Die strategische Uhr bietet den Vorteil, dass die Auseinandersetzung mit den möglichen Strategieoptionen relativ zeitschonend angewendet werden kann, zudem ist sie als leicht verständliches und plakatives Strategietool einzuordnen. Subjektivität und Emotionalität der Familienmitglieder sind zentrale Bestandteile in der Wahl einer zukünftigen strategischen Positionierung von familiengeführten Hotels. Durch den Einsatz analytischer und strategischer Planungsinstrumente können diese potentiellen Konfliktfelder minimiert werden. Die strategische Uhr bietet objektive wissenschaftlich-fundierte Positionierungsoptionen für familiengeführte Hotelbetriebe. Als leicht verständliches und flexibles Strategietool dient die strategische Uhr zur Positionierung von familiengeführten Hotels und darauf basierend zur Ableitung von strategischen Maßnahmen. Um den Bedürfnissen familiengeführter Hotelleriebetriebe im Hinblick auf deren strategische Ausrichtung gerecht zu werden, bedarf es jedoch einer Anpassung der acht Marktpositionen der originalen strategischen Uhr. Die adaptierte strategische Uhr als Planungsinstrument für familiengeführte Hotelbetriebe beinhaltet sechs strategische Positionierungsoptionen welche in Abbildung 2 visualisiert sind. Fortfolgend sollen die sechs Marktposition für familiengeführte Hotelbetriebe unter Berücksichtigung ihrer Besonderheiten kurz vorgestellt werden.

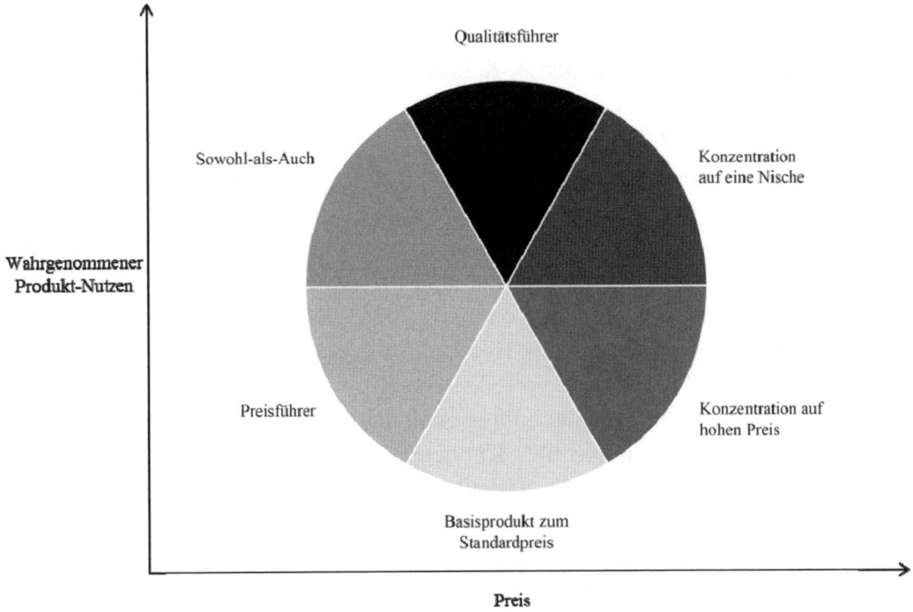

Abbildung 2: Die strategische Uhr für familiengeführte Hotelleriebetriebe (in Anlehnung an Faulkner & Bowman, 1995, S.41)

PREISFÜHRER:

Die Niedrigpreisstrategien der originalen Uhr zielen darauf ab einen Wettbewerbsvorteil aufgrund eines geringeren Preises als die Wettbewerber zu erzielen (Faulkner & Bowman, 1992; 1995). Dies beruht auf der Nutzung von Skaleneffekt durch erhöhte Produktionskapazität und auf Vorteilen der Standardisierung (Carson, 1990; Johnson et al., 2014). Um jedoch von diesen Effekten zu profitieren, bedarf es kostenintensiver Investitionen; dies ist aufgrund der finanziellen Gegebenheiten in familiengeführten Hotels kaum realisierbar. Ebenso ist es bei dieser Strategie notwendig, einen hohen Anteil am Markt zu besitzen (Faulkner & Bowman, 1995). Familiengeführte Hotels agieren aufgrund der Ressourcenknappheit, im Hinblick auf finanzielle und personelle Mittel, auf lokaler oder regionaler Ebene, als auf großen internationalen Märkten (Carson, 1990). Aufgrund der geringen Größe haben diese Betriebe auch einen relativ geringen Marktanteil (Carson, 1990; Zehrer & Siller, 2007). Aus diesen Gründen wurden die zwei Niedrigpreisstrategien des Originals zur Position des *Preisführers* zusammengeführt. Hotels, welche die Preisführerschaft als Wettbewerbsstrategie verfolgen, zielen darauf ab, ihre Dienstleistungen günstiger als die Konkurrenz anzubieten, jedoch bei ähnlich wahrgenommenem Nutzen der Dienstleistung (Faulkner & Bowman, 1992). Um diese Strategie erfolgreich umsetzten zu können, muss das Hotel in der Lage sein kostengünstiger als die Wettbewerber zu produzieren und Kostenvorteile gegenüber diesen zu generieren. Die Gäste sind hier sehr preissensibel. Nichtsdestotrotz muss dem Kunden bei dieser Strategie ein gutes Preis-Leistungs-Verhältnis angeboten werden. Bei erfolgreicher Umsetzung der Strategie können auf höhere Absatzzahlen hohe Gewinnmargen erzielt werden (Faulkner & Bowman, 1995; Johnson et al., 2014).

SOWOHL-ALS-AUCH:
Kleine familiengeführte Hotels müssen sich gewissen Nachteilen in zunehmend rivalisierenden und globalisierten Märkten stellen (Tassabehji & Isherwood, 2014). Die hybride *Sowohl-als-Auch* Position der strategischen Uhr kann diesem Defizit entgegenwirken, indem Differenzierungs- und Preisvorteile gegenüber der Konkurrenz generiert werden können (Johnson et al., 2014; Miller, 1992). Die Sowohl-als-Auch Strategie muss direkt auf das Hotel und die potentiellen Zielgruppen abgestimmt werden, um Wettbewerbsvorteile zu realisieren. Diese Strategie involviert niedrigere Preise als die Qualitätsführerschaft und einen höheren Nutzen als die Konzentration auf ein preissensibles Kundensegment (Johnson et al., 2014) – der Kunde empfindet dieses Produkt deshalb als besser als das Konkurrenzprodukt (Faulkner & Bowman, 1995). Die Sowohl-als-Auch Strategie erlaubt einem Hotel von verschiedenen strategischen Ausrichtungen zu profitieren und Synergien zwischen Preis- und Qualitätsführer auszunutzen (Miller, 1992).

QUALITÄTSFÜHRER:
Wettbewerbsstrategie des *Qualitätsführers* wird verfolgt, wenn qualitativ hochwertige Dienstleistungen mit einem spezifischen Nutzen – welcher vom Kunden sehr geschätzt wird – zu höheren Preisen angeboten werden. Diese Strategie hängt von zwei Schlüsselfaktoren ab: die Identifizierung und das Verständnis des strategischen Kunden und die Identifikation der Wettbewerber (Faulkner & Bowman, 1995; Johnson et al., 2014). Durch die stetige Interaktion in familiengeführten Hotels zwischen Gast und Gastgeber (Getz & Carlsen, 2000) wird davon ausgegangen, dass die Evaluierung der Gästebedürfnisse gut durchgeführt wird und darauf basierend ein spezielles Angebot mit hohem Zusatznutzen entstehen kann. Wird die Position des Qualitätsführers strikt verfolgt, kann dies zu einem Anstieg des Marktanteils führen und somit können die anfallenden Zusatzkosten, die durch die Produktion des qualitativ hochwertigen Angebots entstehen, gedeckt werden. Diese Position scheint für die familiengeführte Hotellerie sehr gut realisierbar zu sein. Sobald ein relativ hoher Marktanteil erzielt wurde, kann das Hotel dazu übergeben, das Angebot weiter zu spezifizieren und von einer Qualitätsführer Position zu einer Strategie übergehen, welche sich auf eine Nische konzentriert.

KONZENTRATION AUF EINE NISCHE:

Bei dieser Strategie konzentriert sich ein Hotel darauf, ein besonders leistungsstark wahrgenommenes Angebot für ein ausgewähltes Gästesegment anzubieten. Durch den hohen Nutzen des Produktes kann somit ein Preis-Premium und höhere Gewinnmargen erzielt werden (Faulkner & Bowman, 1992, 1995). Der Unterschied zum Qualitätsführer liegt darin, dass hier nur ein spezielles Gästesegment bearbeitet wird, für welches das angebotene Produkt genau zugeschnitten ist (Faulkner & Bowman, 1992). Gäste des Betriebes, welcher diese Wettbewerbsstrategie verfolgt, schätzen das qualitativ-hochwertige Angebot, sind sehr loyal und können sich zu Stammkunden etablieren – für die Hotellerie stellt dies ein besonders erstrebenswertes Ziel dar. Zudem ist es für Mitbewerber schwierig, diese spezifisch-zugeschnittene Dienstleistung mit hoher Servicequalität und hoher Personalisierung zu imitieren (Johnson et al., 2014).

KONZENTRATION AUF HOHEN PREIS:

Die Marktpositionen Monopolstellung und Konzentration auf einen hohen Preis der originalen strategischen Uhr werden im Hinblick auf familiengeführte Unternehmen zusammengefasst und bilden so die Position der *Konzentration auf einen hohen Preis*. Hotelleriebetriebe die diese Strategie verfolgen, erhöhen die Preise, aber der wahrgenommene Nutzen des Angebots ändert sich nicht. Diese Wettbewerbsstrategie lässt sich nur verfolgen, wenn es Angebotsengpässe gibt bzw. wenn eine monopolistische Marktsituation vorherrscht und für andere Hotels die Markteintrittsbarrieren zu hoch sind. Diese Strategie ist nur auf kurzfristige Zeit möglich und dient dazu, bestehende Marktpotenziale abzuschöpfen (Faulkner & Bowman, 1995). Auf Dauer ist diese strategische Position für familiengeführte Hotels nicht zu empfehlen, da aufgrund des Fehlens eines expliziten Nutzens das Preis-Leistungs-Verhältnis verzerrt wird und die Position somit langfristig nicht wettbewerbsfähig realisierbar ist.

BASISPRODUKT ZUM STANDARDPREIS:

Bei dieser Strategie bietet ein Hotel eine Basisleistung mit reduziertem Nutzen im moderaten bis mittelpreisigen Segment an. Die Grundbedürfnisse des Gastes werden befriedigt, jedoch fehlt der explizite Kundennutzen für die angebotene Leistung (Faulkner & Bowman, 1995; Johnson, Whittington, Angwin and Regner, 2014). Die Hotels, die diese Strategie verfolgen, können als austauschbar angesehen werden und heben sich nicht von den Konkurrenzbetrieben ab. Infolge des niedrigen wahrgenommenen Kundennutzens verglichen mit dem angebotenen Preis ist es absehbar, dass das Unternehmen an Marktanteilen verliert und langfristig nicht mehr konkurrenzfähig ist (Bowman & Faulkner, 1995; Johnson et al., 2014).

5. Schlussbetrachtung

Die strategische Ausrichtung von Familienbetrieben ist durch die enge Verzahnung von Familie und Unternehmen und damit einhergehende Konflikte, familiäre Angelegenheiten, die Nachfolgeplanung, etc. einer gewissen Diskontinuität ausgesetzt, die Auswirkungen auf die strategische Ausrichtung des Betriebes haben kann (Ward, 1988). Ziel des vorliegenden konzeptionellen Beitrags ist es, die strategische Uhr als strategisches Planungsinstrument für die Positionierung familiengeführter Hotelleriebetriebe vorzustellen. Obwohl die strategische Uhr bereits in den 1990er Jahren von Faulkner & Bowman (Faulkner & Bowman, 1992) entwickelt wurde, scheint die Anwendbarkeit auf die familiengeführte klein- und mittelebetrieblich-struktierte Hotellerie gegeben. Die Autoren haben daher aus den ursprünglich acht verschiedenen Marktpositionen für ein Unternehmen, sechs abgeleitet, die für die strategische Positionierung eines Familienbetriebes herangezogen werden können.

Die adaptierte strategische Uhr bietet Familienunternehmern die Möglichkeit, sich entlang der Uhr flexibel strategisch neu zu positionieren und ist daher den herkömmlichen drei generischen Wettbewerbsstrategien von Porter vorzuziehen (Faulkner & Bowman, 199; 1995; Johnson et al., 2014). Die Anwendung der strategischen Uhr soll zur Wettbewerbssicherung von Familienunternehmen beitragen und ihnen helfen, durch eine klare strategische Ausrichtung und damit langfristigen strategischen Planung in Zukunft gewinnbringend am Markt agieren zu können. Die leichte Verständlichkeit der sechs strategischen Positionen der strategischen Uhr ermöglicht eine einfache, rasche und flexible hands-on Anwendung und kann als Selbstcoaching-Tool verstanden werden, welches ein Familienbetrieb ohne externe Hilfe von Beratern aktiv im Unternehmen einsetzen kann.

Quellenverzeichnis

Bowman, C., Faulkner, D. (1997). *Competitive and Corporate Strategy.* Irwin, London.

Brown, B. (1987). Recent Tourism research in South East Dorset in Tourism and development: Overviews and Case Studies of the UK and the South West Region. In: Shaw, G., Williams, A.: *Diskussionspapier 4 der Tourismusforschungsgruppe. Departement Geographie*: University of Exeter, 57-66.

Burns, P. (2001). *Entrepreneurship and Small Business.* Basingstoke: Palgrave MacMillan.

Carson, D. (1990). Some exploratory Models for assessing small Firms' Marketing Performance. *European Journal of Marketing, 24*(11), 8-51.

Chaffee, E. E., (1985). *Three models of strategy. Academy of Management Review, 10(*1), 89–98.

Chandler, A. D., (1962) *Strategy and structure: Chapters in the history of the industrial enterprise.* Cambridge Mass: MIT Press.

Culkin, N., Smith, D. (2000). An emotional Business: A Guide to understanding the motivation of small Business Decision Takers. *Qualitative Market Research – An International Journal, 3*(3), 145-157.

Europäische Kommission (2015). *Common European definition of a family business.* Abgerufen am 29.09.2015 unter http://ec.europa.eu/growth/smes/promoting-entrepreneurship/we-work-for/family-business/index_en.html

Faulkner, D., Bowman, C. (1992). Generic Strategies and Congruent organizational Structures: Some Suggestions. *European Management Journal, 10*(4), 494-500.

Faulkner, D., Bowman, C. (1995). *The Essence of competitive Strategy*. Prentice Hall, Hertfordshire.

Fritz, C. (1996). Family Business in Tourism. State of the Art. *Annals of Tourism Research, 222*(1), S237-258

Getz, D. & Carlsen, J. (2000). Characteristics and goals of family and owner-operated businesses in the rural tourism and hospitality sectors. *Tourism Management, 21*(2000), 547-560

Getz, D.; & Carlsen, J. (2005). Family Business in Tourism – State of the Art. *Annals of Tourism Research, 32*(1), 237-258

Gilmore, A., Carson, D., Grant, K. (2001). SME Marketing in Practice. *Marketing Intelligence & Planning, 19*(1), 6-11.

Greene, P.G., Brush, C.G., & Brown, T.E. (1997). Resources in small firms: an exploratory study. *Journal of Small Business Strategy, 8*(2), 25–40.

Gudmundson, D.; Hartman, A.E.; Tower, C.B. (1999). Strategic Orientation: Differences between Family and Nonfamily Firms. *Family Business Review, 12*(1), 27-39

Haushofer, C. (2013). *Familienunternehmen in Österreich - Eine aktuelle Studie der WKO.* Wien: Wirtschaftskammer Österreich.

Johnson, G., Whittington, K., Angwin, D., Regner, P. (2014). *Exploring Strategy* (10. Aufl.). Edinburgh, Pearson Education.

Jones, W.D. (1982). Characteristics of planning in small firms. *Journal of Business Management, 20*(3), 15-19

Kelly L. M., Athanassiou N., & Crittenden W. F. (2000). Founder centrality and strategic behavior in the family-owned firm. *Entrepreneurship Theory & Practice, 25*(2): 27–42.

LeMar (2001). *Generationswechsel im Familienunternehmen: mit Gefühl und Kalkül den Wandel gestalten.* Wien: Springer.

Mazzola, P., Marchisio, G., & Astrachan, J. (2008). Strategic Planning in Family Business: A Powerful Development Tool for the Next Generation. *Family Business Review, 11*(3), 239-258

McKercher, B., Robbins, B. (1998). Business Development issues affecting nature-based Tourism operators in Australia. *Journal of Sustainable Tourism, 6*(2), 173-188.

Miller, D. (1992). The generic Trap. *Journal of Business Management, 13*(1), 37–41.

Mintzberg, H. (1978). Patterns of Strategy Formulation. *Management Science, 24*, 934-948.

Musso, F., Francioni, B. (2012). The Influence of Decision-Maker Characteristics on the international strategic Decision-Making Process: An SME Perspective. *Procedia – Social and behavioral Sciences, 58*, 279-288.

Nordqvist, M. & Melin, L. (2010). The promise of the strategy as practice perspective for family business strategy research. *Journal of Family Business Strategy, 1*(2010), 15-25

Papesch, M. (2010). *Corporate Governance in Familienunternehmen.* Wiesbaden: Gabler.

Penrose, E. (1959). *The theory of the growth of the firm.* Oxford: Oxford University Press.

Porter, M (1998): *Competitive Strategy: Techniques for Analyzing, Industries and Competitors,* Auflage mit neuer Einführung. New York, Free Press.

Sharma, P., Chrisman, J.J., & Chua, J.H. (1997). Strategic Management of the Family Business: Past Research and Future Challenges. *Family Business Review, 10*(1), 1-35.

Tassabehji, R., Isherwood, A. (2014). Management Use of strategic Tools for Innovating during Turbulent Times. *Strategic Change,* 23, 63-80.

Ward, J.L. (1988). The Special Role of strategic Planning for Family Businesses. *Family Business Review, 1*(2), 105-117

Wahnhill, S. (1997). Peripheral Area Tourism: A European Perspective. *Tourism Research, 3*(1), 47-70.

Weiermair, K., Pechlaner, H., Kaiser, M.O (2004): *Unternehmertum im Tourismus: Führen mit Erneuerungen.* Berlin: Erich Schmidt.

Zehrer, A., Siller, H. (2007). Familiengeführte Unternehmen im Tourismus. *Schriftenreihe Tourismus- & Freizeitwirtschaft, Band 2,* Innsbruck: Studia. 3-17

JOCHEN EISENTRAUT

Das Hotel als touristischer Anziehungspunkt – Strategien der Inszenierung einer Hoteldestination

Was auf den ersten Blick selbstverständlich erscheint, nämlich, dass Hotels Touristen anziehen, ist in Wahrheit nur selten der Fall. Tatsächlich partizipieren Hotels in den meisten Fällen lediglich an der Anziehungskraft touristischer Angebote. Sie gehören üblicherweise zur sogenannten Serviceinfrastruktur von Reisezielen, sie bedienen die Bedürfnisse der Touristen jenseits der Besichtigungsrouten und Erlebnisorte. Aber was ist, wenn Hotels selbst touristische Aufmerksamkeit generieren, sei es, um sich im Konkurrenzkampf der Hotels abzuheben oder aber um eine Destination überhaupt erst zu erzeugen und so den Zustrom von Reisenden selbst zu generieren? Das Hotel würde dann in den Reiseführern nicht mehr nur unter dem Stichwort „Übernachtungsmöglichkeiten“ aufgeführt, sondern auch unter „Sehenswürdigkeiten“.

Welcher Strategien bedarf es, um ein Hotel zu einem touristischen Anziehungspunkt zu machen? Welche Wirkungszusammenhänge bestehen zwischen dem realen Ort des Hotels, seiner Rezeption in den Medien und der Wahrnehmung durch die Reisenden? Neun verschiedene Strategien will ich im Folgenden skizzieren, um am Ende stichpunktartig die Faktoren einer erfolgreichen Inszenierung als touristisch relevante Hoteldestination zusammenzufassen. Es dürfte nicht verwundern, dass die meisten der hier zusammengetragenen Beispiele allgemein bekannt sind, denn es geht ja gerade um Hotels, die unsere Aufmerksamkeit einfordern. Da einige der besprochenen Hotels zwei oder mehr der hier beschriebenen Strategien simultan anwenden, kommt es zwangsläufig zu Überschneidungen in der Zuordnung zu einer bestimmten Kategorie.

Einige der aufgezeigten Beispiele und viele wichtige Erkenntnisse sind meinem Buch „Erfindung des Ortes – Zur Philosophie, Entwicklung und ‚Magie' wichtiger Anziehungspunkte“ entnommen. Die darin gestellte Frage nach der unverwechselbaren Identität eines Ortes lässt sich synonym auf Hotels anwenden: Wie formuliert man ein Hotel als starken Ort, als einmalige Destination?

Show

Das Atrium des Peabody Hotels in Memphis im US-Bundesstaat Tennessee ist jeden Vormittag und am frühen Abend voller Menschen. Es sind Hotelgäste darunter, aber auch viele Besucher von außerhalb, die extra hierhergekommen sind, um eine kleine Aufführung mitzuerleben. Zuvor erklärt ein uniformierter Zeremonienmeister den Zuschauern die Hintergründe der Inszenierung, dann verschwindet er mit dem Aufzug nach oben. Ein roter Teppich zwischen der Tür des Aufzugs und dem Springbrunnen in der Hotelhalle ist bereits ausgerollt, Marschmusik ertönt, der Aufzug schwebt wieder hernieder, die Aufzugstür öffnet sich. Zusammen mit dem Zeremonienmeister betritt eine Schar Enten die Hotelhalle, die, von der Musik begleitet, gemütlich auf dem roten Teppich zum Springbrunnen watschelt. Dort verbringen die Enten planschend den Tag, bis es um 17 Uhr mit gleichem Zeremoniell wieder zurück zum Aufzug und hoch zum Entendomizil auf dem Dach geht.

Diesem Ritual liegt eine kleine Geschichte zugrunde, die zu einer Art Mythos verklärt wurde. Die Peabody Duck Parade, die Parade der Enten, geht auf einen Abend in den 1930er Jahren zurück, an dem der damalige Direktor des Hotels mit einem Freund von einem Jagdausflug zurückkam. Zum Spaß setzten sie einige lebende Wildenten in den Hotelbrunnen, die ihnen als Lockvögel gedient hatten. Ein Mitarbeiter des Hotels, der zuvor als Tierdompteur gearbeitet hatte, nahm sich der Enten an und entwickelte die Peabody Duck Parade. Der Mann, ein gewisser Edward Pembroke, begleitete das Amt des Zeremonienmeisters über fünf Jahrzehnte und wurde selbst zur Legende.

Solche Geschichten werden von Reiseführern und anderen Medien gerne aufgegriffen und verbreitet. Aber auch die virale Verbreitung der vielen Schnappschüsse und Videoclips der Zuschauer in den sozialen Netzwerken ist ein nicht zu unterschätzender Faktor bei der Etablierung des Hotels als Tourismusdestination. Die Mittel der Inszenierung sind denkbar einfach. Der Brunnen bildet das rituelle Zentrum, die Aufzugstür stellt den Bühnenvorhang dar, die Verbindung zwischen Vorder- und Hinterbühne. Der rote Teppich, die Marschmusik und der Zeremonienmeister verleihen der Aufführung einen bedeutsamen Rahmen, der mit dem Erscheinen der Enten ironisch gebrochen wird.

Shows ganz anderer Dimension finden täglich in den riesigen Hotelkasinokomplexen von Las Vegas statt. Zaubershows, Konzerte weltbekannter Künstler oder Boxkämpfe gehören zum täglichen Standardprogramm. Aber auch der Außenraum vor den Hotelanlagen wird aufwendig bespielt. Der Strip, die ehemalige Einfallstraße nach Downtown Las Vegas, ist heute das eigentliche Zentrum der Unterhaltungsmetropole, hier stehen die größten und bekanntesten Hotelkasinokomplexe.

Der Strip war schon immer medialer Raum, hier wurde auf riesigen Billboards Werbung für die hinter großen Parkplatzflächen weiträumig verteilten Hotels und Motels gemacht. Später kamen großflächige Neonzeichen und Neonskulpturen hinzu, die vor allem für die flüchtige Wahrnehmung aus dem vorbeifahrenden Auto konzipiert waren.

Heute ist der Strip so weit verdichtet, dass er zur Flaniermeile geworden ist. Entsprechend hat sich die Außendarstellung der Hotels verändert. Konnte man die Imitation eines Vulkanausbruchs vor dem Mirage notfalls noch vom Auto aus bewundern, verlangen die aufwendige Inszenierung einer Seeschlacht vor dem Treasure Island oder das Wasserballett vor dem Bellagio nach bewunderndem Innehalten. Die Hotelkasinos schaffen eine Bühne der Verführung zum öffentlichen Raum der Straße, die die Menschen in die hermetischen Innenwelten locken soll.

Symbiose

Die komplexen Hotelwelten von Las Vegas mit ihren riesigen Spielkasinoflächen, Einkaufspassagen, Unterhaltungsangeboten, Kongressräumen oder Badelandschaften sind symbiotische, autarke Resorts, die schon auf Grund ihrer Vielzahl von Angeboten Touristen anziehen. Ein anderes Projekt, bei dem sich die Symbiose schon in der baulichen Struktur ablesen lässt, ist das im Jahr 2003 eröffnete DomAquarée im Zentrum Berlins mit einem Fünf-Sterne-Hotel und dem Sea Life Center als weithin bekannter Attraktion. Die Symbiose ist hier kongenial in eine architektonische Form umgesetzt, das Hotel ist nicht etwa nur angedockt an das Sea Life, sondern es hat sich die Attraktion gewissermaßen einverleibt. Ein Aquarium in einem riesigen, 16 Meter hohen Acrylglaszylinder, durch den die Besucher in einem speziellen Fahrstuhl hindurchfahren, ist die Hauptattraktion des Sea Life Centers und gleichzeitig Mittelpunkt des Hotelatriums. Die zum Atrium ausgerichteten Zimmer, aber auch die Hotellobby mit der Bar werden durch den spektakulären Blick auf das gigantische Aquarium aufgewertet. Hotel und touristische Attraktion verschmelzen zu einer Einheit, ohne dass sich die Wege der Hotelgäste und der Besucher des Sea Life Centers kreuzen.

Das Projekt war schon zur Zeit seiner Entstehung medial äußerst präsent. Die wegen der geheimen Klebetechnologie vor neugierigen Blicken abgeschirmten Arbeiten an den bis zu 22 Zentimeter dicken Acrylglasscheiben des weltweit größten Aquariums dieser Art erzeugten gespannte Erwartungen.

Eine ähnlich hohe Medienpräsenz bereits während der Bauzeit hat auch das Gebäude der Hamburger Elbphilharmonie erfahren. Auch wenn die Berichte wegen der Kostenexplosion und Zeitverzögerung nicht nur positiv waren, wird Hamburg von dem spektakulären Gebäude am Elbhafen hochgradig profitieren. Und selbstverständlich wird auch das Hotel Westin Hamburg, das im selben Baukörper untergebracht ist, an der Anziehungskraft der Elbphilharmonie partizipieren. Die Lobby des Hotels wird ebenso wie die Konzertsäle von der öffentlichen Plaza erschlossen, die sich in 37 Metern Höhe auf dem alten Kaispeicher und direkt unterhalb des gläsernen Baukörpers befindet. Die Symbiose des Hotels mit dem Konzerthaus wird so auch räumlich erfahrbar.

Kunst

Kunst ist ein zentrales und dennoch allzu oft unterschätztes Mittel, um einen Ort zu prägen und mittels der ihr immanenten Originalität Unterscheidbarkeit und Aufmerksamkeit zu generieren. Es geht dabei weniger um das Aufhängen von Bildern in Hotelzimmern oder das Stellen einer Skulptur ins Foyer, sondern um eine den Ort nachhaltig prägende künstlerische Geste. Das Ende 2010 eröffnete Sofitel Hotel in Wien liefert ein Beispiel für ein funktionierendes Zusammenspiel von Architektur und Kunst. Die elegante, zurückhaltend graue Architektur des französischen Stararchitekten Jean Nouvel bildet den Rahmen für ein Farbenspektakel der Schweizer Künstlerin Pipilotti Rist. In drei Ebenen, im Eingangsbereich, in dem in das Gebäudevolumen eingeschnittenen Spa und im Restaurant unter dem Dach hat die Künstlerin riesige, farbig hinterleuchtete Deckenbilder eingefügt, die sowohl die Atmosphäre im Inneren prägen als auch, vor allem abends, in den Außenraum strahlen.

Ebenfalls in Österreich, etwa 150 Kilometer südlich von Wien, liegt das Thermenhotel Roger Bad Blumau, entworfen von Friedensreich Hundertwasser. Die farbigen Fassaden mit den organischen Fenstereinschnitten, die Säulen und goldenen Zwiebeltürmchen tragen die unverkennbare Handschrift Hundertwassers. Die geschwungenen, begehbaren Gründächer setzen die umgebende Natur fort. Kunst, Architektur und Natur verschmelzen hier zu einer Einheit. Hundertwassers Architekturkunstwerke sind geprägt von Naturmystik, einer dem Jugendstil entlehnten, organischen Ornamentik und Einflüssen nordafrikanischer Lehmarchitektur. Seine Entwürfe sind von Manifesten begleitet, die sich gegen technoid-moderne Architekturen richten. In einem legendären Fernsehauftritt in der Show „Wünsch Dir was“ machte Hundertwasser seine visionären Ideen einem breiten Publikum bekannt.

Die Auswirkungen solcher künstlerisch-medialen Strategien auf den Tourismus lassen sich nur schwerlich quantifizieren, aber an diesem Beispiel zumindest recht gut erahnen. Ursprünglich hatte Hundertwasser eine ganz ähnliche Anlage für eine Wohnsiedlung bei Wien konzipiert. Eine Bürgerinitiative verhinderte jedoch die Realisierung des Projekts wegen des zu erwartenden Touristenansturms. Nach den Erfahrungen mit dem Wiener Hundertwasserhaus, das zum Leidwesen vieler Bewohner zur Wallfahrtsstätte von Kunst- und Architekturliebhabern wurde, wusste man um die fast magische Anziehungskraft der von Hundertwasser geschaffenen Architekturen.

Design

Magisch sind auch die Bühnenbilder des Theaterregisseurs Robert Wilson. Der Bühnenhintergrund wird bei ihm immer wieder in ein geheimnisvolles, aus unsichtbaren Tiefen kommendes Leuchten getaucht. Am Hamburger Thalia-Theater hat Wilson unter anderem das weltweit erfolgreiche Musiktheaterstück „The Black Rider“ uraufgeführt, da lag es wohl nahe, den Theatermagier auch zur Gestaltung eines Hamburger Hotels heranzuziehen. Für das Atrium des Side Hotels hat Robert Wilson eine auratische Lichtinstallation entworfen, die wie leergefegt wirkende Hotelhalle erstreckt sich wie ein homogener Lichtraum über alle Etagen. Rezeptionisten und Gäste werden gleichsam zu Akteuren in Wilsons Choreografie. Das Großartige am Konzept des Side Hotels ist aber vor allem, dass auch der Architekt Jan Störmer und der Designer Matteo Thun das Spiel mit farbigem Licht aus unsichtbarer Quelle fortsetzen. Störmer beleuchtet die Verschattungselemente in den Fassadenzwischenräumen, die zufällige Bedienung der Markisen durch die Gäste lässt immer wieder neue Fassadenmuster entstehen. Die Atmosphäre in den Zimmern wird ebenfalls durch indirekte Lichtquellen erzeugt. Besonders intensiv ist der Einsatz des farbigen Lichts im Spa, wo die verschiedenen Bereiche auf diese Weise voneinander differenziert werden.

Der Begriff Designhotel ist ja inzwischen so inflationär, dass es schwierig ist, allein mit Mitteln des Designs einen besonderen Ort zu schaffen, der die mediale Wahrnehmungsschwelle überspringt. Allemal gelungen ist das allerdings im Madrider Hotel Silken Puerto America. Wie schon beim vorhin erwähnten Sofitel Hotel in Wien wurde die Fassade vom Franzosen Jean Nouvel entworfen. Der eigentliche Coup steckt aber im Inneren des Hotels. Hier trägt jede Etage die radikal verwirklichte Handschrift eines anderen, international renommierten Designer-teams. Schon die Tiefgarage ist von der Italienerin Teresa Sapey in eine Welt aus Farben und Grafiken verwandelt worden, während die Hotellobby durch den britischen Minimalisten John Pawson in Szene gesetzt wurde. Jede der zwölf Hoteletagen darüber ist dann ein eigener, immersiver Designer-Tagtraum. Der Gast tritt aus dem Aufzug in eine radikal durchgestaltete, in sich geschlossene Kunstwelt – von den fließenden Raumformationen Zaha Hadids über die kristallinen Brechungen des Büros Plasma Studio bis hin zur warmen Stofflichkeit der spanischen Modedesigner Victorio & Lucchino. Interessant ist auch die achte Etage, eine Kooperation der Designerin Kathryn Findlay mit dem Lichtdesigner Jason Bruges. Die Wände der Aufzugslobby sind mit Glasfaserkabeln bestückt, die die Bewegungen des Gastes erfassen und daraus eine verzerrte Projektion erzeugen. Auf dem Hotelflur wird der Gast bis zu seinem Zimmer von einer interaktiven Beleuchtung begleitet. Jean Nouvel schließlich hat die obere der zwölf Etagen sowie das darüberliegende Penthouse gestaltet. Wie im Wiener Sofitel Hotel arbeitet er mit der Verschmelzung von Architektur und Kunst, diesmal mit großformatigen, teils transluzenten Fotografien an Wänden und Decken. Kein Wunder, dass solch ein aufwendiges Konzept es dann auch in Architekturführer und andere, für gutbetuchte Kulturtouristen relevante, Medien schafft.

Geschichte

Immer wieder werden leerstehende historische Gebäude zu Hotels umgebaut. Es hat einen eigenen Reiz, in Schlössern, Burgen, Speichergebäuden, Wasser- oder Leuchttürmen zu übernachten und die Geschichte des Ortes atmosphärisch zu spüren. Dabei kommt es darauf an, wie Geschichte erlebbar gemacht, wie die Authentizität des Ortes in Szene gesetzt wird.

Das Hotel auf der Insel Langholmen in einer Lagune inmitten Stockholms setzt Maßstäbe in der Inszenierung seiner eigenen Geschichte. In dem Gebäudekomplex befand sich bis 1975 Schwedens berühmtestes Zuchthaus, ein heute ebenfalls darin eingerichtetes Museum erzählt von den vielen schaurig-traurigen Geschichten, die sich hier zugetragen haben. Das Hotel wird über eine jener aus Gefängnisfilmen bekannten mehrgeschossigen Erschließungshallen erschlossen, an der die für den Komfort der Gäste umgestalteten Zellen aufgereiht sind. Vergitterte Fenster oder Wandmalereien sind als Reminiszenzen an die frühere Nutzung erhalten. Die Gäste haben die Möglichkeit, die Gefängniswelt spielerisch nachzuahmen. In einem Spiel wird beispielsweise ein Tag in Gefangenschaft simuliert. Der Gast wird vor einen Richter geführt und verurteilt. Anschließend erfolgt die Reinigung und das Anlegen der gestreiften Gefängniskleidung, eine Art Übergangsritual, das in die Spielsituation einführt. Die „Gefangenen" werden in Gruppen bzw. Gangs eingeteilt und müssen nun an Stationen im Wettkampf gegeneinander antreten. Zum Abschluss gibt es dann die feuchtfröhliche Gefängnisparty. Ein anderes Spiel, bei dem unter Anleitung eines ehemaligen Gefangenen die Flucht aus dem Gefängnis geprobt wird, mündet am Ende in einem Drei-Gänge-Menü im Hotelrestaurant.

Das spielerische Eintauchen in eine andere Welt ist ja ein Kernmoment der Erlebniswirtschaft. Spiele versetzen uns in ein eigenes Zeit-, Raum- und Regelsystem, sie verzaubern uns gewissermaßen. Im spielerischen „So-tun-als-ob" erleben wir höchste affektive Bindungen auch an den Ort des Geschehens. Je stimmiger der Ort, der atmosphärisch inszenierte Rahmen, umso wirkungsvoller ist das Erlebnis.

Thema

Dort, wo keine historischen Anknüpfungspunkte vorhanden sind, können Themen konstruiert und Geschichten erzählt werden. Themenarchitekturen findet man in Shopping Malls ebenso wie in Zoos, Museen oder Freizeitparks, aber auch in Hotels. Die Hotelkasinos von Las Vegas sind unbestrittene Vorreiter auf diesem Gebiet, seit Jay Sarno 1966 das Caesars Palace eröffnet hat, das römische Architektur zitiert, allerdings durch den Filter der zu dieser Zeit gerade äußerst populären Cleopatra-Verfilmung mit Elizabeth Taylor in der Hauptrolle. Der Eintrag einer fiktionalen bzw. narrativen Ebene in die Architektur geschieht bereits im allerfrühesten Entwurfsstadium. Zu einem Thema wird ein Script entwickelt, das wiederum in Raumsequenzen übersetzt wird. Bei solchen Methoden der semantischen Programmierung geht es weniger um die Lesbarkeit der gebauten Formen, als vielmehr um eine atmosphärisch dichte Raumchoreografie. Meist werden Zitate bekannter Vorbilder eingebaut, wiedererkennbar, aber nie im Sinne einer echten Kopie, sondern als Teil eines spielerischen Neuarrangements. So wird das spielerische Moment ihrer Nutzung bereits an der architektonischen Form ablesbar.

Fast schon surreal erscheint die ineinander verschachtelte Raumfolge des Venetian am Strip von Las Vegas. Dabei werden die Kopien einzelner Archi-tekturzitate wie der Fassade des Dogenpalastes sogar von Denkmalschützern gelobt. Die Versatzstücke venezianischer Vorbilder sind allerdings in einer Art dreidimensionalem Bildpuzzle so miteinander kombiniert, dass ein völlig neuartiges Erlebnis entsteht. Wiederum ist hier der Modus des Spielerischen entscheidend für eine adäquate touristische Rezeption der aufwendig inszenierten Environments.

Über die Rialto-Brücke gelangt man ins erste Obergeschoss des Komplexes. Hier betritt man durch die Fassade des Dogenpalastes eine Shopping Mall mit Kanälen und einem etwas verkürzten, aber dennoch beachtlichen Markusplatz unter künstlichem Himmel. Die Kasinowelt, obgleich sie sich immer aufwendiger nach außen, zum Straßenraum hin präsentiert, umfängt den Gast wie in einem immersiven Tagtraum. Vollkommen abgeschirmt von der Außenwelt, mit einer Vielzahl von Angeboten, die nichts vermissen lassen, soll der Gast möglichst lange in einer autarken Unterhaltungsblase gehalten werden.

Literatur und Film

Es gibt eine ganze Reihe von Hotels, die durch Romane oder Filme berühmt geworden sind. Die Ausgangslage scheint jedoch eine andere zu sein als in den zuvor beschriebenen Strategien, wählen die Autoren oder Regisseure die Orte der Handlung, zumindest auf den ersten Blick, unabhängig von der Vermarktungs- oder Inszenierungsstrategie der Hotels aus. So lässt Francis Scott Fitzgerald eine Schlüsselszene in Kapitel sieben seines Erfolgsromans „Der große Gatsby“ im New Yorker Plaza Hotel spielen, während Joseph Roth das Hotel Savoy im polnischen Lodz gleich zum Hauptort seines gleichnamigen Romans macht. Beide Romane spielen um das Jahr 1920, und so werben beide Hotels heute auch mit dem authentischen Flair jener Zeit. Das Plaza hat sich sogar von der Szenenbildnerin Catherine Martin eine Fitzgerald Suite einrichten lassen, nachdem sie für ihr Kostüm- und Szenendesign in der Neuverfilmung des berühmten Romans zwei Oscars erhalten hatte.

Das Hotel des Bains auf dem Lido wurde durch Thomas Manns Novelle „Der Tod in Venedig“ weltberühmt. Das Werk war 1911 entstanden, noch im gleichen Jahr, in dem Mann selbst in dem Hotel zu Gast war. Einige Schweizer Luxushotels haben den Versuch gemacht, einen ähnlichen Effekt zu initiieren, indem sie einige etablierte Schriftsteller eingeladen haben, in jeweils einem der Hotels zu wohnen und darüber eine Kurzgeschichte zu schreiben. Nicht von ungefähr kam man im Jahr 2010 auf diese Idee, nachdem die Übernachtungszahlen auf Grund der Wirtschaftskrise deutlich gesunken waren. Mit solch einer Marketingstrategie spricht man jene gutbetuchten Kultur- und Kunstliebhaber an, die vornehmlich zur Zielgruppe der Hotels gehören dürften.

Noch wirkmächtiger als Literatur setzt das Medium Film Schauplätze in Szene. Hollywood kann als globales Massenmedium einem Ort über Nacht weltweite Popularität verschaffen. Dabei tauchen auch immer wieder Hotels als Filmkulisse auf. Sophia Copollas Hotelfilm „Lost in Translation“ nutzt weidlich die phantastische

Aussicht über Tokio aus der Hotelbar im 52. Stock des Park Hyatt Hotels. Das neobarocke Grandhotel Pupp im tschechischen Karlsbad muss im James-Bond-Streifen „Casino Royal" für ein Hotel in Montenegro herhalten. Den Cocktail, den sich Bond nach einem improvisierten Rezept dort mixen lässt, kann heute jeder Gast an der Hotelbar bestellen. Das Hotel Beverly Wilshire in Los Angeles ist geradezu zur Touristenattraktion geworden, nachdem der in großen Teilen dort gedrehte Hollywood-Film „Pretty Woman" solch ein enormer Erfolg geworden war.

Besonders interessante Cross-Promotion-Effekte ergeben sich, wenn ein großes Filmstudio selbst in die Hotelbranche einsteigt. Der damalige Mehrheitseigner von Metro-Goldwyn-Meyer, Kirk Kerkorian, eröffnete 1993 das MGM Grand in Las Vegas. In der Eingangshalle war eine Themenwelt aus dem Film „Der Zauberer von Oz" nachgebildet, einer der erfolgreichsten MGM-Filmproduktionen. Dem inzwischen selbständig operierenden MGM Resort International gehören neben dem MGM Grand weitere Hotelkasinos in Las Vegas wie das Bellagio und das Mirage. Alle drei Hotelkasinos sind just Schauplätze im Hollywood-Blockbuster „Oceans Eleven", der allerdings vom oft mit MGM kooperierenden Filmstudio Warner Bros produziert wurde. Die drei Hotels werden immer wieder in Szene gesetzt, vor allem natürlich das Bellagio, in dessen Tresorräumen das Geld aufbewahrt wird, auf das es Danny Ocean und seine Helfer abgesehen haben. Am Ende des Films betrachtet die Diebesbande andächtig das Wasserballett vor dem Bellagio.

Außenposten

Hotels in unwegsamen Gebieten, in eisigen Landschaften, in Wüsten, Höhlen, auf Bäumen oder gar unter Wasser markieren einen Ort in einem „unmarked space", einer zuvor weitgehend unberührten Landschaft. Solch ein Außenposten, ein Hotel inmitten wilder Natur, generiert hier überhaupt erst einen unterscheidbaren und damit wahrnehmbaren Ort. Einige Hotels wie das Eishotel Jukkasjärvi in Schweden, das jeden Winter aufs Neue ganz aus Eisblöcken errichtet wird, tauchen wegen ihrer Besonderheit immer mal wieder in den Medien auf. Auch der North Caucasus Mountain Club, in 4.000 Metern Höhe auf der Südseite des Elbrus, des höchsten Berges im Kaukasus gelegen, markiert einen festen Punkt in der bislang kaum erschlossenen Bergregion, deren touristische Erschließung damit vorangetrieben werden soll. Die hochgedämmten röhrenförmigen Gebäudeteile wurden komplett vorgefertigt und dann mit Hubschraubern auf das Plateau gebracht.

Eingriffe in unberührte Natur sind jedoch nicht unumstritten und verlangen nach größter Behutsamkeit. Von Umweltschützern kritisiert wird beispielsweise das Salzhotel Playa Blanca, das sich auf etwa 3.600 Metern Höhe inmitten einer riesigen Salzwüste in den bolivianischen Anden befindet. Das illegal errichtete Hotel, dessen Wände und Möbel aus Salz bestehen, hat es durch Fernseh- und Zeitschriftenberichte zu einiger Bekanntheit gebracht. Dennoch sollte man auf einen

Besuch verzichten und besser in einem der Hotels am Rand des Salzsees übernachten.

Obwohl es inmitten der Downtown von Los Angeles steht, war das Westin Bonaventure zur Zeit seiner Eröffnung im Jahr 1976 ebenfalls eine Art Außenposten. Das Zentrum der kalifornischen Metropole war zu dieser Zeit von leerstehenden Häusern, zu Parkplätzen umgenutzten Brachflächen und den Pappkartonunterkünften der Obdachlosen geprägt. Die besserverdienende Bevölkerung war längst in die Vororte gezogen. Entsprechend wirkt die Architektur des Bonaventure wie eine Festung inmitten einer feindlichen, unwirtlichen Umgebung. Die Eingänge sind versteckt, die mehrgeschossige Lobby liegt weit über dem Straßenniveau und ist vollständig nach innen gekehrt. Die verspiegelten Türme wirken abweisend, die gläsernen Außenfahrstühle schweben hoch über der Stadt an der Fassade empor.

Das vieldiskutierte Hoteldesign des amerikanischen Architekten John Portman wurde bald zur effektvollen Kulisse in Filmen wie „True Lies“ oder „In the Line of Fire“ und zur Touristenattraktion von Los Angeles. Sicher hat es auch seinen Beitrag zur Revitalisierung der Innenstadt geleistet, die Ende des 20. Jahrhunderts zur Rückkehr vieler Besserverdiener in die teilweise zu Loftwohnungen umgebauten Bürotürme am Bunker Hill führte.

Wahrzeichen und Superlative

Viele Metropolen beziehen zumindest einen wichtigen Teil ihrer Identität über sogenannte Signature Buildings, Gebäude, die durch ihre unverwechselbare Form jederzeit wiedererkennbar sind. Das können spektakuläre Museumsbauten wie in Bilbao oder Opernhäuser wie in Sydney sein, auch der Eiffelturm in Paris gehört selbstverständlich in diese Reihe. In Dubai war es bemerkenswerterweise ein Hotel, das auf Grund seiner unverwechselbar-eleganten Form zum Wahrzeichen wurde, und mit seiner medialen Ausstrahlung der rasanten Entwicklung von einer unbedeutenden Hafenstadt zu einer Weltmetropole zum Durchbruch verhalf.

Das Emirat Dubai hat seine Einnahmen aus der sich in den 1960er Jahren entwickelnden Erdölindustrie konsequent in die Entwicklung der Hauptstadt investiert, um diese für die Zeit nach dem Versiegen der Ölquellen als Destination für Urlauber, Kongressbesucher und Geschäftsreisende zu etablieren. Die Strategie der Scheichs ist offensichtlich, immer neue Superlative medienwirksam zu präsentieren – vom höchsten Gebäude oder der größten Shopping Mall der Welt über künstliche Insellandschaften, Indoor-Skihallen oder gewaltige Wasserfontänen – die mediale Resonanz war stets enorm. Aber der Hotelneubau des Burj al Arab brachte den Durchbruch in der weltweiten Wahrnehmung und etablierte Dubai endgültig im obersten Segment der Weltmetropolen.

Der Emir von Dubai hatte Anfang der 1990er Jahre dem britischen Architekturgroßbüro Atkins den Auftrag gegeben, eine Architekturikone zu entwerfen und auch die Gelder dafür zur Verfügung gestellt. Das Vorhaben gelang tatsächlich, das

Hotel prägt heute entscheidend die Identität des gesamten Emirats. Die segelartige Form des Hotels, das auf einer künstlichen Insel vor der Küste ins Meer ragt, ziert als Signet sogar die Autokennzeichen Dubais. Aber auch die Fakten um das angeblich luxuriöseste Hotel der Welt liefern genügend Stoff für die Medien, immer wieder werden die vielen tausend Quadratmeter Blattgold, Carrara-Marmor oder italienischen Mosaiks erwähnt, die in dem Hotel verbaut wurden.

Auch die Skyline des südostasiatischen Stadtstaates Singapur wird seit einigen Jahren von einem Hotel geprägt. Der 2010 eröffnete Komplex des Marina Bay Sands geizt ebenfalls nicht mit Superlativen. Markantestes Merkmal ist die mächtige, 340 Meter lange Plattform, die die drei Türme des Hotels in 191 Metern Höhe miteinander verbindet und zudem noch spektakulär weit auskragt. Dort befindet sich nicht nur ein Dachgarten, sondern auch ein 146 Meter langer, sogenannter Infinity Pool. Der fotografische Blick über den Wasserrand auf Singapur ist inzwischen weltberühmt. Auch hier geht die Strategie auf, mit gigantischem finanziellen und technischen Aufwand Sensationen zu schaffen und so die mediale Aufmerksamkeit hochzuhalten. Sowohl Singapur als auch Dubai rangieren unter den zehn meistbesuchten Städten der Welt.

Man kann also eine Hoteldestination ganz erfolgreich mit einigen Milliarden Dollar erzeugen, wie die letzten Beispiele gezeigt haben, oder mit einer Handvoll Enten, wie eingangs beschrieben. Viel entscheidender als die Höhe der finanziellen Mittel ist oftmals, ob der Ort, in unserem Fall also das Hotel, eine Idee vermittelt, vielleicht eine Geschichte erzählt, die ein Interesse in uns hervorruft. Das Marina Bay Sands erzählt unter anderem von der fast pharaonischen Leistung, ein riesiges Schwimmbecken auf der Spitze dreier Wolkenkratzer zu balancieren, während das Peabody Hotel in Memphis eine lustige Begebenheit aus der eigenen Vergangenheit in ein augenzwinkernd vorgetragenes Showritual verwandelt. Das Hotel Langholmen in Stockholm erzählt von seiner früheren Nutzung als Gefängnis, während das avantgardistische Madrider Hotel Silken Puerto America einen Blick in zukünftige Designwelten wagt. Und schließlich lassen sich Geschichten auch erfinden. Diese Geschichten können den Ort des Hotels auf einer fiktionalen Ebene erweitern, wie es Literatur oder Filme vermögen, oder sie können in die Gestalt des Ortes selbst eingetragen werden, wie es durch semantische Programmierung in Themenhotels geschieht.

Neben der inhaltlichen Ausprägung braucht solch ein Ort natürlich auch eine formale Geste, die es von anderen Destinationen unterscheidbar macht. Das kann die markante Gebäudeform oder eine aufwendige Fassade ebenso sein wie jener Hotelbrunnen mit den Enten. Erst diese Eindeutigkeit und Unverwechselbarkeit einer Form macht sie für kommunikative Zwecke brauchbar, als Zeichen, an das eine Bedeutung gekoppelt werden kann. Die Aufmerksamkeit der Medien, von der letztlich der Erfolg einer Destination abhängig ist, bedient sich sowohl starker Bilder als auch interessanter Inhalte. Aus der Kombination von Form und Inhalt generieren die Medien ein Image, das in den Ort selbst rückübertragen wird und so unsere Wahrnehmung beeinflusst.

Dieses medial generierte Image wird durch den Besucher vor Ort auf seine Stimmigkeit überprüft. Hotels definieren sich in Abgrenzung zu ihrer Umgebung als andere, jenseitige Welten, in die der Gast mit all seinen Sinnen eintauchen kann. Diese abgeschirmte Welt kann als Zufluchtsort vor den Widrigkeiten der Außenwelt dienen, als temporäre Komfort- und Verwöhnzone oder etwa auch als Spielsphäre, wie am Beispiel des Gefängnishotels von Langholmen oder der Themenwelten von Las Vegas gezeigt. Der Gast wechselt dann vom passiv Erlebenden zum aktiven Mitspieler, was die affektive Bindung an den Ort noch erhöht. Von besonderer Bedeutung ist dabei die Inszenierung der Schwelle, die Wahrnehmbarkeit des Übertritts in die Welt des Hotels. Das Übertreten der Schwelle ist immer mit einem temporären Rollenwechsel und der Anpassung an das Regelsystem des Ortes verbunden.

Ich unterscheide vier Ebenen einer erfolgreichen Destination. Die ersten beiden wirken zumeist medial vermittelt aus der Ferne. Das ist zum einen die formale Geste, die einen Ort unterscheidbar und abbildbar macht, und zum anderen die inhaltlich-konzeptionelle Ebene, die einen Ort erzählbar macht. Mit diesem Hintergrundwissen betreten wir die Sphäre des Ortes selbst, in dem die anderen beiden Ebenen zur Wirkung kommen. Hier bietet sich zum einen die Möglichkeit des eher passiven Erlebens, des körperlich-sinnlichen Eintauchens in die Atmosphäre des Ortes. Im besten Fall haben wir aber auch die Option einer spielerisch-aktiven Interaktion in Form etwa von Rollenspielen oder ritualisierten Handlungen.

Kunst, darauf sei zum Schluss noch einmal hingewiesen, hat das Potenzial, diese vier Ebenen miteinander zu vereinen. Die verschiedenen Facetten von Kunst, von Literatur über Theater, Kino, Musik bis hin zu bildkünstlerischen Installationen können einem Ort formale und inhaltliche Originalität ebenso wie spielerische Momente, zur gleichen Zeit also Sinn und Sinnlichkeit, verleihen.

NICOLA ZECH

Crisis Management within the Hotel Industry – Ensuring Business Continuity and establishing a Competitive Advantage

Vorwort

Aktuell – und mehr als je zuvor – stellt effektives Krisenmanagement ein unverzichtbares Management Tool in der internationalen Hotellerie dar. Die professionelle Anwendung dieses Management Tools ermöglicht es Hotels einerseits, betriebliche Kontinuität sicher zu stellen und andererseits, sich bestenfalls einen Wettbewerbsvorsprung und Imagegewinn zu erarbeiten. Empirische Forschung ergab, dass die Hotellerie trotz durchaus existierender herausragender Umsetzungen in weiten Teilen nach wie vor eher zögerlich agiert, wenn es um die Implementierung von tiefgreifenden und strukturierten Krisenmanagement-Konzepten geht. Reaktionen auf Krisensituationen sind hier in der Praxis größtenteils intuitiv und ad-hoc. Jedoch sollte gerade in Zeiten hohen Verdrängungswettbewerbs innerhalb nahezu aller Destinationen, Kategorien und Konzeptionen keine Gelegenheit ausgelassen werden, Gäste sowie andere Stakeholdergruppen von einem vertrauenswürdigen Management zu überzeugen und sich so einen Wettbewerbsvorteil zu verschaffen.

Unter Berücksichtigung der vielfältigen Kooperationsmöglichkeiten eines Hotelbetriebs und seiner entsprechenden Stakeholdergruppen entwickelte die Autorin – basierend sowohl auf theoretischen Grundlagen als auch auf empirischen Forschungsergebnissen – ein ganzheitliches Krisenmanagement-Modell für die Hotellerie. Das Modell neutralisiert die Defizite und Diskrepanzen, die sich durch den Abgleich von grundlegender Krisenmanagement-Literatur und Status Quo bzw. spezifischen Rahmenbedingungen für die Hotellerie ergaben.

Dieser Artikel fokussiert die Anwendung des ganzheitlichen Krisenmanagement-Modells für die Hotellerie auf spezifische vorgegebene Krisenszenarien unter Berücksichtigung der unterschiedlichen Krisentypen. Neben operativen Prozessen, die die betriebliche Kontinuität sicherstellen, werden Aspekte wie Marketing und Preisgestaltung angesprochen.

1. Grundlagen

1.1 Warum es unerlässlich ist, Stakeholder und deren Ansprüche im Krisenmanagement zu berücksichtigen

Wird Krisenmanagement in dem Aspekt der Sicherstellung betrieblicher Kontinuität einerseits sowie der Ableitung von Wettbewerbsvorteilen andererseits betrieben, so wird die Berücksichtigung von Stakeholdern und deren Ansprüchen von essentieller Bedeutung sein. Theoretische Ansätze, die Krisenmanagement und Stakeholder Relationship Management vereinen, werden im Folgenden vorgestellt.

Es ist kaum eine Krisensituation vorstellbar, die keine Stakeholder betreffen würde. Im Gegenteil, typischerweise sind mehrere bis hin zu einer Vielzahl von Stakeholder Gruppen betroffen – evtl. in unterschiedlichem Ausmaß. Die Anzahl an Stakeholdern könnte in (akuten) Krisensituationen sogar steigen oder zumindest könnten sich die Ansprüche der bestehenden Stakeholder ändern oder intensivieren: „Eine weitere [Stakheholder] Gruppe, die während einer Krise hinzukommen kann ist die der Opfer. Opfer könnten vor der Krise Gäste gewesen sein; wenn Sie von der Krise betroffen sind, werden sie zu Opfern."[1] Aus Sicht der Stakeholder kann eine Krise als ein unvorhersehbares Ereignis definiert werden, das ihre Erwartungen gefährdet, die Leistung des Unternehmens ernsthaft beeinflusst und negative Ergebnisse mit sich bringt. Zusätzlich kann eine Krise die soziale Legitimierung (die Kohärenz von Unternehmens- und Stakeholder-Werten) eines Unternehmens in Frage stellen, da nun die Erwartungen der Stakeholder, wie ein Unternehmen agieren sollen herausgefordert werden.[2] Während effektives Krisenmanagement in einem gestärkten Unternehmen resultieren kann, würde der Ansatz „management by crises" die Stakeholder stark strapazieren. Physischen, finanziellen oder psychologischen Schaden für die Stakeholder auszulösen gilt als schlecht möglichstes Ergebnis in diesem Zusammenhang. Die Perspektive der Stakeholder ist essentiell für die Definition einer Krisensituation. In dieser Hinsicht zielt Krisenmanagement darauf ab, die negativen Auswirkungen auf die Stakeholder zu vermeiden oder zu verringern und sie dadurch zu schützen. Die Effektivität von Krisenmanagement wird daher häufig durch Stakeholder hinsichtlich der deutlich sichtbaren Reaktionen auf Krisen bewertet.[3] Gerade in Krisenzeiten scheint es nicht ausreichend zu sein, ausschließlich die Interessen der Shareholder zu berücksichtigen. Je nach Krisentyp können einige wenige oder mehrere Stakeholder besonders betroffen sein und gezielte Aufmerksamkeit benötigen. Die Priorisierung (d.h. der Grad, zu dem Manager Vorrang gegenüber Ansprüchen konkurrierender Stakeholder gibt) be-

---

1 Keri K. Stephens, Patty Callish Malone and Christine M. Bailey, 'Communicating with Stakeholders during a Crisis', *Journal of Business Communication*, 42 (2005), 390–419, p. 395.

2 R. Edward Freeman, *Strategic Management – a Stakeholder Approach* (Cambridge: Cambridge University Press, 1984).

3 W. Timothy Coombs, 'Parameters for Crisis Communication', in *The Handbook of Crisis Communication*, ed. by W. Timothy Coombs and Sherry J. Holladay (Blackwell Publishing Limited, 2010), pp. 17–53.

troffener Stakeholder kann sich während einer Krise dramatisch verändern. Auch wenn dies nicht für alle denkbaren Krisensituationen möglich sein wird, so sollten Manager dennoch mögliche Veränderungen der Priorisierung einzelner Stakeholder simulieren.[4] Da Stakeholder (definitionsgemäß) einen Anspruch an das Unternehmen haben, hat dieses Unternehmen mindestens eine moralische Verpflichtung zur Einbeziehung der Stakeholder in den Krisenmanagement-Prozess.

Zusammenfassend kann gesagt werden, dass die grundlegende Literatur sowohl betriebliches Krisenmanagement als auch Stakeholder Management als vielversprechende Management-Ansätze herausstellt, allerdings unter der Prämisse, dass sie strategisch angegangen werden. Dies impliziert gründliche Vorbereitung, die Investition von Zeit und Arbeitskraft, wiederkehrende Trainings, Kontrolle sowie Weiterentwicklung und nicht zuletzt unerschütterliche Unterstützung durch die Unternehmensleitung. So können betriebliche Krisen nur mit möglichst geringen Folgen überstanden werden, indem unterschiedliche denkbare verursachungsgerechte Szenarien bereits vor einer konkreten Krisensituation durchgespielt werden. Dabei sollten die verschiedenen Krisenmanagement-Phasen sowie die entsprechenden Krisenmanagement-Tools sorgfältig durchdacht werden. Im Hinblick auf Stakeholder Relationship Management sollte in diesem Zusammenhang unbedingt eine sog. Stakeholder Map (eine grafische Darstellung der Stakeholder-Beziehungen) unter Berücksichtigung der Unternehmensspezifika gezeichnet werden und Machtstellung, Einfluss sowie Priorisierung der einzelnen Stakeholder bewertet werden.

1.2 Status Quo und spezifische Rahmenbedingungen

Grundlegend für die Entwicklung des ganzheitlichen Krisenmanagement-Modells für die Hotellerie wurde eine empirische Datenerhebung sowohl innerhalb des Hotelmanagements und einem branchennahen Expertenkreis mittels teil-strukturierten Experteninterviews als auch in 3 Stakeholder-Gruppen (Hotelmitarbeiter, Hotelgäste, DMOs) ceteris paribus mittels Fragebogen durchgeführt. In der Folge wurden basierend auf qualitativer wie quantitativer Datenanalyse der Status Quo angewandten Krisenmanagements in der Hotellerie einerseits und die Wahrnehmung dessen bzw. die Anforderungen an dieses von Seiten der Stakeholder andererseits ermittelt. Dies immer auf Grundlage der spezifischen Rahmenbedingung der Zugehörigkeit der Hotellerie zum Dienstleistungssektor und der Tourismusbranche mit all deren Charakteristika.[5]

Nachfolgend ein Auszug relevanter Forschungsergebnisse, die insbesondere den Entwicklungsprozess des ganzheitlichen Krisenmanagement-Modells für die Hotellerie und seine Anwendung beeinflusst haben:

4 Can M. Alpaslan, Sandy E. Green and Ian I. Mitroff, 'Corporate Governance in the Context of Crises: Towards a Stakeholder Theory of Crisis Management', *Journal of Contingencies and Crisis Management*, 17 (2009), 38–49.

5 Nicola Zech, 'The Role of Stakeholder Relationship Management – Crisis Management Processes within the Hotel Industry in a Tourism Context', Expert Journal of Business and Management, 3 (2015), 27–37.

- Hotelmitarbeiter schätzen Krisenbewusstsein und Krisenbereitschaft ihrer Hotels überwiegend als verbesserungswürdig ein. Dies liegt zum Teil sicher an tatsächlich mangelhaftem Krisenmanagement, zum Teil aber auch an mangelhafter Information bzw. Nichtvorhandensein einer Imagekampagne.
- Kettenhotels werden generell so eingeschätzt, dass sie mit Krisensituationen besser umgehen können als privat geführte Hotels. Diese Einschätzung könnte auf generell in der Kettenhotellerie vermehrt eingesetzte standardisierte Prozesse zurückgeführt werden. Die Empirie stützt diese subjektive Einschätzung der vermehrt angewandten strukturierten Krisenmanagement-Prozesse in der Kettenhotellerie gegenüber der privat geführten Hotellerie allerdings nicht nachhaltig.
- Krisenmanagement-Trainings werden als effektivstes Krisenmanagement-Tool empfunden – z.B. im Vergleich zur Bereithaltung von Notfallplänen.
- Während Hotelmitarbeiter und Hotelgäste „Gästezufriedenheit“ als das Verhalten gewählt haben, das am ehesten mit Vertrauen assoziiert wird, haben DMOs „langfristige Geschäftsbeziehung“ gewählt. Dies könnte mit den unterschiedlichen Geschäftsbeziehungen, die die entsprechenden Stakeholder-Gruppen mit einem Hotel haben, begründet werden. Beide Antworten zielen jedoch auf den Zusammenhang von Vertrauen in einen Hotelbetrieb und Treue in der Zusammenarbeit ab.
- Ein Sicherheitszertifikat basierend auf dem ganzheitlichen Krisenmanagement-Modell für die Hotellerie – das in dieser Form bisher nicht existiert – wird als effektivste Maßnahme, um Vertrauen aufzubauen, wahrgenommen.
- Alle Stakeholder-Gruppen sind von der Möglichkeit überzeugt, Krisenauswirkungen durch die aktive Stakeholder-Beteiligung in Vor-/Akut- und Nach-Krisenphasen mindern zu können.

Aufgrund der Heterogenität der Hotelbetriebe und angebotenen Dienstleistungen, kann es keinen allumfassenden Krisenmanagement-Leitfaden geben. Vielmehr dient das entwickelte Modell als Grundlage für die Anpassung an die betriebsspezifischen Gegebenheiten und Krisenszenarien – und auch hier dürfte eine regelmäßige Überprüfung der Gegebenheiten und wiederkehrende Anpassung vonnöten sein. Um nun überhaupt tatsächlich szenario-basiertes Krisenmanagement betreiben zu können, wurde eine hotellerie-spezifische Krisentypologie entwickelt. Diese verursachungsgerechte Typologie basiert auf den Rahmenkonzeptionen anerkannter Krisenmanagement-Autoren:

Abbildung 1: Hotellerie-spezifische Krisentypologie
(eigene Darstellung)

Der Aspekt makro/mikro wurde hinzugenommen, um eine weitere Verfeinerung der Krisentypen zu erreichen. Während bei makro-Krisentypen weder Verursachung noch Ablauf der Krise weitreichend vom Hotel zu vertreten oder zu beeinflussen sind, sind bei mikro-Krisentypen die Handlungsalternativen deutlich größer.

Nur wenn ein zugrundeliegender Krisentyp detailliert bestimmt wurde, können Ursachen und Auswirkungen umgehend behandelt werden. Jedoch muss dabei beachtet werden, dass eine Krisensituation unter Umständen evtl. gleichzeitig mehreren Krisentypen zugeordnet werden kann.[6]

2. Kapitel II – Die Anwendung des ganzheitlichen Krisenmanagement-Modells für die Hotellerie im Sinne der Sicherstellung betrieblicher Kontinuität sowie der Erarbeitung eines Wettbewerbsvorsprungs

2.1 Das ganzheitliche Krisenmanagement-Modell für die Hotellerie

Basierend auf theoretischen und empirischen Erkenntnissen wurde das ganzheitliche Krisenmanagement-Modell für die Hotellerie entwickelt. Der anerkannte Krisenmanagement-Kreislauf wurde auf die Hotelmanagement-Spezifika angepasst und um den Aspekt des Stakeholder Relationship Managements ergänzt.

6 Nicola Zech, 'Stakeholder Relationship Management in the Context of Crisis Management', in *New Challenges of Economic and Business Development - 2013 International Scientific Conferece*, 2013, pp. 681–92.

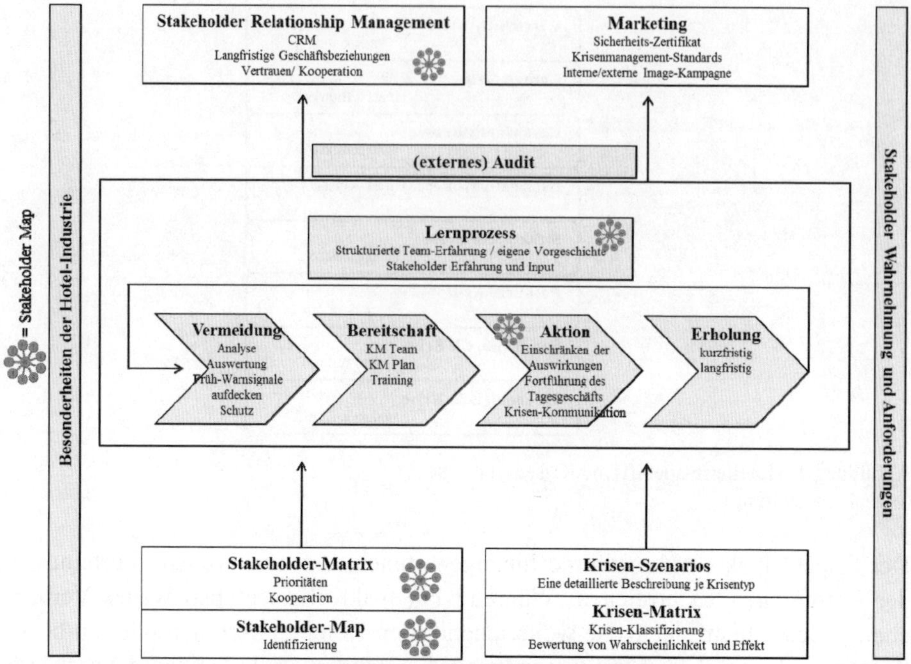

Abbildung 2: Ganzheitliches Krisenmanagement-Modell für die Hotellerie (eigene Darstellung)[7]

Im Kern des Modells befindet sich der eigentliche Krisenmanagement-Prozess mit den Phasen Vermeidung/Bereitschaft/Aktion/Erholung/Lernprozess. Dieser wird einerseits durch die Besonderheiten der Hotel-Industrie, andererseits durch die Wahrnehmungen und Anforderungen der Stakeholder beeinflusst. Die Rosette, die symbolhaft für die Stakeholder Map steht, markiert im Modell diejenigen Stellen und Prozesse, bei denen ein aktives Einbeziehen interner wie externer Stakeholder in den Krisenmanagement-Prozess besonders sinnvoll erscheint. Um nun das Modell auf einzelne Hotelbetriebe oder Hotelketten anpassen zu können, wurden zwei grundlegende Ablaufschritte integriert: erstens die Identifizierung der tatsächlich relevanten Stakeholder-Gruppen mit anschließender Erstellung einer Stakeholder-Matrix, die Prioritäten der Stakeholder sowie Kooperationsmöglichkeiten mit ihnen generell evaluiert; zweitens die Erarbeitung von maßgeschneiderten Krisen-Szenarios auf Grundlage einer Krisen-Matrix, die die Krisentypen hinsichtlich ihrer Wahrscheinlichkeit und ihrer Auswirkung für den entsprechenden Hotelbetrieb klassifiziert. Neben dem zentralen Krisenmanagement-Aspekt bietet das Modell eine Grundlage, das Stakeholder Relationship Management auszubauen und Marketingmaßnahmen evtl. neu zu positionieren. Außer dem möglichst reibungslosen

7 Nicola Zech, 'The Integrated Crisis Management Model for the Hotel Industry: Lowering Crisis Susceptibility and Strenghtening Stakeholder Relationship Management', *Expert Journal of Business and Management*, 4 (2016), 28–37.

Ablauf von Krisen und der Reduzierung der Krisenauswirkungen verfolgt das Modell somit zwei hauptsächliche Zielsetzungen, die sich aus der qualitativen empirischen Forschung ergeben haben:

1. Entwicklung eines Krisenmanagement-Modells, das auch als Tool dient, Gäste- und Mitarbeiter-Zufriedenheit zu erhöhen,
2. Entwicklung eines Krisenmanagement-Modells, das langfristige und nachhaltige (Geschäfts-)Beziehungen zu weiteren externen Stakeholder-Gruppen unterstützt und fördert.

Das ganzheitliche Krisenmanagement-Modell für die Hotellerie schließt als theoretisches Gerüst die Lücke zwischen anerkannten Krisenmanagement-Grundlagen und Status Quo bzw. spezifischen Rahmenbedingungen in der Hotellerie. Nachfolgend werden Techniken und Möglichkeiten aufgezeigt, wie das Modell in der betrieblichen Praxis eingesetzt und angewendet werden kann. Dabei muss klar sein, dass es sich beim Einsatz des Modells nicht um die einmalige Anwendung eines neuen Management-Tools handeln kann, sondern um einen Paradigmen-Wechsel. Dies scheint angesichts der Tatsache, dass die Verwundbarkeit der Hotellerie in den kommenden Jahren aufgrund ihrer komplexen Struktur und ihrer gegenseitigen Abhängigkeit von internen und externen Stakeholdern tendenziell noch weiter zunehmen wird, mehr als ratsam.[8] Die bisher zumindest teilwiese standardisierten angebotenen Dienstleistungen werden zunehmend individualisiert. Dieser Mangel an Homogenität der Produkte spricht für die Einführung von für individualisierten Prozessen, die exakt auf die betrieblichen Anforderungen abgestimmt sind.

2.2 Krisenszenarien

Um das vorgestellte ganzheitliche Krisenmanagement-Modell auf die spezifischen Gegebenheiten einzelner oder mehrerer Hotelbetriebe anpassen zu können, sind grundlegend eine individualisierte Stakeholder Map zur Definition der entsprechenden Stakeholder-Gruppen (mit formellen oder informellen Beziehungen zum Hotelbetrieb) sowie eine Krisenmatrix auf Grundlage der in Abb. 1 vorgestellten Krisentypologie zu erstellen. Ein Beispiel für eine solche Krisenmatrix für ein Hotel könnte wie in Abb. 3 dargestellt aussehen.

Die subjektive Bewertung erfolgt hierbei in den Werten 1-5, wobei 5 jeweils den höchsten Grad an Wahrscheinlichkeit bzw. Effekt darstellt. Eine solche Krisenmatrix basiert einerseits auf historischen Daten der Krisen-Vergangenheit eines Hotels, andererseits aber auch auf subjektivem Empfinden und ortstypischen Risikofaktoren (z.B. geografische Lage, politisches Klima, etc.).

[8] Joan C. Henderson, *Tourism Crises - Causes, Consequences & Management* (Oxford: Butterworth-Heinemann, 2007).

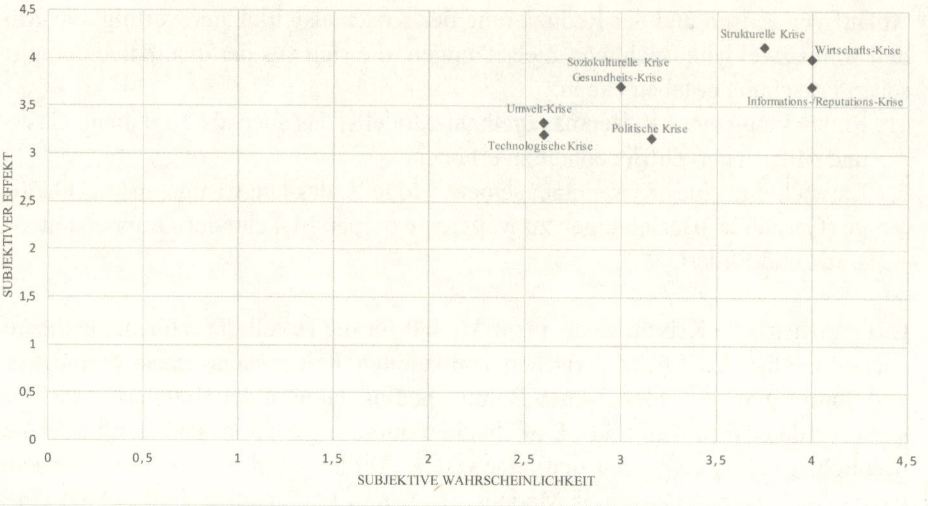

Abbildung 3: exemplarische Krisenmatrix als Grundlage für die Szenario-Technik im Krisenmanagement in der Hotellerie
(eigen Darstellung)

In einem nächsten Schritt werden grundlegende Krisen-Audits – die Interviews sowohl mit internen als auch mit externen Stakeholdern beinhalten – durchgeführt, um die generelle Krisenbereitschaft des Hotels zu evaluieren. So wird der Lernprozess aus der eigenen betrieblichen und persönlichen Krisenerfahrung um die Erfahrung der unterschiedlichsten Stakeholder-Gruppen ergänzt und bereichert.

Für die Erstellung eines detaillierten Krisenmanagement-Plans, der etwa in Form eines Handbuches intern veröffentlicht sein kann, werden nun ausführliche Krisenszenarien für jeden der acht vorgestellten Krisentypen ausgearbeitet. Zur weiteren Verfeinerung könnte beispielsweise zusätzlich auch auf Best-Case- und Worst-Case-Szenarios eingegangen werden. Tab. 1 zeigt eine exemplarische Stakeholder-Taktik-Matrix, die für jedes dieser Szenarien einzeln angepasst und ausgefüllt werden muss.

Die aufgeführten Kommunikationsmöglichkeiten mit Stakeholdern können mit Brücken zu internen und externen Stakeholder-Gruppen assoziiert werden, die dazu dienen, gemeinsame Ziele besser erreichen zu können.[9] In diesem speziellen Fall kann das gemeinsame Ziel die schnelle und möglichst reibungslose Überwindung von Krisensituationen sein. Mit Hilfe dieser Matrix kann szenario-abhängig bereits im Vorfeld eruiert werden, ob und in welchem Umfang diese Brückenbildung mit den entsprechenden Stakeholder-Gruppen sinnvoll erscheint. Insofern können mit dieser Technik, sofern sie verinnerlicht und konsequent angewendet wurde, Krisen gemeinsam besser überwunden werden, als dies alleine möglich wäre.

9 Jeffrey S. Harrison and Caron H. St. John, 'Managing and Partnering with External Stakeholders', *The Academy of Management Executive*, 10 (1996), 46–60.

Stakeholder-Gruppen	Klassi-fizier-ung	Priorisierung in Krisen-situationen	Ökonom./ Polit. Macht	Einfluss	Koopera-tions-Möglich-keiten	Kommuni-kations-Taktik
Mitarbeiter						
Manager						
Gäste						
Wettbewerber						
Zulieferer						
Anteilseigner						
Vertriebspartner						
Medien						
Gemeinwesen						
(Aufsichts-) Behörden						
Natürlicher Lebensraum						

Tabelle 1: exemplarische Stakeholder-Taktik-Matrix als Grundlage für die Szenario-Technik im Krisenmanagement in der Hotellerie
(eigene Darstellung)

Erst wenn also diese Krisenszenarien detailliert dokumentiert und die daraus gezogenen Schlüsse für die ideale Reaktion festgehalten und regelmäßig in entsprechenden Teams trainiert wurden, können die betriebliche Kontinuität in Krisensituationen bestmöglich sichergestellt und die operativen Prozesse optimiert werden.

2.3 Marketing

Sowohl Urlaubs- als auch Geschäftsreisende sehen Sicherheit als essentiellen Faktor auf Reisen an. Transportunternehmen wie z.B. Fluggesellschaften oder Busunternehmen haben bereits vergleichsweise hohe Sicherheitsstandards und strukturierte Krisenmanagement-Prozesse in ihre betrieblichen Abläufe implementiert. Marketing von Sicherheit auf Reisen jedoch erfordert angewandtes Krisenmanagement in allen Einzelschritten – so eben auch im Beherbergungsbereich.

Bereits seit geraumer Zeit stützen sich internationale Konzerne auf die veröffentlichten Nachhaltigkeitsstandards von Hotels und Kongresszentren, um deren eigenes „grünes Gewissen“ und ihre Reputation aufzubessern. In naher Zukunft werden diese Konzerne analog nach angewandten Krisenmanagement-Standards fragen. In diesem Sinne kann die Implementierung des ganzheitlichen Krisenmanagement-Modells für die Hotellerie aktiv für Marketingmaßnahmen genutzt werden. Gäste werden sich in Zeiten, die wohl auch weiterhin von politischer Instabilität in weiten Teilen der Erde und zunehmender Transparenz der Hotelangebote geprägt sein werden, für das augenscheinlich sicherere Hotel entscheiden.

Sicherheitsmaßnahmen zur Krisenprävention oder –bewältigung können durchaus sinnvoll in die Marketingmaßnahmen eines Hotels integriert werden. Dabei sollte allerdings darauf geachtet werden, dass durch das Ansprechen der Möglichkeit auftretender Krisen nicht erst recht Unsicherheit beim potentiellen Gast erzeugt wird, sondern vielmehr das Gefühl von Gewappnetsein für alle Eventualitäten. In diesem Zusammenhang kann es empfehlenswert sein, gar nicht erst von Krisenmanagement, sondern vielmehr von Sicherheitsmanagement zu sprechen. Auch wenn der Kerngedanke derselbe ist, so könnte mit dieser begrifflichen Anpassung die Verunsicherung beim Gast evtl. gemindert werden. Mit der Einführung eines sog. Sicherheits-Zertifikats auf Basis des ganzheitlichen Krisenmanagement-Modells für die Hotellerie könnte eine Transparenz beim Gast bzgl. der implementierten Krisenmanagement-Prozesse und –verantwortlichkeiten erzeugt werden. Das Zertifikat sollte analog zu weiteren z.B. ISO-Zertifizierungen nachvollziehbare Kriterien im internationalen Standard abdecken, allerdings die individuelle Anpassung auf den entsprechenden hotelbetrieblichen Anforderungen erfordern. Die empirische Forschung hat bestätigt, dass die Einführung eines solchen Sicherheits-Zertifikats – womit nachgewiesen wird, dass sämtliche empfohlenen Krisenmanagement-Prozesse implementiert wurden – als effektivstes Krisenmanagement-Tool im Hinblick auf die Bildung von Vertrauen beim Gast angesehen wird.

2.4 Preisgestaltung

Gästezufriedenheit wurde von der befragten Stakeholder-Gruppe „Hotelgäste" am ehesten mit dem Begriff Vertrauen assoziiert, gefolgt von langfristiger Geschäftsbeziehung und geringerer Ratensensibilität. Dies ist ein klarer Indikator dafür, dass die Anwendung des ganzheitlichen Krisenmanagement-Modells für die Hotellerie einen positiven Einfluss auf die Gestaltung der Hotelpreise (Zimmer, Verpflegung und Veranstaltungen) haben kann, indem das Vertrauen der Gäste in den Hotelbetrieb gestärkt und in der Folge die Ratensensibilität gesenkt wird. Langfristig können daher bei professioneller Modell-Umsetzung und entsprechendem Marketing die Preise gegenüber vergleichbaren Hotels erhöht werden, ohne dabei Buchungen zu verlieren.

Nachvollziehbarer Weise können hier keine prozentualen oder absoluten Angaben zur möglichen Erhöhung der Hotelpreise aufgrund von implementierten Krisenmanagement-Prozessen gemacht werden, da diese Indikatoren nur schwer von anderen Einflüssen auf Preisgestaltung mit Unterstützung von Yield Management separiert werden können.

3. Ausblick und Empfehlungen

Außer Frage steht, ob ein Unternehmen eine betriebliche Krise durchleben muss, es geht lediglich darum, welche Art von Krise, wie genau sie sich auswirkt und wann sie eintritt.[10] Allerdings stellt sich durchaus die Frage, was hält nach wie vor (wie in der empirischen Forschung bestätigt) eine Vielzahl an Hotels verschiedenster Konzeptionen davon ab, ein professionelles Krisenmanagement-System zu implementieren und stattdessen weiterhin teilweise ausschließlich auf ad-hoc-Entscheidungen zu setzen. Genannt wurden in den Experteninterviews und Fragebögen Gründe, die auch im betrieblichen Alltag immer wieder genannt werden – diese sind unter anderem: Zeit- und Fachkräftemangel, unspektakuläre eigene Krisenhistorie, geschätzt geringere Kosten durch eventuelle Krisensituationen als durch Investition in Krisenprävention bzw. ein Krisenmanagement-System. Wie also können Hotels dazu angeregt werden, Zeit und Arbeitskraft in die Etablierung eines Krisenmanagement-Systems zu investieren und wie können sie von den Vorteilen der Sicherstellung betrieblicher Kontinuität sowie der Erarbeitung von möglichen Wettbewerbsvorteilen überzeugt werden?

Dies könnte natürlich einerseits durch regulatorische oder gesetzliche Vorgaben – beispielsweise analog zum HACCP-Konzept in der Hotellerie und Gastronomie – und die Einführung eines anerkannten branchengerechten und evtl. verplichtenden Sicherheits-Zertifikats auf Grundlage des ganzheitlichen Krisenmanagement-Modells für die Hotellerie geschehen. Andererseits ist es gut vorstellbar, dass zukünftig mehr Druck von Gästen und weiteren Stakeholder-Gruppen hinsichtlich transparenter Krisenmanagement-Prozesse ausgeübt wird und sich der Marketing-Aspekt eher reaktiv gestaltet.

Quellenverzeichnis

Alpaslan, Can M., Sandy E. Green, and Ian I. Mitroff, 'Corporate Governance in the Context of Crises: Towards a Stakeholder Theory of Crisis Management', *Journal of Contingencies and Crisis Management*, 17 (2009), 38–49

Coombs, W. Timothy, 'Parameters for Crisis Communication', in *The Handbook of Crisis Communication*, ed. by W. Timothy Coombs and Sherry J. Holladay (Blackwell Publishing Limited, 2010), pp. 17–53

Freeman, R. Edward, *Strategic Management - a Stakeholder Approach* (Cambridge: Cambridge University Press, 1984)

Harrison, Jeffrey S., and Caron H. St. John, 'Managing and Partnering with External Stakeholders', *The Academy of Management Executive*, 10 (1996), 46–60

Henderson, Joan C., *Tourism Crises - Causes, Consequences & Management* (Oxford: Butterworth-Heinemann, 2007)

Mitroff, Ian I., Christine M Pearson, and L. Katharine Harrington, *The Essential Guide to Managing Corporate Crises - a Step-by-Step Handbook for Surviving Major Catastrophes* (New York: Oxford University Press, 1996)

Stephens, Keri K., Patty Callish Malone, and Christine M. Bailey, 'Communicating with Stakeholders during a Crisis', *Journal of Business Communication*, 42 (2005), 390–419

[10] Ian I. Mitroff, Christine M Pearson and L. Katharine Harrington, *The Essential Guide to Managing Corporate Crises - a Step-by-Step Handbook for Surviving Major Catastrophes* (New York: Oxford University Press, 1996).

Zech, Nicola, 'Stakeholder Relationship Management in the Context of Crisis Management', in *New Challenges of Economic and Business Development - 2013 International Scientific Conferece*, 2013, pp. 681–92

Zech, Nicola, 'The Integrated Crisis Management Model for the Hotel Industry: Lowering Crisis Susceptibility and Strenghtening Stakeholder Relationship Management', *Expert Journal of Business and Management*, 4 (2016), 28–37

Zech, Nicola, 'The Role of Stakeholder Relationship Management – Crisis Management Processes within the Hotel Industry in a Tourism Context', *Expert Journal of Business and Management*, 3 (2015), 27–37

GERMANN JOSSÉ

Business-Impact-Analyse im Beherbergungswesen

Sehr geehrte Damen und Herren!

Nicht jede externe Krise ist ein Auslöser für eine Störung – und Störungen stehen bei diesem Vortrag im Fokus. Beispiele für schwere, teils existenzbedrohende Störungen (bzw. deren Verursacher) sind:[1]
- Lawinenunglück,
- Hochwasser,
- Tsunami,
- Brände, aber auch
- der Wegfall externer Infrastruktur.

Genauso kann der Auslöser einer Störung aber auch „hausgemacht“ sein, z.B. drastische Qualitätsmängel aufgrund fehlender Fachkenntnisse (und Kontrolle) oder ein Ausbleiben der Gäste wegen Renovierungsstaus.

Gegenstand von BCM sind sämtliche vitalen Einschnitte in die Geschäftsprozesse, z.B. wenn die Zufahrtsstraße gesperrt ist. Das ist keine klassische Katastrophe, es sei denn, es wäre ein Felsbrocken hinuntergestürzt. Und doch kann eine derartige Störung sehr nachhaltige und durchaus langfristige Schäden verursachen. Eine weitere Störung wäre der Bau einer U-Bahn wie derzeit in Karlsruhe – und diese dauert nicht nur zwei bis drei Monate! Speziell für Existenzgründer oder Unternehmen in einer bereits angespannten Situation kann sich das als K.O.-Kriterium erweisen.

Vielfach heißt es, eine Krise oder Störung käme plötzlich, unerwartet und von außen; aber das stimmt nicht nur bedingt: Oft genug werden die ersten Alarmsignale schlichtweg übersehen oder es wird zumindest versäumt, die wahren Ursachen von Missständen aktiv anzugehen. Und manche Störung ist nicht nur nicht unerwartet, sondern sogar regelrecht planbar: Ein einfaches Beispiel dafür ist die Renovierung oder ein geplanter Umbau. Der Zeitpunkt ist teilweise selbst wählbar und doch sind diese Maßnahmen mit einer Störung der operativen Prozesse verbunden. Es muss also nicht immer gleich die große Katastrophe sein.

Bei Verbundbeziehungen können Störungen z.B. beim Kooperationspartner Auswirkungen auf das eigene Geschäft, z.B. hinsichtlich des Angebots, haben. Die Ur-

[1] Vgl. Jossé (2004), S. 193.

sache an sich muss also nicht im Hotel selbst liegen und kann jeden jederzeit in allen Varianten treffen.

Beispiele für typische Störungen in der Hotellerie sind:

- Verlust eines oder mehrerer Sterne
- Lärm und schlechte Erreichbarkeit wegen (Straßen-)Bauarbeiten in unmittelbarer Nähe
- Wegen eines Felssturzes auf der Strecke fürchten sich Kunden und müssen lange Umwege in Kauf nehmen
- Kundensegment bricht weg
- hohe Fluktuation
- hohe Volatilität und saisonale Schwankungen der Auslastung und Umsätze
- Abwanderung der Kunden zu attraktiveren Konkurrenzhotels
- sinkendes Image aufgrund von Renovierungsstau
- Attraktivität des Stand-/Kur- oder Tagungsortes sinkt
- …

Auch das Umfeld eines Hotels ist wichtig. Wenn immer mehr Hotels in der Umgebung schließen und damit Ausweichmöglichkeiten wegfallen, wird das Hotel an sich für größere Veranstalter uninteressant.

Kleinste Ursachen und Störungen, deren Wurzeln gar nicht bei uns liegen müssen, werden aber durch irgendwelche Ereignisse bei uns verstärkt, was teilweise bis zur Existenzvernichtung führen kann. Denken Sie nur einmal an die aktuelle Lage, z.B. ein Hotel in einem brisanten Gebiet wie der Türkei: Will der sensible Reisende dort nicht mehr hin, leidet die Hotellerie. Solche politischen, konjunkturellen oder auch ökologischen Rahmenbedingungen entziehen sich oft unserer direkten Beeinflussbarkeit. Trotzdem müssen wir schauen, wie wir damit umgehen und inwieweit wir die Umstände eventuell proaktiv mitgestalten können. Insgesamt ist eine zunehmende Aufmerksamkeit für katastrophenartige Ereignisse und ein wachsendes Bewusstsein für Krisen zu bemerken, wobei gleichzeitig an Bestehendem festgehalten wird – oft genug wird mit alten Rezepten gearbeitet, ohne umfassende Analyse und ohne der Vernetztheit und oftmals Neuartigkeit von Störungen und deren Ursachen Rechnung zu tragen.

Was ist das Ziel von Business Continuity? BCM will die Kontinuität der betrieblichen Prozesse sowie die Leistungsfähigkeit im Falle von Großstörungen aufrechterhalten. Großstörungen sind Störungen mit hohem destruktivem Potential, die eine empfindliche, nachhaltige Schädigung bewirken können und die nicht mit den üblichen Einrichtungen und Routinen bewältigt werden. Das bedeutet, dass es nicht nur um das Operative geht, also z.B., dass der Gast bedient werden kann und die Übernachtungsleistung stattfindet, sondern es geht auch um die strategische Ebene, dass wir morgen noch da und dass uns adäquate Kundensegmente noch zur Verfügung stehen.

Für wen ist BCM sinnvoll? Grundsätzlich für jede Institution, für die eine Störung gravierende Folgen haben kann. Damit bezieht sich Business Continuity nicht nur auf Betriebe, sondern auch auf Gebietskörperschaften (Staaten, Landkreise, Kommunen und dgl. bei Migrationsbewegungen, Pandemien usw.) sowie Destinationen. Für uns als Beherbergungsbetrieb müssen wir BCM aus zwei Perspektiven betrachten: Einerseits können und sollten wir Kontinuitätsmanagement von uns aus als Hotel aktiv gestalten (interne Sicht), andererseits müssen man natürlich auch die Verbundbeziehungen in der Destination, im Ort oder in der Stadt sehen (externe Sicht). Beispiele dafür wären Kooperationspartner, Verkehrsanbindungen oder öffentliche Einrichtungen – mithin auch das komplette ursprüngliche und abgeleitete Angebot. (und daraus induzierten Störungen).

BCM geht es nicht um operativ bewältigbare Störungen wie z.B. klassischen Krankheitsausfall, übliche Defekte an Einrichtungsgegenständen o.ä., sondern um das Herausfiltern, Analysieren und Handhaben von sog. Großstörungen. Diese bergen die Gefahr von nachhaltigen Schädigungen bis hin zur Existenzvernichtung.

Im Fokus von BCM sind Störungen; das sind zum einen *Unterbrechungen* (Autobahn komplett gesperrt) oder *Beeinträchtigungen* (alle außer einer Spur gesperrt). Das Beispiel zeigt uns, dass wir mit unseren Maßnahmen ein wenig spielen können. Bauen wir das Hotel auf einen Schlag um oder eher Trakt für Trakt bzw. Etage für Etage?

Um den Störungen zu begegnen, sind mehrere abgestufte Varianten und Zielsetzungen möglich: Zum einen will Business Continuity Management eine rasche Wiederherstellung der Geschäftsfähigkeit. Noch besser wäre es, wenn die Beeinträchtigungen so gering wie möglich sind. Im besten Fall hätten wir gar keine spürbaren Auswirkungen, also eine Störung, die der Gast und der Umsatz überhaupt nicht mitbekommen. So kann etwa ein Personalausfall durch Überstunden aufgefangen werden. Der Optimalfall jedoch wäre, wenn die Ursache zwar da wäre, allerdings keine Störung für den Betrieb entsteht. Ein Beispiel hierfür wäre, dass wir ein Hotel in einem erdbebengefährdeten Gebiet errichtet haben, wir es allerdings erdbebensicher gebaut haben. Der Auslöser mag zwar da sein, aber unser Hotel ist dann nicht davon betroffen.

Betrachten wir als Beispiel den Verlust eines Sterns. Es stellt sich manchmal die Frage: Was ist die Ursache, was ist Störung, was ist Folge? In der Tat spielt das kaum eine große Rolle, da BCM primär *auswirkungsbezogen* ist: Sie betrachten also immer die Auswirkungen. Wenn jetzt ein Stern verloren geht, hatten Sie davor diverse Qualitäts- und Managementmängel. Folgen davon waren dann u.a. Umsatzeinbußen.

Hochwasser wiederum ist eine Ursache und Folgen davon wäre beispielsweise, dass der Betrieb nicht fortgeführt werden kann. Maßnahmen, wie z.B. der Aufbau eines Lagerpuffers, können bei vielen verschiedenen Ursachen helfen, egal wodurch der Engpass bzw. die Störung im Detail bedingt wird. Sie müssen also nicht jede einzelne mögliche Ursache kennen, um trotzdem auf Störungen gewappnet zu sein! Hier unterscheidet sich BCM auch durchaus vom klassischen Risikomanagement.

Beispiele für nachhaltige Störungen:

- Inhaber fällt aus
- Schlüsselpersonen fehlen (und können nicht schnell ersetzt werden)
- negative Berichterstattung
- Durchführen von Baumaßnahmen (im/am/ums Hotel)
- Parkhaus wegen Einsturzgefahr geschlossen
- Küche droht Schließung aus Hygienegründen
- Einbruch der Absatzzahlen
- Cyber-Attacke
- …

Dies alles sind Beispiele für Fälle aus der Praxis. In jedem Fall ist zu prüfen, worin die Störung genau besteht und wie sie zu bewältigen ist. Die folgende Grafik zeigt die Vorteile von Business Continuity Management:

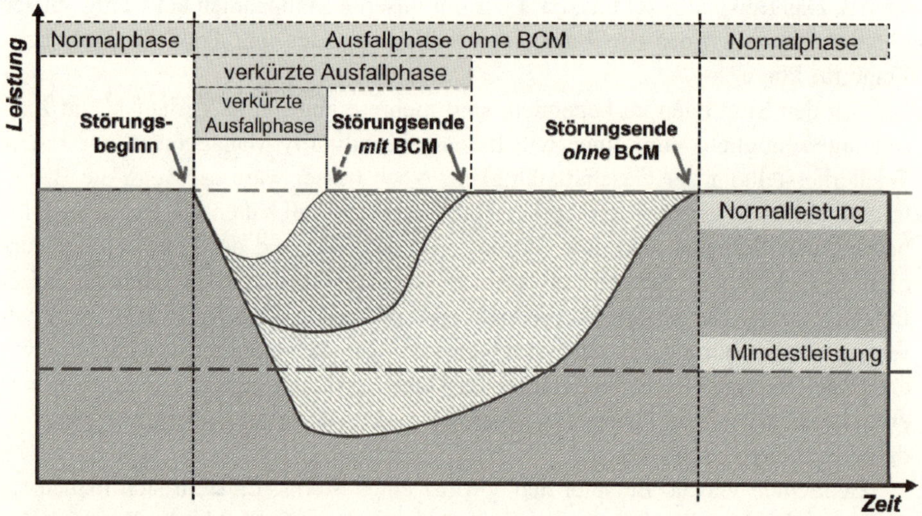

Abbildung 1: Vorteile eines BCM[2]

Durch Business Continuity Management kann man die Fläche der Ausfallhöhe und -dauer minimieren – und das teils deutlich! So entstehen z.B. in Großbritannien durch Großstörungen jährlich Verluste in Höhe von 12 Mrd. £ p.a. Mit Hilfe von BCM können die **Kosten der Wiederbeschaffung und Instandsetzung teils bis zu 90% gesenkt werden.** Überzeugend auch die Erfahrung, dass 50% der von Großstörungen betroffenen Unternehmen (ohne BCM) es nicht schaffen, sich bin-

2 Vgl. Jossé (2015a), S. 73.

nen zwölf Monaten zu erholen, gar 75% scheitern binnen drei Jahren. Umgekehrt sind Unternehmen mit implementiertem BCM deutlich eher in der Lage, ihre Schlüsselprodukte und -dienste zu liefern.[3] Aber selbst ohne (erkennbaren) Störfall nützt BCM den Unternehmen: Sie profitieren von **günstigeren Versicherungsprämien** und einem erhöhten **Vertrauen der Geschäftspartner**.

Und schließlich leistet BCM einen wertvollen Beitrag, um sich **über die eigenen Prozesse, Abhängigkeiten und Verletzbarkeiten bewusst zu werden** und diese aktiv anzugehen!

Im Folgenden sehen Sie den klassischen Business-Continuity-Prozess:[4]

Abbildung 2: Der BCM-Prozess

Er besteht aus drei Hauptphasen: a) der Analyse, b) der Konzeption und c) der Realisation & Revision. Zunächst muss mit einer soliden Bestandsaufnahme die Basis geschaffen werden: Wer sind wir, in welchem Umfeld leben wir und wo sind

3 Vgl. Jossé (2015a), S. 73.

4 Vgl. Jossé (2015b), S. 33; Jossé/Scherhag (2013), S. 43. Häufig wird nur in z.B. fünf Phasen unterteilt. Zielführend ist eine in mehrfacher Hinsicht differenzierte Betrachtung, wie sie dieses Wormser BCM-Modell fokussiert.

Querverbindungen, Abhängigkeiten und Restriktionen? Ist das **Verständnis fürs eigene Geschäft** geschaffen, schließt sich die **Business-Impact-Analyse** an. Für erkannte Großstörungen wird dann eine **Ursachenanalyse** durchgeführt. Auf die Analyse folgen dann Bestimmung der grundsätzlichen **Kontinuitätsstrategien** und die **Planung konkreter Maßnahmen**. Und schließlich müssen diese umgesetzt, überprüft und ggf. angepasst werden.

Das Vorgehen bzw. der Zusammenhang in den ersten Phasen des BCM ist wie folgt:[5]

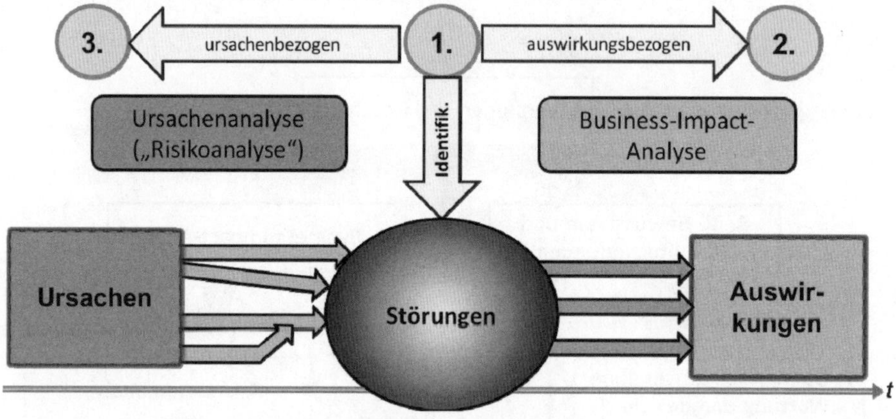

Abbildung 3: Vorgehen & Fokus beim BCM

Zuerst werden Störungen identifiziert, und zwar solche mit vermutetem, extremem Schadenspotenzial. Wir fangen nicht – gar allen möglichen – Risiken an, denn das wäre ein anderer Ansatz! Von den Störungen aus erfolgt dann eine auswirkungsbezogene Sicht mit Primär- und Folgeschäden monetärer und nicht-monetärer Art. Nur bei jenen Auswirkungen, die als Großstörungen ein extrem großes Schadenspotential bis zur Existenzvernichtung haben können, betrachten wir rückwärts gerichtet die Ursachen der Störungen. Das wäre dann die sogenannte Ursachen-Analyse.[6]

Die angegebene Zeitachse ist dabei eher kausallogischer Natur.

Schon die erste Phase (Eckdaten, Geschäftsmodell und Abhängigkeiten) wird gewisse Anfälligkeiten für Störungen zeigen, genauso wie die Historie, wenn z.B. das Hotel in den letzten sechs Jahren dreimal den Besitzer gewechselt hat, oder, dass auf Grund von Restriktionen, Mindestleistungen oder vertraglichen Bedingungen gewisse Leistungen erfüllt werden müssen (Abbildung 4).

5 Vgl. Jossé (2015a), S. 76.

6 Oft uneindeutig als ‚Risikoanalyse' bezeichnet, sich von jener im Risikomanagement aber unterscheidend.

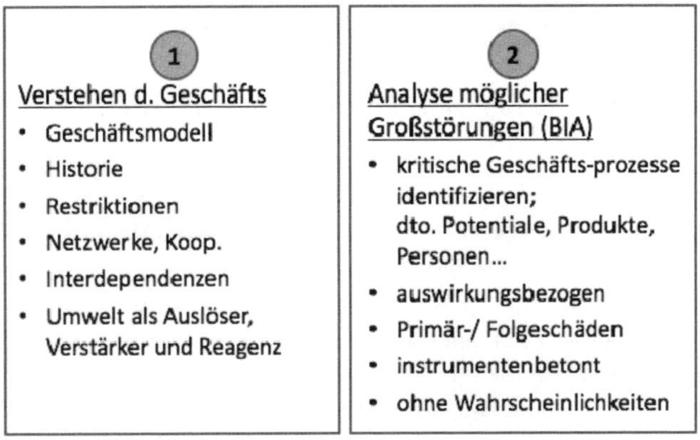

Abbildung 4: Inhalte der ersten beiden BC-Phasen

Hier erkannte Störungen bzw. die kritischen Geschäftsprozesse werden im nächsten Schritt, der Business-Impact-Analyse, tiefer untersucht: Welche Prozesse sind verletzlich? Was kann den Betrieb lahmlegen? Welche Leistungen müssen aufrechterhalten werden, um eine Mindestrendite zu erzielen?

Solche Fragen können weiter ergänzt werden durch:[7]

- **Prozesse**: Haupt- & Nebenprozesse! z.B. Beschaffung, Produktion, Absatz, Kommunikation, Personalentwicklung…, Verbundbeziehung zwischen ggf. gestörter Beherbergungsleistung und Verpflegungsleistung sowie Nebenleistungen wie Wellnessbereich etc.
- **Potenziale**: z.B. Marktzugang; Kundensegmente; Image; Hotelanlage,
- **Schlüsselpersonen**: z.B. SPOFs;8 Nachfolgeregelung, Krankheitsfall, Chefkoch9
- **Produkte & Programme**: z.B. Umsatzbringer! auch Nebenprodukte; auch hier Verbundbeziehungen (vgl. Hotel: Verpflegung & Übernachtung
- **Partner**: z.B. Lieferanten, Reiseveranstalter, Geschäftskunden, Kreditgeber (vgl. Probleme von VW und Lieferanten)
- **Systeme & Strukturen**: z.B. Hardware, Software, Abläufe, Vertrauensbeziehungen

sowie:

7 Vgl. Jossé (2015b), S. 35; Jossé/Scherhag (2013), S. 42.

8 SPOF = Single point of failure, z.B. Schlüsselpersonen, Schlüsselkunden, Schlüsselleistungen usw., deren Ausfall (derzeit) nicht aufgefangen werden können.

9 Die genannten Beispiele sind teils kurzfristiger Natur, teils bahnen sie sich langfristig an. Im Übrigen gehören hierzu auch einige als meist völlig unwahrscheinlich eingestuften Fälle, wie dem plötzlichen Tod der Geschäftsleitung, die in der Risikomatrix links oben (Wahrscheinlichkeit fast null, Schaden enorm) zu finden wären; trotz des hohen möglichen Schadens wird hierfür jedoch oft keine Vorsorge getroffen. Diesen „blinden Fleck“ zu beheben und das Unternehmen/Hotel auf solche Fälle mit desaströsen Auswirkungen vorzubereiten – genau darauf zielt BCM ab.

- **Plagiatoren & Feinde**: z.B. Verletzungen von IPR,[10] Cyber-Angriffe
- **Publikum**: z.B. Staat, Anwohner, Medien, pressure groups

Zur Identifikation von Störungen können instrumentell u.a. solche Fragenkataloge verwendet werden:

- Gibt es vertragliche, technisch oder finanziell bedingte Mindestmengen? Welche bei was, wann und für wen?
- Gibt es saisonale Anforderungen?
- Sind Produkte / Zutaten / Anlagen / Personen / Funktionen ersetzbar und in welchem Maße?
- Gibt es Puffer und Redundanzen?
- Sind wir (zumindest in einer bestimmen Region/in einem Teilmarkt) einziger Anbieter? Wer ist Konkurrent?
- Sind wir abhängig von externem Leistungsangebot?
- Was kann die Leistungserstellung nachhaltig stören oder unterbrechen?
- Welche Informationsprozesse sind unverzichtbar, aber vulnerabel?
- Welche Kommunikation muss auf jeden Fall aufrechterhalten werden?

Abbildung 5: Fragenkatalog I

Weitere Punkte wären:
- Wie wird produziert? (auf Lager, auf Bestellung?)
- Was wird hergestellt und womit? Sind Verfahren austauschbar?
- Wo kann der Geldstrom zu einem ernsten Problem werden?
- Welche Prozesse hängen voneinander ab?
- Welche Kundengruppen sind stark volatil und wovon abhängig?
- Welche Kundensegmente sind besonders anfällig?
- Welche anderen Hotels, Einrichtungen oder Infrastrukturausfall können uns nachhaltig schaden?
- Wie wirken welche Naturkatastrophen auf uns aus?
- Wie lange können wir bei Störung X durchhalten?
- Wie reagieren unsere Stakeholder auf Fall Y?

Das alles sind Fragen, die uns helfen zu verstehen, wer wir sind und wie unser Geschäft funktioniert – bzw., aufgrund welcher Konstellationen es ggf. nicht mehr oder nur noch schleppend läuft. Im zweiten Schritt können wir dann die Frage stellen: „Was wäre wenn?“

[10] IPR = intellectual property rights = Rechte am geistigen Eigentum, wie z.B. Marken, Design, Patente.

- Was wäre, wenn XY ausfällt bzw. nur noch zu 70 % produziert?
- Was passiert, wenn Hauptprozesse unterbrochen werden?
- Wie hoch wäre die schlimmste Beeinträchtigung?
- Was wären die schlimmsten Auswirkungen?
- Sind wir auf Lawine / Hochwasser / Panik usw. (wirklich) vorbereitet?
- Wie reagiert der Kunde auf...?
- Wie reagiert die Öffentlichkeit auf...?
- Was könnte eine Kettenreaktion auslösen? Wie sähe diese aus?

Abbildung 6: Fragenkatalog II – Szenarien

Das alles sind auch Möglichkeiten, um Störungen zu identifizieren. Wir wollen aber nicht nur auf bekannte Störungen vorbereitet sein, sondern auch auf das Unbekannte! Deshalb sind die Ursachen weniger minutiös einzubeziehen als vielmehr die Auswirkungen.

Wie stark eine Störung auf andere Bereiche/Prozesse wirkt, hängt vom ***Infektionspotential*** einer Störung und **internen und externen „Brandbeschleunigern“** ab – oder eben der **Widerstandskraft (Resilienz),** um die Ansteckungsgefahr abzuwehren oder ihr gar vorzubeugen.

Ein weiteres Instrument zur Analyse von Störungen ist die Störungsmatrix (vgl. Abbildung 7).[11]

Die Störungsmatrix dient dem **systematischen Erfassen und Evaluieren** von Störungen. **Weitere Spalten** sind denkbar, z.B.:

- Art der Folge (finanziell, Image, Produktion, Prozess);
- Kausallogische Folge (Primär-, Sekundär-, Tertiärschäden)
- mögliche Ursachen;
- bestehende/eingeleitete und (schnell) möglich Maßnahmen [nennen!];
- zeitliche Verlagerung des Ausfalls möglich?;
- Restausfalldauer/höhe nach Maßnahme x;
- benötigte Ressourcen;
- Zuständigkeiten

[11] Sie wurde an der Hochschule Worms entwickelt und ist als differenzierte Adaption bzw. Weiterentwicklung einer Risikomatrix anzusehen; vgl. Jossé (2015b), S. 36; Jossé/Scherhag (2013), S. 44.

Störung		Primär-schaden	Folge-schaden	Absatz bedroht?	Ausfall-dauer	Ausfall-höhe pro Tag	Mind.-leistung bedroht?	besteht Ersatz?	reichen Maßnahmen aus?	...
#1	Erreger im Hotel/ Restaurant	neg. Bericht-erstattg.	Image +Absatz sinken	XX	NN	ggf. Erfahrungs wert	X	nein	nein	...
#2	Tiefgarage gesperrt	weitere Wege, kl. Mangel	zusätzl. Kosten	x	0,5 Jahre	10/300 Paxe	nein	evtl. Partner	nein; + Shuttle	...
#3	Umbau-maßnahme	Trakt nicht nutzbar	Lärm, Schmutz, Kd.storno	x	90 Tage	40/300	?	binnen 4 Tagen	✓	...
#4	Großkunde steigt aus	Auslastg. sinkt	Stück-kosten steigen	x	bis Ersatz	12/300	nein	evtl.	?	...
#5	Zufahrtstr. gesperrt	Hotel schwer erreichbar	Kd.storno	XX	60 Tage	140/300	X	bedingt	nein	...
#6	...	...								

Abbildung 7: Störungsmatrix

Weitere mögliche Instrumente sind z.B. CPM (Kritische-Pfad-Methode), FMEA (Fehlermöglichkeits- und -einflussanalyse), Fehlerbaumanalyse, Fischgrätdiagramm, Simulationen, Cross-Impact-Analyse oder Fragenkataloge, wobei Methoden auch kombiniert werden können/sollen.

Festzuhalten ist, dass eine Störung oftmals mehrere Ursachen hat. Wir können außerdem Zuständigkeiten erkennen oder benötigte Ressourcen für eine Maßnahme bestimmen. Wenn wir hier von Maßnahmen reden, obwohl wir noch in der Analyse sind, merken Sie sofort, dass dieses Instrument sowohl in der Analyse als auch in den nachfolgenden Phasen der Maßnahmenplanung und -umsetzung sowie Revision verwendet werden kann.

Ebenfalls nicht nur die Auswirkungen, sondern ggf. auch bestehende bzw. mögliche Maßnahmen integriert Badewannen-Modell zur Visualisierung der Störungsverlaufs (vgl. Abbildung 8).[12]
Es zeigt die einzelnen Phasen einer Störung in den wesentlichen Dimensionen ‚Auswirkungen' und ‚Zeit' sowie ggf. weitere Parameter.[13]

Im Bild zu sehen sind der Ausfall und der Notbetrieb mit einer Mindestleistung (z.B. bestimmter Umsatz, gewisse Auslastung, zeitlich definierte Mindestleistung). Nun stellt sich die Frage: Was kann man tun, um die Fläche des Ausfalls zu minimieren? Hierzu gibt es drei Grundoptionen:[14]

12 Vgl. Jossé (2015b), S. 36; Jossé/Scherhag (2013), S. 44; Jossé (2011), S. 19 f.

13 Die schwarzen Pfeile zeigen schematisch Dauer und Mindestbeginn einzelner Maßnahmen zur Bewältigung der Störung an.

14 Vgl. Jossé (2016), S. 79; Jossé/Scherhag (2013), S. 44; Jossé (2011), S. 22 f.

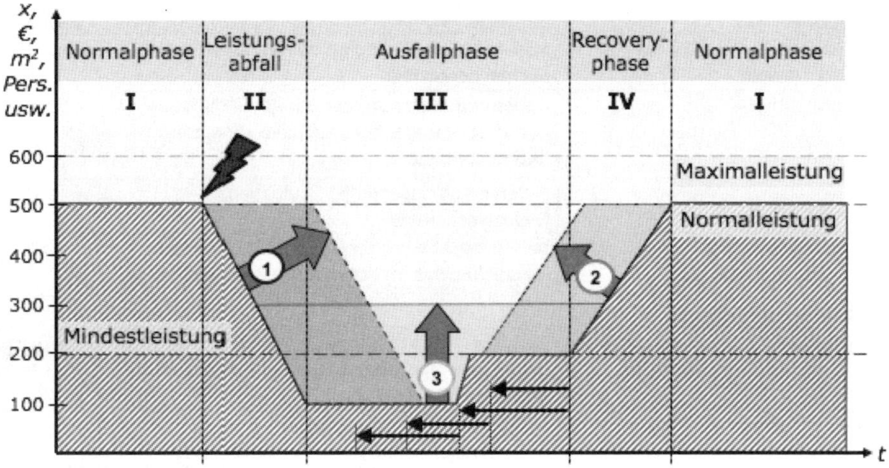

Abbildung 8: Badewannenmodell

Ausfall verzögern:
- Ersatzanlagen,
- Vorratshaltung,
- gutes Image,
- Widerstandskraft erhöhen…

früher Wiederanlauf:
- definierte BC-Pläne/klare Zuständigkeiten vorab regeln,
- schnelle Ersatzbeschaffung,
- schneller Zugriff auf Ersatzkapazitäten (Küchencontainer etc.),
- Folgeschäden vermeiden (z.B. durch Umbuchen auf Partner-Hotels),
- klare Krisenkommunikation…

Ausfall minimieren:
- direkt nutzbare Ersatzkapazitäten,
- Umbuchen auf andere Zeiten,
- Preisaktionen,
- Sprinkleranlage, um Schaden zu minimieren,
- frühzeitiger Informationsfluss mit Partnern, Kunden, DMO,
- überzeugende Kommunikation...

Daraus lässt sich dann eine Reihe von Maßnahmen ableiten. Hier ein paar Beispiele, die natürlich erweiterbar sind:

Optionen für Anlagen		
Optionen	**Beispiele**	**verfügbar?**
• Streuung der Produktion/ der Prozesse	Speisen werden komplett oder in Teilen in div. Küchen hergestellt	ja + Rüstzeit
• alternative Anlage (bzw. Lager, Büro, Fuhrpark usw.)	Ersatzproduktionsort, der unterschiedlich ausgestattet ist und schnell anlaufen kann, z.B. Küchencontainer	1-3 Tage
• redundante Systeme	2. Server; „Anlagenpuffer" aufbauen, Mehrzweckräume	1 Tag
• Nutzen externer Produktionsanlagen	bei Partnerhotels oder (sogar!) Mitbewerbern (Einbuchen in and. Hotels auf unsere Rechnung)	ja
Optionen für Personal		
Optionen	**Beispiele**	**verfügbar?**
• personelle Umschichtung	mit anderen Aufgaben betrauen, Mehrarbeit auf-/abbauen bzw. Kurzarbeit	1-3 Tage
• Personalreserve aufbauen	Möglichkeit der Mehrarbeit, Ruheständler reaktivieren, Personalleasing	?
• Wissen von Schlüsselpersonen absichern (SPOFs vermeiden)	Schlüsselpersonen doubeln, Rezepturen schriftlich fixieren	?

Abbildung 9: Kontinuitätsoptionen für Anlagen und Personal[15]

Optionen für Rohstoffe und Waren		
Optionen	**Beispiele**	**verfügbar?**
• alternative Lieferanten für alle kritischen Materialien	Lieferant B statt A	ja
• den Vorrang bei knapper Versorgung sichern	durch langfristige Lieferverträge bzw. faktische Abhängigkeit (z.B. Einbindung in F+E-Prozesse)	teilweise
• Notfall- oder Standbylager	für kurzfristige Bedarfe	1 Woche
• Pufferbestand	Lagerbestand in der Beschaffung, Produktion und/oder im Absatz erhöhen; dezentrale Lager	3 Wochen
• auf and. Zutaten ausweichen	andere Rohstoffe verwenden	vereinzelt
• Prozessleistung heruntersetzen	kritisches Produkt weniger herstellen, damit Materialbestand länger reicht	2 Tage
• Produkte/Prozesse ändern	neue Materialien verwenden	?
• Prozesse (zeitlich) umstellen	Mangelbauteil erst später einbauen oder austauschen	vereinzelt ???
• Produkte/Prozesse einstellen	falls Störung auf Dauer und Produktion nicht mehr lohnenswert, z.B. Hotel unter Hochstraße	?
• Outsourcing	fertige Rohstoffe/Produkte beziehen statt selbst produzieren (Caterer, Convenience-Zutaten)	ja, Gang x
• Insourcing	falls Produktion beim Lieferant gestört ist	ja, Rohstoff y

Abbildung 10: Kontinuitätsoptionen für Rohstoffe und Waren[16]

Neben den hier genannten Maßnahmen sind im Beherbergungswesen interessant:

– **Ausgleich von z.B. Beherbergungsleistung** durch Tagungs- und Restaurantleistung; **Bankett**!

---

15 Vgl. Jossé (2016), S. 79.

16 Vgl. Jossé (2016), S. 82.

- Ausfall von Kundensegmente **kompensieren** durch Akquise neuer Kundensegmente bzw. erhöhter Umsatz mit bestehenden Kunden (z.B. Geschäftsreisen + Wochenende)
- **Zeitliche Variation**: z.B. Umbau in Nebensaison durchführen usw.
- Nachlässe als Entschädigung und diverse andere **Preisaktionen**

Manchmal sind die Lösungen ganz einfach: Einer der schlimmsten Unglücksfälle, der jedoch sehr unwahrscheinlich ist, wäre, dass der gesamte Vorstand bei einem Flugzeugabsturz ums Leben kommt. Damit könnten vielleicht auch geheime Rezepturen und anderes Wissen verloren sein. Die Lösung dafür ist sehr einfach: Die Vorstandsmitglieder fliegen schlichtweg niemals alle im selben Flugzeug. Leider ist es jedoch nicht bei jeder Störung so einfach. Manchmal reicht auch nicht nur *eine* Maßnahme, sondern wir benötigen mehrere, additive Maßnahmen:

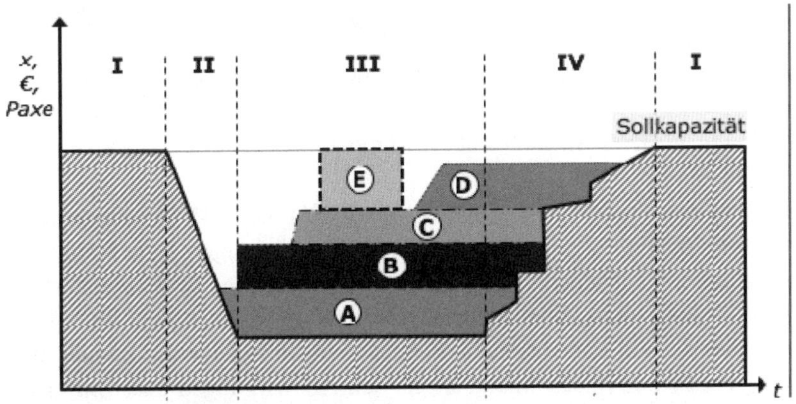

Abbildung 11: Additive Maßnahmen im BCM[17]

Ein Beispiel hierzu wäre, dass unsere Tiefgarage wegfällt, weil sie saniert werden muss. Es gibt Maßnahmen:
- die sofort zur Verfügung stehen (A),
- die erst mehrere Tage später zur Verfügung stehen (B, C, D),
- die uns nur in gewissen Zeiträumen, z.B. während der Schulferien oder an gewissen Wochentagen, zur Verfügung stehen (E).

Im Folgenden wurde die Grafik von vorhin (Abbildung 3) noch um einen weiteren Punkt ergänzt: „4./5. Ansätze für Maßnahmen".

[17] Vgl. Jossé (2016), S. 78.

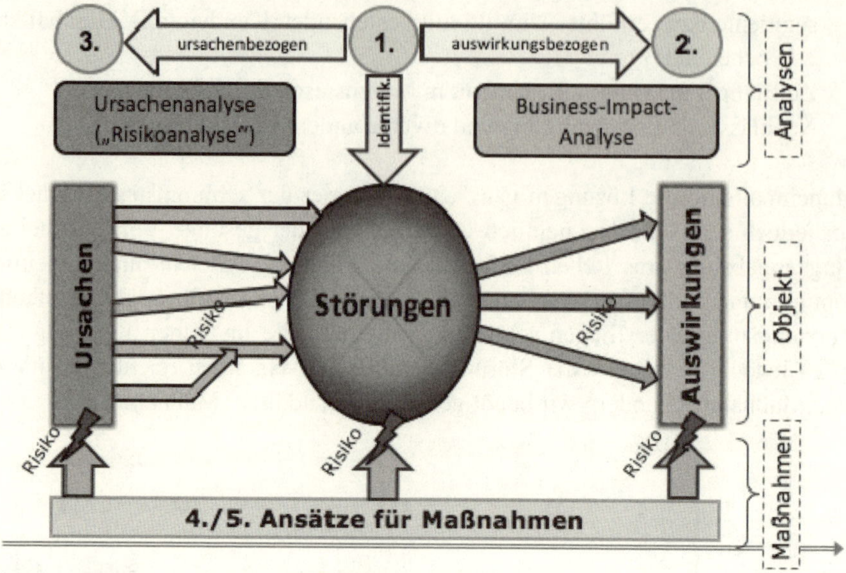

Abbildung 12: Drei Ansatzhebel für Maßnahmen[18]

Es macht den Charme des BCM aus, dass wir unsere **Maßnahmenhebel dreifach ansetzen** können und nicht nur eine Schiene angegangen wird. Natürlich kann man versuchen, die Ursachen anzugehen, um hier z.B. eine deutliche Verminderung zu erlangen. Außerdem könnte eine Kompensation durch andere Umsätze (mit anderen Kunden usw.) oder zeitliche Verschiebungen Schäden auffangen bzw. ausgleichen. Nicht zuletzt kann man auch an den Auswirkungen ansetzen und versuchen, diese zu reduzieren. In der Summe entstehen daraus dann hoffentlich Maßnahmen, die das Unternehmen handlungsfähig machen und die die Auswirkungen in den Griff bekommen lässt.

Von daher ist BCM ein praktikabler Ansatz, um die Handhabung und Bewältigung von Großstörungen anzugehen. Damit ist es auch ein wesentlicher Beitrag zur **Krisenprophylaxe**.[19]

BCM ist unverzichtbar. Die Frage darf hier nicht lauten „Was kostet uns Business Continuity Management?“, sondern sie muss lauten „Was kostet es uns, *kein* BCM zu haben und somit ungeschützt Störungen ausgesetzt zu sein? Antwort: Im schlimmsten Fall die Existenz!“ Das gilt für Hotels genauso wie für andere Unternehmen oder Gebietskörperschaften. Es wird Zeit, sich mit Störungen aktiv auseinanderzusetzen. Die nächste Störung steht vor der Tür.

[18] Vgl. Jossé (2016), S. 80.
[19] Vgl. Krystek/Moldenhauer (2007), S. 90 ff.

Quellenverzeichnis

Burtles, Jim (2007): Principles and Practice of Business Continuity. Tools and Techniques, Brookfield/Connecticut 2007

Business Continuity Institute (2012): Good Practice Guidelines [GPG], Version 0.9 von 2012, Caversham/UK, unter: www.bcmnet.ch/downloads/Publikationen/2012-03-08-gpg2010de.pdf (Zugriff am 24.02.2013)

Engel, H. (2005): Gesprengte Ketten, in: Risknews 05/2005, S. 39-45

Fulmer, Kenneth (2005): Business Continuity Planning. A Step-to-Step Guide With Planning Forms, Brookfield/Connecticut 2005

Jossé, Germann (2016): Business Continuity Management – Entwickeln von Kontinuitätsstrategien, Ableiten und Umsetzen von Maßnahmen und Absicherung der BCM-Prozesse, in: Controller Magazin, Heft Juli/August, S. 77-84

Jossé, Germann (2015a): Business Continuity Management – Notwendigkeit in turbulenten Zeiten, in: Controller Magazin, Heft März/April 2015, S. 72-77

Jossé, Germann (2015b): Business Continuity Management – Identifizierung und Analyse von Großstörungen als Kernaufgabe, in: Controller Magazin, Heft September/Oktober 2015, S. 32-38

Jossé, Germann (2014): Einführung BCM, Vorlesung im Wintersemester 2014/15, Worms (Vorlesungsunterlagen)

Jossé, Germann (2011): Business Continuity Management. An Introduction. Lecture at the DMU, Leicester (Folienset)

Jossé, Germann (2004): Strategische Frühaufklärung in der Touristik. Aufbau eines zielgebietsorientierten Frühaufklärungssystems für Reiseveranstalter, Wiesbaden

Jossé, Germann/Scherhag, Knut (2013): Business Continuity Management in der Destination. Störungen proaktiv erkennen, bewerten und handhaben, in: Update 17, WS 2013/14, S. 38-47

Krystek, Ulrich/Moldenhauer, Ralf (2007): Handbuch Krisen- und Restrukturierungsmanagement, Stuttgart

Müller-Gaus, Uwe (2010): Neue Wege zur Bewältigung des Restrisikos, in: SicherheitsForum, H. 6/10, S. 11-14

Müller-Gaus, Uwe (2011): Aufbau eines BCM, in: SicherheitsForum, H. 1/11, S. 23-27

Preen, Jim (2012): Business Continuity Exercises and Tests. Delivering Successful Exercise Programmes with ISO 22301, 2. Aufl., London

Rössing, Rolf v. (2005): Betriebliches Kontinuitätsmanagement, Bonn

TOBIAS EHLEN & DIANELYS DUARTE MAZQUIRÁN

Hotelinvestments auf Kuba: Ein Leitfaden für Investoren

1. Einführung

Kuba erfährt derzeit einen grundlegenden wirtschaftlichen Wandel. Nach mehr als 50 Jahren Planwirtschaft und weitgehender wirtschaftlicher Isolation öffnet sich das Land langsam marktwirtschaftlichen Strukturen. Seit Beginn der Reformen verzeichnet Kuba stark ansteigende Gästezahlen und die Regierung des Inselstaates hat den Tourismus als einen der künftigen Wachstumstreiber definiert. Um das erwünschte Wachstum erreichen zu können, sind große Investitionen in die touristische Infrastruktur erforderlich. Einer der vorgesehenen Kernbereiche für Investitionen ist die Hotellerie. Ein speziell erlassenes Gesetz soll Investoren einen Anreiz bieten, u.a. in Hotelprojekte zu investieren.

Trotz des speziell erlassenen Investitionsgesetzes weist Kuba als sozialistischer Staat für Investoren noch immer zahlreiche Besonderheiten auf und die rechtlichen Rahmenbedingungen unterscheiden sich grundlegend von denen anderer touristischer Destinationen.

Nach einem Blick auf den Hintergrund des wirtschaftlichen Wandels erläutert der Artikel die aktuelle Situation der Hotellerie auf Kuba und beschreibt die wesentlichen Eckpunkte des Investitionsgesetzes.

2. Politischer Wandel auf Kuba als Voraussetzung für Investitionen

Nach der Revolution im Jahre 1959 kam es zu zahlreichen Enteignungen. Bis dahin privat geführte Unternehmen, und so auch die zahlreichen Hotels auf der Karibikinsel, gingen in staatliches Eigentum über. Die Touristenzahl sank als Folge dramatisch und im Jahr 1962 wurden nur noch 361 ausländische Touristen registriert (vgl. Chavez Salina 1998, S.145). Die neue sozialistische Politik konzentrierte sich auf die Demokratisierung des Tourismus, wonach Kubaner zu günstigen Preisen in den nun staatlichen Hotels in den touristischen Regionen übernachten durften. Dazu öffnete sich das Land seinen sozialistischen Bruderstaaten und es kamen verstärkt Touristen aus dem sog. „Ostblock“ auf die Insel.

Durch den Zusammenbruch der Sowjetunion Anfang der 90er Jahre verlor Kuba die finanzielle Unterstützung seines bis dahin wichtigsten Handelspartners. Das

Regime sah sich daher zu einer wirtschaftlichen Öffnung gezwungen und der Tourismus wurde als attraktive Einnahmequelle identifiziert. Als Folge wurde in acht Regionen des Landes stark in den Bau von Beherbergungsmöglichkeiten, Flughäfen und Häfen investiert. Die Herausforderung bestand nun darin, insbesondere im Westen neue Kundengruppen anzusprechen und sich in dem wettbewerbsträchtigen Tourismusumfeld der Karibik erfolgreich zu positionieren (vgl. Bermúdez Tarifa 2009, S. 2).

Durch die Übergabe der Regierungsgeschäfte von Fidel Castro an seinen Bruder Raul Castro im Jahre 2006 und die offizielle Wahl durch die Volksversammlung 2008 schritt die Öffnung des Landes und insbesondere die Annäherung an die USA weiter voran.

Derzeit reformiert Kuba sein Sozial- und Wirtschaftsmodell umfassend. Auf dem 7. Parteitag der Kommunistischen Partei Kubas (PCC) am 16. April 2016 wurden Richtlinien zur Aktualisierung und Modernisierung des sozialistischen Modells verabschiedet (vgl. Granma Online 2016). Eines der Hauptthemen der Wirtschaftsplanung ist die Förderung und der Ausbau der Infrastruktur im Land und umfasst unter anderem den Neubau von Hotels, um dem im Zuge der Öffnung des Landes erwarteten Anstieg von Touristen gerecht werden zu können.

3. Überblick der Hotellerie auf Kuba

Trotz der zuvor beschriebenen Öffnung des Landes unterscheiden sich das touristische System und auch die Hotellerie auf Kuba von anderen beliebten Urlaubsdestinationen grundlegend. So herrscht hier noch immer eine zentralisierte Planwirtschaft vor, in der Richtlinien für Investitionen und Entscheidungen über Entwicklung, Verwaltung, Distribution und Konzeption aller angebotenen touristischen Leistungen durch staatliche Institutionen gefällt werden. Zwar eröffneten im Zuge der Wirtschaftsreformen bis Mitte 2016 schon über 10.000 Privatunterkünfte (Casas Particulares) ihre Pforten. Es sind jedoch nach wie vor fast alle im Tourismus Beschäftigten, immerhin 15 % der arbeitenden Bevölkerung Kubas, staatliche Arbeitnehmer (vgl. Cubadebate Online 2016.).

3.1 Bestehendes Hotelangebot

Tabelle 1 zeigt das Hotelangebot auf Kuba. Es besteht derzeit aus 358 Betrieben mit 55.640 Zimmern und insgesamt 111.419 Betten. Das Angebot verteilt sich auf alle Sternekategorien sowie Aparthotels, Hostals und Motels. Auf 4- und 5-Sterne-Betriebe entfallen dabei etwa 70 % der angebotenen Betten.

	5 Sterne	4 Sterne	3 Sterne	2 Sterne	1 Stern	Aparthotel	Hostal	Motel
Hotels	35	75	102	63	26	7	12	38
Zimmer	19.930	20.199	9.070	3.551	646	1.666	136	442
Betten	39.881	40.401	18.161	7.160	1.308	3.332	279	897

Tabelle 1: Hotels und Bettenanzahl auf Kuba nach Hotelkategorien (2015) (vgl. ONEI 2015)

Abbildung 1 zeigt, dass sich die Hotelbetriebe Kubas auf die international bekannten touristischen Zentren verteilen, wobei auf Havanna und Varadero im Nordwesten der Insel nahezu 50 % der Bettenkapazität des Landes entfallen.

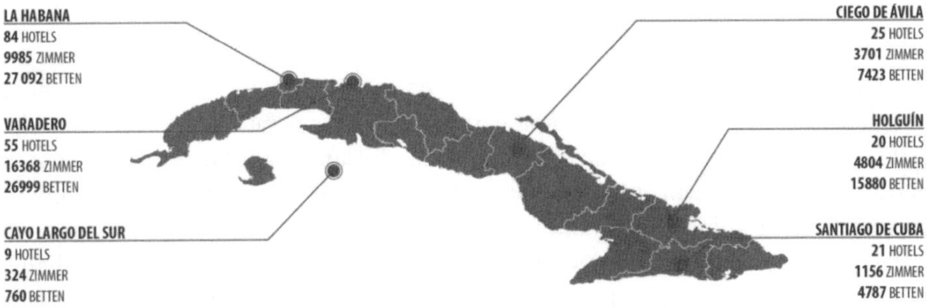

Abbildung 1: Geographische Aufteilung des Hotelbestands auf Kuba 2015 (vgl. ONEI 2015).

Saisonal betrachtet lassen sich Ganzjahres- und Saisonbetriebe unterscheiden (vgl. Frey 2002, S.194). Die kubanischen Beherbergungsbetriebe sind ganzjährig geöffnet. Während der von November bis April laufenden Hochsaison liegt der Fokus auf zahlungskräftigen ausländischen Touristen, während in der von Mai bis Oktober herrschenden Nebensaison vornehmlich Gäste aus dem Inland angesprochen werden. Diese einheimische Zielgruppe hat häufig Familienangehörige im Ausland und verfügt dadurch über die notwendigen finanziellen Möglichkeiten, diese Hotels aufzusuchen. Familien ohne Verwandte im Ausland bleibt diese Möglichkeit mit einem durchschnittlichen kubanischen Monatseinkommen von etwa US$30 verschlossen.

Die bestehenden Hotels auf Kuba sind größtenteils auf Urlauber ausgerichtet. Nach knapp 50 Jahren wirtschaftlicher Isolation steckt der Geschäftsreisetourismus auf Kuba noch in den Kinderschuhen und es fehlen Business- bzw. Tagungs- und Kongresshotels mit entsprechender Ausstattung.

Havanna weist auf Kuba die größte Vielfalt an Hotelangeboten auf. Neben klassischen Kettenhotels gibt es hier bereits eine breite Palette an Themen- und Boutique-Hotels. Themenhotels sind durch die Akzentuierung eines spezifischen

Themas mit zahlreichen Inszenierungselementen gekennzeichnet (vgl. Gardini 2014, S. 92). Unter Boutique-Hotels versteht man Häuser, die ein außergewöhnliches Ambiente, einen extravaganten und exotischen Stil sowie ein exklusives Aufenthaltserlebnis bieten (vgl. Gardini 2014, S. 91).

In den ländlichen Gebieten wie auch in den Strandregionen Kubas dominieren die sogenannten Resort-Hotels. Diese Betriebe kennzeichnen sich durch ausgedehnte Sport- und Freizeitangebote. Aufgrund ihrer Betriebsgröße und Infrastruktur können sie standortunabhängig als eigenes Urlaubsziel erfolgreich betrieben werden. Allerdings gewinnen sie an Attraktivität, wenn sie in ein natürliches Umfeld eingebunden sind. Ihre Freizeitinfrastruktur zeichnet sich durch Sportflächen, Schwimmbäder, Spielanlagen sowie durch diverse Restaurants und Bars aus (vgl. Rabe 2011, S. 26).

3.2 Strukturmerkmale der Hotellerie

Als Organisationsformen der Hotellerie gelten nach hiesigem Verständnis gemeinhin Individualhotellerie, Kettenhotellerie sowie Kooperationen (vgl. Henschel 2013, S. 17). Individualhotellerie ist auf Kuba bislang nicht anzutreffen, da es in der Vergangenheit kein privates Unternehmertum auf Kuba gab. Darüber hinaus existieren auch keine Hotelkooperationen im Sinne des Zusammenschlusses von Einzelunternehmen, die ihre rechtliche und ökonomische Selbständigkeit erhalten (vgl. Gardini 2014, S. 12). Demgegenüber findet man auf Kuba sowohl nationale als auch international bekannte Kettenhotels. Hierunter versteht man Hotels einer Gruppe, die unter einer einheitlichen Konzeption und unter zentraler Leitung operieren (vgl. Frey 2012, S. 195).

Zu den nationalen Hotelgesellschaften zählen insbesondere die Gruppen Gaviota, Habaguanex, Cubanacan, Gran Caribe und Islazul. Gaviota als größte Hotelgesellschaft Kubas verfügt über 62 Häuser mit insgesamt 26.752 Zimmern. Mit einem durchschnittlichen jährlichen Übernachtungswachstum von 12,4 % gehört Gaviota zu den am stärksten wachsenden Hotelgesellschaften Mittel- und Südamerikas. Schon jetzt beherbergt Gaviota jedes Jahr rund 40 % aller Touristen auf Kuba. Das erklärte strategische Ziel der Gruppe bis zum Jahr 2025 ist eine Verdopplung der Zimmeranzahl auf über 52.000 (vgl. Grupo de Tourismo Gaviota 2016).
Tabelle 2 zeigt, dass zahlreiche Marken bekannter internationaler Ferienhotelketten ebenfalls häufig auf Kuba anzutreffen sind.

Bislang dominieren spanische und kanadische Hotelketten den Markt. Sie betreiben rund 90 % der 5-Sterne-Hotels sowie etwa 60 % der 4-Sterne-Hotels auf Kuba (vgl. AHGZ Online 2016). Mit weitem Abstand Marktführer ist dabei die spanische Hotelkette Meliá Hotels International. Sie ist seit 25 Jahren auf Kuba aktiv und bis heute die größte ausländische Hotelbetreibergesellschaft mit 27 Hotels.

Die Hotellerie auf Kuba ist durch eine strikte Entkoppelung zwischen Eigentum und Betrieb eines Hotels gekennzeichnet. Dies ist dem Umstand geschuldet, dass der kubanische Staat alleiniger Eigentümer der Grundstücke ist. Diese funktionale Trennung hat für internationale Betreiber den Vorteil, dass sich, je nach Vertragsgestaltung, der Kapitaleinsatz auf Einrichtung und Betrieb des Hotels beschränkt und damit deutlich niedriger ist, als wenn er zusätzlich in Grundstücke und Gebäude investieren müsste. Der Nachteil liegt im geringen Einfluss auf die architektonische Gestaltung der Gebäude und Anlagen (vgl. Fidlschuster/Fidlschuster 2011, S. 27).

Hotelkette	Anzahl Hotels	Kategorie	Zimmeranzahl
Meliá Hotels	27	4-5 Sterne	13.480
Bleu Diamond	15	3-5 Sterne	8.472
Iberostar	11	4-5 Sterne	5.043
Blau Hotels	6	4-5 Sterne	1.777
H10	4	4-5 Sterne	2.040
Warwick International	4	4-5 Sterne	1.243
Starwood	3	4-5 Sterne	269
Roc Hotels	3	4 Sterne	767
Globalia	3	4 Sterne	781
Accor	3	4-5 Sterne	1.081

Tabelle 2: Top Ten der auf Kuba präsenten internationalen Hotelgruppen (vgl. Travel Trade Caribbean 2016)

Die beschriebene Entkoppelung wird dabei durch drei verschiedene Vertragsverhältnisse umgesetzt. Das dominierende Instrument ist zunächst der Managementvertrag. Hierbei handelt es sich um einen Betriebsführungsvertrag, der zwischen dem Eigentümer und einem Hotelbetreiber abgeschlossen wird. Aufgabe des Betreibers ist es, das Hotel im eigenen Namen aber im Auftrag und auf Rechnung des Investors zu führen. Das unternehmerische Risiko verbleibt dabei voll beim Eigentümer. Der Betreiber erhält für seine Tätigkeit vom Eigentümer eine Vergütung (vgl. Berg 2012, S. 405). Die Vertragslaufzeiten solcher Managementverträge betragen auf Kuba meist zwischen 5 bis 10 Jahre mit entsprechenden Verlängerungs- oder Kündigungsoptionen.

Wenn auch weit weniger verbreitet, existieren auf Kuba auch Pachtverträge. Hierbei entrichtet der Betreiber dem Eigentümer einen festgesetzten Betrag für die Nutzung des Gebäudes und der Anlagen. Chancen und Risiken sind für den Pächter in diesem Fall ungleich höher als bei dem Modell des Managementvertrages, da der Betrieb auf Kosten und Risiko des Pächters erfolgt. Die häufigsten Formen sind hierbei der Fixpachtvertrag zu einer festen monatlichen/jährlichen Summe oder der Umsatzpachtvertrag, der somit auch vom Erfolg abhängig ist (vgl. Gardini 2010, S. 113).

Schließlich existieren auch in der kubanischen Hotellerie auch Joint Ventures, da diese seitens der kubanischen Regierung gefördert und zugelassen werden. Hierbei handelt es sich um Gemeinschaftsunternehmen zwischen zwei Hotelgesellschaften mit dem Ziel der Expansion in einem fremden Markt (vgl. Berg 2012, S. 412). Joint Ventures eröffnen die Möglichkeit für beide Beteiligten, das Know-How des ausländischen Partners mit den niedrigeren Kostenstrukturen vor Ort zum gemeinsamen Vorteil zu bündeln. Der niedrigere Kapitalbedarf, die Teilung der finanziellen Risiken und das geringere politische Risiko durch die Beteiligung beider Länder machen Joint Ventures häufig attraktiv für Investoren.

Allerdings kann es in Joint Ventures zu divergierenden Ansichten bei der Unternehmenssteuerung oder der Gewinnverwendung oder zu kulturell bedingten Konflikten kommen. Dieses drohende Konfliktpotential veranlasst derzeit die Mehrheit der ausländischen Hotelketten, von Joint Ventures abzusehen und stattdessen Managementverträge abzuschließen.

4. Gästestruktur und -wachstum auf Kuba

Seit der Öffnung Kubas verzeichnet das Land ein stetiges und starkes Wachstum bei der Ankunft ausländischer Touristen. Ein Ende des Wachstums ist bei Annahme gleicher politischer Rahmenbedingungen nicht abzusehen. Ausschlaggebend für diese Annahme ist einerseits das zu erwartende Wachstum des Tourismus, insbesondere aus den USA. Nachdem es jahrzehntelang US-Amerikanern untersagt war, Kuba zu besuchen, ist nach der Lockerung der Restriktionen davon auszugehen, dass viele nun die geographisch sehr nahe liegende Insel besuchen werden. Nicht zu unterschätzen ist in diesem Zusammenhang die große Zahl in den USA lebender „Exil-Kubaner". Daneben wird die Öffnung des Landes für ausländische Investoren zu einem verstärkten Geschäftsreiseaufkommen nach Kuba führen.

Nach Angaben des kubanischen Statistiksamtes ONEI kamen 2015 genau 3.524.779 Touristen nach Kuba. Bereits am 13. Juni 2016 gab das kubanische Tourismusministerium MINTUR bekannt, dass Kuba die 2 Millionen Besuchermarke erreicht habe, was einem Zuwachs von 11,9 % in Vergleich zum Vorjahreszeitraum 2015 entsprach (vgl. Cubadebate Online 2016).

Abbildung 2 verdeutlicht, dass der Großteil der Übernachtungen auf „klassische" Hotelbetriebe entfällt, wobei auch die sog. „Particulares" ein Wachstum verzeichnen. So standen im Jahr 2015 den 21,2 Mio. Übernachtungen in der Hotellerie rund 8,7 Mio. Übernachtungen in der Parahotellerie gegenüber.

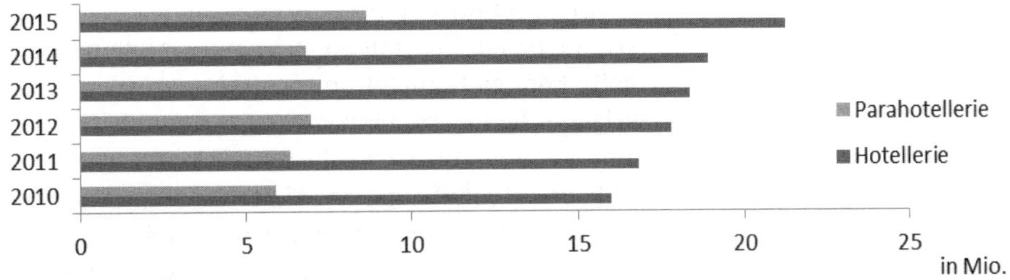

Abbildung 2: Anzahl Übernachtungen in Hotellerie sowie Parahotellerie (vgl. ONEI 2015)

Der Großteil der Übernachtungen innerhalb der Hotellerie entfällt nach Daten des ONEI auf Hotels der 4 und 5 Sterne-Kategorie. Abb. 3 zeigt, dass die Übernachtungen in 4-Sterne Hotels stark gestiegen sind. Im Gegensatz dazu stagnieren die Übernachtungen in 2 bis 3 Sterne Anlagen, was mit dem Anstieg bei den privaten Unterkünften „Particulares“ zusammenhängt.

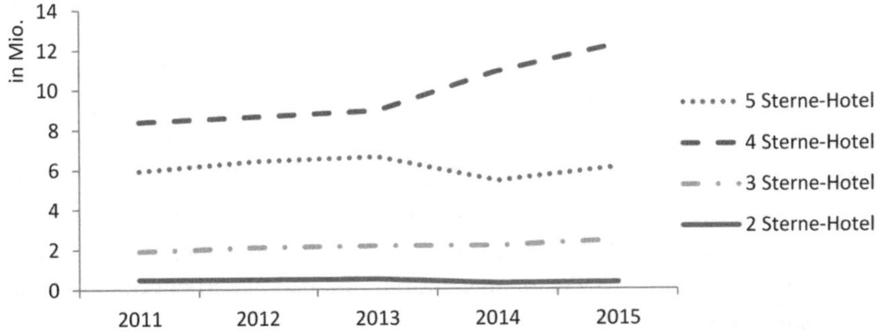

Abbildung 3: Übernachtungen von Touristen in Hotels der 2 bis 5 Sterne-Kategorie (vgl. ONEI 2015)

5. Gesetzlicher Rahmen für Hotelinvestments

Wichtigste Rechtsgrundlage für die vom kubanischen Staat angestrebte Investitionstätigkeit ausländischer Investoren ist Investitionsgesetz Nr.118 (vgl. Cubadebate Online 2014). Dieses definiert u.a. die zulässigen Investitionsformen für ausländische Investoren, verschiedene Sicherheitsgarantien seitens der kubanischen Regierung, die Steuer- und Abgabenpolitik sowie die Verfahren zur Genehmigung eines Investitionsprojektes (vgl. Germany Trade & Invest Online 2015).

5.1 Investitionsmöglichkeiten für ausländische Investoren

Das Gesetz Nr. 118 sieht in Art. 13.1 und 13.2 mit Joint Ventures, International Economic Associations und Totally Foreign Capital Companies drei grundsätzliche Investmentmöglichkeiten für ausländische Investoren vor.

Bei der Gründung eines Joint Ventures in der Rechtsform der AG strebt der Staat Kuba grundsätzlich eine Mehrheitsbeteiligung an. Unter International Economic Associations versteht man die vertraglich basierte Zusammenarbeit ohne gesellschaftsrechtlichen Zusammenschluss. Unter diese Kategorie fallen alle Management- und Pachtverträge auf dem kubanischen Hotelmarkt. Auch Investitionen mit alleiniger ausländischer Kapitalbeteiligung sind möglich und der Investor kann mit Ausnahme der Einstellung von Mitarbeitern frei unternehmerisch entscheiden. Er ist nicht an Projektvorgaben des Staates gebunden. Allerdings entfallen dann die in Kapitel 4.2 dargestellten Steuervorteile.

In Artikel 15.3 werden die Charakteristika der Managementverträge im Rahmen internationaler Investitionen im Hotelsektor weiter spezifiziert. Hiernach sollen die Verträge auf eine Verbesserung der Dienstleistung ausgerichtet sein und Zahlungen an die ausländische Managementgesellschaft nur erfolgsabhängig erfolgen.

Die Personalrekrutierung auf Kuba unterscheidet sich erheblich von anderen Märkten, da auch nach Erlass des Investitionsgesetzes Nr. 118 ausländische Unternehmen selbst kein lokales Personal einstellen dürfen. Verantwortlich dafür ist nach den Artikeln 30.1 bis 30.3 vielmehr eine staatliche Personalagentur, die juristisch als Arbeitsgeber auftritt. Ausnahmen sind nur für die oberste Leitungsebene des Unternehmens zulässig. Die Entlohnung kubanischer Mitarbeiter erfolgt ausschließlich über die staatlichen Personalagenturen, die den Mitarbeitern ein Gehalt in kubanischen Pesos auszahlen.

5.2 Staatliche Garantien und Steuervergünstigungen

In den Artikeln 3, 4.1 und 5 übernimmt der kubanische Staat Garantien gegenüber ausländischen Investoren. So sind hiernach Enteignungen nur in wenigen Ausnahmefällen und gegen angemessene Entschädigung möglich und es existiert ein Schutz gegenüber Ansprüchen Dritter. Darüber hinaus soll nach Artikel 9.1 der Transfer von Gewinnen und Dividenden ins Ausland steuerfrei erfolgen.

Die Steuervergünstigungen sind in den Artikeln 35, Artikel 36.1 bis 36.3 und Artikel 39 festgehalten. So ist für Joint Ventures und International Economic Associations eine Steuerbefreiung für acht Jahre ab Gründungsdatum vorgesehen. Danach gilt ein Steuersatz von 15% und die auf Kuba reinvestierten Gewinne sind von der Körperschaftssteuer befreit.

5.3 Ablauf des Genehmigungsverfahrens

Genehmigungen aller ausländischen Investitionen obliegen dem Staats- bzw. dem Ministerrat, wobei dieser je nach Art der Investition die Entscheidung an die zuständigen Ministerien delegieren kann. In Artikel 22.1 wird das Außenhandelsministerium MINCEX als erste Anlaufstelle genannt.

Investitionsvorhaben müssen innerhalb von 60 Tagen beschieden werden. Das Außenhandelsministerium MINCEX beurteilt die eingegangenen Anträge innerhalb von fünf Tagen auf Vollständigkeit. So müssen die Anträge präzise und ausführliche Informationen über das geplante Projekt, insbesondere Finanzierungsquellen, Mitarbeiterzahl, Machbarkeitsstudien, Sensibilitätsanalysen und zu erwartende Deviseneinnahmen. Die ökonomischen Effekte der Investition müssen genauestens dokumentiert werden. Nach der Überprüfung der Umsetzungsvorschriften entscheidet schließlich eine ministerielle Kommission innerhalb von 15 Tagen, ob das Investitionsprojekt dem Ministerrat oder Staatsrat zur Entscheidung vorzulegen ist.

6. Ausblick und Empfehlung

Neben den bis dahin schon genehmigten Hotelprojekten hat das zuständige Tourismusministerium bis Ende März 2016 weitere 76 Managementverträge und 13 Joint Ventures mit insgesamt 17 internationalen Hotelketten abgeschlossen. Insgesamt handelt es sich dabei um 83 neue Hotels mit 20.000 zusätzlichen Betten in den nächsten 7 Jahren (vgl. MINTUR 2016). Das Investitionsklima in der kubanischen Hotellerie ist somit seit Erlass des Investitionsgesetzes Nr. 118 im Jahr 2014 deutlich freundlicher geworden.

Vor diesem Hintergrund und dem zu erwartenden weiteren Gästeanstieg erscheinen gezielte Investitionen in Hotelprojekte vielversprechend, sofern man sich zuvor neben den marktüblichen Rentabilitätsanalysen intensiv mit den politischen und wirtschaftlichen Besonderheiten des kubanischen Marktes beschäftigt.

Quellenverzeichnis

AHGZ Online (Hrsg.): Starwood eröffnet drei Hotels auf Kuba. http://www.ahgz.de/unternehmen/starwood-eroeffnet-drei-hotels-auf-kuba,200012229767.html [Zugriff am 10.08.2016].

Berg, Waldemar (2012): Tourismusmanagement. 1. aktualisierte und erweiterte Auflage, Ludwigshafen(Rhein).

Bermúdez Tarifa, B. (2009): Análisis del Turismo en Cuba. http://www.monografias.com/trabajos71/analisis-turismo-cuba/analisis-turismo-cuba2.shtml#desarrolla [Zugriff am 10.08.2016].

Chávez Salina, E. (1998): Turismo en Cuba. Desarrollo, Desafíos y perspectivas. Argentina.

Cubadebate Online (Hrsg.): Diseñarán nueva metodología para cálculo de ingresos por turismo en sector no estatal. http://www.cubadebate.cu/noticias/2016/07/26/disenaran-nuevametodologia-para-calculo-de-ingresos-por-turismo-en-sector-no-estatal/#.V5wwzeNJnIU [Zugriff am 29.07.2016].

Cubadebate Online (Hrsg.): Cuba ha recibido 2 millones de visitantes. http://www.cubadebate.cu/noticias/2016/06/14/cuba-ha-recibido-2-millones-de-visitantes-en-lo-que-va-de-2016/#.V6DWuuNJnIU [Zugriff am 02.08.2016].

Fidlschuster, K; Fidlschuster, M. (2011): Grundlagen des Hotelinvestments. Basiswissen für Hoteliers und Immobilien-Investoren, Berlin.

Frey, M. (2002): Netzwerkmanagement in der Hotelindustrie: Gestaltungsansätze für Klein-und Mittelunternehmen, Bern.

Gardini, M. A. (2014): Grundlagen der Hotellerie und des Hotelmanagements im Tourismus, in: Schulz, A.; Berg, W.; Gardini, M.A.; Kirstges, T.; Eisenstein, B. (Hrsg.): Grundlagen des Tourismus: Lehrbuch in 5 Modulen.

Germany Trade and Invest: Kuba im Fokus. https://www.gtai.de/GTAI/Content/DE/Trade/Fachdaten/PUB/2016/01/pub201601078009_20571_kuba-im-fokus-2015.pdf?v=1 [Zugriff am 03.08.2016].

Granma Online (Hrsg.) (15.06.2016): Eine Debatte über die Zukunft Kubas. http://de.granma.cu/cuba/2016-06-15/eine-debatte-uber-die-zukunft-kubas [Zugriff am 15.06.2016].

Grupo de Turismo Gaviota (Hrsg.) (2016): Negocios. http://www.gaviota-grupo.com/es/negocios [Zugriff am 27.07.2016].

Henschel, U. K.; Gruner, A.; von Freyberg, B. (2013): Hotelmanagement, 4. Auflage, München.

Ministerio del Turismo (MINTUR) (2016): Oportunidades de negocio para la inversión extranjera en el sector del turismo cubano. [Aufgerufen am 01.08.2016].

ONEI Online (Hrsg.): Anuario Estadístico de Cuba 2015. Capítulo 15: Turismo. http://www.one.cu/aec2015/15%20Turismo.pdf [Zugriff am 01.08.2016].

ONEI Online (Hrsg.): Serie de estadísticas 1985-2011. Capítulo 15: Turismo. http://www.one.cu/series2011.htm [Zugriff am 01.08.2016].

Rabe, Oliver (2011): Bewertung von Hotelimmobilien. Immobilienbewertung & Immobilienrecht bei internationalen Investitionen, Berlin.

MARCUS HERNTREI & JÖRG TITTNACK

Innovative Finanzierungsinstrumente für die mittelständische Hotellerie

1. Einleitung und Zielstellung

Die Branche der Hotellerie ist kapitalintensiv und mit einem hohen Fixkostenanteil verbunden (vgl. Bieger und Laesser 2007, S. 169). In Kombination mit einer starken Abhängigkeit von der Lage, der Saisonalität sowie des Hotelmanagements, entstehen für potenzielle Investoren schwer einschätzbare Risiken. Diese können oder wollen einige Banken, die in der Folge der Finanzkrise ab dem Jahr 2007 und auf der Basis von Basel III ein strikteres Risikomanagement betreiben (vgl. Becker et al. 2012), nicht mehr eingehen. In der Folge wird vielen Hotelunternehmungen der Zugang zu externem Kapitel erschwert (vgl. Andrew et al. 2007; Fidlschuster und Fidlschuster 2013, S. 124).

Die Herausforderungen für eine erfolgreiche Finanzierung von Hotelunternehmungen wurden in internationalen Studien untersucht (vgl. Devesa und Esteban 2011; Elgonemy 2002; Lee und Xiao 2011). Dabei zeigten sich u.a. signifikante Unterschiede zwischen den beteiligten Ländern sowie in Abhängigkeit bei der Unternehmensgröße (vgl. Jang et al. 2008, 479 f.).

Über die aktuelle Finanzierungssituation am deutschen Hotelmarkt stehen nur wenige Informationen zur Verfügung. In der Beratungspraxis zeichnet sich ab, dass sich die Kapitalbeschaffung für mittelständische Hotelbetriebe in den vergangenen Jahren zunehmend schwieriger gestaltet. Der Gang zu den Hausbanken war in früheren Jahren häufig erfolgreich. Zu dieser Zeit lagen die Kreditentscheidungen oft allein in den Händen des Firmenkundenbetreuers. Auf der Vertrauensbasis einer engen und langjährigen Geschäftsbeziehung konnten Kredite gewährt und darüber hinaus teils Fehlentwicklungen im Unternehmen korrigiert werden. Mit der Einführung von Basel II ist ein Finanzierungsansuchen mit einem formalen Ratingprozess verbunden, auf welchen der Firmenkundenbetreuer einen geringeren Einfluss ausüben kann. Die subjektive Einschätzung des Betreuers auf der Basis einer langjährigen Geschäftsbeziehung, welche z.B. deutlich positiver als das formale Ranking ausfallen kann, ist damit nicht weiter von Belang. „Die Hausbankbeziehung als zentrales Element der Mittelstandsfinanzierung" gerät damit in Deutschland unter massiven Druck, weiter verstärkt durch eine erneute Verschärfung der Risikoorientierung unter Basel III (Müller et al. 2011, S. 20). In der Folge wird der Zugang zum klassischen Bankkredit, dem dominierenden Finanzierungsinstrument im deutschen Mittelstand, erschwert, denn die Kreditkonditionen der Hausbanken orientieren sich nun strikt an der Bonität der Kunden (vgl. Hartl 2007, S. 150; Ganzer 2015, S. 13). Da die Bonität der Unternehmen in Hotellerie und Gastronomie im bundesweiten Branchenvergleich recht schwach ist (vgl. Bürgel Wirtschaftsinformationen 2013), und eine Subventionierung von Einzelkunden heute ausgeschlossen wird, ist für viele Hotels die Kreditfinanzierung über die Hausbanken somit oftmals zu teuer oder steht nicht mehr zur Verfügung (vgl. Hartl 2007, S. 150). Für mittelständische Unternehmen und insb. für die Hotellerie ergibt sich hieraus die Notwendigkeit, alternative Finanzierungsinstrumente zu prüfen (vgl. Lüpken 2003, III).

Vor diesem Hintergrund möchte dieser Beitrag den folgenden Kernfragen nachgehen:

- Wie finanziert sich gegenwärtig die mittelständische Hotellerie?
- Wie nehmen die Unternehmer die Finanzierungssituation aktuell wahr?
- Welche alternativen Finanzierungsinstrumente eignen sich für die mittelständische Hotellerie?
- Wie hoch ist der Wissensstand in den Hotelunternehmen bzgl. der Finanzierungsinstrumente?
- Welche Instrumente werden für zukünftige Finanzierungsvorhaben in Betracht gezogen?

Becker et al. (2015, S. 18) stellen fest, dass innovative Finanzierungsinstrumente auf den deutschen Markt gelangen und zunehmend an Bekanntheit gewinnen. Ein Hauptaugenmerk dieser Studie liegt auf bislang in der mittelständischen Hotellerie noch immer wenig verbreiteten und damit aus der Unternehmensperspektive innovativen Finanzierungsformen wie u.a. Factoring, Beteiligungsfinanzierung, Contracting und Crowdinvesting.

2. Rahmenbedingungen für die Finanzierung mittelständischer Hotels in Deutschland

„Mittelstand ist in Deutschland der Inbegriff kleiner und mittlerer Unternehmen […]“ (Helfrich 2003, S. 232). Aufgrund des Fehlens einer allgemein gültigen Definition des Begriffs „Mittelstand“ (vgl. Bette 2001, S. 11), werden die Begriffe KMU (kleine und mittlere Unternehmen) und Mittelstand in Forschung und Praxis häufig synonym verwendet (vgl. Becker et al. 2015, S. 19) – so auch in diesem Beitrag. Obwohl Reinemann (2011, 5 ff.) betont, dass sich der Mittelstand von den KMU über qualitative Merkmale abgegrenzt, bietet sich hier eine sinngleiche Verwendung der Begriffe auch deshalb an, weil in der Praxis „die Mehrheit der kleinen und mittleren Unternehmen (KMU) die qualitativen Kriterien des Mittelstandsbegriffes“ erfüllt (Institut für Mittelstandsforschung Bonn 2016).

Die Definition der KMU und die Einteilung in die jeweilige Unternehmensgröße erfolgt über quantitative Größenmerkmale. Eine solche Einteilung leistet u.a. die KMU-Definition der Europäischen Kommission (vgl. Tab. 1).

Unternehmensgröße	**Zahl der Beschäftigten**	**Umsatz €/Jahr**	**Oder**	**Bilanzsumme €/Jahr**
kleinst	bis 9	bis 2 Millionen		bis 2 Millionen
klein	bis 49	bis 10 Millionen		bis 10 Millionen
mittel	bis 249	bis 50 Millionen		bis 43 Millionen

Tabelle1: KMU Definition der Europäischen Kommission
(eigene Darstellung in Anlehnung an: European Commission 2009, S. 3)

Bei Betrachtung der Branchenstruktur in Deutschland (vgl. Tab. 2 und 3) zeigt sich, dass mindestens ca. 90 % der Gastgewerbebetriebe in Deutschland als Kleinst- oder Kleinbetrieb einzuordnen sind und damit in den Mittelpunkt der Untersuchung rücken.

Jahresumsatz in Euro	**Anzahl Betriebe**	**Anteil**
unter 100.000	98.076	39,5 %
100.000 bis 199.000	54.619	22,0 %
200.000 bis 499.000	48.982	19,8 %
500.000 bis 999.999	18.060	7,3 %
1.000.000 und mehr	28.212	11,4 %

Tabelle 2: Anteil der Betriebe nach Jahresumsatz
(eigene Darstellung in Anlehnung an Deutscher Hotel- und Gaststättenverband e.V. (DEHOGA Bundesverband) 2016, S. 21)

Anzahl Beschäftigter	**Anzahl Betriebe**	**Anteil**
1 bis 2	66.484	26,8 %
3 bis 5	64.350	26,0 %
6 bis 9	41.293	16,7%
10 und mehr	75.822	30,6%

Tabelle 3: Anteil der Betriebe nach Anzahl der Beschäftigten
(eigene Darstellung in Anlehnung an Deutscher Hotel- und Gaststättenverband e.V. (DEHOGA Bundesverband) 2016, S. 21)

In Österreich sind die drei größten Bankinstitute gemeinsam im Rahmen der Österreichischen Hotel- und Tourismusbank Gesellschaft engagiert – einer „Spezialbank zur Finanzierung und Förderung von Investitionen im Tourismus" (Österreichische Hotel- und Tourismusbank Gesellschaft m.b.H. (ÖHT) 2016b). Dies hat u.a. eine vergleichsweise gute Marktdatenverfügbarkeit zur Folge (vgl. Österreichische Hotel- und Tourismusbank Gesellschaft m.b.H. (ÖHT) 2016a). In Deutschland teilen sich die Banken auf der Basis verschiedener Kriterien wie Standort, Investitionsvolumen etc., den Kreditmarkt in der Hotellerie auf (vgl. Matthes 2015). Bundesweite und zugängliche Datenbanken über die Finanzierungssituation der Hotellerie in Deutschland sind nicht vorhanden. Aktuelle Marktdaten lassen sich auch ohne Weiteres nicht direkt von den Banken beziehen und zusammentragen, da die Freigabe der Daten über die Bankvorstände zu erfolgen hat (Tittnack 2016).

Um einen Überblick über die Finanzierungssituation zu gewinnen, muss somit auf Studien zur Finanzierungssituation im Mittelstand im Allgemein zurückgegriffen werden. Folgende Tabelle basiert u.a. auf Recherchearbeiten von Becker et al. (2015, S. 16–33):

Autoren	**Kernaussagen**
Creditreform Wirtschaftsforschung (2016)	Der Mittelstand ist dank einer guten Konjunktur in Hochstimmung
	58,1 Prozent planen ein Investitionsvorhaben – der höchste Wert seit dem Jahr 2007
	Der Mittelstand hat Schulden abgebaut und ist dabei unabhängiger von Bankfinanzierungen geworden
	Der Mittelstand konnte seine Eigenkapitalquote erhöhen, 28,5 % der Unternehmen gelten jedoch weiterhin als eigenkapitalschwach
Bundesverband freier Berater e.V. (2016)	Die Studie zeigt „vermehrt Schwierigkeiten in der Finanzierung mit Banken und Sparkassen auf“
	76 % der Unternehmen fühlen sich abhängig von ihrer Hausbank
	Die Erträge der Banken sind rückläufig. Die Autoren der Studie rechnen daher damit, dass die Kreditinstitute zunehmend Kreditrisiken meiden werden
	Insbesondere kleine Unternehmen stellen fest, dass die Banken nur selten Förderkredite aktiv anbieten
	Die Autoren schätzen vor der aktuellen Bankensituation einen Finanzierungsmix im Mittelstand als überlebenswichtig ein
van der Schans et al. (2012)	Die Mehrheit der KMU bevorzugt eine Außenfinanzierung über Banken
	Der Zugang zu Fremdfinanzierungen ist seit der Wirtschaftskrise ab dem Jahr 2007 schwieriger geworden
Bretz (2011)	Das Hotel- und Gastgewerbe gehört mit dem Kfz-Handel und dem Baugewerbe zu den am stärksten unterkapitalisierten Branchen
Papenstein et al. (2011)	70 % der Unternehmen sind mit dem Angebot an Finanzierungsinstrumenten zufrieden
	Die Zufriedenheit mit den Finanzierungsinstrumenten ist abhängig von dem Rating des Unternehmens
	Leasing und Schuldscheindarlehen wollen jeweils über 10% der Unternehmen nutzen
	Beteiligungskapital möchten 26% nutzen
	Mezzaninkapital wird für die meisten Unternehmen als sinnvoll erachtet, 45% der befragten Unternehmen möchten dies nutzen
Salander und Rose (2011)	Zunehmend viele Mittelständler möchten auf alternative Finanzierungsinstrumente wie Leasing oder Schuldscheindarlehen zurückgreifen

	Gut positionierte Unternehmen haben einen relativ leichten Zugang zu Kreditmitteln, wohingegen schwächer positionierte Unternehmen teils deutliche Probleme haben Die zunehmende Krediterschwernis macht die Erschließung alternativer Finanzierungsinstrumente notwendig
FF Research Ltd.	Zunehmend viele KMU kontaktieren neben ihrer Hausbank auch andere Kreditinstitute
Wolff und Häcker (2010)	Der Mittelstand in Baden-Württemberg ist gegenüber externem Eigenkapital überwiegend negativ eingestellt. Als Grund hierfür wird ein möglicher Kontrollverlust angegeben
Englisch et al. (2009)	Familienunternehmen sind mit ihrer Finanzierungssituation zufrieden, beschäftigen sich jedoch zunehmend mit alternativen Finanzierungsmodellen Als zweiter starker Partner kommen neben der Hausbank einzelne Unternehmer oder Beteiligungsgesellschaften zunehmend infrage Die Wirtschaftskrise hat nicht zu einem verstärkten Verkauf von familieneigenen Unternehmensanteilen geführt Das Interesse für Private-Equity-Finanzierungen ist gering
Kulicke und Stahlecker (2009)	Öffentliche Fördermittel sind im Mittelstand der Region Stuttgart wenig bekannt und verbreitet
Paul und Stein (2009)	Der Mittelstand in NRW hat eine starke Loyalität zur Hausbank Mezzanine Finanzierungsinstrumente werden skeptisch betrachtet Die eigene Kompetenz im Hinblick auf Finanzierungsfragen wird als „sehr hoch“ eingeschätzt – die Autoren werten dies als eine Überschätzung der eigenen Fähigkeiten Die Inanspruchnahme von Förderberatung und externen Informationsquellen zu Finanzierungsfragen wird überwiegend abgelehnt Öffentliche Finanzierungsförderung wird nur von 10 % der befragten Unternehmen genutzt Insgesamt zeigt der Mittelstand in NRW ein mangelndes Interesse an öffentlichen Finanzierungsmitteln
Neus et al. (2008)	Der Mittelstand in Baden-Württemberg pflegt das Hausbankprinzip, unterhält jedoch auch Kontakte zu anderen Kreditinstituten Der Mittelstand ist mit den Beratungsleistungen der Banken zufrieden Nur 50 % der Befragten ist die Existenz von Ratings bekannt Mezzanine Finanzierungsinstrumente, Schuldscheindarlehnen sowie Factoring werden als wenig attraktiv erachtet Als attraktiv werden noch immer Bankkredite angesehen sowie Kapitalerhöhung durch Anteilseigner und Fördermittel Der Mittelstand nutzt das Hausbankprinzip und sichert sich durch weitere Finanzkontakte ab

Tabelle 4: Studien zum Finanzierungsverhalten im Mittelstand
(in Anlehnung an Becker et al. 2015, S. 16–33)

Zusammenfassend kann für das Finanzierungsverhalten des Mittelstandes in Deutschland festgehalten werden:

- Die Hausbank bleibt der wichtigste Finanzierungspartner und der Bankkredit das wesentliche Finanzierungsinstrument des deutschen Mittelstandes
- Vor dem Hintergrund von Basel III sowie einer angespannten Ertragslage der Banken spürt der Mittelstand eine Veränderung des Bankenverhaltens
- Wenn auch die Zufriedenheit mit den Hausbanken noch grundsätzlich hoch erscheint, setzen sich die Unternehmen zunehmend mit alternativen Finanzierungsinstrumenten auseinander
- Die Unternehmen neigen jedoch dazu, ihre Kompetenzen bzgl. der Unternehmensfinanzierung zu überschätzen

Eine für den Mittelstand negative Veränderung des Bankenverhaltens hätte für die Hotellerie und Gastronomie gravierende Folgen. Die Branche gehört zu den eigenkapitalschwächsten Branchen in Deutschland. Zum Vergleich: Die österreichische Hotellerie, über die vergleichsweise gutes Datenmaterial vorliegt, hat im Median einen Fremdkapitalanteil von 85 % (4- und 5-Sternehotellerie) bzw. 93 % (3-Sternehotellerie) (vgl. Österreichische Hotel- und Tourismusbank Gesellschaft m.b.H. (ÖHT) 2016a). Die Kapitalschwäche der Hotellerie trifft auf eine hohe Kapitalintensität (Bieger und Laesser 2007, S. 169), wodurch bereits heute die Hotellerie von den Banken als Risikobranche geführt wird (vgl. Fidlschuster und Fidlschuster 2013, S. 124). Wenn auch einzelne Bankenvertreter die Finanzierungssituation für die Hotellerie aufgrund der allgemein guten Wirtschaftslage positiv bewerten (Tittnack 2016), lässt sich aus den hier dargestellten Studienergebnissen ableiten, dass alternative Finanzierungsinstrumente u.a. zur Verbesserung der Eigenkapitalausstattung in Zukunft an Bedeutung gewinnen werden (vgl. Hartl 2007, S. 161; Abb. 1).

Im folgenden Kapitel werden ausgewählte alternative Finanzierungsinstrumente näher betrachtet.

3. Finanzierungsmöglichkeiten für KMU

Die Rahmenbedingungen für die Finanzierung mittelständischer Unternehmen und insb. von Hotelbetrieben haben sich in den vergangenen Jahren mit Basel II & III verschlechtert (vgl. Ganzer 2015, S. 13). Finanzierungsvorhaben von Hotels über einen klassischen Bankkredit haben oft das zentrale Problem einer zu geringen Eigenkapitalquote (vgl. Hartl 2007, S. 150). Die Gründe für den notorisch niedrigen Eigenkapitalanteil sind laut Fidlschuster und Fidlschuster (2013, S. 126):

- Die Bildung von Eigenkapital aus der betrieblichen Tätigkeit ist meist nur eingeschränkt möglich
- Privates Eigenkapital kann oft nicht aufgebracht werden
- Der Zugang zu Kapitalmärkten bleibt KMU meist verwehrt
- Externes Eigenkapital wird abgelehnt, insb. sofern dieses mit einem Kontrollverlust verbunden ist

Neben dem klassischen Bankkredit gibt es jedoch einige alternative Finanzierungsinstrumente. Seit geraumer Zeit wird festgestellt, dass sich einerseits das Spektrum an alternativen Finanzierungsinstrumenten für den Mittelstand erweitert, andererseits die mittelständischen Unternehmen weiterhin die klassischen Instrumente wie den Bankkredit bevorzugen (vgl. Helfrich 2003, S. 237). An dieser Stelle werden jene Instrumente betrachtet, die für die mittelständische Hotellerie auf der Basis ihrer eingeschränkten Ressourcen und einem eingeschränkten Zugang zum Kapitalmarkt grundsätzlich nutzbar sind und diese unabhängiger von ihrer Hausbankfinanzierung machen können (vgl. Helfrich 2003, S. 235). Als alternative Finanzierungsinstrumente werden dabei alle Alternativen zum klassischen Bankkredit verstanden (vgl. Arnsfeld und Hieb 2004, S. 664), welcher in deutschen klein- und mittelständischen Unternehmen dominiert (vgl. Bundesverband deutscher Banken e.V. 2012, S. 8).

Die alternativen Finanzierungsinstrumente lassen sich im Hinblick auf ihre Wirkung auf das Eigen- und Fremdkapital systematisieren (vgl. Abb. 1). Dies erscheint sinnvoll, da eine Verbesserung der Eigenkapitalquote durch alternative Finanzierungsinstrumente zu einer Verbesserung der Ratingeinstufung durch die Banken führen und folglich den Zugang und die Konditionen zum klassischen Bankkredit verbessern kann (vgl. Müller et al. 2011, S. 207f.). Die alternativen Finanzierungsinstrumente und der klassische Bankkredit schließen sich nicht aus, sondern können sich innerhalb eines Finanzierungsportfolios ergänzen, Handlungsspielräume schaffen und Abhängigkeiten reduzieren.

Die in Abb. 1 dargestellten Finanzierungsinstrumente wurden im Rahmen der in Kap. 4 dargestellten Erhebung abgefragt.

Eigenkapital kann klassisch als Gesellschaftereinlage eingebracht werden. Beteiligungsgesellschaften werden im Mittelstand skeptisch gesehen, weil mit der Beteiligung ein entsprechender Kontrollverlust verbunden ist (vgl. Ebner Stolz Management Consultants GmbH und Wolff & Häcker Finanzconsulting AG 2014, S. 15). Beteiligungsgesellschaften zielen i.d.R. jedoch weniger auf einen Kontrollgewinn im Unternehmen, als auf eine attraktive Rendite ab.

Mezzanines Kapital ist eine Mischform zwischen Eigen- und Fremdkapital. Es bietet u.a. den Vorteil, den Bilanzspielraum zu verbessern, den Kreditspielraum damit nicht einzuengen und ferner die Anteilsstruktur der Gesellschafter nicht zu verändern (vgl. Häger et al. 2004, S. 7; Grunow 2010, S. 79). In der Regel werden Zustimmungs- und Kontrollrechte, jedoch keine Mitspracherechte vereinbart (Keuper und Sikora 2011, S. 239). Mezzanines Fremdkapital unterliegt zudem i.d.R. einer Laufzeitbegrenzung (vgl. Häger et al. 2004, S. 24), sodass etwaige Zustimmungs- und Kontrollrechte der Investoren zeitlich befristet wären.

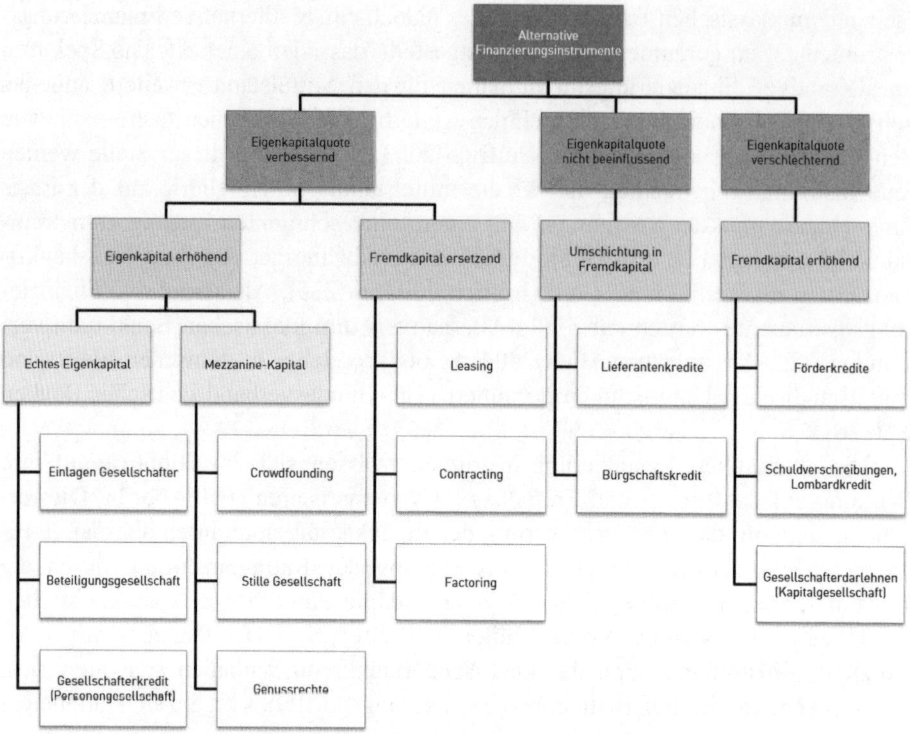

Abbildung 1: Systematisierung möglicher alternative Finanzierungsinstrumente in der mittelständischen Hotellerie
(eigene Darstellung in Anlehnung an Müller et al. 2011, S. 33)

Belleflamme et al. (2014) unterscheiden zwischen den beiden Crowdfoundingformen „pre-order" – z.B. der exklusive Bezug der ersten Produkte – und „profit sharing". Letztere Form des Croudfounding, bei welcher die Investoren zu Anteilsinhabern werden, wird auch Crowdinvesting genannt (vgl. Harms 2016; Companisto GmbH 2016). Bei der Beteiligung im Rahmen von Crowdfounding-Projekten handelt es sich meist um zeitlich befristete, stille Beteiligungen oder um Genussrechte. Der Begriff der stillen Beteiligung ist gesetzlich nicht definiert, setzt jedoch gem. §231 Abs. 2 HGB eine nicht ausschließbare Gewinnbeteiligung voraus (vgl. Müller et al. 2011, S. 238f.).

Auch eine gesetzliche Definition des Genussrechts fehlt bislang, Verzinsung, Gewinnbeteiligung und ggf. Liquidationserlöse können ebenso vereinbart werden die Auszahlung durch Produkte- und Dienstleistungen des Unternehmens (vgl. Müller et al. 2011, S. 247f.). Praxisbeispiele aus dem Tourismus zeigen, dass auch Mischformen einer Tilgung über monetäre sowie über Sachleistungen möglich sind (vgl. CONDA AG; Kinshofer 2016). Die Tilgung über Sachleistungen hat zudem den positiven Nebeneffekt einer engen Kundenbindung. Der Ortnerhof im Nationalpark Hohe Tauern im Land Tirol sammelt z.Z. über Crowdfounding Geld für ein

Erweiterungsvorhaben. In Abhängig von der Höhe des Investments bietet der Ortnerhof neben einer Verzinsung von 5 % bis 7 % einen Gutschein für eine Nacht für 2 Personen bei einem Mindestaufenthalt von 3 Tagen pro Jahr (vgl. CONDA AG).

Dass Crowdfounding als Finanzierungsinstrument für die Hotellerie bereits von Bedeutung ist, zeigt das Beispiel der österreichischen Furni Rent GmbH. Das Unternehmen ist auf die Vermittlung von Hoteliers und Investoren im Rahmen eines Crowdfoundings spezialisiert (vgl. CONDA AG). In Österreich ist man von dem Finanzierungsinstrument offenbar überzeugt: „Um Crowdfunding besser nutzbar zu machen, haben sich das Wirtschaftsministerium, die Hotel- und Tourismusbank (ÖHT), die WKO Bundessparte Tourismus- und Freizeitwirtschaft, die Fachverbände Hotellerie und Gastronomie sowie die Hoteliervereinigung und die CONDA AG als technologischer Partner zusammengeschlossen“ und die Finanzierungsplattform www.we4tourism.at gegründet (Burzinski 2016).

Natusch (2004, S. 42) fasst die Vorteile von Mezzanine-Kapital wie folgt zusammen:

- Eigenkapitaläquivalenz: die Kreditlinien der klassischen Fremdkapitalfinanzierung werden weniger beansprucht
- Größere Freiheiten in der Vertragsgestaltung gegenüber klassischen Kapitalmarktprodukten wie dem Bankkredit
- Einfachere Rückzahlung als bei einem Anteil am Gesellschaftsvermögen (keine Änderungen an Satzungen, Gesellschaftsverträgen etc. notwendig)
- Steuerliche Abzugsfähigkeit
- Gute Kombinierbarkeit mit anderen Finanzierungsinstrumenten

Die skizzierten Ausgestaltungsmöglichkeiten der mezzaninen Finanzierungsinstrumente bieten eine große Flexibilität und individuelle Gestaltungsmöglichkeit (vgl. Müller et al. 2011, S. 237; Grunow 2010, S. 79). Um diese Möglichkeiten nutzen zu können, ist jedoch auch ein gewisses Know-how notwendig. Ferner sind mezzanine Finanzierungsinstrumente für das Unternehmen nicht zwingend günstiger als ein Bankkredit (vgl. Grunow 2010, S. 80).

Leasing und Factoring gehören nach Müller et al. (2011) zu den Fremdkapital ersetzenden Finanzierungsinstrumenten. Leasing ist für Unternehmen sowie für Privatleute kein unbekanntes Instrument. Es ersetzt nun seit Jahren in zunehmenden Umfang die traditionelle Bankenfinanzierung und gewinnt damit an Bedeutung (vgl. Helfrich 2003, S. 241; Fidlschuster und Fidlschuster 2013, S. 129). Bei dem Leasing genannten Mietkauf erzielt der Leasinggeber i.d.R. dadurch Gewinne, dass dieser die Wirtschaftsgüter günstiger beschafft bzw. refinanziert als der Leasingnehmer. Attraktiv ist Leasing für Unternehmen, wenn die Leasinggeber die günstigen Einkaufskonditionen an den Leasingnehmer weitergeben. Teuer wird es für den Leasingnehmer dann, wenn zur Schonung des Liquiditätsspielraumes Leasingraten gezahlt werden, die jenseits des Wertverlusts und der Finanzierungskosten liegen. Bei guter Bonität ist der Bankkredit oft die günstigere Alternative (vgl. Grunow 2010, S. 93f.).

Spezialisierte Leasinggeber wie die ALBIS HiTec Leasing AG sind seit Jahren auf die Bedürfnisse der Hotellerie eingestellt und haben ihr Sortiment in den vergangenen Jahren von der Küchentechnik bis hin zur IT-Ausstattung ausgebaut (vgl. ALBIS HiTec Leasing AG 2016). Das Anlagenbau-Leasing von Heizungsanlagen, auch Finanzierungs-Contracting genannt, beschreibt ein Finanzierungsinstrument, bei dem der Nutzer der Anlage nicht in den Besitz der Anlage gelangt, sondern lediglich die Nutzungsrechte erwirbt. Das gesamte wirtschaftliche Risiko inklusive der Wartungs- und Reparaturkosten liegt bei dem Contractorgeber. Einige Stadtwerke in Deutschland, wie z.B. die der Stadt Herne, bieten Unternehmen ein Contracting u.a. für Beleuchtungs- und Heizungsanlagen an (vgl. Stadtwerke Herne AG 2016). Wie für alle Finanzierungsinstrumente gilt auch bei Leasing und Contracting, dass ihre Wirtschaftlichkeit im Einzelfall geprüft werden muss. Garantierte Einsparungen können jedoch im Rahmen eines sog. Einsparungs-Contracting vertraglich geregelt werden (vgl. FHBB-IfE et al. 2016). Der Contractingnehmer profitiert dabei ferner umfassend von dem Know-how des Contracinggebers.

Factoring wurde bereits in den 1960er-Jahren in Deutschland eingeführt (vgl. Bette 2001, S. 43). Beim Factoring verkauft der Factorkunde im Rahmen eines im Vorfeld geschlossenen Factoringvertrags zeitnah Forderungen an das Factoringinstititut. Das Factoringinstitut ist der neue Inhaber der Forderungen und erwartet die Zahlung durch den Debitor (vgl. Bette 2001, S. 59). Factoring kann dazu beitragen, die Liquidität und Eigenkapitalquote zu erhöhen. Zudem fallen Rechnungsstellung und ggf. Mahnverfahren weg, sodass Kosten eingespart werden können. Nachteilig ist die teilweise lange Vertragsbindung an das Factoringinstitut und die nach Bonität des Endkunden bei jeder Rechnung anfallenden Kosten zwischen 3 und 6 %. Da Forderungen gegenüber Privatpersonen nicht abgesichert werden, bietet sich Factoring vor allem für Hotels mit einem hohen Anteil an Geschäftskunden an (vgl. Fidlschuster und Fidlschuster 2013, S. 131).

Als die Eigenkapitalquote nicht beeinflussende Finanzierungsinstrumente gelten Bürgschafts- und Lieferantenkredite (vgl. Abb. 1). Der Lieferantenkredit ist aufgrund seiner Flexibilität und Einfachheit eine der in Deutschland verbreitetsten Finanzierungsinstrumente. Zahlungsziele werden frei vereinbart und betragen etwa 30 oder 90 Tage, über die Ware kann jedoch ab dem Zeitpunkt der Lieferung frei verfügt werden (vgl. Industrie und Handelskammer Kassel-Marburg 2016). Eine im Gaststättengewerbe übliche Variante des Lieferantenkredits ist der Brauereikredit, über welchen sich der Kreditnehmer i.d.R. zur Abnahme von Mindestmengen verpflichtet. Lieferantenkredite gewinnen auch in der Hotellerie und im europäischen Mittelstand an Bedeutung (vgl. HSI Hotel Suppliers Index Ltd. 2016; Haller 2016). Neben der Flexibilität hat der Lieferantenkredit aber auch entscheidende Nachteile: Die Zinslast kann bis zu 30 Prozent betragen, sodass die Aufnahme eines Kontokorrentkredits – sofern verfügbar – und damit verbunden eine Zahlung des Kaufpreises abzüglich Skonto die bessere Wahl sein kann (vgl. Industrie und Handelskammer Kassel-Marburg 2016).

Bürgschaftskredite werden von den Förderbanken der Bundesländer erteilt, zu den bundesweit tätigen Förderbanken zählen ferner die Kfw Bankengruppe sowie die landwirtschaftliche Rentenbank (vgl. Bundesverband Öffentlicher Banken Deutschlands e.V. 2013). Förderbanken haben als Anstalten öffentlichen Rechts wettbewerbsneutral zu agieren und verfolgen das Ziel der „Sicherung und Verbesserung der mittelständischen Struktur der Wirtschaft“ (NRW.Bank 2016a). Die Förderbanken erteilen Bürgschaftskredite, die für Unternehmen dann in Frage kommen, wenn aufgrund eines schlechten Ratings die Hausbank den Kredit nicht gewähren möchte bzw. wenn ohne eine Bürgschaft der Kredit zu teuer wäre. Eine Grundvoraussetzung für die Bürgschaft und die Finanzierung durch die Hausbank ist auch hier ein schlüssiges Konzept.

Förderbanken erteilen ferner zinsvergünstige Darlehen – sog. Förderkredite, welche als klassische Kredite zu den Eigenkapitalquoten verschlechternden Finanzierungsinstrumenten gehören (vgl. Abb. 1). Förderfähig sind laut NRW.Bank (2016b) im Rahmen eines Mittelstandskredits u.a.

- Der Erwerb von Grundstücken und Gebäuden,
- Baumaßnahmen und Kosten für Außenanlagen,
- Betriebs- und Geschäftsausstattung
- Der Kauf von immateriellen Wirtschaftsgütern
- Die Beschaffung und Aufstockung des Material-, Waren- oder Ersatzteillagers,
- Die Übernahme eines bestehenden mittelständischen Unternehmens
- Betriebsmittelbedarf

Darüber hinaus kann über die Förderbank auf eine Reihe von staatlichen Förderprogrammen zugegriffen werden, u.a. im Bereich der energieeffizienten Gebäudesanierung (vgl. Fidlschuster und Fidlschuster 2013, S. 130). Förderkredite sind zinsvergünstigt und damit für Unternehmen ein attraktives Finanzierungsinstrument.

Ein Lombardkredit eignet sich für kurz- bis mittelfristige Kredite und bietet den Vorteil einer schnellen Verfügbarkeit. Hierfür hinterlegt der Kreditnehmer ein Pfand als Sicherheit. Sollte der Kreditnehmer den Kredit nicht bis zur vereinbarten zurückgezahlt haben, hat der Kreditgeber das Recht zur Veräußerung des Pfands. Der Lombardkredit hat aktuell in der Hotellerie eine geringe Bedeutung (vgl. Henschel et al. 2013, S. 290).

Zusammenfassend kann festgehalten werden, dass es neben dem klassischen Hausbankkredit eine Bandbreite an alternativen Finanzierungsinstrumenten gibt, welche sich im Rahmen eines Instrumenten-Mixes miteinander kombinieren lassen. Eine besondere Bedeutung fällt hier den die Eigenkapitalquote verbessernden Finanzierungsinstrumenten zu (vgl. Abb. 1). Die Eigenkapitalquote hat einen erheblichen Einfluss auf die Bonität eines Unternehmens und damit auf die Verfügbarkeit und die Kosten klassischer Bankkredite, die noch immer das verbreitetste Finanzierungsinstrument im deutschen Mittelstand und der Hotellerie sind. Trotz der mit der strategischen Nutzung von Finanzierungsinstrumenten verbundenen Chancen, nutzt die mittelständische Hotellerie diese bislang kaum und greift stattdessen auf teils teure Alternativen wie den Lieferantenkredit zurück. Die Gründe hierfür sind im Wesentlichen darin zu sehen, dass sich die Hoteliers mit Fragen der Bonität und Finanzierung nicht intensiv genug auseinandersetzen (vgl. Scheefer 2016, S. 352) und folglich nicht über das für die Nutzung alternativer bzw. innovativer Finanzierungsinstrumente erforderliche Wissen verfügen.

4. Neue Wege der Finanzierung für die mittelständische Hotellerie?

Vor dem Hintergrund der skizzierten Rahmenbedingungen und Möglichkeiten der Finanzierung mittelständischer Unternehmen wird nun die Hotellerie näher betrachtet. Neben der aktuellen Finanzierungssituation werden zur Beantwortung der Forschungsfragen u.a. die Nutzung von alternativen Finanzierungsinstrumenten in der Hotellerie und der Wissenstand der Unternehmer bezüglich dieser Instrumente analysiert.

4.1 Methodik

Ein Fragebogen mit insg. 20 Fragenblöcken entsprechend einer Beantwortungszeit von ca. 10 bis 15 Minuten wurde über das Portal „Unipark" online gestellt. Der Onlinefragebogen konnte im Zeitraum von Mitte August bis Anfang Oktober beantwortet werden. Der Link zum Fragebogen wurde an die Hotel-Partnerunternehmen der IUBH geschickt. Ferner haben der Deutsche Hotelverband sowie der DEHOGA Bundesverband über Ihre Newsletter auf die Studie aufmerksam gemacht. Eine PR-Mittelung incl. des Links wurde an Radaktionen von Fachzeitschriften geschickt.

Trotz der umfassenden Kommunikation konnte lediglich eine Stichprobe von n=27 realisiert werden. Die folgende Auswertung erfolgt somit rein deskriptiv.

4.2 Finanzierung in der Unternehmenspraxis

Von den teilnehmenden Betrieben sind drei als Kleinstbetriebe und 24 als mittelgroße Betriebe zu bezeichnen (European Commission 2009, S. 3). Einzelunternehmen (9) und Kapitalgesellschaften (8) überwiegen als Rechtsform, die größeren Betriebe ab 100 Betten sind Kapitalgesellschaften oder Mischformen auf Aktien.

Tab. 5 gibt einen Überblick über die Größe der Betriebe anhand der Anzahl der Zimmer.

Anzahl Zimmer	**Häufigkeit**
weniger als 20 Zimmer	5
20-49 Zimmer	8
50-99 Zimmer	8
100-149 Zimmer	2
150-200 Zimmer	1
mehr als 200 Zimmer	1

Tabelle 5: Anzahl der Zimmer
(eigene Erhebung); n=25

Die Betriebe pflegen Geschäftsbeziehungen mit Genossenschafts- (11) und privaten Geschäftsbanken (7), nicht jedoch mit reinen Onlinebanken.[1] Finanzierungsvorhaben werden mit diesen Banken durchgeführt. 11 von 12 der Befragten haben das letzte Finanzierungsvorhaben über einen klassischen Bankkredit getätigt. Förderkredite (3), Bürgschaftskredite (2), Gesellschafter-/Familiendarlehen (2) und eine stille Beteiligung (1) waren die genutzten Finanzierungsinstrumente. Dies zeigt, dass einzelne der untersuchten Hotels bereits heute einen gewissen Mix aus verschiedenen Finanzierungsinstrumenten nutzen.

Tab. 6 gibt eine Übersicht über die Gründe für die Finanzierungsvorhaben. Investitionen in Immobilien sowie in die Zimmer waren die häufigsten Finanzierungsgründe, vor allem aber auch die Modernisierung der technischen Ausstattung sowie des SPA- und Wellnessbereichs.

Neun der Unternehmer waren mit der Finanzierung der durchgeführten Projekte sehr zufrieden (3) oder zufrieden, nur einer der Befragungsteilnehmer war nicht zufrieden – 12 Finanzierungen wurden erfolgreich durchgeführt, eine wurde abgelehnt.

Finanzierungsvorhaben	**Häufigkeit**
Zimmerrenovierung	5
Immobilienerwerb	4
Zimmererweiterung	3
Küchentechnik	3
SPA und Wellness	3
Lüftung und Klimatechnik	1
EDV	1
Andere Gründe	1

Tabelle 6: Anzahl der Zimmer
(eigene Erhebung); n=12

[1] n = 18, die übrigen Teilnehmer der Befragung haben auf diese Frage nicht geantwortet.

Insgesamt ist der Zugang zu Krediten aus der Sicht der Unternehmer in den vergangenen 24 Monaten nicht wesentlich schwieriger geworden (vgl. Tab. 7), bei neun der zwölf betroffenen Unternehmen hat sich zudem das Zinsniveau positiv entwickelt. Dies passt zu der Aussage der Teilnehmer, dass sich die Bonität Ihrer Unternehmen in den Letzen 24 Monaten verbessert hat (11) bzw. gleich geblieben ist (14). Verschlechterungen werden nicht festgestellt, nur zwei Betriebe geben an, über eine durchschnittliche Bonität zu verfügen, die Mehrheit sieht sich gut bis ausgezeichnet aufgestellt (22). Diese Angaben erstaunen nicht nur vor dem Hintergrund der insgesamt vergleichsweise niedrigen Eigenkapitalquote der deutschen Hotellerie sowie dem der Hotellerie anhaftendem Risikostatus (Fidlschuster und Fidlschuster 2013, S. 124), sondern auch deshalb, weil offenbar nur wenige mittelständische Unternehmen ihr eigenes Rating kennen und sich oft noch nie mit diesem Thema beschäftigt haben (Scheefer 2016, S. 352).

Veränderungen bei der Kreditaufnahme in den vergangenen 24 Monaten	**Häufigkeit**
Es ist leichter geworden	6
Es ist gleich geblieben	11
Es ist schwieriger geworden	5
Es ist viel schwieriger geworden	3

Tabelle 7: Veränderung bei der Kreditaufnahme in den vergangenen 24 Monaten (eigene Erhebung); n=25

Bei genauerer Betrachtung der Finanzierungssituation zeigt sich ein dichotomes Bild: Während die eine Hälfte der Unternehmen die Anforderungen an die Kreditvergabe als leichter als in früheren Tagen empfindet, spüren die anderen Unternehmen eine teils deutliche Verschärfung der Situation (vgl. Tab. 8).

Entsprechend der eigenen Angaben führt die Mehrheit der Unternehmen eine Finanzplanung auf der Basis verschiedener Kennzahlen durch. Cashflow (19), Liquidität (16) und Umsatzrendite (13) werden häufiger genutzt als Abschreibungsquote (10), Eigenkapitalrendite (6) und Kapitalstruktur (5). Eine strategische Finanzplanung setzt jedoch die Nutzung einer breiten Basis an Kennzahlen voraus.

Art der Veränderung	**Ausprägung der Veränderungen bei der betreffenden Finanzierung**			
	Leichter	Gleich	Schwieriger	Viel schwieriger
Dokumentation	2	4	4	2
Strategie	2	7	3	0
Kreditabsicherung	3	4	3	2

Tabelle 8: Veränderungen der Rahmenbedingungen bei dem letzten Finanzierungsvorhaben (eigene Erhebung); n=12

In Abgrenzung zu den überwiegend positiven Erfahrungen bei Finanzierungen in den vergangenen 24 Monaten ist der Ausblick auf die aktuellen Rahmenbedingungen und auf zukünftige Finanzierungen deutlich pessimistischer (vgl. Tab. 9).

Aussagen	**Häufigkeiten**				
	Ich stimme voll und ganz zu	Ich stimme zu	Indifferent; teils/teils	Ich stimme eher nicht zu	Ich stimme gar nicht zu
Steigende Finanzierungsauflagen führen zu einer Professionalisierung in der Hotellerie	3	9	8	4	0
Die Finanzierung in der Hotellerie wird zunehmend schwieriger	6	8	4	7	0
Die schwierige Finanzierungssituation bedroht die Existenz unseres Unternehmens	1	2	4	14	4
Die Finanzierung in der Hotellerie erfordert mehr Ressourcen	3	10	8	3	1
Unser Unternehmen verfügt über die notwendigen Personalressourcen zur erfolgreichen Durchführung von Finanzierungsvorhaben	3	8	7	4	3
Unser Unternehmen verfügt über das notwendige Wissen zu erfolgreichen Durchführung von Finanzierungsvorhaben	3	10	7	5	0

Tabelle 9: Aussagen zur Finanzierungssituation in der Hotellerie
(eigene Erhebung); n=25

Die Mehrheit stimmt hier der Aussage zu, dass die Finanzierung in der Hotellerie zunehmend schwieriger wird. Wenn hierdurch auch nur wenige der Studienteilnehmer die Existenz des eigenen Betriebs als gefährdet betrachten, nehmen die Betriebe die zunehmende Komplexität der Finanzierungsvorhaben und den daraus resultierenden Ressourcenaufwand wahr, welcher einige der befragten Betriebe an die Grenzen ihrer Leistungsfähigkeit bringt. Über die Hälfte der Betriebe erkennt eigene Defizite bei ihrem Wissen über Finanzierungsinstrumente und sieht sich daher in einer gewissen Abhängigkeit externer Berater.

Der Wissenstand über mögliche alternative Finanzierungsinstrumente hat offenbar Auswirklungen auf die Wahl der zukünftigen Finanzierungsinstrumente. Nur wenige der Befragten haben vor, sich neuen Instrumenten zu öffnen und bleiben trotz der sich negativ veränderten Rahmenbedingungen der klassischen Bankfinanzierung treu. Obwohl ein insgesamt geringes Wissen über das Finanzierungsinstrument Crowdfounding vorhanden ist, besteht ein erkennbares Interesse an einer zukünftigen Nutzung (vgl. Tab. 10).

Finanzierungs-instrument	**Wissenstand über die Finanzierungsinstrumente/ Häufigkeiten**					**zukünftige Nutzungsabsicht/ Häufigkeiten**
	Sehr groß	Groß	Mäßig	Gering	Sehr gering	
Bankkredit	12	11	1	0	0	20
Bürgschaftskredit	2	7	7	3	3	1
Förderkredit	2	9	10	2	1	8
Genussrechte	1	1	4	5	10	1
Gesellschafter-/ Familiendarlehen	5	6	2	2	5	4
Beteiligungskapital/ Investoren	3	5	3	3	6	4
Crowdfounding	3	1	8	4	5	3
Leasing	7	8	3	2	2	10
Factoring	2	5	3	5	6	0
Lombardkredit	1	1	5	4	10	1
Lieferantenkredit	3	5	7	1	5	1
Stille Beteiligung	6	4	3	1	8	5

Tabelle 10: Wissen über Finanzierungsinstrumente und zukünftige Nutzungsabsichten (eigene Erhebung); n=25

5. Fazit und Ausblick

Die Aussichten der Finanzierung des Mittelstandes werden in der Mehrheit der aktuellen Studien als tendenziell negativ dargestellt. Die Gründe hierfür sind u.a. in dem zunehmenden Risikobewussten und der sinkenden Profitabilität der Banken als Folge der Finanzkrise ab dem Jahr 2007 zu sehen. Über die Finanzierungssituation der mittelständischen Hotellerie in Deutschland liegen bislang keine zugänglichen Studien vor. Die im Rahmen dieses Beitrags durchgeführte Erhebung zielte darauf, ab diese Informationslücke zu Teilen zu schließen. Dies ist jedoch aufgrund der geringen Stichprobe nur ansatzweise gelungen.

Wenn auch aus der Sicht der Hotelbetriebe die Finanzierung nicht gefährdet ist und sich die Bonität und die Kreditkonditionen verbessert haben mögen, so wird auf der Basis der vorliegenden Erhebung deutlich, dass sich die Betriebe vereinzelt neuen Finanzierungsinstrumenten öffnen. Neben Krediten zeigen die Unternehmen Interesse an Leasing sowie an Crowdfounding. Beide Instrumente wirken sich positiv auf die Eigenkapitalquote aus und können damit für die Hotellerie in Zukunft an Bedeutung gewinnen (vgl. Abb. 1). Erschwerend kann hier der vergleichsweise geringe Wissensstand der Unternehmen über das Finanzierungsinstrument Crowdfounding hinzukommen (vgl. Tab. 10).

Österreich hat im Jahr 2015 mit dem Alternativfinanzierungsgesetz (AltFG) die Voraussetzungen für die Etablierung alternativer Finanzierungsinstrumente im Tourismus geschafften, im Mittelpunkt steht hierbei das Crowdfounding (vgl. Bundesministerium für Wissenschaft, Forschung und Wirtschaft (2016, S. 3). Über die Tourismus-Crowdfoundingplattform „www.we4tourism.at" werden u.a. Konferenzen und Veranstaltungen angeboten, mit dem Ziel, Wissen über das Innovative Finanzierungsinstrument im Tourismus zu vermitteln.

Wie wichtig dieser Wissenstransfer ist, zeigt sich auch anhand der Studienergebnisse: Die Hotelbetriebe sehen sich bereits heute nicht in der Lage, Finanzierungsvorhaben ohne externes Know-how durchzuführen (vgl. Tab. 9). Politik und Verbände in Deutschland könnten in Anlehnung an das österreichische Beispiel noch stärker daran arbeiten, den Hotelbetrieben Wissen zugänglich zu machen, welches eine grundlegende Voraussetzung für Innovationen darstellt – auch im Bereich der Unternehmensfinanzierung.

Quellenverzeichnis

ALBIS HiTec Leasing AG (2016): Investieren leicht gemacht: Leasinglösungen für Gastronomie und Hotellerie. Online verfügbar unter http://www.albis-leasing.de/unternehmen/news-presse/newsmeldung/investieren-leicht-gemacht-leasingloesungen-fuer-gastronomie-und-hotellerie/4a20dcc99a61d339c9de1ccf117d14ff/, zuletzt geprüft am 07.09.2016.

Andrew, William P.; Damitio, James W.; Schmidgall, Raymond S. (2007): Financial management for the hospitality industry. Upper Saddle River NJ: Pearson Prentice Hall.

Arnsfeld, Torsten; Hieb, Otto (2004): Alternative Wege in der Mittelstandsfinanzierung-Eine aktuelle Bestandsaufnahme des Finanzierungsverhaltens mittelständischer Betriebe. In: Finanz Betrieb 6, S. 664–667.

Becker, Axel; Gruber, Walter; Wohlert, Dirk (Hg.) (2012): Handbuch MaRisk und Basel III. Neue Anforderungen an das Risikomanagement in der Bankpraxis. 2., überarb. Aufl. des "Handbuch MaRisk". Frankfurt am Main: Knapp.

Becker, Wolfgang; Ulrich, Patrick; Botzkowski, Tim (2015): Finanzierung im Mittelstand. Wiesbaden: Springer Fachmedien Wiesbaden.

Bette, Klaus (2001): Factoring. Finanzdienstleistung für mittelständische Unternehmen. Köln: Dt. Wirtschaftsdienst.

Bieger, Thomas; Laesser, Christian (2007): Vor- und Nachteile alternativer Finanzierungsmodelle für Hotelimmobilien. In: Jörg Frehse, Klaus Weiermair und Jürgen Baurmann (Hg.): Hotel Real Estate Management. Grundlagen, Spezialbereiche, Fallbeispiele. Berlin: Schmidt, S. 165–174.

Bundesministerium für Wissenschaft, Forschung und Wirtschaft (2016): Alternativfinanzierungsgesetz. Möglichkeiten und Chancen für die Tourismusfinanzierun gin Österreich. Online verfügbar unter http://www.bmwfw.gv.at/Tourismus/TourismusstudienUndPublikationen/Documents/Studie_Crowdfunding%20mit%20Deckblatt.pdf.

Bundesverband deutscher Banken e.V. (2012): Positionspapier des Bankenverbandes zum Marktsegment „Mittelstandsanleihe". Online verfügbar unter https://bankenverband.de/media/files/BdB-PP_01062012.pdf, zuletzt aktualisiert am Juni 2012, zuletzt geprüft am 22.08.2016.

Bundesverband freier Berater e.V. (2016): KMU-Berater News. Online verfügbar unter https://www.kmu-berater.de/uploads/media/kmu-berater-news_2016-03_mittelstandsfinanzierung-unabhaengigkeit_die-kmu-berater.pdf, zuletzt aktualisiert am März 2016, zuletzt geprüft am 07.10.2016.

Bundesverband Öffentlicher Banken Deutschlands e.V. (2013): Förderbanken des Bundes und der Länder. Beschäftigte, Bilanzsumme und Anteilseigner. Online verfügbar unter https://www.voeb.de/de/themen/.../foerderbanken-neu/grafik-foerderbanken.pdf, zuletzt geprüft am 08.09.2016.

Bürgel Wirtschaftsinformationen (2013): Bonität deutscher Unternehmen. Online verfügbar unter https://www.buergel.de/sites/default/files/aktuelles/fachartikel/bonitaet-deutscher-unternehmen.pdf, zuletzt geprüft am 19.08.2016.

Burzinski, Matthias (2016): Neue Crowdfunding-Plattform für den österreichischen Tourismus. Online verfügbar unter http://www.destinet.de/meldungen/menschen-management/strategie-orga-finanzen/4434-neue-crowdfunding-plattform-f%C3%BCr-den-%C3%B6sterreichischen-tourismus, zuletzt geprüft am 14.10.2016.

Companisto GmbH (2016): Crowdinvesting vs Crowdfunding. Online verfügbar unter https://www.companisto.com/de/page/crowdinvesting-vs-crowdfunding, zuletzt geprüft am 06.09.2016.

CONDA AG: CONDA Crowdinvesting. Online verfügbar unter https://www.conda.eu/startup/ortnerhof/, zuletzt geprüft am 06.09.2016.

Creditreform Wirtschaftsforschung (2016): Wirtschaftslage und Finanzierung im Mittelstand.

Deutscher Hotel- und Gaststättenverband e.V. (DEHOGA Bundesverband) (2016): Wirtschaftskraft und Jobmotor Hotellerie und Gastronomie. Daten, Zahlen, Fakten. Online verfügbar unter http://www.dehoga-bundesverband.de/fileadmin/Startseite/06_Presse/Publikationen/Wirtschaftskraft_und_Jobmotor_final_160527.pdf, zuletzt aktualisiert am Juni 2016, zuletzt geprüft am 25.08.2016.

Devesa, Maria Jesus Such; Esteban, Laura Parte (2011): Spanish hotel industry: indebtedness determinants. In: Applied Economics 43 (28), S. 4227–4238. DOI: 10.1080/00036846.2010.491446.

Ebner Stolz Management Consultants GmbH; Wolff & Häcker Finanzconsulting AG (2014): Studie 2014 zur Finanzierung im Mittelstand. Trends, Probleme und Lösungsansätze. Online verfügbar unter http://docplayer.org/3336139-Finanzierung-im-mittelstand-studie-2014.html, zuletzt geprüft am 19.09.2016.

Elgonemy, Anwar R. (2002): Debt-financing alternatives – refinancing and restructuring in the lodging industry. In: The Cornell Hotel and Restaurant Administration Quarterly 43 (3), S. 7–21. DOI: 10.1016/S0010-8804(02)80014-3.

European Commission (2009): Commission staff working document on the implementation of Commission Recommendation of 6 May 2003 concerning the definition of micro, small and medium-sized enterprises. Online verfügbar unter http://ec.europa.eu/DocsRoom/documents/10033/attachments/1/translations/en/renditions/pdf, zuletzt aktualisiert am 07.10.2009, zuletzt geprüft am 25.08.2016.

FHBB-IfE; Ingenieurbüro Energie und Umwelt; Swiss Contracting (2016): Einspar-Contracting (Energieoptimierung dank Partnerschaft). Online verfügbar unter http://www.hotelpower.ch/sparmassnahmen/detail/einspar-contracting-energieoptimierung-dank-partnerschaft, zuletzt geprüft am 07.09.2016.

Fidlschuster, Klaus; Fidlschuster, Martina (2013): Grundlagen des Hotelinvestments. Basiswissen für Hoteliers und Immobilien-Investoren. 2., neu bearbeitete Aufl. Berlin: Erich Schmidt Verlag (IHA Praxiswissen Hotellerie, Bd. 1). Online verfügbar unter http://www.esvcampus.de/978-3-503-14450-1.

Ganzer, Daniel (2015): Multi-Ownership. Finanzierungsmodel der Hotellerie. Hamburg: Igel Verl. RWS. Online verfügbar unter http://www.diplomica-verlag.de/.

Grunow, Hans-Werner G. (2010): Mittelstandsfinanzierung. Ein Leitfaden für Unternehmen. 1. Aufl. Frankfurt am Main: Frankfurt-School-Verl.

Häger, Michael; Elkemann-Reusch, Manfred; Alvensleben, Philipp von (Hg.) (2004): Mezzanine Finanzierungsinstrumente. Stille Gesellschaft - Nachrangdarlehen - Genussrechte. Berlin: Schmidt.

Haller, Dirk Oliver (2016): Finanzierungslösung für längere Zahlungsziele. Online verfügbar unter http://www.exportmanager-online.de/wp-content/uploads/sites/15/2016/09/8_Haller_ExMa_07_2016.pdf, zuletzt aktualisiert am 14.09.2016, zuletzt geprüft am 19.09.2016.

Harms, Michael (2016): Crowdinvesting: Definition und begriffliche Einordnung. Online verfügbar unter http://www.crowdfunding.de/was-ist-crowdinvesting/, zuletzt geprüft am 06.09.2016.

Hartl, Franz (2007): Die Finanzierung von Hotelimmobilien unter neuen Rahmenbedingungen. In: Jörg Frehse, Klaus Weiermair und Jürgen Baurmann (Hg.): Hotel Real Estate Management. Grundlagen, Spezialbereiche, Fallbeispiele. Berlin: Schmidt, S. 149–163.

Helfrich, Karl-Heinz (2003): Mittelstandsfinanzierung in Deutschland im Umbruch: Leasing gewinnt weiter an Attraktivität. In: Jochen Kienbaum (Hg.): Neue Finanzierungswege für den Mittelstand. Von der Notwendigkeit zu den Gestaltungsformen. Wiesbaden: Gabler (Wissenschaft & Praxis), S. 229–248.

Henschel, Karla; Gruner, Axel; Freyberg, Burkhard von (2013): Hotelmanagement. 4., aktualisierte und erw. Aufl. München: Oldenbourg. Online verfügbar unter http://www.degruyter.com/search?f_0=isbnissn&q_0=9783486753882&searchTitles=true.

HSI Hotel Suppliers Index Ltd. (2016): Finanzierung Gastronomie: Problem Banken - Basel II + Basel III. Online verfügbar unter http://www.hotelier.de/lieferanten/dienstleistungen/41912-finanzierung-gastronomie-problem-banken-basel-ii-basel-iii, zuletzt aktualisiert am 17.01.2016, zuletzt geprüft am 08.09.2016.

Industrie und Handelskammer Kassel-Marburg (2016): Lieferantenkredit - Finanzierung des Wareneinkaufs. Online verfügbar unter https://www.ihk-kassel.de/unternehmensfoerderung/unternehmensgruendung/finanzierung/alternativen-zur-kreditfinanzierung/lieferantenkredit/unternehmensgruendung-foerdermoeglichkeiten-lieferantenkredit, zuletzt geprüft am 08.09.2016.

Institut für Mittelstandsforschung Bonn (2016): Definitionen. Der Mittelstand, zuletzt geprüft am 26.08.2016.

Jang, SooCheong; Tang, Chun-Hung; Chen, Ming-Hsiang (2008): Financing behaviors of hotel companies. In: International Journal of Hospitality Management 27 (3), S. 478–487. DOI: 10.1016/j.ijhm.2007.08.010.

Keuper, Frank; Sikora, Linda Isabell (2011): Mezzanine Kapital als Motor für die Internationalisierung. In: Frank Keuper und Henrik A. Schunk (Hg.): Internationalisierung deutscher Unternehmen. Strategien, Instrumente und Konzepte für den Mittelstand. 2., überarbeitete und erweiterte Auflage. Wiesbaden: Gabler Verlag / Springer Fachmedien Wiesbaden GmbH Wiesbaden, S. 219–244.

Kinshofer, Marika (2016): Projekte / Beteiligungangebote und Genussrechte. Online verfügbar unter http://www.oekomodellregionen.bayern/projekt/beteiligungangebote-und-genussrechte/, zuletzt geprüft am 07.09.2016.

Lee, Seoki; Xiao, Qu (2011): An examination of the curvilinear relationship between capital intensity and firm performance for publicly traded US hotels and restaurants. In: International Journal of Contemporary Hospitality Management 23 (6), S. 862–880. DOI: 10.1108/09596111111153510.

Lüpken, Silke (2003): Alternative Finanzierungsinstrumente für mittelständische Unternehmen. Vor dem Hindergrund von Basel II. Bremen: IFD Inst. für Finanz- und Dienstleistungsmanagement (Schriftenreihe des IFD, 2).

Matthes, Kathleen (2015): Die Banken finanzieren wieder - aber nach welchen Kriterien? Rahmenbedingungen der Finanzierung und Risikoverteilung. Hg. v. Deutsche Kreditbank AG. Online verfügbar unter http://www.trinavis-crowehorwath.com/fileadmin/user_upload/Redaktion/Veranstaltung/Mandantenseminare/Hotelinvestments_2015_-_Praesentation_DKB.pdf, zuletzt aktualisiert am 21.05.2015, zuletzt geprüft am 26.08.2016.

Müller, Stefan; Brackschulze, Kai; Mayer-Fiedrich, Matija Denise (2011): Finanzierung mittelständischer Unternehmen nach Basel III. Selbstrating, Risikocontrolling und Finanzierungsalternativen. 2. Aufl. München: Beck.

Natusch, Ingo (2004): Wirtschaftliche Grundlagen. In: Michael Häger, Manfred Elkemann-Reusch und Philipp von Alvensleben (Hg.): Mezzanine Finanzierungsinstrumente. Stille Gesellschaft - Nachrangdarlehen - Genussrechte. Berlin: Schmidt, S. 19–54.

NRW.Bank (2016a): Aufgaben der NRW.BANK. Online verfügbar unter http://www.nrwbank.de/de/corporate/wirueberuns/aufgaben.html, zuletzt geprüft am 08.09.2016.

NRW.Bank (2016b): NRW.BANK.Mittelstandskredit. Online verfügbar unter http://www.nrwbank.de/de/foerderlotse-produkte/NRWBANKMittelstandskredit/15207/nrwbankproduktdetail.html, zuletzt geprüft am 08.09.2016.

Österreichische Hotel- und Tourismusbank Gesellschaft m.b.H. (ÖHT) (2016a): Bilanzvergleich. Online verfügbar unter http://www.oeht.at/bilanzvergleich/, zuletzt geprüft am 05.09.2016.

Österreichische Hotel- und Tourismusbank Gesellschaft m.b.H. (ÖHT) (2016b): Österreichische Hotel und Tourismusbank. Herzlich willkommen bei uns. Online verfügbar unter http://www.oeht.at/home/, zuletzt geprüft am 26.08.2016.

Paul Belleflamme; Thomas Lambert; Armin Schwienbacher (2014): Crowdfunding: Tapping the right crowd. In: Journal of Business Venturing 29 (5), S. 585–609. DOI: 10.1016/j.jbusvent.2013.07.003.

Reinemann, Holger (2011): Mittelstandsmanagement. Einführung in Theorie und Praxis.: Schäffer-Poeschel Verlag. Online verfügbar unter http://gbv.eblib.com/patron/FullRecord.aspx?p=1402660.

Scheefer, Ulrike (2016): Gliederung und Aufgaben des Rechnungswesens in der Hotellerie. In: Karl Heinz Hässler (Hg.): Management in der Hotellerie und Gastronomie. Betriebswirtschaftliche Grundlagen. Berlin/Boston: De Gruyter, S. 329–359.

Stadtwerke Herne AG (2016): Contracting. Anlagen-Contracting mit Rund-um-Service. Online verfügbar unter http://www.stadtwerke-herne.de/index/geschaeftskunden/dienstleistung/contracting.html.

Tittnack, Jörg (2016): Interviews mit deutschen Bankhäusern zu der Finanzierungssituation in der Hotellerie.

Teil 2:

Produkt

HEIKE BÄHRE, ULRIKE FERGEN, LUKAS MITTELBACH & CARMEN CHASOVSCHI

Produktpolitik in der Hotellerie und demografischer Wandel (Ergebnisse eines internationalen Forschungsprojektes zum Seniorentourismus und Umsetzungsempfehlungen aus einer Fallstudie zur Luxushotellerie)

1. Einführung

Angesichts des Phänomens der Alterung der globalen Bevölkerung beschäftigt sich der Beitrag mit den dafür charakteristischen allgemeinen Rahmenbedingungen und daraus resultierenden Handlungsempfehlungen für die Hotellerie. Bereits heute beträgt der Anteil älterer Menschen in den Industriestaaten 20%. Er wird sich dort bis zum Jahr 2050 auf 33,33 % und in den Entwicklungsländern von 8 % (2012) auf 20 % steigern (http://ESA.UN.ORG/WPP/). Doch schon heute sind in Deutschland Ruheständler eine attraktive Zielgruppe. Nach der FUR-Reiseanalyse 2016 gaben deutsche Senioren 2015 pro Reise und Person durchschnittlich 970 Euro aus – und damit mehr als je zuvor. Im Vergleich zum Vorjahr stiegen die Ausgaben um 0,3 %. Innerhalb von zehn Jahren betrug der Anstieg 9,1 %. Besonders stark stiegen die Reiseausgaben in diesem Zeitraum bei ostdeutschen Rentnern (+26,3 %). Sie geben inzwischen rund 1.000 Euro pro Person und Reise aus. Westdeutsche Ruheständler hingegen gaben 2015 durchschnittlich nur 938 Euro aus. 65 %der über 65-Jährigen unternahmen der Studie zufolge im letzten Jahr mindestens eine Urlaubsreise (FUR-RA 2016). Im Vergleich dazu kostet in einem Berliner 5-Sterne Superior Luxushotel, wie dem Regent Hotel in Mitte, die unterste Zimmerkategorie, ein Superior-Zimmer, je nach Belegung und Nachfrage bereits zwischen 245 € bis 495 € pro Nacht, die Executive Suite als unterste Kategorie der Suiten zwischen 445 € bis 695 €, die Präsidentensuite beträgt 3.500 € pro Nacht (Regent Hotel Berlin: 2016).

Nachdem das Kapitel 2 die seniorentouristische Nachfrage in Bezug auf die Hotellerie ablichtet, wird in Kapitel 3 eine Checkliste zur seniorengerechten Produktpolitik erarbeitet. Dabei gilt es, seniorengerechte Maßnahmen zu realisieren und zu kommunizieren, ohne dass andere Zielgruppen abgeschreckt werden. Kapitel 4 fokussiert auf die Zusammenarbeit und Möglichkeiten, wie Hoteliers nach dem im internationalen EU-Projekt „CUBITUS" entwickelten University-Business-Cooperation-Model (UBCM) weltweit von der wachsenden seniorentouristischen Nachfrage profitieren können.

2. Die seniorentouristische Nachfrage, Barrierefreiheit und Schlussfolgerungen für die Angebotsgestaltung

Die Einstellung vieler Senioren bezüglich des Ruhestandes hat sich grundlegend geändert. Durch neues Selbstbewusstsein, finanzielle und zeitliche Unabhängigkeit und eine gute gesundheitliche Verfassung sind beispielsweise deutsche Senioren so unternehmungslustig wie nie zuvor. Sie verfügen oft über eine große Reiseerfahrung und weisen ein hohes Qualitäts- und Servicebewusstsein auf. Der Ruhestand ist jetzt nicht mehr nur der „Lebensabend", bei dem man Rückschau auf Vergangenes hält, sondern auch ein Abschnitt, der die Möglichkeit bietet, lang gehegte Träume oder Vorhaben zu verwirklichen und Neues zu entdecken (vgl. Hotelmarkt Deutschland, 2016, S. 146).

Der Ausdruck „Senioren" ist ein sehr allgemeiner Begriff und muss nochmals in verschiedene Segmente unterteilt werden. Beginnend bei 55 Jahren lassen sich die Senioren in vier verschiedene Unterkategorien aufteilen (vgl. Sniadek, 2006, S. 104).

Die Abbildung 1 verdeutlicht verschiedene Segmente im Seniorentourismus nach Altersgruppen. Obwohl alle vier Kundengruppen gemeinsame Merkmale aufweisen, sollten Produkte und Dienstleistungen individuell an die jeweilige Altersgruppe angepasst werden, denn mit unterschiedlichen Lebenslagen sind auch unterschiedliche Bedürfnisse verbunden. Vorruheständler und Frührentner werden auch oft unter dem Begriff „Best Ager" zusammengefasst und sind in der Regel körperlich aktiver und in einer besseren gesundheitlichen Verfassung als Altpensionäre oder Menschen jenseits der 75 Jahre. Sie sind teilweise noch im Beruf und verfügen im Durchschnitt über eine hohe Kaufkraft. Daher haben sie natürlich andere Erwartungen und Ansprüche, was ihren Urlaub anbetrifft. Reisende Senioren im Alter von beispielsweise 60 Jahren wollen ungern mit Senioren, die 80 Jahre und älter sind auf eine Stufe gestellt werden.

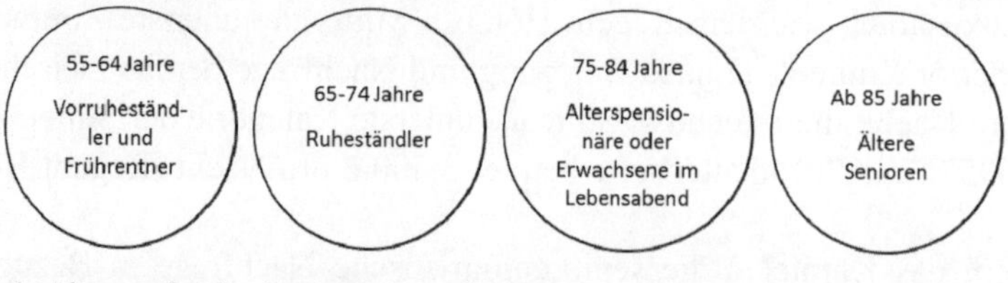

Abbildung 1: Altersstufen der Senioren-Bevölkerung
(Eigene Darstellung in Anlehnung an Albu et al., 2015, S. 876, unter Bezugnahme auf Sniadek, 2006, S. 103-105)

Bei den „Best Agern" ist oftmals ein ambivalentes Verhalten zu erkennen: Sie erwarten einerseits mehr Aufmerksamkeit und Komfort als jüngere Menschen, möchten aber andererseits nicht gern als Senioren (im Sinne von „alter Mensch") angesprochen oder behandelt werden (vgl. Hotelmarkt Deutschland, 2016, S. 147). Hingegen lassen sich ältere Menschen ab ca. 75 Jahren durchaus als „Senioren" ansprechen. Meist sind sie auch weniger mobil und gesundheitlich größtenteils eingeschränkter. Diese Kundengruppe besteht zu 80% aus alleinstehenden Frauen (vgl. Straka, 2016, S. 115). Obwohl die beiden Zielgruppen (Best Ager und Senioren) diverse Unterschiede, vor allem im Bezug auf Mobilität, gesundheitliche Beeinträchtigungen und die Beziehungssituation bzw. das soziale Umfeld aufweisen, eint sie doch der hohe Anspruch an Komfort und Qualität, den sie bezüglich einer Dienstleistung haben (vgl. Straka, S. 116).

Als erster wichtiger Punkt ist das Kaufpotenzial zu nennen. Dieses ist in den letzten zwanzig Jahren kontinuierlich gestiegen und wird sich bis 2050 voraussichtlich vervierfachen (vgl. Sniadek, 2006, S. 105). Senioren bevorzugen in der Regel die klassische Urlaubsreise, aber auch Kreuzfahrten und sogar Luxusurlaube sind zunehmend gefragt. Hinzu kommt, dass Senioren aufgrund der zeitlichen Unabhängigkeit durchschnittlich öfter und länger reisen und somit auch mehr Ausgaben während der Reise tätigen (vgl. Albu & Chasovschi, 2015, S. 13 unter Bezugnahme auf Sniadek 2006). Auch was den Zielort der Reise betrifft, reisen immer mehr Senioren zu entfernteren Orten.

Ein weiterer Aspekt ist das Thema Gesundheit. Senioren erfreuen sich nicht nur zunehmend einer guten körperlichen Verfassung, sondern möchten das Thema Gesundheit auch in ihren Urlaub integrieren Daher sollten Aktivitäten an der frischen Luft, seniorengerechte Sportangebote und präventive Gesundheitsmaßnahmen in jedem Falle Bestandteil eines seniorengerechten Angebotes sein (vgl. Albu & Chasovschi, 2015, S. 20).

Auch was die Reisezeit betrifft, weisen Senioren eine Besonderheit auf. Da sie in der Regel keinen beruflichen Verpflichtungen mehr nachgehen müssen und die Kinder im Normalfall aus dem Haus sind, können sie den Reisezeitpunkt frei wählen und bevorzugen daher eher die Nebensaison, um die sehr heißen und überfüllten Hauptzeiten zu vermeiden (vgl. Albu & Chasovschi, 2015, S. 14). Dieses antizyklische Reiseverhalten hat große Vorteile für die Tourismusbranche, da dadurch die Auslastung in den nachfrageärmeren Nebensaisons gesteigert werden kann.

Eine weitere typische Seniorenreiseeigenschaft ist das gemeinsame Reisen. Ältere Menschen reisen im Normalfall nicht gerne alleine, sondern bevorzugen es, entweder mit dem Partner oder in Reisegruppen neue Destinationen zu erkunden (vgl. Albu & Chasovschi, 2015, S. 13). Dies bietet ihnen die Möglichkeit, mit anderen Reisenden in Kontakt zu treten, über gemeinsame Interessen zu sprechen oder sogar neue Menschen kennenzulernen, denn Einsamkeit im Alter ist ein nicht zu unterschätzendes Problem für viele Senioren. In Deutschland leben 40 % der Menschen, die älter sind als 65 Jahre, alleine. Davon sind 85 % weiblich. Dies liegt insbesondere daran, dass statistisch gesehen Frauen eine höhere Lebenserwartung haben als Männer (vgl. Bertelsmann Stiftung 2016) Gruppenreisen sind daher die ideale Möglichkeit für viele Senioren, wieder neu in soziale Interaktion mit Gleichgesinnten zu treten. Was die Durchführung und den Zielort der Reise betrifft haben Senioren bestimmte Vorlieben. Je nach Alter und eventuellen körperlichen Einschränkungen können verschiedene Verkehrsmittel nachteilig sein. Dies gilt insbesondere für Flugreisen, denn die langen Wege in den Terminals, die großen Menschenmassen und das beengte Gefühl im Flugzeug stellen eine Belastung für ältere Menschen dar Bei der Wahl des Reiseziels haben Senioren in der Regel wenig Interesse an einsamen, abgelegenen und wenig entwickelten Urlaubsorten, denn der Zugang zu ärztlicher Betreuung oder anderen unterstützenden Institutionen ist ihnen auch im Urlaub sehr wichtig (vgl. Albu & Chasovschi, 2015, S. 14 unter Bezugnahme auf Hunter-Jones & Blackburn 2007).

Diese dargelegten typischen Merkmale wurden aus nationalen und internationalen Studien über das Konsum- und Reiseverhalten von Senioren zusammengefasst (vgl. Albu & Chasovschi, 2015, unter Bezugnahme auf Boksberger & Laesser 2009, de Aguiar Eusebio et al 2013, Hsu & Womg 2007, Hunter-Jones & Blackburn 2007, Sniadek 2006, Sniadek 2006, Souca 2010 und Sudbury & Simcock 2009). Sie geben eine Orientierung dafür, wie die Tourismus- und Freizeitwirtschaft den Wünschen und Erwartungen der Senioren bestmöglich entsprechen kann.

Durch die stetig wachsende Globalisierung und günstige und zügige Transportmöglichkeiten ist das Reisen für immer mehr Menschen attraktiv und erschwinglich geworden. Dennoch unterscheidet sich die Reisemotivation von Senioren erheblich von Menschen im jungen oder mittleren Alter. Während insbesondere Jugendliche Abenteuer erleben und ihre Grenzen austesten wollen, suchen Reisende mittleren Alters vor allem die Erholung mit der Familie und das Abschalten vom Alltag. Senioren hingegen erfüllen sich mit großen Urlaubsreisen unter Umständen lang ersehnte Träume (vgl. Tooman, 2015, S. 23). Weitere Beweggründe sind, vor allem bei jüngeren Senioren, die Suche nach Entspannung und verschiedenen Freizeitbeschäftigungen, bei älteren Senioren bekommt der gesundheitliche Aspekt – wie etwa der Aufenthalt in Luftkurorten oder gesundheitsfördernde Maßnahmen während der Reise – eine zunehmende Bedeutung. Nicht zuletzt sind Senioren sehr an Bildungsreisen interessiert, bei denen sie viel über das jeweilige Land und seine Kultur erfahren können. Auch das Interesse an landestypischen Traditionen oder Bräuchen ist ausgeprägter als in anderen Altersgruppen. Bei den besonderen Bedürfnissen von Seniorentouristen spielt das Thema Sicherheit eine wichtige Rolle (vgl. Lilienthal, 2007, S. 54). Dies bezieht sich zum einen auf die Sicherheit der Destination, aber auch auf Aspekte wie eine gute ärztliche Versorgung am Zielort, einen verlässlichen Reiseveranstalter, der Ansprechpartner vor Ort zur Verfügung stellt, und eine sichere und bequeme Erreichbarkeit zu der gewählten Destination (vgl. Albu & Chasovschi, 2015, S. 14, auch Albu et al. 2015, 879ff.). Da Senioren in der Regel sehr reiseerfahren sind, haben sie einen hohen Anspruch an Qualität und Leistung. Sie legen nicht nur Wert auf bequemes und komfortables Reisen, sondern erwarten auch einen professionellen Service und sind auch bereit, entsprechend mehr dafür zu zahlen (vgl. Lilienthal, 2007, S. 54f). Je nach körperlicher Verfassung benötigen vor allem ältere Senioren eine altersgerechte Infrastruktur. Dazu zählen unter anderem Barrierefreiheit in der Unterkunft sowie professionelle Pflegedienste und eine altersgerechte Betreuung. Daher lässt sich auch der Begriff „KINGS" im Zusammenhang mit der Reisemotivation und den Bedürfnissen von Seniorentouristen wiederfinden (vgl. Reidl, 2007, S. 266). Die Abkürzung „KINGS" steht für Komfort, Information, Natur, Gesundheit, Sicherheit und beinhaltet somit nahezu alle relevanten Bedürfnisse der Senioren (vgl. Reidl, 2007, S. 266).

Laut Angaben der WHO sind weltweit über 600 Millionen Menschen von mindestens einer Beeinträchtigung betroffen (vgl. WHO, 2009). Barrierefreiheit spielt im Tourismus inzwischen generell eine bedeutende Rolle. Es ist nunmehr Konsens, dass jede Person unabhängig von einer Behinderung oder dem Alter in der Lage sein soll, zu reisen und verschiedenste touristische Leistungen in Anspruch zu nehmen (vgl. Neumann & Reuber, 2004, S. 12). Führt man diesen Gedanken weiter, müsste die gesamte touristische Servicekette, angefangen bei der Organisation und Buchung der Reise über Verkehrsmittel, Hotels und Restaurants, bis hin zu Veranstaltungen und Aktivitäten, barrierefrei zugänglich und nutzbar sein. Umso wichtiger ist dies für das Seniorensegment.

Abbildung 2: Servicekette eines Hotels
(Eigene Darstellung in Anlehnung an: Müller, 2004, S. 95)

Damit dies gewährleistet ist, muss jedes Glied dieser Kette seinen Teil zu einem barrierefreien Tourismus beitragen. Wie in der Abbildung dargestellt, besteht die klassische Servicekette eines Hotels aus fünf Gliedern. Diese Glieder stellen die generellen Leistungsarten dar, die aneinandergereiht, die Gesamtleistung des Hotelaufenthalts ergeben.

Für ältere Menschen können sich in Bezug auf die Servicekette Besonderheiten ergeben, die von einem Hotel beachtet werden sollten, damit auch Senioren oder Menschen mit Beeinträchtigungen ein entspannter und reibungsloser Aufenthalt geboten werden kann (vgl. Höglinger, 2010, S. 40).

Allein in Deutschland lebten im Jahr 2013 10,2 Millionen Menschen mit einer amtlich anerkannten Behinderung. Dies entspricht 13 % der Gesamtbevölkerung (vgl. Statistisches Bundesamt, 2013). Über 70 % der Menschen diekörperliche Einschränkungen aufweisen sind 55 Jahre oder älter. Dies belegt, dass mit dem zu-

nehmenden demographischen Wandel auch die Nachfrage nach barrierefreien Leistungen steigt. Somit sollte im Hinblick auf seniorengerechte Maßnahmen im Hotel gerade die Barrierefreiheit auf keinen Fall außer Acht gelassen werden.
Der folgende Abschnitt befasst sich nunmehr mit der konkreten Produktpolitik bei der Umsetzung seniorengerechter Maßnahmen im Hotelbetrieb.

3. Produktpolitik in der Luxushotellerie angesichts des demografischen Wandels

Die Produktpolitik wird als das „Herzstück“ des Marketings bezeichnet, denn die Entwicklung innovativer Produkte und Dienstleistungen ist für Unternehmen von existenzieller Bedeutung (vgl. Meffert, 2000, S. 327). Die folgende Abbildung zeigt die wesentlichen Konzeptionsebenen eines Produkts am Beispiel eines Hotels auf.

Wie in Abbildung 3 ersichtlich ist, kann Planung und Festlegung bezüglich der Produkte und Dienstleistungen eines Hotels nach dem Denkansatz der fünf Konzeptionsebenen vorgenommen werden (vgl. Gardini, 2015, S. 430 unter Bezugnahme auf Kotler & Bliemel, 2001, S. 717). Die erste Ebene legt den Kernnutzen eines Produktes fest. Im Falle eines Hotels könnten das beispielsweise Schlaf und Verpflegung sein. Auf der zweiten Ebene wird dann der Kernnutzen in ein generisches Produkt umgesetzt. Dies bedeutet, dass die grundlegenden Bedingungen für die Erfüllung des Kernnutzens geschaffen werden, welche auf der dritten bis zur fünften Ebene durch weitere bzgl. der zu erfüllenden und zu übertreffenden Erwartungen immer weiter potenziert werden.

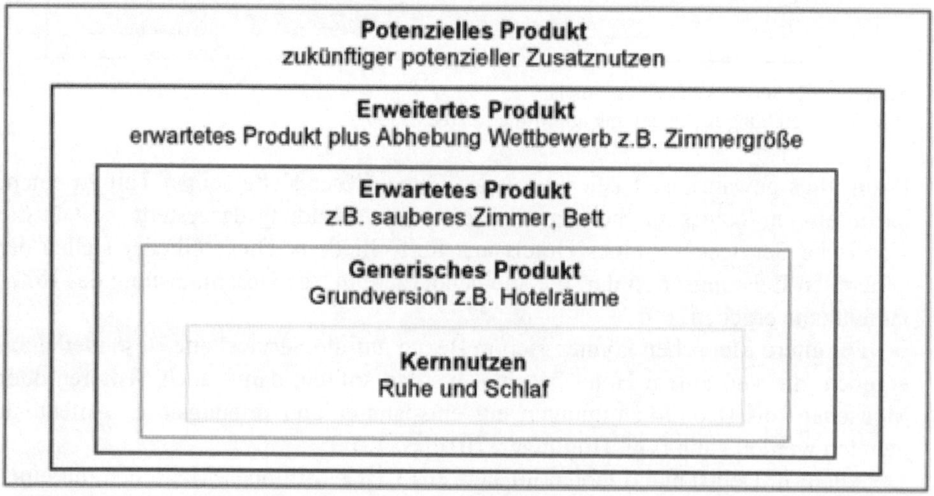

Abbildung 3: Die fünf Konzeptionsebenen des Hotelprodukts
(Nach Gardini 2015, S. 430, in Anlehnung an Kotler & Bliemel, 2001, S. 717)

Auf der fünften und obersten Ebene, der Ebene des „potenziellen Produkts“, geht es insbesondere um den zukünftigen Zusatznutzen. Um langfristig konkurrenzfähig zu bleiben, ist es daher wichtig, vorausschauend zu agieren und Verbesserungs- und Entwicklungsmöglichkeiten der Produkte zu erkennen (vgl. Gardini, 2015, S. 430).

Im Falle der Hotellerie bedeutet dies die Miteinbeziehung zukünftiger Entwicklungen und Trends, z.B. in den Bereichen Technologie und Demographie. In Bezug auf Senioren sollte die Marketing-Abteilung eines Hotels mit speziellen Angeboten und Maßnahmen, die auf die ältere Generation abgestimmt sind, auf das Hotel aufmerksam machen und dadurch diese Zielgruppe anwerben.

Um die ältere Generation ideal anzusprechen, sollten bei der Ausarbeitung der Angebote verschiedene Aspekte beachtet werden. Als erster Punkt sollte stets ein klarer Nutzen der Reise aufgezeigt werden. Ältere Menschen sind meist stärker nutzenorientiert als jüngere und möchten ihre Reise daher gerne mit einem bestimmten Inhalt füllen, wie z.B. Weiterbildung, Kennenlernen neuer Kulturen oder Gesundheitsreisen. Daher sollten Hotels neben den Kernleistungen Übernachtung und Verpflegung auch mit entsprechenden Nebenleistungen werben, die für die ältere Generation attraktiv sein könnten. Hierzu zählen beispielsweise kulturelle Angebote wie etwa Museumsbesuche oder Stadtbesichtigungen, aber auch Wellness- und Spa-Anwendungen. Ein weiterer wichtiger Aspekt ist die Glaubwürdigkeit (vgl. Meyer-Hentschel & Meyer-Hentschel, 2009, S. 31f). Die älteren Generationen können auf eine lange Einkaufs- und Konsumerfahrung zurückblicken und wissen daher sehr gut, was sie für einen gewissen Preis erwarten können. Die Angebote sollten daher authentisch sein und keine zu großen Versprechen oder übertrieben bearbeitete Bilder enthalten, denn das würde möglicherweise eine Enttäuschung der Gäste nach sich ziehen. In jedem Fall lohnt sich der Aufwand, die Bedürfnisse der Senioren zufriedenzustellen, denn nicht selten werden diese dann zu Stammkunden, wenn das Angebot und die Leistungen des Hotels ihren Wünschen entsprechen. Dann geben sie gerne diese positiven Erfahrungen in der Verwandtschaft und unter Freunden und Bekannten weiter (vgl. Souca, 2010, S. 1156). Denn während junge Menschen größtenteils das Internet nutzen, um eine Urlaubsreise zu planen und zu buchen, legen ältere Menschen nach wie vor Wert auf persönliche Empfehlungen von Freunden und Bekannten und vertrauen eher ihren eigenen Erfahrungen (vgl. De Aguiar Eusébio, M.C et al., 2012, S. 20). Diese Erkenntnis sollte sich die Marketing-Abteilung eines Hotels zunutze machen und bei Senioren vermehrt die persönliche Ansprache an sie suchen. Dies könnte beispielsweise telefonisch erfolgen, mit dem Versenden von Grußkarten, was dem Hinweis auf spezielle Angebote verbunden werden kann. Es bietet sich an, die Zusammenarbeit mit Reisebüros und Spezialreiseveranstaltern für Seniorenreisen zu suchen.

Die zunehmende Digitalisierung bewirkt eine steigende Internetaffinität, auch bei Senioren. So hat die Feierabend AG-Studie in Kooperation mit dem Hamburger Marktforschungsunternehmen Fittkau & Maaß Consulting zum Reise- und Buchungsverhalten deutscher Senioren in der 2015er Befragung von 1.826 Mitgliedern der größten deutschen „Online-Community für Menschen in den besten Jahren" ergeben, dass im Jahr 2015 bereits 67% der Senioren schon einmal eine Reise oder zumindest ein Flug- oder Zugticket über das Internet gebucht zu haben (vgl. Presseportal, 2015).

Es wurde bereits darauf Bezug genommen, dass die Bildung von Serviceketten ein praktisches Hilfsmittel ist, die verschiedenen Prozesse eines Unternehmens systematisch darzustellen und dahingehend zu überprüfen, ob und wie die eigene Dienstleistung in der Abfolge der notwendigen Maßnahmen bei deren Erstellung optimiert werden kann (siehe dazu Müller 2004). Nachfolgend wird dieser Prozess der Leistungserstellung nach dem Servicekettenmodell (siehe Abb. 2) hinsichtlich der Bedürfnisse von Senioren für das Regent Hotel Berlin abgelichtet.

Die Informationsbeschaffung spielt für Senioren eine übergeordnete Rolle. Sie informieren sich in der Regel vor jeder Reise ausführlich um keine bösen Überraschungen zu erleben (vgl. Reidl, 2007, S. 267). Somit sollte das Regent Hotel vorab nicht nur Informationen über das Hotel bereitstellen, sondern auch Vorabinformationen über die Umgebung, das kulturelle Angebot, die ärztliche Versorgung und weitere Serviceleistungen.

Bei der Anreise und der Ankunft im Hotel benötigen Senioren in der Regel mehr Unterstützung als jüngere Menschen. Die Einführung eines seniorengerechten Shuttles, der bereits vorhandene Gepäckservice und die Präsentation des Hotels durch einen Mitarbeiter erleichtern dem älteren Gast sowohl die Ankunft, als auch die Orientierung im Hotel.

Beim Zimmerbezug sollte Senioren mehr Hilfe angeboten werden, da sie, wie bereits erläutert, unter Umständen mehr Schwierigkeiten bei der Orientierung im Hotel und beispielsweise dem Umgang mit den Multimediageräten in den Zimmern haben. Um den Zimmerbezug für ältere Menschen daher dennoch komfortabel und bequem zu gestalten nimmt sich ein Mitarbeiter des Empfangs im Regent Hotel Zeit für jeden neuen Gast, stellt ihm das Hotel vor, erklärt ihm die verschiedenen Geräte in den Zimmern, unterstützt ihn beim Einloggen in das WLAN-Netz und bietet auf Wunsch sogar Hilfe beim Auspacken der Koffer an, erleichtert damit dem Reisenden alles in allem das Ankommen.

Während des Aufenthaltes sorgen verschiedene seniorengerechte Serviceleistungen für eine angenehme Zeit im Hotel. Dazu zählen in einem Luxushotel u.a. der Concierge, der beratend und unterstützend zur Seite steht und diverse seniorengerechte Maßnahmen im Housekeeping und F&B-Bereich.

Das letzte Glied der Servicekette – der Check-Out – sollte möglichst unkompliziert und schnell von statten gehen. Selbstverständlich bietet das Regent Hotel hier wieder Hilfe beim Gepäck und Transport an. Doch nicht nur ein reibungsloser Check-Out, sondern auch die Nachbereitung der Reise sollte nicht unterschätzt werden. Vor allem in Bezug auf Senioren sind Kundenbindungsmaßnahmen nach einem Aufenthalt sehr wichtig, denn einmal von einem Hotel überzeugt, entwickeln sich Senioren überdurchschnittlich häufig zu Stammkunden (vgl. Reidl, 2007, S. 270, auch Souca 2010, Albu et al. 2015) und können, wie bereits erwähnt, zur weiteren Kundenbindung in Form von persönlichen Geburtstagstags- oder Weihnachtsgrüßen über neue, seniorengerechte Angebote und Packages im Hotel regelmäßig informiert werden oder sogar über eine Hotelclub- oder Membership-Card gebunden werden.

Checkliste bezüglich seniorengerechter Infrastruktur und Dienstleistungen im Hotel
a. Allgemeine Bedingungen und öffentliche Räume in Hotels:

☑ Leicht zu erreichende Orte mit wenigen Treppenstufen am Eingang oder in den Innenräumen des Hotels.
(Ist durch die barrierefreie Erreichbarkeit des Hotels und aller Zimmer im Regent Hotel gegeben.)

☑ Aufzüge und Gepäckservice.
(Das Regent Hotel verfügt über zwei geräumige Gästefahrstühle. Gepäckservice wird jedem Gast angeboten.)

☑ Ausreichend Platz in der Lobby für kleine Erholungspausen während des Ein- und Auscheckens.
(Mehrere Sitzgelegenheiten in der Lobby und Lobbylounge für Erholung vorhanden.)

☑ Guter Zugang zu ärztlicher Betreuung.
(Verschiedene Ärzte und Krankenhäuser in naher Umgebung des Hotels.)

☑ Taxi-Service vom Bahnhof oder Flughafen.
(Taxistand direkt vor dem Hotel gegeben und zu planende Einführung eines behindertengerechten Shuttles.)

☑ Gute aufgeschriebene Informationen, auch als zusätzliche Werbung.
(Broschüren auf den Zimmern und Concierge-Service für weitere Informationen.)

☑ Medizinisches Personal im Bereitschaftsdienst, das als Unterstützung für Touristen mit Behinderungen zur Hilfe gerufen werden kann.
(Durch die Kooperation mit einem Pflegedienst gewährleistet.)

☑ Wellnessbereich mit Übungsräumen.
(Fitness- und Wellnessbereich im Regent Hotel bereits vorhanden.)

☑ Nach Möglichkeit vorhandene und zu nutzende Grünflächen.
(Das Regent Hotel verfügt über eine ruhige Terrasse in grünem Innenhof und ist nur 10 Gehminuten vom Tiergarten entfernt.)

☑ Ein Concierge, bei dem Tickets für Konzerte oder andere Kulturveranstaltungen erhältlich sind.
(Concierge-Service täglich von 8:00 Uhr bis 23:00 Uhr.)

☑ Freundliches Personal, das Unterstützung anbieten und Auskünfte geben kann.
(Freundlichkeit und Hilfsbereitschaft gilt als Einstellungsvoraussetzung für jeden Mitarbeiter mit Kundenkontakt im Regent Hotel.)

☑ Ein ruhiger Ort in einer ruhigen Umgebung.
(Der ruhige Innenhof des Regent Hotels und der Ruheraum im Wellnessbereich bieten Rückzugmöglichkeiten.)

b. Zimmer

☑ Komfortable Betten.
(Durch große Betten und verschiedene, wählbare Matratzen, Decken und Kopfkissen gewährleistet.)

☑ Große Bäder mit Telefonen oder einem Notrufknopf sowie mit spezielle Ausstattung für Menschen mit Behinderungen.
(Es sind zwei behindertengerechte Zimmer mit spezieller Ausstattung im Regent Hotel vorhanden.)

c. Restaurants

☑ Speisekarte mit vielseitigem Angebot.
(Vielseitige Gerichte und Menüs in allen F&B-Bereichen, Sterne-Restaurant „Fischers Fritz“)

☑ Diätkost.
(Durch frische und schonende Zubereitungen in der Küche gegeben.)

☑ Reduzierte Salzmenge.
(Auf Wunsch problemlos zu ermöglichen.)

☑ Zuckerfreie Produkte.
(Durch die Verwendung von alternativen Süßungsmitteln gegeben.)

☑ Obst und Ballaststoffe zum Frühstück.
(Reichhaltiges à la carte Frühstück im Regent Hotel mit frischen Zutaten.)

d. Sonstiges

☑ Abholservice.
(Hoteleigene Limousine vorhanden.)

☑ Möglichkeiten einfacher körperlicher Aktivitäten (Laufen, Fahrradfahren, Schwimmen, Joggen etc.)
(Durch die Einführung seniorengerechter Fitness- und Gesundheitstrainings im hauseigenen Fitnessraum zu gewährleisten.)

☑ Unterhaltung mit intellektuellem und geistigen Anspruch.
(Durch die Einführung von Spiele- und Quizabenden in der Bar zu gewährleisten.)

☑ Gesellschaftliche Aktivitäten.
(Durch die Einführung von Spiele- und Tanzabenden und Gruppenausflügen zu gewährleisten.)

☑ Möglichkeit, etwas Neues und Interessantes zu lernen.
(Durch die Einführung und Umsetzung neuer senioregerechter Angebote mit kulturellem Schwerpunkt zu gewährleisten.)

☑ Integrieren Sie in Ihre Programme Treffen und Gemeinschaftsveranstaltungen.
(Mit Umsetzung o.g. seniorengerechter Angebote zu gewährleisten.)

☑ Entwickeln Sie für gemischte Gruppen abwechslungsreiche und gemischte Programme, wobei auf ältere Personen besondere Rücksicht genommen werden sollte.
(Mit Umsetzung o.g. seniorengerechter Angebote zu gewährleisten.)

☑ Berücksichtigen Sie das Begleitpersonal während der Reise für denFall, dass die Mitreisenden in einem hohen Alter sind.
(Sowohl pflegebedürftige Menschen als auch die Begleitperson werden durch Kooperation mit einem Pflegedienst entlastet.)

Tabelle 1: Checkliste zur Überprüfung seniorengerechter Infrastruktur und Maßnahmen, beispielhaft gezeigt für ein Fünf-Sterne-Luxus-Hotel
(nach Albu et al., 2015, S. 881f.)

Die Checkliste in Tabelle 1 bietet einem Hotel, weiter beispielhaft für das Regent Hotel Berlin gezeigt, Unterstützung, die angebotenen Produkte und Leistungen auf Seniorentauglichkeit zu überprüfen.

Entsprechend der vorangegangenen Überprüfung werden dann neue Maßnahmen beschlossen, die zu noch mehr Seniorenfreundlichkeit führen sollen. Entsprechend der fünf Phasen des „Marketing-Management-Prozesses (vgl. Freyer, 2015, S. 412):

1. Informationsphase,
2. Strategische Analyse und Planung,
3. Gestaltungsphase: Taktisches(r) Marketing(-Mix),
4. Implementierung und
5. Controlling

kann nun, unter Einbeziehung des Servicekettenmodells, eine abteilungs- und verantwortungsbereichsbezogene Umsetzungs- und Planungstabelle helfen, Defizite zu erkennen und noch nicht realisierte Maßnahmen bzgl. zeitlicher, personeller und budgetmäßiger Erfordernisse zu planen.

Die Tabelle 2 zeigt beispielhaft, wie man Defizite aufspürt und deren Beseitigung plant.

Maßnahmen	**Abteilung**	**Bereits realisiert**	**Noch umzusetzen**		
			Verantwortlichkeit	**Zeitaufwand**	**Erforderliches Budget**
Barrierefreier Hotelzugang	Frontoffice	x			
Barrierefreie Erreichbarkeit der Zimmer und öffentlichen Räume	Hoteldirektion	x			
Behindertengerechtes Shuttle	Front Office		FO-Manager und Head Concierge	1 Monat bis zur Einführung	Leasing-Rate ca. 280€/Monat, zzgl. Spritkosten (z.B. über Sixt Autovermietung)
Gepäckservice	Porter/ Concierge	x			
Auspackhilfe	Porter/ Concierge		FO-Manager	Ab sofort	Keines
Persönliche Vorstellung des Hotels	Front Office	x			
Hilfe bei Ticketbuchungen und Auswahl seniorengerechter Aktivitäten	Concierge	x			
Rollstuhl-, Rollator-Verleih	Concierge		FO-Manager und Head Concierge	Ca. 1 Woche	Ca. 300 Euro je nach Modell
Lesebrillenverleih bzw. -verkauf	Concierge		Head Concierge	Ab sofort	Stückpreis 3,95 €
Fahrradverleih	Concierge	x			
E-Bike-Verleih	Concierge		FO-Manager und Head Concierge	Ca. 1 Woche	Preis pro Fahrrad ca. 1000 €

Maßnahmen	Abteilung	Bereits realisiert	Noch umzusetzen		
			Verantwortlichkeit	Zeitaufwand	Erforderliches Budget
Sport- und Gesundheitsprogramme	Concierge		Head Concierge	1 Monat bis zur Einführung	Preis pro Trainingseinheit ca. 150 €
Kooperation mit einem Pflegedienst	Concierge, Housekeeping		Head Concierge und Erste Hausdame	Ab sofort	Individuelle Betreuungsangebote je nach Bedarf/Bedürfnis
Schwellenlose Flure und Duschen	Im gesamten Hotel	x			
Spezielle Geräte für Sehbehinderte (Telefon, Fernbedienung, Lupe)	Housekeeping		Erste Hausdame und Einkaufsleiter	Ca. 14 Tage bis zur Einführung	Großtastentelefon 29,90 Euro, Fernbedienung 9,90 Euro, Lupe 7,90 Euro
Individuelle Matratzen, Kopfkissen und Allergiedecken	Housekeeping	x			
Vielfältige Speisekarte	F&B	x			
Glutenfreie, laktosefreie Gerichte	F&B	x			
Diabetikergeeignete Gerichte	F&B		F&B-Manager und Küchenchef	Ab sofort	Keines
Kennzeichnung von Allergenen	F&B	x	F&B-Manager und Küchenchef	Ab sofort	Kosten abhängig vom Verkauf, Wareneinsatz max. 30%
Regent-Vital-Menü	F&B				
Unterhaltungsangebote für Gruppen (Tanz- und Spieleabende, Berlin-Quiz)	F&B und Concierge		F&B-Manager und Concierge	1 Monat bis zur Einführung	Übernahme, Verteilung auf vorhandene Mitarbeiter
Werbung in „Seniorenmedien" (Zeitschriften, Broschüren, Apothekenrundschau)	Sales & Marketing		Marketing Manager	1 Woche	Kosten abhängig von Zeitung, Anzeigenschaltung, Budget sollte ca. 500 Euro betragen
Auslage von Flyern an für Senioren beliebten Orten	Sales & Marketing		Marketing Manager	sofort	Keines

Tabelle 2: Umsetzungs- und Planungstabelle zur Überprüfung und Einführung seniorengerechter Maßnahmen im Fünf-Sterne-Luxus-Hotel
(Eigene Darstellung.)

4. Fazit: Kooperationen zwischen Wissenschaft und Wirtschaft als Erfolgsfaktor

Dieser praxisbezogene Exkurs hat also gezeigt, wie die durch Wissenschaft und Lehre begründeten neuen Chancen des Seniorentourismus im konkreten Unternehmen überprüft und für das „Herzstück des Marketing", die Produktpolitik, genutzt werden können. Dank ihrer zeitlichen und finanziellen Unabhängigkeit und stetig steigenden Lebenserwartung begibt sich die Generation 60plus immer öfter auf Reisen. Durch ihre große Lebens- und Reiseerfahrung hat sie aber auch vergleichsweise hohe Ansprüche an Komfort, Service und Qualität der Dienstleister.

Durch mehr verfügbare Zeit sind Senioren in der Regel an keine Ferienzeiten gebunden und können durch ein antizyklisches Reiseverhalten vor allem in nachfragearmen Zeiten für eine Grundauslastung im Hotel sorgen (vgl. Albu et al., 2015, S. 878-879). Die durchschnittlich längere Dauer einer Urlaubsreise bei älteren Menschen und ein phantasievolles Angebot für seniorengerechte Gruppenreisen können zu mehr Umsatz und Gewinn im Hotel führen. Diese Zielgruppe ist sowohl für die Stadt-, als auch die Ferienhotellerie interessant, Umsatz und Auslastung in der Nebensaison zu steigern.

Durch langfristige strategische Partnerschaften zwischen Tourismuswirtschaft und -wissenschaft können nachhaltige Strategien und Maßnahmen erforscht und implementiert, regelmäßig überprüft und angepasst werden, um dem demographischen Wandel positiv zu begegnen. Im Sinne des durch das CUBITUS-Projekt entwickelten „University-Business-Co-operation-Model (UBCM)“ können die Erkenntnisse aus der Wissenschaft dorthin transferiert werden, wo sie letztlich benötigt werden, in die Tourismuswirtschaft, z.B. in die Unternehmen des Gastgewerbes einer Destination.

Es bietet sich an, mittels wissenschaftlicher Grundlagenforschung und praxisnaher Forschungskooperation, z.B. zwischen Hotellerie und Hochschulen, internationale tourismusbezogene Studiengänge qualitätsorientiert weiterzuentwickeln. Von solchen Kooperationen kann nicht nur die Hotellerie, sondern können ebenso andere touristische Zweigbranchen profitieren, die ganz im Sinne globalisierter Märkte international ausgerichtet, jedoch regional eng verankert sind und zur Netzwerkbildung und zu mehr Wertschöpfung führen.

Quellenverzeichnis

Literatur

Albu, A., Chasovschi, C., Fergen, U. et al. (2015): Handbuch Seniorentourismus, veröffentlicht unter ISBN 978-3-937149-42-4. In: Fachhochschule des Mittelstands (Hrsg.) (2015): CUBITUS-Projektbericht, Bielefeld: FHM, S. 9-52.

Albu, A. & Chasovschi, C. (2015): Seniorentourismus – Allgemeine Rahmenbedingungen. In: Fachhochschule des Mittelstands (Hrsg.) (2015): CUBITUS-Projektbericht, Bielefeld: FHM, S. 9-15.

Albu, A., Chasovschi, C., Fergen, U. & Bähre, H. (2015): Senior Tourism. Characteristics and Facilities. In: SGEM International Multidisciplinary Scientific Conference on Social Sciences and Arts (ed.): Political Sciences, Law, Finance, Economics and Tourism, Proceedings, Volume II: Finance, Economics and Tourism, Sofia, S. 875-882.

Fachhochschule des Mittelstands (Hrsg.) (2015): CUBITUS-Projektbericht, Bielefeld: FHM.

Freyer, W. (2015). Tourismus. Einführung in die Fremdenverkehrsökonomie, 11.Auflage. Berlin: De Gruyter.

F.U.R. Forschungsgemeinschaft Urlaub und Reisen (2016). Reiseanalyse RA 2016. Kurzfassung. Kiel: F.U.R.

Hotelverband Deutschland (Hrsg.) (2016). Hotelmarkt Deutschland 2016. Bonn: IHA-Service GmbH.

Höglinger, S. (2010). Barrierefreier Tourismus und die Rolle des Reisemittlers. Frankfurt am Main: Peter Lang.

Hunter-Jones, P. & Blackburn, A. (2007). Understanding the relationship between holiday taking and self-assessed health: an exploratory study of senior tourism. International Journal of Consumer Studies 2007, S. 509-516.

Kotler, P. & Bliemel, F. (2001). Marketing-Management. Analyse, Planung und Verwirklichung, Band 1. Stuttgart: Schaeffer-Poeschel.

Lilienthal, A. (2007). Der Reisemarkt für Senioren. Paderborn: Salzwasser.

Meffert, H. (2000). Marketing. Grundlagen marktorientierter Unternehmensführung, 9. Auflage. Wiesbaden: Gabler.

Meyer-Hentschel, H. & Meyer-Hentschel G. (2009). Seniorenmarketing: Genera-tionsgerechte Entwicklung und Vermarktung von Produkten und Dienstleistungen. 2. Auflage. Göttingen: BusinessVillage.

Mittelbach, L. (2015). Die Produktpolitik im Regent Hotel Berlin angesichts des demographischen Wandels in Europa. Unveröffentlichte Bachelorarbeit im dualen Studiengang „Business Administration, Fachvertiefung Hotel- und Tourismusmanagement. Berlin: Hochschule für Wirtschaft, Technik und Kultur (HWTK) University of Applied Sciences.

Müller, H. (2004). Qualitätsorientiertes Tourismusmanagement. 2. Auflage. Stuttgart: UTB.

Neumann, P. & Reuber, P. (2004). Ökonomische Impulse eines barrierefreien Tourismus für Alle. Langfassung einer Studie im Auftrag des Bundesministeriums für Wirtschaft und Arbeit, Münster: Wilhelms-Universität.

Reidl, A. (2007). Seniorenmarketing. Mit älteren Zielgruppen neue Märkte erschließen, 2. Auflage. München: MI-Fachverlag.

Statistisches Bundesamt (2015). Bevölkerung Deutschlands bis 2060. 13. Koordinierte Bevölkerungsvorausrechnung, Wiesbaden: Statistisches Bundesamt.

Straka, F. (2016). Best Ager sind keine Senioren. Altersspezifische Kataloggestaltung als Zeichen von Kundenorientierung. Wiesbaden: Springer-Gabler.

Sudbury, L., Simcock, P. (2009). Understanding older consumers through cognitive age and the list of values: a U.K.-based perspective. Psychology & Marketing. Bd. 26(1), S. 22–38.

Thommen, J.-P. & Achleitner, A.-K. (2012). Allgemeine Betriebswirtschaftslehre. Umfassende Einführung aus managementorientierter Sicht, 7. Auflage, Wiesbaden: Springer Gabler.

Tooman, H. (20015). Reisemotivation und Bedürfnisse der Seniorentouristen. In: In: Fachhochschule des Mittelstands (Hrsg.) (2015): CUBITUS-Projektbericht, Bielefeld: FHM, S. 22-26.

Online

Bertelsmann Stiftung (Hrsg.) (2016). Sozialplanung für Senioren. Demographische und sozialstrukturelle Daten. Zugriff am 26.04.2016 unter: http://www.sozialplanung-senioren.de/das-handbuch/demografische-und-sozial-strukturelle-daten/index.html.

Boksberger, P.E., Laesser, C. (2009). Segmentation of the senior travel market by the means of travel motivations. Journal of Vacation Marketing, 15: 311, http://jvm.sagepub.com/content/15/4/311. refs.html

de Aguiar Eusébio, M.C., Aibéo Carneiro, M.J., Kastenholz, E. & Dourado Alvelos, H.M. (2012). Potential benefits of the development on a European programme of social tourism for seniors. http://www.ecalypso.eu/webs/steep/web/documentos/DOC_2_4.pdf

Hsu, C., Cai, L., Wong, K. (2007). A model of senior tourism motivations – anecdotes from Beijing and Shanghai. Tourism Management 28. S. 1262–1273, http://www.researchgate.net/publication/230008546_Understanding_older_consumers_throug

h_cognitive_age_and_the_list_of_values_A_U.K.based_perspective/links/00b49525fc8bcd34ae000000.

Presseportal (2015). Klick und weg: Ältere buchen Urlaub immer häufiger Online. Zugriff am 25.05.2016 unter: http://www.presseportal.de/pm/71659/2960543

Regent Hotel Berlin. (2016) Zugriff am 25.04.2016 unter http://www.regenthotels.com/EN/Berlin.

Regent Hotels. (2016). Zugriff am 20.05.2016 unter: http://www.regenthotels.com/EN/Group/Our-Hotels.

Sniadek, J. (2006). Age of seniors – a challenge for tourism and leisure industry. Studies in physical culture and tourism. 2006. Bd. 13, http://www.wbc.poznan.pl /Content/61372/Sniadek_REV.pdf

Sixt Autovermietung. (2016) Leasingraten. Zugriff am 03.06.2016 unter: http://www.sixt-leasing.de/.

Souca, M.L. (2010). Accessible tourism – the ignored opportunity. Annals of Faculty of Economics from University of Oradea. S. 1154 – 1157. http://steconomiceuoradea.ro/anale/volume/2010/n2/185.pdf.

Statistisches Bundesamt (2016). Anzahl behinderter Menschen in Deutschland 2013. Zugriff am 10.05.2016 unter: https://www.destatis.de/DE/ZahlenFakten/GesellschaftStaat/Gesundheit/Behinderte/BehinderteMenschen.html.

World Population Prospects: The 2012 Revision, http://esa.un.org/wpp/.

ANDREAS DEUBER & NORBERT HÖRBURGER

Design to Cost in der Schweizer Ferienhotellerie – Neue Lösungsansätze zur Überwindung von strukturellen Schwächen

Einführung

Vorliegender Artikel basiert auf einer Forschungsarbeit (DtC), die am Institut für Tourismus und Freizeit (ITF) an der HTW Chur Hochschule für Technik und Wirtschaft in der Schweiz durchgeführt und im Rahmen eines Forschungsberichtes publiziert wurde.[1] Es handelt sich um eine verkürzte Fassung davon.[2] Auf Detailausführungen im Zusammenhang mit der sogenannten strukturierten Beherbergung nach dem neuen Zweitwohnungsgesetz wird in der Kurzfassung verzichtet, wie auch auf detaillierte zahlenmässige Auswertungsergebnisse.[3]

Chur ist eine historisch bedeutende Alpenstadt und Eingang zu unzähligen Tälern im flächenmässig grössten Kanton der Schweiz, Graubünden. In den verschiedenen Regionen des Kantons haben sich seit der Geburtsstunde des modernen Tourismus in der Schweiz im 19. Jahrhundert Tourismusbetriebe festgesetzt, und grössere und kleinere Destinationen sind entstanden. Einige davon sind weltweit bekannt, wie zum Beispiel Davos und St. Moritz. Der Tourismus gilt als der wichtigste Wirtschaftssektor im Kanton. Das Geschäft ist stark saisonal geprägt, in den meisten Tourismusorten mit einer ausgeprägten Winter- und einer sowohl auslastungs- als auch preisbezogenen schwächeren Sommersaison. Die Logiernächte werden etwa zu gleichen Teilen durch in- und ausländische Gäste generiert (Trend zurzeit zulasten Ausland). Die Hotellerie hat sich über verschiedene Zyklen hinweg entwickelt und ist heute stark ausdifferenziert. Handelte es sich bei den ersten Betrieben, zum Beispiel im Oberengadin (heutige Destination Engadin St. Moritz), in der Regel um grössere Einheiten, die oft die Entwicklung der ganzen Destination entscheidend mitprägten, so war die Entwicklung nach dem zweiten Weltkrieg von

---

1 Deuber, Andreas; Hörburger, Norbert; Schläppi, Fabienne (2015): Design to Cost in der Schweizer Ferienhotellerie. Ausrichtung an tragbaren Zielkosten bei der Entwicklung von kommerziellen Beherbergungsangeboten am Beispiel Graubündens. Hg. v. HTW Chur, ITF.

2 Der Forschungsbericht kann beim Institut für Tourismus und Freizeit der HTW Chur bestellt oder über das Internet heruntergeladen werden.
http://www.htwchur.ch/index.php?id=1083&no_cache=1&tx_ttnews%5Btt_news%5D=994&cHash=60ec29715c48289e986e51353c8cc572

3 Bundesgesetz über Zweitwohnungen (Zweitwohnungsgesetz, ZWG) vom 20. März 2015

der Entstehung von teilweise kleinen und eher einfachen Beherbergungsbetrieben geprägt. Seit anfangs der 90-er Jahre des letzten Jahrhunderts sind die Logiernächte, mit Erholungsphasen in der Jahrtausendwende und vor der Finanzkrise, stark rückläufig. Während bei der Hotellerie Stagnation und Rückgänge zu konstatieren sind, haben sich – mit stark wachsender Tendenz ab den 70-er Jahren des 20. Jahrhunderts, die Zweitwohnungen stark entwickelt. Die Mehrheit der Tourismusgemeinden weisen Zweitwohnungsanteile (zeitweise bewohnte Wohnungen) von mehr als 50 % aus. Spitzenreiter sind Laax mit einem Anteil von 80.9 %, Falera mit 78.8 % und Silvaplana mit 77.4 %. Der vitale Zweitwohnungsbau konnte lange über die Stagnation in der Hotellerie hinwegtäuschen. Mit Annahme der sogenannten Zweitwohnungsinitiative[4] durch das Schweizer Volk am 11. März 2012 nahm diese Entwicklung ein abruptes Ende. In der Folge gingen die Umsätze der Baufirmen rapide zurück, wie auch die Handänderungs- und Grundstückgewinnsteuern der öffentlichen Hand. Ganz plötzlich rückte die Hotellerie wieder in's Zentrum der Aufmerksamkeit. Was war mit der früheren Vorzeigebranche geschehen? Was war der Grund für die vielen Betriebsstillegungen der letzten Jahre und die ungenügenden Investitionen in die Erneuerung? Die Fragestellung präsentiert sich analog zur Situation in Graubünden auch in den meisten anderen alpinen Ferienregionen der Schweiz.

Die Fragen wurden von einem kleinen Spezialistenteam der HTW Chur aufgenommen. Aufbauend auf früheren Analysen zur Rentabilität von saisonalen Hotels im Schweizer Alpenraum und namentlich in Graubünden[5] setzte man sich das Ziel, die Profitabilität von verschiedenen Hoteltypen an verschiedenen Destinationen in Graubünden umfassend zu untersuchen. Dabei ging es besonders auch um die Frage nach destinationsspezifischen Unterschieden. Thesenartig wurde davon ausgegangen, dass sich nicht alle Beherbergungstypen in allen Destinationen gleich bewährten und es wurde etwas provokativ gefordert, den Blickwinkel zu öffnen und bei der Entwicklung von Beherbergungsbetrieben bewusst auch neue Formen im hybriden Bereich – also zwischen Hotellerie und Parahotellerie – zu prüfen, wie sie erst schrittweise in Entwicklung sind. Dies sollte durch den aus der Industrie entlehnten Begriff „Desing to Cost“ zum Ausdruck kommen, worunter ein Konzept verstanden wird, bei dem in einem systematischen schrittweisen Vorgehen die Kosten eines Produktes während der gesamten Entwicklungszeit so gesteuert werden, dass die festgesetzten Zielkosten erreicht werden. Dieser radikale Ansatz wurde im Projekt der HTW Chur auf die Entwicklung von Beherbergungsangeboten transformiert. Ausgehend von der Tatsache, dass jede Destination ihr typisches Preis- und Auslastungsprofil für die verschiedenen existierenden Hotel- und Beherbergungssegmente hat, wurden für standardisierte Betriebe aus ebendiesen Segmenten

4 Eidgenössische Volksinitiative „Schluss mit uferlosem Bau von Zweitwohnungen“

5 Deuber, Andreas; Orsolini, Noelene (2011): Untersuchung der betriebswirtschaftlichen Machbarkeit neuer (Ferien-) Hotels am Beispiel des Oberengadins. Stiftung Terrafina Oberengadin. Deuber, Andreas; Tromm, Peter (2012): Aparthotellerie im Kanton Graubünden. Erfolgs- und Misserfolgsfaktoren.

realistische Umsätze errechnet und von diesen dann die segmentspezifischen Betriebs- und Immobilienkosten abgezogen und es wurde untersucht, welche Betriebstypen die besten Ergebnisse erzielten. Die Resultate wurden in einem ITF-Forschungsbericht unter dem Titel „Design to Cost in der Schweizer Ferienhotellerie“. Ausrichtung an tragbaren Zielkosten bei der Entwicklung von kommerziellen Beherbergungsangeboten am Beispiel Graubündens“ (hiernach DtC) veröffentlicht.

1. Ausgangslage und Problem

1.1 Fehlende finanzielle Nachhaltigkeit von Hotels im Schweizer Alpenraum

Die in der Ferienhotellerie pionierhafte Schweiz war von allem Anfang an mit dem Problem der Saisonalität der Nachfrage behaftet, welche die Wirtschaftlichkeit beeinträchtigte. Schon früh wurde daher versucht, das Geschäft zumindest zweisaisonal zu gestalten und so die bei Hotels hohen Fixkosten auf eine höhere Zahl von Öffnungstagen zu verteilen. Heute ist das Thema der Saisonalität umso aktueller und belastet die Wirtschaftlichkeit von vielen Hotelbetrieben besonders im Feriensegment, als sich die Schweiz zu einem eigentlichen Hochkostenland entwickelt hat. Der starke Schweizer Franken beeinträchtigt zusätzlich die internationale Wettbewerbsfähigkeit. Schweizer Hotelangebote, besonders im Mittelklassebereich, sind im internationalen Vergleich preislich oft nicht wettbewerbsfähig, und für eine Senkung der Preise besteht, wenn nicht gleichzeitig die Auslastung überproportional gesteigert werden kann, kein Spielraum. Die Cash-Flows selbst von erfolgreichen Ferienhotels reichen oft nicht aus, um neben den Betriebskosten auch die Ersatzinvestitionen zu erwirtschaften und eine adäquate Verzinsung des investierten Kapitals zu gewährleisten. Die saisonale Hotellerie in der Schweiz ist somit momentan gesamthaft betrachtet finanziell nicht nachhaltig. Der finanzielle Druck lässt keine oder keine genügenden Renditen mehr zu, mit negativen Folgen für die Kapitalbeschaffung und die Liquidität. Als Folge fehlen dringend notwendige Investitionsimpulse. Die Investitionsdefizite bei den Hotels und die damit verbundenen rückläufigen Gästezahlen wirken sich negativ auf die übrige Destination aus, denn das Vorhandensein von stationären Hotelgästen stellt eine wichtige Nachfragegrundlage für verschiedene andere Anbieterinnen und Anbieter touristischer Aktivitäten, wie zum Beispiel Bergbahnen dar.

Den alpinen Ferienhotels fehlt somit oft die wirtschaftliche Nachhaltigkeit, was unter anderem auf die hohen Betriebskosten, namentlich am Standort Schweiz, zurückzuführen ist. Trotz Kenntnis dieser Umstände wird selbst bei neuen Betrieben stark an der konventionellen Hotellerie festgehalten, und die Parahotellerie und hybride Angebote geniessen in touristischen Kreisen noch wenig Aufmerksamkeit. Die Studie DtC befasst sich einerseits mit der Thematik, an welchen Standorten konventionelle Hotels (Neubauten) allenfalls rentieren könnten, konzentriert sich andererseits aber besonders darauf, was von den *neuen* Beherbergungskonzepten punkte Rentabilität an den verschiedenen Standorten in Zukunft zu erwarten ist.

1.2 Das Problem aus Bündner Optik

In der Bündner Hotellerie gingen die Logiernächte über das letzte Vierteljahrhundert um nahezu 30 % zurück. Die negative Entwicklung verläuft parallel zu anderen alpinen Ferienregionen, ist aber ausgeprägter. Die Zimmer und Bettenauslastungen sind auf Bruttoebene (Ganzjahr) ungenügend. Diese liegt bei Bestandesbetrieben bei bescheidenen 35 %, was unter Break-Even ist. Folge davon sind Konkurse und Betriebsschliessungen, die in letzter Zeit zugenommen haben. In Zukunft ist mit einem weiteren Rückgang bei den Betrieben zu rechnen, weil nach Annahme der Zweitwohnungsinitiative nur noch beschränkt Quersubventionierungen von Hotels durch den Bau von Zweitwohnungen möglich sind.[6] Das jährliche Volumen der Querfinanzierung von Beherbergungsprojekten wird gesamtschweizerisch – vor der Zweitwohnungsinitiative – auf CHF 60–120 Mio. geschätzt, das heisst die jährlichen Investitionsdefizite von geschätzten CHF 100 Mio. werden sich mehr als verdoppeln. Davon betroffen ist besonders das Segment der gehobenen Hotellerie, das hauptsächlich von Quersubventionierungen profitierte.

Es war nicht Ziel der DtC-Studie, sich vertieft mit den Ursachen für die Logiernächterückgänge zu befassen. Ein Hauptgrund wird allerdings, nebst den schwierigen Kosten- und Währungsbedingungen, in der einseitigen Positionierung der ganzen Ferienregion vermutet. Während der Geschäftstourismus standortbedingt kaum grosse Wachstumspotentiale hat, so wurde das Segment der *Freizeitreisenden* zu wenig entwickelt. Solche Gäste halten sich an einem Ort auf, weil sie eine Reise durch eine Region, ein Land oder einen Kontinent dort vorbeiführt. Freizeitreisende werden durch natürliche und künstliche Attraktionen angezogen, die für einen bestimmten Ort einzigartig sind und diesen ausmachen. Diese zu besuchen ist erstrebenwert und darf etwas kosten. Somit ist die Preisempfindlichkeit markant tiefer als bei Feriengästen, die problemlos an günstigere Orte auswichen können.

Ein anderer Grund für die rückläufige Entwicklung bei den Logiernächten dürfte auch im einseitigen Bettenmix und im generell nicht mehr zeitgemässen Ausbaustandard liegen. Die Hotelbetten in Graubünden stehen grossmehrheitlich im unteren Segment zur Verfügung. Die Hotelkategorien 1 bis 3 Sterne und die nicht klassifizierten Betriebe, die mehrheitlich klein und einfach sind, machen knapp 84 % der Hotels und 67 % der Betten aus.

---

6 Grundsätzlich dürfen in Gemeinden mit einem Zweitwohnungsanteil > 20 % keine neuen Zweitwohnungen mehr bewilligt werden. Diese Bestimmung gilt für sogenannte strukturierte Beherbergungsbetriebe, zu denen Hotels gehören, nur eingeschränkt. Unter bestimmten Voraussetzungen dürfen diese in einem eingeschränkten Ausmass weiterhin Zweitwohnungen bauen und die Verkaufserlöse zur Quersubventionierung von Hotels einsetzen.

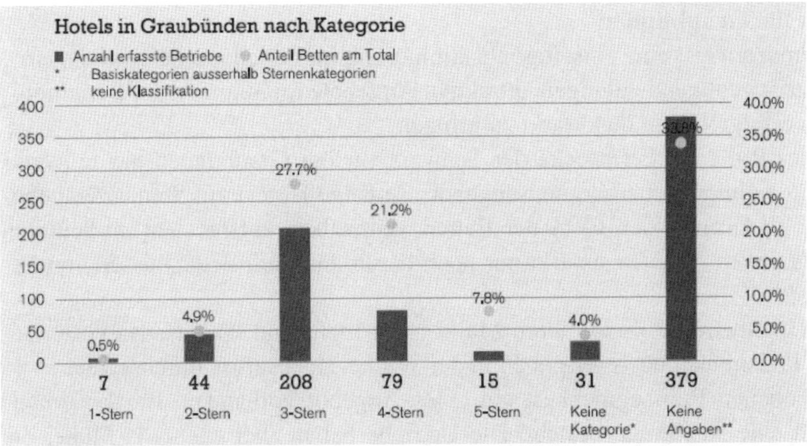

Abbildung 1: Hotels in Graubünden nach Kategorie.
(BFS, Auswertungen AWT Graubünden und PwC 2014)

Die einfachen Hotels können die Erwartungen der Feriengäste nur teilweise erfüllen. Wie die Grafik hiernach zeigt, sind Feriengäste – anders als Businessgäste und Freizeitreisende – zunehmend an anderen Beherbergungsangeboten als dem traditionellen Hotel interessiert, namentlich an qualitativ hochstehenden Ferienwohnungen, von denen es in Graubünden viel zu wenige gibt. Wenn dem Hotel der Vorzug gegeben wird, dann hauptsächlich im oberen Segment.

Businessgäste	Leisure: Freizeitreisende	Leisure: Feriengäste
Charakterisierung		
Unterschiedliche Anreisedauer Kurze bis mittlere Aufenthaltsdauer Oft alleinreisend Zeitsensibel Breites Preissegment (je nach Branche und Funktion) Geringe Preisempfindlichkeit Meist Direktbuchung	Mittlere bis längere Anreise, oft Flug Kurze Aufenthaltsdauer Oft Paare oder Gruppen Zeit- und kostensensibel Breites Preisband (je nach Markt) Destinationsentscheid prioritär Direktbuchung und (O)TA	Kurze bis mittlere Anreise, oft PW Mittlere bis längere Aufenthaltsdauer Qualität wichtiger als Zeiteffizienz Oft Paare und Familien Oft Direktbuchung oder über (O)TA Preisempfindlich
Beherbergungsbedürfnis		
Nähe zu Businessort, u.U. im Hotel Schnelle Erreichbarkeit Schneller Check-in und -out Unkompliziertes Hotelbedürfnis: schlafen, essen (Meeting) Funktionalität im Vordergrund Vernetzung (Internet)	Nähe zu Attraktionen Schnelle Erreichbarkeit Schlafen, essen, geringe Zusatzleistungen Funktionalität und Lifestyle Vernetzung (Internet)	Ruhe Grosszügige Raum- und Platzverhältnisse, Flexibilität Zusatzangebote (im Haus oder vor Ort) Lifestyle Vernetzung
Geeignetes Beherbergungsangebot		
Hotels in verschiedenen Preiskategorien, mittleres bis oberes Segement Leistungsumfang Garni bis Vollhotel U.U. mit Tagungsfazilitäten	Hotels in verschiedenen Preiskategorien, unteres bis mittleres Segment Reduzierter Leistungsumfang	Hotel mit hohem Leistungsumfang im gehobenen Segment, grosse flexible Zimmer oder: Appartement/Wohnung mit oder ohne Services

Tabelle 1: Gästetypen und Bedürfnisse

1.3 Fazit für Graubünden

- Graubünden weist eine einseitige Positionierung im Feriengeschäft auf. Es ist noch nicht genügend gelungen, attraktive Angebote im Segment der Ferienreisenden erfolgreich an den Markt zu bringen.
- In seiner Rolle als Ferienecke der Schweiz verfügt Graubünden nur teilweise über das richtige Beherbergungsangebot. Einfache Hotels mit Standardangeboten, die in Graubünden 67 % der Betten ausmachen, entsprechen im heutigen differenzierten Nachfragemarkt nur noch beschränkt den Bedürfnissen von Feriengästen.
- Viele Hotelbetriebe finden ihren Markt nicht mehr und können das kostenbedingte Preisniveau höchstens noch in der Winter-Hochsaison durchsetzen.
- Im gehobenen Preissegment ist ein gutes Angebot vorhanden, für das grundsätzlich eine Nachfrage besteht. Die Betriebe haben aber ebenfalls Mühe, die kostenbedingt hohen Preise am Markt durchzusetzen. Viele Gäste wandern ins günstigere Ausland ab.
- Es besteht ein Bedarf nach qualitativ hochstehenden praktischen Ferienwohnungen, der mit den bestehenden Einheiten nur teilweise abgedeckt werden kann.
- Die bestehenden Zweitwohnungen lösen das Problem wegen mangelnder Vermietungsbereitschaft der Eigentümerinnen und Eigentümer nicht.

2. Lösungsansätze

2.1 Massnahmen auf betrieblicher Ebene

Die starken aktuellen Rückgänge der Logiernächte haben einerseits konjunktur- und währungsbedingte Ursachen, andererseits sind sie strukturell bedingt (veraltete Beherbergungsangebote, Positionierungsdefizite).

Die Massnahmen auf betrieblicher Ebene (Kostensenkungen, Erlössteigerungen) scheinen weitgehend ausgeschöpft, respektive sind betriebsstrukturell bedingt nicht möglich. Eine fundamentale Verbesserung ist nur noch über eine Stärkung der Destinationen möglich. Höhere Auslastungen der Hotels werden dort erreicht, wo die Destinationen entsprechende Voraussetzungen dafür bieten, zum Beispiel durch natürliche oder künstliche Attraktionen und Events auf der Angebotsseite und durch Marketing- und Sales-Massnahmen.

2.2 Neue Beherbergungstypen

Selbst bei Ausschöpfung der einzelbetrieblichen Möglichkeiten und optimalen Voraussetzungen auf Destinationsebene bleibt die Luft für die Ferienhotellerie in Graubünden und der Schweiz angesichts der geltenden Rahmenbedingungen dünn. Es ist daher wichtig, offen und aktiv nach neuen Beherbergungsmodellen Ausschau zu halten, die vielleicht mit den existierenden Bedingungen und Realitäten besser zurechtkommen können als die verbreiteten Betriebstypen. Dabei geht es vornehmlich um sogenannte hybride Hotels, also Angebote zwischen Hotellerie und Parahotellerie, und um bewirtschaftete Ferienwohnungen. Diese klar zu definieren ist schwierig. Definitionen im Beherbergungsbereich sind generell unpräzis, was schon beim «klassischen» Hotel anfängt, für das in der Schweiz keine Legaldefinition existiert. Zudem ist unklar, wo genau die Übergänge zu anderen temporären Beherbergungsangeboten ausserhalb der „klassischen" Hotellerie, etwa der Parahotellerie, liegen.

Die Zuordnung zu der einen oder anderen Kategorie erfolgt häufig nicht nach Definitionskriterien, sondern aus Marketingsicht. Beispielsweise lässt sich ein gehobenes Bed & Breakfast, das streng genommen der Parahotellerie zuzurechnen wäre, vielleicht als Design- oder Unique-Hotel besser vermarkten.

Zwischen der Hotellerie und der Parahotellerie liegt das Feld der sogenannten hybriden Hotels.

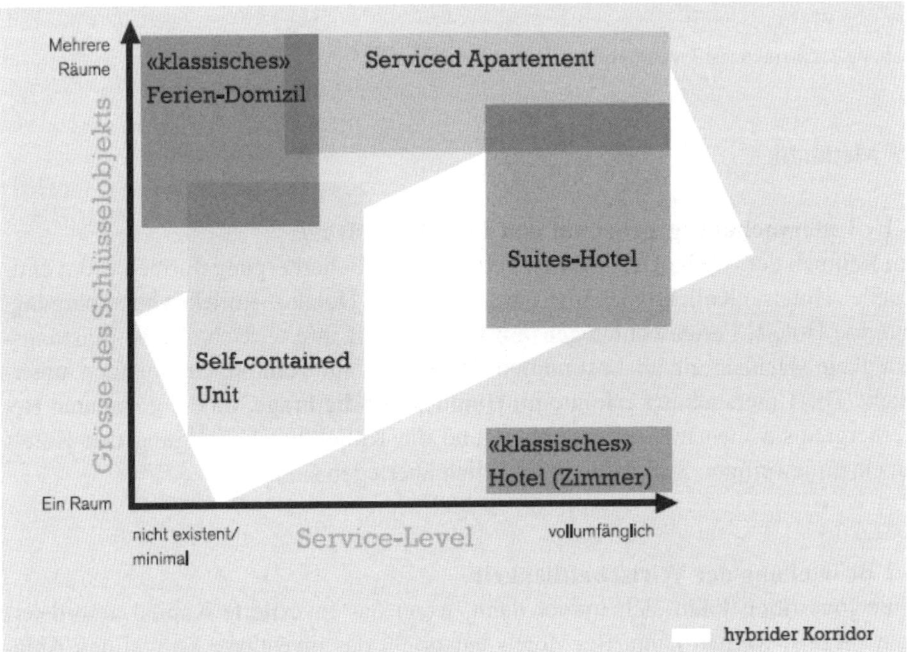

Abbildung 2: Kommerzielle Beherbergungstypen.
(Bieger/Laesser (2007), S. 11, ergänzt durch Verfasser)

Die Übergänge sind fliessend. Hybrid bedeutet, dass typische Elemente der Hotellerie mit solchen der Parahotellerie (namentlich von Ferienwohnungen) kombiniert werden. Dadurch werden ehemals starre und unflexible Bewirtschaftungs- und Infrastrukturmodelle flexibilisiert. Dabei geht es einerseits um Hardware- und andererseits um Serviceaspekte. So weichen hybride Hotels vom starren Raumkonzept des klassischen Hotels mit Einzel- und Doppelzimmern, aber ohne separierten Wohnbereich und ohne Kochmöglichkeit, ab und gleichen Ferienwohnungen mit mehreren Zimmern zum Schlafen, für den Aufenthalt oder zum Kochen und Essen. Mit Bezug auf Dienstleistungen/Services wird aber mehr geboten, als dies bei einer klassischen Ferienwohnung der Fall ist. Ein typisches Element hybrider Angebote ist die Flexibilität, das heisst die Gäste entscheiden selber, ob und wie viele Dienstleistungen sie in Anspruch nehmen wollen (z.B. bezüglich Periodizität und Intensität der Zimmerreinigung, Concierge- Dienstleistungen, Verpflegung, Kinderbetreuung, Animation etc.).

Hotellerie	Hybride Hotels	Parahotellerie
Einzel und Doppelzimmer, allenfalls Mehrbettzimmer Fixes, unflexibles Serviceangebot	Flexibles Raumkonzept Flexibles Servicekonzpet	Wenig Serviceleistungen Grosszügiger Wohnraum mit Aufenthalts- und Kochmöglichkeiten

Tabelle 2: Charakteristik von hybriden Hotels

3. Methodik

3.1 Untersuchungsgegenstand und Forschungsfrage

Im Rahmen der Studie DtC wurden verschiedene Beherbergungsformen (konventionelle Hotels, Kollektivbeherbergung, hybride Hotels, Kollektivbeherbergung, hybride Hotels, Ferienwohnungen) im Hinblick auf ihre wirtschaftliche Leistungsfähigkeit/Machbarkeit an bestimmten Standorten im Kanton Graubünden untersucht. Die Untersuchung erfolgte im Hinblick auf die Frage, ob die genannten Beherbergungsformen mit Appartements und die Kollektivbeherbergung den Hotels an einem jeweiligen Standort wirtschaftlich überlegen sind.

3.2 Beurteilung der Wirtschaftlichkeit

Eine Investition lohnt sich immer dann, wenn das investierte Kapital amortisiert und verzinst werden kann. Bei Hotels entspricht das investierte Kapital den Anlagekosten zuzüglich FF&E. Diesen wird zwecks Beurteilung der Wirtschaftlichkeit der ökonomische Wert der Investition (Ertragswert) gegenübergestellt. Liegt dieser unterhalb der Anlagekosten, so wird die zur Berechnung des Ertragswertes unterlegte Zielrendite unterschritten oder gar ein Verlust erzielt. Ist der Ertragswert höher als die Investition, so ist das Investment – vorbehältlich der Kosten für das Bauland – bei der gewünschten Zielrendite in Höhe der Kapitalisierungsrate wirtschaftlich sinnvoll oder vice versa eben nicht.

3.3 Vorgehensschritte

In einem ersten Schritt wurde für jedes Angebotssegment ein durch Grösse und (Service-) Angebot charakterisierter Modellbetrieb definiert. In einem zweiten Schritt wurden konkrete Betriebserlöse von echten Betrieben des jeweiligen Typus an verschiedenen realen Standorten Graubündens – zusammengefasst in 4 Standorttypen – zusammengetragen.

Die effektiven Werte aus Schritt zwei wurden dann in einem dritten Schritt auf die Modellbetriebe hochgerechnet, unterschieden nach den vier Standorttypen (Matrixbildung). In einem vierten Schritt wurden, basierend auf Kostenstrukturen für Betriebe dieses Typus, die Betriebs- und Immobilienkosten abgezogen und das sogenannte NOI (Net Operating Income)[7] für jeden Modellbetrieb an einem der vier Standorttypen berechnet. Im fünften Schritt wurden dann, basierend auf den jeweiligen NOI, die Unternehmenswerte berechnet und den Baukosten gegenübergestellt.

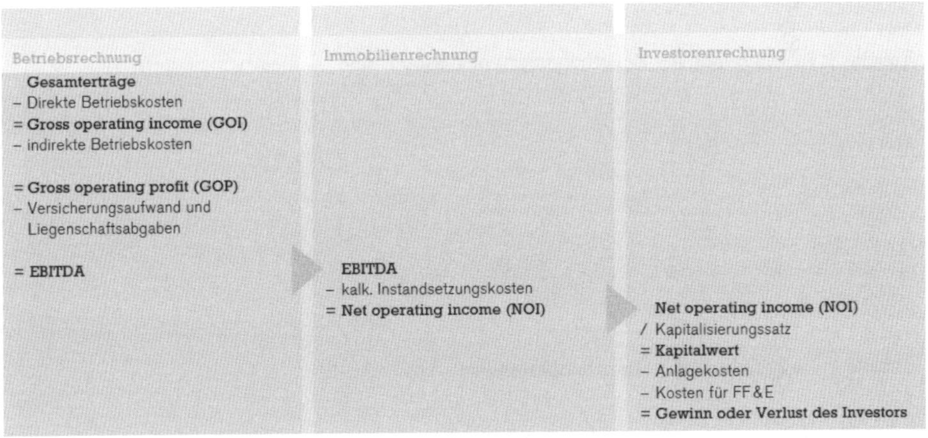

Abbildung 3: Rechnungsgliederung Betrieb, Immobilie, Investor

3.4 Details

3.4.1 Beherbergungstypen

Im Rahmen des Untersuchungsdesigns wurden *sechs Beherbergungstypen* definiert, die anhand von Infrastruktur- und Dienstleistungsmerkmalen beschrieben sind. Die betrachteten Beherbergungstypen reichen vom hochklassigen Hotel bis

[7] Das sogenannte Net Operating Income (NOI) ist eine in der Immobilienwirtschaft verbreitete Grösse und umfasst sämtliche Einnahmen einer ertragsbringenden Immobilie minus die Ausgaben und Wertberichtigungen, die notwendig sind, um die Anlage, ungeachtet von deren Finanzierungsart und steuerlichen Aspekten, zu betreiben und zu unterhalten. Beim NOI handelt es sich somit um den Betrag, der der Eigentümerin oder dem Eigentümer jährlich zur Bezahlung der Steuern und Kapitaldienste zur Verfügung steht, sowie um ihren bzw. seinen Gewinn.

zum einfachen Hotel mit Mehrbettzimmern (Kollektivbeherbergung). Dazu kommen bewirtschaftete Ferienwohnungen im gewöhnlichen und gehobenen Segment (mit Zusatzinfrastrukturen, wie zum Beispiel Spa-Bereich, und eventuell mit optionalen hotelmässigen Serviceleistungen).

Betriebstyp	Beschreibung	Standardgrösse	Nettofläche in m² nach SIA416 pro Zimmer	Bruttofläche des gesamten Betriebstyps in m² pro Zimmer	Anzahl Tiefgaragen-Parkplätze
Hotel Standard	Hotel ohne oder mit nur eingeschränkten Dienstleistungen (zum Beispiel Restauration) und niedrigem Ausbaustandard (entspricht der konventionellen 2- bis 3-Sterne-Kategorie)	40 Zimmer	26	38	50
Hotel Mittelklasse	Hotel mit gebräuchlichen Hoteldienstleistungen, gutem Ausbaustandard und oft Pool, Spa, Konferenzräumen. Ausgebaute Restauration (entspricht der konventionellen 3-Sterne-Superior- bis 4-Sterne-Kategorie)	70 Zimmer	32	60	82
Hotel Hochklasse	Hotel mit umfangreichen Dienstleistungen, hohem Ausbaustandard und grosszügigen Zusatzinfrastrukturen wie Pool, Spa, grossflächigen Konferenzräumen und Restaurants/Bar (entspricht der konventionellen 4-Sterne-Superior- bis 5-Sterne-Superior-Kategorie)	110 Zimmer	38	95	125
Kollektivunterkunft	Hotelmässige Kollektivunterkunft mit Mehrbettzimmern	60 Zimmer	25	39	0

Tabelle 3: Beschreibung der Beherbergungstypen „Hotel“ und „Kollektivunterkunft

Betriebstyp	Beschreibung	Standardgrösse/Wohnungsmix	Nettofläche in m² nach SIA416 pro Appartement	Anzahl Tiefgaragen Parkplätze
Appartementgebäude Standard	Standard-Ferienwohnungen ohne oder mit nur bescheidener Zusatzinfrastruktur wie Empfang oder Schwimmbad	70 Appartements: – 35 2.5-Zimmer-App. – 20 3.5-Zimmer-App. – 15 4.5-Zimmer-App.	– 29 – 61 – 72	120
Appartementgebäude Luxus	Gehobene Wohnungen mit hohem Ausbaustandard, grosszügigen Zusatzinfrastrukturen wie Wellness-Angebot und eventuell Serviceleistungen	80 Appartements: – 40 2.5-Zimmer-App. – 25 3.5-Zimmer-App. – 15 4.5-Zimmer-App.	– 29 – 61 – 72	140

Tabelle 4: Beschreibung der Beherbergungstypen „Appartments“

3.4.2 Standorte

Die effektiven Erlöszahlen stammen von Betrieben in ganz Graubünden. Um der grossen Heterogenität Herr zu werden, wurden diese vier Standorttypen mit vergleichbaren Voraussetzungen zugeteilt.

Definierte Standorttypen
– Davos-Klosters – Lenzerheide-Arosa und Flims-Laax – St. Moritz-Pontresina (Oberengadin) – Kleindestinationen (Bivio, Savognin, Disentis etc.)

Tabelle 5: Definierte Destinationsräume als Standorttypen

3.5 Gewinnberechnung

3.5.1 Erlöse

Ausgangspunkt der Berechnung bildet der Beherbergungsertrag. Dieser wurde der HTW von Partnern (SGH, STR Global, individuelle Datenlieferanten) anonymisiert zur Verfügung gestellt oder stammt aus eigenen Datenquellen, die mit Zustimmung der jeweiligen Betriebe genutzt werden durften. Restaurationserträge und sonstige Erträge wurden entsprechend ihrem durchschnittlichen Anteil (bei Hotels der entsprechenden Kategorie basierend auf ERFA-Zahlen von hotelleriesuisse) dazugerechnet.

3.5.2 Betriebskosten

3.5.2.1 Hotels

Die Kostenstrukturen für die einzelnen Beherbergungstypen stammen aus verschiedenen Datenquellen. Für die Hotels konnte auf ERFA-Zahlen von hotelleriesuisse und auf Vergleichszahlen von STR zurückgegriffen werden, sowie auf Erfolgsrechnungen von individuellen Betrieben, die der HTW zur Verfügung standen.

3.5.2.2 Bewirtschaftete Appartments

Die Beschaffung von Betriebszahlen für bewirtschaftete Appartements war generell schwierig, weil hierfür keine zentral erfassten Daten vorhanden sind. Im Rahmen des Projektes wurde daher beschlossen, bei den prozentualen Bewirtschaftungskosten keine Unterschiede zwischen Standard- und Luxusappartements zu machen, wohl aber bei den Immobilienkosten.

3.5.2.3 Kollektivunterkünfte

Für die Betriebe mit Mehrbettzimmern wurde die Kostenstruktur einer erfolgreichen Kollektivunterkunft verwendet. Zum Quervergleich wurden die Kostenanteile mit denen der Schweizer Jugendherbergen (Betriebsrechnung gesamt 2013) abgeglichen.

3.5.3 Immobilienkosten

Die Immobilienkosten wurden unter Anlehnung an SIA-Norm 469 ermittelt. Gemeint ist damit „Bewahren oder Wiederherstellen eines Bauwerks ohne wesentliche Änderung der Anforderungen“. Der Unterhalt umfasst Instandhaltung, Instandsetzung und Erneuerung ohne Veränderung. Während die Unterhaltskosten als direkte Betriebskosten bereits im EBITDA enthalten sind und effektive Werte darstellen, handelt es sich bei den Instandsetzungskosten um kalkulatorische Werte, die aus den Lebenszyklen der einzelnen Anlagenteile hergeleitet wurden (Berücksichtigung der effektiven anstatt der buchhalterischen Nutzungsdauer). Die Instandsetzung wurde im Projekt DtC mittels STRATUS HOSPITALITY ermittelt und als kalkulatorische Grösse eingesetzt. STRATUS ist ein Managementsystem für die Immobilien- und Infrastrukturbewirtschaftung. Es ermöglicht die detaillierte Erhebung des Gebäudezustandes sowie die langfristig ausgerichtete Planung von Instandsetzungen und weiteren Investitionen auf einzelbetrieblicher Ebene oder in der Portfoliobetrachtung. Der Zeithorizont reicht von kurz- bis sehr langfristig. Es sind Aussagen zu einzelnen Objekten, Objektgruppen und ganzen Portfolios möglich. Konkret zur Anwendung kam STRATUS HOSPITALITY, eine im Jahr 2006 durch Bauexperten (Basler & Hofmann, Avireal) zusammen mit der SGH entwickelte Software. Sie basiert auf der Methode STRATUS, mit besonderen eigens für den Hotelbereich entwickelten Bauteilen.

Folgende Werte mit Bezug auf die Neubaukosten wurden verwendet:

Beherbergungstypen	Appartements		Hotels			Kollektivunterkunft
Kosten in % der Neubaukosten p.a.						
	Standard	Luxus	Standard	Mittelklasse	Hochklasse	
Instandsetzung*	1.2 %	1.5 %	2.8 %	3.9 %	4.2 %	1.1 %

* Mittelwert der jährlichen Instandsetzungskosten von Gebäuden ab Jahr 1 nach Neubau über 50 Jahre

Tabelle 6: Lineare jährliche Instandhaltungskosten (Annuität) ab dem ersten Jahr nach Neubau

3.6 Bewertung

Die Bewertung erfolgte durch Kapitalisierung des NOI, das heisst mittels der Annuitäten-Methode (im Sinne einer ewigen Rente). Die massgebende Grösse ist dabei der Kapitalisierungssatz. Idealerweise wird ein Kapitalisierungssatz anhand von erzielten Renditen von vergleichbaren Transaktionen im Markt hergeleitet. Da der Transaktionsmarkt für Hotels in der Schweiz ungenügend transparent ist, bedurfte es eines anderen Ansatzes für die Herleitung eines repräsentativen Kapitalisierungssatzes (Cap Rate). Im vorliegenden Projekt wurden der IPD[8]-Benchmark und die PwC-Erfahrungswerte als Basis verwendet. Dieser Benchmark basiert auf einer Erhebung von rund 740 Hotels aus zwölf Ländern und weist deren Rendite als Anhaltspunkt für den Nettokapitalisierungssatz aus.

[8] IPD: https://www.ipd.com/about/about-ipd.html: „IPD is a leading provider of real estate performance and risk analysis, providing critical business intelligence to real estate owners, managers, brokers, lenders and occupiers worldwide. Our unique database holds searchable information on 79,000 properties, valued at approximately USD 1.7 trillion, which are located in 33 countries, with a long performance history (25+ years) and which are mostly appraised quarterly."

Hotels Kapitalisierungssätze (Cap Rates)	Hotel Standard	Hotel Mittelklasse	Hotel Hochklasse*	Kommentar
Basis	4.5 %–5.5 %	4.5 %–5.5 %	4.5 %–5.5 %	IPD-Benchmark und interne Erfahrungswerte PWC
Hotel Standard Zuschlag	0 %–0.5 %	0 %	0 %	Differenz der verschiedenen Standards basierend auf den Renditen des IPD-Benchmarks und PwC Erfahrungswerten
Zuschlag Lage	0.5 %–1.75 %	0.5 %–1.5 %	0.5 %–1.5 %	Zuschläge für vergleichbare Nutzungen ausserhalb der Grosszentren
Cap Rate (Pacht)	5 %–7.75 %	5 %–7 %	5 %–7 %	Summe aller Komponenten
Zuschlag Managementvertrag	1 %–1.5 %	1 %–1.25 %	0.5 %–0.75 %	Zuschlag für erhöhtes Risiko bei Managementverträgen, basierend auf dem IPD-Benchmark und den PwC-Erfahrungswerten
Cap Rate (Managementvertrag)	6 %–9.25 %	6 %–8.25 %	5.5 %–7.75 %	Summe aller Komponenten
Cap Rate für Studie Design to Cost	6 %	6 %	6 %	Ausgewogene Annahme

*Beim Hochklasse-Hotel wird nicht von einem Trophy Asset ausgegangen, da hier tendenziell Renditeerwartungen nicht rational begründet sind.

Tabelle 7: Kapitalisierungssätze für das Net Operating Income der Hotel-Betriebstypen

Appartements und Kollektivunterkünfte Kapitalisierungssätze (Cap Rates)	Appartements Standard	Appartements Luxus	Kollektiv-unterkunft	Kommentar
Basis	4 %–5 %	4 %–5 %	4 %–5 %	IPD-Benchmark und interne Erfahrungswerte PWC
Zuschlag Standort	0 %	0.25 %–0.75 %	0 %–0.5 %	Differenz der verschiedenen Standards basierend auf den Renditen des IPD-Benchmarks und PwC-Erfahrungswerten
Zuschlag Lage	0.5 %–1.5 %	0.5 %–1.75 %	0.5 %–1.5 %	Zuschläge für vergleichbare Nutzungen ausserhalb der Grosszentren
Finale Cap Rate	4.5 %–6.5 %	4.75 %–7.5 %	4.5 %–7 %	Summe aller Komponenten
Cap Rate für Studie Design to Cost	4.5 %	5 %	5.5 %	Ausgewogene Annahme

Tabelle 8: Kapitalisierungssätze für das Net Operating Income der Betriebstypen Appartements und Kollektivunterkünfte

3.7 Baukosten

Die Baukosten für die berechneten sechs Beherbergungstypen in der im Projekt DtC definierten typischen Dimension beruhen auf Schätzungen von Implenia Schweiz AG, basierend auf tatsächlich realisierten und nachkalkulierten Projekten. Folgende BKP-Positionen, welche für die Beherbergung relevant sind, wurden einbezogen.

BKP 1 Vorbereitungsarbeiten
BKP 2 Gebäude
BKP 3 Betriebseinrichtungen
BKP 4: Umgebung
BKP 5: Baunebenkosten
BKP 9 Ausstattung

Die Ausstattung wurde bei allen Beherbergungstypen pauschal mit 12% der Baukostensumme (BKP 1–5) berücksichtigt. Dieser Wert deckt sich mit dem gängigen branchenüblichen Wertansatz für FF&E. Ein Wert für das Grundstück (BKP 0) wurde nicht in Ansatz gebracht.

4. Fazit

4.1 Ergebnisse

Die im Rahmen der Analyse gewonnenen Erkenntnisse lassen sich wie folgt zusammenfassen:

- Alle untersuchten Beherbergungstypen können an allen Destinationstypen positive Betriebsergebnisse (EBITDA) erzielen. Die besten Ergebnisse im Segment der Standardhotels werden im Destinationstyp Lenzerheide-Arosa/Flims-Laax erreicht. Bei den Mittelklasse- und Luxushotels sowie bei den Kollektivunterkünften obsiegt der Destinationstyp St. Moritz/Pontresina.
- Kleindestinationen fallen bei allen Immobilien- und Standorttypen ab.
- Bei den Appartments im Standardbereich sind die EBITDA-Ergebnisse mit Ausnahme der Kleindestinationen ausgeglichen.
- Bei den Luxusappartements obsiegt der Destinationstypus St.Moritz – Pontresina.
- Werden auch die periodischen Instandsetzungskosten berücksichtigt, so kippen mit Ausnahme der Standardhotels am Destinationstyp Lenzerheide-Arosa/Flims-Laax sämtliche Hoteltypen standortunabhängig in den negativen Bereich, wobei sich Standardhotels am Destinationstyp Davos-Klosters am besten halten. Die Kollektivunterkünfte bleiben positiv, mit Ausnahme der Kleindestinationen.
- Die bewirtschafteten Wohnungen bleiben derweil an allen Standorttypen positiv.
- Bei einer Weiterführung der Rechnung in Form eines Vergleiches der Anlagekosten und Ertragswerte ist nur der Beherbergungstyp Appartement Luxus in der Destination St. Moritz-Pontresina in der Lage, die geforderte Mindestverzinsung in Höhe der Cap-Rate für den Investor zu erreichen.

4.2 Erkenntnisse

Das Hotel ist die konventionelle Form der kommerziellen Beherbergung im Schweizer Alpenraum. Während bestehende Hotels an geeigneten Standorten und bei gutem Management sowie konstanter Abschreibungs- und Investitionspolitik auch bei anspruchsvollen Rahmenbedingungen überlebensfähig und rentabel sein können, sind neue Hotels ohne Quersubventionen schwierig zu rentabilisieren. Neue Vorhaben in diesem Bereich rechnen sich nur sehr selektiv. Neue Hotelprojekte sind, selbst ohne Einrechnung der Landkosten, kaum rentabilisierbar. Somit sind Umwegrenditen nötig, wie sie allerdings nach Annahme der Zweitwohnungsinitiative nur noch beschränkt möglich sind. Kollektivunterkünfte, zum Beispiel von Bergbahnen, und bewirtschaftete Appartements, wie sie heute vereinzelt realisiert werden (zum Beispiel im neuen Resort Pradas in Brigels mit 500 warmen Betten) können in die Bresche springen. Neue Projekte mit bewirtschafteten Appartements haben an guten Standorten eine Chance, aber es bleibt wenig Spielraum für den Kauf von Bauland. Um Investitionen im Beherbergungsbereich zu ermöglichen, muss Bauland generell sehr günstig oder unentgeltlich zur Verfügung stehen. Aufgrund der knappen Renditen kommt der Professionalität bei der Entwicklung von Projekten und bei deren Umsetzung generell hohe Bedeutung zu.

4.3 Empfehlungen

Die im Rahmen des Projektes gewonnenen Erkenntnisse führten zu einer Reihe von Empfehlungen, von denen die wichtigsten hiernach wiedergegeben werden.

4.3.1 Verbesserung der Datengrundlage

Die ursprünglich noch breiter angelegte Arbeit musste zufolge Problemen bei der Datenerhebung redimensioniert werden. Es wird dringend empfohlen, dass für den Kanton Graubünden durch standardisierte anonymisierte Erhebungen eine verlässliche und breit abgestützte Datenbasis für Beherbergungsbetriebe angelegt und gepflegt wird. Dabei geht es in erster Linie um Auslastungs-und Preisinformationen, die kurzfristig zur Verfügung stehen müssen und zu Marketing- und Pricing-Zwecken sowie zur Steuerung des ganzen Systems verwendet werden können. Später sollte die Datenerhebung auf die ganze Schweiz ausgedehnt werden, um auch Vergleiche mit anderen Tourismusregionen anstellen und daraus Erkenntnisse für die Situation im Kanton Graubünden gewinnen zu können. Ziel wäre die Entwicklung von differenzierten Preisstrategien statt Preisdumping sowie Transparenz für potenzielle Investoren.

4.3.2 Konzeptionelle Stärkung bestehender Hotels

Durch das Projekt DtC konnte nachgewiesen werden, dass das servicelastige Hotelmodell aufgrund der hohen Personal- und Warenkosten in den saisonalen Feriengebieten der Schweiz generell schwierig geworden ist. Aus diesem Grund lohnt es sich für Hotels zu prüfen, welche Leistungen Gäste wirklich wünschen. In gastronomisch diversifizierten Destinationen und wenn Lebensmittelläden und Take-aways vorhanden sind, kann möglicherweise auf eigene Angebote im Bereich Food & Beverage ganz verzichtet und auf ein Garnikonzept gewechselt werden. In der städtischen Budgethotellerie ist dies durchaus verbreitet. So haben beispielsweise easyHotels in der Regel kein Food-Angebot, ja bieten nicht einmal ein Frühstück an, sondern kooperieren diesbezüglich mit nahegelegenen Restaurants.

4.3.3 Baukosten senken

Eine zentrale Ursache für die fehlende Rentabilisierbarkeit von Hotels an saisonalen Lagen hängt mit den hohen Baukosten zusammen. In Zukunft sollten die Einsparungspotenziale von industrieller Fertigung und modularer Bauweise noch wesentlich stärker genutzt werden. Baukostenbenchmarks wären ein taugliches Professionalisierungsinstrument, das bis heute kaum eingesetzt wird. Im internationalen Umfeld existieren detaillierte Datenbanken, die als systematische Vorgaben genutzt werden könnten.

4.3.4 Systematisch Synergiepotentiale nutzen

Das Kooperationsthema ist schon seit geraumer Zeit auf der touristischen Traktandenliste, aber die Hotelbranche tut sich damit noch schwer, besonders wenn es darum geht, die weitestgehende Form der Kooperation, nämlich die Fusion, zu realisieren. Angesichts der hohen Bankenverschuldung vieler Hotelbetriebe kommt den Banken bei der strukturellen Anpassung eine wichtige Bedeutung zu, sei es, indem sie diese durch partielle Entschuldungen ermöglichen oder gar aktiv vorantreiben.

4.3.5 Extensive Interpretation oder Anpassung von Nutzungsplänen

Von Hotels bewirtschaftete Wohnungen sind nicht „residential“, sondern „commercial“, das heisst es handelt sich um gewerbliche Bauten. Dennoch sollten sie im Sinne einer schnellen Verbreitung nicht nur in Hotel- und Gewerbezonen möglich sein, sondern auch in Wohnzonen und in Zonen mit öffentlichen Bauten. Dies bedingt eine grosszügige Gesetzesanwendung oder Anpassungen in den Nutzungsplänen der touristischen Gemeinden.

4.3.6 Neue Beherbergungsformen aktiv fördern

Graubünden ist ein traditionelles «Hotelland», aber die Hotellerie ist unter Druck und verliert laufend Logiernächte. Es ist wichtig, andere Formen der kommerziellen Beherbergung grosszügig zuzulassen und zu fördern, was zum Beispiel durch eine aktive Baulandpolitik der Gemeinde erreicht werden kann, und dadurch neue wirtschaftlich nachhaltige Beherbergungsstrukturen aufzubauen.

4.3.7 Aufbau eines liquiden Transaktionsmarktes

Das Investitionsmodell der Condominium-Wohnungen (hotelmässig bewirtschaftete Wohnungen) ist in der Schweiz noch wenig bekannt und aufgrund der schlechten Erfahrungen mit den Apparthotels negativ belegt. Der Aufbau eines liquiden Marktes bedarf gezielter Massnahmen. Erstens sind Qualitätskriterien zu entwickeln, die es heute noch nicht gibt. Dazu würden sich Best-Practice-Beispiele eignen. Zweitens bedarf es einer aktiven Kommunikation, um den Bekanntheitsgrad und die Akzeptanz zu erhöhen.

4.3.8 Stärkung der Destinationen

Die Hotelbranche kann sich nur bis zu einem gewissen Punkt am eigenen Schopf aus dem Sumpf ziehen. Letztlich sind Hotels immer intensiv mit ihren Standortdestinationen verbunden und hängen von diesen ab. Eine bessere Auslastung der Hotellerie ist nur teilweise eine einzelbetriebliche Herausforderung, sondern eine Aufgabenstellung an die ganze Destination. Destinationen bedürfen eines professionellen Managements und leistungsfähiger Governance-Strukturen, um Öffnungsdauer und Preisniveau schrittweise zu erhöhen und dadurch die finanzielle Existenzgrundlage für Hotels zu verbessern.

4.3.9 Konzentration

Während Zweitwohnungen durch ihre Eigentümerinnen und Eigentümer finanziert und primär deren Wohn- und vielleicht Prestigebedürfnisse erfüllen müssen, erfolgen Investitionen in die kommerzielle Beherbergung in der Regel mit klaren Renditeerwartungen. Diese sind nur bei hohen Frequenzen möglich, wie sie in leistungsfähigen Destinationen mit einem attraktiven Gesamtangebot erzielt werden. Dies sollte auch die Politik erkennen. Die Förderung von Hotels in kleinen peripheren Destinationen ist letztlich wenig sinnvoll und ist ein Kampf gegen Windmühlen, was auch in der Regionalförderung berücksichtigt werden sollte. Welcher Typ von Beherbergung wirtschaftlich möglich ist, hängt stark von der Makrolage ab. Es ist wichtig, dass die richtigen Konzepte gefördert und ein Schwergewicht auf die Destinationsentwicklung gelegt wird.

Quellenverzeichnis

Bieger, Thomas/Laesser, Christian: Neue, hybride Formen der Beherbergung, Implikationen für Raumplanung und Destinationsentwicklung. Universität St.Gallen, Institut für Dienstleistungen und Tourismus. Online verfügbar unter www.alexandria.unisg.ch/Publikationen/38498, St.Gallen 2007

Deuber, Andreas/Hörburger, Norbert/Schläppi, Fabienne: Design to Cost in der Schweizer Ferienhotellerie: Ausrichtung an tragbaren Zielkosten bei der Entwicklung von kommerziellen Beherbergungsangeboten am Beispiel Graubündens, Hg. v. HTW Chur, ITF, Chur 2015

Deuber, Andreas/Orsolini, Noelene: Untersuchung der betriebswirtschaftlichen Machbarkeit neuer (Ferien-) Hotels am Beispiel des Oberengadins. Stiftung Terrafina Oberengadin, Chur 2011

Deuber, Andreas/Tromm, Peter: Aparthotellerie im Kanton Graubünden. Erfolgs- und Misserfolgsfaktoren, Chur 2012

DAVID RUETZ & MARC AEBERHARD

Zwischen Bling-Bling und Bambushain: Die internationale Luxus-Hotellerie – Wahrnehmung, Entwicklung, Perspektiven. Ergebnisse einer explorativen Studie auf der ITB Berlin

„Die Moderne ist eine permanente Krise, da in ihr fortwährend, mit sich beschleunigendem Veränderungstempo, Gewohntes und Vertrautes ausser Geltung gesetzt wird. Damit geht der Orientierungsgewinn, den das Übliche abwirft, verloren. Wenn der Aufenthalt in der Gegenwart immer kürzer wird, die Gegenwart immer schneller veraltet, und die Zukunft immer schneller eintritt, verlieren die Koordinaten, in denen wir unser Leben einrichten, die unsere Bewertungs- und Beurteilungsmassstäbe bestimmen, ihren Halt.“ [1]

(Wolfgang Kersting)

1. Einleitung

1.1 Paradigmenwechsel beim Luxusbegriff

In etablierten Luxusmärkten ist derzeit ein Paradigmenwechsel feststellbar: Luxus definiert sich zunehmend immateriell. Selbstfindung und Simplizität, Authentizität, „Slow Movement“ statt opulente Demonstration von Reichtum und Überfluss sind angesagt. Welches aber sind die „wirklichen“ Bedürfnisse der sog. *Top End-Traveller*?[2] Wie erschließen Reiseveranstalter, Hoteliers, Kreuzfahrtgesellschaften und Destinationen dieses gleichermaßen rare wie lukrative Marktsegment erfolgreich? Wie fasst man die Komplexität des Themas in Begriffe und vermarktbare Konzepte? Was lässt sich aus Best Practice-Beispielen lernen?

---

[1] Kersting (2005), S. 67

[2] Es besteht derzeit weder Konsens darüber noch eine klare definitorische Abgrenzung dessen, was ein „*High-End*“-, ein „*Top-End*“- oder ein *Luxury Traveller* sei. In diesem Beitrag grenzen die Autoren die Verwendung des Begriffs „*Top-End*“ vom gängigen Profil eines „High Spenders“ insofern ab, da neben der monetären Dimension, die das Reisebudget betrifft, auch eine Vielzahl von immateriellen Kriterien in die Definition mit einbezogen werden müssen. Daher wird bewusst auf den Bezug auf Studien wie beispielsweise von Amadeus (siehe Literaturverzeichnis, *Dykins*) verzichtet. Es ist Inhalt und Ziel des in Arbeit befindlichen „Handbuchs Luxus-Tourismus“ der ITB Berlin (Hg. Ruetz/Aeberhard/Conrady, gepl. Erscheinungsdatum Ende 2017), hier Klarheit zu schaffen und sich einer verbindlichen Definition zu nähern.

1.2 Zielsetzung

In diesem Beitrag soll versucht werden, Ansprüche einer Zielgruppe der herrschenden Praxis der internationalen Luxus-Hotellerie gegenüberzustellen und sich dem Phänomen Luxusreisen ganzheitlich zu nähern – im Wissen, dass es bislang keine ausreichende, schlüssige und international anwendbare Definition dafür gibt, was „Luxury Travel" sei. Ganz bewusst wird im Abschnitt 2 (Übergeordnete Betrachtungen) auf sozialpsychologischer, soziologischer sowie volks- und betriebswirtschaftlicher Ebene argumentiert.

Auf der Basis von Fragestellungen wie unter 1.1 oben beschrieben, rief die ITB Berlin im Jahr 2015 gemeinsam mit Luxury Hotel & Spa Management GmbH (Schweiz) ein „Luxury Lab" ins Leben, etablierte Podiumsdiskussionen und Workshops und befragte Marktteilnehmer zu diesem Thema. Die Ergebnisse einer explorativen Studie auf der ITB Berlin im ITB Luxury Lab zeigen Wahrnehmung, Entwicklung und Perspektiven in der internationalen Luxus-Hotellerie auf. Es konnte nachgewiesen werden, dass zwischen der Luxus-Vorstellung von einem „Bling-Bling"-Hotel und dem „luxuriösen" Erlebnis von Ruhe in einem Bambushain Welten auseinanderklaffen.

1.3 Rahmenbedingungen

Täglich eröffnen weltweit im Durchschnitt fünf Hotels der „Luxus"-Kategorie; derzeit sind rund sechstausend Hotels mit mehr als 1,2 Millionen Zimmern im Bau. Die großen Konzerne wie Hilton (700 Häuser), Marriott/Starwood (je 450), Inter-Continental/IHG (350) sind am aggressivsten in ihrer Expansion im sog. Luxus-Segment.[3] Doch was ist eigentlich ein „Luxushotel"? Was will der anspruchsvolle Kunde wirklich, wie lässt er sich weiter segmentieren und als sog. High Networth Individual (HNWI) abgrenzen?[4] Was bedeutet „Luxus" allgemein beim Reisen, wo sind die Trends? Was lässt sich daraus ableiten, was muss in der Praxis vermieden werden?

Den Begriff „Luxus" auf die Definition wirtschaftlicher Superlative zu reduzieren, greift – auch in der Spitzen-Hotellerie – zu kurz und gelingt in zunehmendem Maße nicht mehr. Nach der „Generation Z" und den „Dinkies" hat sich nun eine polivalente, flexible, multidimensional agierende Generation von solventen Reisenden auf den Weg gemacht, die – gestützt auf eine immaterielle Definition von Luxus – daran ist, die letzten Refugien dieses Planeten für sich zu entdecken. Frei nach John Naisbitts „High Touch"-Ansatz[5]: Das immaterielle, sensible und emotionale Berühren und Erleben der Dimensionen des Lebens wird in den Fokus gerückt.

---

3 Vgl.Top Hotel Projects (2016)

4 Eine neue Untersuchung definiert sechs „Luxury Traveller Tribes", darunter sog." Reward Hunters", „Simplicity Searchers" und „Obligation Meeters" (s. Dykins 2016)

5 Naisbitt (1982), S. 26

Der anspruchsvolle Gast im *Top End*-Segment ist heutzutage bereit, ein nicht unerhebliches Aufgeld zu bezahlen, um eine Reise-Erfahrung zu machen, die dem individuellen Bedürfnis nach Regeneration seiner Arbeitskraft gerecht wird[6]. Das Holistische – die Harmonie von Körper, Geist und Seele – wird dem konsumativen Erleben vorgezogen. Als Ausgleich zum hektischen Alltag gibt es eine neue Welle von „Slow Travel“, es geht bei Luxusreisen – insbesondere in der Ära nach 9/11 – um Geborgenheit, um Authentizität und – insbesondere nach dem Finanzcrash 2008/9 – um emotionale aber auch physische und wirtschaftliche Ehrlichkeit.

Daraus ergibt sich die Frage nach den Ursachen. Deren Erforschung müsste in einem trans- und multidisziplinären Ansatz im soziologischen, historischen, sozialpsychologischen, volks- und betriebswirtschaftlichen sowie tourismuswissenschaftlichen Umfeld gesucht werden. Kann es sein, dass in den westlichen Wohlstandgesellschaften, in denen existentielle materielle Not über weite Strecken seit einigen Jahrzehnten überwunden ist und wo die Anhäufung wirtschaftlichen Überflusses in fast allen Bevölkerungsschichten zum scheinbar einzigen Daseinszweck geworden ist, sich seit einigen Jahren eine zunehmende Leere, ein regelrechter „Erklärungs-Blackout“ auftut? Insbesondere in gesättigten westlichen Volkswirtschaften anfangs des 21. Jahrhunderts entdecken wir ein Auseinanderklaffen von Werterfüllungen und Bedürfnissättigung. So gibt es zwar kaum mehr jemanden, der hungern oder darben muss, aber eine erschreckend große und weiter zunehmende Zahl von Menschen vermissen soziale Integration und zwischenmenschliche Kontakte. Zahlreiche Strategien, damit umzugehen – nicht zuletzt durch die Werbung stimuliert –, setzen auf Lebensgefühle, *must-have* Bedürfnisse und Identifikationsfunktionen im weitesten Sinn. Hierzu bietet insbesondere die Tourismus- und Hotelindustrie eine schier unbegrenzte Vielfalt an Möglichkeiten und Angeboten.

2. Übergeordnete Betrachtungen

2.1 Entwicklungsdynamik

Der Blick auf gesättigte und somit stagnierende Tourismus- und Hotelmärkte und die verzweifelten, leider aber oft unwirksamen Sanierungsversuche dieser Märkte zeigen, dass mit herkömmlichen Konzepten auf Basis der landläufigen volkswirtschaftlichen Paradigmen nicht beizukommen ist. Der Erklärungsansatz stellt vorab fest, dass das Phänomen interdisziplinär zu betrachten ist. Die Ursachen liegen:

- in fortgeschrittenen soziologischen Entwicklungen (IT-Gesellschaften),
- im historischen, technologischen, kommunikativen Rahmen
- in daraus entwickelten sozialpsychologischen Prozessen (posthedonistische Selbstverwirklichungs- und Identifikationsfunktionen)

[6] Dies ergab u.a. eine Podiumsdiskussion auf der ITB Berlin 2016 zu „Luxus“, vgl. dazu: www.itb-berlin.de/luxus

Dies wiederum hat Auswirkungen auf alle Aspekte unseres Lebens in der Gesamtheit unseres Umfeldes. In einer Hinsicht aber soll nachstehend eine besondere Entwicklung dargestellt werden, die in ihrer Auswirkung gesellschaftliches wie persönliches Treiben, Denken und Schaffen der Individuen nachhaltig beeinflusst hat und in seiner Folge auch das touristische Verhalten prägte: Die Beeinflussung von Produktqualität mittels geplanter Obsoleszenz in den 20er Jahren, die zur *upgrade*-Kultur heute geführt hat und ein Drängen nach einem „Neuer, Schneller, Besser" auslöste, stets mit dem Ansinnen nach gesellschaftlicher Konformität und Identitätsfunktion, um die Bestätigung und Überhöhung eines Selbstkonzeptes zu generieren.

In Kombination mit dem sich immer schneller drehenden Rad von Konsum und Produkt, der dramatischen Verkürzung von Produktzyklen also, werden Produkte erst begehrt, dann konsumiert und dann weggeworfen. Übertragen auf die Reiseindustrie bedeutet dies der Prozess von einer Feuerwalzen-ähnlichen Erschließung über Besiedlung und Ausbau einer Region, gefolgt von sprichwörtlicher Überbauung, Sättigung und dann Abkehr von Destinationen oder Massenbewirtschaftung derselben auf tiefem Niveau.

Sozialpsychologisch betrachtet bedeutet dies, dass ein Produkt (eine Urlaubsdestination, ein Hotel) trendsensibel ist, dass der Trend immer kürzer wird und, einmal als sozial nutzlos abgestempelt, obgleich noch immer funktionstauglich, „entsorgt" wird, weil es „out" ist. Und so wird ewige Haltbarkeit folglich mit Spießigkeit gleichgesetzt.[7]

2.2 Fundamente in Frage stellen

Seit gut 10 Jahren – und in zunehmendem Maße – wird der Diskurs um Sinn und Unsinn von emotionaler Obsoleszenz[8] geführt. Es ist die Sternstunde der Nachhaltigkeitsdiskussionen. Der Boom und Megatrend nach *barefoot luxury*-Hotels, das scheinbare wiedererwachen neo-Rousseau'scher Forderungen nach „zurück zur Natur" beschert dem Tourismus gleichermaßen einen neuen Hype wie auch eine neue Herausforderung. Im traditionellen Denkgerüst bedeutet dies lediglich das Schaffen eines neuen Geschäftsmodells, für welches viel Land mit möglichst viel *„wow"*-Faktor zur Bedürfnisbefriedigung eines nur allzu kurz anhaltenden Produktzyklus (der in Bälde vom nächsten Hype abgelöst wird) benutzt wird und eine weitere Stelle verbrannter Erde zurücklässt.

[7] Ganz besonders dramatisch ist diese Entwicklung, gepaart mit einer oft umfassenden Marketingstrategie, im Bereich der Mobiltelefone. Hier wird als bewusst konsumstimulierende Massnahme das schnelle Veraltern eines Modells vor dem Erscheinen eines nächsten Modelles inszeniert. Dadurch definiert sich in hohem Maß gesellschaftlich ein Begehren nach einem Produkt, das (streng funktional) keiner wirklich braucht. Diese mittlerweile in vielen Bereichen nur noch durch Äusserlichkeiten (Farbe, Form) kenntlich gemachten „Neuerungen" belegen, dass die Wirtschaft und Produktionsprozesse mittlerweile die geplante Obsoleszenz fast bis ad absurdum perfektioniert haben.

[8] Bürdek (1975), S. 165

Es kann aber auch der Anfang eines soziologischen und konsequenterweise auch ökonomischen Paradigmenwechsels bedeuten. Hierzu bedarf es der fundmentalen Überprüfung der wirtschaftlichen Axiome, auf denen das gesamte weltwirtschaftliche Tun nach westlichem Muster steht. Dieses wird heute in keiner Betrachtung in Frage gestellt und beruht auf einem epochalen Fehler: Das gesamte wirtschaftliche Tun der Menschheit passiert in einem geschlossenen System. Dies war in der nicht-globalisierten Welt des 19. Jahrhunderts nicht erkennbar, der Himmel schien grenzenlos, die Expansionsmöglichkeiten ebenso und die Ressourcen unerschöpflich. Heute aber wissen wir, dass die Erde ein fein austariertes chemisch-physikalisches Ökosystem in mannigfaltigster Art ist, in dem bedingungslos alle Ressourcen in einem Kreislauf bleiben. Ebenso wie die Rohstoffe (aber ebenso bedingungslos) bleiben auch alle Aus- und Überflüsse wie auch alles Übriggebliebene geschlossen. Hier nun muss die Menschheit die Grenzen ihres Handlungsraum in allen Dimensionen erkennen, respektieren und als explizite Parameter in allen wirtschaftlichen (und gesellschaftlichen) Berechnungen einführen, berücksichtigen und umsetzen. Die Zeiten, in denen freie Güter wie die unerschöpfliche Verfügbarkeit von sauberem Wasser, sauberer Luft, gutem Boden oder Holz gegeben waren, sind passé. Heute sind die Verknüpfungen zwischen technischer Entwicklung, Fragilität des Ökosystems, wirtschaftlichen Tuns und Handeln, Fortbestand der Menschheit und eines gesunden Tier- und Pflanzenbestandes derart interdependent, dass alle ökonometrischen Betrachtungen die auf der Basis vereinfachender parametrischer Formeln funktionieren nun für ungültig erklärt werden müssen. Die Wirtschaftswissenschaft muss die vollständige Abkehr von unilateralem Wachstum verstehen und erkennen, dass keine einzige Gleichung mehr mit ceteris paribus enden kann. Die Folgen sind – egal ob im Tourismus oder Konsumgütersektor – verhältnismäßig gleich dramatisch: Es bleibt die grundsätzliche Auseinandersetzung darüber, wie und mit welchem Ergebnis man Ressourcen nutzt beziehungsweise die Diskussion über sich daraus ergebende Entsorgungs-, Recycling- und Nachhaltigkeitsfragen, -forderungen und die stete Rückkoppelung zur systemischen Betrachtung in einem geschlossenen Universum.

2.3 Neue Paradoxa

Die kategorische Negation der „Schneller-Weiter-Besser“-Haltung zugunsten einer „Langsamer-Genauer-Intensiver“-Denkweise führt zu einer erweiterten Definition dessen, was gute, nachhaltige und letztlich erfolgreiche Hotellerie ausmacht. Hierbei geht es um die Bedeutungsreduktion von extrinsischen und materiellen Kriterien und der Neugewichtung der intrinsisch-immateriellen Dimensionen. Und hier nun kann die Tourismusindustrie und vor allem die Hotellerie Schlüsselerlebnisse schaffen und wegweisend einen eigentlichen Paradigmenwechsel anschieben.

Die zentrale, noch zu beantwortende Frage bleibt, ob dieser Bewusstseinsprozess internalisiert oder nur sozial getrieben ist. In anderen Worten: Hat das Individuum verstanden, und ist es bereit, sein Tun und Handeln anzupassen, oder ist es lediglich ein oberflächliches Sozialisationsphänomen, um im Rahmen eines gesellschaftlichen Trends zu gefallen, „in“ zu sein? Daran schließt sich die Frage an, wie sich die Nachhaltigkeit des ersteren Verhaltensmusters messen und auswerten lässt. Angelehnt an McGregors *Theory X* und *Theory Y* wäre nach Theorie X der Mensch noch immer geblendet von einer Konsummaschinerie, die aus ihm ein aktives Mitglied der Wegwerf- und Upgrade-Gesellschaft macht, während nach der Theorie Y der Mensch aus Selbsterkenntnis in Demut zum *Slow-Traveller* mit Zero Carbon-Footprint wird.[9] Erfahrungsgemäß funktionieren wirtschafts- und sozialwissenschaftliche Axiome nicht ad extremum, sondern aus der Vielfältigkeit der Schnittmenge heraus.

2.4 Bedürfnisorientierung und Profiling

Als Ausgleich zum hektischen Alltag gibt es die neue Welle von *slow travel*[10], es geht um Authentizität, um kognitive, emotionale und spirituelle Ehrlichkeit. Die verschobene Gewichtung von Werten ist soziologisch und sozialpsychologisch in etlichen Untersuchungen immer wieder Studieninhalt.

Die Frage lautet: Welche Bewältigungsstrategien legt sich das Individuum zurecht, um Stressoren im Alltag zu begegnen? Wie wirkt sich dies auf das Reiseverhalten aus, beziehungsweise wie beeinflusst dies die Definition von Luxus?

3. Erhebung auf der ITB Berlin 2015

3.1 Vorbemerkung

Eine Versuchsanordnung anlässlich der ITB 2015 sowie deren Fortsetzung im März 2016 hat deutlich bestätigt: Die absolute Definition von „Luxus“ beim Reisen gibt es nicht, und Luxus wird nur noch bei einem Bruchteil von rund 550 schriftlich Befragten mit materiellen Gütern gleichgesetzt. Stattdessen liegt der Fokus bei 81 Prozent der Versuchspersonen auf Werten, Erwartungen, Zuständen, Gefühlen und Bedürfnissen – also auf intangiblen statt tangiblen Aspekten, schlicht: auf dem immateriellen Wertekaleidoskop.

Die Untersuchungsergebnisse lassen sich in die folgenden sechs Bedürfnisparameter clustern:

- Raum
- Zeit
- Exklusivität
- Persönlicher, individualisierter Service

[9] Vgl. McGregor (1960), S. 23

[10] S. Abschnitt 1.3, Rahmenbedingungen

- Die drei „S“: Sicherheit, Sauberkeit, Schönheit
- Gesundheit

Die Deutlichkeit des Antwortmusters erklärt sich als Reaktion auf einen Missstand in Hotels, Gastronomie und in der Service-Industrie. Die Prägnanz der Ergebnisse lässt klar die Vermutung zu, dass es dort nicht nur am richtigen Verständnis von Luxus, sondern an sozialer Kompetenz in der Branche fehlen könnte – eigentlich eine der Schlüsselkompetenzen eines jeden Hoteliers und seines Hauses!

3.2 Analysen aus dem ITB Luxury Lab

Rund 550 Antworten sind bei einer Pin-Wall Aktion anlässlich der ITB 2015 in nur drei Tagen zusammengekommen.[11] Die als Basis dieser Untersuchung gestellte Frage lautete:

„Wie sieht die Luxus-Unterkunft der Zukunft aus?“

Manchmal wurde die Frage auch weiter gefasst verstanden und in Richtung „Wie sieht der Luxus der Zukunft aus?“ beantwortet. Nachstehend (3.2.1 bis 3.2.5) der Versuch einer kommentierten Clusterung der erhaltenen Antworten.

3.2.1 Tangibles sind „out“ – Intangibles sind „in“

Die besondere Aufgabe bestand in der Kategorisierung der Antworten. Hierbei wurde der Versuch unternommen, in einem ersten Schritt nicht relevante Antworten, die offenbar aus Jux gegeben wurden, zu isolieren (6 von 536)[12] und in einem zweiten Schritt Tangibles (Materielles) von Intangiblem (Immateriellem) zu trennen (102 vs. 434). In dieser Separation liegt bereits eines der bedeutendsten Erkenntnisse, aber auch eine der größten Herausforderungen dieses Experiments: Nur knapp 19% der Befragten geben materielle Werte als Definitionsgrundlage für Luxus an. Im Sinne der oben beschriebenen Schnittmengen-Problematik bedarf es weit weniger einer schwarz-weißmalerischen Unterteilung als einer Trennlinie zwischen dunkelgrau und hellgrau. Und selbst hier ist eine klare Abgrenzung schwierig: Betrachtet man den meistgenannten Grund der Kategorie „Komfort“ etwas genauer, ist hier die Rede von:

- Qualität
- Komfort
- Ausstattung
- Funktionen

[11] Damit hatte diese explorative Erhebung einen ausgewiesenen Random-Charakter; überdies wurden ungestützt qualitative Aussagen zu einem Trend abgefragt.

[12] Beispielsweise Aussagen wie „Driving my Ferrari is always luxury for me“.

Wenn dem einen Gast ein hartes Bett lieb ist, bedeutet dem anderen für seinen Komfort genau das Gegenteil, also ein weiches Boxspring-Bett. Der Subjektivität ist bereits hier Tür und Tor geöffnet.

tangibles	function and comfort	comfort & quality in premisses bathrooms/lounges/bedroom/equipment	36		
		food/haute cuisine	7		
		innovation/solutions	5		
		hinderness free/accessibility	2		
		Robotics	1		
		wellness/spa	6		
		sport/golf	2		
		decentralised resorts/villa /hideaways	3	62	
	monetary & communication	money/financial independence	3		
		budget/value for money	4		
		communication technology	7	*14*	
	style / design	style/design/architecture	13		
		bling bling	1		
		timeless decor/natural materials	*3*	17	
	misc.	a good book	1		
		bling bling at home or hotel	2		
		Greece	1		
		Everything	1		
		luxury car	1		
		made in Italy	1		
		confortable upholstery	1		
		AirBnB	1	9	**102**

Tabelle 1: Materielle Kriterien
(eigene Darstellung)

Obgleich vier Fünftel der Befragten auf die Frage nach der Definition von Luxus mit immateriellen Werten und Erwartungen antworteten, gelingt es in der Praxis der Hotellerie offenbar im Allgemeinen nur ungenügend, dies in der Kommunikation und mittels Marketingstrategien zu vermitteln. Oft beharrt – vor allem bei großen Marken und Ketten – vielmehr die Reduktion des Angebots auf das Tangible. Hierbei ist es bedeutsam, dass Label-Treue und vermeintliche Alleinstellungsmerkmale via Corporate Identity massiv an Bedeutung verloren haben. Das Materielle ist weitgehend austauschbar geworden. Besonders bedeutsam ist deshalb die Haltung und die Positionierung und Kommunikationsbotschaft von Trendsettern und den *Top End-Players* und der Boutique-(bzw. Nischen-) Hotellerie.

3.2.2 „Me, myself & I"

Bei der Isolierung der immateriellen Kriterien wurde der Versuch gemacht, zu unterscheiden, ob es sich bei der Antwort – im Auge des Betrachters liegend – um a) „ein für mich in Bezug auf mich persönlich bedeutendes Kriterium handelt", b) „ein für mich in Bezug auf das, was mein Hotel für mich bietet, handelt" und c) um „ein für mich in Bezug auf das, was ich von meinem Umsystem erwarte, handelt".

Me & the other	me as myself	Health	13		
		feel yourself upgraded	5		
		pamper oneself/feel good	9		
		Freedom	3		
		unlimited mobility	1		
		Inspiration	2		
		Rejuvenation	1	34	
	Services from others to me	Individualized	20		
		personalized service (i.e. butler)	37		
		perfect manners/professionalism	2		
		dedication/attentiveness/compassion	13		
		Discretion	6		
		home away from home	4		
		exceed expectations/fullfill wishes/the unexpected	19		
		no need to worry/effortless	16	117	**151**
Intangibles	… in a environment & environmental context…	back to nature	10		
		sustainability/organic/triple bottom line	20		
		reduce CO2 emissions	1		
		experience culture	1		
		authenticity	10		
		intangible values	1		
		views	4		
		space	20		
		natural beauty	4		
		exclusivity/uniqueness	9		
		atmosphere	7		
		light	3		
		family & friends	5		
		tradition	3	98	
	expected aura specific	originality/spontaneity/flexibility	4		
		Simplicity	12		
		Experiences	13		
		individuality/uniqueness/bespoke	10		
		new dimensions	1		
		life style	4		
		indulgence	2	46	
	desired aura general	peace/harmony/freedom/quietness/Silence	37		
		remoteness/be off line	8		

	relaxation/unwind	11		
	privacy/safety	6		
	perfection	2		
	Love	3		
	happiness	6		
	Beauty	2		
	holistic	1	76	
philosophy	geerdete Gemütlichkeit	1		
	overcome contradictions in oneself	1		
	my life	1		
	the little extra	4		
	it's not getting what you want, it's loving what you have	4		
	time for a good cup of tea	1		
	digital detox	4	16	**236**

Tabelle 2: Immaterielle Kriterien
(eigene Darstellung)

3.2.3 Luxus im Betrachtungsfokus

Noch viel anspruchsvoller ist eine Abgrenzung innerhalb der Kriterienkataloge bei den immateriellen Argumenten in Bezug auf das eigene Ich. Hier wurde ein personalisierter, individualisierter Unterscheidungsansatz versucht, der zwischen den folgenden Dimensionen differenziert:

- Ich ich
- Ich und der Andere
- Ich und das Umfeld / das „Universum“
- Die 4. Dimension: Zeit

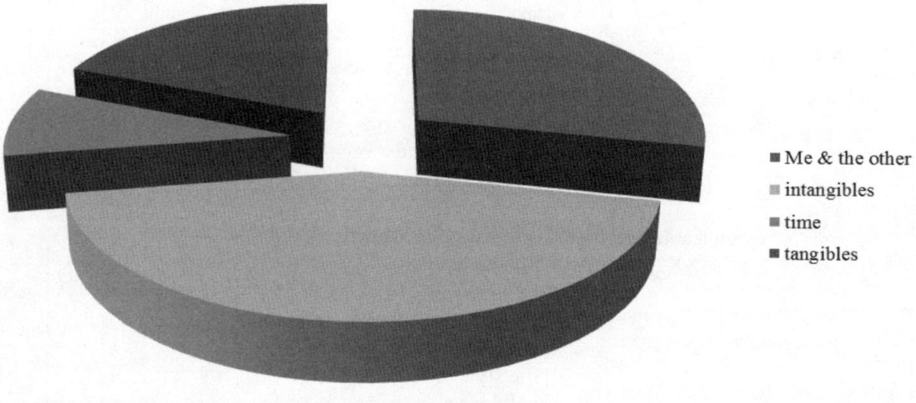

Abbildung 1: Eigene Ich
(eigene Darstellung)

Hierbei ist eine klare Abgrenzung überaus schwierig; eine nicht unerhebliche Grauzone bei der Zuteilung einzelner Werte bleibt subjektiv und erhebt keinen Anspruch auf wissenschaftliche Präzision. Der moderne Mensch will:
- Gesundheit (13)
- Sich wohlfühlen (9)

Von seinem sozialen Anderen will er:
- Persönlich bedient und rund um betreut werden (37)
- Individualisiert behandelt und wahrgenommen werden (20)
- Wunscherfüllung über das Standardmaß hinaus (19)

3.2.4 „Ich will geliebt werden!"

Bereits in diesen wenigen Antworten wird eines klar: Der Mensch sehnt sich nach sozialer Interaktion und will wahrgenommen werden. Es ist das tiefe Bedürfnis des Menschen, dazu gehören zu wollen, geborgen und behütet, sicher und gut aufgehoben zu sein. Die Deutlichkeit des Antwortmusters erklärt sich als Reaktion auf einen Missstand. Wäre diesem Bedürfnis in der Regel bereits im Beherbergungsgewerbe umfassend Rechnung getragen, wären die Antworten nicht so ausgefallen. Die Deutlichkeit lässt also klar die Vermutung zu, dass es an sozialer Kompetenz in der Branche möglicherweise fehle.

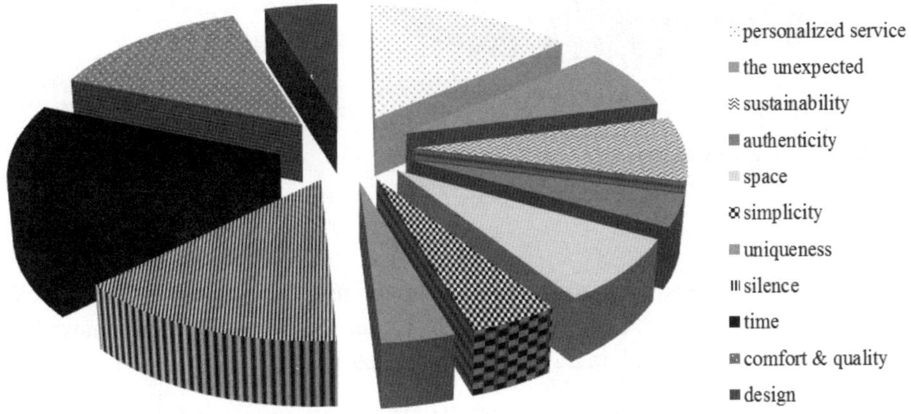

Abbildung 2: Personalized Service
(eigene Darstellung)

Die Untersuchung hat noch eine weitere interessante Erkenntnis hervorgebracht: Das Pendel schlägt weg vom urbanen Alltagszustand des modernen westlichen Lebensstils aus und hin zu alternativen Szenarien. Im dritten Fokus „Ich und die Umwelt" wurden folgende Argumente festgehalten:
- Ruhe, Frieden und Harmonie (37)

- Nachhaltigkeit / back to nature (30)
- Raum und Platz (20)

Sowie – in bester hedonistischer Tradition, jedoch aber zunächst deutlich abgeschlagen – Erlebnisse (13).

Fasst man die bisher genannten Kriterien zusammen, ergibt dies folgende Aussagen:
- Ich bin/bleibe gesund
- Ich will wahrgenommen
- Ich will behütet und individuell bedient werden
- Ich will heile und heile Welt
- Ich will Platz

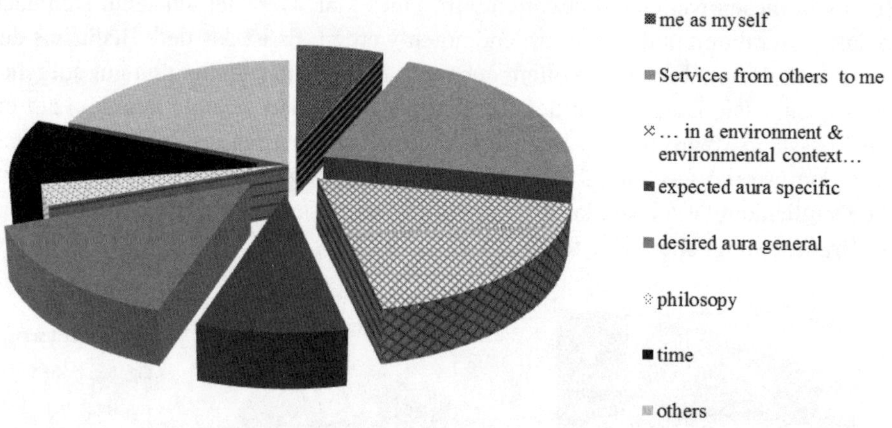

Abbildung 3: Eigene Darstellung

3.2.5 „Zeit haben“

Das singulär und absolut betrachtete Argument mit den meisten Antworten ist „Zeit“: Für den Menschen der heutigen Zeit ist der größte Luxus Zeit. Knapp 10% aller Antworten entfällt allein auf diesen einen Begriff.[13]

time	time	time/to have time	47	47	**47**

[13] Kersting (2005)

4. Zusammenfassung

Im Versuch, das immaterielle Werte-Kaleidoskop (s. 3.1) zu verdichten, ergibt sich aus dieser kurzen Darstellung nun ein deutlicher Erwartungskatalog des modernen Menschen an die Tourismus-Branche.

4.1 Relevanz für die Spitzen-Hotellerie

Auf den vorhergehenden Seiten wurde dargestellt, dass eine fundamentale Veränderung der Denkweise Grundvoraussetzung für eine nachhaltige Tourismus- und Hotelindustrie von Nöten ist. Der Paradigmenwechsel muss aber internalisiert und als Gegensatz zu McGregors *Theory X*[14] gesetzt werden. Es muss zudem verstanden sein, dass die noch immer angewandten volkswirtschaftlichen Grundmaximen des 19. Jahrhunderts überdacht werden müssen und vom Konzept eines globalen, geschlossenen Kreislaufes gesprochen werden muss, indem die Gesamtsumme allen Tuns immer gleich bleibt. Faktisch bedeutet dies aber auch, dass die Hotellerie eine historische Chance hat, hier durch sinnvolle konzeptionelle Entwicklung eine Vorreiterrolle zu übernehmen. Es bedeutet aber auch, dass Hotels bei ihrer Strategieentwicklung neue Ansätze wählen müssen:

- Um das Phänomen Luxus in der Zukunft erfassen zu können, benötigt es einen multidimensionalen Ansatz, der Eingefahrenes kategorisch über Bord wirft. Materielles ist zur selbstredenden Standard-Infrastruktur geworden, mit dem kein Gast mehr zu locken ist.
- Die Zeiten des Unique Advertisement Proposition (UAP)- Ansatzes sind vorbei. Es interessiert nicht mehr, was kommuniziert wird, sondern nur noch, was Sache ist. Es bedarf der klaren, authentischen, ehrlichen und unverwechselbaren Produkt-Positionierung.
- Der Gast ist hervorragend informiert und ist überaus kritisch geworden. Er prüft, überprüft und verwendet statt Insignien von Klassifikationsbehörden lieber Feedback-Portale und persönliche Empfehlungen im Internet als Entscheidungsgrundlage.
- Der Gast hat eine klare Vorstellung von Preis-Leistung. Er hat die ganze Welt bereist und weiß, wo man was für welchen Preis bekommt.
- Im derzeitigen volatilen Wirtschaftsszenario tritt der wohlhabende Gast mit Understatement auf.
- Die Zeiten des antizipierbaren und vor allem stringenten Gästeprofils sind vorbei (Category Hopper). Nicht zuletzt infolge der ungezählten medialen Kanäle baut sich der Mensch von heute seinen individuell zusammengestellten Einkaufskorb von Werten, Dienstleistungen und Produkten zusammen.

Dies bedeutet für die Praxis des Hoteliers, sich auf eine neue Luxusphilosophie, die im Wesentlichen auf sechs Pfeilern ruht, mittelfristig einzustellen:

[14] McGregor (1960), ebda.

1. Raum: Hierzu gehört nicht nur ein neu definiertes Raumprogramm in den Hotels, sondern auch der Um-Raum um das Hotel herum und der Destination sind bedeutsam.
2. Zeit: *One-stop-shop* im Hotel und maximale Flexibilität bei der zeitlichen Gestaltung des Aufenthaltes. Keine Wartezeiten irgendwo, keine definierten Buffet-Stunden für Frühstück, und ganz gewiss kein Zeitverlust beim Studium von Wie-bedien-ich-einen-hightech-Wasserhahn-von-der-Bettkonsole-aus etc.?
3. Individualisierter und personalisierter Service. Keine Zimmernummern abfragen, sondern auf *guest profiling* setzen – aber bitte diskret.
4. Exklusivität im eigentlichen Sinne des Wortes excludere = ausschließen(d). Kein *Top End*-Gast will sich in Bettenburgen sehen lassen; die Unterkunft soll klein und fein sein, bei maximaler Diskretion.
5. Sicherheit an Leib, Leben (ist selbstverständlich) und Paparazzi-freie Zonen; aber auch in Bezug auf die Elemente (frische Luft, saubere Luft, nachhaltiges Essen)
6. Gesundheit, Gesundbleiben (*rejuvenation, relaxation, detoxification, invigoration*). Zukünftig kommt auch *digital detox* dazu.

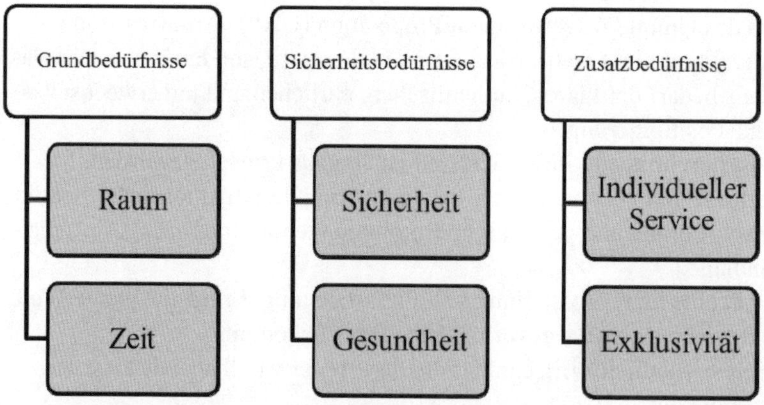

Abbildung 4: Grund-, Sicherheits- & Zusatzbedürfnisse
(eigene Darstellung)

Bei der Betrachtung solcher Argumente, Kriterien und Bedürfnisse wird plötzlich erkennbar, dass fast alle als Luxus-Hotels kategorisierten Häuser genau diesen Trends viel zu wenig und viel zu spät oder viel zu oberflächlich Beachtung geschenkt haben. Die Folgen sind, dass sich solche gerade noch um *High End*-Gäste balgen oder um Gäste aus den neuen, aber in ihrer Entwicklung und Nachhaltigkeit noch völlig unberechenbaren BRICS Märkten, jedoch nicht (oder nur ungenügend) erkannt wird, dass die *Top End*- Elite längst abgetaucht ist. Sie residiert nun unter ihresgleichen in Villen und Chalets, teils in edlen Kurorten, teils ganz unter dem Radar. Und weil viele Hotels in Bezug auf Service und Qualität diesen Ansprüchen nicht genügen, hat sich dieser Gast das Hotel stattdessen nachhause geholt: Mit Koch und Housekeeping, Service und Chauffeur reist der Milliardär von Villa zu Lodge, von Yacht zu Penthouse.

4.2 Ausblick und Fazit

So betrachtet, erfährt die Diskussion um die Entwicklung von Luxushotel-Konzepten eine dramatische Wende, da neben Raum und Zeit die emotionalen Dimensionen rund um Begriffe wie Streben nach Selbstbelohnung und Selbstverwirklichung wachsen; wichtiger wird die Schaffung eines Lebensgefühls, welches die Möglichkeit zum Ausdrücken der eigenen Persönlichkeit bietet – kurzum: alles, was die Bestätigung, Erhöhung und Belohnung des Selbstkonzeptes fördert, zulässt, daneben aber die Bedeutung des eigenen Ichs in den universellen Gesamtzusammenhang reduziert. Es wird ein Weg auf der Suche – fort vom Erlebnis, hin zur Erfahrung.[15]

Die Ergebnisse der explorativen Studie auf der ITB Berlin im neuen „ITB Luxury Lab" zeigen Wahrnehmung, Entwicklung, Perspektiven in der internationalen Luxus-Hotellerie auf. Es wird zukünftig die Aufgabe der Reiseindustrie sein, umzugehen mit der Kluft zwischen dem Bedienen der gängigen Luxus-Vorstellung von einem „Bling-Bling"-Hotel und mit der Erwartungshaltung des Anders-Reisenden, der auf der Suche nach dem sprichwörtlich „luxuriösen" Erlebnis von Ruhe in seinem Bambushain ist. Ist dies etwa eine Chance für die *Top-End* airbnb-Unterkunft? Eine Chance für ganz und gar neue Formen der Beherbergungsindustrie? Eine Chance, *outside the box* zu denken?

Quellenverzeichnis

Bürdek, B.E. (1975): Einführung in die Design-Methodologie. Hamburg 1975 (Designtheorie – Beiträge zur Entwicklung von Theorie und Praxis des Industrial Design, Band 2)

Dykins, R. (2016): Shaping the Future of Luxury Travel. Hg. Sattel, Julia. London 2016. Zuletzt abgerufen am 21.10.2016 unter http://www.amadeus.com/ web/amadeus/ en_1A-corporate/Amadeus-Home/Travel-trends/Travel-community-trends/Future-Traveller-Tribes-2030/1319623906608-Page-AMAD_SolutionDetail

Kersting, W. (2005): Die Zumutungen der Freiheit – Über die Schwierigkeiten, in der Moderne zu leben. In: Gerechtigkeit und Lebenskunst. Philosophische Nebensachen. Paderborn 2005

McGregor, D. (1960): The human side of enterprise. New York 1960

Naisbitt, J. (1982): Megatrends. Ten new directions transforming our lives. New York 1982

Top Hotel Projects (2016): http://www.tophotelprojects.com/de/projekte, zuletzt abgerufen 9.6.2016

[15] Siehe die Aussagen von Abt em. Dr. Daniel Schönbächler im Film auf www.itb-berlin.de/luxus

NICOLAI SCHERLE & MARKUS PILLMAYER

`Zimmer mit Frühstück war gestern` – Innovative Übernachtungskonzepte vor dem Hintergrund ausgewählter gesellschaftlicher Metaprozesse

1. Einleitung

Es ist noch keine zehn Jahre her, als ein Artikel in der angesehenen *Süddeutschen Zeitung* unter dem Titel „Urlaub in der Bruchbude" betroffene Aufmerksamkeit evozierte, indem er – durchaus mit spitzer Feder geschrieben – den desolaten Zustand so manchen bayerischen Hotels beschrieb: „»Es war eine Katastrophe«, erinnert sich Tourismus-Fachmann Friedhelm Becker (…) voller Schrecken. Mit seiner Frau logierte er vergangenes Wochenende in einem renommierten Drei-Sterne-Hotel an einem bayerischen Bilderbuch-See. »Das Zimmer war original aus den 60er Jahren und verströmte Wirtschaftswunder-Romantik«, sagte Becker. »Es war noch nicht mal richtig retro.« Er habe sich wie in der alten Filmkulisse vom „Weißen Rößl" am Wolfgangsee gefühlt. Bereits der Zimmerschlüssel verlangte einige Raffinesse ab, um ihn nicht im Schloss abzubrechen. Durch einen abgewetzten Türstock ging es ins Zimmer. Die Möbel in Eiche furniert und abgestoßen, durchgesessene Kanapees, unter dem Teppichboden heimtückische Löcher in den Dielen, der Lampenschirm auf dem Nachttisch fiel bei Berührung zu Boden, im Bad blieb die Heizung kalt, und die Benutzung des Klos erforderte akrobatische Fähigkeiten. Der Charme vergangener Zeiten setzte sich im Frühstücksraum fort. Nur der Übernachtungspreis war auf dem neuesten Stand: 90 Euro."[1]

Entsprechende Zustandsbeschreibung ließ sich zum damaligen Zeitpunkt keineswegs nur auf bayerische Hotels reduzieren, sondern war ein weitgehend gesamtdeutsches Phänomen und wurde in der *scientific community* primär unter dem Label Investitionsstau diskutiert. Die Hintergründe respektive Ursachen für diesen Investitionsstau und die damit – gerade im internationalen Vergleich – einhergehende mangelnde Wettbewerbsfähigkeit etlicher Betriebe waren ausgesprochen komplex, wobei insbesondere ein intensiverer Wettbewerbsdruck, steigende Herausforderungen bei der Unternehmensfinanzierung (Stichwort: Basel II) sowie un-

[1] Süddeutsche Zeitung Nr. 288 vom 14.12.2007; in gekürzter Version auch digital abrufbar unter http://www.sueddeutsche.de/reise/servicewueste-bayern-urlaub-in-der-bruchbude-1.354428 [Zugriff am 12. Oktober 2016]

geklärte Betriebsnachfolgen angeführt wurden (vgl. Hartl 2002; Wirtschaftsforschungsinstitut Bozen 2004; dwif 2007). Hinzu kam – wie eine Vermieterbefragung in einer bayerischen Premiumdestination zeigte (Scherle 2008, S. 37) – eine allgemeine, mitunter ausgesprochen diffuse Unzufriedenheit gegenüber politischen Entscheidungsträgern, die sich geradezu paradigmatisch im nachfolgenden Zitat eines mittelständischen Hoteliers widerspiegelt: „Die deutsche Wirtschaftspolitik interessiert der Mittelstand überhaupt nicht. (…) Es könnte die Politik in dem Moment was machen, dass gesagt wird, in unserem Gebiet werden so und so viele Mittelstandsdarlehen benötigt. Könnten wir das unproblematisch bekommen? Und zu welchem Zinssatz? Das geht nur im Großen!“ Das 2009 vom Bundestag verabschiedete Wachstumsbeschleunigungsgesetz – unter Kritikern immer wieder als ‚Mövenpick-Steuer‘ verspottet – verstand sich zwar auch dezidiert als ‚Investitionstreiber‘ für die Tourismus- und Hospitality-Branche, es konnte jedoch nur bedingt deren aus Akteursperspektive unbefriedigenden Lobbyingstrukturen optimieren (vgl. Pillmayer & Scherle 2013/2014).

Auch wenn das Thema Investitionsstau im Beherbergungsgewerbe noch lange nicht passé ist, so hat sich in den letzten Jahren – weitgehend unbemerkt von einer größeren Öffentlichkeit – die eingangs skizzierte Situation sukzessive verändert. Besonders Vertreter der jüngeren Hospitality-Generation sowie Quereinsteiger setzen verstärkt auf innovative und unkonventionelle Konzepte, die in vielerlei Hinsicht die klassische Übernachtung mit Frühstück revolutionieren. So manches Hotel konnte sich zwischenzeitlich zu einem regelrechten Attraktionspunkt entwickeln, darüber hinaus fungieren immer mehr Betriebe als Innovationstreiber in ihren jeweiligen Destinationen, die im Idealfall mit positiven Spill-over-Effekten auf Mitbewerber einhergehen. Der vorliegende Beitrag stellt einerseits – primär aus theoretischer Perspektive – zentrale gesellschaftliche Metaprozesse vor, die einen essenziellen Einfluss auf die ‚stille Revolution‘ in der Hospitality-Branche ausüben, andererseits lädt er auf eine ‚Entdeckungsreise‘ ein, die – primär aus anwendungsorientiertem Blickwinkel – einen Einblick in ausgewählte innovative Übernachtungskonzepte gewährt.

2. Ausgewählte gesellschaftliche Metaprozesse als zentrale Push-Faktoren für die, stille Revolution‘ im Beherbergungsgewerbe

Die in den letzten Jahren verstärkt zu konstatierende Entstehung innovativer und unkonventioneller Übernachtungskonzepte ist weder ein Phänomen, das sich im luftleeren Raum abspielt, noch ist es ausschließlich auf das Wirken einzelner unternehmerischer ‚Überzeugungstäter‘ zurückzuführen, die sich pro-aktiv dem eingangs zitierten Investitionsstau stellen. Vielmehr sind die im dritten Kapitel vorgestellten Fallbeispiele eingebunden in ein komplexes Bündel sozio-ökonomischer Metaprozesse, die unsere Gesellschaft seit einigen Jahren nachhaltig verändern. Drei dieser Metaprozesse, die gleichfalls zentrale Push-Faktoren für den Transformationsprozess im Beherbergungsgewerbe sind, sollen nachfolgend skizziert werden, nämlich die Ästhetisierung und Eventisierung von Räumen, die Mediatisierung der Gesellschaft sowie die Individualisierung und Pluralisierung von Lebensstilen.

2.1 Ästhetisierung und Eventisierung von Räumen

Die seit geraumer Zeit verstärkt zu konstatierende Ästhetisierung unseres Alltagslebens ist integrativer Bestandteil einer umfassenden Transformation unserer Gesellschaft, in deren Verlauf das Leben selbst zum Erlebnisprojekt geworden ist. „Es geht uns nicht primär ums Überleben, um Sicherheit, um Abwehr von Bedrohungen und Kampf gegen Restriktionen", wie Schulze (2000, S. 22) in seinem Klassiker *Die Erlebnisgesellschaft: Kultursoziologie der Gegenwart* schreibt, „sondern um die Lebensgestaltung jenseits situativ bedingter Probleme, unabhängig vom objektiven Vorhandensein solcher Probleme." Dabei postuliert der Soziologe einen engen Konnex zwischen der enormen Potenzierung von Handlungsoptionen in allen Lebensbereichen auf der einen Seite und der zunehmenden Orientierung am eigenen Erleben auf der anderen Seite. Schulze interpretiert eine entsprechende Erlebnisorientierung nicht nur als Lösung eines Orientierungs- respektive Entscheidungsproblems, dem sich Konsumenten verstärkt angesichts einer immer rasanteren Vermehrung von Konsumgütern stellen müssen, sondern als unmittelbarste Form der Suche nach Glück in einer zunehmend komplexen und unübersichtlichen Welt (vgl. Günther 2005).

Einhergehend mit der von Schulze (2000, S. 22) diagnostizierten Ästhetisierung unseres Alltagslebens hat sich nicht nur ein „kollektive[r] Raum alltagsästhetischer Schemata ausdifferenziert, ein mehrdimensionaler Bedeutungskosmos, in dem die zahllosen ästhetischen Zeichen unserer Lebenswirklichkeit bestimmten Erlebnisroutinen zugeordnet werden", sondern es ist auch – primär über eine Ökonomie der Zeichen – zu einer forcierten ‚Postmodernisierung' von Räumen gekommen, deren Implikationen Wöhler (2011, S. 22) wie folgt skizziert: „Was zur Regularität des Alltags (…) für den Menschen möglich ist, dies spiegeln ihm ebenso reale wie auch medial vermittelte Räume, nicht nur des Konsums, sondern auch der Begegnungen, des Tätigseins, des Wissens, der Bildung und Heilung etc. und auch der Zerstreuung und des Tourismus, wider. Das Bewusstsein über die Mannigfaltigkeit des Außer-sich-Seins im Möglichen materialisiert sich also im Raum. Mit dieser Verräumlichung geht insofern eine Erfahrung von Mangel einher, als man für diese Raumexternalitäten ansprechbar ist und in diesen Räumen sein wahres Da-Sein entdeckt und/oder wünscht. Der (romantische) Topos, Flucht aus der räumlichen Befangenheit des Alltags und hin zum Sehnsuchtsland, stellt dann ein Begehren eines Seins in anderen, außerordentlichen Räumen dar…"

Die für die ‚Postmodernisierung' von Räumen charakteristischen Aspekte Ästhetisierung und Eventisierung setzen dezidiert auf die Wirkung von Architektur, wobei architektonische Räume grundsätzlich zwei Dimensionen aufweisen: die materiell gestaltete, die sich durch die ‚objektiv ermittelbare‘ Geometrie konstituiert, und die in der Regel ‚subjektiv etikettierte‘ Raumwahrnehmung respektive das Raumerlebnis. Gerade Letzteres wird in der Tourismus- bzw. Hospitality-Branche verstärkt durch eine sogenannte Erlebnisarchitektur in Wert gesetzt, die sich längst zu einem zentralen Erfolgsfaktor in einem zunehmend wettbewerbsintensiven Marktumfeld entwickelt hat (vgl. Schneider 2006; Romeiß-Stracke 2008; Weber 2009). Insbesondere Betreiber respektive Architekten von Design- und Boutiquehotels arbeiten – wie Kröniger (2005, S. 184) treffend in ihrer Studie zur Transformation von Orten durch Events und inszenierte Ereignisse konstatiert – „in und mit dem Raum, indem sie mittels ‚Requisiten‘ und ‚Bühnenbildern‘ symbolische Bedeutungen vermitteln und Atmosphären einrichten.“

2.2 Mediatisierung der Gesellschaft

Der Metaprozess Mediatisierung hat sich in den letzten Jahren zu einem Schlüsselbegriff in der wissenschaftlichen Analyse des immer rasanteren Medien- und Kommunikationswandels entwickelt. Während vor noch nicht allzu langer Zeit primär Satelliten- und Kabelfernsehen als ‚neue Medien‘ galten, hat diese Rolle längst die fortschreitende Digitalisierung – insbesondere die sogenannten *Social Media* – eingenommen. Diese sperrt sich in der Regel etablierten Termini der Medien- und Kommunikationsforschung, indem die zunehmend ausdifferenzierten Endgeräte verschiedene Medialitäten in sich integrieren, ohne diese im Wandlungsprozess einfach aufzulösen (vgl. Hepp & Krotz 2012). Mediatisierung geht aber nicht nur mit einer in dieser Intensität bis dato nicht gekannten Ausdifferenzierung und Bedeutungszunehme von Medien einher, sondern impliziert vor allem auch einen Wandel von Kommunikation bzw. kommunikativem Handeln (vgl. Krotz 2012). Hinsichtlich ihrer kulturellen, ökonomischen und sozialen Dimensionen ist Mediatisierung – wie sich vor allem anhand der fortschreitenden Digitalisierung unserer Gesellschaft nachvollziehen lässt – insbesondere durch räumliche und zeitliche Entgrenzung, durch Ubiquität und permanente Verfügbarkeit sowie nicht zuletzt durch Konnektivität und Interaktivität geprägt, die weitgehend mediatisierte Lebens- und Gesellschaftskontexte erzeugen (vgl. Krotz 2015; Karmasin 2016).

Die vielschichtigen Implikationen mediatisierter Lebenskontexte spiegeln sich nicht zuletzt in einem immer rasanteren Transformationsprozess der Märkte wider; ein Faktum, das sich besonders eindringlich in der Tourismus- bzw. Hospitality-Branche beobachten lässt: Die über viele Jahrzehnte weitgehend linearen Wertschöpfungsketten sind längst durch komplexe Wertschöpfungsnetzwerke ersetzt worden, die nicht nur zwischen touristischen Anbietern und Konsumenten (B2C) neue informationelle und ökonomische Austauschbeziehungen generieren, sondern auch zwischen den Unternehmen (B2B) sowie den Konsumenten (C2C). Darüber hinaus ist eine fortschreitende Konvergenz bis dato getrennt operierender Medien zu konstatieren. Dabei führen Medienproduzenten Inhalte und Dienstleistungen zusammen, die sie vor wenigen Jahren noch auf unterschiedlichen Medienschienen vermarkteten. In einem weiteren Schritt die konvergierenden Mediendienste mit touristischen Dienstleistungen zu vernetzen, ist angesichts entsprechender Synergieeffekte nur zu konsequent (vgl. Kleinsteuber & Lühmann 2001; Scherle & Hopfinger 2007; Günther & Hopfinger 2009).

Die zunehmend mobile und ubiquitäre Verfügbarkeit von Konnektivität – im Sinne einer kommunikativen Dauervernetzung als neues Dispositiv von Kommunikation (vgl. Steinmaurer 2013) – hat zu einer in dieser Intensität bis dato nicht gekannten Interaktivität zwischen Angebots- und Nachfrageseite geführt. Unter der Prämisse einer optimalen Inwertsetzung digitaler Kommunikationskanäle war es für beide Seiten noch nie so einfach, weitgehend unabhängig von Raum und Zeit miteinander in Kontakt zu treten. Dabei haben unsere mediatisierten Lebens- und Gesellschaftskontexte insbesondere zu einem Empowerment der Nachfrageseite geführt. So müssen sich – wie gerade in der Tourismus- bzw. Hospitality-Branche deutlich wird – Konsumenten immer seltener auf die seitens der Anbieter zu Verfügung gestellten Informationen verlassen; ein Aspekt, der vor allem dann von unschätzbarem Wert ist, wenn man nicht mit den chiffrierten und häufig idealisierten Formulierungen von Imagebroschüren vertraut ist. So hat schon mancher Blogger einen vermeintlichen Traumurlaub im 5-Sterne-Hideaway als Abzocke im Massenquartier dekuvriert (vgl. Scherle & Hopfinger 2007; Bauhuber, Amersdorffer & Oellrich 2012; Karmasin 2016). Umgekehrt war es für Hoteliers noch nie so einfach, mittels einer nutzerorientierten und im Idealfall interaktiven Homepage, vorhandene wie potentielle Kunden zu erreichen. 360-Grad-Rundgänge, die ansprechende visuelle Einblicke in das Angebotssetting ermöglichen, und *user-generated-content*, der – im Idealfall authentisch – die Nachfrageperspektive widerspiegelt, sind nur zwei von vielen weiteren Beispielen, wie sich Digitalisierung in zunehmend mediatisierten Gesellschaften strategisch in Wert setzen lässt.

2.3 Individualisierung und Pluralisierung von Lebensstilen

Die Transformation moderner Industrie- zu postmodernen Dienstleistungsgesellschaften hat nicht nur zu einer Dekonstruktion traditioneller Werte- und Normensysteme geführt, sondern auch zu einer in dieser Intensität bislang nicht gekannten Individualisierung und Pluralisierung von Lebensstilen, die verstärkt die traditionellen und von ausgeprägten Standardisierungen geprägten sozialen Beziehungen der Moderne in Frage stellen (vgl. Inglehart 1998; Menzel 1998; Scherle 2016). Während für die Moderne – gerade in kulturellen Kontexten – das Überschreiten von Grenzen zwischen ausdifferenzierten Sphären ein Sakrileg darstellte, lässt die Postmoderne das Neben- und Durcheinander des Disparaten zu. Dabei werden Differenzen nicht nur anerkannt, vielmehr wird die Durchmischung von Unterschiedlichem zum kreativen Prinzip erhoben. „Die postmoderne Pastichebildung“, so

Vester (1993, S. 29f.) in diesem Zusammenhang, „ist eine Attacke auf das modernistische Reinheitsgebot."

Vor diesem Hintergrund hat sich Diversity längst zu einem ‚Mega-Mega-Trend' (Horx 2001, S. 68) entwickelt, dessen Implikationen Aretz (2006, S. 61) wie folgt umreisst: „Alles Individuelle und Diverse, was durch die Kultur der ‚Moderne' und durch das damit verbundene ‚Generelle' und ‚Universelle' unterdrückt und negiert wurde, wird nun immer mehr zum Thema, insbesondere in gesellschaftspolitischen Diskursen: die kulturellen Identitäten der verschiedenen Nationen, Rassen, Ethnien, Frauen, Gender, Homosexualität, die Bedeutung des Regionalen und Lokalen im gegenwärtigen Globalisierungsprozess und auch das Thema ‚Diversity'." Noch nie war unsere Gesellschaft so vielfältig wie zu Beginn des dritten Jahrtausends. Dieser Vielfalt gilt es sich nicht nur zu stellen, sondern vielmehr die damit einhergehenden Potentiale in Wert zu setzen. Im Idealfall transformiert sich die – in der Regel konstruierte – Macht der Differenzen zu einer – gelebten – Logik der Diversität, deren positive Wirkungen Page (2007, S. 374f.) treffend auf den Punkt bringt: „What each of us has to offer, what we can contribute to the vibrancy of our worlds, depends on our being different in some way, in having combinations of perspectives, interpretations, heuristics, and predictive models that differ from those of others. These differences aggregate into a collective ability that exceeds what we possess individually. (…) People often speak of the importance of tolerating difference. We must move beyond tolerance and toward making the world a better place. (…) We should recognize that a talented ‚I' and a talented ‚they' can become an even more talented ‚we'. That happy vision rests not on blind optimism, or catchy mantras. It rests on logic. A logic of diversity."

Es versteht sich von selbst, dass in Zeiten einer zunehmenden unternehmerischen Inwertsetzung von Diversity Management als strategischem Erfolgsfaktor verstärkt auch Akteure aus der Tourismus- bzw. Hospitality-Branche auf die vielfältigen Vorteile setzen, die eine immer stärker differenzierte, in immer weitere Milieus zerfallende Gesellschaft bietet (vgl. Terkessidis 2011; Bendl, Hanappi-Egger & Hofmann 2012; Scherle 2016). Insbesondere gilt es, den zunehmend ausdifferenzierten Nachfragemustern Rechnung zu tragen, denn ein Faktum ist sicher: Das konventionelle Zimmer mit Frühstück trifft in der heutigen Zeit auf ein ausgesprochen vielfältiges Konkurrenzangebot, das ein schier unbegrenztes Portfolio an innovativen und unkonventionellen Übernachtungskonzepten aufweist, die immer häufiger die ungemeine Vielfalt postmoderner Nachfragemuster widerspiegeln.

3. Konventionell war gestern – eine `Entdeckungsreise` zu innovativen und außergewöhnlichen Übernachtungskonzepten

Bei den nachfolgend vorgestellten Fallbeispielen handelt es sich nicht nur um unkonventionelle Übernachtungskonzepte, die von engagierten, innovativen und kundenorientierten Unternehmern umgesetzt wurden und die ein deutliches `Kontrastprogramm` zum immer wieder beklagten – und eingangs angeführten – Investitionsstau darstellen, vielmehr spiegeln sich in ihnen auch die komplexen Implikationen der im zweiten Kapitel aufgerollten Metaprozesse wider.[2]

3.1 BaseCamp in Bonn

Seit 2013 existiert in einer ehemaligen Lagerhalle in Bonn ein einzigartiges Hotel: Gäste übernachten dort in Wohnwagen aus den 1960er und 1970er Jahren. Die Idee zu diesem unkonventionellen Übernachtungskonzept, in dem sich geradezu idealtypisch eine forcierte Eventisierung von Räumen manifestiert, hatte der Bonner Hotelier Michael Schlösser, der in Eigenfinanzierung vierzehn Wohnwagen, vier Airstreams (klassische Wohnwagen aus den USA) und zwei ausrangierte Schlafwagenabteile der Deutschen Bahn erwarb. Im Laufe der Zeit kamen ein Trabi mit Zelt auf dem Dach sowie eine Seilbahngondel hinzu. Dank einer Filmplastikerin erhielt jede Schlafstätte mittels historischer Requisiten ein individuelles Design, sodass kein Objekt dem anderen gleicht. Darüber hinaus spiegelt sich das Design in der Bezeichnung der Wohnwagen – etwa ‚Hausboot', ‚Space Shuttle' oder ‚Flower Power' – wider.

Im BaseCamp finden bis zu 120 Personen Platz, die auf gängige Annehmlichkeiten der klassischen Hotellerie nicht verzichten müssen: ein umfangreiches Frühstücksbüfett, Bettwäsche und Wi-Fi sind inklusive. Für eine bewusst inszenierte Campingplatzatmosphäre sorgen sowohl eine Gemeinschaftsküche als auch Gemeinschaftsduschen. Biergarten und Grillplätze laden zum geselligen Beisammensein ein. Wie es sich für einen zünftigen Campingplatz gehört, wird der Austausch unter den Gästen gerne gesehen und durch offene Kommunikationsräume pro-aktiv gefördert. Das BaseCamp unterstreicht seine ungewöhnliche, eventfokussierte Konzeptarchitektur zusätzlich durch spezifische Lifestyle-Veranstaltungen, etwa durch das Vintage Weekend ‚Flaneur Bonn' (eine Zeitreise von den 1920er bis in die 1960er Jahre mit Oldtimer, Tanzkursen und Burlesque-Shows), ‚Birds & Kisses' (ein Design- und Lifestyle-Markt mit Lebensmitteln, Kunst und Accessoires) oder ‚Matria: Alphorn vor Wohnwagen – Crazy Sounds for a Crazy Location' (ein musikalischer Mix aus Allgäu und Ukraine).

Die Zielgruppen des BaseCamp sind in erster Linie junge Besucher und Neugierige ‚off the beaten track', die auf Wochenendtrip, Klassenfahrt oder Vereinsreise sind und eine günstige Übernachtungsmöglichkeit suchen. Neben der klassischen Übernachtung fungiert das BaseCamp aber auch als Eventlocation für Corporate Events, Firmenschulungen oder Konzerte. 2014 wurde dem BaseCamp der dritte Platz des Deutschen Tourismuspreises verliehen. Ausschlaggebend waren unter anderem die originellen Übernachtungsmöglichkeiten mit Eventcharakter, die – vor dem Hintergrund der skizzierten Mediatisierung unserer Gesellschaft immer

---

2 Die Ausführungen basieren einerseits auf persönlichen Telefonaten und der Korrespondenz mit den Betrieben, andererseits auf einer Auswertung der relevanten Internetseiten.

wichtigere – forcierte Zielgruppenansprache über *Social Media*-Aktivitäten sowie die kontinuierliche Weiterentwicklung des Produkts.

Abbildung 1: Innenansicht des Bonner BaseCamp mit verschiedenen Wohnwagen und Schlafwagen der Deutschen Bahn
(BaseCamp Bonn UG, 2016)

3.2 Propeller Island City Lodge in Berlin

Die Propeller Island City Lodge im Berliner Stadtbezirk Charlottenburg-Wilmersdorf versteht sich mehr als Kunstobjekt denn als profane Unterkunft. Vor diesem Hintergrund erscheint der Slogan „Übernachten in einem Gesamtkunstwerk" durchaus angemessen. Gegründet wurde die Lodge – in der sich geradezu idealtypisch die Metaprozesse Ästhetisierung und Eventisierung von Räumen sowie Individualisierung und Pluralisierung von Lebensstilen widerspiegeln – 1997, als der Künstler und Musiker Lars Stroschen einige Zimmer seines Hauses künstlerisch gestaltete und anschließend vermietete, um seine finanzielle Situation aufzubessern.

Im Laufe der Jahre kamen durch die ‚kreative Ader' des Lifestyle-Entrepreneurs, der an der Berliner Akademie der Künste visuelle Kommunikation studiert hatte, weitere Art-Zimmer hinzu. Inzwischen weist die Lodge knapp 50 individuell designte Übernachtungsmöglichkeiten auf, die man – vor dem Hintergrund der fortschreitenden Mediatisierung unserer Gesellschaft – allesamt anhand ästhetisch aufbereiteter Fotos im Internet abrufen kann: Die Räume umfassen ein ungemein diversifiziertes Themenspektrum, das von einem Zimmer mit schiefem Boden (‚Flying Bed‘) über ein vollständig verspiegeltes Zimmer (‚Mirror Room‘) bis hin zu einem Zimmer mit zwei Särgen (‚Gruft‘) reicht. Insbesondere Letzteres führte immer wieder zu kontroversen Diskussionen, strahlt doch für so manchen Kritiker die Übernachtung in einem Sarg eine – geschmacklose – Morbidität aus. Andere Gäste hingegen sind gerade von solchen Extravaganzen besonders angetan. Fernseher oder Radio sucht man hingegen vergebens, dafür verfügen die Zimmer über verschiedene Lichtinstallationen und ein Sound-System, über das – von Stroschen komponierte und aufgezeichnete – Klangsymphonien passend zum jeweiligen Raum abgespielt werden können.

Abbildung 2: Das ‚Flying Bed‘-Zimmer in der Berliner Propeller Island City Lodge (Propeller Island City Lodge, 2016)

3.3 Kofferhotel in Lunzenau

Das sogenannte Kofferhotel – abgekürzt ‚Kofftel‘ – im mittelsächsischen Lunzenau gilt als das kleinste Hotel Deutschlands, wenn nicht sogar der Welt. Aus architektonischer Perspektive ist das Hotel, das aus nur zwei Zimmern besteht, an einen Koffer angelehnt. Die Maße eines Zimmers umfassen eine Länge von ca. 2,70 Metern, eine Breite von ca. 1,20 Metern und eine Höhe von ca. 2 Metern. Auf etwa vier Quadratmetern findet der Gast ein Doppelstockbett, eine Toilette und ein Waschbecken. Auch wenn sich das Kofferhotel als ein weiteres interessantes Fallbeispiel für die fortschreitende Individualisierung und Pluralisierung von Lebensstilen anführen lässt, die zunehmend hybride Nachfragemuster generieren, so klingt dessen Entstehungsgeschichte vergleichsweise banal. Der Besitzer des Restaurants ‚Zum Prellbock', Matthias Lehmann, wurde regelmäßig von Gästen respektive Durchreisenden nach einer Übernachtungsmöglichkeit im Ort gefragt. Pragmatisch ließ er in seinem Garten einen ‚überdimensionalen Koffer' errichten, in dem sich seit 2004 Gäste einmieten können. Seit 2010 existiert ein zweites Kofferhotel.

Abbildung 3: Übernachten auf kleinstem Raum im sogenannten ‚Kofftel' in Lunzenau (‚Zum Prellbock' Eisenbahnmuseum, Gaststätte und ‚Kofftel – das Koffer-Hotel', 2016)

In unmittelbarer Nachbarschaft zum Kofferhotel befindet sich ein Museumsbahnhof, der mit dem Charme vergangener Zeiten aufwartet. Von einer ausrangierten Diesellok bis hin zur Schaffnermützen-Sammlung können die Besucher ein kurioses Sammelsurium historischer Bahnutensilien bewundern. Um weiter in inszenierter Nostalgie schwelgen zu können – und dem ausgesprochen individuellen und eventfokussierten Charme dieses Übernachtungskonzepts Rechnung zu tragen – bietet das Kofferhotel seinen Gästen die Möglichkeit, im Museumsbahnhof ein MITROPA-Menü auf original MITROPA-Eisenbahngeschirr einzunehmen. Mittlerweile sind auch gängige Freizeit- respektive Eventveranstalter wie mydays.de, Jochen Schweizer oder Regiondo auf das Kofferhotel aufmerksam geworden und haben es – in der Regel als Package-Angebot – in ihr Portfolio integriert.

4. Resümee

„Paradise is not a place – It's a feeling" – so wirbt ein renommiertes Wiener Design-Hotel auf einer Werbepostkarte für seine ‚Art of Hospitality' und trifft damit ziemlich genau den Zeitgeist innovativer und unkonventioneller Hotels, die – vor dem Hintergrund der skizzierten Metaprozesse Ästhetisierung und Eventisierung von Räumen, Mediatisierung der Gesellschaft sowie Individualisierung und Pluralisierung von Lebensstilen – mehr bieten wollen als eine konventionelle Übernachtung mit Frühstück. In einem zunehmend wettbewerbsintensiven Marktumfeld dürften zukünftig vor allem jene Hotels besonders erfolgreich sein, die ihren Gästen ‚glückliche Räume und Zeiten' bieten. Letztere, so Wöhler (2011, S. 13), „verräumlichen sich auf diese Weise, d.h., Räume werden mit höchst zufriedenstellenden Gefühlen und Erlebnissen assoziiert. Diese Relationierung des Raumes führt einerseits zu einer Emotionalisierung des Raumes und andererseits zur Ausbildung eines Gefühlsraumes."

Sicherlich wäre es naiv zu glauben, der eingangs aufgerollte Investitionsstau in der Hospitality-Branche sei zwischenzeitlich Geschichte. Landauf, landab gibt es nach wie vor eine beträchtliche Anzahl an Hotels, bei denen man den Eindruck gewinnen kann, eine Zeitreise in die Wirtschaftswunderjahre zu machen – und zwar ohne intentionaler Inszenierung von Retrostrukturen, wie sie angesichts einer zunehmenden Ästhetisierung und Eventisierung von Räumen immer beliebter wird. „Sollen die Jungen doch auch mal was tun und sich nicht überall ins gemachte Nest setzen!", bemerkte ein 68-jähriger Gesprächspartner vorwurfsvoll im Rahmen der im ersten Kapitel erwähnten Vermieterbefragung, in deren Erkenntnisfokus unter anderem die komplexen Herausforderungen eines Investitionsstaus standen, „Ich werde mein Geld im Alter wohl noch für mich brauchen." (Scherle 2008, S. 18). Sein Aufruf scheint vielfach erhört worden zu sein, sind es doch häufig Vertreter der jüngeren Hospitality-Generation sowie Quereinsteiger, die für frischen Wind in der Branche sorgen und eine klassische Dienstleistung zum Erlebnis machen, das vielfach – analog einem Plot – den Regeln von Dramaturgie und Inszenierung folgt (vgl. Goffman 1990; Kröniger 2005; Weiermair 2006).

So unterschiedlich die drei im Rahmen dieses Beitrags vorgestellten Übernachtungsbeispiele auch sein mögen, so idealtypisch verkörpern sie die ‚stille Revolution' in der Hospitality-Branche. Getragen von der Erkenntnis, dass gelebte Kundenorientierung ständige Perspektivenwechsel einfordert – die nicht nur die Bedürfnisse der Nachfrageseite erschließen, sondern letztendlich auch eine gesamtgesellschaftliche Kontextualisierung ermöglichen –, repräsentieren sie Übernachtungskonzepte, in denen sich wie durch ein Brennglas die komplexen Implikationen der skizzierten Metaprozesse widerspiegeln. Nur wer um die anwendungsorientierte Relevanz entsprechender Metaprozesse – jenseits aller akademischen Diskurse – weiß, wird sich adäquat auf deren nicht zu unterschätzende Herausforderungen einstellen können. Um an dieser Stelle den Kreis zu schließen: Der

Weg von der Bruchbude ins Paradies ist lang und beschwerlich, aber für diejenigen, die ihn einschlagen, scheint er sich zu lohnen.

Quellenverzeichnis

Aretz, H.-J. (2006): Strukturwandel in der Weltgesellschaft und Diversity Management in Unternehmen. In: Becker, M. & Seidel, A. (Hrsg.): Diversity Management: Unternehmens- und Personalpolitik der Vielfalt (S. 51-74). Stuttgart: Schäffer-Poeschel.

Bauhuber, F., Amersdorffer, D. & Oellrich, J. (2012): The economic and cultural aspects of the social web – implications for the tourism industry. In: Journal of Vacation Marketing 18 (3), S. 175-184.

Bendl, R., Hanappi-Egger, E. & Hofmann, R. (2012): Diversität und Diversitätsmanagement: Ein vielschichtiges Thema. In: Bendl, R., Hanappi-Egger, E. & Hofmann, R. (Hrsg.): Diversität und Diversitätsmanagement (S. 11-21). Wien: Facultas.

dwif (2007): Investitionsstau im bayerischen Gastgewerbe und seine Auswirkungen auf die Wettbewerbsfähigkeit. Ergänzungsuntersuchung für das Gastgewerbe in Bayern. München: dwif Betriebsvergleiche.

Goffman, E. (1990): The presentation of self in everyday life. New York: Doubleday.

Günther, A. (2006): 20 Jahre Erlebnisgesellschaft – und mehr Fragen als Antworten. Zwischenbilanz oder Abgesang auf die Erlebniswelten-Diskussion. In: Reuber, P. & Schnell, P. (Hrsg.): Postmoderne Freizeitstile und Freizeiträume: Neue Angebote im Tourismus (S. 47-62). Berlin: ESV.

Günther, A. & Hopfinger, H. (2009): Neue Medien – Neues Reisen? Wirtschafts- und kulturwissenschaftliche Perspektiven der eTourismus Forschung. In: Zeitschrift für Tourismuswissenschaft 1 (2), S. 121-150.

Hartl, F. (2002): Basel II – neue Spielregeln für die Unternehmensfinanzierung. In: Tourismus Journal 6 (3), S. 321-334.

Hepp, A. & Krotz, F. (2012): Mediatisierte Welten: Forschungsfelder und Beschreibungsansätze – Zur Einleitung. In: Krotz, F. & Hepp, A. (Hrsg.): Mediatisierte Welten: Forschungsfelder und Beschreibungsansätze (S. 7-23). Wiesbaden: Springer VS.

Horx, M. (2001): Smart Capitalism: Das Ende der Ausbeutung. Frankfurt am Main: Eichborn.

Inglehart, R. (1998): Modernisierung und Postmodernisierung: Kultureller, wirtschaftlicher und politischer Wandel in 43 Gesellschaften. Frankfurt am Main: Campus.

Karmasin, M. (2016): Die Mediatisierung der Gesellschaft und ihre Paradoxien. Wien: Facultas.

Kleinsteuber, H. & Lühmann, D. (2001): Reisejournalismus: Phantasieprodukte für den Ohrensessel? In: Tourismus Journal 5 (1), S. 97-113.

Kröniger, B. (2005): Der Freiraum als Bühne: Zur Transformation von Orten durch Events und inszenierte Ereignisse. München: Dissertation am Lehrstuhl für Landschaftsarchitektur und Planung an der Technischen Universität München.

Krotz, F. (2012): Mediatisierung als Metaprozess. In: Hagenah, J. & Meulemann, H. (Hrsg.): Mediatisierung der Gesellschaft? (S. 19-41). Münster: LIT.

Krotz, F. (2015): Medienwandel in der Perspektive der Mediatisierungsforschung: Annäherung an ein Konzept. In: Kinnebrock, S., Schwarzenegger, C. & Birkner, T. (Hrsg.): Theorien des Medienwandels (S. 119-141). Köln: Halem.

Menzel, U. (1998): Globalisierung versus Fragmentierung. Frankfurt am Main: Suhrkamp.

Page, S.E. (2007): The Difference: How the Power of Diversity Creates Better Groups, Firms, Schools, and Societies. Princeton: Princeton University Press.

Pillmayer, M. & Scherle, N. (2013): Tourismuslobbying als strategisches Instrumentarium für eine erfolgreiche Interessenpolitik im Spannungsfeld von Destinationsmanagement und Tourismuspolitik? In: Zeitschrift für Tourismuswissenschaft 5 (1), S. 89-106.

Pillmayer, M. & Scherle, N. (2014): Tourism Lobbying in Bavaria: Between Ignorance, Parochialism and Opportunism. In: European Planning Studies 22 (8), S. 1671-1692.

Romeiß-Stracke, F. (Hrsg.) (2008): Tourismusarchitektur: Baukultur als Erfolgsfaktor. Berlin: ESV.

Scherle, N. (2008): Abschlussbericht zur Vermieterbefragung der Stadt Tegernsee unter besonderer Berücksichtigung zukünftiger Destinationsherausforderungen. Eichstätt: Forschungsstelle Angewandte Regionalwissenschaft.

Scherle, N. (2010): ‚Get connected' – Internetkulturen im Kontext gesellschaftlicher Erwartungen und vor dem Hintergrund des öffentlichen Mediendiskurses. In: Amersdorfer, D. et al. (Hrsg.): Social Web im Tourismus: Strategien – Konzepte – Einsatzfelder (S. 281-295). Berlin: Springer.

Scherle, N. (2016): Kulturelle Geographien der Vielfalt: Von der Macht der Differenzen zu einer Logik der Diversität. Bielefeld: transcript.

Scherle, N. & Hopfinger, H. (2007): Tourismus und Medien zu Beginn des 21. Jahrhunderts. In: Günther, A. et al. (Hrsg.): Tourismusforschung in Bayern: Aktuelle sozialwissenschaftliche Forschungsansätze (S. 363-370). München: Profil.

Scherle, N. & Lessmeister, R. (2013): Internet Cultures and Tourist Expectations in the Context of the Public Media Discourse. In: Lester, J.-A. & Scarles, C. (Hrsg.): Mediating the Tourist Experience: From Brochures to Virtual Encounters (S. 91-103). Farnham: Ashgate.

Schneider, M. (2006): Erlebnisarchitektur im Tourismus. In: Weiermair, K. & Brunner-Sperdin, A. (Hrsg.): Erlebnisinszenierung im Tourismus: Erfolgreich mit emotionalen Produkten und Dienstleistungen (S. 97-106). Berlin: ESV.

Schulze, G. (2000): Die Erlebnisgesellschaft: Kultursoziologie der Gegenwart. Frankfurt am Main: Campus.

Steinmaurer, T. (2013): Kommunikative Dauervernetzung: Historische Entwicklungslinien und aktuelle Phänomene eines neuen Dispositivs. In: Medien Journal 2013/4, S. 4-17.

Terkessidis, M. (2011): Integration ist von gestern, ‚Diversity' für morgen – Ein Vorschlag für eine gemeinsame Zukunft. In: Bukow, W.-D. et al. (Hrsg.): Neue Vielfalt in der urbanen Stadtgesellschaft (S. 189-205). Wiesbaden: Verlag für Sozialwissenschaften.

Vester, H.-G. (1993): Soziologie der Postmoderne. München: Quintessenz.

Weber, S. (2009): Architektur im Tourismus: Architektur als strategischer Erfolgsfaktor im Attraktionsmanagement. Saarbrücken: VDM.

Weiermair, K. (2006): Von der Dienstleistung zum Erlebnis. In: Weiermair, K. & Brunner-Sperdin, A. (Hrsg.): Erlebnisinszenierung im Tourismus: Erfolgreich mit emotionalen Produkten und Dienstleistungen (S. 13-22). Berlin: ESV.

Wirtschaftsforschungsinstitut Bozen (2004): Erfolgsfaktor Betriebsnachfolge: Relevanz für Südtirol. Bozen: Beilage zum Mitteilungsblatt ‚Für die Wirtschaft'.

HANS RÜCK

Die Tagungshotellerie im Wettbewerb der Veranstaltungsstätten

1. Problemstellung und Zielsetzung

Tagungshotels wird in Tourismuswissenschaft und -praxis bislang wenig Aufmerksamkeit entgegengebracht. Das kann man etwa daran ablesen, dass Standard-Lehrbücher zum Hotelmanagement oder -marketing die Tagungshotellerie nur am Rand erwähnen und sich kaum mit ihren Besonderheiten befassen. Auch der Industrie selbst scheinen Tagungshotels weder hinsichtlich ihrer spezifischen Produkteigenschaften noch hinsichtlich ihrer wirtschaftlichen Bedeutung besonders hervorhebenswert. Jedenfalls nennt der Hotelverband Deutschland (IHA) elf verschiedene Betriebsarten des Beherbergungsgewerbes und der Deutsche Hotel und Gaststättenverband (Dehoga) gar deren fünfzehn, darunter das Kurhotel, Hotel garni und relative Raritäten wie das All-Suite-Hotel und Aparthotel – doch der Begriff Tagungshotel findet sich nicht verzeichnet (vgl. Dehoga 2017; IHA 2017, S. 58 f.).

Dementsprechend wurde die Bedeutung der Tagungshotellerie als Gästemagnet für Zielgebiete bislang ebenso unzureichend erforscht wie ihre relativen Stärken und Schwächen und ihr charakteristisches Marktverhalten im Wettbewerb der Versammlungsstätten.

Dieser Mangel an Aufmerksamkeit ist umso erstaunlicher, als die Tagungshotellerie eine hohe wirtschaftliche Bedeutung besitzt, die über das Beherbergungsgewerbe weit hinausreicht. Die vorliegende Abhandlung möchte einen Beitrag leisten zum Abbau der vorgenannten Defizite und nimmt deshalb die Tagungshotellerie als besonderen Hotelbetriebstyp an der Schnittstelle zwischen Hotellerie und Veranstaltungswirtschaft in den wissenschaftlichen Blick.

2. Die Tagungshotellerie als Zweig der Hotellerie und der Veranstaltungswirtschaft

2.1 Die Tagungshotellerie als Zweig der Hotellerie

2.1.1 Typologie von Hotels

Das Beherbergungsgewerbe gliedert sich gemäß der amtlichen Statistik in Hotellerie und Parahotellerie. Die wichtigsten Betriebsarten beider Zweige sind in Abbildung 1 wiedergegeben. Diese Betriebsarten können, ebenfalls gemäß amtlicher Statistik, weiter in verschiedene Betriebstypen unterteilt werden (vgl. Hänssler 2016, S. 49–53). Nach dieser Systematik sind *Tagungshotels ein Betriebstyp der Betriebsart Hotel.*

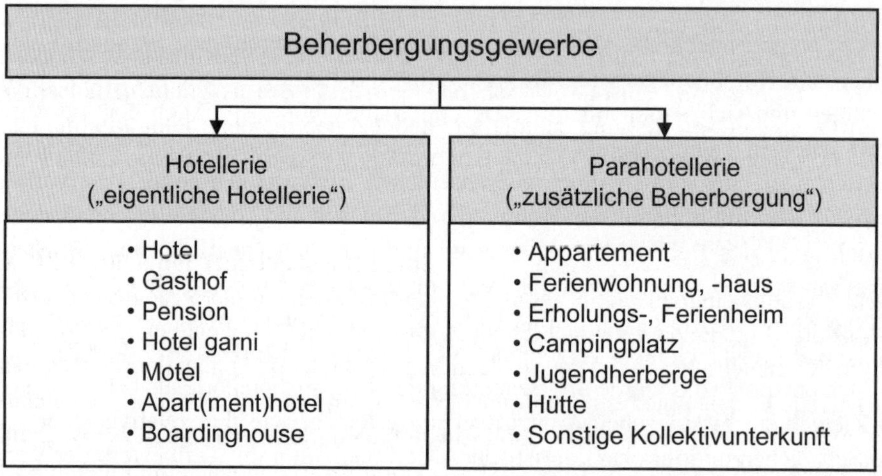

Abbildung 1: Gliederung des Beherbergungsgewerbes und Systematik grundlegender Betriebsarten der Hotellerie und Parahotellerie
(Quellen: in Anlehnung an Kaspar 1982, S. 77; Henschel/Gruner/v. Freyberg 2013, S. 4; Gardini 2015, S. 32)

2.1.2 Das charakteristische Leistungsangebot der Tagungshotels

Die *Hotelleistung*[1] stellt ein Kombinationsprodukt dar, bestehend aus:

– Beherbergungsleistungen, d.h. Überlassung (Vermietung) von Räumen (Zim-

[1] Die Leistung der Hotelbetriebe wird in Betriebs- und Volkswirtschaftslehre verallgemeinernd als Dienstleistung klassifiziert. Hinsichtlich der gastronomischen und ergänzenden Leistungen ist dies Konsens; nicht jedoch in Bezug auf die Frage, ob auch *Vermietung* (von Räumen, Veranstaltungstechnik etc.) als Dienstleistung aufzufassen sei oder nicht vielmehr, im Anschluss an Meyer und Tostmann (1978, S. 289) und Rück (2000, S. 158, 282–285), als zeitlich begrenzte Überlassung von Sachgütern zur Eigennutzung (d.h. Selbstbedienung) verstanden werden sollte – und somit als Rechtsgut (grundlegend: Engelhardt 1989, S. 276), was mit Blick auf die rein rechtlichen Unterschiede zwischen Vermietung, Kauf und Leasing (als Mischform) als die ungleich zweckmäßigere Deutung angesehen werden muss.

mern, Aufenthaltsräumen, Wellnessbereich etc.) zur Nutzung durch den Gast;
- Bewirtungs- bzw. gastronomischen Leistungen, d.h. Angebot von Speisen und Getränken in Verbindung mit Bedienung in geeigneten Räumen;
- ergänzenden Leistungen, z.B. Betreuung, Organisation von Ausflügen etc.

Diese Teilleistungen bündelt der Hotelbetrieb zu einer Gesamtleistung, die der Gast typischerweise auch als Einheit wahrnimmt. Je nach Gewichtung und Ausprägung der Teilleistungen resultieren unterschiedliche Hotelbetriebstypen (Hänssler 2016, S. 105).

Tagungshotels kombinieren die geschilderten hoteltypischen Leistungen mit veranstaltungstypischen Leistungen. Beim Betriebstyp Tagungshotel finden sich deshalb im Vergleich zum „normalen" Hotel vor allem zwei Teilleistungen veranstaltungsspezifisch modifiziert und ergänzt (vgl. Henschel/Gruner/v. Freyberg 2013, S. 53):
- Die Beherbergungsleistung ist erweitert um die Vermietung von Tagungsräumen mit oder ohne Veranstaltungstechnik zur Nutzung für Veranstaltungen.
- Die ergänzenden Dienstleistungen umfassen zusätzlich veranstaltungstypische Services wie die Konzeption, Organisation und Betreuung von Veranstaltungen und Rahmenprogrammen, eine Vermittlung veranstaltungsbezogener Dienstleistungen wie Technik, Entertainment, Dekoration/Bühnenbau und ähnliches.

Wie man sieht, kommt keine grundlegend neue Leistungsart hinzu, es werden lediglich die hoteltypischen Leistungen veranstaltungsspezifisch erweitert und angepasst. Unter diesem Aspekt ist es durchaus angemessen, ein Tagungshotel nicht als eigenständige Betriebsart des Beherbergungsgewerbes aufzufassen, sondern lediglich als Betriebstyp oder Variante der grundlegenden Betriebsart Hotel mit fließenden Übergängen zu dieser (Stichwort Bankettbereich). Andererseits wird diese Sicht der wirtschaftlichen Bedeutung der Tagungshotellerie nicht gerecht.

Die bisherigen Ausführungen kann man in folgender Definition zusammenfassen:

Tagungshotels sind auf die Durchführung von Veranstaltungen spezialisierte Hotels, die ein Kombinationsprodukt aus Versammlungsstätte, Übernachtung, Gastronomie und ergänzenden Dienstleistungen anbieten.[2]

Das kennzeichnende Unterscheidungsmerkmal gegenüber allen anderen Hotelbetriebstypen ist dabei das Vorhandensein von Versammlungsräumen.

Andernfalls hätte man jede zeitlich begrenzte (ein sehr dehnbares Kriterium) Überlassung eines Sachguts als Dienstleistung anzusehen und käme damit in große Abgrenzungsprobleme.

2 Alternative Definitionen des Begriffs Tagungshotel finden sich z.B. bei: Henschel 2002:132; Schreiber 2002, S. 17; und Schreiber 2012, S. 91.

2.2 Die Tagungshotellerie als Zweig der Veranstaltungswirtschaft

2.2.1 Typologie von Tagungen

In Tagungshotels werden überwiegend, aber nicht ausschließlich Tagungen durchgeführt. Daneben finden dort auch andere geschäftliche Veranstaltungen statt, z.B. Marketing-Events. Und auch Privatleute und nicht-kommerzielle Veranstalter, etwa Wohltätigkeitsorganisationen, wählen gern Tagungshotels als Veranstaltungsort, speziell für Bankette (d.h. Großgesellschaften) wie Hochzeiten, Geburtstagsfeiern, Spendengalas etc.

Bei einer *Veranstaltung* (engl. *event*[3]) handelt es sich um ein geplantes, zeitlich begrenztes Ereignis, an dem mehrere Personen vor Ort und/oder synchron durch mediale Übertragung teilnehmen (vgl. Rück 2013 a). Eine umfassende Typologie von Veranstaltungen findet sich bei Rück (2016, S. 35 f.; 2015 e). Ausführlich soll an dieser Stelle auf Tagungen als eine Teilmenge aller Veranstaltungen eingegangen werden.

Der Begriff *Tagung* wird in der Fachsprache nicht einheitlich verwendet; zum einen ist er gebräuchlich als Bezeichnung für ein bestimmtes, einzelnes Veranstaltungsformat[4], zum anderen als Oberbegriff für eine bestimmte Klasse von Veranstaltungsformaten.

- Als *Einzelbegriff* bezeichnet „Tagung“ eine mittelgroße Veranstaltung mit ungefähr 50 bis 250 Teilnehmern, bestehend aus berufsbezogenen Vorträgen und Diskussionen, teils auch zur Entscheidungsvorbereitung und Beschlussfassung.
- Als *Oberbegriff* umschließt „Tagung“ alle berufsbezogenen *Wissensvermittlungs- und Bildungsveranstaltungen*. Solche dienen dem Teilen von Informationen, Kenntnissen und Erfahrungen zum Zweck des Wissensaufbaus, der Entscheidungsvorbereitung und Beschlussfassung sowie der berufsbezogenen Aus- und Weiterbildung bzw. Schulung und Training. Zu den Tagungen in diesem Sinne zählen, um die wichtigsten Formate zu nennen: Seminare, Workshops, Symposien, Konferenzen und Kongresse. Und auch betriebliche Besprechungen („Meetings“) zählen im weiteren Sinne dazu (vgl. Fn. 5), wenngleich deren statistische Erfassung nahezu unmöglich scheint.

Im vorliegenden Beitrag wird *Tagung als Oberbegriff* verwendet, und zwar aus mehreren Gründen: Für mittelgroße Wissensveranstaltungen gibt es auch noch den Begriff der Konferenz, mit weitgehend identischem Inhalt, weshalb auf die Formatbezeichnung Tagung ohne nennenswerten Verlust, aber mit Gewinn an Konsistenz der Nomenklatur verzichtet werden. Außerdem folgt die Verwendung von

---

[3] Das Wort „event“ ist die englische Entsprechung für den deutschen Begriff „Veranstaltung“. Im deutschen Gemein- und Fachsprachgebrauch wird es hingegen überwiegend zur Bezeichnung „besonderer“ Veranstaltungen verwendet, nicht aber für Veranstaltungen aller Art. Zur Kritik dieser Begriffsbildung vgl. Rück 2016, S. 34, Fn. 2.

[4] Der Begriff „Veranstaltungsformat“ bezeichnet eine bestimmte, charakteristische Größe, Ausstattung, Inhalte und Inszenierung einer Veranstaltung.

„Tagung“ als Oberbegriff einem schon länger verbreiteten Sprachgebrauch (vgl. Hank-Haase 1992, S. 108; GHH Consult 2017, S. 21; Degefest 2009), der in der gängigen Branchenbezeichnung „Tagungswirtschaft“ besonders gut zum Ausdruck kommt – und im zentralen Begriff dieses Beitrags, nämlich „Tagungshotel“. Im Englischen spricht man weitgehend analog von der „convention industry“ (oder synonym von der „conference industry“: vgl. Rodgers/Davidson 2016, S. 2), auch dort dominiert also die Verwendung als Oberbegriff.[5]

Zu den Tagungen in diesem Sinn gehören (um die wichtigsten Formate zu nennen): Seminare, Workshops, Symposien, Konferenzen und Kongresse. Die ersten Entwürfe einer Tagungstypologie stammen von Gugg (vgl. Gugg 1972, S. 33) sowie Gamma und Accola (vgl. Gamma/Accola 1973, S. 27) und nahmen eine Abgrenzung der verschiedenen Tagungsformate allein anhand der Teilnehmerzahl vor. Die Einteilung nach Gugg ist in Tabelle 1 wiedergegeben; „Tagung“ bezeichnet dort nur ein einzelnes Veranstaltungsformat.

Veranstaltungsformat	**Teilnehmerzahl**
Seminar, Workshop	unter 30
Symposium	31–100
Tagung	101–200
Kongress	201–1.000
Großveranstaltung	über 1.000

Tabelle 1: Typologie von Wissensveranstaltungen nach Gugg (1972, S. 27)

Eine Abgrenzung der verschiedenen Tagungsformate einzig anhand der Teilnehmerzahl erscheint wenig zielführend. Zwar erleichtert ein rein quantitatives Abgrenzungskriterium die statistische Erfassung. Doch andererseits wirken die starren Klassengrenzen willkürlich: Warum sollte man etwa ein Seminar mit 31 Teilnehmern nicht mehr Seminar, sondern wegen nur einer überzähligen Person „Symposium“ nennen? Schließlich gibt es zwischen den verschiedenen Veranstaltungsformaten auch Unterschiede inhaltlicher und konzeptioneller Art, so dass gar keine Notwendigkeit besteht, zur Abgrenzung allein auf die Teilnehmerzahl zu rekurrieren. In Tabelle 2 wird eine umfassende, auch inhaltliche und konzeptionelle Unterschiede berücksichtigende Abgrenzung der wichtigsten Tagungsformate vorgenommen, die nachfolgend Anwendung findet.

[5] Seit einigen Jahren erhält „convention“ Konkurrenz durch den Begriff „meeting“, den das Joint Meetings Industry Council (JMIC) stattdessen als Sammelbezeichnung für Tagungen durchsetzen möchte (vgl. Tschudy 2009, S. 33). Seitdem gewinnt auch in Deutschland „Meeting“ als Bezeichnung für Tagungen zunehmend an Verbreitung (siehe z.B. die Sprachformel „Meetings und Events“). Die Deutsche Gesellschaft zur Förderung und Entwicklung des Seminar- und Tagungswesens (Degefest) e.V. führt „Meeting“ in ihrem Glossar schon seit längerem als englisches Synonym für „Tagung“ (vgl. Degefest 2009), das entspricht aber nicht dem überwiegenden Terminologiegebrauch in der englischsprachigen Fachliteratur.

	Seminar/ Workshop	Symposium	Konferenz/ Klausurtagung	Kongress
Charakteristische Merkmale	Unterrichtsartige Mischung aus Vortrag, Übung und Diskussion	„Expertenrunde": Mischung aus Vortrag und Diskussion	Mischung aus Vortrag und Diskussion, teils zur Entscheidungsvorbereitung; wird auch mit Schulungen (Seminaren/ Workshops) kombiniert	Mischung aus Vorträgen, Symposien, Seminaren/ Workshops; oft eine Hauptveranstaltung im großen Saal, ergänzt durch gleichzeitige Satellitenveranstaltungen (Breakout Sessions) in umliegenden kleineren Sälen; tw. begleitende Produktausstellung im Foyer
Teilnehmer	< 30, max. 50	< 50, max. 100	50–250, meist < 100	> 250
Dauer	Ein- oder mehrtägig	Eintägig	Meist ein-, seltener mehrtägig	Ein- oder mehrtägig
Frequenz	Meist anlassbezogen/ nicht (regelmäßig) wiederkehrend	Meist anlassbezogen/ nicht (regelmäßig) wiederkehrend	Meist anlassbezogen/ nicht (regelmäßig) wiederkehrend	Z. T. wiederkehrend, dann bes. auf internationaler Ebene in fester Frequenz (z.B. jährlich)
Themen	Ein Thema	Ein Thema	Meist ein Thema	Ein oder mehrere Themen; oft ein Generalthema zur Schwerpunktsetzung und zusätzliche Spezialthemen zur Vertiefung
Raumbedarf	Meist ein Raum; bei Aufteilung der Teilnehmer in Arbeitsgruppen entsprechend mehr	Ein Raum (um die notwendige Diskussion zu ermöglichen)	Meist ein Raum (abhängig von der Anzahl der Themen)	Ein großer Saal für das Generalthema, mehrere kleine Säle/ Breakout Rooms für die Spezialthemen

Tabelle 2: Typologie der wichtigsten Tagungsformate
(eigene Darstellung; siehe zum Vergleich die Definitionen bei GHH Consult 2017, S. 21, und Schreiber 2012, S. 7)

2.2.2 Typologie von Veranstaltungsstätten[6]

Bei der Entscheidung über den Veranstaltungsort hat der Veranstaltungsplaner die Wahl zwischen drei Arten von Veranstaltungsstätten, nämlich Tagungshotels, Veranstaltungszentren und Special Event Locations (vgl. Rück 2013 b).[7]

---

[6] Im deutschsprachigen Raum erfreut sich seit Jahren der Anglizismus *„Event Location"* steigender Beliebtheit. Unglücklicherweise handelt es sich dabei um einen Falschgebrauch des Wortes *„location"*; denn dieses bezeichnet im Englischen keineswegs eine Veranstaltungsstätte, sondern den Ort (lat. *locus*), an dem sich irgendetwas befindet (Bsp.: „the location of the building…"). Die korrekten englischen Bezeichnungen für Veranstaltungs- bzw. Versammlungsstätten lauten vielmehr: *„event site"* für ein Veranstaltungsgelände mit oder ohne Gebäude und *„event venue"* für eine umbaute Veranstaltungsstätte (vgl. Rück 2013 b). Dessen ungeachtet hat die Bezeichnung „Event Location" im deutschsprachigen Raum auch in der Fachsprache nahezu Verkehrsgeltung erlangt, weshalb auch die vorliegende Abhandlung sie nicht gänzlich meiden kann.

[7] Diese Typologie ist nicht erschöpfend; sie bildet genau genommen nur den extern buchbaren Anteil des Marktes für Veranstaltungsstätten ab. Hinzu kommen noch interne Veranstaltungsstätten von Unterneh-

Die statistischen Daten über diesen volkswirtschaftlich wichtigen Markt der Veranstaltungsstätten sind in Deutschland bis heute leider unvollkommen, was sich in zum Teil erstaunlichen Abweichungen spiegelt, die nachfolgend kommentarlos dokumentiert werden.

1) Tagungshotels (vgl. Rück 2013 b, 2015 b) wurden weiter oben bereits vorgestellt und definiert. Der Hotelverband IHA (2017, S. 40) zählt in Deutschland aktuell 12.965 Hotels, die Unternehmensberatung GHH Consult (2017, S. 12) 10.010 Hotels mit mindestens 20 Sitzplätzen im größten Raum bei Reihenbestuhlung, das Europäische Institut für Tagungswirtschaft (EITW 2017, S. 9) 3.351 „Tagungshotels" mit mindestens 100 Sitzplätzen im größten Raum bei Reihenbestuhlung.

2) Veranstaltungszentren (vgl. Rück 2013 b, 2015 c, 2015 d; Schreiber 2012, S. 15 f.; Schreiber 2002, S. 90) sind für die Durchführung von Veranstaltungen errichtete und zu diesem Zweck dauerhaft genutzte Großbauten ohne Übernachtungsmöglichkeit. Zu den Veranstaltungszentren zählen: Kongresszentren und Kongresshäuser, Mehrzweckhallen (Stadthallen, Bürgerhäuser, Kurhäuser und dergleichen), Messehallen sowie Konzerthallen, Sporthallen und Arenen. GHH Consult (2017, S. 12) zählt in Deutschland aktuell „ca. 425 Kongresszentren", das EITW (2017, S. 9) „1.778 Veranstaltungszentren".

3) Special Event Locations (SEL) (vgl. Rück 2013 b, 2015 a) sind teils permanent, teils gelegentlich genutzte Versammlungsstätten, die ursprünglich nicht für die Durchführung von Veranstaltungen errichtet wurden.[8] Hierzu zählen z.B.: Theater und Kinos, Museen, Klöster, Burgen und Schlösser; stillgelegte Industriebauten (Fabrikhallen, Zechen), Bahnhöfe und Lokschuppen, Hangars, Kreuzfahrtschiffe, Ferienclubanlagen und Freizeitparks, Themenparks und Brand Lands, zoologische Gärten, Zirkusse u. v. a. m. GHH Consult (2017, S. 12) zählt aktuell in Deutschland rund 3500 SEL, das EITW (2017, S. 9) 2.184 SEL. Selbst wenn, wie in der EITW-Studie, nur Betriebe mit mindestens 100 Sitzplätzen im größten Raum bei Reihenbestuhlung gezählt werden, erscheint diese Anzahl angesichts der schieren Menge und Vielfalt des Angebots unglaubhaft niedrig.

---

men, Verbänden etc., Die jedoch gerade im Tagungsbereich oft auch als externe Anbieter auftreten, so etwa firmeneigene Schulungszentren, Veranstaltungsräume von Industrie- und Handelskammern, Bildungsträgern und Hochschulen, Gründer- und Technologiezentren und Business-Parks (vgl. GHH Consult 2017, S. 19).

8 Zuweilen werden *Special Event Locations* nur als *„Event Locations"* bezeichnet (vgl. Schreiber 2012, S. 15–18; EITW 2017, S. 5). Diese Begriffsbildung ist jedoch als unscharf abzulehnen; schließlich sind auch Tagungshotels und Veranstaltungszentren „Locations" für „Events". Das gilt selbst dann, wenn man Events nicht mit Veranstaltungen aller Art gleichsetzt, sondern darunter nur bestimmte (z.B. Marketing-) Events versteht (vgl. Rück 2013 b).

3. Wirtschaftliche Bedeutung und Struktur des Tagungsmarktes

3.1 Tagungen als Reiseanlass

Veranstaltungen sind ein wichtiger Anlass für Reisen, besonders für Geschäftsreisen (vgl. Rück 2016, S. 35–41): Über die Hälfte (53 %) aller Geschäftsreiseankünfte in Deutschland hat einen Veranstaltungsbesuch zum Ziel. Man spricht hier von „promotablen" Geschäftsreisen, im Gegensatz zu den „klassischen" Geschäftsreisen, die zumeist Kundenbesuchen dienen.

Der häufigste Anlass für promotable Geschäftsreisen ist mit Abstand die Teilnahme an „Konferenzen und Kongressen", also Tagungen – darauf entfallen rund ein Drittel (32 %) aller Geschäftsreisen und 60 % der promotablen, erst mit deutlichem Abstand folgen Messen und Ausstellungen. Incentive-Reisen spielen mit 3 % Anteil nach den Compliance-Diskussionen der vergangenen Jahre (vgl. Rück 2013 d) kaum noch eine Rolle (vgl. Abbildung 2).[9]

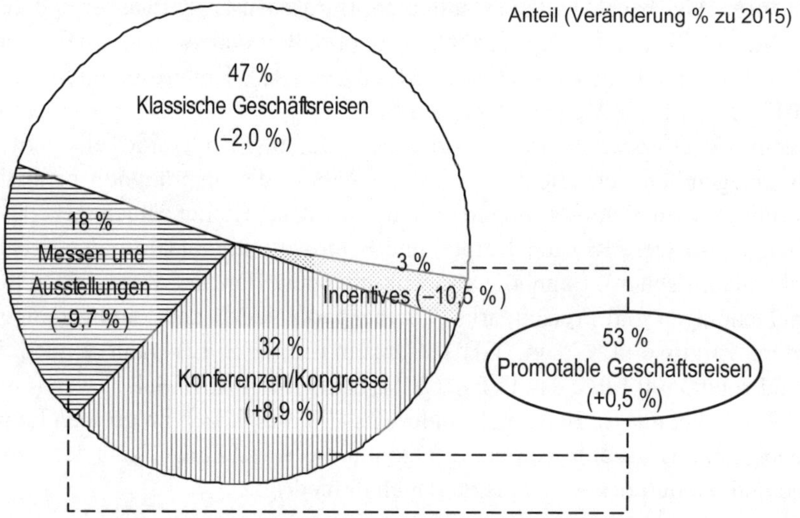

Abbildung 2: Anteile klassischer und promotabler Geschäftsreisen
(Basis: 12,7 Mio. Geschäftsreiseankünfte in Deutschland 2016)
(Quelle: DZT 2017, S. 13)

9 Der Detaillierungsgrad der DZT-Statistik ist beklagenswert gering, gerade mit Blick auf die hohe Bedeutung der Geschäftsreisen für den deutschen Incoming-Markt: Es werden nur die vier oben genannten Segmente geschäftlicher Veranstaltungen unterschieden – in den USA sind es, zum Vergleich, sieben (vgl. Gardini 2015, S. 120). Außerdem wäre beim Segment „Konferenzen/Kongresse" auszuweisen gewesen, welche Tagungsformate hierunter zusammengefasst wurden; schließlich zählen sowohl Konferenzen als auch Kongresse zu den größeren Tagungsformaten (s. Kap. 2.2.1), was die Frage aufwirft, ob und wie auch die kleineren Formate (Meetings, Seminare, Workshops und Symposien und dergleichen) erfasst wurden.

Deutschland ist mit weitem Abstand vor Frankreich die führende Geschäftsreise-Destination in Europa und eine der wichtigsten weltweit (vgl. DZT 2015, S. 15; IHA 2017, S. 94); sein Marktanteil bei den Geschäftsreise-Ankünften in Europa ist gut doppelt so hoch wie jener bei den Urlaubs- und Privatreisen (Rück 2016, S. 38). Ein maßgeblicher Grund dafür ist, das zeigt die obige Statistik, die Stärke Deutschlands im Tagungsmarkt. „Deutschland gehört zu den weltweit führenden Tagungs- und Kongressstandorten", stellt der Hotelverband IHA darum auch treffend fest und nennt als Gründe die „zentrale Lage in Europa, eine hervorragende Verkehrsanbindung und schnelle Erreichbarkeit, ausreichend verfügbare Hotelkapazitäten vor Ort, moderate Preise, hohe Qualitätsansprüche sowohl auf der Nachfrage- als auch auf der Angebotsseite sowie das Image der Destination" (IHA 2017, S. 97). Diese Einschätzung bestätigt u.a. eine Studie für das Davoser Weltwirtschaftsforum über die Wettbewerbsfähigkeit touristischer Destinationen, in der Deutschland weltweit den dritten Rang belegt (vgl. WEF 2017, S. 10, 168).

3.2 Wirtschaftliche Attraktivität des Tagungsmarktes

Der Tagungsmarkt ist nicht nur wirtschaftlich wichtig, er ist auch wirtschaftlich attraktiv. Zum einen zeichnet er sich durch ein konstantes, langfristiges Wachstum aus: Die jährliche Anzahl der Tagungen in Deutschland ist in den letzten zehn Jahren um 42 % angestiegen, von 1,96 Mio. in 2007 auf 2,51 Mio. in 2016, das entspricht 4,3 Mio. Veranstaltungstagen (GHH Consult 2017, S. 8, 10, 20–22).

Ein zweiter Vorteil, speziell für Hotelbetriebe, besteht in der Möglichkeit, ihre Auslastung zu verbessern, denn die Saisonalität im Tagungsmarkt verläuft weitgehend komplementär zum Freizeitreisemarkt (vgl. GHH Consult 2017, S. 26–28; Henschel 2002, S. 129): Die beliebtesten Monate für Tagungen sind März, April, Mai und September, Oktober, November. Damit können Tagungen helfen, die saisonale Nachfrageschwäche im Freizeitreisemarkt auszugleichen. Dies gilt auch in Bezug auf den Wochenverlauf, denn die meisten Tagungen finden in der Wochenmitte statt, während die Freizeitreisenachfrage sich auf das Wochenende konzentriert.

Und ein dritter entscheidender Vorteil ist die überdurchschnittlich hohe Profitabilität dieses Segments, denn die durchschnittlichen Tagesausgaben eines Geschäftsreisenden liegen mit 155 Euro (vgl. VDR 2017, S. 5) weit über jenen von Urlaubsreisenden (vgl. Rück 2016, S. 40).

3.3 Wirtschaftliche Bedeutung von Tagungen für die Hotellerie

Die Hotellerie in Deutschland lebt in großem Maß von Tagungen. Einige wenige Zahlen genügen, um dies zu belegen: Jede dritte Übernachtung in einem Hotel in

Deutschland ist durch Tagungen induziert[10], und dieses tagungsbedingte Übernachtungsvolumen hat in den letzten zehn Jahren um 28 % zugenommen (GHH Consult 2017, S. 33). Doch nicht nur als Übernachtungs-, sondern auch als Veranstaltungsstätte profitiert die Hotellerie vom Tagungsmarkt: Nach Berechnungen der GHH Unternehmensberatung (2017, S. 12 f.) sind 93 % aller Tagungsstätten Hotels – der Rest verteilt sich auf Veranstaltungszentren (4 %), Hochschulen (3 %) und Flughäfen (weniger als 1 %). Special Event Locations wurden hier allerdings nicht erfasst, der tatsächliche Anteil der Hotellerie dürfte also niedriger liegen (das EITW beziffert ihn auf „nur" 46 %: vgl. EITW 2017, S. 10), doch an der dominanten Marktstellung (vgl. Henschel 2002, S. 127) der Tagungshotellerie ändert das nichts. Man kann demnach festhalten: Die Tagungshotellerie trägt ihren Namen mit Recht.

3.4 Wirtschaftliche Bedeutung von Tagungen für das Veranstaltungsgewerbe und Struktur des Tagungsmarktes

Der GHH Unternehmensberatung zufolge haben 2016 in Deutschland 2,5 Mio. Tagungen stattgefunden. Welchem Anteil an allen Veranstaltungen diese Zahl entspricht, darüber gibt es allerdings nur wenig verlässliche Informationen, denn eine vollständige Veranstaltungsstatistik für alle in Deutschland pro Jahr durchgeführten Veranstaltungen gibt es bisher nicht. Glaubt man dem EITW, dessen „Meeting- und Event-Barometer" keine Zählung, sondern eine methodisch nicht unproblematische Hochrechnung aus einer kleinen Stichprobe[11] darstellt, dann machen Tagungen (in der Terminologie des EITW: „Kongresse, Tagungen, Seminare") mit 57,7 % über die Hälfte aller Veranstaltungen aus (EITW 2017, S. 16). Auch wenn man diese Zahl keinesfalls zum Nennwert nehmen sollte, so spricht doch eine hohe Wahrscheinlichkeit für die Hypothese, dass Tagungen das quantitativ größte Segment des deutschen Veranstaltungsmarktes darstellen – und zusammen mit Messen und Ausstellungen wohl auch das wirtschaftlich bedeutendste.

Die meisten Tagungen sind kleine Veranstaltungen, 75 % haben bis zu 30 Teilnehmer. Dabei handelt es sich überwiegend um Seminare. Insgesamt ist jede zweite Tagung eine Weiterbildungsveranstaltung, damit ist dieses Segment mit Abstand das größte des Tagungsmarktes. Auf „Tagungen und Konferenzen" entfallen 37 % aller Tagungen, auf Kongresse 4 % und die restlichen 9 % auf Produktpräsentationen und sonstige, nicht näher spezifizierte „Events" (GHH Consult 2017, S. 21 f, 24 f.). Kongresse und andere Großveranstaltungen mit über 500 Teilnehmern machen nur 3 % aller Tagungen aus, aber 46 % aller Veranstaltungsteilnehmer (GHH Consult 2017, S. 8, 24 f.).

---

[10] Von den aktuell 279,6 Mio. Übernachtungen in Hotels (IHA 2017, S. 7, 42) entfallen 98 Mio. oder 34 % auf Tagungsteilnehmer (GHH Consult 2017, S. 8).

[11] Das EITW (2017, S. 7) weist eine Rücklaufquote von 12,7 % aus, das entspricht bei „über 4.000" angeschriebenen Veranstaltungsstätten – die zudem nicht der Grundgesamtheit aller Veranstaltungsstätten entsprechen! – einer Stichprobe von nur ca. 500 Betrieben.

4. Die Wahl der Veranstaltungsstätte: Stärken und Schwächen der Tagungshotellerie im Wettbewerb

4.1 Grundlegende Wettbewerbspositionen der Veranstaltungsstätten

Die drei Grundtypen von Veranstaltungsstätten wurden in Kap. 2.2.2 bereits vorgestellt. Nun sollen ihre relativen Positionen im Wettbewerb näher untersucht werden.

In Bezug auf ihren *Eignungsgrad für bestimmte Arten von Veranstaltungen* unterscheiden sich Tagungshotels, Veranstaltungszentren und Special Event Locations wie folgt (vgl. Rück 2013 a, 2015 a, b, c; Schäfer-Mehdi 2012, S. 60, 173; Schreiber 2012, S. 16–18):

Tagungshotels sind spezialisiert auf die Durchführung einer großen Zahl kleinerer Veranstaltungen pro Jahr, überwiegend mit unter 30 Teilnehmern. Die allermeisten davon sind Tagungen, und besonders häufig sind es Seminare, Workshops und andere Weiterbildungsveranstaltungen. Die Annahme, dass die meisten Veranstaltungen in Tagungshotels stattfinden, ist aus drei Gründen plausibel: Erstens stellt die Tagungshotellerie die Mehrzahl aller Veranstaltungsstätten – nach Angaben des EITW (2017, S. 10) kommt sie auf einen Anteil von 46 %. Zweitens machen kleinere Veranstaltungen bis 50 Teilnehmer die Mehrzahl aller Veranstaltungen aus (vgl. EITW 2017, S. 18). Und drittens – hier schließt sich der Kreis – finden die meisten solcher Veranstaltungen in Tagungshotels statt. Offenbar verfügen Tagungshotels über die charakteristische Kompetenz, sehr viele kleine Veranstaltungen besonders effizient abzuwickeln; pointiert kann man sie deshalb als *„die Effizienzkönige" unter den Veranstaltungsstätten* bezeichnen (Rück 2015 b, S. 32).

Veranstaltungszentren hingegen sind spezialisiert auf die Durchführung größerer bis sehr großer Veranstaltungen von mehreren hundert bis zu mehreren tausend Teilnehmern. Sie werden bevorzugt genutzt für größere Tagungen bis hin zu Kongressen sowie für Kultur- und Sportveranstaltungen (vgl. EITW 2017, S. 17 f.). Natürlich verfügen die meisten Veranstaltungszentren auch über kleinere Tagungsräume, um am Seminargeschäft zu partizipieren; doch sind solche Angebote nicht wesenskennzeichnend für Veranstaltungszentren und eher als auslastungsorientierte Abrundung des Angebotsprogramms zu verstehen.

Special Event Locations sind die heterogenste Gruppe der Veranstaltungsstätten, weshalb ihre Position im Wettbewerb auch nicht einheitlich beschrieben werden kann. Es gibt SEL für sehr große Veranstaltungen (Hangars, stillgelegte Fabrikhallen, große Kreuzfahrtschiffe) und für sehr kleine (Kapellen, Klöster, Varietés, Segelyachten). Oft steht in einer SEL für Veranstaltungen nur ein einziger Raum oder ein einziges Gebäude zur Verfügung – ein Prunksaal, ein Pavillon, ein Kellergewölbe. Nur selten werden Räumlichkeiten eigens für das Veranstaltungsgeschäft er- und eingerichtet (der Zoo Leipzig ist ein Beispiel: vgl. Rück/Birkenstock 2013). Die Auswahl und Variabilität des Raumangebots ist bei SEL also meist eingeschränkt (Rück 2015 a). Es gibt eine kleine Spitzengruppe von SEL, die das Veranstaltungsgeschäft aktiv und professionell betreiben und überwiegend dauerhaft als Veranstaltungsstätte genutzt werden; die große Masse der SEL betrachtet Veranstaltungen nur als gelegentliches, passiv betriebenes Mitnahmegeschäft.

Als „Daumenregel“[12] kann man festhalten: Das Marktsegment für kleine Veranstaltungen wird von den Tagungshotels dominiert. Das Segment der mittelgroßen Veranstaltungen teilen sich Veranstaltungszentren mit den Special Event Locations, wobei erstere auf den höheren Marktanteil kommen. Das Segment der Großveranstaltungen schließlich wird weitgehend beherrscht von den Veranstaltungszentren, hier können nur einige Special Event Locations und einzelne Tagungshotels mithalten. Der Marktanteil der Tagungshotellerie nimmt mit steigender Teilnehmerzahl immer weiter ab. Nur einzelne große Tagungshotels und solche mit angegliedertem eigenem Veranstaltungszentrum können um mittelgroße bis große Veranstaltungen konkurrieren.

Schärfster Wettbewerber der Tagungshotels sind, aufgrund ihrer Tagungskompetenz, die Veranstaltungszentren. Special Event Locations konkurrieren mit Tagungshotels vorwiegend bei Festivitäten – also solchen Veranstaltungen, bei denen den Teilnehmern Außergewöhnliches geboten werden soll. Für das Mengengeschäft der Tagungen und vor allem der Weiterbildungsveranstaltungen, die ihrem Wesen nach zweckorientierte Veranstaltungen sind, kommen in der Regel nur Veranstaltungszentren als Substitut in Betracht (obwohl festgehalten werden muss, dass immer mehr Seminarveranstalter den „Event-Charakter“ ihrer Veranstaltungen verstärken wollen und deshalb zunehmend Special Event Locations als Veranstaltungsort in Betracht ziehen). Das hat auch mit der Professionalität der Veranstaltungsorganisation zu tun, die man in Veranstaltungszentren selbstverständlicher erwarten kann als in den häufig nur gelegentlich genutzten Special Event Locations.

4.2 Typologie von Tagungshotels

Die Skala der Tagungshotels reicht von Häusern, die zur Abrundung ihres Geschäftsmodells „auch“ Veranstaltungen durchführen und zu diesem Zweck einige wenige Tagungsräume anbieten, bis zu solchen, die ihr gesamtes Geschäftsmodell auf die Durchführung von Veranstaltungen ausgerichtet haben und ein ganzes Portfolio an Tagungsräumen unterschiedlichster Größen und Schnitten bis hin zu großen Sälen mit mehr als tausend Plätzen vorhalten.

In Tagungshotels werden überproportional viele kleinere Veranstaltungen durchgeführt. *Das „klassische“ Tagungshotel* ist dementsprechend gekennzeichnet durch eine zweckorientierte Mischung aus mehreren kleinen Tagungsräumen plus

[12] Ein mehrjähriger Vergleich der EITW-Größenklassen-Statistik (vgl. EITW 2014, S. 18, 2015, S. 18; 2016, S. 18; 2017, S. 18) zeigt starke Schwankungen innerhalb der Größenklassen, was zum einen den Stichprobencharakter dieser Erhebung unterstreicht und zum anderen detailliertere Aussagen als die hier angeführte grobe „Daumenregel“ unzulässig erscheinen lässt.

einem oder mehreren größeren Sälen für Veranstaltungen mit bis zu 500 Personen (vgl. Rück 2015 b, S. 32). Ein typischer Vertreter dieser Kategorie ist das *Atrium Hotel Mainz* (vgl. Atrium Hotel 2017 b, S. 18–31), das „größte inhabergeführte Privathotel in Rheinland-Pfalz“ (Atrium Hotel 2017 a).

Seltener sind schon Tagungshotels mit sehr großen Sälen, die an oder über tausend Personen fassen, wie etwa das *Maritim Hotel Köln* (2017), und damit auch ganz andere Arten von Veranstaltungen anziehen, von Ausstellungen über Hauptversammlungen bis hin zu Parteitagen.

Neben solchen „klassischen“ Tagungshotels existieren interessante Mischformen, die nachfolgend als „Hybride“ bezeichnet werden, nämlich Kombinationen aus Tagungshotel und Veranstaltungszentrum einerseits sowie Tagungshotel und SEL andererseits (vgl. im Folgenden Rück 2015 b, S. 32 f.):

Ein Beispiel für einen *Hybrid aus Tagungshotel und Veranstaltungszentrum* ist das *Estrel Berlin*, mit 1.125 Zimmern und Suiten das größte Hotel Deutschlands, das sich selbst als „Hotel & Congress & Messe-Center“ bezeichnet und über eine eigene Messehalle und eine „Convention Hall“ mit 4.700 m² Fläche verfügt, in der Veranstaltungen für bis zu 6.000 Personen durchgeführt werden können. Zur Hotelanlage gehören sogar ein eigener Bahnhof für Sonderfahrten und eine eigene Bootsanlegestelle für Schiffsrundfahrten (vgl. Estrel 2017).

In die selbe Kategorie gehört auch das – deutlich kleinere – *Best Western Palatin* in Wiesloch, ebenfalls ein Hotel mit angegliedertem Tagungszentrum mit 16 multifunktionalen Gruppenräumen und dem großen Saal samt Foyer mit 1.270 m² und Platz für bis zu 1.263 Gäste (vgl. Best Western Palatin 2017).

Während die bis hierhin beschriebenen Tagungshotels allesamt durch eine eher nüchtern-zweckorientierte Außen- und Innenarchitektur gekennzeichnet sind, können andere – v. a. historische – Tagungshotels zum Teil mit dem Flair einer Special Event Location aufwarten, wie etwa das *Conparc* (früher *Dolce*) *Hotel & Conference Centre Bad Nauheim* (vgl. Conparc 2017), zu dem der berühmte Jugendstil-Theatersaal der Kuranlage mit 730 Plätzen gehört – eine für Tagungshotels eher seltene Kombination.

Wie in der gesamten Hotellerie, so wird auch der Markt für Tagungshotels von Ketten, Kooperationen und der Einzelhotellerie (zu dieser Unterscheidung vgl. z.B. Henschel/Gruner/v. Freyberg 2013, S. 20–24, 38; Gardini 2015, S. 35) untereinander aufgeteilt. Die Kettenhotellerie ist durch international tätige Hotelkonzerne geprägt, während Kooperationen tendenziell national operieren und die Einzelhotellerie lokal bis regional. Der Standardisierungsgrad – und damit die Einhaltung einheitlicher Standards in allen Häusern – ist bei Ketten am stärksten (vgl. Henschel 2002, S. 136), in der Einzelhotellerie am schwächsten ausgeprägt; die Kooperationen nehmen eine Mittelposition ein. Interessanterweise zählen einige besonders erfolgreiche Tagungshotels zur Einzelhotellerie, so etwa auch das *Estrel Berlin* als größtes Hotel Deutschlands.

4.3 Stärken und Schwächen von Tagungshotels im Wettbewerb

Die Wahl der Veranstaltungsstätte ist eine der wichtigsten Entscheidungen, die ein Veranstaltungsplaner zu treffen hat. Denn diese Wahl beeinflusst nahezu jeder andere seiner Entscheidungen bei der Veranstaltungsplanung in grundlegender Weise. Das fängt bei der Teilnehmerzahl an, die durch das Fassungsvermögen der Veranstaltungsstätte limitiert wird, zieht sich weiter über deren Lage und Verkehrsanbindung und reicht bis zu den einzelnen Veranstaltungsgewerken wie Technik, Catering und Übernachtung, die in ganz unterschiedlichem Zuschnitt disponiert werden müssen, je nachdem, welche Voraussetzungen die gewählte Veranstaltungsstätte diesbezüglich bietet.

Die Tagungshotellerie ist, wie gesehen, vielgestaltig. Verallgemeinerungen fallen deshalb schwer, denn die relative Wettbewerbsposition variiert mit der Ausprägung des jeweiligen Betriebstyps. Dennoch lassen sich einige typische Charakteristika, Stärken und Schwächen von Tagungshotels im Wettbewerb der Veranstaltungsstätten herausarbeiten (vgl. i. F. Rück 2015 b und die dort genannten Quellen):

4.3.1 Errichtungszweck

Tagungshotels sind konventionelle Veranstaltungsstätten, weil sie eigens für die Durchführung von Veranstaltungen errichtet wurden. Das haben sie mit den Veranstaltungszentren gemeinsam, und es unterscheidet sie von den „unkonventionellen" Special Event Locations, die nur in Zweit- oder Umnutzung zu Veranstaltungsstätten werden (vgl. Rück 2013 b, 2015 a, b, c).

4.3.2 Grundlegender Wettbewerbsvorteil

Die besondere Stärke der Tagungshotels liegt in ihrem integrierten Geschäftsmodell, das Veranstaltung, Übernachtung und gastronomisches Angebot „unter einem Dach" kombiniert (vgl. Behn-Künzel/v. Schnurbein-Ströbel 2006, S. 94; Henschel 2002, S. 127, 138). Dadurch erzielen sie gegenüber den anderen Location-Typen logistische Effizienzvorteile, die besonders bei Mehrtagesveranstaltungen ins Gewicht fallen, weil sich dann für die Teilnehmer das Übernachtungsproblem stellt (vgl. Henschel 2002, S. 134). Für den Tagungsplaner, der heutzutage unter stetig steigendem Zeitdruck steht, bedeutet die Möglichkeit eines Bezugs aller wesentlichen Leistungen „aus einer Hand" eine große Arbeitserleichterung.

4.3.3 Raumkonzept und -variabilität

Gewöhnlich können Tagungshotels in Raumausstattung und -variabilität nicht mit Veranstaltungszentren konkurrieren. Ausnahmen im Spitzensegment (z.B. *Estrel Berlin*, *Maritim Hotel Köln*) bestätigen diese Regel. Den Schwerpunkt der Raumausstattung bilden typischerweise Seminarräume und kleinere Sitzungssäle (vgl. Henschel 2002, S. 137). Ausstellungsflächen sind, falls überhaupt vorhanden, meist begrenzt, oft sind es Verkehrsflächen mit entsprechenden Beeinträchtigungen. Im Durchschnitt ist die Raumausstattung der Tagungshotels weniger vielgestaltig und auch weniger variabel als die der größeren Veranstaltungszentren.

4.3.4 Auslastung

Andererseits sind relativ kleine und gleichförmige Räumlichkeiten einfacher auszulasten; das war und ist ein entscheidender Grund für den Erfolg des Geschäftsmodells der Tagungshotels: Schon geringe Teilnehmerzahlen reichen, um typische Tagungsräume zu füllen, und der für das Tagungssegment typische hohe Veranstaltungsanfall sorgen für steten Nachschub und schnellen Umschlag. Dabei hilft zusätzlich der bei Tagungen meist überschaubare Ausstattungsaufwand, denn so fallen kaum Umbautage mit Leerstand an.

4.3.5 Technische Ausstattung

Ähnlich wie bei der Raumausstattung, so wird auch bei der technischen Ausstattung in Tagungshotels im Durchschnitt weniger Aufwand getrieben als in (größeren) Veranstaltungszentren. Das liegt natürlich auch daran, dass Tagungen meist geringere Anforderungen an die Veranstaltungstechnik stellen als andere Arten von Veranstaltungen. Als Daumenregel kann man festhalten: Bei Ketten und Kooperationen sind die Ausstattungsstandards überwiegend hoch, in der mittelständisch geprägten Einzelhotellerie hingegen schwanken sie stark von Haus zu Haus.

4.3.6 Lage, Erreichbarkeit und Logistik

Bekanntlich sind Lage und Erreichbarkeit bei Versammlungsstätten das erste und wichtigste Auswahlkriterium. Die Standorte von Tagungshotels werden gewöhnlich unter genau diesem Gesichtspunkt ausgewählt; es dominieren zentrale Lagen in Innenstädten oder besonders verkehrsgünstige an Drehkreuzen (vgl. Henschel 2002, S. 135). Besonders augenfällig wird das bei Flughafenhotels wie dem *Hilton Frankfurt Airport* und dem nebenan im *The Squaire* gelegenen *Hilton Garden Inn*. Entsprechend einfach gestalten sich An- und Abreise, Auf- und Abbau, Technik und Catering (vgl. Rück 2015 b). Und natürlich haben Tagungshotels in puncto Logistik noch einen besonderen Vorteil zu bieten, nämlich die Übernachtungsmöglichkeit im gleichen Haus. Dadurch entfallen Transfers für die Teilnehmer und für den Veranstaltungsplaner die Suche nach Übernachtungsstätten im Nahumfeld.

4.3.7 Sicherheit

Tagungshotels genügen den Anforderungen der Versammlungsstättenverordnung, weil sie von vornherein als Versammlungsstätten geplant und errichtet wurden. Die Einhaltung gesetzlicher Sicherheitsstandards ist deshalb in der Tagungshotellerie grundsätzlich gewährleistet. Gleiches gilt für alle Veranstaltungszentren, nicht jedoch für alle Special Event Locations (vgl. dazu Rück 2015 a, S. 32).

4.3.8 Compliance

Einladungen zu geschäftlichen Veranstaltungen sind in den letzten Jahren zunehmend Gegenstand von Compliance-Leitlinien in Unternehmen und Verbänden zum Umgang mit Geschäftspartnern. Die Wahl des Veranstaltungsorts ist dabei insofern von Bedeutung, als etwa die Einladung in eine touristisch reizvolle Destination oder ein besonders luxuriöses Hotel auch einen unlauteren Beeinflussungsversuch darstellen könnte, um die eingeladene Person zu einer Bevorzugung des Einladenden zu bewegen, etwa bei der nächsten Auftragsvergabe. Aus diesem Grund sollen Stätten für geschäftliche Veranstaltungen, speziell Tagungen, grundsätzlich „sachlich angemessen" sein, d.h. in einem vernünftigen und nachvollziehbaren Verhältnis zum Zweck der Veranstaltung stehen (vgl. Rück 2017, S. 203-207). Die funktionale Nüchternheit, die den meisten Tagungshotels zu eigen ist, ist also unter Compliance-Gesichtspunkten durchaus ein Vorteil; denn anders als manche Special Event Location können Tagungshotels grundsätzlich als angemessen für geschäftliche Veranstaltungen gelten. Das gilt ausdrücklich auch für Fünf-Sterne-Häuser. Zwar lassen die internen Richtlinien vieler Unternehmen und Verbände für Tagungen inzwischen Hotels mit höchstens vier Sternen vor, doch gehen solche Vorschriften am Problem vorbei. Beurteilungsmaßstab für die Compliance eines Hotels sind – selbst nach dem besonders strengen Pharma-Kodex – nicht seine Sterneklassifikation, sondern seine Ausstattung und sein Auftritt, z.B. in der Werbung. Für geschäftliche Veranstaltungen, speziell Tagungen, und ganz besonders solche auf Einladung, sind deshalb Häuser mit auffälligem Erlebnis- und Erholungscharakter zu meiden; Business-Hotels hingegen, auch im Fünf-Sterne-Segment, dürfen als „compliant" angesehen werden.[13]

4.3.9 Beschaffung/Markttransparenz

Die Tagungshotellerie weist die wohl höchste Markttransparenz aller Typen von Veranstaltungsstätten auf. Dafür sorgen Zertifizierungen verschiedenster Institutionen, von der Dehoga-Sterneklassifikation bis hin zu den Gütesiegeln „Certified Business Hotel" und „Certified Conference Hotel" des Deutschen Geschäftsreise-

[13] Vgl. dazu die Spruchpraxis der Schiedsstelle des Vereins „Freiwillige Selbstkontrolle für die Arzneimittelindustrie", der die Einhaltung des „Pharma-Kodex" in Deutschland überwacht, unter Az. 2006.12-156, Az. 2009.3-255 und Az. 2009.3-258. Vgl. auch Rück 2017, S. 206.

verbands VDR e.V. (Zertifizierer: Certified GmbH) oder jenem des Verbands der Kongress- und Seminarwirtschaft Degefest e.V. Der Veranstaltungsplaner weiß deshalb im Vorhinein mit hoher Sicherheit, was ihn erwartet. Das gilt zumindest für die physische Ausstattung – bei der Dienstleistungsqualität bleibt noch ein etwas höherer Grad an Restunsicherheit, doch auch hier erreichen Tagungshotels im Durchschnitt einen hohen Standard:

4.3.10 Qualifikation der Mitarbeiter und Dienstleistungsqualität

Das Personal in Tagungshotels ist spezialisiert auf die Organisation und Durchführung von Veranstaltungen. Alle entsprechenden Berufsbilder sind vertreten, wenngleich – aufgrund geringerer Anforderungen bezüglich der technischen Ausstattung und der Teilnehmerzahlen – das Qualifikationsniveau im Durchschnitt nicht so hoch sein muss wie in Veranstaltungszentren.

4.3.11 Tagungspauschalen

Ihr kombiniertes Angebot aus Veranstaltungsräumen, Übernachtung und Catering ermöglicht es Tagungshotels, Tagungspauschalen anzubieten (vgl. Henschel 2002, S. 141-143). Diese sind bei Veranstaltern beliebt, aus ganz ähnlichen Gründen, aus denen Pauschaltouristen All-inclusive-Angebote schätzen: Zwar verringern sie die Kostentransparenz (das macht sie für das Hotel attraktiv), doch erleichtern sie dem Tagungsplaner die Kostenkalkulation und verhindern spätere Budgetüberschreitungen, und darauf kommt es vielen letztlich an. Veranstaltungszentren und Special Event Locations versuchen zunehmend ebenfalls Tagungspauschalen anzubieten, stoßen dabei aber auf ein hohes Hindernis: Um auch einen festen Übernachtungskostensatz in die Pauschalen einkalkulieren zu können (die andernfalls keine Pauschalen im Wortsinne wären), müssen mit der örtlichen Hotellerie Verträge über Kapazitäten zu Festpreisen, wenigstens aber Bestpreisvereinbarungen geschlossen werden (vgl. Schmitt/Storck 2011, S. 35), was ein finanzielles Risiko darstellen kann, das Betriebe in öffentlicher Hand (also die allermeisten Veranstaltungszentren und viele SEL) noch schwerer eingehen können als andere. Auch hier sichert sich die Tagungshotellerie also einen wichtigen Wettbewerbsvorteil, und er hängt wiederum mit ihrem Alleinstellungsmerkmal „Übernachtung" zusammen.

4.3.12 Zusammenfassende Gegenüberstellung typischer Stärken und Schwächen der Tagungshotellerie

In der nachstehenden Tabelle 3 werden die typischen Stärken und Schwächen von Tagungshotels im Wettbewerb noch einmal übersichtlich zusammengefasst:

Stärken von Tagungshotels	Schwächen von Tagungshotels
Spezialisten für Tagungen, aber auch Bankette, insbes. kleinere Veranstaltungen bis zu 50, max. 100 Teilnehmer	Begrenzte Raumkapazität
Zentraler Wettbewerbsvorteil: „alles aus einer Hand, unter einem Dach" (logistische Effizienz): Raum, Übernachtung, Verpflegung	Begrenzte Multifunktionalität
Kapazitätsauslastung vergleichsweise einfach (Raumgrößen, Veranstaltungshäufigkeit, Umbautage)	Weniger flexible Raumkonzepte (z.B. unterteilbare Räume)
Angebot umfassender Tagungspauschalen inkl. Übernachtungskosten	Begrenzte Ausstellungsflächen
Professionelles Personal	Begrenzte technische Ausstattung (für Tagungen aber i.d.R. ausreichend)
Sicherheit (Einhaltung der Bestimmungen der Versammlungsstättenverordnung)	Sachliche Ausstrahlung (Grenzen der Inszenierung, speziell für Marketing-Events)
Sachliche Ausstrahlung (Compliance)	
Hohe Markttransparenz (Gütesiegel)	

Tabelle 3: Stärken und Schwächen von Tagungshotels im Wettbewerb
(Quelle: eigene Darstellung)

4.4 Konkurrenzbeziehungen der Tagungshotellerie zu Veranstaltungszentren und Special Event Locations

Das charakteristische Marktverhalten der Tagungshotellerie im Wettbewerb der Veranstaltungsstätten ist bislang unzureichend erforscht. So ist viel zu wenig bekannt über die wechselvollen Konkurrenzbeziehungen zwischen Tagungshotellerie, Veranstaltungszentren und Special Event Locations, die von perfekter Symbiose bis hin zu schärfstem Substitutionswettbewerb reichen können. Nachfolgend wird der Versuch unternommen, typische Gesetzmäßigkeiten dieser Konkurrenzbeziehungen herauszuarbeiten.

Wie weiter oben (vgl. S. 174) bereits festgestellt, sind Veranstaltungszentren wegen ihrer hohen Kompetenz im Tagungsbereich der „natürliche" Hauptwettbewerber der Tagungshotels. Allerdings ist die Gruppe der Veranstaltungszentren von einer großen Heterogenität geprägt, die nur noch von den Special Event Locations übertroffen wird, weshalb es zunächst notwendig ist, sie in gleichmäßigere *Marktschichten* (engl. *tiers*) einzuteilen, bevor Aussagen zum charakteristischen Wettbewerbsverhalten getroffen werden können. Die nachfolgend vorgestellte Segmentierung wurde von Rück (vgl. Rück 2015 c, S. 51 f.) eingeführt und unterscheidet sich grundlegend von anderen, primär kapazitätsorientierten Einteilungen, etwa den Arbeitsgruppen des EVVC (vgl. EVVC 2017; vgl. auch Schreiber 2012, S. 16).

- Die erste Marktschicht (*„Tier 1"*) bilden die großen *Messe-Kongresszentren*, z.B. Berlin, Düsseldorf, Frankfurt, Hamburg, Hannover, Köln, Leipzig, München, Nürnberg, Stuttgart. Sie sind i.d.R. den dortigen Messegesellschaften angegliedert und werden wesentlich durch diese (z.B. durch Messekongresse) ausgelastet. Sieben dieser Zentren haben sich in der Marketing-Kooperation „Seven Centers of Germany" zusammengeschlossen (vgl. Seven Centers of Germany 2017).

- Die zweite Marktschicht (*„Tier 2"*) bilden *Einzel-Kongresszentren von überwiegend nationaler Bedeutung*. Hierzu zählen z.B. Mannheim und Mainz, aber auch Kongresszentren, die von Hotelunternehmen betrieben werden, wie das Maritim in Dresden und das Estrel in Berlin. Neun dieser Einzel-Kongresszentren haben sich in der Marketing-Kooperation „Congressallianz" zusammengeschlossen (vgl. Congressallianz 2017).
- Die dritte Marktschicht (*„Tier 3"*) bilden die *Einzel-Kongresszentren von überwiegend regionaler Bedeutung* – Beispiele sind Frankenthal, Hanau, Lübeck, Münster – sowie *Stadthallen*. Gemeinsam ist ihnen die Lage in Mittelzentren, eine überwiegend regionale Kundenstruktur und eine Ausrichtung auf Eintagesveranstaltungen wegen der meist schwächeren Hotel-Infrastruktur in solchen Lagen. In diesem Segment finden sich auch Tagungshotels mit eigenem Kongresszentrum, wie das Best Western Palatin in Wiesloch.
- Die vierte und letzte Kategorie (*„Tier 4"*) sind die Arenen, d.h. Kultur- und Sporthallen bzw. -stadien. Auch sie zählt man zu den Veranstaltungszentren, weil sie Mehrzweck-Veranstaltungsstätten sind.

Je nach Marktschicht gestalten sich die Marktbeziehungen zwischen Tagungshotels und Veranstaltungszentren unterschiedlich:

Für Veranstaltungszentren ist das Vorhandensein ausreichender[14] Hotelkapazitäten in unmittelbarer Nähe ein strategischer Wettbewerbsvorteil ersten Ranges (vgl. Rück 2015 c; Schreiber 2012, S. 10; Schreiber 2002, S. 84), ihr Nichtvorhandensein ein Wettbewerbsnachteil, der umso schwerer wiegt, je höher der Anteil an Mehrtagesveranstaltungen und je größer die Zahl von Veranstaltungsteilnehmern aus großen Entfernungen ist, die bereits am Vortag anreisen müssen. Veranstaltungszentren der Marktschichten 1, 2 und 4 richten für nationale und internationale Kunden Ein- und Mehrtagesveranstaltungen aus und benötigen dafür ausreichende Übernachtungskapazitäten im Umfeld. Sie unterhalten deshalb zur örtlichen Tagungshotellerie eine komplementäre Beziehung. Die Kooperation wird sich dabei häufig nicht auf die Übernachtung beschränken, sondern den Bezug weiterer Dienstleistungen einschließen, z.B. Catering. Gegebenenfalls wird das benachbarte Tagungshotel sogar als Kapazitätserweiterung genutzt, an welches das Veranstal-

[14] Die Hotelkapazitäten, die ein Veranstaltungszentrum in seinem direkten Umfeld benötigt, müssen in quantitativer und qualitativer Hinsicht ausreichend sein; d.h. es müssen Zimmer in ausreichender Zahl vorhanden und buchbar sein, und diese Zimmer müssen einen Standard besitzen, wie ihn Geschäftsreisende bevorzugen (drei Sterne und mehr). Da es besonders bei Großveranstaltungen vorkommen kann, dass die Teilnehmer zur Übernachtung auf mehrere Hotels aufgeteilt werden müssen, sollten genügend Hotels mit dem benötigten Standard in unmittelbarer (am besten fußläufiger) Nähe zum Veranstaltungszentrum verfügbar sein (Gugg nennt das die „Präferenz der kurzen Wege": Gugg 1972, S. 75).

tungszentrum kleinere Veranstaltungen abgibt, um kurzfristig eigene Kapazitäten für größere Veranstaltungen frei zu machen. Das Tagungshotel fungiert hier als eine Art „Überlaufventil" für das Veranstaltungszentrum. Ein Musterbeispiel für solch eine *symbiotische Beziehung zwischen einem Veranstaltungszentrum und einem Tagungshotel* ist die Kooperation des CC Rosengarten Mannheim mit dem „Wand an Wand" gelegenen Dorint-Hotel.

Völlig anders hingegen gestalten sich die Wettbewerbsbeziehungen in der Marktschicht 3: Zwischen den Veranstaltungszentren dieser Kategorie und der örtlichen Tagungshotellerie herrscht starke Substitutionskonkurrenz, speziell bei Veranstaltungen unter 200 Teilnehmern, die bekanntlich den Hauptteil des Tagungsmarktes ausmachen. Gleichwohl sind komplementäre Beziehungen auch auf dieser Marktebene möglich (Übernachtungsgeschäft, Nutzung des Partners als Kapazitätserweiterung).

Mit Special Event Locations konkurrieren Tagungshotels überwiegend um Bankette, im Tagungsmarkt gibt es nur punktuelle Wettbewerbsbeziehungen, da nur wenige SEL auf diesen Bereich ausgerichtet sind. Im Übrigen herrschen symbiotische Beziehungen vor, ähnlich denen mit Veranstaltungszentren: Die Tagungshotellerie fungiert auch 7primär hier als Übernachtungsstätte. In ihrer Ausrichtung als Veranstaltungsstätte sind Tagungshotels und Special Event Locations im Allgemeinen zu verschieden, ihre Substitutionalität zu gering, als dass intensive Konkurrenzbeziehungen bestehen könnten.

5. Strategische Entwicklungsperspektiven für die Tagungshotellerie

Für die Tagungshotellerie ist die Wachstumsperspektive für die nächsten Jahre intakt. Sämtliche wichtigen Parameter des Tagungsmarktes haben in den vergangenen 10 Jahren zum Teil deutlich zugelegt (vgl. GHH 2017, S. 11), selbst die Finanzkrise konnte diesen Trend nicht nachhaltig brechen, und es sind gegenwärtig keine Gründe erkennbar, die dieser Entwicklung ein Ende setzen sollten, im Gegenteil (vgl. DZT 2014). Eine weitere Zunahme der Tagungsaktivität und des damit verbundenen Geschäftsreiseverkehrs (vgl. VDR 2017, S. 28) ist somit wahrscheinlich.

Mit Blick auf die Weiterentwicklung des Betriebstyps Tagungshotel scheinen für die Zukunft vor allem zwei strategische Ausrichtungen Erfolg versprechend, die sich in den vergangenen Jahren als besonders durchsetzungsfähig erwiesen haben:

1. *Perfektionierung des tagungshoteltypischen Geschäftsmodells* der möglichst effizienten und kostengünstigen Abwicklung eine Vielzahl kleiner Veranstaltungen. Betriebe, die dieses Konzept verfolgen, kann man als *„Kategorie-Optimierer"* klassifizieren.
2. Gezielte Übertretung der Grenzen der eigenen Kategorie, um *hybride Positionierungen* einzunehmen – entweder

a) durch Ausbildung Veranstaltungszentren ähnlicher Strukturen, wie im Fall Estrel („TH-VZ-Hybrid"); oder
b) durch erlebnisorientierte Differenzierung in Architektur, Ausstattung und Design, um durch höheren Erlebniswert der Veranstaltungsstätte relative Alleinstellungsmerkmale zu schaffen.
   ba) In letztere Richtung weisen zum einen Konzepte, welche die Funktion eines Tagungshotels mit der Erscheinung einer Special Event Location kombinieren *(„TH-SEL-Hybrid")*, etwa durch Nutzung historischer Gebäude, wie im bereits angeführten Fall des *Conparc Hotel & Conference Centre Bad Nauheim* (vgl. Conparc 2017).
   bb) Einen anderen Weg beschreiten Tagungshotels, die auf außergewöhnliche Inneneinrichtung setzen, in Gestalt kreativer Farb-, Design- und Ausstattungskonzepte, wie z.B. die Kette *Vienna House*, speziell in ihren Häusern der Linie *Angelo by Vienna House* (vgl. Vienna House 2017 a, b, c).

Dies ist vorläufig allerdings nur eine qualitative, aus empirischer Beobachtung gewonnene Einschätzung. Die Forschung steht hier noch ganz am Anfang, es bedarf daher in Zukunft weiterer wissenschaftlicher Untersuchungen, um die obigen Aussagen zu substantiieren.

6. Fazit und Ausblick

Tagungshotels sind ein in seiner wirtschaftlichen Bedeutung von Forschung und Praxis nicht ausreichend beachteter, geschweige denn ausreichend analysierter Teil der Hotellerie und des Veranstaltungswesens. Bei bestünde dazu aller Anlass:

Tagungen sind immerhin der häufigste Anlass für Geschäftsreisen: Jede dritte Geschäftsreise (vgl. DZT 2017, S. 13) und jede dritte Hotelübernachtung (vgl. GHH Consult 2016, S. 4) werden durch Tagungen ausgelöst. Damit sind Tagungen nach Anzahl der Veranstaltungen das größte Segment im Veranstaltungswesen, und aller Wahrscheinlichkeit nach zusammen mit Messen die wirtschaftlich bedeutendste Veranstaltungskategorie. (Bedauerlicherweise existieren bislang keine vergleichbaren Zahlen über die volkswirtschaftliche Bedeutung einzelner Veranstaltungsarten.) Die Bedeutung der Tagungen kann also schwerlich unterschätzt werden – weder für die Hotellerie noch für die übrige Tourismuswirtschaft, speziell deren Geschäftsreisezweig.

Tagungshotels sind, wie der Name schon sagt, Spezialisten für Tagungen von Unternehmen, Verbänden, Vereinen und anderen Organisationen. Die meisten Tagungen – und das heißt zugleich: die meisten geschäftlichen Veranstaltungen – finden in Tagungshotels statt. Typische Tagungshotels sind ausgelegt auf die Durchführung einer großen Zahl kleinerer Veranstaltungen, speziell Seminare, Workshops, Symposien, Konferenzen und kleinere Kongresse sowie die zugehörigen

Bankette. Diese Aufgabe erledigen typische Tagungshotels mit relativer Nüchternheit, aber zugleich hoher Funktionalität und Effizienz.

Die im Wettbewerbsvergleich überlegene Effizienz von Tagungshotels bei kleineren Veranstaltungen resultiert aus ihrem integrierten Geschäftsmodell, welches Tagung, Übernachtung und gastronomisches Angebot vereint und Veranstaltern somit eine besonders unkomplizierte Logistik verspricht. Tagungshotels können ein komplettes Angebot „aus einer Hand und unter einem Dach" anbieten, in aller Regel zu vergleichsweise günstigen Tagungspauschalen. Für Tagungsplaner sind Tagungshotels deshalb ein unverzichtbarer Bestandteil ihres Portfolios (vgl. Rück 2015 b, S. 34) und die Prognose ist wenig gewagt, dass sie diese Position auch in Zukunft selbst in einem wie erwartet zunehmenden Wettbewerb der Veranstaltungsstätten (Rück 2013 b; Behn-Künzel/v. Schnurbein-Ströbel 2006, S. 93) werden verteidigen können.

Quellenverzeichnis

Atrium Hotel (Hrsg.) (2017 a): Atrium Hotel Mainz, http://www.atrium-mainz.de/, Zugriff: 1. Juli 2017.

Atrium Hotel (Hrsg.) (2017 b): Conference Guide, http://www.atrium-mainz.de/uploads/2011/09/Atrium-Hotelunterlagen-2016.pdf, Zugriff: 1. September 2017.

Behn-Künzel, Ines/Schnurbein-Ströbel, Frank von (2006): Wie wird man zu einer Kongress- und Tagungsregion? Chancen und Risiken im Rahmen des Standortmanagements, in: Pechlaner, Harald/Fischer, Elisabeth/Hammann, Eva-Maria (Hrsg.): Standortwettbewerb und Tourismus: Regionale Erfolgsstrategien. Berlin, S. 91–108.

Best Western Palatin (Hrsg.) (2017): Herzlich willkommen im Palatin!, https://www.palatin.de/, Zugriff: 1. Juli 2017.

Congressallianz (Hrsg.): Neun Städte, neun Congress-Zentren – ein Versprechen: Sie werden profitieren!, http://www.congressallianz.de/de/home/, Zugriff: 1. Juli 2017.

Conparc (2017): Conparc Hotel & Conference Centre Bad Nauheim, http://www.dolce-bad-nauheim-hotel.de, Zugriff: 1. Juli 2017.

Dehoga Deutscher Hotel- und Gaststättenverband e.V. (Hrsg.) (2017): Definition der Betriebsarten, https://www.dehoga-bundesverband.de/zahlen-fakten/betriebsarten/, Zugriff: 1. Juli 2017.

Degefest Deutsche Gesellschaft zur Förderung und Entwicklung des Seminar- und Tagungswesens e.V. (2009): Typologie, http://degefest-wiki.de/degefestWiki/index.php5?title=Typologie, Zugriff: 1. November 2017.

Deike, Gaby/VÖB-Kommission für Bewertungsfragen (Hrsg.) (2007): Beherbergungsgewerbe in Deutschland – Leitfaden für Immobiliengutachter, VÖB Bundesverband Öffentlicher Banken Deutschlands, 2., vollst. überarb. Aufl., Berlin, https://www.voeb.de/download/publikation-beherbergungsgewerbe.pdf, Zugriff: 1. Juli 2017.

DZT Deutsche Zentrale für Tourismus e.V. (Hrsg.) (2014): DZT-Prognose 2030 für das Deutschland-Incoming: Chancen für Wachstum erkennen! Frankfurt am Main, http://www.germany.travel/media/pdf/ueber_uns_2/DZT_Prognose_2030_836x297_DE_Screen.pdf, Zugriff: 1. August 2017.

DZT Deutsche Zentrale für Tourismus e.V. (Hrsg.) (2015): Incoming-Tourismus Deutschland: Zahlen, Daten, Fakten 2014, Frankfurt am Main, http://www.germany.travel/media/pdf/dzt_marktforschung/DZT_Incoming-Tourismus-Deutschland-2015.pdf, Zugriff: 1. Oktober 2015.

DZT Deutsche Zentrale für Tourismus e.V. (Hrsg.) (2017): Zahlen – Daten – Fakten 2016, Frankfurt am Main, http://www.germany.travel/media/pdf/ueber_uns_2/DZT_ZahlenFlyer_2017_DE_web.pdf, Zugriff: 1. August 2017.

EITW Europäisches Institut für Tagungswirtschaft (Hrsg.) (2014): Meeting- und Event-Barometer Deutschland 2013/2014: Die Deutschland-Studie des Kongress- und Veranstaltungsmarktes, Management-Info, Frankfurt am Main/Wernigerode, http://www.eitw.de/drupal_6_22/node/19, Zugriff: 1. Juli 2017.

EITW Europäisches Institut für Tagungswirtschaft (Hrsg.) (2015): Meeting- und Event-Barometer Deutschland 2014/2015: Die Deutschland-Studie des Kongress- und Veranstaltungsmarktes, Management-Info, Frankfurt am Main/Wernigerode, http://www.eitw.de/drupal_6_22/node/19, Zugriff: 1. Juli 2017.

EITW Europäisches Institut für Tagungswirtschaft (Hrsg.) (2016): Meeting- und Event-Barometer Deutschland 2015/2016: Die Deutschland-Studie des Kongress- und Veranstaltungsmarktes, Management-Info, Frankfurt am Main/Wernigerode, http://www.eitw.de/drupal_6_22/node/19, Zugriff: 1. Juli 2017.

EITW Europäisches Institut für Tagungswirtschaft (Hrsg.) (2017): Meeting- und Event-Barometer Deutschland 2016/2017: Die Deutschland-Studie des Kongress- und Veranstaltungsmarktes, Management-Info, Frankfurt am Main/Wernigerode, http://www.eitw.de/drupal_6_22/node/19, Zugriff: 1. Juli 2017.

Engelhardt, Werner Hans (1989): Dienstleistungsorientiertes Marketing – Antwort auf die Herausforderung durch neue Technologien. In: Adam, Dietrich/Backhaus, Klaus/Meffert, Heribert/ Wagner, Helmut (Hrsg.): Integration und Flexibilität: Eine Herausforderung für die Allgemeine Betriebswirtschaftslehre. Wiesbaden, S. 269–288.

Estrel (2017): Estrel Berlin, http://www.estrel.com/de, Zugriff: 1. Juli 2017.

EVVC Europäischer Verband der Veranstaltungs-Centren e.V. (2017): Verbandsstruktur, http://www.evvc.org/de/der-verband/verbandsstruktur/, Zugriff: 1. Juli 2017.

Gamma, Gerold/Accola, Martin (1973): Das Wesen des Kongresstourismus, Sonderreihe Fremdenverkehr des Instituts für Fremdenverkehr und Verkehrswirtschaft, H. Nr. 2, St. Gallen.

Gardini, Marco (2015): Marketing-Management in der Hotellerie, 3. , überarb. u. akt. Aufl., Berlin/München/Boston.

GHH Consult (Hrsg.)/Hank-Haase, Gisela und Kunz, Elmar (2016): Hotelmarkt Deutschland, Europa und international 2016 – Benchmarks, Daten, Entwicklung, GHH Consult, Wiesbaden.

GHH Consult (Hrsg.)/Hank-Haase, Gisela und Kunz, Elmar (2017): Der Tagungs- und Kongressmarkt Deutschland, Europa und international, Ausgabe 2017 – Zahlen, Daten, Entwicklungen, Trends, GHH Consult, Wiesbaden.

Gugg, Eberhard (1972): Der Kongressreiseverkehr: verkehrswirtschaftliche und -planerische Probleme, u. M. v. Lothar Lüdtke u. Joachim Maschke, Deutsches Wirtschaftswissenschaftliches Institut für Fremdenverkehr a. d. Univ. München, Schriftenreihe H. 27, München.

Hänssler, Karl Heinz (2016): Betriebsarten und Betriebstypen des Gastgewerbes, in: Hänssler, Karl Heinz (Hrsg.): Management in der Hotellerie und Gastronomie: Betriebswirtschaftliche Grundlagen, 9. Aufl., Berlin/Boston, S. 49–73.

Hank-Haase, Gisela (1992): Der Tagungs- und Kongressreiseverkehr als wirtschaftlicher Faktor in deutschen Großstädten, Materialien zur Fremdenverkehrsgeographie Bd. 27, Diss., Trier: Geographische Gesellschaft.

Henschel, Karla (2002): Stellung der Hotellerie im Rahmen des Veranstaltungswesens, in: Schreiber, Michael Thaddäus (Hrsg.): Kongress- und Tagungsmanagement, u. M. v. Klaus Beckmann, 2., durchges. Aufl., München/Wien, S. 127–150.

Henschel, Karla/Gruner, Axel/Freyberg, Burkhard von (2013): Hotelmanagement, 4., akt. u. erw. Aufl., München.

IHA Hotelverband Deutschland e.V. (Hrsg.) (2017): Hotelmarkt Deutschland 2017, Berlin.

Maritim Hotel Köln (2017): Veranstaltungsräume, https://www.maritim.de/de/meetings-und-events/deutschland/hotel-koeln/veranstaltungsraeume, Zugriff: 1. Juli 2017.

Kaspar, Claude (1982): Die Fremdenverkehrslehre im Grundriss, 2. Aufl., St. Galler Beiträge zum Fremdenverkehr und zur Verkehrswirtschaft, Reihe Fremdenverkehr, Bd. 1, Bern/Stuttgart.

Meyer, Paul W./Tostmann, Thomas (1978): Dienstleistungsmarketing – Genese einer Dienstleistungstheorie und der systeminhärenten Implikationen für das Marketing. In: Jahrbuch der Absatz- und Verbrauchsforschung, 24. Jg., S. 286–294.

Rodgers, Tony/Davidson, Rob (2016): Marketing Destination and Venues for Conferences, Conventions and Business Events, 2nd ed., Milton Park/New York.

Rück, Hans (2000): Dienstleistungen in der ökonomischen Theorie. Diss., Wiesbaden.

Rück, Hans (2013 a): Stichwort „Events“. In: Gabler Wirtschaftslexikon Online, Sachgebiet Tourismus, Wiesbaden, http://wirtschaftslexikon.gabler.de/Definition/event-veranstaltung.html, Zugriff: 1. Juli 2017.

Rück, Hans (2013 b): Stichwort „Event-Locations“. In: Gabler Wirtschaftslexikon Online, Sachgebiet Tourismus, Wiesbaden, http://wirtschaftslexikon.gabler.de/Definition/event-locations.html, Zugriff: 1. Juli 2017.

Rück, Hans (2013 c): Stichwort „Event-Wirtschaft“. In: Gabler Wirtschaftslexikon Online, Sachgebiet Tourismus, Wiesbaden, http://wirtschaftslexikon.gabler.de/Definition/event-wirtschaft.html, Zugriff: 1. Juli 2017.

Rück, Hans (2013 d): Compliance: Neue Regeln für Veranstaltungen und ihre Folgen für die Tourismuswirtschaft. In: Conrady, Roland/Ruetz, David (Hrsg.): Tourismus und Politik: Schnittstellen und Synergiepotentiale, Bd. 16 der „Schriften zu Tourismus und Freizeit“ der Deutschen Gesellschaft für Tourismuswissenschaft (DGT) e.V., Berlin, S. 179–197.

Rück, Hans (2015 a): Special Event Locations: Die Exoten unter den Veranstaltungsstätten, Tagungswirtschaft, Nr. 1/2015, S. 30–33.

Rück, Hans (2015 b): Tagungshotels: Alles unter einem Dach – Die Effizienzkönige unter den Veranstaltungsstätten, Tagungswirtschaft, Nr. 2/2015, S. 32–34.

Rück, Hans (2015 c): Veranstaltungszentren: Die Allrounder unter den Veranstaltungsstätten, Tagungswirtschaft, Nr. 3/2015, S. 50–53.

Rück, Hans (2015 d): Arenen: Gänsehaut-Events im Panoramaformat, Tagungswirtschaft, Nr. 4/2015, S. 44–46.

Rück, Hans (2015 e): VDR Glossar: Definitionen wichtiger Begriffe aus dem Veranstaltungsbereich nach Prof. Dr. Hans Rück, Hochschule Worms, Stand: März 2015, Bestandteil des VDR-internen Leitfadens zur Erstellung einer Veranstaltungsrichtlinie, https://www.vdr-service.de/index.php?eID=tx_nawsecuredl&u=202&g=8%2C14%2C17&t=1460987695&hash=11bd273fd3e255a026d1050b4c9bff25efc94ca3&file=fileadmin/mitgliederportal/standardinstrumente/mice/VDR-FA-MICE_6_Glossar_Stand-2015-03.pdf, Zugriff: 1. April 2016.

Rück, Hans (2016): Events in der Reise- und Tourismusindustrie: Einsatzfelder, Funktionen, Perspektiven, in: Zanger, Cornelia (Hrsg.): Events und Tourismus – Stand und Perspektiven der Eventforschung, Wiesbaden, S. 31–61.

Rück, Hans (2017): Compliance bei Kongressen, in: Bühnert, Claus/Luppold, Stefan (Hrsg.): Praxishandbuch Kongress-, Tagungs- und Konferenzmanagement: Konzeption und Gestaltung, Werbung und PR, Organisation und Finanzierung, Berlin u.a., S. 191–220.

Rück, Hans/Birkenstock, Sina (2013): Ein Konferenzraum im Dschungel? Events – Das Management-Magazin für Live-Kommunikation, Nr. 3/2013, S. 14–18.

Schmitt, Matthias/Storck, Christine (2011): „Wir stehen an der Spitze der deutschen Kongresszentren“, Interview mit Michel Maugé, Econo, 3. Jg., Rhein-Neckar-Ausgabe Nr. 1/2011, 3. Dezember 2010, S. 34–36.

Schreiber, Michael-Thaddäus (2002): Standortfaktoren: Faktoren des Ortes und der Kongress-Stätte, in: Schreiber, Michael Thaddäus (Hrsg.): Kongress- und Tagungsmanagement, u. M. v. Klaus Beckmann, 2., durchges. Aufl., München/Wien, S. 83–98.

Schreiber, Michael-Thaddäus (2012): Die Bausteine der Veranstaltungswirtschaft, in: Schreiber, Schreiber, Michael-Thaddäus (Hrsg.): Kongresse, Tagungen und Events: Potenziale, Strategien und Trends der Veranstaltungswirtschaft, München, S. 3–24.

Seven Centers of Germany (Hrsg.) (2017): Seven Centers of Germany: Great places for great conventions, http://www.sevencenters.de/, Zugriff: 1. Juli 2017.

Tschudy, Daniel (2009): Nomen est omen, Expodata, Nr. 11/2009, S. 33.

UNWTO United Nations World Tourism Organisation (Hrsg.) (2017): UNWTO World Tourism Barometer, Vol. 15, Advance Release January 2017, http://mkt.unwto.org/barometer, Zugriff: 1. Juli 2017.

VDR Verband Deutsches Reisemanagement e.V. (Hrsg.) (2017): Geschäftsreiseanalyse 2017, Frankfurt am Main, https://www.vdr-service.de/fileadmin/der-verband/fachmedien/geschaeftsreiseanalyse/vdr-geschaeftsreiseanalyse-2017.pdf, Zugriff: 1. Juli 2017.

Vienna House (2017 a): Vienna House: When a Hotel Becomes Your House, https://www.viennahouse.com/de.html, Zugriff: 1. Juli 2017.

Vienna House (2017 b): Angelo by Vienna House München-Leuchtenbergring, https://www.viennahouse.com/de/angelo-munich-leuchtenbergring/das-hotel/uebersicht.html, Zugriff: 1. Juli 2017.

Vienna House (2017 c): Angelo by Vienna House Prag, https://www.viennahouse.com/de/angelo-prague/das-hotel/uebersicht.html, Zugriff: 1. Juli 2017.

WEF World Economic Forum (Hrsg.) (2017): The Travel & Tourism Competitiveness Report 2017: Paving the Way for a More Sustainable and Inclusive Future, Genf 2017. http://www3.weforum.org/docs/WEF_TTCR_2017_web_0401.pdf, Zugriff: 1. Juli 2017.

Teil 3:

Marketing/Vertrieb/Zielgruppen

MARCO A. GARDINI

Evidenzen und Realitäten im Markenmanagement in der Hotellerie: Ein Blick auf Forschung und Praxis

1. Problemstellung

Eine starke Marke gilt in vielen Bereichen des Tourismus (z.B. Hotellerie, Gastronomie, Veranstalter, Reisevertrieb etc.) als ein zentraler Werttreiber und als essentielle Grundbedingung für einen regionalen, nationalen oder internationalen Multiplikationserfolg von Tourismuskonzepten (Bölitz 2017; Meyer 2017; Dev 2012; O´Neill/Mattila 2010; Adjouri/Büttner 2008; Frehse 2006). Entsprechend ist auch in den letzten Jahren das Markenbewusstsein in der Hotellerie unaufhörlich gewachsen und so ist die Relevanz der Hotelmarke als strategischer Erfolgsfaktor seit einiger Zeit ein Top-Thema auf der Managementagenda in der Hotelindustrie, wie die nachfolgenden Zitate großer Hotelgesellschaften unterstreichen:

- "It's not unique to the hotel industry but customers are much more clear about they want today, therefore, as a supplier you have to be very clear what your brand stands for… Whether it's Holiday Inn or BMW or HBO, there are brands that truly stand for something and consistently deliver a great experience. That's what I think is at the heart of a successful hotel business" *Richard Solomons, CEO InterContinental Hotels Group (2015)*
- „Four Seasons has a great brand that drives high unit growths and high returns on invested capital", *Isadore Sharp, CEO, Four Seasons (2011)*
- „„...our success is based on our strong brand portfolio that provides outstanding value, and a culture that celebrates change and values responsiveness" *J.W. Marriott, Jr., Chairman & CEO (2009)*
- "Je klarer Sie Ihre Marke positionieren, je einfach das Markenerlebnis wiederholbar ist, umso größer ist die Chance, sich vom Wettbewerb zu unterscheiden und die Erwartungshaltung der Gäste zu erfüllen." *Ursula Schelle-Müller, CMO Motel One, (2016)*

Dabei wird der Marke nicht nur von Hotelbetreibern eine wachsende Bedeutung zuerkannt, sondern auch Hotelinvestoren und Hotelentwickler betonen zunehmend die besondere Fähigkeit von Marken den Zugang zu Investoren und Kapital zu erleichtern und das Unternehmenswachstum zu unterstützen (Frehse/Peters 2012; Gerhard/Nadrowski 2011; Hanson et al. 2009; Olsen et al. 2005). Entsprechend sind in der jüngeren Vergangenheit in der internationalen Hotellerie zahlreiche neue Markenkonzepte entwickelt, reaktiviert und eingeführt worden und die globale Hotellandschaft hat sich drastisch verändert (Gardini 2015; Härle/Haller 2007).

Die verstärkten Markenaktivitäten und das gestiegene Markenbewusstsein der Industrie zeigen zwar, dass sich die Hotellerie zunehmend sensibler im Hinblick auf notwendige Profilierungs- und Markenleistungen zeigt, nichtsdestoweniger scheint sich hier die ökonomische Realität bedeutend schneller zu bewegen, als die Psychologie und die Mentalität der beteiligten Protagonisten an diesem Prozess und so lassen sich nach wie vor große Forschungs- und Erkenntnisdefizite in Theorie und Praxis in Bezug auf die spezifischen Probleme des Marken-Management von Hotelunternehmen konstatieren (Gardini 2015; Dev/Withiam 2012; Frehse 2008; Bailey/Ball 2006). Hinzu kommt, dass die bis dato vorliegenden Studien, ob nun aus Wissenschaft oder Praxis, größtenteils sehr kontroverse und ambivalente Erkenntnisse im Kontext der Fragestellungen rund um die Themen Marke/Markierung (Branding) und Markenführung (Brand Management) in der Hotellerie hervorgebracht haben.

Vor dem Hintergrund dieser Ausgangssituation soll in diesem Beitrag ein erster Versuch gemacht werden, Stand und Entwicklungstendenzen der Themen Marke/Markierung (Branding) und Markenführung (Brand Management) in der Hotellerie zu erfassen. Entsprechend wird in diesem Beitrag eine systematisierte Erfassung des aktuell vorherrschenden Forschungsstandes zu den genannten Themen vorgenommen. Im Fokus dieser Analyse steht dabei, neben einer Beschreibung der aktuellen Branchensituation, die Ermittlung des derzeitigen Standes der spezifischen Forschung zum Thema Marke und Markenmanagement in der Hotellerie sowie die Frage nach den Schwerpunkten der aktuellen wissenschaftlichen Forschungen und Beiträge zum Thema. Schließlich wird der Blick auf zukünftige Fragestellungen gerichtet, die sich für die hotelleriespezifische Forschung im Hinblick auf das Wissenschaftsgebiet Marke und Markenmanagement ergeben.

2. Zur Relevanz der Marke in der Hotellerie – ein Blick in die Praxis

Während in einigen Branchen und Märkten die Rolle der Marke und der Einfluss der Marke im Kaufentscheidungsprozess von Konsumenten ein weitgehend akzeptiertes Wettbewerbsdiktum darstellt, ist in anderen Branchen und Märkten die Fähigkeit der Marke Kaufverhalten zu beeinflussen, Käuferpräferenzen auszulösen und einen ökonomischen Mehrwert zu generieren, oftmals keine notwendige Voraussetzung für den Unternehmenserfolg (Donnevert 2009). Für die Hotellerie stellt sich die diesbezügliche Situation derzeit ambivalent dar und so sind sowohl in Wissenschaft als auch in der Unternehmenspraxis sehr abweichende Einschätzungen und Meinungsbilder bezugnehmend auf die Relevanz von Hotelmarken als Kaufentscheidungskriterium und Erfolgsfaktor im Wettbewerb zu beobachten. Während verschiedenste Studien ein gestiegenes Markenbewusstsein der Hotelkunden im Kaufentscheidungsprozess konstatieren (fvw 2015; O´Neill/Mattila

2010; Amadeus 2007; Dubé/Reneghan 2000), sehen andere wiederum in der Hotelmarke ein eher nachrangiges Kaufkriterium für den Hotelgast (Soller 2016; VDR 2015; Fraunhofer 2014; Koob 2011; Schneider 2008). Diese sehr heterogene Datenlage der vorliegenden Praxisstudien könnte man auch als klassisches „Henne/Ei" Problem interpretieren, in dem sich die Frage stellt, ob Marken für die Kaufentscheidung in der Hotellerie de facto irrelevant sind oder ob Geschäfts- oder Ferienreisende eine entsprechende Indifferenz gegenüber Hotelmarken deshalb zeigen, weil sie keine profilierungs- oder differenzierungsfähige Hotelmarken zu erkennen vermögen.

Die derzeitige Entwicklung in der Hotellerie reflektiert zumindest die Überzeugung vieler Hotelgesellschaften, mit neuen Marken Nischen und Geschäftsfelder besetzen zu müssen, bevor sie vom Wettbewerb besetzt werden. Studien zeigen hier jedoch, dass mehr Marken nicht zwingend mehr oder andere Gäste bringen (Lynn 2007). Vielmehr sind die zahlreichen, eher operativ denn strategisch getriebenen Neueinführungen, zumeist eher ein Hebel *"...to entice hotel owners and investors to sign franchise agreements or management contracts..."* (Olsen et al. 2005, S.147), als der Versuch in ein langfristig ausgerichtetes Markenmanagement zu investieren, um einer klar definierten Zielgruppe eine einzigartige und differenzierungsfähige Markenerfahrung zu bieten.

Aber nicht nur die zahlreichen Neueinführungen von Marken, auch die sich regelmäßig im Rahmen struktureller Konzentrationsprozesse vollziehenden Eigentümer-, Marken- bzw. Namenswechsel in vielen internationalen Hotelmärkten (Dev/Withiam 2011), leisten einen nicht unerheblichen Beitrag zur Verunsicherung der Hotelkunden (Pütz-Willems 2015; Zehle 2011; Kim et al. 2008; Frehse 2008) und so können Reisende bzw. Hotelgäste in Befragungen - außer einer geringen Markenbekanntheit - oftmals auch kaum differenzierungsfähige Assoziationen artikulieren (Gardini 2015; Dev/Withiam 2012; Gerhard/Nadrowski 2011; Frehse 2008; Daun/Klinger 2006): *"In many cases, it is difficult to differentiate between the levels of service offered from one sub-brand to another and pricing is now becoming blurred among and between them. The customer, unless an experienced traveller, is probably unable to differentiate among them."* (Olsen et al. 2005, S.148). Das Markenimage als *„...the consumer's idea of a product",* wie David Ogilvy es bereits vor mehr als 50 Jahren formuliert hat, umfasst die Gesamtheit aller subjektiven Vorstellungen einer Person von einer Marke hinsichtlich der wahrgenommenen Eigenschaften und der Eignung dieser Marke zur Befriedigung der rationalen und emotionalen Bedürfnisse des Individuums. Diese Idee wird von der Mehrzahl der Akteure in weiten Teilen der Hotellerie offenbar nicht hinreichend genug herausgearbeitet, wie es Dev/Withiam konstatieren: *„...hoteliers fail to articulate the compelling experience found in their hotel, even though guests can feel and explain that experience. Another concern is that many hotel properties have great authenticity that they fail to use." (Dev/Withiam, 2012, S.7).* Jockwer (2017, S.83) spricht denn hier auch von *„...blassen Markenbildern..."* – und so gibt es in der Hotellerie, *„...noch zu viele seelenlose Marken – ohne konkrete Botschaft, ohne spezifisch aufgeladene Inhalte, ohne differenzierenden Charakter" (Gardini 2011, S.27).* Die Liste der auffälligsten Beispiele der „me too" Marken bzw. der austauschbaren Hotels in der Hotellerie, ist denn auch um ein vielfaches länger als die Liste der klar differenzierten und positionierten Hotelmarken. So werden bspw. zahlreiche internationale Hotelmarken wie Best Western, NH Hoteles, Holiday Inn, Mercure, Novotel, Maritim, Hilton, Marriott oder Intercontinental – die Aufzählung ließe sich beliebig fortführen – wietestgehend unprofiliert und diffus in ihrer Markenbotschaft wahrgenommen bzw. weisen kein klares Markenprofil auf (Jockwer 2017; Pütz-Willems 2015; Gardini 2011; Frehse 2008; Strobel y Serra 2008; Daun/Klinger 2006): *„Analysiert man den Hotelmarkt kritisch, so ist es heute für den Kunden schwierig, klare Markendifferenzierungen festzustellen. Bei der großen Markenvielfalt sind die Markenbilder sehr verschwommen und im selben Preissegment kommen für den Kunden oft sehr viel Marken in Frage" (Zehle 2011, S.197).* Diese Problematik ist nicht nur für Hotelketten zu konstatieren, sondern insbesondere auch für viele Hotelkooperationen konstitutiv. Dies ist umso bemerkenswerter, als dass Hotelkooperationen mit dem Anspruch antreten, über die von ihnen verfolgte Dachmarkenstrategie Marken- und Vertriebsvorteile zu realisieren. Dies gelingt auf der Markenseite den wenigsten Kooperationen (z.B. Familotels, Designhotels AG, Biohotels, Romantik Hotels), einigen wenigen auf der Vertriebsseite (z.B. Ringhotel, Worldhotel). Viele Hotelkooperationen sind jedoch weder bekannt noch spezifisch markiert und so herrscht in den relevanten Zielgruppen weitestgehende Unkenntnis und Unklarheit über den relativen Mehrwert den bspw. eine *„Kooperationsmarke"* wie Flair Hotels, Akzent Hotels, Top International etc. für den potenziellen Gast bringen soll. In Folge wird der Ketten- und Kooperationshotellerie zumeist eine eher oberflächliche Namenskosmetik attestiert, als eine langfristige und zielorientierte Markenpolitik (Gardini 2015; Dev/Withiam 2012; Gerhard/Nadrowski 2011; Frehse 2008): *„...having a brand name alone is not a guarantee of success within the hotel industry" (Bailey/Ball 2006, S.17).*

Insgesamt stellen sich Rolle und Einfluss der Marke in der Hotelpraxis als weitgehend diffus und ambivalent dar und so wird denn auch weiten Teilen der Hotelindustrie von der Tourismuswissenschaft ein großer Nachholbedarf in Bezug auf eine zielgerichtete Fokussierung auf die Themen Marke/Markierung (Branding) und Markenführung (Brand Management) als Erfolgsfaktor und Werttreiber im Wettbewerb attestiert. Entsprechend wird für die Zukunft der Branche und ihrer Akteure eine intensivere Auseinandersetzung mit diesen Themen angemahnt: *„...a holistic understanding of branding is essential..." (Dev/Withiam 2012, S.14).* Allerdings liefern die derzeitigen wissenschaftlichen hotelleriespezifischen Forschungsanstrengungen – wie nachfolgend gezeigt – aktuell auch nur bescheidene Beiträge in Bezug auf die Themen Markenrelevanz und Relevanz der Marke in der

Hotellerie und der damit einhergehenden spezifischen Herausforderungen des Markenmanagements von Hotelunternehmen.

3. Zur Relevanz der Marke in der Hotellerie – ein Blick in die Forschung

3.1 Ausgangssituation und Forschungsansatz

Die Themen Marke/Markierung (Branding) und Markenführung (Brand Management) in der Hotellerie sind in der englischsprachigen Scientific Community etablierte Forschungsthemen (anstatt vieler Dev 2012; Dev/Withiam 2012, 2011), ganz im Gegensatz zum deutschsprachigen Forschungsraum, in dem diese Themen - abgesehen von wenigen Ausnahmen (Frehse 2008, 2006; Gardini 2015, 2011, 2006) – nur wenig Aufmerksamkeit erfahren. Allerdings existiert in der tourismuswissenschaftlichen Forschung aktuell keine systematisierte Erfassung des derzeitigen Forschungsstandes zum Thema Marke und Markenführung in der Hotellerie. Basierend auf dieser Ausgangssituation kristallisiert sich der Forschungsansatz dieses Beitrages heraus. Dazu wird eine Analyse der einschlägigen Forschungsbeiträge anhand von ausgewählten Wissenschaftsjournalen (peer-reviewed) aus dem Bereich der internationalen Hospitality-Forschung durchgeführt. Im Fokus der Literaturanalyse steht dabei, neben der Ermittlung der grundsätzlichen Relevanz der Themen Marke und Markenmanagement in der Hotellerie, im Weiteren die Frage nach den inhaltlichen Schwerpunkten der aktuellen wissenschaftlichen Forschungsbemühungen. Neben diesen Erkenntniszielen wird schließlich - im Sinne des Gestaltungsziels empirischer Forschung - der Blick auf zukünftige Fragestellungen, Implikationen und Herausforderungen gerichtet, die sich für die hotelspezifische Forschung und Praxis im Hinblick auf das Thema Marke und Markenmanagement ergeben.

3.2 Untersuchungsmethodik

Methodisch folgt der Forschungsansatz – wie in Abb. 1 skizziert – einem mehrstufigen Vorgehensmodell, wie er im Kontext systematisierender Literaturanalysen von verschiedenen Autoren typisierend vorgeschlagen wird (Fettke 2006; Webster/Watson 2002) und wie es in entsprechenden Arbeiten häufig Verwendung findet (Sakdiyakorn et al. 2016; Ottenbacher/Harrington 2011). Ein erster Schritt ist hierbei die Identifikation und Auswahl relevanter Quellen bzw. Journals. Die hierbei zugrundeliegenden Auswahlkriterien sind neben der Charakteristik einer wissenschaftlichen Zeitschrift (peer-reviewed) und der wissenschaftlichen Bedeutung der Journals, auch Faktoren wie die inhaltliche Ausrichtung der Journals, die Zugriffsfähigkeit und damit die Verfügbarkeit der Journals für den Forscher sowie die Bemessung der Untersuchungsgesamtheit, die sich in der Regel auch Anforderungen der Praktikabilität und Handhabbarkeit des Untersuchungsgegenstandes zu unterwerfen hat. Zur Identifikation der wichtigsten und bedeutsamsten Beiträge innerhalb der untersuchungsspezifisch zu definierenden Wissenschaftslandschaft ist ein journal- und rankingbasiertes Vorgehen zielführend. Im vorliegenden Fall wurden für die Recherche folgende drei Zeitschriften ausgewählt, die im Zuge verschiedenster Ranking-Studien aus dem Bereich der Tourismus- und Hospitality-Forschung durchgehend einheitlich als führend und bedeutsam in diesem Wissenschaftsbereich bewertet wurden (Gursoy/Sandstrom 2014; McKercher et al. 2006; Law/van der Veen 2009; Pechlaner et al. 2004):

(1) Cornell Hospitality Quarterly
(2) International Journal of Hospitality Management
(3) International Journal of Contemporary Hospitality Management

Ungeachtet der grundsätzlichen Problematik solcher Rankings (siehe hierzu Law/van der Veen 2009), bietet sich eine solche pragmatische Vorgehensweise an, um die Objektivierbarkeit solcher Studien zu erhöhen und die Handhabbarkeit des Datenmaterials zu gewährleisten.

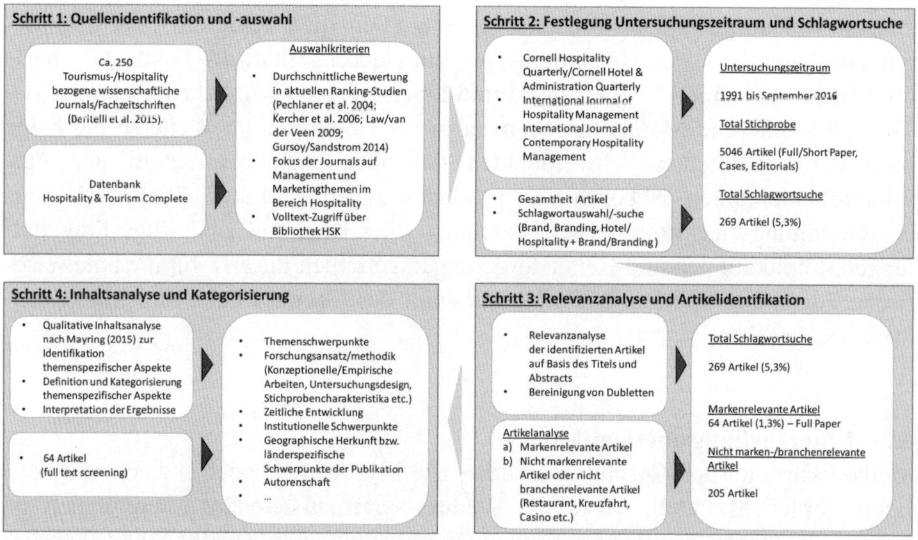

Abbildung 1: Überblick Untersuchungsmethodik

Ein weiterer wichtiger Schritt zur Festlegung der Stichprobe ist – mit Blick auf die Steuerung der Datenmenge und der Datenqualität - neben der Identifikation und Auswahl relevanter Journals auch die Festlegung des Untersuchungszeitraums sowie die Schlagwortsuche und -auswahl. Zeitlicher und inhaltlicher Ausgangspunkt soll hier das Anfang der 90er Jahre von Francese und Reneghan ausgerufene Wettbewerbsparadigma sein, das die zukünftige Rolle der Marke als Erfolgsfaktor für die internationale Hotellerie beschreibt: „*Competitive Strategy in the 1990s will be based on the concept of brand loyalty. For the hotel customer of the 1990s, service quality will increasingly become synonymous with brand image*" (*Francese/ Reneghan 1990, S.60*). Entsprechend wurde innerhalb der drei wissenschaftlichen Zeitschriften im Zeitraum von 1991-2016 in Titel, Abstract und Keywords der Artikel jeweils nach festgelegten Schlagwörtern (hier: brand, branding, hotel brand/ branding sowie ihren jeweiligen bedeutungsähnlichen Wortfeldern, wie brand management, brand image, brand loyalty etc.) gesucht, um markenrelevante und hotelleriespezifische Artikel und Themenstellungen zu identifizieren. Vor diesem Hintergrund konnten aus der Stichprobe von 5.046 wissenschaftlichen Beiträgen (Full/Short Paper, Cases, Editorials), 269 Artikel mit markenrelevanten Themenstellungen aus dem Bereich der Hospitality Industrie herausdestilliert werden. Diese erste Ergebnisliste wurde in einem weiteren Schritt auf Basis zusätzlicher Kriterien im Hinblick auf die thematische Forschungsrelevanz präzisiert, d.h. Artikel die sich im Weiteren in ihrem Untersuchungsfokus als nicht explizit markenspezifisch zeigten oder Artikel die als nicht explizit branchenspezifisch kategorisiert werden konnten (bspw. Artikel aus anderen Hospitality-Branchen wie Restaurant, Casino, Kreuzfahrt), wurden aus der Ergebnisliste entfernt. Im Endergebnis führte dieses Vorgehen dazu, dass 64 relevante wissenschaftliche Forschungsbeiträge zum Themenbereich Marke und Markenmanagement in der Hotellerie identifiziert werden konnten. Die Artikel wurden nun auf Basis einer qualitativen Inhaltsanalyse nach Mayring (2015) mit Blick auf die Identifikation, Definition und Kategorisierung von markenbezogenen Themenstellungen und Schwerpunktsetzungen untersucht.

3.3 Ergebnisse und Diskussion

Aufgrund des begrenzten Umfangs der vorliegenden Publikation können nur ausgewählte Ergebnisse dargestellt werden. Neben den nachfolgend diskutierten inhaltlichen Themenschwerpunkten, wurden im Kontext der Literaturanalyse auch noch weitere Charakteristiken der Forschungsbeiträge untersucht (z.B. Forschungsansätze bzw. Methodiken, zeitliche Entwicklung der Forschungsaktivitäten, geographische Herkunft, länderspezifische Ausrichtung, Autorenschaft etc.).

Zunächst wird deutlich, dass das Forschungsthema Marke und Markenmanagement in den drei renommiertesten Wissenschaftsjournalen der Hospitality-Forschung offenbar eine nur begrenzte Aufmerksamkeit erfährt. Aus einer rein quantitativen Perspektive ist das Thema mit ca. 1,3% aller untersuchten Artikel und mit ca. 2-3 Artikeln pro Jahr über die drei verschiedenen Journale im Zeitraum 1991-2015 hinweg, offenbar nur ein Randthema der Hospitality-Forschung. Um hier einen Referenzwert zu illustrieren, sei auf eine Studie von Ottenbacher und Harrington aus dem Jahr 2011 verwiesen (Ottenbacher/Harrington 2011), die in einer Literaturanalyse zum Thema Strategisches Management in der Hospitality-Forschung, in einem Zeitraum von fünf Jahren (2005-2009) in vier hospitalitybezogenen Journals, 225 strategierelevante Forschungsbeiträge in einer Untersuchungsgesamtheit von 828 Artikeln identifizieren konnten (drei davon sind Journals, die auch dieser Studie zugrunde liegen). Dies entspricht einem Anteil von ca. 27% aller Beiträge.

Wissenschaftliche Zeitschrift	Anzahl Gesamtartikel im Zeitraum 1991-2016	Anzahl Artikel nach Schlagwortsuche	Markenrelevante Artikel nach Inhaltsanalyse	Markenrelevante Artikel in Prozent
Cornell Hospitality Quarterly/Cornell Hotel & Administration Quarterly	2.227	95	26	1,2%
International Journal of Hospitality Management	1.484	83	23	1,5%
International Journal of Contemporary Hospitality Management	1.335	91	15	1,1%
Total	**5.046**	**269**	**64**	**1,3%**

Tabelle 1: Quantitatives Datengerüst der Literaturanalyse

Zur Sammlung, Strukturierung und Identifikation themenspezifischer Aspekte der Forschungsbeiträge zum Thema Marke und Markenmanagement in der Hotellerie, wurde im Sinne einer qualitativen Inhaltsanalyse zunächst theoriegeleitet im Rahmen einer deduktiven Kategorienentwicklung ein Kategoriensystem entwickelt, das es, basierend auf drei Hauptkategorien, ermöglichte alle markenspezifischen Inhalte und Themenstellungen der Beiträge den jeweiligen Kategorien zuzuordnen. Die jeweiligen Unterkategorien entwickelten sich in Folge induktiv während der vertiefenden inhaltlichen Analyse des Textmaterials (Abb.2).

Abbildung 2: Überblick über die Haupt- und Unterkategorien der Literaturanalyse

Hauptkategorie Unternehmensperspektive

Die verstärkten Markenaktivitäten und das gestiegene Markenbewusstsein der Industrie unterstreicht, dass sich die Hotellerie zunehmend aktiver im Hinblick auf die Schaffung notwendiger Profilierungs- und Markenleistungen zeigt und so sind die relativen Stärken und Schwächen der Marktteilnehmer und ihrer Markenkonzepte sowie die Suche nach differenzierenden Markenbausteinen für jedes Unternehmen eine Voraussetzung, um im Wettbewerb bestehen zu können. Entsprechend untersucht die Mehrzahl der identifizierten markenspezifischen Artikel der Stichprobe das Thema Marke und Markenmanagement aus dem strategischen Blickwinkel eines Unternehmens. So dominieren wettbewerbsstrategische Überlegungen zur Positionierung, zum Markenwert, zur Internationalisierung, zu Kooperationen und in neuester Zeit zum Internal/Employer Branding. Insbesondere die Funktion der Marke als zentraler Werttreiber im Sinne der Optimierung des ökonomischen Markenwerts aus Betreibersicht nimmt in der aktuellen Forschungslandschaft sehr viel Raum ein. Im Fokus stehen hierbei die finanzwirtschaftlichen Auswirkungen von Eigentümer-, Marken- bzw. Namenswechsel sowie die ökonomischen Erfolgsbeiträge beim Wechsel von Marken- und Kooperationssystemen. Organisatorische Fragestellungen der Markenführung, der Einfluss der Digitalisierung auf die Markenführung, die Möglichkeiten und Grenzen der Markenführung im Kontext von kleinen und mittelständischen Unternehmen bzw. der familiengeführten Individualhotellerie und/oder Untersuchungen zur Rolle der Marke bzw. zur Markenführung aus Führungs-/Marketingsicht (z.B. Markenkultur, Innovation und Marke, Marke und Marketing-Mix), sind hingegen auf Basis dieser Stichprobe nur vereinzelt auszumachen.

Hauptkategorie Kundenperspektive

Über die Bedeutung, die Rolle und die Funktion von Marken im nachfragebezogenen Konsumkontext herrscht in den betreffenden wirtschaftswissenschaftlichen Disziplinen (z.B. Marketing, Konsumentenverhalten, Werbepsychologie, Neuroökonomie) weitgehender Konsens. So besteht die Charakteristik und Funktionalität einer Marke darin, eine Markenidentität und -persönlichkeit zu entwickeln, die als Synthese physischer, rationaler, ästhetischer und emotionaler Produkt- bzw. Dienstleistungsattribute, ein Orientierungs-, Identifikations-, Differenzierungpotenzial verkörpert, das Produkten oder Dienstleistungen in ihrem relevanten Markt, zu einer einzigartigen und unverwechselbaren Marktstellung im Sinne einer spezifischen Problemlösungskompetenz bzw. eines spezifischen Nutzenbündels verhilft. (Esch 2016; Meffert et al. 2012; Kotler et al. 2010; Burmann/Maloney 2008) Aus einer hotelleriebezogenen Forschungsperspektive steht nun - vor dem Hintergrund dieses Markenverständnisses – insbesondere folgende Frage im Vordergrund: „Sind Marken in der Hotellerie für den Kunden von Bedeutung bzw. welche Rolle spielen Hotelmarken im Kaufentscheidungsprozess von Hotelleistungen?“ Derzeit sind jedoch in der Tourismus- und Hospitality-Forschung nur rudimentäre Ansätze zu erkennen, um die Rolle der Marke und den Einfluss der Marke im Kaufentscheidungsprozess von Hotelkunden zu untersuchen. So wird die Wirkung und Relevanz der Hotelmarke auf den Gast in der hier zugrundeliegenden Stichprobe nur in einigen wenigen Einzelfällen untersucht. Fragestellungen zur Differenzierungsfähigkeit von Hotelmarken aus Kundensicht konnten auf Basis dieser Stichprobe nicht ausgemacht werden sowie auch die o.g. Kernfrage, ob und in welchem Kontext Marken für den Hotelgast relevant sind, auf Basis dieser Stichprobenergebnisse nicht beantwortet werden konnte. Insbesondere die Relevanz und Wirkung der

Marke im Zuge der Kaufentscheidung von unterschiedlichen Zielgruppen (B2C, B2B, Freizeit-/Geschäftsreisende, Individual-/Gruppenreisende) ist weitestgehend unbeleuchtet. Hier ist es wichtig, die relativen Stärken und Schwächen von Hotelmarken aus Sicht der Kunden zu ermitteln, wobei die insbesondere die konkreten Assoziationen sowie die abrufbaren Markenwerte und Markenbilder wichtig für die Analyse der relativen Markenstärke in den anvisierten Kundensegmenten sind. Es fehlen insbesondere wissenschaftliche Untersuchungen zu klassischen psychographischen Zielgrößen des Markenmanagements wie bspw. zur Markenidentität, Markenwissen, Markenimage, Markenzufriedenheit, Brand Commitment/Citizenship etc. sowie deren konkrete inhaltliche Wahrnehmung durch aktuelle oder potenzielle Zielkunden.

Hauptkategorie Investorenperspektive

Hotelinvestoren gelten als wesentliche Treiber der aktuellen Entwicklungen und Veränderungen in der internationalen Markenlandschaft in der Hotellerie. In den letzten fünf Jahren erreichten die Hoteltransaktionsvolumina sowohl in Deutschland als auch auf globaler Ebene noch nie gekannte Größenordnungen (JLL 2017a; JLL2017b) und so kann der Mehrwert einer Marke bei der Wertermittlung einer Hotelimmobilie je nach Vertrags- bzw. Betreibermodell (Pacht, Management, Franchise) aus Investorensicht eine wesentliche Rolle spielen (Gerhard/Nadrowski 2011). Entsprechend haben sich Hotelimmobilien für eine breite Anzahl unterschiedlicher Investorentypen als attraktive Anlagealternative etabliert. Die tourismuswissenschaftliche Forschung hat hier jedoch bislang nicht mit dem wachsenden Interesse verschiedenster Akteure und Marktteilnehmer an Hotelimmobilien Schritt halten können und so ist die Investorenperspektive in Bezug auf die Rolle und Relevanz von Marken bei Investitionsentscheidungen, der Betreiberauswahl und/oder des Betreibermodells vor Hintergrund der vorläufigen Ergebnisse dieser Studie als kaum erforscht zu bezeichnen. Spielt die Stärke einer Marke für Hotelgesellschaften bzw. reine Betreiber überhaupt eine Rolle, wenn es um die eigene Positionierung als Partner von Hotelinvestoren geht? Welche Charakteristik macht eine Marke für Hotelinvestoren attraktiv und welche Rolle spielt die Markenstärke im Vergleich zu anderen Kriterien bei der Betreiberauswahl oder dem Betreibermodell? Die große Heterogenität der Investorentypen und ihre teilweise sehr spezifischen Interessen führen unter Umständen zu unterschiedlichen Bewertungen was den Erfolgsbeitrag einer Marke als Investitionskriterium beim Kauf einer Immobilie oder die Entscheidung für oder gegen einen Betreiber oder ein Betreibermodell anbelangt. Hier fehlt es derzeit weitgehend an wissenschaftlich fundierten Einblicken in Kaufmotivation, Entscheidungsprozesse oder Kaufentscheidungskriterien von unterschiedlichen Investorentypen wenn es um die Bewertung und den Stellenwert der Marke im Transaktionskontext der Hotelimmobilie geht.

4. Fazit und Ausblick

Der Strukturwandel und die zunehmenden Konzentrationstendenzen in vielen internationalen Hotelmärkten lassen vermuten, dass der Wettbewerb sich intensivieren wird und das in diesem Verdrängungswettbewerb auch die Relevanz von Marken in der Hotelindustrie zukünftig weiter wachsen wird und damit auch die Notwendigkeit eines systematischen und konsequenten Markenmanagement: *„Setting a brand apart is critical in the lodging industry, where consumers can be confused by brands that appear to be similar"(Dev/Withiam 2011, S.7).* Der hier vorliegende erste Überblick in Form einer systematisierten Erfassung des derzeitigen Forschungsstandes zum Thema Marke und Markenführung in der Hotellerie zeigt dabei, dass es in Bezug auf verschiedenste Themenbereiche im Kontext von Marke und Markenführung in der Hotellerie zahlreiche Erkenntnis- und Gestaltungsdefizite in Wissenschaft und Unternehmenspraxis zu konstatieren gilt. Einschränkend gilt es allerdings zu bedenken, dass die Definition, Kategorisierung, Identifikation und Interpretation der Themen und Themenschwerpunkte – wie in qualitativen Forschungsansätzen unvermeidlich – der Subjektivität und Voreingenommenheit des Forschers (interpretational bias) unterliegt. Darüber hinaus basiert die vorliegende Untersuchung aus Praktikabilitätsgründen auf nur drei hospitalitybezogenen Wissenschaftsjournalen als Datenbasis und zielt dabei auf einen generellen Überblick und nicht auf den Versuch die Daten und Resultate der identifizierten Artikel tiefergehend zu analysieren. Entsprechend will sich der vorliegende Beitrag denn auch als Ausgangspunkt für weitergehende Studien zu spezifischeren Fragestellungen der Hotelmarke und der Markenführung in der Hotellerie verstanden wissen, in der Hoffnung, dass die Frage nach der Relevanz der Marke für den Hotelkunden bzw. nach der Rolle von Hotelmarken für ein erfolgreiches Management von Hotelunternehmen, alsbald einer belastbaren Antwort zugeführt werden kann.

Quellenverzeichnis

Adjouri, N.; Büttner, T. (2008): Marken auf Reisen: Erfolgsstrategien für Marken im Tourismus, Wiesbaden 2008.

Amadeus (2007): Die Zukunft der Hotellerie; München 2007.

Bailey, R., Ball, S. (2006): An exploration of the meanings of hotel brand equity. In: The Service Industries Journal, Vol.26 (1), S.15-38.

Bölitz, I. (2017): AccorHotels – wie das Erfolgrezept Familie die Kissenschlacht gewinnt, in: Gardini, M.A. (Hrsg.): Leadership und Exzellenz im Tourismusmarketing - Konzepte, Fallstudien, Best Practices - ESV-Verlag, Berlin 2017, S.89-104.

Burmann, C., Maloney, P. (2008): Innengerichtete, identitätsbasierte Führung von Dienstleistungsmarken, in: Bruhn, M., Stauss, B. (Hrsg.): Dienstleistungsmarken: Forum Dienstleistungsmanagement, Wiesbaden, 2008, S.191–212.

Daun, W., Klinger, R. (2006): How premium hotel brands struggle to communicate their value proposition, in: International Journal of Contemporary Hospitality Management, Vol.18, No.3, 2006, S.246-252.

Dev, C.S. (2012): Hospitality Branding, Cornell University, Ithaca, 2012.

Dev, C.S., Withiam, G. (2011): Fresh Thinking about the Box, in: Cornell Hospitality Roundtable Proceedings, Vol.3, No.6, June, S. 6-16.

Dev, C.S., Withiam, G. (2012): Branding Hospitality – Challenges, Opportunities and Best Practices, in: Cornell Hospitality Roundtable Proceedings, Vol.4, No.5, June, 2012, S. 6-16.

Donnevert, T. (2009): Markenrelevanz: Messung, Konsequenzen und Determinanten, Springer/Gabler Verlag, Berlin.

Dubé, L., Reneghan, L.M. (2000): Creating Visible Customer Value – How Customers View Best-Practice Champions, in: Cornell Hotel and Administration Quarterly, Vol.41, No.1, February, 2000, S.62–72.

Esch, F.R. (2016): Markenidentität: Das Rückgrat starker Marken, Frankfurt/Main 2016.

Fettke, P. (2006): State-of-the-Art des State-of-the-Art, in: Wirtschaftsinformatik, 48. Jg., Nr. 4, 2006, S. 257-266.

Francese, P.A., Renaghan, L.M. (1990): Data-Base Marketing: Building Customer Profiles, in: Cornell Hotel and Administration Quarterly, Vol.31, No.2. pp. 60–63.

Fraunhofer-Institut für Arbeitswirtschaft und Organisation - IAO (2014): Futurehotel Gastbefragung, Stuttgart 2014.

Frehse, J. (2006): Erfolgsfaktoren im internationalen Markenmanagement von Hotelunternehmen: Ein integrativer Ansatz unter Berücksichtigung der Ressourcenorientierung, in: Jahrbuch der Absatz- und Verbrauchsforschung, Nr. 2, 2006, S.140–154.

Frehse, J. (2008): Das vernachlässigte Versprechen — Die Markenpolitik internationaler Hotelketten im Spiegel aktueller Erkenntnisse des Dienstleistungsmarketing, in: der Markt, Vol.47(1), 2008, S.4-15.

Frehse, J., Peters, M. (2012): Direktinvestitionen multinationaler Hotelunternehmen im Spa nungsfeld zwischen Tourismuswissenschaft und Immobilienökonomie, in: Zehrer, A., Grabmüller, A. (Hrsg.): Tourismus 2020 + Interdisziplinär: Herausforderungen für Wirtschaft, Umwelt und Gesellschaft, DGT - Schriften zu Tourismus und Freizeit, Bd.15, Berlin 2012, S.199-212.

fvw (2105): fvw Studie: Hotel- und Clubmarken, fvw medien, Juni 2015.

Gardini, M.A. (2006): Marke statt Sterne, in: Absatzwirtschaft Science Factory, H.1, 2006, S.1–4.

Gardini, M.A. (2011): Grundlagen und Herausforderungen des Markenmanagements in Hotellerie und Gastronomie, in: Gardini, M.A. (Hrsg.): Mit der Marke zum Erfolg, Stuttgart 2011, S.12-67.

Gardini, M.A. (2015): The Challenge of Branding and Brand Management: Perspectives from the Hospitality Industry, in: Pechlaner, H., Smeral, E. (Eds.): Tourism and Leisure: Current Issues and Perspectives of Development, Springer, Wiesbaden, 2015, S.247-268.

Gerhard, S., Nadrowski, M. (2011): Zur Relevanz der Marke aus Kunden- und Investorensicht, in: Gardini, M.A. (Hrsg.): Mit der Marke zum Erfolg – Markenmanagement in Hotellerie und Gastronomie, Stuttgart, 2011, S.68-86.

Gursoy, D., Sandstrom, J.K. (2014): An Updated Ranking of Hospitality and Tourism Journals, in: Journal of Hospitality & Tourism Research, Vol 40, Issue 1, 2014, S.3 -18.

Hanson, B., Mattila, A.S., O´Neill, J.W., Kim, Y. (2009): Hotel Rebranding and Rescaling: Effects on Financial Performance, in: Cornell Hotel and Restaurant Administration Quarterly, Vol.50 (3), 2009, S.360-370

Härle, C., Haller, T. (2007): Veränderte Rahmenbedingungen auf den europäischen Hotelinvestmentmärkten, in: Frehse, J., Weiermair, K. (Hrsg.): Hotel Real Estate Management, Berlin 2007, S.191–205.

JLL (2017a): Hotels schneiden sich immer größere Stücke vom Investmentkuchen ab, Jones Lang LaSalle, Pressemitteilung vom 10. Januar 2017, http://www.jll.de/germany/de-de/Documents/jll_germany_hotelinvestment_2016_1.pdf ; Einsehdatum: 20.5.2017

JLL (2017b): Hotel Investment Outlook 2017, http://www.jll.com/services/industries/hotels-and-hospitality/hio-2017, Einsehdatum: 20.5.2017.

Jockwer. A. (2017): Das Marketing im Teufelskreis der Touristik. Ein Plädoyer für eine kundenzentrierte Herangehensweise im Marketing, in: Gardini, M.A. (Hrsg.): Leadership und Exzellenz im Tourismusmarketing - Konzepte, Fallstudien, Best Practices - ESV-Verlag, Berlin 2017, S.79-88

Kim, W.G., Jin-Sun, B., Kim, H.J. (2008): Multidimensional customer-based brand equity and its consequences in midpriced hotels, in: Journal of Hospitality Management and Tourism Research, Vol.32 (2), 2008, S.235-254.
Koob, C. (2011): Markenpositionierung in der Hotellerie: Konsequenzen der Studie "Hotellerie der Zukunft", in: Gardini, M.A.(Hrsg.): Mit der Marke zum Erfolg: Markenmanagement in Hotellerie und Gastronomie, Stuttgart, 2011, S.102-113.
Kotler, P., Bowen, J., Makens, J. (2010): Marketing for Hospitality and Tourism, 5th Edition, New Jersey 2010.
Law, R., van der Veen, R. (2009): The popularity of prestigious hospitality journals: a Google-Scholar approach, in: International Journal of Contemporary Hospitality Management, Vol. 20 No. 2, 2009, S. 113-125.
Lynn, M. (2007): Brand Segmentation in the Hotel and Cruise Industry: Fact or Fiction?, in: Cornell Hospitality Report, Vol.7 (1), 2007, S.4-15.
Mayring, P. (2015): Qualitative Inhaltsanalyse: Grundlagen und Techniken, 12. Aufl., Beltz Verlag, Weinheim 2015.
McKercher, B., Law, R. and Lam, T. (2006): Rating tourism and hospitality journals, in: Tourism Management, Vol. 27 No. 6, 2006, S.1235-1252.
Meffert, H., Burmann, C., Kirchgeorg, M. (2012): Marketing: Grundlagen marktorientierter Unternehmensführung, 11. Aufl., Wiesbaden, 2012.
Meyer C. (2017): Das Reisebüro als Marke: Warum Markenkraft unabhängig von der Unternehmensgröße entsteht, in: Gardini, M.A. (Hrsg.): Leadership und Exzellenz im Tourismusmarketing - Konzepte, Fallstudien, Best Practices - ESV-Verlag, Berlin 2017, S.105-127.
O'Neill, J.W., Mattila, A.S. (2010): Hotel Brand Strategy, in: Cornell Hotel and Administration Quarterly, Vol.51, No.1, 2010, p.27-34.
Olsen, M.D., Chung, Y., Graf, N., Lee, K., Madanoglu, M. (2005): Branding: Myth and reality in the hotel industry, in: Journal of Retail & Leisure Property, Vol.4 (2), 2005, S.146-162.
Ottenbacher, M.C., Harrington R.J. (2011): Strategic management, in: International Journal of Contemporary Hospitality Management, Vol. 23, Iss. 4, 2011, S. 439 – 462.
Pechlaner, H., Zehrer, A., Matzler, K., Abfalter, A. (2004): A Ranking of International Tourism and Hospitality Journals, in: Journal of Travel Research, Vol. 42, May 2004, S.328-332.
Pütz-Willems, M.: Hoteltrends - Wohin bewegt sich die Branche? in: Gardini, M.A.: Marketing-Management in der Hotellerie, 3.Aufl., München 2015, S.67-73.
Sakdiyakorn, M., Wattanacharoensil, W. Manokatitham, P. Vongsrivong, S. (2016): A Systematic Review of Generation Y's Perspectives towards Work in the Hospitality Industry, Proceedings of EuroCHRIE 2016 Conference, 26-28 October, 2016, Budapest, Hungary ISBN 978-615-5459-04-7.
Schneider, J. (2008): Geschäftsreisende 2008: Strukturen – Einstellungen – Verhalten, Bad Honnef 2008.
Soller, Jörg (2016): Das heutige Buchungsverhalten von Hotelgästen und deren Auswirkungen auf die Hotelmarke und Hotelfinanzierung; Berlin 2016.
Strobel y Serra, J. (2008): Die Zukunft der Hotelmarken, in: GBI – Check In vom H.1, 2008, S.4–12.
VDR (2015): Geschäftsreiseanalyse 2015, Verband Deutsches Reisemanagement e.V, Frankfurt/Main 2015.
Webster, J., Watson, R.T. (2002): Analysing the past to prepare for the future: Writing a literature review, in: MIS Quarterly Vol. 26 No. 2, pp. xiii-xxiii/June 2002
Zehle, F. (2011): Markenführung und Hotel Business Positioning am Beispiel von Marriott International, in: Gardini, M.A. (Hrsg.): Handbuch Hospitality Management, Frankfurt 2009, S.189-209.

WALTER FREYER & MARKUS SCHREYER

Emotion, Mehrwert, Personalisierung – Neuer Innovationsmanagementansatz für Dienstleistungsinnovationen im Hotellerievertrieb und -marketing

1. Der deutsche Hotelmarkt: Daten und Fakten

Der deutsche Hotelmarkt zählt mit einem Jahresumsatz von über 20 Mrd. Euro und mehr als eine halbe Million Beschäftigten zu den größten und attraktivsten Märkten in Europa und stellt einen bedeutsamen Faktor innerhalb der deutschen Wirtschaft dar.[1] Allerdings wird nachhaltiges Wachstum durch zwei Branchenentwicklungen erschwert:

(1) Eine stetig größer werdende Kluft zwischen Übernachtungen und vorhandenden Kapazitäten.
(2) Neue Konkurrenz durch die Vermittlung von Privatapartements.

Die Zahl der Übernachtungen in der Hotellerie in Deutschland steigt zunehmend, jedoch unterproportional zu dem rasanten Wachstum der Bettenkapazitäten. Die deutsche Hotellerie verzeichnet laut STATISTISCHEM BUNDESAMT über 160 Mio. Übernachtungen.[2] Gleichzeitig wächst auch die Zahl der verfügbaren Betten in Deutschland mit bereits über 1 Mio. Schlafgelegenheiten stetig.[3] Daraus resultiert eine **stetig größer werdende Kluft zwischen tatsächlichen Übernachtungen und vorhandenen Kapazitäten**, d.h., die Anzahl der nicht belegten Betten in der deutschen Hotellerie wird von Jahr für Jahr größer. Die beschriebenen Überkapazitäten und die unterproportional wachsende Übernachtungszahl führen zu einem kaum transparenten Geflecht von Sonderkonditionen und Rabatten und somit zum Preisverfall.[4]

Seit 2010 wächst **zusätzlich der Markt der Vermittlung von Privatappartements**. Die Vermittlung von privaten Wohnungen gibt es schon lange, jedoch wird sie durch die Digitalisierung, die Preissensibilität der Konsumenten, die Suche

---

1 Vgl. IHA (2014); Statistisches Bundesamt (2013), S. 604; Freyer (2015), S. 180ff.

2 Vgl. Statistisches Bundesamt (2013), S. 604.

3 Vgl. ebd., S. 603. Als Schlafgelegenheit werden hier alle Gästebetten (inkl. Zustellbetten) gerechnet. Doppelbetten zählen als zwei Schlafgelegenheiten.

4 Vgl. Henschel (2008), S. 63; Fitzsimmons, Fitzsimmons (2011), S. 44; IHA (2014), S. 43 ff.; Vgl. Behre (2013a), S. 1; Eisenstein, Gruner (2003), S. 378.

nach individualisierten Produkten und Erlebnissen zum Massenphänomen. Plattformen für Privatvermieter wie Airbnb, Wimdu und 9Flats haben erfolgreich eine Nische besetzt. Sie bedienen Kundenbedürfnisse, indem sie weg von der Standardisierung der großen Hotelmarken und zunehmenden Technologisierung hin zur sogenannten realen Welt gehen.[5] Besonders in den deutschen Ballungszentren mit hohem Tourismusaufkommen wachsen diese Privatvermieter rasant. Allein in Berlin listet Airbnb ca. 3.000 Unterkünfte auf.[6] Offensichtlich ist hier ein Angebot entstanden, das zunehmenden Druck auf die Hotellerie ausübt. Der Grund dafür ist, dass die klassische Hotellerie diese Nische bisher vernachlässigte. Vonseiten der Hotellerie wird aktuell eher versucht, gegen die neue Konkurrenz gerichtlich vorzugehen, anstatt das neue Konsumverhalten als Chance zu begreifen und in die eigenen Innovationsstrategien aufzunehmen.[7]

2. Herausforderungen im Vertrieb und Marketing der Hotellerie

Um zukünftig nachhaltiges Wachstum zu sichern, ist die Entwicklung eines strukturierten Dienstleistungsinnovationsmanagements notwendig. Das Geschäftsfeld Vertrieb und Marketing ist hierfür ein entscheidender Innovationstreiber mit noch ungenutztem Potential für zukünftiges Wachstum.[8] Allerdings stehen diese Stabstellen gleichzeitig auch vor großen Herausforderungen.

2.1 Individualisierung

Die Nachfrage wird differenzierter; beispielsweise durch den Markteintritt sogenannter No-frills-Airlines sind eine Fülle von Reisedestinationen zu einem moderaten Preis hinzugekommen. Außerdem herrscht eine wachsende Nachfrage nach individualisierten Angeboten.[9] „‚Consumer Intelligence‘ und Marktübersicht (umfassende Preis- und Produktvergleiche sind Alltag) nehmen zu. Personen wollen ihr individuelles Urlaubsangebot selbst zusammenstellen.“[10] Das **Wohnen in einem Hotel wird zudem zu einer Selbstverständlichkeit und weniger zu etwas Besonderem**:[11] „Die Gäste der Zukunft suchen nicht mehr nach guten und bewährten Hotels, sondern nach den herausragenden Konzepten, die die Lebenswelten der Individualisten widerspiegeln.“[12] Es gibt kaum Unterschiede nach Altersgruppen oder Herkunftsländern, allerdings nach Zeit und Geldausgaben. Der Gast mit viel

---

5 Vgl. Behre (2012), S. 2. Insgesamt sind weltweit ca. 550.000 Unterkünfte in 35.000 Städten bei Airbnb verfügbar. Vgl. IHA (2014), S. 106.

6 Vgl. Behre (2011), S. 3.

7 Vgl. Kwidzinski (2013a), S. 3.

8 Vgl. Pikkemaat, Weiermair (2004), S. 361; Roth (2003, S. 33); Sünderhauf (1987), S. 21 ff.; Hinterholzer, Jooss, Egger (2011), S. 20.

9 Vgl. Gruner, Freyberg, Phebey (2014), S. 88.

10 Hinterholzer, Jooss, Egger (2011), S. 63.

11 Vgl. Gatterer, Rützler (2012), S. 34; Henschel (2008), S. 42; Pikkemaat (2001), S. 22.

12 Gatterer, Rützler (2012), S. 177.

Zeit sucht Erlebnisse, wobei der Gast mit wenig Zeit Komfort und Dienstleistungen sucht, die ihm helfen effizienter zu sein.

2.2 Digitalisierung und Transparenz

Die Art und Weise, wie potenzielle Hotelgäste ein Hotel suchen und buchen, hat sich in den letzten Jahren dramatisch verändert. „Die zunehmende Bedeutung des Internets, insbesondere für Kommunikation und Vertrieb, war und ist eine der wesentlichen Herausforderungen für Tourismusunternehmen.“[13] Im Mittelpunkt des Interesses stehen hierbei Internet, Onlinedienste, Verkaufsautomaten, mobile Endgeräte sowie das interaktive Fernsehen, da sie das Potenzial zur Abwicklung der kompletten touristischen Prozesskette bieten. Das Internet hat bereits eine Vielzahl von neuen Dienstleistungsangeboten auf den Markt gebracht, im Firmenkunden-, aber auch im Endkundenbereich. Durch die Digitalisierung entsteht eine neue Dienstleistungsnachfrage, der sich die Hotellerie stellen muss. Es geht vor allem um Informationen, Kommunikation und Buchung in Echtzeit.[14] Die **Digitalisierung ermöglicht dem Kunden heutzutage weitgehende Markttransparenz**. Der Gast kann Hotelangebote direkt vergleichen, Verfügbarkeiten prüfen und das günstigste Angebot auswählen.[15] Aus diesem Grund werden Gäste zunehmend kritischer. „Die Offenheit, mit der sich Kunden und Gäste in Zukunft über ihre Erlebnisse äußern, wird zunehmen.“[16] Die Vertrauenseigenschaften einer Hotelmarke gegenüber nehmen allerdings ab.[17] „Weiterempfehlungen durch Bekannte wurden ersetzt durch Rating-Systeme.“[18] Dies führt zunehmend dazu, dass sich touristische Anbieter vom „Full-Service-Anbieter“ zum „Best-Service-Anbieter“ entwickeln müssen.[19] Die Transparenz im Web und die neuen Kommunikationsmöglichkeiten führen zu einem gestiegenen Wissensvorsprung der Reisenden.

2.3 Reiseerlebnis und hybrides Kaufverhalten

Die Erwartungshaltung der neuen Reisegeneration hat sich verändert. Der **Anspruch liegt auf mehr Leistung für weniger Geld**.[20] Die Kunden legen zudem ein hybrides Verbraucherverhalten an den Tag.[21] Der Reisende wechselt vom Luxus- zum Budgetsegment und umgekehrt je nach Anlass.[22] Folglich kommt es zu den

---

13 Hinterholzer, Jooss, Egger (2011), S. 44.
14 Vgl. Gatterer, Rützler (2012), S. 44 ff.
15 Vgl. Friedrich (2012), S. 17.
16 Gatterer, Rützler (2012), S. 177.
17 Vgl. Friedrich (2012), S. 17.
18 Hinterholzer, Jooss, Egger (2011), S. 63.
19 Vgl. ebd., S. 65.
20 Vgl. Kreisel (2003), S. 79; Henschel, Gruner, Freyberg (2013), S. 28; Auer (2007), S. 381.
21 Vgl. Hopfinger (2003), S. 17 f. Hopfinger spricht in diesem Zusammenhang auch von „Hypridtourismus“ (ebd., S. 17). Vgl. ferner Hallerbach (2003), S. 180; Bienzeisler (2009), S. 245 f.; Freyberg, Gruner, Schmidt (2016), S. 27.
22 Vgl. Henschel, Gruner, Freyberg (2013), S. 28.; Behre (2013b), S. 10.

unterschiedlichsten Anforderungen desselben Gastes zu verschiedenen Anlässen und Gegebenheiten. Ferner erwartet der Hotelgast eine Multioptionalität.[23] Das **Reiseerlebnis steht bei der Reiseentscheidung immer mehr im Vordergrund.**[24] Dabei ist das touristische Leistungsbündel als Gesamterlebnis zu inszenieren.[25] Dies zeigt sich insbesondere in der emotionalen Dimension des zunehmenden Markenbewusstseins:[26] „Der Hotelmarkt wird immer mehr zu einem Erlebnismarkt. Zeitgeist und neue Lebensstile prägen die erfolgreichen Marken und damit auch den Markt."[27] Eine neue Form von Luxus wird hier eine immer größere Rolle spielen, nicht im Sinne von „teuer" oder „Prestige". Vielmehr werden authentische Reiseerlebnisse als Luxus angesehen und dieses neue Luxussegment wird dementsprechend neue Nischenmärkte hervorbringen.[28] Durch reine Produktvorteile wird sich der Hotelier nicht mehr differenzieren können. Hotelgäste möchten einen Aufenthalt erleben und etwas Neues erfahren und nicht einfach nur abwohnen.[29] „Der Gast von morgen kauft nicht nur Produkte, er kauft Werte, Lifestyle, Gefühle, Inszenierungen und sucht einen Angebots(Produkt)nutzen!"[30]

2.4 Demografischer Wandel

Der demografische Wandel in der deutschen Gesellschaft und seine Folgen, beispielsweise die Alterung der Gesellschaft, neue Familienstrukturen, Erhöhung des Renteneintritts sowie ein Ausdünnen der Mittelschicht, wirken sich auch auf das Reiseverhalten sowie die Nachfragestruktur am Hotelmarkt aus. Laut einer Studie der STATISTISCHEN ÄMTER DES BUNDES UND DER LÄNDER wird die Altersgruppe der 65-Jährigen und Älteren um 33 % auf 22,3 Mio. Menschen im Jahr 2030 ansteigen.[31] Dementsprechend wird sich in der Zukunft das Reiseaufkommen infolge der Reisetätigkeiten der älteren Menschen erhöhen.[32] **Die Gesellschaft wird allerdings nicht nur älter, auch die Rollenverteilungen verändern sich.** Die Bedeutung der klassischen Familie nimmt als dominierende Lebensgemeinschaft zunehmend ab und es treten sogenannte Wahlfamilien mehr und mehr in den Vordergrund. Somit verändert dies das traditionelle Urlaubsverhalten von

---

23 Vgl. Gruner, Dev (2001), S. 140 ff.

24 Vgl. Henschel (2008), S. 42; Pikkemaat (2001), S. 22.; Brunner-Sperdin (2008), S. 11 ff.; Freyberg, Gruner, Schmidt (2016), S. 12.

25 Vgl. Theiner, Steinhauser (2006), S. 44.

26 Vgl. Kreisel (2003), S. 79.

27 Behre (2013b), S. 10.

28 Vgl. Gatterer, Rützler (2012), S. 37: Hinterholzer, Jooss, Egger (2011), S. 80.

29 „Der gesellschaftliche Wandel bedingt eine Veränderung der alltäglichen Bedürfnisse und beeinflusst somit den Urlaub als Form eines ‚verdichteten Gegen-Alltags'." (Schmude, Namberger, 2010, S. 117)

30 Spiller (2011), S. 199.

31 Vgl. Statistische Ämter des Bundes und der Länder (2011), S. 8. Weiterführend vgl. Hinterholzer, Jooss, Egger (2011), S. 61; Kreisel (2003), S. 74.

32 Vgl. Pikkemaat (2001), S. 22; Kreisel (2003), S. 74; Freyer (2006), S. 22 f.; Schmude, Namberger (2010), S. 117; Auer (2007), S. 379.

Familien.[33] Der demografische Wandel der Gesellschaft in Deutschland betrifft die Verschiebung von Reisegewohnheiten in allen Altersgruppen. Es wird somit immer wichtiger, Reisende in jungem Alter an Marken zu binden und langfristig zu halten. Hinzu kommt eine zunehmende Selbstverständlichkeit des Reisens. Das Reisen im Sinne der Regeneration von dem Alltag der Arbeitswelt ist von einem Freizeitverhalten als Lebensinhalt abgelöst worden.[34]

Um diese Herausforderungen zu lösen, bedarf es in den Hotelunternehmungen eines strategischen Innovationsmanagements.

3. Bisherige Innovationsbemühungen der Hotellerie

Bisher hat sich die Hotellerie nur wenig mit Neuerungen als Wachstumstreiber auseinandergesetzt. Innovationen, die unmittelbar aus der Branche heraus entstehen, waren in der Vergangenheit äußerst selten.[35] Vorrangig findet eine kontinuierliche Verbesserung der Prozesse, insbesondere zur Kostenreduktion statt; aber eine Produkt- bzw. Prozessinnovation, die mit einem nachhaltigen Wettbewerbsvorteil einhergeht, bleibt in der Regel aus.[36] Ein erfolgreiches Unternehmen kann nicht an einem starren Konzept festhalten und gleichbleibende Ergebnisse erwarten. Vielmehr sollte das Geschäftsmodell stets hinterfragt, angepasst und durch Innovationen erneuert werden. Somit erweist sich die Erneuerung durch Innovation als Schlüssel zu nachhaltigem Unternehmenswachstum.[37] Zweifellos ist ein **nachhaltiges, ertragsstarkes Wachstum** eine anspruchsvolle unternehmerische Zielsetzung. Sie erfordert ein **strategisches Innovationsmanagement**[38], das auf den unternehmenseigenen Kernkompetenzen basiert.[39] Die reine Idee ist keine Innovation; erst ihre Kommerzialisierung und Markteinführung macht sie dazu.[40] Ein methodisch arbeitendes Innovationsmanagement ist als eigenständige Funktion im Unternehmen notwendig, da Entwicklungen einen eigenen Managementablauf benötigen und nicht durch Routineentscheidungen generiert werden können.[41] Allerdings werden Dienstleistungsinnovation in der Hotellerie durch die besonderen Charakteristika der touristischen bzw. hotelspezifischen Dienstleistung erschwert.[42] Die Hoteldienstleistung zeichnet sich durch Individualität, Subjektivität, Komplexität und Immaterialität aus.

---

33 Vgl. Heigert (2013), S. 2.
34 Vgl. Freyer (2015), S. 29.
35 Vgl. Hinterholzer, Jooss, Egger (2011), S. 113 ff.; Pompl, Buer, 2006, S. 34; Aichele (2014), S. 78 ff.
36 Vgl. Pompl, Buer (2006), S. 34.
37 Vgl. Schumpeter (2010), S. 94 ff.; Reidegeld (2007), S. 188; Hinterholzer, Jooss, Egger (2011), S. 24; Trommsdorff, Steinhoff (2007), S. 26.
38 Vgl. Völker, Thome, Schaaf (2012), S. 22 ff.
39 Vgl. Nasner (2004), S. 34 ff.; Walder (2007), S. 199. Als Basisliteratur zum Kernkompetenzen-Management vgl. Rasche (1994), S. 9 ff.
40 Vgl. Pikkemaat, Weiermair (2004), S. 364.
41 Vgl. Hauschildt (2004), S. 28.
42 Vgl. Scharitzer (1994), S. 37–52.

3.1 Individualität

Das Innovationsmanagement hat zu berücksichtigen, dass die Hotelleistung **individuell** und **personengebunden** ist. Jeder Reisende ist ein Individuum und hat somit seine individuellen Bedürfnisse und Anforderungen sowohl an der touristischen als auch hotelspezifischen Dienstleistung. Es bedarf der Einbeziehung des externen Faktors „Gast“. Er beeinflusst den Umfang, die Qualität, den Rhythmus sowie den Zeitpunkt der Leistungserstellung.[43] Folglich stellt sich eine besondere Abhängigkeit in der Interaktion zwischen Kunde und Mitarbeiter heraus.[44] Die Leistung vom Beherbergungsbetrieb wird hier individuell erbracht und vom Gast individuell angenommen.

3.2 Subjektivität

Das Innovationsmanagement steht vor der Herausforderung, dass die potenziellen Hotelgäste die Dienstleistung vorher nicht sehen und testen können. Daraus entsteht ein Evaluierungsproblem bzw. eine hohe Subjektivität bei der Bewertung einer Innovation.[45]

Zusätzlich ist der Kunde (wegen der Integration des externen Faktors), durch die Integrativität, für die Qualität der Dienstleistungsinnovation mitverantwortlich.[46] Andererseits trägt auch die Hotelleistung zum Gesamterfolg seiner Reise bei, sei es dass der Gast für eine Urlaubsreise lange gespart hat oder eine Geschäftsreise ein wichtiges Reisemotiv hat. In diesem Zusammenhang begibt sich der Hotelgast für eine bestimmte Zeit in die Hände von anderen Personen. Dementsprechend handelt es sich bei einer Hotelleistung für gewöhnlich um eine **hochemotionale Leistung**, die die Subjektivität der Gäste und des Kunden noch zusätzlich erhöht.

3.3 Komplexität

Erschwerend kommt für die Dienstleistungsinnovation hinzu, dass die Hotelleistung ein **Leistungsbündel** aus Leistungen der Beherbergung, eventuellen Bewirtungsleistungen und Komplementärleistungen ist.[47] Das heißt, die Hotelinnovation ist eng verbunden mit anderen touristischen Leistungen und von diesen abhängig (z.B. der Qualität der Beratung im Reisebüro).

Außerdem ist die Hoteldienstleistung wesentlich komplexer und somit erklärungsbedürftiger als ein Sachprodukt. „Vor allem das fallweise Fehlen des gegenständlichen Vermarktungsobjektes und die Tatsache, dass Dienstepotenziale erst durch Inanspruchnahme des Konsumenten tätig werden und erst dann die Leistung spezifiziert wird und entsteht, führen dazu, dass das Produkt im Falle von Dienst-

[43] Vgl. Henschel, Gruner, Freyberg (2013), S. 54.
[44] Vgl. Scharitzer (1994), S. 50 f.
[45] Vgl. Hinterholzer, Jooss, Egger (2011), S. 38.
[46] Vgl. Woratschek (1996), S. 108; Engelhardt, Schnittka (2001), S. 921.
[47] Vgl. Henschel, Gruner, Freyberg (2013), S. 49 ff.; Hänssler (2011), S. 79.

leistungen als ein mehrdimensionales Merkmals- und Wahrnehmungsbündel gesehen werden kann, welches anbieter- und nachfrageseitig einer Spezifikation bedarf."[48] Die Hotelinnovation ist somit **gekoppelt an einen hohen Informations- und Erklärungsbedarf**.

3.4 Immaterialität

Das Innovationsmanagement hat ferner zu berücksichtigen, dass die Hotelleistung **standortgebunden** und **nicht lagerbar** ist.[49] Hotelzimmer, die in einer bestimmten Nacht nicht genutzt worden sind, können nicht in der Folgenacht zusätzlich angeboten werden und sind an den Standort gebunden. „Die Möglichkeit, Nachfrageschwankungen mittels Vorrats- beziehungsweise Lagerproduktion zu nivellieren, ist bei der Dienstleistungsproduktion nicht gegeben, sodass Schwankungen der Nachfrage sich unmittelbar in Beschäftigungsschwankungen niederschlagen."[50]

Auch wenn die Hotelleistung grundsätzlich an ein Sachgut (Hotel bzw. Hotelzimmer) gebunden ist, ist die tatsächliche Leistungserstellung am Gast nicht materiell.[51] Im Rahmen der touristischen Dienstleistung und der Hotelleistung fallen Leistungserstellung und Leistungsverwertung zusammen, sog. Uno-actu-Prinzip.[52] Demzufolge ist die Hotelinnovation abstrakt, was zu unterschiedlichen Erwartungshaltungen bei den Gästen führen kann.

Innovationskultur, Vision & Werte	**Innovationsstrategie und Innovationsstruktur**	**Umsetzung, Diffusion und Controlling von Innovationen**
Separater Innovationsprozess	Analytischer und kreativer Prozess in enger Anlehnung an Vertrieb und Marketing	Time-to-Market-Management
Werte als Basis einer Innovationskultur	Anstoß für Innovationen aus den unternehmenseigenen Ressourcen und Kompetenzen	Fokus auf frühe Adoptoren und frühe Mehrheit
Agile Veränderungsbereitschaft im Unternehmen	Strukturierte Ideenentwicklung und Ideenmanagement	Strategische Vertriebs- und Marketingmaßnahmen
Visionäre Unternehmensführung mit transparenten Bonus-/Anreizsystem für Innovationen	Nach Wachstumschancen und Wettbewerbsvorteilen	Ganzheitliches Innovationscontrolling
Bottom-up Managementstil, flache Hierarchien sowie branchinterner bzw. -externer Austausch	Employer Branding sowie Fokus auf Nichtkunden und neue Zielgruppen	Schutzmauern durch Leistungsbündel und Netzwerken

Tabelle 1: Handlungsempfehlungen für das Innovationsmanagement in der Hotellerie (Eigene Darstellung)

48 Scharitzer (1994), S. 44.
49 Vgl. Scharitzer (1994), S. 42
50 Maleri (2001), S. 145.
51 Vgl. Freyer (2015), S. 158; Roth, 2003, S. 54 f.; Barth, Theis (1998), S. 7 ff.
52 Vgl. Freyer (2015), S. 158; Freyberg, Gruner, Schmidt (2016), S. 24.

4. Voraussetzungen für das Innovationsmanagement in der Hotellerie

Ein Hotelunternehmen sollte ein dynamisches Gebilde sein, das Innovationen fördert und nicht erschwert. Hierfür gelten drei wichtige Voraussetzungen:

(1) Werte und eine Unternehmenskultur sind die Basis, die eine agile Unternehmensmentalität unterstützen.

(2) Eine Innovationsstrategie und -struktur sind erforderlich, die an den Kompetenzen des Hotelunternehmens ausgerichtet sind.

(3) Die Umsetzung und Diffusion der Innovation zum richtigen Zeitpunkt ist wesentlich, inklusive einem ganzheitlichen Innovationscontrolling (siehe Tabelle 1).

4.1 Innovationskultur, Visionen und Werte

Die Schaffung einer innovationsfördernden Unternehmenskultur ist die Voraussetzung für den Innovationserfolg. Bisherige Innovationsbemühungen in Hotelunternehmen sind oft aus Routinetätigkeiten heraus oder rein zufällig entstanden. Das sind kaum echte Innovationen, sondern vielmehr Imitationen bzw. Reaktionen auf Kundenbedürfnisse oder auf Mitbewerberverhalten. Um zukünftig Innovationen zu entwickeln, bedarf es eines **separaten und nachhaltigen Innovationsprozesses**. Weniger die Orientierung an Trends, sondern an **langfristigen Werten und Normen** ist für die Hotellerie zukunftsweisend. Reisemotivationen entstehen aus der Gesellschaft und aus deren Werten heraus.[53] Die Veränderungsbereitschaft der Hotelunternehmen ist träge, da bisheriges Wachstum nur durch einfache Konsolidierung entstanden ist. Die **Innovationskultur einer Hotelunternehmung** sollte sich jedoch **rasch Veränderungen anpassen** und zügig auf neue Umsatzmöglichkeiten reagieren. Ziel muss es sein, schnell mit Innovationen auf dem Markt zu sein, um sich einen Wettbewerbsvorteil gegenüber anderen Unternehmen zu sichern. Des Weiteren braucht es einen Wandel im Managementstil. Die Hotellerie als Branche zeichnet sich nach wie vor durch unbewegliche Hierarchieebenen aus. Der starre Karriereweg von der Ausbildung bis zum Generaldirektor ist nach wie vor die Regel. Innovative Mitarbeiter, die beispielsweise über Expertenwissen in den Neuen Medien oder anderen Vertriebs- bzw. Marketingtechnologien verfügen, sind oft angesichts ihrer kurzen Betriebszugehörigkeit in niedrigeren Hierarchiestufen beschäftigt und werden dort nicht gehört oder gar von Abteilungsleitern blockiert, sodass ihre Innovationsideen nicht bis zur Geschäftsführung gelangen. Deshalb sind **in der Hotellerie flachere Hierarchiestufen zwingend notwendig**. Denn die Unternehmensführung muss für das Thema „Innovationsprojekte" direkt ansprechbar sein. Eine **Vision ist von der Unternehmensführung anzubieten**, die innovative Weiterentwicklungen, Prioritäten und Wachstumspotenziale als Leitfaden vor-

[53] Vgl. Freyer (2015), S. 90. „Mitbedingt wird Reisen durch die veränderte soziale und technische Mobilität innerhalb der Gesellschaft: Die Bewohner der heutigen (Industrie-)Nationen haben nicht mehr ein Leben lang isoliert in ihren Geburtsorten verbracht, sondern sie treten sehr früh in Kommunikation mit ihrer Außenwelt: über Medien, aber auch durch Besuchsreisen sowie gestiegene Mobilität bei der Arbeitsplatzsuche." (ebd., S. 90)

gibt. Es empfiehlt sich daher ein **Bottom-up-Managementstil**. Im modernen Innovationsprozess steht der Mitarbeiter im Vordergrund und nicht der Unternehmer.

Um eine Innovationskultur in den Hotelketten aufzubauen, ist der Abbau des Widerstands von Mitarbeitern entscheidend. Die **Befähigung von Mitarbeitern** aller Abteilungen, **inklusive Vertrieb und Marketing**, zur aktiven Mitwirkung bei Innovationen ist entscheidend für die **Entwicklung von Dienstleistungsinnovationen**. Ein **klar definiertes, transparentes Anreizsystem**, in dem die Gestaltung von Innovationen ein wichtiger Bestandteil ist, ist von den Hotelketten einzuführen. Das stimuliert nicht nur Mitarbeiter für Neuerungen, sondern baut auch Widerstände von vornherein ab. Wichtig ist, auch intern die Kundenorientierung beim Dienstleistungsinnovationsprozess zu berücksichtigen, d.h., die Mitarbeiter versetzen sich in die Situation des Kunden. Daraus resultiert eine Kundenorientierung innerhalb und außerhalb des Unternehmens. Erfolgreiche Innovationen werden in Zusammenarbeit mit bracheninternen und -externen Partnern schneller zur Marktreife gebracht. Ein intensiver Ideen- und Wissensaustausch schafft das Klima für die Entstehung schwer imitierbarer Innovationen. Für die Hotelketten heißt das: weg von der Insichgekehrtheit von Innovationsbemühungen, hin zu einer offenen, **branchenübergreifenden Innovationskultur.** Zwingend ist dafür, **Innovationsnetzwerke** zu gründen.

4.2 Innovationsstrategie und Innovationsstruktur

Es gilt darüber hinaus eine Innovationsstrategie und -struktur zu definieren. Oft diktiert der Markt bereits notwendige Innovationsbemühungen, während die Hotelunternehmen aus ihren **unternehmenseigenen Ressourcen und Kompetenzen** keine entsprechenden Dienstleistungsinnovationen kreieren und am Markt vorstellen. Eine **strukturierte Ideengenerierung** findet heutzutage in der Hotellerie nicht statt. Ein strukturierter Prozess durch **angemessene Ideenfindungstechniken** könnte eingeführt werden. Dies würde zur gezielten, systematischen Generierung von Vorschlägen aus allen Unternehmensbereichen führen. Bisherige subjektive Einschätzungen hinsichtlich eventuell auftretender Risiken oder Kosten gilt es zu vermeiden. Die **Entscheidungskriterien für die Weiterentwicklung von Ideen müssen zukünftige Wachstumschancen und Wettbewerbsvorteile** sein. Die Konzeption neuer Dienstleistungsinnovationen im Vergleich zur Sachgüterinnovation mit wesentlich weniger Investitionen verbunden. Hier liegt die Chance der Hotellerie, eine Vielzahl von neuen Ansätzen im Rahmen der Innovationsstruktur entstehen zu lassen und zu testen. Erst zum Zeitpunkt der Markteinführung sind größere Investitionen gefragt, da eine neue Dienstleistung durch das Marketing beim potenziellen Kunden bzw. Gast bekannt zu machen ist. Wie beim Bemühen um Gäste und Kunden sind die Hotelunternehmen heute gefordert, innovative Mitarbeiter zu bewerben. Eine **Employer-Branding-Strategie** gehört deshalb unbedingt zum B2C-Dienstleistungsmarketing. Ähnlich wie bei der Kundengewinnung haben die Ansprache, das Image und der Vertrauensaufbau eine besondere Bedeutung. Innovative Mitarbeiter stehen Neuem grundsätzlich positiv gegenüber, während Neues in Unternehmen oft zu Widerständen führt. Es gibt keine Garantie, dass eine bestehende Zielgruppe jede Dienstleistungsinnovation eines Hotelunternehmens auch annimmt. Die Aufgabe der Vertriebs- und Marketingabteilung muss es sein, **neue Zielgruppen zu definieren** und diese bei der Ideengewinnung und -bewertung in den Fokus zu nehmen. Ausgangspunkt dafür ist die **Frage nach den Bedürfnissen des Nichtkunden.** In die Ausrichtung der Innovationsstrategie sollten die **Aspekte des Vertriebs und der Vermarktung** von Anfang an mit einfließen.

4.3 Controlling von Innovationen sowie Umsetzung und Diffusion

Im Bereich des Controlling von Innovationen sind es vor allem folgende Aspekte zu beachten. Der Zeitpunkt der Markteinführung einer Dienstleistungsinnovation ist von ausschlaggebender Bedeutung für den späteren Innovationserfolg. Sowohl eine zu frühe als auch eine zu späte Umsetzung kann den Erfolg mindern. **Hotelketten benötigen deshalb ein ganzheitliches Time-to-Market-Management**.

Entscheidend für eine rechtzeitige und weit gestreute Diffusion sind die **frühen Adoptoren** – jene Zielgruppe, die sich rasch für neue Dienstleistungsinnovationen entscheidet. Sie beeinflusst wiederum die **frühe Mehrheit**, die im Gegensatz zu den Adoptoren stärker in der Gesellschaft verankert und somit richtungsweisend für den Erfolg der Innovation sein kann. Die Hotellerie erkennt ein Innovationspotenzial häufig zu spät. Als Beispiel hierfür dient der Online-Check-in bei den Fluggesellschaften, der jetzt erst nach und nach auch bei der Hotellerie Einzug findet.[54] Außerdem gilt es, den Diffusionszeitraum von Innovationen so langfristig wie möglich zu gestalten.

Bisher tun sich die Hotels meist mit punktuellen Bemühungen hervor, ihre Häuser in buchungsschwachen Zeiträumen mithilfe von taktischen **Vertriebs- und Marketingmaßnahmen** zu füllen. Doch **strategische Maßnahmen**, die eine Wertgenerierung für den Kunden abseits vom Preis erlangen, sorgen für langfristige Wettbewerbsvorteile.

Innovationscontrolling ist für erfolgreiche und innovative Unternehmen zwingend notwendig. Dabei agiert das Controlling oft nur als reine Kontrollinstanz. Doch erforderlich ist vielmehr ein **ganzheitliches Innovationscontrolling**, wobei das Aufgabenspektrum die Investitionsplanung, -koordination, -realisierung und -kontrolle aller Innovationsbemühungen der Hotelkette umfasst. Das Innovationscontrolling muss **eng mit der Vertriebs- und Marketingabteilung** zusammenarbeiten.

---

54 Vgl. Kwidzinski (2013b). Die Gäste werden hierbei ohne Zwischenstop an der Rezeption das Hotelzimmer mit ihrem Smartphone öffnen können. Einige Hotelketten befinden sich hierfür in der Pilotphase.

Hotelunternehmen sind ferner gefordert, **Schutzmauern** zu bauen, um ihre immaterielle Dienstleistung vor Imitation zu schützen. Eine Chance ist hierbei der externe Faktor. Dienstleistungen können durch starke Reputation und Kundenbindung geschützt werden – nicht durch Patente. Die Hotelketten haben eine große Möglichkeit, durch die **Zusammenstellung von Leistungsbündel** mit anderen Leistungsträgern wie auch **Partnern aus anderen Branchen** schwer imitierbare Dienstleistungen aufzubauen.

5. Neuer Innovationsmanagementansatz für die Hotellerie

Zur optimalen Entwicklung von Dienstleistungsinnovationen in den Geschäftsfeldern Vertrieb und Marketing in der Hotellerie ist ein neuer Innovationsmanagementansatz erforderlich. Hierfür ist der EMP-Innovationsmanagementansatz entwickelt worden.[55] Er dient der Hotellerie als Basis und Rahmen, Dienstleistungsinnovationen im Vertrieb und Marketing aufzubauen. Er basiert auf drei Basiselementen, die im Kreislauf mit den Handlungsempfehlungen für ein Innovationsmanagement stehen: Emotion und Begeisterung (E), Mehrwert und Möglichkeiten (M) sowie Personalisierung (P) (siehe Abbildung 1).

Abbildung 1: EMP-Innovationsmanagement in der Hotellerie in Vertrieb und Marketing (Eigene Darstellung)

55 Schreyer (2016)

5.1 Emotion und Begeisterung (E)

Eine **dauerhafte Kundenbindung** werden die Hotels zukünftig nur durch **Begeisterung im Vertriebs- und Marketingprozess** erreichen, hervorgerufen durch **Emotionen**. Die Emotion ist das „zentralnervöse Erregungsmuster“[56], das zu den grundlegenden menschlichen Antriebskräften gehört und das durch die Motivation ein konkretes Handeln auslöst. Bis dato wird dennoch die Kundenzufriedenheit als Maßeinheit für Kundenbindung in der Hotellerie definiert, wobei wiederum Qualität als Maßeinheit für Kundenzufriedenheit gewertet wird.[57] Deshalb gilt bisher Kundenzufriedenheit und das Erfüllen der Kundenerwartung als das ultimative Ziel in Dienstleistungsunternehmen – Hotellerie inklusive.[58] Die bisherige Vorgehensweise konzentriert sich darauf, die Zufriedenheit bei den einzelnen Gastkontaktpunkten, von der An- bis zur Abreise, festzuhalten und daraus auf eine Gesamtkundenzufriedenheit zu schließen. Die Hotelunternehmen messen weitestgehend Kundenzufriedenheit über Lob- und Beschwerdeanalysen, basierend auf standardisierten Gästebefragungen.[59] Zufriedenheit reicht nicht mehr aus, um Kunden langfristig zu binden, da **trotz Zufriedenheit eine hohe Wechselbereitschaft** besteht.[60] Der Kunde sucht das Überraschende. Nur derjenige, der den Kunden durch emotionales Marketing begeistert, kann in der Zukunft langfristige Kundenbindung erreichen. KANO[61] et al. haben zur Klassifizierung von Kundenanforderungen ein Modell nach dem Grad der Kundenzufriedenheit und dem Grad der Leistungserfüllung entwickelt. Basisanforderungen sind hierbei Anforderungen, deren Erfüllung die Kunden als selbstverständlich ansehen. Auch wenn diese Anforderungen die Erwartungen übertreffen, bringt dies nicht zwangsläufig Zufriedenheit.[62] Leistungsanforderungen lösen Befriedigung abhängig von deren Erfüllungsgrad aus. Bei Nichterfüllung führen sie zu Beschwerden. Hinsichtlich der **Begeisterungsanforderungen** handelt es sich um Leistungen, die vom Kunden nicht explizit erwartet werden und somit deren Erbringung eine überproportionale Kundenzufriedenheit garantieren.[63] Deren Wegfall hat aber auch nicht Unzufriedenheit zur Folge. In der gehobenen Hotellerie hält man bspw. seit Jahrzehnten an gängigen Lobby-, Zimmer-, Restaurantkonzepten fest. Es ist erforderlich, gezielt und bewusst Auslöser für Emotionen im Vertriebs- und Marketingprozess einzusetzen um zukünftig zu begeistern.[64]

Die Kundenzufriedenheit geht nicht zwangsläufig mit der Qualität der Dienstleistung einher, sondern bezieht sich überwiegend auf die Transaktion (dem tat-

---

[56] Kroeber-Riel, Weinberg, Gröppel-Klein (2009), S. 59.

[57] Vgl. hierzu Scharitzer (1994), S. 71–107; Bruhn (2004), S. 9.

[58] Vgl. Homburg, Faßnacht (2001), S. 444 ff.; Fitzsimmons, Fitzsimmons (2011), S. 119; Barth, Theis (1998), S. 106 ff.

[59] Vgl. Scharitzer (1994), S. 133 ff.; Wimmer, Roleff (2001), S. 317 ff.; Barth, Theis (1998), S. 54 ff.

[60] Vgl. Stolpmann (2008), S. 17.

[61] Vgl. Kano et al. (1984), S. 39 ff.

[62] Vgl. Matzler, Stahl, Hinterhuber (2002), S. 19.

[63] Vgl. Bailom et al. (1996), S. 118; Matzler, Stahl, Hinterhuber (2002), S. 19.

[64] Vgl. Gardini (2009), S. 97.

sächlichen Dienstleistungserstellungsprozess) mit dem Mitarbeiter.[65] Die **Rolle des Menschen bzw. der Mitarbeiter im Dienstleistungserstellungsprozess** wird häufig unterschätzt. Sie sind die **Quelle von Dienstleistungsinnovationen**; durch Ideen und Interaktion mit anderen Mitarbeitern schaffen sie neue Werte.[66] Verhaltensweisen der Verkäufer beeinflussen zudem auch die Kundenzufriedenheit.[67] Es ist von einem direkten Einfluss der Mitarbeiterzufriedenheit auf die Kundenzufriedenheit auszugehen.[68] Zufriedene bzw. unzufriedene Kunden machen Mitarbeiter zufrieden bzw. unzufrieden.[69] Da aber in der Zukunft Begeisterung angestrebt wird, werden **begeisterte Verkäufer** benötigt, **die Kunden begeistern und umgekehrt Mitarbeiter begeistern**. Ferner ist **Empowerment**[70] notwendig, d.h. die Befähigung der Mitarbeiter zu eigenverantwortlichen Handlungen, damit sie für die Kundeninteraktionen einen Spielraum haben. Dies fördert zusätzlich ihre innovativen Kompetenzen und entwickelt Spezialisten.[71] Es ist wichtig, den Verkäufern Freiräume und Möglichkeiten zu geben, ihre Qualifikationen einzusetzen und zu entfalten. Dafür benötigen sie das Vertrauen der Vorgesetzten, die auch bereit sind, ihnen Fehler zuzugestehen.[72] Der Innovationserfolg von Hotelketten hängt somit in Zukunft von der Identifizierung der richtigen Angestellten ab. Bei der Auswahl und beim **Einstellungsverfahren** sind daher die Zielvorgaben und Erwartungen an den Mitarbeiter für den Innovationsprozess mit dessen Fähigkeiten abzugleichen. **Nicht nur die fachspezifischen Kenntnisse und Fähigkeiten des Einzelnen sind entscheidend, sondern vielmehr die jeweilige Persönlichkeit.** Dazu gehören beispielsweise Kreativität, Offenheit, aufgabenorientierte Motivation wie Durchsetzungsfähigkeit.[73] Kunden können durchaus in den Pilotprozess und darüber hinaus für Anregungen mit einbezogen werden. Ohne Frage muss der entscheidende Innovationsimpuls aus unternehmenseigenen Ressourcen wie auch von den Mitarbeitern kommen. Grundsätzlich besteht die Gefahr bei der Einbindung des Käufers dessen Input zu überschätzen. Die wichtige Rückmeldung des heutigen Nichtkunden und somit des potenziellen Neukunden fehlt bei diesem Ansatz gänzlich.[74]

Wichtig ist zu berücksichtigen, dass das, was „heute“ bei Kunden Emotionen auslöst, „morgen“ bereits Standard sein kann. Hotelketten müssen deshalb fortwährend nach dem **Überraschenden und Einzigartigen** suchen.

---

[65] Vgl. Meyer, Ertl (1996), S. 207.
[66] Vgl. Spohrer, Kwan (2009), S. 140.
[67] Vgl. Stock-Homburg (2009), S. 4.
[68] Vgl. Grund (1998), S. 248; Hoffmann, Ingram (1992), S. 68 ff.; Schmit, Allscheid (1995), S. 521 ff.; Stock, Hoyer (2002), S. 353 ff.
[69] Vgl. Handlbauer (2002), S. 174.; dieser Effekt erscheint am deutlichsten, je enger der persönliche Austausch zwischen Kunde und Mitarbeiter ist. Vgl. hierzu Grant (2011), S. 67 ff.
[70] Vgl. Freyberg, Gruner, Schmidt (2016), S. 88.
[71] Vgl. Van Someren (2005), S. 60.
[72] Vgl. Becker, Günther (2001), S. 757 f.
[73] Vgl. Tsifidaris (1994), S. 106 ff.
[74] Vgl. Hamel, Prahalad (1995), S. 309 ff.

5.2 Mehrwert und Möglichkeiten (M)

Eine **Differenzierung gegenüber dem Wettbewerb** erreichen die Hotelunternehmen zukünftig nur durch einen **möglichkeitsorientierten Vertriebs- und Marketingprozess**, der **Mehrwerte** generiert. Viele Hotels können erklären, was sie anbieten und wie sie es anbieten. Hingegen fehlt oft das Verständnis und die klare Kommunikation, **warum ein Mehrwert in ihrer Dienstleistung steckt** und der Kunde diese gegenüber den Angeboten des Wettbewerbs präferieren sollte.[75]

Bislang hat sich der Kunde mit einem Verkäufer getroffen, um ein Problem zu lösen, was ein rein reaktiver Ansatz war. Der Kunde hat indes heutzutage dank der Digitalisierung direkten Zugriff auf eine Fülle von Daten und vollkommene Markttransparenz. Er ist deshalb in der Lage, Probleme selbstständig zu lösen und auf den Verkäufer als Unterstützer respektive als Informationsquelle nicht mehr angewiesen. Anlässlich dieser Angebots- und Preistransparenz ist die Kaufentscheidung schon zu einem Großteil getroffen. Wenn der Verkäufer zu einem Verkaufstermin erscheint, bleibt letztlich nur noch der Preis als Diskussionsthema. So wird der Verkäufer in der Zukunft vielmehr gefordert sein, solche **Geschäftsmöglichkeiten aufzuzeigen**, **die der Kunde bisher noch nicht artikuliert** hat oder derer er sich noch gar nicht bewusst ist. Dies muss zweifelsohne in einer sehr emphatischen Weise erfolgen. Hier geht es in erster Linie um Themen, die den Firmen helfen, neue Gewinne zu erzielen oder sie davor schützen, Geld zu verlieren. Innovationen, die von Unternehmen und von deren Mitarbeitern entwickelt werden, schaffen dabei langfristige Wettbewerbsvorteile und überdies die geforderte Begeisterung am Markt. Deshalb ist zukünftig der Vertriebsprozess der Hotelketten von einem lösungs- auf einen möglichkeitsorientierten Ansatz umzustellen.

Wesentliches Merkmal des möglichkeitsorientierten Ansatzes ist die Differenzierung vom Wettbewerb, die langfristige Wettbewerbsvorteile generiert. Nicht nur die Mitarbeiter, sondern auch **Netzwerke mit Kooperationspartnern** sind eine **Quelle für Innovation** und Ort des Wissenstransfers. In der Zukunft führt deren **Integration in den Vertriebs- und Marketingprozess** und die Bündelung von Dienstleistungen bzw. **Schaffung von Mehrwerten zur Differenzierung**, da somit die **Imitationsbarrieren erhöht** werden. Entscheidend für den Innovationserfolg ist die Auswahl möglicher guter Kooperationspartner. Dies können Lieferanten, Mitbewerber und branchenfremde Unternehmen sein. Geboten ist, im Vorfeld genau abzuwägen, ob das kooperierende Unternehmen hinsichtlich seiner Innovationskultur, Kernkompetenz und Innovationsstrategie zu einem passt.[76] Beim Dialog mit Zulieferern konzentrieren sich viele Unternehmen auf die Preiskonditionen, woraus aber nur kurzfristige Wettbewerbsvorteile entstehen können.[77] In der Zukunft werden eine engere Zusammenarbeit und Integration gefragt sein. Bereits in der Phase der Ideenfindung für Dienstleistungsinnovationen sollten Partner und

---

75 Vgl. Sinek (2014), S. 40 f.

76 Vgl. Trommsdorff, Steinhoff (2007), S. 164 f.

77 Vgl. Van Someren (2005), S. 267.

Lieferanten involviert werden. Nicht nur innerhalb der eigenen Industrie, sondern **branchen- und firmenübergreifende Netzwerke** bieten sich hier an.[78] Weitere Innovationspartner könnten Universitäten und Forschungseinrichtungen sein. Man bezeichnet dies auch als **Open-Innovation**-Ansatz[79]. Wegen des schwindenden Marketingbudgets muss zukünftig der firmen- und branchenübergreifende Innovationsnetzwerkaufbau bei den Hotelketten stärker beachtet werden.[80] Für die 5-Sterne-Hotelketten reicht es nicht mehr aus, nur „Top Luxury“ zu bewerben. Sie müssen sich klar abgrenzen, derweil sie ihre USP und Spezialisierung deutlich benennen und Referenzen bringen. Eine **Hoteldienstleistung zu positionieren** wird folglich zunehmend wichtiger.

5.3 Customer Lifetime Value (CLV) und Personalisierung (P)

Erfolgsfaktoren für eine **dauerhafte Kundenbindung der Hotelketten** werden zukünftig die Integration von **Personalisierung** und **Customer Lifetime Value im Vertriebs- und Marketingprozess** sein. Die Notwendigkeit der Integration des externen Faktors erfordert eine Einbindung des Kunden in den Dienstleistungsprozess. Integration der Kunden in den Dienstleistungsprozess war in den letzten Jahren in zahlreichen wissenschaftlichen Diskussionen ein Thema.[81] Hierunter wird aber eher die Notwendigkeit der Kosteneinsparung verstanden, die die Unternehmen zwingt, Arbeitsschritte an den Konsumenten zu übertragen. Im Gegenzug sollten Anreize wie beispielsweise Rabatte angeboten werden. **Integration kann aber auch eine Chance der Personalisierung für die Hotellerie sein**. Sowohl im Bereich Business-to-Consumer (B2C) als auch im Bereich Business-to-Business (B2B) gibt es genügend Möglichkeiten, um den Konsumenten oder Einkäufer zu involvieren.[82] Der Grad ihrer Einbindung in den Dienstleistungserstellungsprozess kann variieren. Selbstverständlich bringen Kunden auch eigene Ressourcen wie Zeit und Wissen in den Wertschöpfungsprozess mit ein.[83] Maßgeblich ist, dass ihre Integration auch durch technische Neuerungen nicht als reine Automatisierung gesehen wird und die **„Service Experience“** hier nicht auf der Strecke bleibt. In der Hotellerie steckt viel mehr Potenzial in der Kundenbindung und in der Personalisierung durch Integration. Dieses Potenzial wird heute in der Hotellerie wenig genutzt. Dagegen herrscht der klassische Servicegedanke, von dem sich die Hotellerie wegorientieren muss. Anstatt den Kunden als „König“ zu behandeln, sollte man ihn als **„Menschen“ involvieren**, um den **Service zu personalisieren**.[84] Die Hotellerie muss begreifen, Gäste in den Dienstleistungserstellungsprozess einzubeziehen, ge-

78 Vgl. Schwandner (2014), S. 7.
79 Vgl. Thota, Munir (2011), S. 192); Schwandner (2014), S. 17.
80 Vgl. Spiller (2011), S. 204.
81 Vgl. Stauss, Bruhn (2004), S. 11 f.; Fitzsimmons, Fitzsimmons (2011), S. 81.
82 Vgl. Bienzeisler (2009), S. 244.
83 Bienzeisler (2009), S. 244.
84 Vgl. Corssen (2012), S. 83.

meinsam mit ihnen zu lernen, um dadurch auch Wissen über sie zu erlangen und zu speichern.[85]

Die Preisbildung orientiert sich bei Dienstleistungsunternehmen oft am Markt und nicht am Konsumenten[86] – dies ist auch der Fall in der Hotellerie. Der Fokus zur Preisgestaltung liegt meistens auf der Durchsetzbarkeit am Markt und nicht auf dem Gastlebenszeitwert. In der CLV-Berechnung werden hingegen **vergangenheits- als auch zukunftsbezogene Informationen über den Kundenwert** berücksichtigt. Diese Daten müssen gezielt gesammelt und ausgewertet werden. In Zukunft sollten weitere Werte wie etwa das Weiterempfehlungspotenzial, Up-Selling-/Cross-Selling-Potenzial usw. eines Gastes stärker berücksichtig werden.[87] Bisher wird die Preisgestaltung in der Hotellerie als Steuerungsfaktor genutzt. Das Yield-Management reguliert den Preis zwischen historisch auslastungsschwachen- und auslastungsstarken Daten. Dies ist besonders bei Messe- bzw. Kongressterminen zu sehen. Die Maßnahmen des Yield-Managements erhöhen aber die Ängste der Kunden angesichts der Immaterialität. „Das wahrgenommene Risiko wird höher, wenn versteckte Absichten und Verhaltensweisen (hidden intention, hidden action) antizipiert werden müssen.“[88] Die Hotelleriepreise werden durch die Onlinereisebüros zunehmend transparenter. Ratenparität im Vertrieb und Marketing ist demnach für die Hotellerie entscheidend.[89] „Nicht die Umsatzerlöse zu einem Beurteilungszeitpunkt seien für die Wichtigkeit eines Kunden ausschlaggebend, sondern die (abdiskontierten) Gesamtumsätze oder Gesamtdeckungsbeiträge, die ein Kunde im Laufe seines Lebenszyklus der Geschäftsbeziehung dem Anbieter bringt.“[90] Zusätzlich spielen bei der Betrachtung des Kundenwerts nicht nur die erbrachten und zukünftigen Umsätze eine Rolle, sondern auch der **Umfang der Weiterempfehlungsaktivitäten.**[91] Der CLV kann in der Zukunft in der Hotellerie als **Steuerungsgröße für sämtliche Marketing- und Vertriebsaktivitäten** eingesetzt werden.[92] Das CLV-Management regelt dabei alle Vertriebs- und Marketingmaßnahmen ausgerichtet am Kundenwert.[93] Jeder Kunde ist anders und individuell. Der CLV-Ansatz hilft, dies im Vertrieb und Marketing zu berücksichtigen, um die **Kunden personalisierter zu betreuen und anzusprechen.** Durch das CLV-Management ermittelt man die profitabelsten Kundensegmente respektive Kunden.[94] Es geht um eine Wertorientierung weg von Customer Relationship Management (CRM) hin zu Customer Lifetime Value Management (CLV-M).[95] Die bishe-

85 Vgl. Handlbauer (2002), S. 162 ff.
86 Vgl. Woratschek (2001), S. 613 f.; Paul, Reckenfelderbäumer (2001), S. 631 ff.
87 Vgl. Zezelj (2000), S. 12 ff.; Strasser (2008), S. 40 ff.
88 Woratschek (1996), S. 111.
89 Vgl. Spiller (2011), S. 202.
90 Winkelmann (2002), S. 313.
91 Vgl. Wangenheim (2003), S. 2.
92 Vgl. Jaeck (2011), S. 76 f.
93 Vgl. Zezelj (2000), S. 10.
94 Vgl. Brugger (2012), S. 54.
95 Vgl. Zezelj (2000), S. 10.

rige Messgröße für Erfolg in der Hotellerie RevPAR (Revenue per available room), die lediglich das verfügbare Inventar zugrunde legt, könnte in der Zukunft durch innovativere Kennzahlen wie den RevPAG (Revenue per available guest), der unter Einbeziehung des Kundenwertes den Gesamtumsatz erfasst, ersetzt werden. Dieser Ansatz wird bereits in Einzelfällen diskutiert, hat sich aber bisher in der Hotellerie noch nicht durchgesetzt.[96]

6. Mögliche Übertragungen von EMP auf Vertrieb und Marketing in der Hotellerie

Die bereits definierten Herausforderungen in Vertrieb und Marketing, denen sich die Hotellerie stellen muss, um nachhaltiges Wachstum zu generieren, können mit dem EMP-Innovationmanagement gelöst werden (siehe Tabelle 2).

Herausforderungen in Vertrieb und Marketing in der Hotellerie	**Herausforderungen im Innovationsmanagement in der Hotellerie durch die Charakteristika der Dienstleistung**	**Lösungsansätze für die Hotellerie durch das EMP-Innovationsmanagement**
Individualisierung	Individualität (personengebunden)	Aufbau und Stärkung des Direktvertriebs: (1) Weg von üblichen Buchungsroutinen (2) virtuelle Tauschbörse
Digitalisierung und Transparenz	Subjektivität(emotional)	Effiziente und innovative Verkaufsorganisation: (1) Nutzung aller Touchpoints (2) Kunde wird in Verkaufsprozess integriert
Reiseerlebnis und hyprides Kaufverhalten	Komplexität (erklärungsbedürftig)	Differenzierung: (1) Storytelling (2) Personalisierte Zusatzleistungen mit Übernachtung buchbar
Demografischer Wandel	Immaterialität (nicht lagerbar)	Verschiebung auf eigene Buchungskanäle: (1) Segmentierung nach Kundenpräferenzen, anstatt Sternekategorien (2) Aktive Involvierung der Gäste in Weiterempfehlungsaktivitäten

Tabelle 2: Mögliche Übertragungen von EMP auf Vertrieb und Marketing in der Hotellerie (Eigene Darstellung)

Ein EMP-Innovationsmanagement kann bspw. beim **Aufbau und der Stärkung des Direktvertriebs** helfen. Absatzmittler dominieren im Moment den Markt. Die Vertragsbedingungen gehen zulasten der Hotels, Umsätze werden nicht garantiert und Vertriebskosten und Provisionen steigen stetig. Was die Hoteliers beim Direktvertrieb – im Gegensatz zu den Absatzmittlern – dem Kunden bieten können, ist eine höchst personalisierte Preisgestaltung, wobei der Kundenwert über die ge-

[96] Vgl. Helsel, Cullen (2006), S. 156.

samte Dauer der Kundenbeziehung betrachtet werden muss, d.h. vergangenheits-, gegenwarts- als auch zukunftsbezogen. Individuelle Bedürfnisse und Kundenpräferenzen (siehe Abschnitt 0) sind hier zu beachten; beispielsweise könnte dies ein Zimmer- oder Tagungszimmerpreis sein, ohne die sonst üblichen Buchungsroutinen (Check-in: 14:00 h, Check-out: 12:00 h). Sicherlich wäre dies ein Begeisterungsfaktor für Vielreisende, der einen hohen Beitrag zur **Emotionalisierung** der Leistung beiträgt. Vorstellbar wäre auch ein **Mehrwert** durch eine virtuelle Warteliste oder Tauschbörse. Firmenkunden bekommen heute keine Rückmeldung, sollten Tagungs- oder Zimmerkapazitäten in einem Hotel wieder verfügbar sein. Durch die Vernetzung von Daten ließen sich Buchungsprofile abgleichen und Kunden mit ähnlichen Profilen direkt auf freigewordene Kapazitäten hinweisen. Das ist eine **Personalisierung**, die den Direktvertrieb stärken und die Hotelunternehmen von den Absatzmittlern differenzieren würde.

Das EMP-Innovationsmanagement ist zugleich die Grundlage für eine **effiziente und innovative Verkaufsorganisation**. Die Auswahl von Hotelangestellten ist ab sofort nicht nur nach fachspezifischen Kenntnissen, sondern auch von Persönlichkeit abhängig. Fähigkeiten können anschließend antrainiert werden. Wie bereits geschildert, bedingen begeisterte Verkäufer begeisterte Kunden. Für die Schaffung von **Emotionen** und Begeisterung sind klare Anreizsysteme im Hotelunternehmen notwendig, die die Mitarbeiter befähigen und motivieren. Um dem Einkäufer den Wert einer persönlichen Beratung wieder nahezubringen, muss sich der Tenor des Verkaufsgesprächs verschieben; und zwar von rein informativen und lösungsorientierten Aspekten hin zur Beratung über neue Geschäftsmöglichkeiten, deren der Kunde sich noch nicht bewusst ist. Der stationäre Vertrieb in den einzelnen Hotels wird deshalb zunehmend kleiner werden. Die Hotels müssen forthin alle Touchpoints mit dem Kunden für Vertrieb nutzen und das 24 Stunden, 7 Tage die Woche. Die Digitalisierung und Transparenz werden dazu führen, dass der Kunde an jedem Touchpoint Daten hinterlässt. Die Daten gilt es im Vertriebsprozess zur Bedürfniserkennung auszuwerten. Daraufhin kann der Verkäufer neue Geschäftsmöglichkeiten prognostizieren, ohne dass diese vom Kunden bisher ausgesprochen worden sind. Für den **Mehrwert** werden also demnächst weniger Verkäufer bei den Hotels tätig sein. Diese werden aber die vorhandenen Daten und Techologien souverän nutzen, um individuell zugeschnittene Angebote dem Kunden zu präsentieren. Eine **Personalisierung** in der Beratung zu ermöglichen, heißt auch: die menschlichen Bedürfnisse des Kunden in den Vordergrund zu stellen und sich im Vertrieb von dem Leitzsatz zu verabschieden, den Kunden als „König“ zu bedienen. Vielmehr soll er als Mensch in den Verkaufsprozess integriert sein, indem für ihn ein klarer Vorteil auf Basis der Personalisierung entsteht.

Eine **Differenzierung** durch reine Produktvorteile ist im Hotelmarketing nicht mehr ausreichend. Das EMP-Innovationsmanagement gibt den Hoteliers das Werkzeug des Storytelling an die Hand, in Zukunft den Kauf für den Gast zum Erlebniskauf zu machen. Multimediale Medien wie Fotos und Videos von anderen Kunden, die echte **Emotionen** vermitteln (bspw. Hochzeitsvideos), reduzieren das Kaufrisiko und verwandeln die immaterielle Dienstleistung in eine greifbare Leistung. Für eine Differenzierung am Markt ist eine klare Positionierung pro Hotel erforderlich, die der Zielgruppe sofort erkennbare Mehrwerte zeigen. Hotels wollen zu oft alle Reisenden mit einer Dienstleistung ansprechen. Statt reiner Produktdarstellungen muss die Profilierung jedoch über **Mehrwerte** und Erlebnisse stattfinden. Mehrwerte müssen zunehmend mithilfe von Kooperationspartnern geschaffen und zu Leistungsbündeln kombiniert werden. Das kann erreicht werden durch: ein Innovationsnetzwerk mit innovativen Firmen wie beispielsweise Kooperation mit Apple oder Telekommunikationsfirmen; eine Kooperation mit Forschungseinrichtungen wie beispielsweise dem Fraunhofer-Institut. Die innovativen Leistungsbündel müssen eine neue zusammenhängende Dienstleistung ergeben. Sie bilden Schutzmauern vor Imitation des Wettbewerbs. Zusätzlich ist es von ausschlaggebender Bedeutung, die Kunden hochpersonalisiert anzusprechen und alle Touchpoints effizient zu nutzen. Vorstellbar wäre, Gästen in Zukunft die Möglichkeit zu geben, nicht nur das Hotelzimmer zu buchen, sondern auch den Kleiderschrank, den Kühlschrank oder das Badezimmer direkt bei Buchung bestücken zu lassen. Die Hotelgruppe würde hier mit den entsprechenden Partnerfirmen zusammenarbeiten und ein neues, **personalisiertes** Leistungsbündel anbieten. Mit dieser Maßnahme wird gezielt eine Differenzierung herbeigeführt.

Ein weiteres, besonders ehrgeiziges Wachstumsziel des Hotelmarketings der Zukunft ist also die **Verschiebung der Kundenpräferenz auf die eigenen Buchungskanäle**. Erschwert wird dies durch die heutige Abhängigkeit von den großen Buchungsportalen und dem Diktat ihrer Konditionen. Es entsteht eine Preistransparenz, die den Fokus beim Gast auf den Preis lenkt. Die Best-Price-Garantien der Portale verstärken noch diese Entwicklung. Mit einem EMP-Innovationsmanagement können Hotelunternehmen sich hingegen im Marketing dieser Transparenz entziehen, indem sie stärker nach Kundenpräferenzen segmentieren und weniger nach Hotelsternekategorien. Außerdem muss sich auch bei den eigenen Kanälen die Preisbildung am Kundengesamtwert orientieren und nicht an der Konkurrenz. Eine kundenwertorientierte Segmentierung nach Weiterempfehlungsaktivitäten und Kundenwert (CLV) ist deshalb vonnöten. Hotelgäste werden incentiviert, aktiv als Multiplikator innerhalb ihrer Community zu agieren. Neben Gästebewertungen der Hotelleistungen wären auch die Bewertungen anderer Leistungsträger (bspw. Transportunternehmen, Restaurants, Kultureinrichtungen usw.) vorstellbar. Der Hotelgast erhält somit eine neue Art von Concierge-Dienstleistung als **Mehrwert**. Dabei handelt es sich um eine Leistung, die die gegenwärtigen Bewertungsportale noch nicht nutzen. Es stellt sich die Frage, warum die Hotels ihren Webauftritt vorgeben, wenn klar nachgewiesen ist, dass Reisende eher anderen Reisenden vertrauen. Hotelinternetauftritte könnten ausschließlich auf Informationen, Fotos, Videos anderer Hotelgäste aufbauen. Die Kundenintegration führt hier zu **Personalisierung**. Bisher versuchen Internetauftritte alle Altersgruppen zu erreichen. Individuelle Darstellungen und Inhalte nach unterschiedlichen demographischen Zielgruppen wären viel effektiver. Auch hier kann eine Verdichtung von Daten aller Touchpoints zu einer pro-aktiven Angebotsgestaltung für die Gäste, basierend auf deren Bedürfnisprofil, zur **Emotionalisierung** des Angebotes beitragen. Diese Emotionalisierung und Personalisierung kombiniert mit Mehrwerten werden zu einer Verschiebung der Kundenpräferenz auf den eigenen Buchungskanälen führen.

7. Zusammenfassung und Ausblick

Im vorliegenden Artikel wurden vor dem Hintergrund der aktuellen Herausforderungen am Hotelmarkt die Notwendigkeit sowie die Möglichkeiten – aber auch Schwierigkeiten – von Innovationen für die Hotellerie aufgezeigt. Insbesondere wurde ein neuer Innovationsmanagementansatz für die Bereiche Hotellerievertrieb und -marketing vorgestellt, der sog. EMP-Innovationsmanagement, basierend auf:

- (E) Emotionen und Begeisterung, für die die Mitarbeiter als unternehmenswichtige Innovationsquelle verantwortlich sind;
- (M) Mehrwerte, die der Kunde nicht selbst ausformulieren kann sowie der Übergang vom reinen lösungsorientierten zum möglichkeitsorientierten Ansatz;
- (P) Personalisierung, durch individualisierte Angebots- und Preisgestaltung und aktive Involvierung der Kunden in den Dienstleistungserstellungsprozess.

Dieser Ansatz ist eine neue Perspektive für die Individual- als auch Kettenhotellerie und lässt sich auch darüber hinaus auf weitere Bereiche der Tourismuswirtschaft übertragen. Reiseveranstalter, Reisemittler, Fremdenverkehrsämter sowie Transportbetriebe (z.B. Fluggesellschaften, Bahn, Busunternehmen) stehen, ähnlich der Hotellerie, in einem extremen Preiswettbewerb, Angebotstransparenz aufgrund der Digitalisierung und einem zunehmenden Wettbewerb durch Ersatzprodukte. Sie müssen versuchen neue Zielgruppen bzw. den Nichtkunden zu erreichen. Das EMP-Innovationsmanagement leistet hier einen Beitrag zur Neupositionierung in Vertrieb und Marketing.[97]

Für Dienstleistungsinnovationen im Tourismus und insbesondere der Hotellerie gibt es eine Reihe weiterer Fragestellungen, die durch die Wissenschaft und Praxis zu beantworten sind. Die sog. **BRICS Staaten** werden in Zukunft einen Großteil der Reisenden auf sich vereinen. Diese neuen Kundengruppen haben ihre eigenen Bedürfnisse. Eine Ausdehnung der Dienstleistungsinnovationsforschung auf diese neuen globalen Absatz- und Quellmärkte ist vonnöten.

Eine neue Generation, **Generation Y** genannt, mit einem neuen Reiseverhalten kommt hinzu. Diese Generation ist nicht nur Kunde, sondern auch Mitarbeiter der Hotellerie mit einem anderen Wertesystem. Da die Mitarbeiter die wichtigste Quel-

[97] Schreyer (2016), S. 249 ff.

le für Dienstleistungsinnovationen sind, müssen entsprechend Themen wie das Mitarbeiter-Empowerment, die Rekrutierung, Incentivierung und Mitarbeiterbegeisterung definiert werden.

Zusätzlich benötigt die Innovationsentwicklung in der Hotellerie eine gezielte **Förderung durch Politik und Staat**. Der Bedarf an einer europaweiten Innovationsforschung wächst. Die Hotellerie muss verstärkt ein Meinungsbilder im Bereich der Dienstleistungsinnovationen werden.[98]

Quellenverzeichnis

Aichele, C. (2014), Markt der Möglichkeiten, in: AHGZ, Heft 7, 15.02.2014, S. 78–80

Auer, D. (2007), Wandelnde Hotelwelten – erfolgreiche Konzepte für das Jahr 2015, in: Egger, R., Herdin, T. (Hrsg.), Tourismus: Herausforderung Zukunft. Berlin: LIT, S. 377–393

Bailom, F., Hinterhuber, H., Matzler, K., Sauerwein, E. (1996), Das Kano-Modell der Kundenzufriedenheit, in: Marketing Zeitschrift für Forschung und Praxis, Heft 2, S. 117–126

Barth, K., Theis, H.-J. (1998), Hotel-Marketing: Strategien – Marketing-Mix – Planung – Kontrolle. 2., überarb. und erw. Aufl., Wiesbaden: Gabler

Becker, C., Hopfinger, H, Steinecke, A. (Hrsg.) (2003), Geographie der Freizeit und des Tourismus: Bilanz und Ausblick. München: Oldenbourg

Becker, F. G., Günther, S. (2001), Personalentwicklung als Führungsaufgabe in Dienstleistungsunternehmungen, in: Bruhn, M., Meffert, H. (Hrsg.), Handbuch Dienstleistungsmanagement. 2., überarb. u. erw. Aufl., Wiesbaden: Gabler, S. 751–780

Behre, M. (2011), Private drängen auf Hotelmarkt, in: AHGZ, Heft 52, 31.12.2011, S. 3

Behre, M. (2012), Hotels für übermorgen, in: AHGZ, Heft 11, 10.03.2012, S. 2

Behre, M. (2013a), Top 50 wachsen nur langsam, in: Der Hotelier – Das Ideenmagazin in der AHGZ, Heft 30, 27.07.2013, S. 1–7

Behre, M. (2013b), Budget ist im Umbruch, in: AHGZ, Heft 9, 02.03.2013, S. 10

Bienzeisler, B. (2009), Business Transformation: Neue Organisations- und Geschäftsmodelle, in: Spath, D., Ganz, W. (Hrsg.), Die Zukunft der Dienstleistungswirtschaft: Trends und Chancen heute erkennen. München: Hanser, S. 242–259

Brugger, B. (2012), Kundenbindungskonzepte: Kundenbindung: Eine Frage der Strategie, in: Künzel, H. (Hrsg.), Erfolgsfaktor Kundenzufriedenheit: Handbuch für Strategie und Umsetzung. 2., völlig überarb. und erw. Aufl., Berlin, Heidelberg: Springer Gabler, S. 53–66

Bruhn, M. (2004), Qualitätsmanagement für Dienstleistungen. 5., verb. Aufl., Berlin, Heidelberg, New York: Springer

Bruhn, M., Meffert, H. (Hrsg.) (2001), Handbuch Dienstleistungsmanagement. Wiesbaden: Gabler

Bruhn, M., Stauss, B. (Hrsg.) (2004), Dienstleistungsinnovationen – Forum Dienstleistungsmanagement. Wiesbaden: Gabler

Brunner-Sperdin, A. (2008), Erlebnisprodukte in Hotellerie und Tourismus: Erfolgreiche Inszenierung und Qualitätsmessung. Berlin: Erich Schmidt

Corssen, J. (2012), Persönlichkeitsentwicklung: Die Persönlichkeit macht den Unterschied, in: Künzel, H. (Hrsg.), Erfolgsfaktor Kundenzufriedenheit: Handbuch für Strategie und Umsetzung. 2., völlig überarb. u. erw. Aufl., Berlin; Heidelberg: Springer Gabler, S. 83–97

Egger, R., Herdin, T. (Hrsg.) (2007), Tourismus: Herausforderung Zukunft. Berlin: LIT

Eisenstein, B., Gruner, A. (2003), Der Hotelmarkt in Deutschland: Struktur – Entwicklung – Trends, in: Becker, C., Hopfinger, H, Steinecke, A. (Hrsg.), Geographie der Freizeit und des Tourismus: Bilanz und Ausblick. München: Oldenbourg, S. 371–380

[98] Schreyer (2016), S. 256 ff.

Engelhardt, W. H., Schnittka, M. (2001), Entwicklungstendenzen des Dienstleistungsmanagements aus Sicht der Wissenschaft, in: Bruhn, M., Meffert, H. (Hrsg.), Handbuch Dienstleistungsmanagement. 2., überarb. u. erw. Aufl., Wiesbaden: Gabler, S. 917–940

Fitzsimmons, J. A., Fitzsimmons, M. J. (2011), Service Management: Operations, Strategy, Information Technology. 7. Aufl., New York: McGraw-Hill

Freyberg, B. von, Gruner, A., Schmidt, L. (2016), Innovationen managen in Hotellerie und Gastronomie: von der Idee zum Markterfolg. München: Matthaes

Freyer, W. (2006), Tourismus: Einführung in die Fremdenverkehrsökonomie. 8., überarb. u. aktu. Aufl., München, Wien: Oldenbourg

Freyer, W. (2011), Tourismus-Marketing, 7. überarb. u. erg. Aufl., München, Wien: Oldenbourg

Freyer, W. (2015), Tourismus: Einführung in die Fremdenverkehrsökonomie. 11., überarb. u. aktu. Aufl., Berlin, New York: De Gruyter

Friedrich, M. (2012), Dienstleistungsinnovationen in der Hotellerie: Grundlagen – Konzepte – Entwicklungen. Saarbrücken: AV Akademikerverlag

Gardini, M. A. (2009), Marketing-Management in der Hotellerie. 2. Aufl., München, Wien: Oldenbourg

Gatterer, H., Rützler, H. (2012), Hotel der Zukunft: Die wichtigsten Trendfelder für die Hotellerie, Stuttgart: Matthaes

Gleich, R., Russo, P. (Hrsg.) (2007), Perspektiven des Innovationsmanagements 2007. Berlin: LIT

Grant, A. M. (2011), Wie Kunden Mitarbeiter motivieren, in: Harvard Businessmanager, Jg. 2011, Heft 33, S. 67-75

Grund, M. A. (1998), Interaktionsbeziehungen im Dienstleistungsmarketing: Zusammenhänge zwischen Zufriedenheit und Bindung von Kunden und Mitarbeitern, Wiesbaden: Gabler

Gruner, A., Dev, C. (2001), Globale Marketing Trends und ihre Auswirkungen auf die Hotellerie, in: Tourismus Jahrbuch, Jg. 2000, Heft 2, Limburgerhof, S. 140–153

Gruner, A., Freyberg, B. von, Phebey, K. (2014), Erlebnisse schaffen in Hotellerie & Gastronomie. Stuttgart: Matthaes

Hallerbach, B. (2003), Marktsegmentierung und der Trend zum hybriden Urlauber, in: Becker, C., Hopfinger, H, Steinecke, A. (Hrsg.), Geographie der Freizeit und des Tourismus: Bilanz und Ausblick. München, Wien: Oldenbourg, S. 171–180

Hamel, G., Prahalad, C. K. (1995), Wettlauf um die Zukunft: Wie Sie mit bahnbrechenden Strategien die Kontrolle über Ihre Branche gewinnen und die Märkte von morgen schaffen. Wien: Ueberreuter

Handlbauer, G. (2002), Kundenorientiertes Wissensmanagement, in: Hinterhuber, H. H., Matzler, K. (Hrsg.), Kundenorientierte Unternehmensführung: Kundenorientierung – Kundenzufriedenheit – Kundenbindung. 3., aktu. u. erw. Aufl., Wiesbaden: Gabler, S. 157 -167

Hänssler, K.-H. (2011), Die gastgewerbliche Leistung als Dienstleistung, in: Hänssler, K.-H. (Hrsg.), Management in der Hotellerie und Gastronomie: Betriebswirtschaftliche Grundlagen. 8., vollst. aktu. u. überarb. Aufl., München, Wien: Oldenbourg, S. 78-86

Hänssler, K.-H. (Hrsg.) (2011), Management in der Hotellerie und Gastronomie: Betriebswirtschaftliche Grundlagen. 8., vollst. aktu. u. überarb. Aufl., München, Wien: Oldenbourg

Hauschildt, J. (2004), Innovationsmanagement. 3. Aufl., München: Vahlen

Heigert, H. (2013), Gesundheit macht Freude, in: AHGZ, Nr. 44, 02.11.2013, S. 2

Helsel, C., Cullen, K. (2006), A future vision for revenue management, in: Hospitalty Upgrade, Summer 2006, S. 156–158

Henschel, K. (2008), Hotelmanagement. 3., überarb. u. aktu. Aufl., München, Wien: Oldenbourg

Henschel, U. K., Gruner, A., Freyberg, B. von (2013), Hotelmanagement. 4. Aufl., München, Wien: Oldenbourg

Hinterholzer, T., Jooss, M., Egger, R. (2011), Innovationsguide für Tourismusunternehmen. Berlin, Wien: LIT

Hinterhuber, H. H., Matzler, K. (Hrsg.) (2002), Kundenorientierte Unternehmensführung: Kundenorientierung – Kundenzufriedenheit – Kundenbindung. 3., aktu. u. erw. Aufl., Wiesbaden: Gabler

Hoffmann, K. D., Ingram, T. N. (1992), Service Provider Job Satisfaction and Customer-Oriented Performance, Journal of Services Marketing, Vol. 6, No. 2, 1992, S. 68–78

Hofmann, M., Mertiens, M. (Hrsg.) (2000), Customer-Lifetime-Value-Management: Kundenwert schaffen und erhöhen: Konzepte, Strategien, Praxisbeispiele. Wiesbaden: Gabler

Homburg, C., Faßnacht M. (2001), Kundennähe, Kundenzufriedenheit und Kundenbindung bei Dienstleistungsunternehmen, in: Bruhn, M., Meffert, H. (Hrsg.), Handbuch Dienstleistungsmanagement. 2., überarb. u. erw. Aufl., Wiesbaden: Gabler, S. 441–463

Hopfinger, H. (2003), Die Geographie der Freizeit und des Tourismus: Versuch einer Standortbestimmung, in: Becker, C., Hopfinger, H, Steinecke, A. (Hrsg.), Geographie der Freizeit und des Tourismus: Bilanz und Ausblick. München, Wien: Oldenbourg, S. 1–24

IHA (2014), Hotelverband Deutschland e.V. (Hrsg.), Hotelmarkt Deutschland 2014, Berlin: IHA-Service GmbH

Jaeck, H.-F. T. (2011), Wertorientiertes Management von Kundenbeziehungen: Berechnung des Customer Lifetime Value und Einsatz als Steuerungsgröße im CRM. Hamburg: Dr. Kovač

Kano, N., Seraku, N., Takahashi, F., Tsuji, S. (1984), Attractive quality and must-be quality, in: The Journal of the Japanese Society for Quality Control, Vol. 14, No. 2, 1984, S. 39–48

Krczal, A., Krczal, E., Weiermair, K. (Hrsg.) (2011), Qualitätsmanagement in Wellnesseinrichtungen: Erfolg durch Kundenorientierung und hohe Standards, Berlin: Erich Schmidt Verlag

Kreisel, W. (2003), Trends in der Entwicklung von Freizeit und Tourismus, in: Becker, C., Hopfinger, H, Steinecke, A. (Hrsg.), Geographie der Freizeit und des Tourismus: Bilanz und Ausblick. München, Wien: Oldenbourg, S. 74–85

Kroeber-Riel, W., Weinberg, P, Gröppel-Klein, A. (2009), Konsumentenverhalten. München: Vahlen

Künzel, H. (Hrsg.) (2012), Erfolgsfaktor Kundenzufriedenheit: Handbuch für Strategie und Umsetzung. 2., völlig überarb. u. erw. Aufl., Berlin, Heidelberg: Springer Gabler

Kwidzinski, R. (2013a), Berlin geht gegen Grauhotellerie vor, in: AHGZ, Heft 25, 22.06.2013, S. 3

Kwidzinski, R. (2013b), Marriott weitet mobilen Check-in aus, 29.11.2013, in: http://www.ahgz.de/unternehmen/marriott-weitet-mobilen-check-in-aus,200012208167.html [9. Juni 2014]

Maleri, R. (2001), Grundlagen der Dienstleistungsproduktion, in: Bruhn, M., Meffert, H. (Hrsg.), Handbuch Dienstleistungsmanagement. Wiesbaden: Gabler, S. 125–148

Matzler, K., Stahl, H. K., Hinterhuber, H. H. (2002), Die Customer-based View der Unternehmung, in: Hinterhuber, H. H., Matzler, K. (Hrsg.), Kundenorientierte Unternehmensführung: Kundenorientierung – Kundenzufriedenheit – Kundenbindung. 3., aktu. u. erw. Aufl., Wiesbaden: Gabler, S. 3–31

Meyer, A. (Hrsg.) (1996), Grundsatzfragen und Herausforderungen des Dienstleistungsmarketing. Wiesbaden: Gabler

Meyer, A., Ertl, R. (1996), Nationale Barometer zur Messung von Kundenzufriedenheit, in: Meyer, A. (Hrsg.), Grundsatzfragen und Herausforderungen des Dienstleistungsmarketing. Wiesbaden: Gabler, S. 201–231

Nasner, N. (2004), Strategisches Kernkompetenz-Management. München: Hampp

Paul, M., Reckenfelderbäumer, M. (2001), Preisbildung und Kostenrechnung bei Dienstleistungen auf der Basis neuerer Kostenrechnungsverfahren, in: Bruhn, M., Meffert, H. (Hrsg.), Handbuch Dienstleistungsmanagement. Wiesbaden: Gabler, S. 627–659

Pikkemaat, B. (2001), Vom Alten zum Neuen Kunden: Dienstleistungsqualität – gestern und heute, in: Weiermair, K., Peters, M., Reiger E. (Hrsg.): Vom alten zum neuen Tourismus: Eine

Jubiläumsveranstaltung zum 10jährigen Bestehen des ITDs. Innsbruck: Studia Universitätsverlag, S. 17–25

Pikkemaat, B., Peters, T., Weiermair, K. (Hrsg.) (2006), Innovationen im Tourismus: Wettbewerbsvorteile durch neue Ideen und Angebote. Deutsche Gesellschaft für Tourismuswissenschaft e.V.

Pikkemaat, B., Weiermair, K. (2004), Zur Problematik der Messung von Innovationen bei komplexen, vernetzten Dienstleistungen – dargestellt am Beispiel der touristischen Dienstleistung, in: Bruhn, M., Stauss, B. (Hrsg.), Dienstleistungsinnovationen – Forum Dienstleistungsmanagement. Wiesbaden: Gabler, S. 359–379

Pompl, W., Buer, C. (2006), Notwendigkeit, Probleme und Besonderheiten von Innovationen bei touristischen Dienstleistungen, in: Pikkemaat, B., Peters, T., Weiermair, K. (Hrsg.), Innovationen im Tourismus: Wettbewerbsvorteile durch neue Ideen und Angebote. Deutsche Gesellschaft für Tourismuswissenschaft e.V., S. 21–35

Rasche, C. (1994), Wettbewerbsvorteile durch Kernkompetenzen: ein ressourcenorientierter Ansatz. Wiesbaden: Gabler

Reidegeld, P. (2007), Internal Venturing als Mittel zur Förderung von radikalen oder disruptiven Innovationen innerhalb von Großkonzernen, in: Gleich, R., Russo, P. (Hrsg.), Perspektiven des Innovationsmanagements 2007. Berlin: LIT, S. 187–215

Roth, P. (2003), Grundlagen des Touristikmarketing, in: Roth, P., Schrand, A. (Hrsg.), Touristikmarketing: Das Marketing der Reiseveranstalter, Verkehrsträger und Tourismusdestinationen. 4., überarb. u. aktu. Aufl., München: Vahlen, S. 31–147

Roth, P., Schrand, A. (Hrsg.) (2003), Touristikmarketing: Das Marketing der Reiseveranstalter, Verkehrsträger und Tourismusdestinationen. 4., überarb. u. aktu. Aufl., München: Vahlen

Scharitzer, D. (1994), Dienstleistungsqualität – Kundenzufriedenheit. Wien: Service Fachverlag

Schmit, M., Allscheid, S. (1995), Employee Attitudes and Customer Satisfaction: Making Theoretical and Empirical Connections, in: Personnel Psychology, Vol. 48, No. 3, 1995, S. 521–536

Schmude, J., Namberger, P. (2010), Tourismusgeographie. Darmstadt: WBG

Schreyer, M. (2016), Innovationsmanagement in der Hotellerie: Innovationsforschung von touristischen Dienstleistung in Vertrieb und Marketing, Berlin, New York: De Gruyter

Schumpeter, J. A. (2010), Konjunkturzyklen. Göttingen: Vandenhoeck & Ruprecht

Schwandner, G. (2014), Innovationsmanagement, Ingolstadt: Arbeitspapier Technische Hochschule

Sinek, S. (2014), Frag immer erst: Warum: Wie Topfirmen und Führungskräfte zum Erfolg inspirieren. München: Redline

Spath, D., Ganz, W. (Hrsg.) (2009), Die Zukunft der Dienstleistungswirtschaft: Trends und Chancen heute erkennen. München: Hanser

Spiller, K. (2011), Gästegewinnung in der Wellnesshotellerie: Neuer Marketingmix mit Online- und Offline-Instrumenten, in: Krczal, A., Krczal, E., Weiermair, K. (Hrsg.), Qualitätsmanagement in Wellnesseinrichtungen: Erfolg durch Kundenorientierung und hohe Standards. Berlin: Erich Schmidt Verlag, S. 195–214

Spohrer, J., Kwan, S. K. (2009), Service Science, Management, Engineering, and Design (SSMED): Konturen und Eckpunkte einer neuen Dienstleistungsforschung, in: Spath, D., Ganz, W. (Hrsg.), Die Zukunft der Dienstleistungswirtschaft: Trends und Chancen heute erkennen. München: Hanser, S. 107–223

Stadtfeld, F. (Hrsg.) (1987), Wettbewerb und Innovation im Tourismus. Worms: Siebdruck Team

Statistische Ämter des Bundes und der Länder (Hrsg.) (2011), Demographischer Wandel in Deutschland: Bevölkerungs- und Haushaltsentwicklung im Bund und in den Ländern, Wiesbaden: Statistisches Bundesamt, Heft 1, März 2011. URL: https://www.destatis.de/DE/Publikationen/Thematisch/Bevoelkerung/VorausberechnungBevoelkerung/BevoelkerungsHaushaltsentwicklung5871101119004.pdf;jsessionid=5FB0AB505546DB170E2BA8F7F14F73A2.cae3?__blob=publicationFile [6. Mai 2014]

Statistisches Bundesamt (Hrsg.) (2013), Statistisches Jahrbuch: Deutschland und Internationales, Wiesbaden: Statistisches Bundesamt. URL: https://www.destatis.de/DE/Publikationen/StatistischesJahrbuch/StatistischesJahrbuch2013.pdf?__blob=publicationFile [22. April 2014]
Stauss, B., Bruhn, M. (2004), Dienstleistungsinnovationen – Eine Einführung in den Sammelband, in: Bruhn, M., Stauss, B. (Hrsg.), Dienstleistungsinnovationen – Forum Dienstleistungsmanagement. Wiesbaden: Gabler, S. 3–25
Stock-Homburg, R. (2009), Der Zusammenhang zwischen Mitarbeiter- und Kundenzufriedenheit: Direkte, indirekte und moderierende Effekte. 4. Aufl., Wiesbaden: Gabler
Stock, R., Hoyer, W. (2002), Leadership Style as Driver of Salespeople's Customer Orientation, Journal of Market-Focused Management, Vol. 5, No. 4, 2002, S. 353–374
Stolpmann, M. (2008), Wie werden wir für unsere Gäste interessanter?: Durch Innovation zu Differenzierung in Hotellerie und Gastronomie, München: Redline
Strasser, M. (2008), Was ist der Kunde wert? Customer Lifetime Value als Methode zur Kundenbewertung in der Reisebranche, Wien: Facultas
Sünderhauf, B. (1987), Innovation und strategisches Marketing, in: Stadtfeld, F. (Hrsg.), Wettbewerb und Innovation im Tourismus. Worms: Siebdruck Team, S. 21–28
Theiner, B., Steinhauser, C. (2006), Neue Erlebnisse im Tourismus: Eine Analyse des Innovationsverhaltens von Anbietern und Nachfragern bei der touristischen Produktentwicklung; illustriert am Beispiel „Alpine Wellness", Marburg: Tectum
Thota, H., Munir, Z. (2011), Key concepts in innovation. Los Altos: Palgrave Macmillan
Trommsdorff, V., Steinhoff, F. (2007), Innovationsmarketing. München: Vahlen
Tsifidaris, M. (1994), Management der Innovation: Pragmatische Konzepte zur Zukunftssicherung des Unternehmens. Renningen-Malmsheim: Expert
Van Someren, T. C. R. (2005), Strategische Innovationen: So machen Sie Ihr Unternehmen einzigartig. Wiesbaden: Gabler
Völker, R., Thome, C., Schaaf, H. (2012), Innovationsmanagement: Bestandteile – Theorien – Methoden. Stuttgart: Kohlhammer
Walder, B. (2007), Tourismus – Management von Innovationen. Marburg: Tectum
Wangenheim, F. von (2003), Weiterempfehlung und Kundenwert: Ein Ansatz zur persönlichen Kommunikation. Wiesbaden: Deutscher Universitätsverlag, 2003
Weiermair, K., Peters, M., Reiger E. (Hrsg.) (2001), Vom alten zum neuen Tourismus: Eine Jubiläumsveranstaltung zum 10jährigen Bestehen des ITDs. Innsbruck: Studia Universitätsverlag
Wimmer, F., Roleff, R. (2001), Beschwerdepolitik als Instrument des Dienstleistungsmanagements, in: Bruhn, M., Meffert, H. (Hrsg.), Handbuch Dienstleistungsmanagement. Wiesbaden: Gabler, S. 315–335
Winkelmann, P. (2002), Marketing und Vertrieb: Fundamente für die marktorientierte Unternehmensführung. 3. Aufl., München, Wien: Oldenbourg
Woratschek, H. (1996), Möglichkeiten und Grenzen preispolitischer Faustregeln für den Dienstleistungsbereich, in: Meyer, A. (Hrsg.), Grundsatzfragen und Herausforderungen des Dienstleistungsmarketing. Wiesbaden: Gabler, S. 97–124
Woratschek, H. (2001), Preisbildung im Dienstleistungsbereich auf der Basis von Marktinformationen, in: Bruhn, M., Meffert, H. (Hrsg.), Handbuch Dienstleistungsmanagement. Wiesbaden: Gabler, S. 607–625
Zezelj, G. (2000), Das CLV-Management Konzept, in: Hofmann, M., Mertiens, M. (Hrsg.), Customer-Lifetime-Value-Management: Kundenwert schaffen und erhöhen: Konzepte, Strategien, Praxisbeispiele. Wiesbaden: Gabler, S. 9–29

CAROLIN STEINHAUSER & MATTHIAS STRAUB

Multi-Channel-Strategie: Klassische und moderne Vertriebswege in der Hotellerie – Eine theoretische und empirische Analyse

1. Einleitung

In der Hotellerie entwickeln sich derzeit eine Vielzahl neuer Vertriebskanäle, welche mit nie da gewesenen Discounts werben und den Hoteliers den Eindruck vermitteln, wer nicht mitmacht, verpasst den Anschluss. Außerdem gibt es einige Big-Player am Markt, die den Vertrieb der Tourismusbranche weitestgehend bestimmen und die Hotellerie in ein Abhängigkeitsverhältnis zwingen (AHGZ 2012, TopHotel 2016). Die Vertriebs(wege)politik (auch Distributions- oder Präsenzpolitik, engl. »place«) war anfangs ein eher vernachlässigter Instrumentenbereich im klassischen Marketing-Mix des Tourismus (Freyer 2011). Mit fortschreitender Entwicklung von Dienstleistungen sowie neuer, moderner Informations- und Kommunikationstechnologien werden differenziertere Betrachtungen auch für die Vertriebspolitik in der Hotellerie notwendig. Beides prägt den heutigen Hotelvertrieb maßgeblich und hat einen gravierenden Einfluss auf die Auslastung, den Preis und somit den Erfolg eines Hotelunternehmens (Gardini 2014).

1.1 Problemstellung

Die Distributionspolitik in der Hotellerie ist extrem schnelllebig und es ist gerade für die Privathotellerie kaum möglich, einen Überblick über aktuellen Entwicklungen, das notwendige Know-How zur Umsetzung, die Zeit und die finanziellen Ressourcen zu behalten (Steinhauser/Theiner 2016). Neue digitale Technologien haben die Anzahl der Intermediäre nicht reduziert, sondern vielmehr die Komplexität bei der großen Auswahl an Vertriebspartner erhöht (Kracht/Wang 2009). Im Fokus stehen nunmehr Offline- (»stationäre«) und Onlineaspekte des Vertriebs, letztere zunehmend auch mobil (VIR 2016, S. 44ff.). Ganz konkret nehmen für den Vertrieb der Ketten- aber auch der Privathotellerie die OTA's (Online-Travel-Agencies) (Schegg 2014), Meta-Suchmaschinen mit neuen Geschäftsmodellen (Kästner 2015, Steinhauser 2015), Bewertungsportale (Anderson Magruder 2012), Social Media Kanäle (Statista 2016) sowie die Möglichkeiten der mobilen Applikationen am Markt (Thompson 2014) eine immer wichtiger werdende Rolle ein. Die vielfältigen Zielsetzungen ebenso wie der multiple Aufgabenbereich der Distributionspolitik zeigen, dass der Vertrieb in einem Hotel explizit geplant werden und nicht ohne strategische Überlegungen umgesetzt werden sollte. Daher adressiert dieser Artikel diese Forschungslücke und leistet einen Beitrag zur theoretischen und empirischen Fundierung.

1.2 Aufbau des Beitrags

Dieses Paper verfolgt eine schrittweise Vorgehensweise: Zunächst werden im theoretischen Teil die wichtigsten Veränderungen im Vertrieb aufgezeigt und entscheidungsrelevante Kriterien zur Wahl eines geeigneten Vertriebspartners abgeleitet. Anschließend erfolgt eine Systematisierung der verschiedenen bestehenden Offline, Online und mobilen Maßnahmen (Warnecke 2015, S. 241) am Markt in klassische und moderne Ansätze (Steinhauser/Theiner 2016). Aufgrund des Umfanges der Veröffentlichung liegt der Fokus auf den aktuell wichtigsten Vertriebskanälen, nämlich den OTAs und der eigenen Homepage (Gahn 2015). Da das touristische Angebot über mehr als einen Vertriebsweg dem Gast angeboten wird, werden in Kapitel 4 in Anlehnung an die Studie von Beritelli/Schegg (2014) zwei unterschiedliche Ansätze zur Umsetzung einer Multi-Channel Strategie diskutiert. Aufbauend auf diesen Ergebnissen wird eine empirische Erhebung zu der Bedeutung und dem Erfolg der einzelnen Vertriebsmaßnahmen konzipiert, die im vierten Quartal 2016 an der SRH Hochschule Berlin am Campus Dresden durchgeführt wird. Ergebnisse werden mit Hilfe einer Conjoint-Analyse abgeleitet.

2. Entscheidungsrelevante Kriterien zur Wahl eines geeigneten Vertriebspartners

Für jedes Hotel gilt es abzuwägen und zu analysieren, welche vertrieblichen Maßnahmen zum Erfolg führen – sowohl hinsichtlich des Zeiteinsatzes als auch hinsichtlich der Kosten. Ein wesentlicher Faktor bei der Auswahl von Vertriebspartnern sind die zu zahlendenden Provisionen an die Vertriebspartner. Vertrieb in der Hotellerie war auch vor 20 Jahren nicht kostenfrei, die Provisionen an die Partner sind jedoch seitdem extrem angestiegen (MFIH Studie 2014). Hinzu kommt, dass sich für viele Hotels gerade in der Stadthotellerie und auch beginnend in der Ferienhotellerie das Verhältnis zwischen Eigen- und Fremdvertrieb verschoben hat. Wurde in der Vergangenheit der größte Teil über direkte Vertriebskanäle[1] gene-

[1] Beim direkten Vertrieb findet der Kontakt zwischen Gast und Hotelier geradewegs statt, d.h., der Hotelier verkauft sein Angebot ohne Zwischenschaltung von Dritten (z.B. Reisebüro, booking.com, o. ä.) an den Gast direkt (Freyer 2011, S. 521).

riert, sind es heutzutage häufig vor allem die kostenintensiven indirekten Kanäle[2], die vertrieblich die Oberhand gewinnen.

Es wäre falsch, zu behaupten, dass direkter Vertrieb über eigene Mitarbeiter oder die eigene Website keine Kosten verursacht. Denn auch der Direktvertrieb ist nicht kostenfrei und stellt heute mehr denn je eine große Herausforderung dar. Denn wenn ein Hotel seinen Schwerpunkt auf Direktvertrieb setzt, dann muss eine intensive Auseinandersetzung mit SEO (Search Engine Optimization), Social Media, Location Based Services (z.B. Foursquare), Mobile Bookings, Homepage, Mitarbeiterschulungen etc. erfolgen. Es erfordert Know-how und verursacht aufgrund der hohen Dynamik und Komplexität auch ständige Investitionskosten und erfordert Zeit für Weiterbildungen.

Eine gute Übersicht, welche Kosten aufgrund der notwendigen Vertriebstechnologien und verschiedenen Vertriebswege anfallen, liefert folgende Tabelle:

Standard-Doppel-Zimmer (Doppel-Belegung exkl. Frühstück, inkl. MwSt.)	Hotel-Website	Verkäufer (Fremden-Verkehrs-Amt)	Vertriebs Partner oder Dritt-Anbieter	Reisebüro (z.B. AMEX, CWT,	Online-Reisebüro (HRS, Booking .com ...)	Einkäufer (z.B. Tui, Airtours, Neckermann, FTI, Kuoni, ...)	Online-Einkäufer (z.B. Expedia ...)	Verstecktes Preismodell (Opaque, z.B. Surprice Hotels by HRS)	Gutschein-Modell (Groupon, Animod ...)
offentl. Zimmerpreis	185 €	185 €	185 €	185 €	185 €	185 €	185 €	185 €	185 € - 50%
Gebührensatz	-	-	-	-	-	-	-	-	-
Provisionen / Kommission	0%	10%	8%	10%	15%	0%	0%	0%	25%
Fester Aufschlag (Mark-Up)	0%	0%	0%	0%	10%	15%	0%	0%	0%
Computer Reservation System / Switch-Gebühren	0%	0%	0%	8%	0%	0%	0%	0%	0%
Global Distribution System	-	-	-	5 €	-	-	-	-	-
Kreditkarte Disagio	2,50%	2,50%	2,50%	2,50%	2,50%	0,00%	2,50%	2,50%	0,00%
Gesamtkosten	4,63 €	23,13 €	19,43 €	36,13 €	32,38 €	46,25 €	50,88 €	54,50 €	115,63 €
Prozentualer Anteil	**2,5%**	**12,5%**	**10,5%**	**19,5%**	**17,5%**	**25,0%**	**27,5%**	**29,5%**	**62,5%**
UMSATZ	180,37 €	161,87 €	165,57 €	148,87 €	152,62 €	138,75 €	134,12 €	95,50 €	69,37 €

Tabelle 1: Kostenübersicht über die verschiedenen Vertriebskanäle
(In Anlehnung an Gahn 2015)

Auf den ersten Blick ist sicherlich der Partner für das Hotel am erfolgversprechendsten, der den besten Preis, die höchste Flexibilität und die geringste Provision für seine Vermittlung verlangt. Dennoch kann gerade ein Vertriebspartner wie z.B.

2 Beim indirekten Vertrieb hingegen übernimmt ein Reisemittler die Kundenansprache, die Beratung und den Verkauf, d.h., zwischen dem Hotelier und dem Gast ist mindestens eine Ebene von Absatzmittlern geschaltet (Hänssler 2011).

Expedia, der hohe Gebühren von 25% und mehr fordert, durch sein Gästeklientel, die lange Aufenthaltsdauer von z.B. amerikanischen Gästen und die Zusatzleistungen ein sehr interessanter Partner sein (Steinhauser/Theiner 2016).

Daher ist es ratsam, auch die Verteilung der Umsätze, die durchschnittliche Aufenthaltsdauer der Gäste, den Logisumsatz und den gesamten Umsatz pro Gast im Hotel (mit Zusatzleistungen) über den jeweiligen Vertriebspartner regelmäßig zu ermitteln („total revenues") und in Bezug zu den jeweiligen Vertriebskanalkosten zu setzen (=Deckungsbeitragsrechnung). Nur so ist es möglich, die verschiedenen Kanäle miteinander zu vergleichen und über eine weiterführende Zusammenarbeit zu entscheiden (Steinhauser/Theiner 2016). Nachfolgende Zahlen zeigen ein reales Beispiel für ein 67-Zimmer-Haus in einer ländlichen Region im Harz.

Logis Umsatz 2014 gesamt	Website	Tourismus-Organisation	Reisebüro	OTA	Gruppen-Reisen	Reise-veranstalter	Impuls-Portale (z.B. Travelzoo, Secret Escapes)	Telefon / E-Mail
889.000 €	164.000 €	3.000 €	5.000 €	185.000 €	53.000 €	92.000 €	45.000 €	342.000 €
100,00%	18,45%	0,34%	0,56%	20,81%	5,96%	10,35%	5,06%	38,47%

Tabelle 2: Kostenübersicht über die verschiedenen Vertriebskanäle
(Eigene Darstellung)

Doch eine reine Betrachtung der Kosten und Umsätze ist bei der Analyse der passenden Vertriebspartner nicht ausreichend. Welcher Vertriebspartner für ein Hotel der richtige ist, gilt es strategisch unter Berücksichtigung folgender Punkte zu überdenken (Steinhauser/Theiner 2016, S. 47). Die aufgeführten Kriterien zur Vertriebskanalwahl wurden auf Basis mehrerer qualitativer Experteninterviews mit Hoteldirektoren abgeleitet:

- Kosten (Provision, Geschäftsmodell, Mitarbeiter, Vertragsabschlusskosten, Jahresgebühren, Kreditkartengebühren, Freizimmer etc.)
- Reichweite wie Marktabdeckung in einem Land
- Zielgruppekonformität
- Positionierung
- Image des Anbieters
- Buchungsabschlussquote
- Preisdurchsetzungsquote (kein Anbieter, der am Preislimit arbeitet)
- Stornierungsbedingungen
- Abhängigkeit
- Zimmerkontingent (incl. Verfallfristen)
- Verlinkung zur eigenen Homepage
- Präsentation des Hotels
- Zahlungsmodalitäten
- Konnektivität zum eigenen Channelmanager (Datenpflege)

Die vielen aufgeführten Aspekte machen deutlich, dass eine rein monetäre Betrachtung des Vertriebsweges nicht zielführend ist, weil viele Faktoren die Wahl eines Vertriebspartners beeinflussen. Hinzukommt, dass auch die Zielgruppe, die Positionierung und das Image zu dem jeweiligen Hotel passen müssen. Auch praktische Überlegungen wie die Datenpflege und die Konnektivität zu dem angeschlossenen Channelmanager spielen für die Entscheidungsfindung eine Rolle. Es ist auch zu vermeiden, eine zu große Abhängigkeit zu einem Vertriebspartner aufzubauen und seine Kontingente ausschließlich über eine OTA, wie z.B. Booking.com zu verkaufen. Sofern dieser Partner wegbricht oder inakzeptable Bedingungen für eine weitere Zusammenarbeit aufruft, kann dies einen großen Einfluss auf die gesamte Geschäftslage des Hotels haben. Eine Diversifizierung der Vertriebsaktivitäten in klassische und moderne Kanäle ist zu empfehlen und wird im folgenden Kapitel weiter thematisiert.

3. Systematisierung des Vertriebs in der Hotellerie: Klassische und moderne Kanäle

Selbstverständlich ist eines der Hauptziele des Vertriebs das Produkt (= Hotelzimmer) zu verkaufen und somit eine möglichst hohe Auslastung bzw. Umsatz zu sichern. Trotzdem ist die Zielsetzung der Distributionspolitik weiter zu fassen. Die Distributionspolitik umfasst sämtliche Entscheidungen über den Weg Ihres Hotelangebots bis hin zu Ihrem Gast (Meffert/Bruhn 2006, S. 592) und diese Wege können sehr vielseitig sein. Der Hotelverband Deutschland (IHA) hat in Zusammenarbeit mit dem Institut für Tourismus der Fachhochschule Westschweiz Wallis von Januar bis April 2014 eine Online-Umfrage unter Hotels durchgeführt. Ziel dieser Befragung war es, die Entwicklungstendenzen der wichtigsten Vertriebskanäle sowie Marktanteile zu ermitteln. Diese Erhebung aktualisiert die Befragung des Hotelverbands Deutschland (IHA), der Österreichischen Hotelvereinigung (ÖHV) und hotelleriesuisse aus dem Jahr 2011. In Deutschland haben an der Online-Befragung 2014 insgesamt 1.193 Einzel- und Kettenhotels teilgenommen. Die Befragung zeigt, dass das Telefon, also der Kontakt über die eigenen Hotelmitarbeiter, immer noch der stärkste Kanal ist. Über 26% der Übernachtungen werden in deutschen Hotels über das Telefon gebucht. Damit konnte das Telefon in Deutschland seine Bedeutung gegenüber 2011 sogar noch leicht steigern. (Warnecke 2015)

In der Praxis ist immer wieder festzustellen, dass viele Gäste sich online informieren und anschließen im Hotel anrufen, weil sie noch Fragen haben, die Online-Buchungsfunktion nicht bedienen können oder ihre Zahlungsdaten nicht online übermitteln wollen. Somit sollte ein hohes Augenmerk auf die Schulung und die Qualifikation der Mitarbeiter gelegt werden, welche die Gäste am Telefon oder vor Ort beraten.

Rang	Vertriebskanal	Anteil 2013	Anteil 2011
1	Telefon	26,2%	25,0%
2	Internet-Buchungsplattformen (IDS)	20,9%	19,5%
3	E-Mail	15,5%	17,1%
4	Echtzeitbuchungen auf der eigenen Website	8,1%	5,9%
5	Reservierungsformular (eigene Website)	5,5%	6,2%
6	Reiseveranstalter / Reisebüros / Wholesaler	5,5%	5,9%
7	Event- und Konferenzveranstalter	4,8%	1,9%
8	Walk ins (ohne Reservierung)	4,3%	5,3%
9	Brief / Fax	4,1%	4,9%
10	Globale Distributionssysteme (GDS)	2,9%	2,7%
11	Tourismusorganisationen	1,2%	2,8%
12	Hotelketten- und kooperationen mit CRS	0,4%	1,8%
13	Social Media Plattformen	0,2%	0,2%
14	Sonstige Kanale	0,7%	0,8%
Gesamt		100,0%	100,0%

Tabelle 3: Vertriebskanäle der Hotels in Deutschland im Jahr 2011 und 2013
(In Anlehnung an Warnecke 2015, S. 241)

Die vielfältigen Kanäle der Distributionspolitik zeigen, dass der Vertrieb in einem Hotel explizit geplant werden und nicht einfach ohne strategische Überlegungen umgesetzt werden sollte. Über ein breit aufgestelltes Vertriebsnetz kann eine Stärkung der Marktposition erreicht werden. Mittels der Erhöhung des Distributionsgrades und der somit einhergehenden erhöhten Präsenz und besseren Erreichbarkeit ist die Wahrscheinlichkeit, vom Gast gefunden zu werden, schlichtweg höher (Beritelli/Schegg 2014). In Zeiten der Transparenz durch das Internet kann dies einen entscheidenden Wettbewerbsvorteil bedeuten (Gardini 2010). Durch die immer wichtiger werdenden mobilen Vertriebswege ist eine Unterscheidung zwischen offline und online nicht mehr trennscharf, sondern es wird in Anlehnung an die Veröffentlichung von Steinhauser/Theiner zwischen klassischem und modernem Vertrieb unterschieden. Nachfolgende Abbildung verdeutlicht diese Systematisierung:

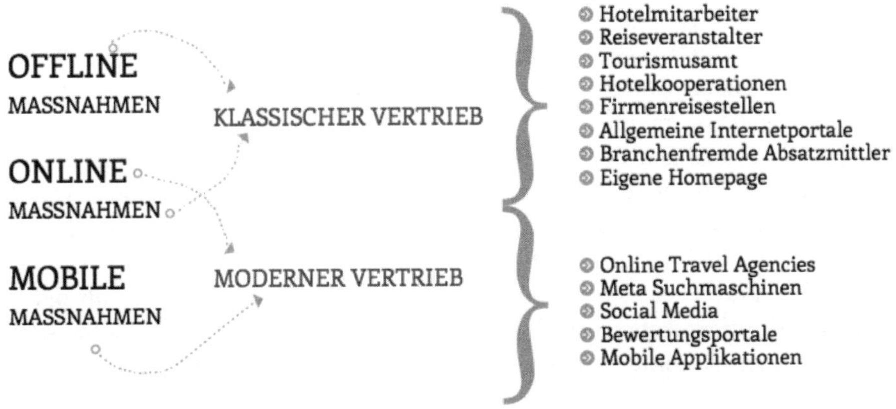

Abbildung 1: Systematisierung der Vertriebskanäle
(Steinhauser/Theiner 2016)

Klassische Maßnahmen sind traditionell ausgerichtet und werden schon über einen langen Zeitraum am Hotelmarkt angewandt. Die Gliederung des Vertriebs beginnt mit den klassischen Offline-Maßnahmen, gefolgt von den Online-Aktionen, und endet mit den modernen mobilen Applikationen am Markt.

Moderne Kanäle haben vor allem in den letzten Jahren an Relevanz gewonnen und gehören für viele Hotels sicherlich zum täglichen Vertriebsgeschäft. Zu den modernen Kanälen gehören viele bekannte Online Travel Agencies, aber auch Meta-Suchmaschinen, Social Media- und Bewertungsportale sowie mobile Applikationen am Markt. Wichtig zu betonen ist, dass sowohl die klassischen Kanäle (z.B. persönlicher Verkauf, offline Reiseveranstalter, Hotel Website, branchenfremde Absatzmittler, Destinationsorganisationen etc.) als auch die modernen Kanäle für eine erfolgreiche Vertriebsstrategie von Bedeutung sind und die modernen Kanäle, die klassischen Kanäle NICHT ersetzen, sondern vielmehr ergänzen. Die modernen Vertriebswege sind komplementär zu sehen. Die Arbeit mit den klassischen Kanälen ist häufig die Basis, die je nach Hotelstrategie regelmäßig durch eine oder viele moderne, online Maßnahmen komplementiert wird. Dieser Beitrag legt den Fokus auf die eigene Homepage und Online Travel Agencies (OTAs) und greift damit sowohl einen Kanal aus den klassischen und den modernen online Maßnahmen heraus.

3.1 Eigene Homepage

Die eigene Hotel-Website stellt den wichtigsten direkten Vertriebskanal für die Hotellerie in der heutigen Zeit dar. Ziel einer jeden Hotelwebsite ist es, dass der Besucher zum zahlenden Gast wird und eine möglichst hohe Conversion (Verhältnis von Buchungen zu Klicks) erreicht wird. Die eigene Website sollte im Hinblick auf die Vertriebskosten die günstigste Variante sein, was jedoch in der Praxis nicht immer der Fall ist. Viele Hotels nutzen das Potenzial ihrer Website nicht aus (Schegg et al. 2007). Die Kosten können vom Anbieter der Buchungsmaschine über das verwendete Content Management System bis zum Betreiber einer Website (z.B. bei Hotelkooperationen) stark variieren. In der Kalkulation zu berücksichtigen sind die einmaligen Einrichtungsgebühren, ggf. monatliche Gebühren und die Provisionen pro Buchung. Sieht man sich Zahlen aus der Praxis an, so liegen die durchschnittlichen Kosten pro Buchung über die hoteleigene Website zwischen 2% bis 5 % (Gahn 2015; Spalteholz 2011).

Für den Hotelier ist es elementar wichtig, dass die Website mehr ist als nur ein einseitiger Kommunikationskanal vom Hotel zum Gast. Eine Website sollte leben, Emotionen zum Ausdruck bringen und Vorfreude auf den Aufenthalt vor Ort machen.

Seit April 2015 zeigt der Algorithmus von Google nur noch die Websites in den oberen Ergebnisrängen an, die mobil optimiert sind. Daher ist es wichtig, dass jede stationäre Hotel Website im Responsive Design[3] angelegt ist. Damit zumindest bei der Funktionalität der Seite eine ähnlich gute Buchungschance wie bei den Online Travel Agencies vorhanden ist, die im nächsten Abschnitt analysiert werden.

3.2 Online Travel Agencies

Online Travel Agencies oder kurz OTA's haben den Vertrieb in der Hotellerie in den letzten Jahren massiv beeinflusst. OTAs sammeln weltweite Hotelangebote und bescheren Nutzern oder potenziellen Gästen allein durch die Vielfalt und die ausgefeilten Selektionsmöglichkeiten vor allem eine bessere Übersicht und Zeitersparnis. Oftmals profitiert der Gast – unverständlicherweise – auch heute noch davon, dass ihm die OTAs bessere Preise und Restriktionen anbieten und direkte Buchungen von den Hotel Websites zu den OTAs übergehen (Thakran/Verma 2013). Dies verschafft den OTAs im direkten Vergleich einen großen Wettbewerbsvorteil. Je nach Präferenz können Angebote u.a. nach Lage, Hotelkategorie, Hotelmarke, Zimmerausstattung, Bewertungen, Preis oder Zahlungsmöglichkeit gefiltert werden. Der Nutzer hat gelernt, dass die systematische und standardisierte Aufbereitung des Inhaltes die finale Auswahl erleichtert. Häufig finden sich in den beschreibenden Textpassagen und in den durch Symbolik unterstützten Legenden umfassendere Informationen als auf den individuellen Hotelwebseiten. Diese „Informationsasymmetrie" gilt es seitens der Hotelanbieter auszugleichen und die Da-

3 Im Responsive Design wird die Website nicht mehr in einer festen Größe angelegt, sondern die Bestandteile sind beweglich und passen sich je nach Bildschirmgröße an. Es müssen nicht 2 Systeme gepflegt werden (stationäre Inhalte und mobile Inhalte), sondern je nachdem, mit welchem Endgerät auf die Seite zugegriffen wird (Smartphone, Tablet, Desktop PC), wird die Seite in unterschiedlichen Formaten ausgegeben, damit sie für jeden User gut sichtbar ist (Online Marketing Praxis 2016)

ten inkl. der Preise in Qualität und Quantität ebenso auf der eigenen Webseite darzustellen.

Der Anteil der Buchungen über Online Systeme beträgt in der Privathotellerie rund ein Drittel, während bei der Konzernhotellerie bereits bis zu 70% aus diesen Quellen stammen. (Goerlich/Spalteholz 2014) Gerade in nachfrageschwachen Zeiten sind die OTAs ein wichtiger Vertriebsweg, um Zimmerleerstand zu vermeiden (Anderson 2011). Eine Übersicht aus dem Jahr 2011 zeigt die wichtigsten OTAs in Deutschland, allen voran mit HRS.de/Hotel.de und Booking.com. Nach der Übernahme von hotel.de durch HRS im September 2013 teilen sich vor allem 2 Unternehmen einen Großteil des Geschäftes. Der stärkste Wettbewerber von HRS in dem so definierten Hotelportalmarkt in Deutschland ist Booking.com (Zöttl 2014).

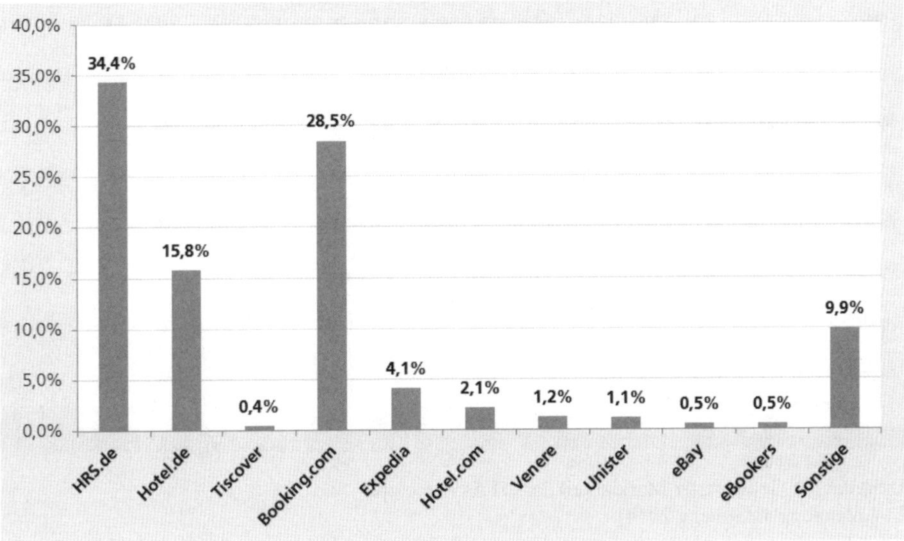

Abbildung 2: OTAs als Vertriebskanäle der Hotels in Deutschland 2011
(in Anlehnung an Warnecke/Luthe 2012, S. 173)

Das Portal „Booking.com" dominiert die online Hotellandschaft in großem Maße. Durch die in den letzten Jahren verfolgte Strategie auch den „long-tail" der Hotellerie zu erreichen, sprich die kleinen, nicht in Städten gelegenen Hotels als Anbieter in das Portal zu integrieren, hat Booking.com nicht nur an Bekanntheit gewonnen, sondern auch viel Geschäft an mittelständische Hotels vermittelt. Folgt man aktuellen Stimmen aus der Praxis, so handelt es sich bei Booking.com derzeit bei vielen Hotels mittlerweile um den wichtigsten OTA Kanal.

Auf europäischer Ebene ergibt sich folgendes Bild:

Gewichteter Marktanteil der OTAs in Europa

	Austria	Belgium	Czech Republic	Denmark	Finnland	Germany	Greece	Hungary	Italy	Norwaay	Spain	Switzerland	overall sample	weighted Eurpean average
observations	49,0	56,0	55,0	50,0	42,0	1057,0	163,0	68,0	88,0	41,0	127,0	247,0	1736,0	1736,0
Agoda	0,2	0,0	0,3	0,0	0,0	0,2	0,5	2,1	1,2	0,2	1,4	0,4	0,5	0,9
Booking.com	66,8	70,2	65,0	58,1	64,6	41,6	73,3	55,7	63,0	72,7	66,2	69,7	59,5	60,9
Priceline	**47,0**	**70,2**	**65,2**	**58,2**	**64,6**	**41,8**	**73,8**	**57,8**	**64,2**	**72,9**	**67,6**	**70,1**	**60,0**	**61,8**
HRS	7,9	3,6	8,6	4,7	1,9	31,1	0,5	6,1	3,7	2,3	2,0	6,7	11,9	8,9
Hotel.de	4,0	1,1	5,0	1,7	0,6	10,4	0,7	2,5	1,8	1,4	1,5	3,0	4,6	3,8
Tiscover Zimmerkategorie	3,4	0,0	0,0	0,0	0,1	0,0	0,0	0,0	0,0	0,0	0,0	0,1	0,2	0,2
HRS (total)	**15,3**	**4,7**	**13,5**	**6,4**	**2,5**	**41,6**	**1,2**	**8,6**	**5,5**	**3,7**	**3,5**	**9,8**	**16,6**	**12,9**
Expedia	5,5	6,6	8,3	8,9	2,5	5,8	8,8	8,3	15,0	8,5	10,9	6,3	7,5	9,2
Vonorc	2,1	1,6	3,5	1,6	0,5	1,1	3,7	1,6	6,3	0,4	4,0	2,6	2,4	3,3
Hotels.com	0,3	0,6	1,5	9,1	2,2	1,0	2,8	1,1	1,8	5,7	1,1	1,0	1,8	1,6
Expedia (total)	**7,9**	**8,9**	**13,2**	**19,7**	**5,2**	**7,9**	**15,2**	**110,0**	**23,2**	**14,5**	**16,0**	**9,9**	**11,8**	**14,0**
TOTAL OF TOP 3	90,2	83,7	91,9	84,2	72,3	91,4	90,2	77,3	92,8	91,1	87,1	89,8	88,3	88,8

Abbildung 3: Gewichteter Marktanteil der OTAs in Europa
(In Anlehnung an Schegg 2014)

Auch gibt es bei der Verbreitung der einzelnen OTAs gibt es länderspezifische Unterschiede. Während HRS sehr stark in Deutschland vertreten ist, ist Priceline in der Schweiz und Expedia in Italien dominant. Abbildung 4 zeigt sehr gut, welche einzelnen Plattformen zu den 3 großen OTA Vertretern am Markt gehören Der Hotelmarkt konsolidiert sich immer mehr auf die 3 dominanten Anbieter Priceline, HRS Group und Expedia.

Der Anteil mobiler Buchungen bei HRS liegt zwischen 11,1% (Frankfurt am Main) und 14,9% in Köln. HRS schätzt, dass bis 2017 jede zweite Buchung mobil erfolgen wird und es nur noch eine Frage der Zeit ist, bis die mobilen Buchungen die stationär getätigten Buchungen überholen. (HRS 2014)

Viele kleine und mittelständische Betriebe sind durch die große Anzahl und die Vielfalt der Portale stark gefordert (Toh et al. 2011). Die aktuelle Herausforderung im Vertrieb ist nicht viele Kanäle parallel laufen zu lassen, sondern sie mit nutzenstiftenden Informationen und Daten auszustatten und sie miteinander zu vernetzen.

Daher widmet sich das vierte Kapitel der Umsetzung einer hotelspezifischen Multi-Channel Strategie.

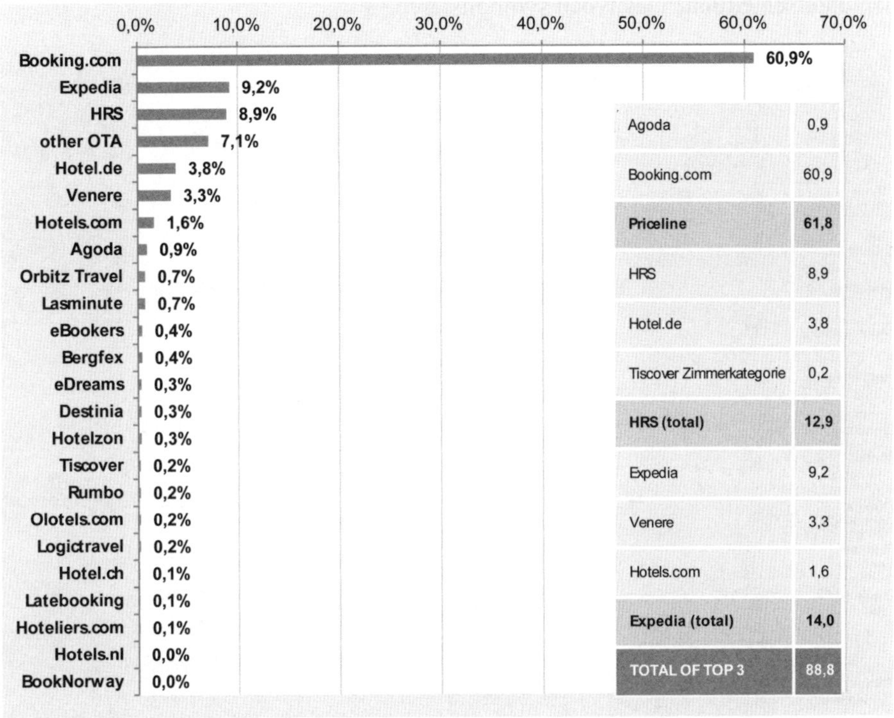

Abbildung 4: Gewichteter Marktanteil der Top 3 OTAs in ausgewählten Ländern (in Anlehnung an Schegg 2014)

4. Multi-Channel Strategie aus Kunden- und Anbietersicht

Multi-Channel-Management wird auch in der Tourismuswirtschaft bereits vielfach angewendet und bedeutet im Wesentlichen, dass das touristische Angebot über mehr als einen Vertriebsweg dem Gast angeboten und verkauft wird. Multi-Channel Strategien, bei denen die Anbieter mehrere Kanäle wählen, um homogene Märkte zu bedienen haben in den letzten Jahren stark zugenommen (Kang et al 2007).

4.1 Multioptionalität als Entscheidungsdilemma

Der Gast von heute sucht an unterschiedlichen Orten, zu unterschiedlichen Zeiten und über unterschiedliche Medien, um sein Inspirations- und Informationsbedürfnis zu befriedigen (Beritelli/Schegg 2014). Folgende Grafik veranschaulicht besonders treffend das mittlerweile typische Kundenverhalten entlang der Customer Journey und die Sprünge zwischen den Verkaufskanälen in den einzelnen Phasen des Kauf- (bzw. Reiseentscheidungs-) Prozesses (Mahrdt et al. 2013), wobei die farbigen Linien unterschiedliche Gasttypen symbolisieren.

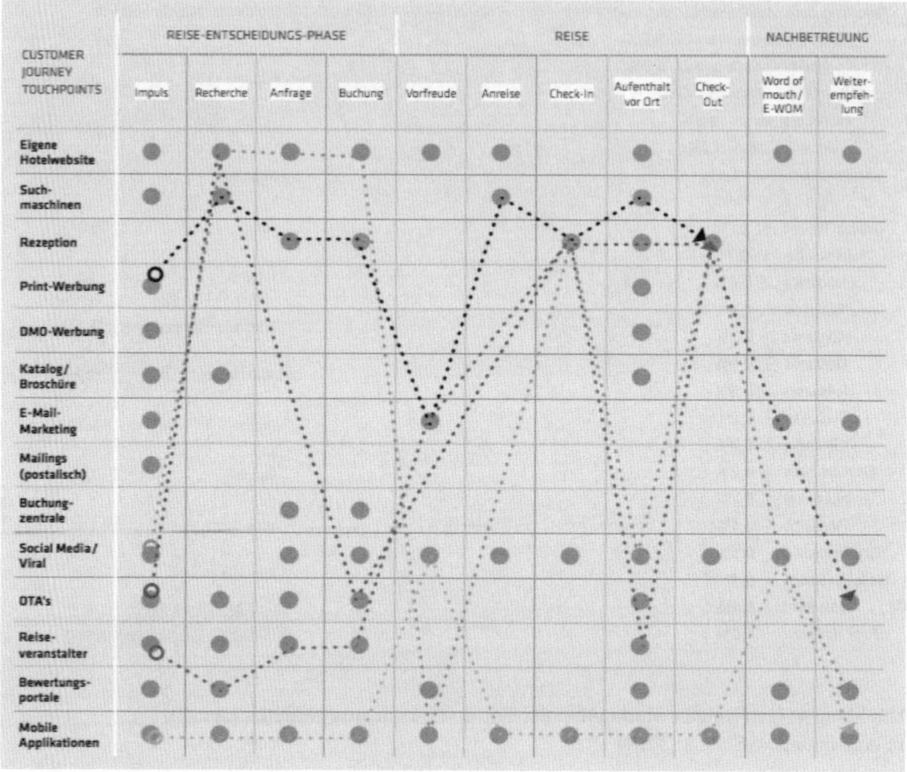

Abbildung 5: Medien- /Verkaufskanalnutzung entlang der Customer Journey (Eigene Darstellung in Anlehnung an Mahrdt et al. 2013, S. 12 und Steinhauser/Theiner S. 65)

Der Kunde verhält sich in den Informations-, Recherche- und Reisebuchungsphasen zunehmend multioptional. Insofern ist eine konsequente Vernetzung von Vertriebswegen empfehlenswert, um möglichst nachhaltig und langfristig eine Auslastungssicherung zu erreichen. Die Wettbewerbsfähigkeit eines Hotels hängt daher in großem Ausmaß von der Fähigkeit ab, wie diese Kanäle genutzt werden. Dabei bestehen aus Anbietersicht zwei unterschiedliche Ansätze zur Implementierung einer Hotel Multi-Channel Strategie (mit einer festen Anzahl an Hotelbetten):

- Auf den erfolgversprechendsten Kanälen wird die Anzahl der zu verkaufenden Betten maximiert (A1 und A2)
- Die Bettenkapazitäten werden auf so vielen Kanäle wie möglich aufgeteilt, um die Präsenz im Netz zu erhöhen und damit die Buchungswahrscheinlichkeit zu steigern (B).

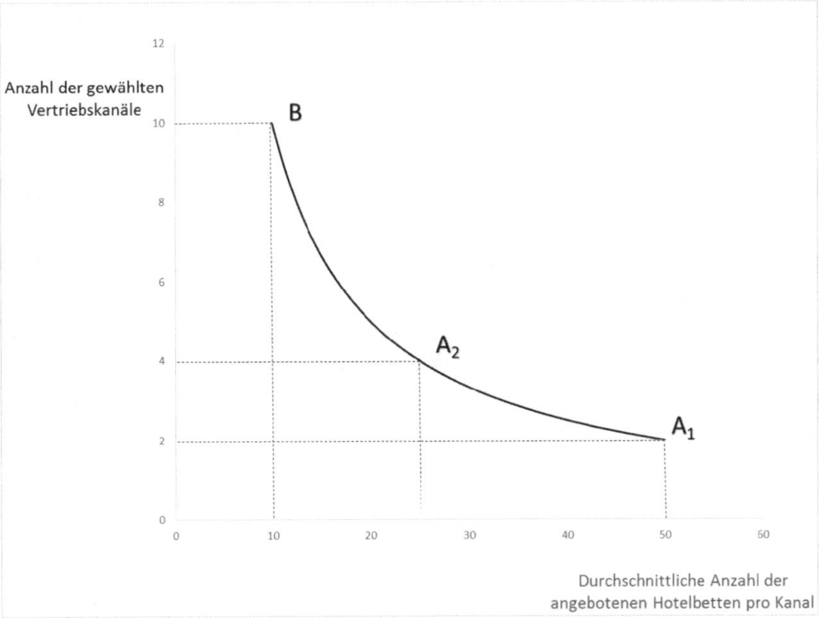

Abbildung 6: Verschiedene Ansätze bei einer Multi-Channel Strategie (Eigene Darstellung in Anlehnung an Beritelli/Schegg 2014., S. 71)

Bei der ersten Variante wird der Ansatz verfolgt, dass es ausreichend ist auf den wichtigsten Kanälen vertreten zu sein, weil diese die höchste Marktwahrnehmung haben. Der bekannte Billboard Effekt fußt auf dieser Überlegung (Anderson 2011). Bei der zweiten Variante versucht man sich vertrieblich breit aufzustellen und die Anzahl der möglichen Kanäle voll auszuschöpfen. Natürlich stellt die Abbildung 6 eine theoretische Situation dar, weil die Aufteilung auch gemixt werden kann (in einem 100 Zimmer Haus können beispielsweise 2 Zimmer in jeweils 10 Kanälen eingestellt und die restlichen 80 Zimmer über einen einzigen Kanal verkauft werden). Die entscheidende Frage die sich stellt ist: „Is a online channel-maximation strategy for hotel beds a promising alternative to an online channel-mix optimization strategy? (Beritelli/Schegg 2014, S. 71) Um diese Forschungsfragen zu beantworten wurde eine Studie von Beritelli/Schegg 2014 durchgeführt. Die Stichprobe bei der Studie umfasste die klassifizierten Hotels in der Schweiz. Ab 2002 wurden jährlich Daten über einen online Fragebogen (der an über 2000 Hotels von Hotellerie Suisse[4] per email geschickt wurde) erhoben. 2012 wurden 2126 klassifizierte Mitglieder, die ca. 2/3 der Hotelbetten stellen und 75% der Übernachtungen in der Schweiz ausmachen bei der Befragung berücksichtigt. Für die aktuelle Auswertung wurden die Jahre 2009-2012 berücksichtigt: 2009 (n = 198), 2010 (n = 211), 2011 (n = 196) und 2012 (n = 200). Da die Studie die Grundgesamtheit der Hotels in der Schweiz gut widerspiegelt wird sie als repräsentativ erachtet.

4 Klassifizierungsinstitution in der Schweiz

Die Ergebnisse zeigen über die vier untersuchten Jahre (2009-2012), dass eine Multi Channel Strategie über viele Kanäle vor allem bei kleineren Häusern zu einer höheren Anzahl von Onlinebuchungen führt. Anzumerken ist allerdings, dass sich diese Studie nicht auf die monetären Umsätze bezieht, sondern nur auf das Buchungsvolumen pro Kanal. Außerdem müssen bei dieser Strategie die Transaktionskosten für die Pflege der jeweiligen Kanäle minimiert werden, weil sonst steigende Kosten die zusätzlichen Buchungen relativieren. Zu berücksichtigen ist auch, dass bei manchen Kanälen die Verkaufsbedingungen so unattraktiv sind (z.B. durch sehr hohe Provisionen), wodurch sie nicht in Betracht kommen, obwohl es aus Sicht der Vertriebskanalmaximierung sinnvoll wäre. Gerade auch kleine Häuser haben oft nicht die ausreichenden Kapazitäten, um die geforderten Kontingente zu bedienen. Vertriebsunterstützende Technologien wie ein Channelmanager sind notwendig, um die umfangreichen Vertriebskanäle möglichst zeit- und auch kosteneffizient zu pflegen, um von den Vorteilen einer Maximierungsstrategie zu profitieren.

4.2 Empirische Analyse: Entscheidungsrelevante Kriterien für die Multi-Channel-Strategie

Ziel der im Winter 2016 durchzuführenden empirischen Analyse ist es, die Kriterien einer erfolgsversprechenden Channel-Wahl zu eruieren. Bisherige Studien analysieren den Erfolg unterschiedlicher Vertriebskanäle ausschließlich eindimensional auf Basis des erreichten Umsatzes oder der verkauften Bettenanzahl. In der vorliegenden Arbeit soll durch die empirische Analyse ein mehrdimensionales Kriterienraster erarbeitet werden. Es soll gezeigt werden, inwiefern die auf Basis der Experteninterviews als bedeutend erachteten Kriterien:

- Kosten (Provision, Geschäftsmodell, Mitarbeiter, Vertragsabschlusskosten, Jahresgebühren, Kreditkartengebühren, Freizimmer, etc.)
- Reichweite wie Marktabdeckung in einem Land
- Zielgruppekonformität
- Positionierung
- Image des Anbieters
- Buchungsabschlussquote
- Preisdurchsetzungsquote (kein Anbieter, der am Preislimit arbeitet)
- Stornierungsbedingungen
- Abhängigkeit
- Zimmerkontingent (incl. Verfallfristen)
- Verlinkung zur eigenen Homepage
- Präsentation des Hotels
- Zahlungsmodalitäten
- Konnektivität zum eigenen Channelmanager (Datenpflege)

Einfluss auf den Erfolg bei der Vertriebswegewahl haben. Hierzu sollen die Kriterien nach ihrem Erfolgsbeitrag gewichtet werden. Die empirische Analyse richtet sich auf den deutschen Hotelmarkt, es sollen insgesamt 500 mittelständische Hotelbetriebe über einen Online-Fragebogen nach ihrer Vertriebswegekonfiguration befragt werden. Die konzeptionelle Fundierung des Fragebogens erfolgt auf Basis der geführten Experteninterviews. Die Analyse der gewonnenen Daten und das Ableiten von Ergebnissen wird mit Hilfe einer Conjoint-Analyse durchgeführt, um auf die Nutzenwerte der einzelnen Kriterien bei der Vertriebswegewahl schließen zu können.

Kerngedanke einer solchen Conjoint-Analyse sind die kompensatorischen Einflüsse der betrachteten Einflussfaktoren. Dies macht die Verwendung einer direkten Abfrage der Wichtigkeiten de facto unmöglich. Insofern haben wir uns bewusst für eine Weiterentwicklung etablierter Conjoint-Analysen entschieden. Entscheidend ist, dass die Gesamtnutzenwerte auf möglichst hohem Datenniveau erzielt werden (Green & Srinivasan, 1978). Insofern sollte eine metrische Conjoint-Analyse eingesetzt werden (Ulgado & Lee, 2004), um von den Vorteilen des höheren Informationsgehalts profitieren zu können.

Im Rahmen einer Conjoint-Analyse werden Szenarien (die teilweise als Profile bezeichnet werden) bewertet. Diese Szenarien stellen jeweils eine spezifische Kombination von Faktoren (im hier vorliegenden Fall die Einflussfaktoren der Vertiebswegewahl) und Faktorausprägungen (beispielsweise jeweils in der Ausprägung hoch – niedrig) dar. Die Anzahl der zu verwendeten Faktoren ist hierbei eine Frage statistischer Kombinatorik und kann über die Verwendung eines Haupteffektendesign reduziert werden (Addelman, 1962a, 1962b; Blaufus & Ortlieb, 2009; Hahn & Shapiro, 1966). Basierend auf der jeweiligen Bewertung der Szenarien werden die Wichtigkeitsmerkmal mithilfe statistischer Verfahren extrahiert (eine umfangreiche Einführung in Conjoint-Analysen findet sich beispielsweise bei (Hair, Black, Babin, & Anderson, 2009; Vag, 2007)).

Aufgrund der inhärenten Forschungsfrage dieser Studie erscheint es ratsam, dem Konzept der Limit Conjoint-Analyse (Voeth, 1998, 2004; Voeth & Hahn, 1998) zu folgen, zumal diese in Simulationsstudien als bevorzugenswert charakterisiert wird (Backhaus, Hillig, & Wilken, 2007). Ein zentraler Nachteil diese Conjoint-Variante besteht jedoch darin, dass sie auf eine nicht-metrische Messung durch Rangreihung abzielt. Insofern bietet es sich an, auf deren Weiterentwicklung zur ‚Metricised Limit Conjoint Analysis' (Baierl, 2016) zurückzugreifen. In dieser Verfahrenserweiterung werden basierend auf einer Ranking-Einschätzung der Probanden mithilfe von ‚Spacers' die Abstände zwischen den Szenarien justiert. Hierdurch entsteht de facto ein metrisches Skalenniveau mit den oben aufgezeigten Vorteilen.

Zusammenfassend lassen sich die Vorteile eine Conjoint-Analyse wie folgt beschrieben: Erstens, Conjoint-Analysen erlauben eine Unterscheidung zwischen Individual- und aggregiertem Level (Lohrke, Holloway, & Woolley, 2010; Shepherd

& Zacharakis, 1997). Dies ist insbesondere für die angedachte Auswertung der Befragungsergebnisse pro Teilnehmer wichtig. Zweitens, eine direkte Abfrage der Wichtigkeit der oben aufgeführten Einflussfaktoren ist aufgrund der kompensatorischen Einflüsse untereinander unmöglich (Green & Srinivasan, 1978; Hair et al., 2009; Lohrke et al., 2010; Vag, 2007). Insofern generieren Conjoint-Analysen im Allgemeinen tieferliegende Erkenntnisse (Ng & Ang, 1999; Tetlock & Levi, 1982). Drittens, Conjoint-Analysen erzielen selbst mit geringen Sample-Größen hohe statische Auskunftswerte (Shepherd & Zacharakis, 1997).

5. Fazit

Der Vertrieb in der Hotellerie hat sich in den letzten Jahren stark verändert und fordert die Hotels zunehmend. Einige Big-Player am OTA Markt beeinflussen die Vertriebssituation der Tourismusbranche sehr stark. Eine rein monetäre Betrachtung der Vertriebswege ist nicht zielführend, weil viele Kriterien die Wahl eines Vertriebspartners mitbestimmen. Die unterschiedlichen Vertriebsaktivitäten am Markt lassen sich am besten in klassische und moderne Maßnahmen systematisieren. Je nach Hotelpositionierung, -standort und -strategie sind die verschiedenen Maßnahmen auszuwählen und zu einer Multi-Channel Strategie zu kombinieren. Das beschriebene Forschungsvorhaben adressiert die bestehende Forschungslücke der unzureichenden Kenntnis über die Erfolgswirksamkeit von Entscheidungskriterien bei der Vertriebswegewahl. Die zu erwartenden Ergebnisse werden dazu beitragen, dass Hotelbetriebe zukünftig ihre Multi-Channel-Strategie optimieren und erfolgswirksam ausrichten können, da sie die Erfolgswirksamkeit der einzelnen Kriterien bei der Vertriebswegwahl besser einschätzen können.

Quellenverzeichnis:

AHGZ (2012): Hoteliers setzen auf Direktvertrieb, in: http://www.ahgz.de/unternehmen/hoteliers-setzen-auf direktvertrieb,200012192926.html [Abrufdatum: 17.9.2016].

Addelman, S. (1962a). Orthogonal Main-effect Plans for Asymmetrical Factorial Experiments. Technometrics, 4(4), 21-46.

Addelman, S. (1962b). Symmetrical and Asymmetrical Fractional Factorial Plans. Technometrics, 4(4), 47-58.

Anderson, Chris (2011): Search, OTAs, and online booking: an expanded analysis of the billboad effect, in: Cornell Hospitality Report, Jahrgang 11, Nr. 8, S. 14.

Anderson, Michael/Magrude Jeremy (2012): Learning from the Crowd: Regression Discontinuity Estimates of the Effects of an Online Review Database, in: The Economic Journal, 122 Jahrgang, Heft 563, S. 957–989.

Backhaus, K., Hillig, T., & Wilken, R. (2007). Predicting purchase decisions with different conjoint analysis methods. International Journal of Market Research, 49(3), 341-364.

Beritelli, Pietro / Schegg, Roland (2014): Maximizing online bookings through a multi-channel-strategy: effects of interdependencies and networks, in: International Journal of Contemporary Hospitality Management, Jahrgang 28, Nr. 2, S. 68-88.

Blaufus, K., & Ortlieb, R. (2009). Is Simple Better? A Conjoint Analysis of the Effects of Tax Complexity on Employee Preferences Concerning Company Pension Plans. Schmalenbach Business Review, 61(1), 60-83.

Frers, Uwe (2015): Zahlen & Fakten, Vortrag auf dem HSMA e-Day am 23. März 2015, München.

Freyer, Walter (2011): Tourismus-Marketing: Marktorientiertes Management in der Mikro- und Makroberiech der Tourismuswirtschaft, München.

Gahn, Martin (2015): Online-Vertrieb ohne Kostenfallen:␊Wege zu effektivem Revenue-Management, in: Baierl, Ronny / Steinhauser, Carolin: Rundum erfolgreich im Hotelmanagement: Dimensionen und Perspektiven im 360° Blick, S. 63-68, Bad Wörishofen.

Gardini, Marco (2010): Grundlagen der Hotellerie und des Hotelmanagements: Hotelbranche. Hotelbetrieb – Hotelimmobilie, München.

Gardini, Marco (2014): Marketing-Management in der Hotellerie, Berlin / München / Boston.

Goerlich, Barbara / Spaltheholz, Bianca (2014): Das Revenue Management Buch 3.0, Berlin.

Green, P. E., & Srinivasan, V. (1978). Conjoint Analysis in Consumer Research: Issues and Outlook. [Peer Reviewed]. The Journal of Consumer Research, 5(2), 103-122.

Hänssler, Karl-Heinz. (2011): Management in der Hotellerie und Gastronomie – betriebswirtschaftliche Grundlagen, München, 8. Auflage.

Hahn, G. J., & Shapiro, S. S. (1966). A Catalogue and Computer Program for the Design and Analysis of Orthogonal Symmetric and Asymmetric Fractional Factorial Experiments. Schenectady, New York: General Electric Research and Development Center.

Hair, J. F., Black, W. C., Babin, B. J., & Anderson, R. E. (2009). Multivariate Data Analysis (7th ed.): Pearson.

HRS (2014): Hotel Distribution Report, in: http://hoteldistributionreport.com/tag/hrs/, [Abrufdatum: 3.3.2015].

Kang, Bomi/Brewer, Kathleen Pearl/Baloglu. Seyhmus (2007): Profitability and survivability of hotel distribution channels, and industry perspective, in: Journal of Travel & Tourism Marketing, Jahrgang 22, Nr. 1, S. 37-50.

Kästner, Katrin (2015): Distribution und Preispolitik: Meta- Suchmaschinen im Aufwind, in: Baierl, Ronny / Steinhauser, Carolin: Rundum erfolgreich im Hotelmanagement: Dimensionen und Perspektiven im 360° Blick, S. 147–152, Bad Wörishofen.

Kracht, John/Wang, Youcheng (2009): Examination the tourism distribution channel: evolution and transformation, in: International Journal of Contemporary Hospitality Management , Jahrgang 22, Nr. 5, S. 736-757.

Kracht, John/Wang, Youcheng (2010): Examination the tourism distribution channel. Evolution and transformation, in: International Journal of Contemporary Hospitality Management, Jahrgang 22, Nr. 5, S. 736-757.

Lohrke, F. T., Holloway, B. B., & Woolley, T. W. (2010). Conjoint Analysis in Entrepreneurship Research: A Review and Research Agenda. Organizational Research Methods, 13(1), 16-30.

Mahrdt, Niklas/Lessing, Markus/Wagner, Wolf/Geissler, Hendrik (2013): Herausforderung Multi Channel – Neue Wege zu mehr Markterfolg, Gemini Report, Bad Homburg.

Meffert, Heribert/ Bruhn, Manfred (2006): Dienstleistungsmarketing: Grundlagen – Konzepte, Methoden, Wiesbaden.

MFIH Studie (2014): Ohne(e) Macht beim Vertrieb, in: http://www.tophotel.de/operations/20-news/4357-ohn-e-macht-beim-vertrieb.html, [Abrufdatum: 10.9.2016].

Ng, J., & Ang, S. (1999). Attribution Bias: Challenges, Issues, and Strategies for Mediation. Mediation Quarterly, 16(4), 377-387.

Online Marketing Praxis, in: http://www.onlinemarketing-praxis.de/glossar/responsive-webdesign, [Abrufdatum: 10.9.2016].

Schegg, Roland/Scaglione, Miriam/ Liebrich Andreas/Murphy, Jamie (2007): Internet use by hospitality SMEs in alpine destinations, ENTER, Springer, Ljublijana, S. 469-480.

Schegg, Roland (2014): European Hotel Distribution Study: The Rise of Online Intermediaries, Institute of Tourism, Special Focus Switzerland, HOTREC.

Shepherd, D. A., & Zacharakis, A. (1997). Conjoint analysis: a window of opportunity for entrepreneurship research. In J. A. Katz (Ed.), Advances in Entrepreneurship, Firm Emergence and Growth (Vol. 3, pp. 203-248). Greenwich, CT: JAI Press.

Spalteholz, Bianca (2011): Die Wertschöpfungskette aus Sicht des Hotels (Educational White Paper).

Statista (2016): Posten von Urlaubserlebnissen über soziale Medien 2014, in: http://de.statista.com/statistik/daten/studie/200695/umfrage/posten-von-urlaubserlebnissen-ueber-soziale-medien/ [Abrufdatum: 24.4.2016].

Steinhauser, Carolin (2015): Neue Geschäftsmodelle durch neue Provisionsstrukturen am Beispiel des Pay-per-Click-Prinzips. In: Rundum erfolgreich im Hotelmanagement: Dimensionen und Perspektiven im 360°-Blick. Herausgegeben von Baierl, Ronny & Steinhauser, Carolin. S.159–167.

Steinhauser, Carolin / Theiner, Barbara (2016): Hotelvertrieb 3.0: Ihr Weg zur besseren Zimmerauslastung, Stuttgart.

Tetlock, P. E., & Levi, A. (1982). Attribution bias: On the inconclusiveness of the cognition-motivation debate. Journal of Experimental Social Psychology, 18(1), 68-88.

Thakran, Kanika / Verma, Rohit (2013): The emergence of hybrid online distribution channels in travel, tourism and hospitality, in: Cornell Hospitality Quarterly, Jahrgang 54, Nr. 3, S. 240-247.

Thompson, Ben (2014): The state of consumer technology at the end of 2014, in: http://stratechery.com/2014/state-consumer-technology-end-2014/ [Abrufdatum: 24.4.2016].

Toh, Rex S. / Raven, Peter / DeKay, Frederick(2011): Selling rooms: hotels vs. third-party websites, in: Cornell Hospitality Quarterly, Jahrgang 52, No. 2, S. 181-189.

TopHotel (2016): HOTREC Studie – die Macht der online Buchungsportale nimmt zu, in: http://www.tophotel.de/20-news/7186-hotrec-studie-die-macht-der-online-buchungsportale-nimmt-zu.html [Abrufdatum: 17.9.2016].

Ulgado, F. M., & Lee, M. (2004). The effects of nationality differences on manufacturing location in the US: a conjoint analysis approach. International Business Review, 13(4), 503-522.

Vag, A. (2007). Simulating changing consumer preferences: A dynamic conjoint model. Journal of Business Research, 60(8), 904-911.

VIR (2016): Daten und Fakten zum Online Reisemarkt 2016, in: http://v-i-r.de/wp-content/uploads/2016/03/df-2016-web-1.pdf [Abrufdatum: 24.4.2016].

Voeth, M. (1998). Limit Conjoint Analysis – a modification of the traditional Conjoint Analysis. Proceedings of the 27th EMAC Conference "Marketing Research and Practice", 315-331.

Voeth, M. (2004). Analyse multipersonaler Kaufentscheidungen mit mehrstufigen Limit Conjoint-Analysen [Analysis of multi-personal buying decisions with multilevel limit conjoint analyses]. Zeitschrift für Betriebswirtschaft [Journal of Business Economics], 74(2), 719-741.

Voeth, M., & Hahn, C. (1998). Limit Conjoint-Analyse [Limit Conjoint Analysis]. [Peer Reviewed]. Marketing ZFP - Journal of Research and Management, 20(2), 119-132.

Warnecke, Tobias (2015): Hotelmarkt Deutschland 2015, IHA-Service GmbH, Bonn.

Zöttl, Johannes (2014): Kartellamt untersagt Meistbegünstigung ("HRS"), in: http://kartellblog.de/2014/02/02/kartellamt-untersagt-meistbeguenstigung-hrs/ [Abrufdatum: 11.9.2016].

KNUT SCHERHAG, ALINE SCHRÖDER & ROBERT E. FRASH JR.

Anforderungen von Motorradtouristen an Beherbergungsbetriebe – Erste Ergebnisse einer deutsch-amerikanischen Vergleichsstudie

1. Einführung

Motorradtourismus kann als Untergruppe des mobilen Tourismus verstanden werden (vgl. Cater 2017: 181); zu diesem Segment können Wohnmobilreisen, Autorundreisen, aber auch Fahrradreisen gerechnet werden. Der Markt der Selbstfahrer bezieht sich nicht nur auf die Reise mit dem eigenen Fahrzeug, sondern auch auf den großen Markt der Mietfahrzeuge in den unterschiedlichsten Kategorien (vgl. Carson/Schmallegger 2011: 358f.). Trotzdem wird das Teilsegment der Motorradreisenden in der Touristik weitgehend als Nischenzielgruppe bzw. als *Special Interest Target Group* behandelt. Auch in der beispielhaft untersuchten Region *Eifel* wird der Motorradtourismus offiziell nur am Rande kommuniziert, entsprechende Aktivitäten sind den Leistungsträgern überlassen (vgl. Schröder 2016). Dabei weist diese Zielgruppe in der Regel ein überdurchschnittliches Einkommen auf, was indirekt durch die Zulassungszahlen für Motorräder in Deutschland zum Ausdruck kommt. So wird die Zulassungsstatistik schon über mehrere Jahre von BMW mit dem Modell GS 1200 angeführt (Grundpreis 2017: 15.300 Euro – vgl. BMW 2017); in 2016 wurden knapp 7.000 Einheiten – und somit mehr als doppelt so viel wie von dem Modell auf Rang 2 (Yamaha MT 07; Grundpreis 2017: 6.695 Euro – vgl. Yamaha 2017) – zugelassen (vgl. Statista GmbH 2016: 22). Unterstützt wird diese Einschätzung durch die Untersuchung von Cater (2017), der für den britischen Markt einen deutlichen Zuwachs an leistungsstärkeren Motorrädern auf dem Markt in Verbindung mit einem gestiegenen Durchschnittsalter der Fahrer extrahiert hat, was ebenfalls eine Kausalität zum verfügbaren Einkommen erlaubt.

Ein weiterer Aspekt, der für die wirtschaftliche Bedeutung der Zielgruppe der Motorradreisenden für Regionen spricht, ist, dass diese meist in einer Gruppe reisen und – zumindest für die Übernachtung und auch die Gastronomischen Leistungen – durchaus ausgabewillig ist (vgl. Auswertung der Daten in Kapitel 4).

Betrachtet man die Angebote für diese Zielgruppe, zeigt sich eine große Zahl von unterschiedlichen Angeboten, die von Wochenendreisen in die Eifel oder das Sauerland, über Alpentouren bis zu Reisen quer durch Australien, Afrika oder Kanada reichen. Im Markt bewegen sich zunehmend Anbieter, die neben den Reisepaketen als solche auch Motorräder zur Verfügung stellen, was vor allem bei Fernreisen eine wichtige Angebotskomponente ist. Zertifikate für motorradfreundliche Hotels (z.B. vom ADAC oder der Zeitschrift Tourenfahrer, vgl. Abbildungen 1 und 2) erleichtern die Orientierung und Planung der eigenen Reise. Themenmagazine mit Reiseberichten von Motorradfahrern, oft in Verbindung mit GPS-Daten und/ oder Karten zum Downloaden, erleichtern ebenfalls die individuelle Planung.

Abbildung 1: Logo Motorradfreundliches Hotel
(ADAC)

Abbildung 2: Logo Tourenfahrer Partnerhäuser (tourenfahrer-hotels.de)

Allerdings ist das Marktvolumen von Motorradreisenden nur schwer abzuschätzen. Viele der (kleineren) Reiseanbieter haben einen treuen Kundenstamm, daher fehlt es zum Teil an einer Marktsichtbarkeit der Unternehmen; auch selbstorganisierte Individualreisen lassen sich nur schwer einschätzen, da diese Reisenden nicht explizit von den Beherbergungsbetrieben als Motorradreisende ausgewiesen werden. Konkrete Marktforschungsdaten fehlen weitgehend oder sind bereits älter und weisen daher Lücken auf, vor allem hinsichtlich der Nutzung aktueller Kommunikations- und Informationsmedien (Smartphone, WhatsApp, Facebook…). Dabei hat die Branche in den letzten Jahrzehnten einen umfangreichen Wandel durchgemacht. Sowohl Fahrer als auch die Fahrzeuge haben sich technisch, aber auch imageseitig stark verändert (vgl. Motor Presse Stuttgart 2005). Vom „Arbeitstier“ in der Nachkriegszeit und oft einzigem motorisierten Fortbewegungsmittel in der Familie hat sich der Stellenwert des Motorrades hin zu einem luxuriösen Freizeitverkehrsmittel – oft als Drittfahrzeug, welches häufig nur wenige Wochen im Jahr genutzt wird – entwickelt; ca. 95 % der Motorradfahrer in Deutschland sind im Besitz eines Pkw (vgl. TNS Infratest 2008). Für die Mehrzahl der Motorradfahrer stehen Fahrspaß und die Leidenschaft weit vor dem Nutzwert: so ist mit mehr als 90 % der Fahrspaß in der Freizeit ein wichtiger Motivator für Motorradfahrer (vgl. Motor Presse Stuttgart 2015: 8.).

Vor diesem Hintergrund entwickelte sich die Idee einen länderübergreifenden Vergleich zur Motivation von Motorradreisenden zu erarbeiten. Das zunächst die Untersuchung auf Motorradfahrer aus den USA sowie der Bundesrepublik Deutschland begrenzt ist, ist der Verortung der Autoren in diesen Ländern geschuldet. Gemeinsam wurde der Fragebogen durch die Autoren im Frühjahr 2016 erarbeitet. Ziel der Untersuchung war es, Unterschiede in der Motivation der Motorradfahrer zwischen beiden Ländern sowie in den Ansprüchen an Teilaspekte der Reise (z.B. Unterkunft, Inhalt/Strecken, Rahmenprogramm, Tour Guide) herauszuarbeiten. In diesem Beitrag werden lediglich die Anforderungen an die Beherbergungsleistung dargestellt.

2. Untersuchungsdesign

Die Befragung der Motorradfahrer erfolgte im Frühjahr/Sommer 2016 mit zwei unterschiedlichen Ansätzen zur Gewinnung der Probanden. Für beide Untersuchungen wurde der gleiche Fragebogen verwendet, allerdings in Deutschland in deutscher Sprache, in den USA in englischer Sprache. Hinsichtlich einiger Standarditems bei Befragungen ergaben sich ein paar kleinere Unterschiede in der Frageformulierung, auf die an der jeweiligen Stelle hingewiesen wird.

Während in Deutschland eine repräsentative Online-Befragung unter Motorradfahrern durch das Marktforschungsinstitut Biehl und Partner in Trier durchgeführt wurde, erfolgte in den USA die Ansprache der Motorradfahrer über eine Marktforschungsagentur in persönlichen Interviews. Die Probandenauswahl erfolgt mit unterschiedlichen Filterfragen. Während in den USA nur diejenigen in die Auswahl kamen, die bereits eine Motorradreise mit Übernachtung durchgeführt hatten, wurde in Deutschland auch das Potenzial bei Motorradfahrern abgefragt, die bisher noch keine Motorradreise mit Übernachtung durchgeführt hatten, aber grundsätzlich daran interessiert sind. Aufgrund der unterschiedlichen Handhabung der Untersuchung ist eine kombinierte Auswertung der Datensätze statistisch nicht möglich, daher werden die Untersuchungen separat ausgewertet und die interpretierten Ergebnisse gegenübergestellt.

Im Ergebnis ergaben sich die folgenden Kennzahlen zu den Stichproben:

- Deutschland:
  Insgesamt wurden 1.649 Motorradfahrer befragt; davon haben 624 bereits mindestens eine Motorradreise mit Übernachtung durchgeführt. Von den übrigen Probanden haben 825 auf die Frage geantwortet, ob sie grundsätzlich Interesse an einer Motorradreise mit Übernachtung haben, wiederum 420 aus dieser Gruppe haben diese Frage mit „Ja" beantwortet. Somit ergab sich eine Stichprobe von 1.044 Motorradfahrern, die in das Untersuchungsprofil passten.
- USA
  Insgesamt wurden 4.100 Motorradfahrer angesprochen, von denen 607 bereits eine Motorradreise mit Übernachtung durchgeführt haben und in die Untersuchungsgesamtheit eingezogen sind. Somit sind die beiden Stichproben zu Motorradfahrern, die bereits eine Motorradreise mit Übernachtung durchgeführt haben von der Probandenzahl nicht sehr unterschiedliche.

3. Generelle Informationen zur Zielgruppe Motorradtouristen

Zunächst werden die wesentlichen Persönlichkeitsmerkmale der Motorradreisenden in beiden Stichproben kurz gegenübergestellt (D: n=624; USA: n=607). Allerdings sind hier nicht alle Merkmale unmittelbar vergleichbar, da sich aufgrund der unterschiedlichen Standarditems bei Befragungen in Deutschland und den USA Unterschiede ergeben (bspw. bei der Frage nach dem Haushaltsnettoeinkommen).

- Deutschland

  Das Durchschnittsalter der Probanden lag bei 46,5 Jahren, der Anteil der weiblichen Probanden bei 21,5 %. Berücksichtigt man das Geschlecht bei der Altersfrage, ergibt sich ein Durchschnittsalter für die weiblichen Probanden von 43,5, bei den männlichen von 47,3 Jahren.

  Von den Probanden sind knapp 92 % erwerbstätig sowie weitere 6 % bereits im Rentenalter.
- USA

  Im Vergleich zu den deutschen Probanden sind die befragten Amerikaner etwas jünger: so wird hier ein Durchschnittsalter von 42,9 Jahren ausgewiesen; unter Berücksichtigung der Geschlechterverteilung (lediglich 15,8 % sind weiblich) ergibt sich ein Durchschnittsalter für die weiblichen Probanden von 39,4, für die männlichen von 43,1 Jahren.

  Der Anteil der sich im Rentenalter befindlichen Probanden ist mit 12,5 % nahezu doppelt so hoch.

Neben den soziodemografischen Merkmalen gibt es eine Reihe weiterer Ausprägungen, die unmittelbar mit dem Motorradfahren und -reisen zusammenhängt. So weisen die deutschen Probanden im Durchschnitt ca. 18,5 Jahre Erfahrung als Motorradfahrer auf, während die US-Amerikaner durchschnittlich ca. 13,5 Jahre Erfahrung besitzen.

Keinen Unterschied gibt es bei der Frage, ob mit dem eigenen Motorrad eine Reise unternommen wurde, was von jeweils mehr als 90 % der Probanden in beiden Ländern bestätigt wurde. Unterschiede gab es allerdings bei der Frage, ob alleine auf dem Motorrad gefahren wurde oder ob dies mit Sozius/Sozia erfolgt: 78 % Solofahrern/innen im deutschen Sample standen lediglich 60 % in der amerikanischen Studie gegenüber.

Hinsichtlich der Merkmale einer Motorradreise mit Übernachtung waren die Unterschiede zwischen beiden Gruppen in wenigen Aspekten deutlich erkennbar. Als wesentlicher Unterschied ist der Anteil an Reisen in einer Gruppe sowie die durchschnittliche tägliche Kilometerleistung feststellbar (vgl. Tabelle 1). So fahren die amerikanischen Motorradreisenden im Durchschnitt knapp 1/3 mehr, aber nur jeder zweite fährt auch in einer Gruppe (gegenüber 83 % der deutschen Motorradreisenden)

Kriterium	Deutschland(n=624)	USA (n=607)
Durchschnittliche Anzahl an Motorradreisen mit Übernachtung im Jahr	1,4 Reisen	1,8 Reisen
Durchschnittliche Kilometerleistung am Tag	250 km	325 km
Durchschnittliche Fahrzeit am Tag	5 Stunden	5 Stunden
Durchschnittliche Anzahl an Stopps pro Tag	3 Stopps	3 Stopps
Anteil an Fahrern/innen mit Beifahrer/innen	22%	39%
Anteil an Reisen in einer Gruppe	83%	47%
Durchschnittliche Gruppengröße	5 Motorräder	5 Motorräder

Tabelle 1: Merkmale einer Motorradreise mit Übernachtung
(vgl. Frash/Scherhag/Schröder 2017)

Diese Unterschiede lassen sich auf Anhieb nur bedingt erklären. Als wichtige Aspekte des *Selbstfahrtourismus* (*driving tourism*) werden die Individualität der Reisenden und somit eine individuelle Planung als auch das Fehlen eines *Reisekorsetts* angesehen, welches bspw. bei Pauschalreisen durch die Integration von Teilleistungen in ein buchbares Paket die Basis des Produktes darstellt (vgl. Prideaux/ Carson 2003: 309). Die Planung und Gestaltung der eigenen Reise steht häufig im Mittelpunk bei der Organisation durch die Fahrer/innen selbst, was die Orientierung an Gruppenbedürfnissen in den Hintergrund stellt.

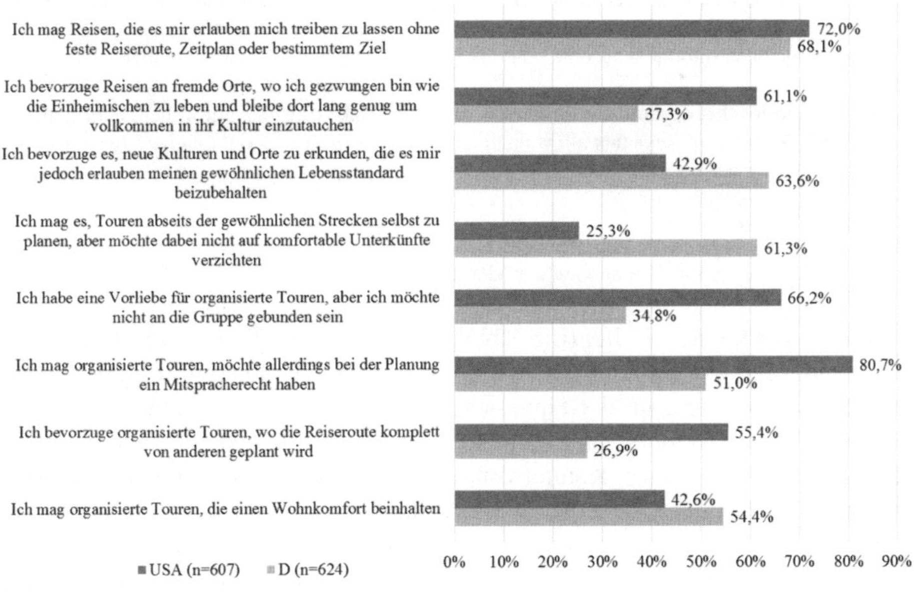

Abbildung 3: Vorlieben bei einer Motorradreise

Betrachtet man die Vorlieben bei einer Motorradreise (vgl. Abbildung 3), zeigt sich ein etwas „zerrissenes“ Bild. Einerseits haben die US-Amerikaner eine Vorliebe für

Gruppenreisen, möchten gleichzeitig aber nicht an die Gruppe gebunden sein (66,2 %), ebenso möchten 80,7 % bei der Planung mitreden. Auch wird von den US-Amerikanischen Probanden die Unabhängigkeit bei der Planung und auch der Durchführung der Reise betont (72 % Zustimmung für das Item „Ich mag es…ohne feste Reiseroute, Zeitplan oder bestimmtes Ziel"). Andererseits stimmen 55,4 % der US-Amerikaner dem Item „Ich bevorzuge organisierte Touren, wo die Reiseroute komplett von anderen geplant wird." zu, im Gegensatz von nur knapp 27 % der deutschen Probanden.

Für die deutschen Probanden kann darüber hinaus festgehalten werden, dass die Individualität eine hohe Bedeutung hat, gleichzeitig aber auch das Gruppenerlebnis gesucht wird. So wird die Mitsprache bei der Reiseplanung gefordert, nur ein geringer Teil (26,9 %) überlässt die Planung gerne anderen. Im Gegensatz zu den Amerikanern ist die Integration in eine Gruppe für ca. 2/3 der Deutschen Bestandteil der Reise (vgl. Abbildung 3), was auch bereits durch die Gegenüberstellung in Tabelle 1 deutlich wurde.

Organized Mass Tourists
- Like organized tours that include the comforts of home.
- Prefer organized tours whose itinerary is completely planned out by others.

Individual Mass Tourists
- Like organized tours but want to have some say in the planning.
- Partial to organized tours but don't always want to be bound to the group.

Explorers
- Like to plan trips themselves that take them off the beaten path but without sacrificing comfortable accommodations.
- Prefer trips that explore new cultures and places but in ways that allow them to retain at least some of their usual creature comforts.

Drifters
- Prefer trips to unfamiliar places, where they can live as the locals do and to stay long enough to immerse themselves in the native culture.
- Like trips that allow them to be a drifter with no fixed itinerary, timetable, or particular goal.

Abbildung 4: Typologien von Touristen nach Cohen
(Cohen 1972 zitiert in: Frash/Scherhag/Schröder 2017)

Anzumerken ist, dass die Items in Abbildung 1 auf eine Theorie von Cohen zurückgehen, nach der Touristen in vier Gruppen (vgl. Abbildung 4) eingeteilt werden können, basierend auf der Frage, wie weit sich der einzelne von seiner *Komfortzone* (*environmental bubble*) während einer Reise entfernen will/kann (vgl. Cohen 1972, 1973). Unter Komfortzone versteht man den Bereich, der dem Individuum persönliche Sicherheit und bekannte (Tages-/Arbeits-/…)Abläufe vermittelt. Tendenziell bevorzugen die deutschen Motorradreisenden Reisebestandteile, die einen Rückgriff auf Erlerntes und Bekanntes ermöglichen, somit ein hohes Maß an Sicherheit (bzgl. der Reiseorganisation) und den (entspannten) Blick auf die Reiseinhalte (z.B. Strecke, Landschaft, Sehenswürdigkeiten) erlauben. Die amerikanischen Reisenden hingegen weisen tendenziell eine größere Nähe zu den

Kategorien *Explorer* und *Drifter* auf (vgl. hierzu Frash/Scherhag/Schröder 2017 und ausführlich Frash/Scherhag 2018).

Hinsichtlich der Merkmale einer Motorradreise (vgl. Abbildung 5) sind die Unterschiede bzgl. des *Fahrens* relativ gering. So werden Schotterstraßen überwiegend gemieden; wenn etwas Interessantes während der Fahrt in den Blick fällt, wird gerne angehalten, darüber hinaus besteht eine Vorliebe für Nebenstrecken mit weniger Verkehr; aber auch schöne Landschaften sind ein wichtiger Bestandteil von Touren. Letztgenannter Aspekt wird von den Items in Abbildung 5 von beiden Probandengruppen jeweils am höchsten eingeschätzt.

Besonders hervorzuheben ist aus Sicht der Deutschen Motorradfahrer, dass die Strecke umso attraktiver ist, je mehr Kurven diese aufweist (81,6 % Zustimmung). Dieser Umstand wird auch durch die Beliebtheit der Alpen (auch von Teilregionen in den Alpen) sowie der deutschen Mittelgebirge unterstrichen, wie die Antworten zu den Reisezielen der vergangenen Jahre zeigen. Dieses Tourenmerkmal ist für die amerikanischen Motorradreisenden mit einem knappen Drittel Zustimmung etwas weniger wichtig.

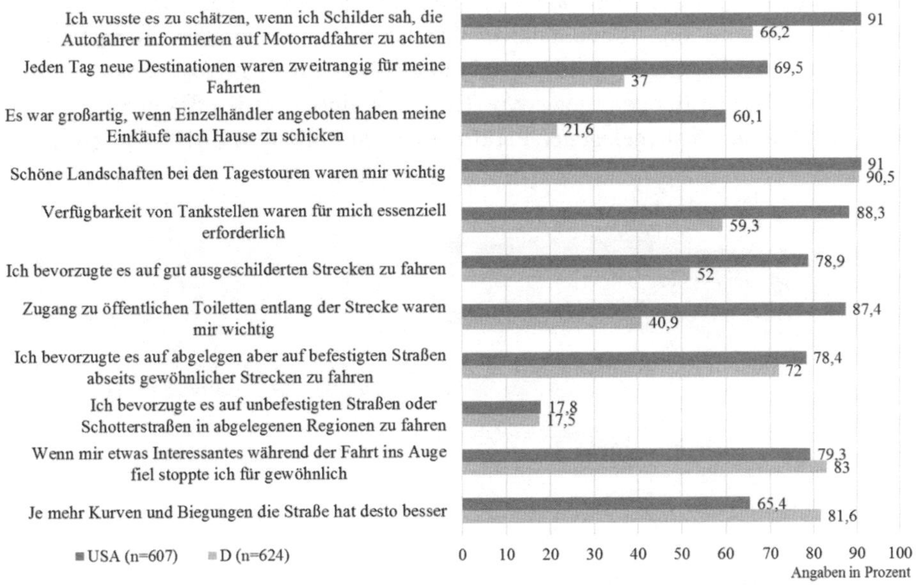

Abbildung 5: Vergleich der Tourenmerkmale für eine Motorradreise mit Übernachtung

Die übrigen Items bekommen von den amerikanischen Probanden deutlich mehr Zustimmung als von den Deutschen. Bei der Interpretation dieser Zusammenhänge können die Aussagen zu den Touristentypologien betrachtet werden. So liegt es nahe, dass die deutschen Motorradreisenden dem Vorhandensein von Tankstellen, öffentlichen Toiletten und auch Straßenbeschilderung keine so große Bedeutung zumessen, da es an diesen Merkmalen auf mitteleuropäischen Straßen/in mitteleuropäischen Regionen (die ja von einem größeren Teil der Probanden bereits bereist wurden) in der Regel nicht mangelt. Die flächendeckende Ausstattung mit diesen Ausstattungsmerkmalen „hilft" den deutschen Motorradreisenden dabei, in ihre *Komfortzone* zu bleiben. Hingegen ist das Tankstellennetz und damit oft verbunden auch das Gastronomienetz in den USA abseits der Hauptstrecken deutlich grobmaschiger als in Mitteleuropa, was einen Fokus auf die entsprechende Versorgung unterstreicht und auch mehr den Entdecker anspricht, der seine Reise präziser plan muss, um nicht auf der Strecke liegen zu bleiben. Auch die Netzabdeckung im GSM-Mobilfunknetz ist in einigen ländlichen Regionen der USA noch lückenhaft.

Im folgenden Kapitel werden die expliziten Anforderungen während der Motorradreise an Gastronomie und Beherbergung formuliert.

4. Anforderungen der Motorradreisenden an die Beherbergungsbetriebe

Die Anforderungen an die Beherbergungsbetriebe unterscheiden sich in beiden Untersuchungen in vielen Punkten nur unwesentlich. Bei der Nutzung der Unterkunftsart (vgl. Abbildung 6) allerdings gibt es Unterschiede, die man weitgehend mit den unterschiedlichen Rahmenbedingungen in den jeweiligen Ländern erklären kann. So ist bspw. die Moteldichte in den USA deutlich größer als in Europa/ Deutschland, wobei die Begriffsbezeichnung *Motel* im deutschsprachigen Raum nicht immer für den Beherbergungstyp „Hotel mit einem auf Kraftfahrer ausgerichteten Standort und nahegelegener Parkmöglichkeit" (Gardini 2010: 4) verwendet wird.

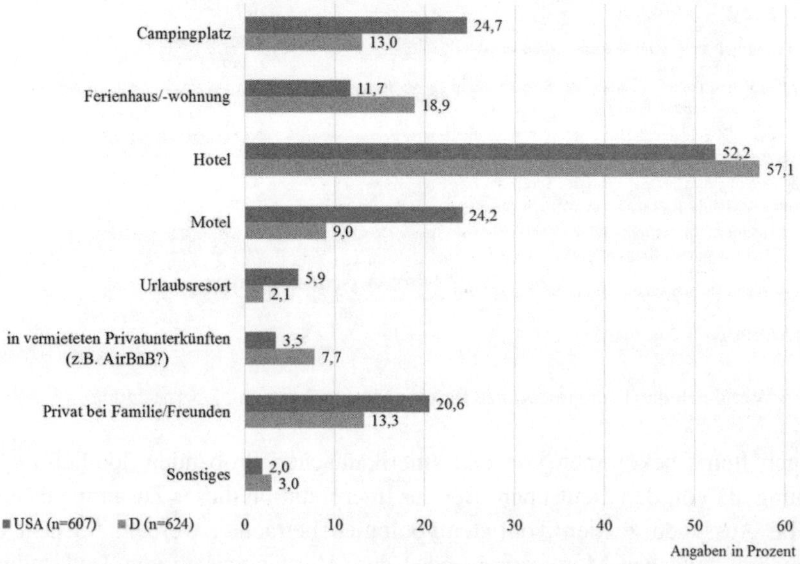

Abbildung 6: Gewählter Unterkunftstyp während der Motorradreise (Mehrfachnennung möglich)

Weitere merkbare Unterschiede sind bei den Unterkunftsarten Camping und Ferienhaus/-wohnung erkennbar. Die US-amerikanischen Motorradreisenden weisen einen deutlich höheren Anteil bei der Übernachtung auf dem Campingplatz auf, was aber nicht zwangsläufig die Übernachtung im Zelt impliziert. Auch feste Wohncaravans oder auch kleine Blockhütten sind hier zu berücksichtigen, da viele Campingplätze diese Übernachtungsmöglichkeiten anbieten. Für den deutschen Motorradreisenden dagegen ist auch die Ferienwohnung/das Ferienhaus eine Option; dies gilt umso mehr, wenn ein Gastronomiebetrieb angeschlossen ist oder zumindest ohne großen Aufwand erreichbar ist.

Unangefochten an der Spitze steht aber mit weitem Abstand das Hotel, was – betrachtet man die Anforderungen an den Übernachtungsbetrieb in Abbildung 7 – nicht verwundert, da diese Unterkunftsart in der Regel die geforderten Ausstattungsmerkmale aufweist, die von den Motorradreisenden in beiden Stichproben als wichtig angesehen werden. Vor allem ein Restaurant wird jeweils als wichtigstes Merkmal angesehen, allerdings ist per Definition die gastronomische Verpflegung in einem Hotel als Hauptleistung neben der Beherbergung anzusehen (vgl. Gardini 2010: 3) – also in der Regel auch vorhanden.

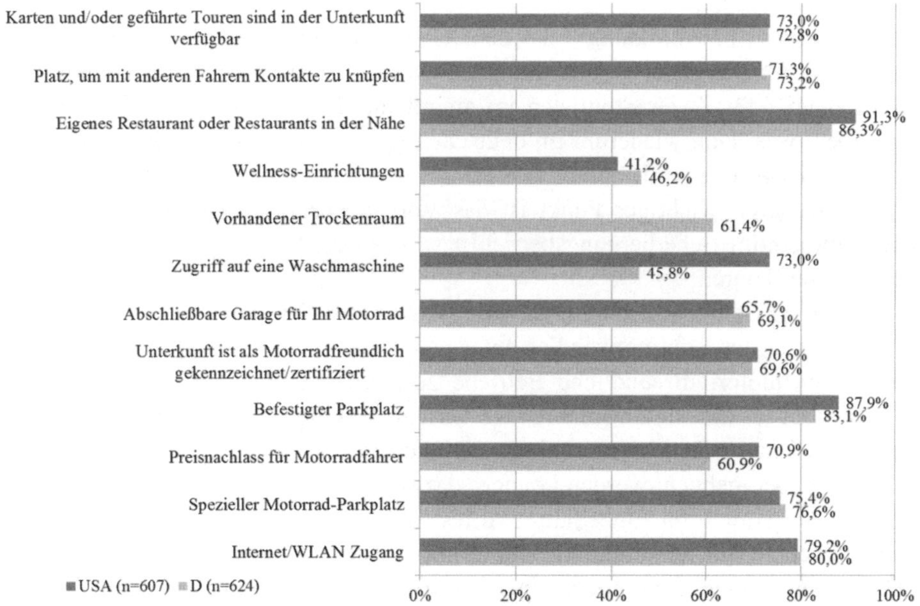

Abbildung 7: Anforderungen an das Hotel/die Hotelausstattung

Bezogen auf die Zahlungsbereitschaft für eine Übernachtung ist ein direkter Vergleich der Ergebnisse aufgrund abweichender Items (in Deutschland wurde der Wert für eine Übernachtung abgefragt, in den USA die Übernachtungskosten für die gesamte Reise) nicht möglich. Für die deutschen Probanden kann ausgesagt werden, dass ca. 50 % bis 50 Euro pro Person und Nacht zahlen, erhöht man den Wert auf 100 Euro sind knapp 90 % der Befragten erfasst. Demzufolge sind hohe Übernachtungspreise für diese Zielgruppe eher unüblich und müssten mit entsprechenden Zusatzleistungen kombiniert werden – wobei dies eher die Ausnahme bleiben wird, da diese Zielgruppe insbesondere Wert auf Motorradfahren und nicht auf Zusatzleistungen legt. Tendenziell wird von den amerikanischen Probanden etwas mehr für die Übernachtung gezahlt; es kann hier aber keine definitive Aussage getroffen werden, da bei der gefilterten Auswertung (Dauer, Unterkunftstyp, Betrag) die Fallzahlen zu klein geworden sind. Allerdings sind die US-Amerikaner gegenüber den Deutschen Reisenden auch etwas höhere Hotelpreise gewohnt.

Ein wichtiger Aspekt ist das Vorhandensein von speziellen Motorradparkplätzen und Garagen, letztere werden noch von jeweils ca. 2/3 der Probanden als wichtiges Ausstattungsmerkmal angesehen, damit die Motorräder sicher abgestellt werden können. Mit ca. 70 % ist eine Kennzeichnung des Betriebes als motorradfahrerfreundlich ebenfalls noch sehr wichtig, damit verbunden werden dann Aspekte wie freundliches/hilfsbereites Verhalten des Personals bezogen auf die besonderen Belange der Motorradreisenden; gleichzeitig lockt ein Zertifikat gezielt die relevante Zielgruppe an, was wiederum den sozialen Aspekt (Kontakte knüpfen mit anderen Fahrern) unterstützt.

Ein Aspekt in Abbildung 7 ist dem Gebrauch unterschiedlicher sprachlicher Ausdrücke für die gleiche Einrichtung geschuldet. So wird der Trockenraum, ein fester Begriff für Zweiradtouristen im amerikanischen mit *laundry facilities* umschrieben, was dann wiederum im deutschen mit dem Zugriff auf eine Waschmaschine gleichgesetzt wird.

Ein weiterer, wichtiger Punkt ist das Vorhandensein von Kartenmaterial auf den Zimmern/im Beherbergungsbetrieb bzw. ein Angebot zu geführten bzw. ausgearbeiteten Touren.

An dieser Stelle ist noch einmal eine Betrachtung der eingangs erwähnten Untersuchung in der Eifel notwendig: unter dem Namen *Routenteam Eifel-Motorrad* haben sich motorradfreundliche Betriebe zusammengeschlossen, um gemeinsam ein Angebot für den motorradfahrenden Gast zu gestalten. Ein Angebot besteht aus geführten Touren für Motorradfahrer, die auch in Zusammenarbeit mit Beherbergungsbetrieben gebucht werden können; dazu wurden eigens Tourguides ausgebildet, die ihre Touren für Einzelfahrer zu festen Terminen oder auch nach Vereinbarung anbieten (vgl. tourguide-eifel-motorrad). Dieser Ansatz verdeutlicht, dass die Wahrnehmung einer Region von einer spezifischen Zielgruppe, vor allem von Special Interest Groups wie Motorradreisenden, durch die Zusammenarbeit von Akteuren und Leistungsträgern aus der Region mit kooperativen Angeboten unterstützt wird; ohne eine kooperative Angebotsgestaltung haben es touristische Destinationen schwer, sich im Wettbewerb, vor allem wenn es um Nischenzielgruppen (oft: Special Interest Groups) geht, zu positionieren (vgl. Scherhag 2013: 28f.).

5. Zusammenfassung und Ausblick

Motorradreisende sind eine unterschätzte Zielgruppe im regionalen Tourismus, was einerseits durch die Individualität der Fahrer (Einzelreisende, Kleingruppen, individuelle Planung) bedingt ist, zum anderen fehlen fundierte Informationen über die Zielgruppe; diese zeichnet sich durch ein überdurchschnittliches Einkommen aus und auch durch die Bereitschaft, für ihr Hobby Geld zu investieren. Nach wie vor problematisch ist das zum Teil schlechte Image der Motorradfahrer (vgl. Vorfelder 2008), mit dem Ängste und/oder Vorurteile verbunden sind, was wiederum dazu führt, dass ein Teil der Beherbergungsbetriebe diese Zielgruppe nicht explizit anspricht.

Für die deutschen Probanden kann zusammenfassend festgehalten werden, dass sie selbstorganisierte Reisen bevorzugen, zumindest aber in die Planung involviert sind; die Planung kann dann aber durchaus für eine kleine Gruppe erfolgen, bzw. erfolgt direkt in der Gruppe der Reisenden. Ein gewisser Wohnkomfort wird erwartet, wichtig ist aber, dass die Fahrzeuge sicher untergebracht werden können.

Die US-Amerikanischen Reisenden sind sehr deutlich auf ihre Individualität fokussiert, was sich auch in den Vorlieben für eine Motorradreise zeigt (vgl. Abbildung 3); trotzdem wird auch hier eher in Kleingruppen (bis fünf Motorräder) gefahren.

Hinsichtlich des Anspruches an die Beherbergungsbetriebe gibt es zwischen beiden Stichproben kaum Unterschiede; das Zusammentreffen mit Gleichgesinnten zum *Benzingespräch* ist wichtig, dazu ist es hilfreich, wenn der Beherbergungsbetrieb einerseits als motorradfahrerfreundlich ausgezeichnet ist und auch über einen angeschlossenen Gastronomiebetrieb verfügt, was in der klassischen Hotellerie gegeben ist.

Insgesamt bietet das Datenmaterial noch das Potenzial für weitere Auswertungen. So sind einige Fragebatterien vor dem Hintergrund der Überprüfung theoretischer Ansätze zur Reisemotivation und zum Reiseverhalten entwickelt worden. Diese Auswertung zu diesen Fragestellungen wird demnächst in einem anderen Rahmen veröffentlicht werden.

Quellenverzeichnis

ADAC: Logo Motorradfreundliches Hotel download: https://www.adac.de/reise_freizeit/motorrad/motorradfreundliche-gastgeber/default.aspx?ComponentId=233064&SourcePageId=233148

BMW: BMW R 1200 GS, 2017; download: https://www.bmw-motorrad.de/de/models/adventure/r1200gs.html

Carson, D./Schmallegger, D.: Drive Tourism – A view from the road in: Prideaux, B./Carson, D. (Ed.): Drive Tourism – Trends and emerging markets, London/New York: Routledge 2011, S. 358-368

Cater, C.I.: Tourism on two wheels: Patterns of motorcycle leisure in Wales, in: Tourism Management 61 Jg., 2017, S. 180-189

Cohen, E.: Toward a sociology of international tourism, in: Social Research, 39. Jg. Nr. 1/1972, S. 164-89.

Cohen, E.: Nomads from affluence: notes on the phenomenon of drifter tourism, in: International Journal of Comparative Sociology, 14. Jg. Nr. 1-2/1973, S. 89-103

Danner, M.: Strategisches Nischenmanagement. Entstehung und Bearbeitung von Marktnischen, Wiesbaden, 2002

Frash jr., R.E./Scherhag, K./Schröder, A.: Motorcycle tourism – Empirical Study On Travel Motivation in Germany and the USA, Präsentation auf der Internationalen Tourismusbörse (ITB), Berlin 9.03.2017

Frash jr., R.E./Scherhag, K.: Motivation of Motocycle Tourists, 2018 (in Vorbereitung)

Gardini, M.: Grundlagen der Hotellerie und des Hotelmanagements, München/Wien 2010

Motor Presse Stuttgart (Hrsg.): Studie: Motorradfahren in Deutschland 2005, http://www.motorpresse.de/de/pressemitteilungen/motorrad/studie-132-motorradfahren-in-deutschland-2005-06-147/2947, Stuttgart 2005 (Zugriff am 13.12.2016)

Motor Presse Stuttgart (Hrsg.): Motorradfahren in Deutschland 2015, Stuttgart 2015

Prideaux, B./Carson, D.: A framework for increasing understanding of self-drive tourism markets, in: Journal of Vacation Marketing Vol. 9 No. 4, 2003, S. 307-313

Scherhag, K.: Destinationsmanagement als komplexe Aufgabe in der Touristik, in: update 16, Sommersemester 2013, S. 26-31

Schröder, A.: Empirische Untersuchung zu den Anforderungen von Motorradreisenden an die Leistungsträger für einen Motorradkurzurlaub in der Eifel; Thesis am FB Touristik/Verkehrswesen der Hochschule Worms 2016

Statista GmbH: Motorräder – Statista Dossier, Wiesbaden 2017

TNS Infratest (Hrsg.): Semiometrie. Motorradfahrer: Eine kleine aber feineZielgruppe!, o.O. 2008

tourguide-eifel-motorrad: Motorradtouren in der Eifel mit zertifizierten Tourguides (Startseite); download: http://tourguide-eifel-motorrad.de

tourenfahrer-hotels.de: Logo Partnerhäuser; download: http://www.tourenfahrer-hotels.de/typo3temp/_processed_/csm_logo_aae7a2ebdd.png

Vorfelder, J.: Raser-Hype in "Motorrad" Schneller, schlimmer, selbstmörderisch, in: Spiegel-Online 12.09.2008; download: http://www.spiegel.de/auto/aktuell/raser-hype-in-motorrad-schneller-schlimmer-selbstmoerderisch-a-572996.html

Yamaha: Yamaha MT-07, 2017; download: https://www.yamaha-motor.eu/de/products/motorcycles/hyper-naked/mt-07.aspx?view=featurestechspecs

FELIX M. KEMPF, STEPHAN GEISLER, THOMAS CORINTH &
STEFANIE WILCZEK

Erwartungen von Sporttouristen an Hotels – Eine Untersuchung am Beispiel eines Fitnesscamps

1. Ein Fitnesscamp als Teil des Sporttourismus

Sporttourismus ist ein beachtetes Feld der Tourismusforschung. Sowohl im deutschsprachigen Raum (z.B. bei Dreyer und Krüger, 1995 oder Schwark, 2016) als auch im internationalen Umfeld (z.B. bei Bull, 2006 oder Koc, 2005) gibt es Veröffentlichungen zu unterschiedlichen Themenbereichen. Dabei werden Sporttouristen häufig als eine homogene Gruppe angesehen, aber sie sollten zumindest in zwei Gruppen unterteilt werden: solche, die im Urlaub aktiv Sport treiben, und solche, die Sportveranstaltungen besuchen (Weed und Bull, 2009, S. 74).

Im Zusammenhang mit Sporttrainingscamps konnten Kozma, Bujdoso und Radics (2014, S. 156) für die ungarische Stadt Debrecen herausfinden, dass eine Durchführung solcher Veranstaltungen durch vier Determinanten charakterisiert werden kann: (1) Ihre Häufigkeit korreliert mit externen Sportgroßereignissen (z.B. Olympische Spiele) oder mit der wirtschaftlichen Gesamtsituation. (2) Typischerweise werden Fitnesscamps in Teamsportarten durchgeführt. (3) Die Trainingslager sind zeitlich unflexibel, da sie eng an den Jahreskalender einer Sportart gekoppelt werden müssen. (4) Die Mannschaften kommen aus einer geografischen Nähe.

Außerdem hat Koc (2005, S. 172) untersucht, wie vertrieblich vorgegangen werden muss, um Fußballteams zum Training in die Türkei zu locken. Er kam zum Ergebnis, dass die Entscheidungsträger überzeugt werden müssen. Weiterhin sollten die Angebote des Hotels dabei auf den jeweiligen Zielmarkt abgestimmt werden.

Touristen können an einen touristischen Leistungsträger unterschiedliche Anforderungen stellen. Aufgeteilt werden können sie in die Potenzialdimension, die Prozessdimension und die Ergebnisdimension (Bruhn und Meffert, 2002, S. 146). In einem Hotel zählt zur Potenzialdimension z.B. die Zimmerausstattung, zur Prozessdimension z.B. die Freundlichkeit des Personals und zur Ergebnisdimension z.B. die erfolgreiche Durchführung der Reise.

Für diese Untersuchung wurden Reisende befragt, die in ihrem Urlaub aktiv Sport treiben. Das Hauptaugenmerk lag auf der Potenzialdimension des Hotels und dabei vor allem auf der Ausstattung des Hotelzimmers, den Hoteleinrichtungen und der Hotelverpflegung.

Ab dem 16. April 2016 fanden in drei aufeinanderfolgenden Wochen drei Fitnesscamps für Sportbegeisterte statt. Sie wurden im Auftrag der Monatsmagazine Men's Health und Women's Health von einem Reiseveranstalter durchgeführt.

Die Reisen richteten sich in Art einer Leserreise an das deutschsprachige Publikum. Leserreisen finden in der deutschsprachigen tourismuswissenschaftlichen Literatur typischerweise in zwei Fällen Beachtung: Entweder, wenn sie als Beispiel für ein Vertriebsinstrument genannt werden (Dettmer et al., 2011, S. 314). Oder, wenn sie beim Thema Reiseveranstaltung als Beispiel für die rechtliche Situation herangezogen werden (z.B. bei Freyer, 2015, S. 291). Eine Untersuchung zu sporttouristischen Leserreisen liegt nicht vor.

In diesem Fall war das Angebot geschlechterspezifisch: in den ersten zwei Wochen trainierten die Männer, in der abschließenden Woche die Frauen. Das Fitnesscamp fand im Valentin Hotel in Novo Sancti Petri an der Costa de la Luz in Spanien statt. Insgesamt nahmen 370 Personen am Fitnesscamp teil, davon 220 Männer (aufgeteilt auf zwei Wochen) und 150 Frauen. Der Fragebogen wurde am Abschlussabend des jeweiligen Camps verteilt.

Der Fragebogen enthielt fünf Fragenblöcke zum Hotel und seiner Ausstattung. Weiterhin gab es noch drei kleinere Fragenblöcke, in denen Fragen zur Anreise, zur Destination und zum Sportprogramm gestellt wurden. Sie sollten alle auf einer ordinalen Siebenerskala von „sehr unwichtig" bis „sehr wichtig" beantwortet werden. Zusätzlich wurden noch soziodemografische Daten erhoben. Der Fragebogen wurde in den drei Wochen von 252 Teilnehmern ausgefüllt,[1] davon 141 Männer und 111 Frauen.

Die Teilnehmer des Fitnesscamps wurden aufgefordert, die unterschiedlichen Hotelpotenziale nach ihrer Bedeutung zu bewerten. In der Auswertung werden die Hotelpotenziale unterteilt nach Hotelzimmer (Kapitel 2.1), Hoteleinrichtungen (Kapitel 2.2) und Hotelverpflegung (Kapitel 2.3) besprochen.

2. Kurzvorstellung: Das Valentin Hotel Sancti Petri

Das Valentin Hotel Sancti Petri ist ein typisches 4-Sterne Hotel an der südspanischen Küste des Lichts. Es verfügt über Einrichtungen für unterschiedlich Kundenkategorien, vom Business/Kongressreisenden bis zur Familie mit kleinen Kindern. Im Rahmen dieser Studie sind folgende Ausstattungen besonders erwähnenswert: Die Zimmer sind mit Fernseher, Schreibtisch, Badewanne und Dusche usf. typisch des Angebots der Region ausgestattet. Das Hotel verfügt über ein Fitnesscenter und

[1] Bei einigen Fragen haben nicht alle Teilnehmer geantwortet, sodass n teilweise knapp unter 252 liegt. Es waren aber immer nur geringe Fehlzahlen. In der Auswertung wird nicht explizit darauf hingewiesen. Weiterhin gilt anzumerken, dass einige der männlichen Reiseteilnehmer eine zweiwöchige Teilnahme gebucht haben. Sie haben den Fragebogen nur einmal, am Ende der ersten Woche, vorgelegt bekommen.

einen Innen- und einen Außenpool. Außerdem gibt es eine Sauna sowie ein Spa- und Wellnesscenter, in dem Massageanwendungen angeboten werden. Als Verpflegung werden zusätzlich zum Restaurantangebot auch Lunchpakte gepackt. Weiterhin gibt es einen kleinen Geschenkeladen. Im gesamten Haus ist WLAN verfügbar (www.valentinhotels.com).

2.1 Hotelzimmer

Das Hotelzimmer ist das wichtigste Element eines Hotels, da es in der Regel den höchsten Anteil am Gesamtumsatz hat. Außerdem beurteilen die Gäste die Qualität des Hotels nach dem Hotelzimmer (Doleschal, 2007, S. 113).

Hotelzimmer sind multifunktionale Räume. Sie können als Wohn,- Ruhe-, Erholungs-, Arbeits- und Schlafraum konzipiert sein. Sie verfügen über einen Sanitärbereich, Staubereich (Schränke, Kommoden, Nachtkästchen), Schlafbereich, Arbeitsbereich, Kosmetikbereich, Kommunikationsbereich, Wohnbereich, Verpflegungsbereich. Dabei ist es notwendig, die möglichen Nutzungsbereiche entsprechend der Gästeansprüche zu gewichten (Hänssler und Rettl, 2016, S. 119 f.).

	Topantworten	Kategorie
Bettenqualität	78,5 %	1: bedeutend
WLAN	75,7 %	
Handtücher (Menge, Qualität)	73,4 %	
Tägliche Zimmerreinigung	65,5 %	
Zimmergröße	34,7 %	2: mittel
Fernseher	33,0 %	
Ganzkörperspiegel	30,6 %	
Mini-Bar / Kühlschrank	19,5 %	3: unbedeutend
Badewanne	15,2 %	
Kaffee- / Teemaschine	14,0 %	
Bademantel	10,8 %	
Slipper	7,6 %	
Schreibtisch	7,2 %	

Tabelle 1: Hotelzimmerelemente nach Wichtigkeit

Es wurde untersucht, welche Elemente eines Hotelzimmers von den Teilnehmern des Fitnesscamps als bedeutsam eingestuft werden. In Tabelle 1 sind die Hotelzimmerelemente in absteigender Wichtigkeit aufgeführt. Die Reihung erfolgt dabei nach der Einstufung der Probanden, indem die beiden Topantworten der Siebenerskala (also 6+7) addiert wurden.

Die Gewichtung durch die Reiseteilnehmer lässt eine Einteilung der Elemente eines Hotelzimmers in drei Gruppen zu. Sie erfolgt entlang der natürlichen Schnitte durch die gegebenen Antworten. Bedeutend sei, was 2/3 der Stimmen in den beiden oberen Kategorien erhalten hat. Unbedeutend sei, was weniger als 1/5 der Stimmen in den beiden oberen Kategorien erhalten hat. Zimmereinrichtungen, die nicht in eine der beiden Klassen passen, seien einem Mittel zuzuordnen.

Zu den bedeutenden Teilen eines Zimmers zählen die Bettenqualität, das WLAN, die Menge und Qualität der Handtücher und die tägliche Zimmerreinigung.

Am höchsten ist die Bettqualität eingestuft (78,5 %). Das ist nicht überraschend, handelt es sich doch bei Ruhe und Schlaf um die Kernleistung des Hotelangebots (Gardini, 2014, S. 55), die durch das erwartete Produkt Bett ermöglicht wird. Außerdem steht zu erwarten, dass Sportler dem Bett eine besondere Bedeutung zumessen, da die optimale Erholung des Körpers notwendig für die Teilnahme an den Sporttrainings ist. Sicherlich würde die Untersuchung andere Ergebnisse liefern, wenn Jugendgruppen auf Mallorca befragt würden.

An zweiter Stelle folgt bereits das WLAN. Eine Nebenleistung, die in den vergangenen Jahren – in den Begrifflichkeiten des Kano-Modells – von einem Begeisterungsmerkmal zu einem Basismerkmal geworden ist. Der deutliche Abstand zwischen WLAN und Fernseher zeigt auch den Trend, dass die Touristen einer multiplen Gesellschaft ihre Unterhaltungsangebote selbst zusammenstellen. Für Hotels bedeutet das, dass Angebote wie Pay-TV an Bedeutung verlieren.

An dritter und vierter Stelle folgen mit Handtüchern und täglicher Zimmerreinigung zwei Elemente, die kaum einer Erklärung bedürfen.

Die drei darauffolgenden Elemente sind Zimmergröße, Fernseher und Ganzkörperspiegel. Die Zimmergröße ist in alter Denkweise ein Element, das zur Sternevergabe herangezogen wird. Fernseher und Ganzkörperspiegel sind als Nebenleistungen einzuordnen.

Der Ganzkörperspiegel ist für Frauen (42,7 % in den beiden Topantworten) wichtiger als für Männer (21,3 % in den beiden Topantworten). Es lässt sich nicht erkennen, ob der Spiegel für die Prüfung des Outfits oder der Muskelentwicklung benötigt wird. Interessant wäre sicherlich ein Vergleich zur „Normalbevölkerung". So könnte erkannt werden, ob eines der beiden Geschlechter gegebenenfalls eitler ist oder ob es sich gar um einen Fahrstuhleffekt handelt, d.h., dass beide Aussagen parallel in eine Richtung verschoben sind.

Unbedeutend bewertet sind Mini-Bar/Kühlschrank, Badewanne, Kaffee-/Teemaschine, Bademantel, Slipper und Schreibtisch. Das erscheint bei der Zielgruppe Sporttouristen doch überraschend. Es hätte durchaus erwartet werden können, dass ein Kühlschrank z.B. zur Aufbewahrung von speziellen Sportgetränken notwendig ist. Ebenso eine Kaffee-/Teemaschine zur Wassererhitzung, das von einem Sportler z.B. zur Zubereitung von besonderen Nahrungsergänzungen benötigt wird. Eine Badewanne für ein Entspannungsbad (oder Eisbad) zur Regeneration oder ein Bademantel, um sich aus ähnlichen Gründen zum Wellnessbereich zu bewegen, hätten ebenso von den Teilnehmern wichtiger eingestuft werden können.

Gleiches gilt für den Schreibtisch, der ebenso bewusst abgefragt wurde. Da im Rahmen des Programms am Abend Vorträge angeboten wurden und da nach Trainingsplänen gearbeitet wurde, hätte auch ein Schreibtisch zur Aufbereitung von Nutzen sein können. Eine Kreuzung der Nutzenfunktion Schreibtisch mit Bildung und Einkommen führt ebenso ins Leere. Auch für Arbeitszwecke (höhere Einkommen/ Bildung könnten ggf. weniger abkömmlich im Beruf sein) scheint ein Schreibtisch abdingbar. Es könnte natürlich auch sein, dass die Fitnesscampteilnehmer wirklich eine Woche frei hatten. Oder vielleicht werden (geschäftliche) Mails mittlerweile liegend vom Bett aus mit dem Tablet-PC beantwortet.

Arrondierend sei noch festgestellt, dass Sporttouristinnen bei der Beurteilung ihres Zimmers durchaus Ähnlichkeiten zu Frauen auf Geschäftsreisen aufweisen. Eine Untersuchung von Brandes (2010, S. 37) zeigt, dass Frauen eher den Zimmerservice beanspruchen und sich selbst verpflegen. Die Sporttouristinnen zeigen ein ähnliches Verhalten, denn 41,3 % der Frauen sehen den Zimmerservice als bedeutsam an, bei den Männern sind es nur 29,8 %. Gleiches gilt für die erhöhte Selbstverpflegung, denn der Mini-Markt im Hotel war für 12,8 % der Frauen wichtig, aber nur für 7,8 % der Männer. Nur der Schreibtisch, den geschäftsreisende Frauen gerne nutzen, um sich ungestört auf Termine vorzubereiten, hat bei den Sportlerinnen mit 6,4 % eine geringere Bedeutung als bei den Männern des Fitnesscamps (7,8 %). Dies kann aber durchaus der Tatsache geschuldet sein, dass es sich bei Training/Fitness um eine private Angelegenheit handelt.

2.2 Hoteleinrichtungen (ohne Verpflegung)

Hoteleinrichtungen sollten zum erweiterten Produkt gezählt werden. Sie dienen typischerweise als Abgrenzung zum Wettbewerb (Gardini, 2014, S. 55). Es konnte erwartet werden, dass Sportler auf Sport- und Spa-Einrichtungen Wert legen. Außerdem wurden Elemente wie ein Locker/Schließfach für Sportgeräte, ein Mini-Markt/Automaten zur Selbstverpflegung und Waschmaschine/Trockner gegen Münzen und ein Wäscheservice abgefragt. Als Auswertung werden wieder die beiden Topantworten (6+7) zusammengefasst (siehe Tabelle 2).

	Topantworten	Kategorie
Sporteinrichtungen (Pool/Fitness)	75,7 %	1: bedeutend
Spa-Angebote (Massage, etc.)	34,9 %	2: mittel
Spa-Einrichtungen (Sauna, etc.)	32,9 %	
Shop/Mini-Markt/Automaten	10,0 %	3: unbedeutend
Locker/Schließfach	8,8 %	
Wäscheservice	7,2 %	
Waschmaschine/Trockner gegen Münzen	4,8 %	

Tabelle 2: Hoteleinrichtungen (ohne Verpflegung) nach Wichtigkeit

Die Ergebnisse lassen wieder eine Dreiteilung der Angebote in ihrer Wichtigkeit für die Sportler zu.

Wenig überraschend erscheint, dass die Sportler Wert auf Sporteinrichtungen legen. Jedoch geben nur ¾ eine Bewertung in den beiden Topantworten ab. Das kann auch daran liegen, dass im Fitnesscamp zusätzliche eigene Trainingsgeräte gestellt wurden, die z.B. das Training im Freien ermöglichen (siehe Abbildung 1).

Abbildung 1: Das Fitnesscamp mit eigenen Trainingsgeräten

Spa-Angebote und Spa-Einrichtungen wurden jeweils von etwa 1/3 der Teilnehmer als wichtige Einrichtung beziffert. Unterschieden wurde deshalb, da Spa-Angebote, wie z.B. Massagen, kostenpflichtig sind. Spa-Einrichtungen, wie z.B. eine Sauna, hingegen sind typischerweise kostenfrei von Hotelgästen nutzbar.

Die Umfrage zeigt, dass bei Spa-Angeboten keine Präferenz durch eines der beiden Geschlechter zu erkennen ist. Ebenso ist die Bedeutung auch unabhängig von verfügbaren monatlichen Nettoeinkommen. Es kann also nicht die Aussage getroffen werden, dass Spa-Angebote für die wohlhabenderen Teilnehmer eine höhere Bedeutung haben.

Bei den Spa-Einrichtungen sind die Umfrageergebnisse beider Geschlechter so nahe, dass keine Abgrenzung möglich ist. Es kann eine Tendenz erkannt werden, dass die Spa-Einrichtungen wichtiger werden, je älter die Sportler sind. Das kann wahrscheinlich damit erklärt werden, dass ältere Teilnehmer eine andere bzw. mehr Regeneration benötigen.

Insgesamt war die nur mittelmäßige Bedeutung der Spa-Angebote und Spa-Einrichtungen überraschend. Es wurde durchaus erwartet, dass die Teilnehmer hier einen größeren Wert legen. Ein Erklärungsversuch könnte das durchaus volle Programm sein, das von den meisten Teilnehmern umfänglich angenommen wurde.

Der Möglichkeit zur Selbstverpflegung wurde durch die Teilnehmer eine geringe Bedeutung zugemessen. Das kann dem Umstand geschuldet sein, dass in diesem speziellen Fitnesscamp eine quasi All-inclusive-Verpflegung mit Vollpension, Getränken zu den Mahlzeiten und während des Trainings mit angeboten wurden.

Ein Locker bzw. Schließfach wird von den Teilnehmern nicht benötigt. Es ist ein Angebot, mit dem sich derzeit die Explorerhotels (www.explorer-hotels.com) von ihren Wettbewerbern abzugrenzen versuchen. Typischerweise werden aber Sportler mit größeren, wertvollen Sportgeräte, wie z.B. Radfahrer und Golfer, angesprochen.

Letztlich wurden die Möglichkeiten zur Wäscheaufbereitung abgefragt. Dabei ist kaum Bedarf zu erkennen, sowohl zur Selbstwäsche als auch als Wäscheservice. Bei der Dauer von einer Woche scheint dies für die meisten Sportler nicht notwendig zu sein. Das lässt sich stützen, denn auch mehr Freigepäck im Flugzeug wurde nur von ca. ¼ der Teilnehmer als wünschenswert dargestellt. Es gilt jedoch anzumerken, dass Wäscheständer für mehr als die Hälfte der Teilnehmer (Kategorie 6+7) bedeutend ist. Es scheint durchaus notwendig, die Kleidung bzw. Handtücher zu trocknen. Gegebenenfalls ist es auch ein Indiz dafür, dass im Waschbecken von Hand gewaschen wird.

2.3 Hotelverpflegung

Der Gastronomiebereich (auch Food-and-Beverage-Bereich – kurz F&B-Bereich) bringt typischerweise die zweite Umsatzhälfte in einem Hotel, verursacht aber zumeist auch den größeren betriebsbedingten Kostenblock (Fuchs, 2016, S. 147). Das Speisenangebot in einem Hotel sollte dabei grundsätzlich dem Standard des Hauses entsprechen und gleichzeitig den Ansprüchen der Gäste gerecht werden (Fuchs, 2016, S. 153). Typischerweise gelten Sportler als gesundheitsbewusst. Daher wurden Hotelverpflegungsangebote auf ihre Wichtigkeit abgefragt. Die Ergebnisse sind in Tabelle 3 zusammengefasst.

	Topantworten
Restaurant	65,7 %
Power Food	53,8 %
Bio-, vegane und vegetarische Angebote	40,6 %
Roomservice	34,8 %
Bar	22,4 %
Fast Food	3,6 %

Tabelle 3: Hotelverpflegung nach Wichtigkeit

Insgesamt scheinen die Umfrageergebnisse zu zeigen, dass unterschiedliche Speisenangebote für die Sportler eine untergeordnete Rolle spielen. Dabei kann allgemein diskutiert werden, welche Rolle Essen in einer Gesellschaft oder auf einer Reise spielt. Die geringe Bedeutung von landestypischen Speisen für Deutsche auf Reisen wird deutlich, wenn eine andere Perspektive eingenommen wird. Beispielsweise stellt Neumann (2011, S. 130) gegenüber: für Deutsche auf Thailandurlaub sind buddhistische Tempel oder Sandstrände erwähnenswert, für Japaner hingegen ein besonderes „Thai-Curry".

„Traditionelle" Hotelrestaurants bieten das Essen, das auch von gehobenen Restaurants in der relevanten Umgebung angeboten wird (Fuchs, 2016, S. 148). Nichtsdestotrotz wurden Restaurants nur von 65,7 % der Teilnehmer als wichtig bewertet. Es scheint zu zeigen, dass das Training eindeutig im Fokus der Reise stand.

Besondere Essensangebote wie Power Food (also Lebensmittel, die eine hohe Konzentration an Nährstoffen aufweisen) oder Bio, vegetarische oder vegane Küche werden nicht unbedingt von den Sportlern erwartet. Interessant erscheint, dass die Sportler des Fitnesscamps im Essen eher nach einer schnellen Vitalisierungstankstelle suchen als nach einem nachhaltigen Konzept. Dabei hat Power Food bei den jüngeren Teilnehmern bis 29 Jahre und bei Teilnehmern mit einem verfügbaren monatlichen Nettoeinkommen bis 2.000 Euro eine höhere Bedeutung als bei den älteren bzw. finanzkräftigeren Sportlern. Beide Nahrungsmittelformen sind bei Frauen beliebter als bei Männern.

Beim Roomservice werden den Gästen auf telefonische Bestellung Speisen und Getränke serviert (Fuchs, 2016, S. 150). Für 34,8 % hat er eine Bedeutung, für Frauen mehr als für Männer (siehe Kapitel 2.1).

Die Bar oder ein Coffee Shop dienen vorrangig als Kommunikationszentrum für die Gäste (Fuchs, 2016, S. 149). Für 22,4 % der Fitnesscampteilnehmer sind sie bedeutsam. Dabei ist eine Diskrepanz zwischen den Geschlechtern auszumachen. Männer (27,6 %) messen der Bar eine höhere Wertigkeit zu als Frauen (15,6 %). Ob dies allein mit dem „Bierdurst" von sportverausgabten Männern zu erklären ist oder ob auch wieder die Studie von Brandes (2010, S. 37), die die größere Zimmernutzung von geschäftsreisenden Frauen festgestellt hat (siehe Kapitel 2.1), eine Rolle spielt, kann nicht mit Sicherheit festgestellt werden.

Nicht unerwartet besteht keinerlei Interesse an Fast-Food-Angeboten (3,6 %).

3. Die Erwartungen von Sporttouristen an Hotels

Die Untersuchung hat gezeigt, dass im speziellen Fall von den Sportlern kaum besondere Eigenschaften des Hotels erwartet werden. Weder Hotelzimmer noch Hoteleinrichtungen oder Hotelverpflegung scheinen eine entscheidende Rolle zu spielen. Es sei ergänzend zu erwähnen, dass auch die Hotelmarke (12,4 %) wohl nicht zur Buchungsmotivation beiträgt. Das Hotel scheint also austauschbar zu sein. Der geneigte Leser mag nun fragen, was dann die Gründe sein können?

In der Umfrage wurden auch andere Teilbereiche abgefragt: touristische und solche zum Bezug zum Training. In den Ergebnissen lassen sich Hinweise ablesen. Auch wenn das Reiseziel an sich (31,9 %) wenig dazu beiträgt, so sollten doch die klimatischen Bedingungen (71,2 %), das Sicherheitsgefühl am Zielort (74,3 %) und die Hotellage, z.B. mit Strandnähe (82,5 %), stimmen. Die wichtigsten Argumente jedoch liefern die Trainer bzw. das Training: die Vielfältigkeit der Kurse (89,6 %), die Qualität der Trainer (96,4 %) und das Kursangebot (94,8 %) erscheinen als die Hauptkriterien.

Das Ergebnis bestätigt somit eine Studie von Bull (2006, S. 271), der ein Radrennen für jedermann in England untersuchte. Reiseziel und die Umgebung erscheinen dort gegenüber der Qualität des Rennens als unwichtig.

Quellenverzeichnis

Brandes, U. (2010): Frauenzimmer im Hotel, Wie Geschäftsfrauen sich Hotels wünschen, Berlin: Erich Schmidt Verlag

Bruhn, M./Meffert, H. (2011): Exzellenz im Dienstleistungsmarketing, Fallstudien zur Kundenorientierung, Wiesbaden: Gabler

Bull, C. (2006): Racing Cyclists as Sports Tourists: The Experience and Behaviours of a Case Study Group of Cyclists in East Kent, England, Journal of Sport & Tourism, Ausgabe 11, Nos. 3-4, August-November 2006, 259-274

Dettmer, H./Degott, P./Hausmann, T./Kausch, R./Schneid, W./Schulz, J./Witt, W. (2011): *Marketing Management im Tourismus*, München: Oldenbourg

Doleschal, M. (2007): Entwicklung eines Immobilienrating-Systems – Anwendung bei Hotelimmobilien, Norderstedt: Books on Demand

Dreyer, A./Krüger, A. (1995), Sporttourismus, München: Oldenbourg

Freyer, W. (2015): Tourismus, Einführung in die Fremdenverkehrsökonomie, Berlin: de Gruyter, 11. Auflage

Fuchs, W. (2016): Der Gastronomiebereich, in HÄNSSLER, K. (Hrsg.), Management in der Hotellerie und Gastronomie, Berlin/Boston: de Gruyter, 147-177

Gardini, M. (2014): Grundlagen der Hotellerie und des Hotelmanagements, Hotelbranche – Hotelbetrieb – Hotelimmobilie, München: Oldenbourg, 2. Auflage

Hänssler, K./Rettl, W. (2016): Der Beherbergungsbereich, in HÄNSSLER, K. (Hrsg.), Management in der Hotellerie und Gastronomie, Berlin/Boston: de Gruyter, 119-146

Henschel, K./Gruner, A./von Freyberg, B. (2013): Hotelmanagement, München: Oldenbourg, 4. Auflage

Koc, E. (2005): New product development in the Turkish tourism market: the case of football tourism, Journal of Sport Tourism, Ausgabe 10(3), 165-173

Kozma, G./Bujdoso, Z./Radics, Z. (2014): The Characteristic Feature of Training Camps in a less-er-known Region: A Central European Case Study, GeoJournal of Tourism and Geosites, Jahr VII, Nr. 2, Ausgabe 14, November 2014, 150-157

Neumann, C. (2011): Darum nerven Japaner, Der ungeschminkte Wahnsinn des japanischen Alltags, München: Piper Verlag, 12. Auflage

Schwark, J. (2016): Handbuch Sporttourismus, Konstanz: UVK Verlagsgesellschaft

Weed, M./Bull, C. (2009): Sports Tourism, participants, policy and providers, Oxford: Elsevier, 2. Auflage

MANUEL SAND, CHRISTIAN WERNER & WOLFGANG FELDNER

Adventure, Erlebnis und Bildung als Aushängeschild für Hotels – Eine Vorstellung des Adventure Campus in Treuchtlingen

1. Ausgangslage und Zielsetzung

Der Adventure Campus in Treuchtlingen ist ein einzigartiges Hotelprojekt, das Hochschulcampus, Tagungszentrum und Hotelbetrieb miteinander kombiniert und somit vielzählige Synergieeffekte schafft. Das Pilotprojekt soll im Folgenden im Spannungsfeld von Abenteuertourismus, Erlebnisökonomie und Erlebnispädagogik vorgestellt und diskutiert werden. Dabei wird der Schwerpunkt auf die Praxis gelegt und der Adventure Campus als case study vorgestellt.

2. Theoretischer Bezugsrahmen

Die Vorstellung des Adventure Campus wird zwar überwiegend praktisch erfolgen, das Pilotprojekt soll aber in den theoretischen Bezugsrahmen eingeordnet werden. Im Fokus steht dabei zunächst der Abenteuertourismus. Mit dem hohen quantitativen Niveau des Tourismusmarktes lässt sich eine verstärkte Unterteilung des Marktes in Nischenmärkte beobachten, d.h. es entstehen Angebote für spezifische Interessensgruppen und neue Tourismusformen.[1] Hierbei stellt der Abenteuertourismus einen wichtigen Sektor dar, der sich mittlerweile etabliert hat und den am schnellst wachsenden Sektor innerhalb des Outdoor-Tourismusmarktes darstellt.[2,3] Zu dem Begriff des Abenteuertourismus liegen im englischsprachigen Raum verschiedenste Definitionen vor. Allen Definitionen liegt das Verständnis zu Grunde, dass Abenteuertourismus eine Mischform aus Reisen, Sport- und Outdoor-Aktivitäten ist[4] und in soft adventures (z.B. Wandern oder Kanuwandern) und hard adventures (z.B. Downhill Mountainbiken oder Wildwasser-Rafting) unterteilt werden kann. Abenteuertourismus setzt sich überwiegend aus körperlichen Aktivitäten zusammen, denen anteilig Risiko, Ungewissheit und Gefahr innewohnen.[5] Abenteuertou-

1 Cater, 2006
2 Williams & Soutar, 2009
3 Buckley, 2007
4 Beedie & Hudson, 2003
5 Swarbrooke et al., 2003

rismus kann eine Reise mit Abenteuercharakter sein, aber auch die Reise zu einem Abenteuerangebot. Daher benötigen potentielle Abenteuertourismus-Destinationen auch keine ausdifferenzierte Infrastruktur, im Gegenteil sind eher die Abgeschiedenheit und das Abenteuer gewünscht.[6]

Eine deutsche Definition liefern erstmals Gross und Sand[7]: *„Abenteuertourismus bezeichnet eine Reise, die mindestens 24 Stunden, maximal jedoch zwölf Monate außerhalb des gewöhnlichen Umfelds stattfindet und bei der Outdoor- und Abenteueraktivitäten in der Natur eine unverzichtbare Rolle darstellen und/oder deren Charakter ungewisse Elemente aufweist, die unabhängig und im engen Austausch mit Natur und Kultur des Landes bestritten werden"*

Zudem sind auch Tagesaktivitäten z.B. in Hochseilgärten oder bei Kanutouren immer beliebter, diese können jedoch schwer mit einer touristischen Definition abgedeckt werden. Insgesamt lässt sich festhalten, dass Erlebnisse und die Möglichkeiten diese zu erleben eine immer wichtigere Rolle bei der Urlaubsentscheidung und bei der Wahl der Destination spielen.

Auch in der Wirtschaft haben Erlebnisse im Rahmen der Erlebnisökonomie Einzug gehalten.[8] Dabei spielen Erlebnisse in der Vermarktung von Produkten eine gezielte Rolle, die einen USP im Vergleich zur Konkurrenz darstellen. Nach Pine und Gilmore ist besonders ein Erleben mit allen Sinnen, das den Kunden ganzheitlich anspricht, ein entscheidendes Verkaufselement.[9] Diese Theorien werden heutzutage zunehmend in der Wirtschaft umgesetzt (z.B. Starbucks). Auch auf touristischer Ebene spielt Experience Economy eine zunehmende Bedeutung[10], es liegen Studien sowohl zu Destinationen[11] als auch zu Beherbergungsbetrieben[12] vor. Im Tourismus stand das Erlebnis als eigentlicher Nutzen schon immer im Mittelpunkt der Gästenachfrage.[13] Jedoch kommt die ganzheitliche Betrachtung von Erlebnissen, die mit allen Sinnen aufgenommen werden und an den vier Dimensionen des Erlebens (Entertainment, Education, Esthetics und Escapism) orientiert werden noch zu kurz.[14] Morgan, Elbe und Curiel zeigen, dass Destinationen bereits auf die, unter dem Hintergrund der Erlebnisökonomie veränderten Kundenwünsche reagiert haben, aber im Hinblick auf Managementprozesse und strategische Überlegungen sind die Ansätze noch nicht hinreichend in Geschäftsabläufe integriert.[15] Doch machen erlebnisökonomische Ansätze für alle Hotels gleichwohl Sinn? Wie sollen Erlebnisse inszeniert, dosiert und gesteuert werden? Müller und Scheurer liefern eine Anleitung für Erlebnisökonomie im Tourismus, in dem sie auch die Bedeu-

6 ATTA, 2015
7 Gross & Sand, 2016 S.
8 Pine & Gilmore, 1998
9 Pine & Gilmore, 1998
10 Bulencea & Egger, 2015
11 Morgan, Elbe and Curiel, 2009
12 Oh, Fiore and Jeoung, 2007
13 Müller & Scheurer, 2004, S. 74
14 Oh, Fiore and Jeoung, 2007
15 Morgan, Elbe and Curiel, 2009

tung von Menschen bei Erlebnissen herausstellen. Ein Thema steht im Mittelpunkt des Erlebnisses, das aus Aktivitäten und Attraktionen besteht die auf Zielgruppe zugeschnitten sind und der vorherrschenden Szenerie. Fühlt sich der Gast, der selbst Teil des Erlebnisses wird, dabei wohl, so kommt es zu einem positiven Erlebnis.[16] Weirmeier unterstreicht die Bedeutung von Abenteuer und Risiko im Hinblick auf Selbstverwirklichung und Selbstentwicklung durch Ergebnisse und liefert somit die Verbindung zum Abenteuertourismus.[17]

Selbst- und Persönlichkeitsentwicklung sind auch wichtige Ziele der Erlebnispädagogik, bei der spezielle Erlebnisse geschaffen werden durch die die Teilnehmer positive Lerneffekte haben sollen.[18] Heutzutage wird diese, von Hahn speziell für Schüler entwickelte Lern- und Erziehungsmethode, immer mehr in Form von Outdoor-Trainings im betrieblichen Setting eingesetzt. Dabei werden Teams und Abteilungen vor spezifische Herausforderungen gestellt, die meist mit Abenteueraktivitäten in Verbindung gebracht werden, durch die selbst erlebte Lerneffekte in den Alltag übertragen werden sollen.

Dieser Beitrag geht auf die Bedeutung und Wechselwirkung von Abenteuertourismus, Erlebnispädagogik und Erlebnisökonmoie im Kontext des Hotelmanagements ein und stellt dabei als case study den Adventure Campus in Treuchtlingen vor.

3. Der Adventure Campus in Treuchtlingen

Der Adventure Campus nutzt die einzigartige Lage im Naturpark Altmühltal, um einen Aufenthalt zum Erlebnis zu machen. Dank vielzähliger Sport- und Erlebnismöglichkeiten von Mountainbiking über Stand-Up-Paddling bis hin zu Bouldern und Klettern, positioniert sich der Campus ganz gezielt im Abenteuersegment und hebt sich somit von anderen Anbietern in der Region ab. Durch die Nähe zur Hochschule können diese mit Bildungsaspekten und Seminaren angereichert werden. Der Adventure Campus bietet für den Aufenthalt einen authentischen und adäquaten Rahmen. Somit kann eine sehr breite Zielgruppe angesprochen werden und auf unterschiedliche Gäste können individuelle Angebote zugeschnitten werden. Dabei ist es immer das Bestreben Rund-um-Erlebnisse zu schaffen, um dadurch eine langfristige Kundenbindung zu erzielen und ein unvergessliches Erlebnis zu generieren. Im Folgenden werden der Adventure Campus, seine Entstehungsgeschichte und seine Geschäftsfelder näher beleuchtet.

[16] Müller & Scheuerer, 2004
[17] Weiermaier, 2006
[18] Michl, 2009

3.1 Studienzentrum der Hochschule für angewandtes Management (HAM)

Seit 2010 fungiert das ehemalige Schulungsgebäude der Berufsgenossenschaft Bau in der Hahnenkammstraßein Treuchtlingen als Campus der Hochschule für angewandtes Management. Dort verbringen Studierende der Studiengänge Sportmanagement (Bachelor/Master), Tourismus- und Hotelmanagement und Musik- und Kulturmanagement im Rahmen des semi-virtuellen Studienkonzeptes pro Semester drei einwöchige Präsenzphasen (Montag bis Freitag). Für Studierende besteht die Möglichkeit sich für die Woche ein kostengünstiges Einzelzimmer am Campus zu mieten und somit die Option sich komplett auf das Studium konzentrieren zu können. Aktuell studieren rund 300 Studierende am Treuchtlinger Standort der in Erding gegründeten Hochschule. Die Standortwahl fiel sehr bewusst auf eine ländliche Region mit viel Outdoor- und Erlebnismöglichkeiten, da die Rahmenbedingungen für eine Spezialisierung auf Outdoorsport und Adventuremanagement im Studiengang Sportmanagement dort vorhanden sind und auch für andere Studiengänge vielzählige Erlebnismöglichkeiten vorherrschen. Speziell im Bereich der Schlüsselqualifikationen können hier Synergieeffekte geschaffen werden. Der Studienbetrieb liefert das Grundgerüst des Adventure Campus, lastet diesen aber nicht aus. Somit hat man sich in den vergangenen Jahren zunehmend in Richtung externe Gäste geöffnet. Die Zimmer und Tagungsmöglichkeiten am Adventure Campus werden seitdem für Firmen, Vereine und Hotelgäste beworben.

3.2 Rahmenbedingungen und Infrastruktur

Das Gebäude besteht seit den 60er Jahren, ist sehr gut gepflegt, entspricht aber nicht in allen Bereichen neuesten Standards. Der Adventure Campus verfügt über 54 Einzelzimmer und vier Doppelzimmer. Die Einzelzimmer sind kompakt funktionell und verfügen über eine eigene Dusche/WC, die Doppelzimmer sind geräumiger. Seit kurzem verfügen einige Zimmer über einen eigenen Fernseher. Zusätzlich verfügt der Adventure Campus über Ferienwohnungen, die vorwiegend von Familien, Gruppen und Langzeitmietern genutzt werden. Für Tagungen und Seminare, sowie für den Hochschulbetrieb stehen sechs Seminarräume mit allen modernen Standards zur Verfügung. Eine Sonnenterrasse lädt zum Verweilen und Grillen ein, in einer Mensa mit Großküche können die Gäste entsprechend kulinarisch verwöhnt werden. Eine Bar, ein Aufenthaltsraum, sowie Freizeiteinrichtungen (Kegelbahn, Billard, Kicker, Tischtennis) runden das Angebot ab. Für Adventuresport stehen Mountainbikes, Stand-Up-Paddles, einFitnessraum, sowie eine eigene Kletter- und Boulderhalle zur Verfügung. Der Campus liegt idyllisch im Grünen, alle Zimmer haben Blick in den parkähnlichen Garten und sind ruhig gelegen. Die gute Bahnanbindung der Stadt Treuchtlingen ermöglicht eine einfache und unkomplizierte Anreise, auch mit dem Auto ist der Campus gut zu erreichen, Parkplätze sind auf dem Gelände in ausreichender Anzahl vorhanden. Der Campus liegt eingebettet in den Naturpark Altmühltal, unweit des Fränkischen Seenlands und ist somit ideal geeignet für Urlaub in den beiden Tourismusregionen. Aus den Ballungszentren Metropolregion Nürnberg, Ingolstadt, Augsburg ist der Adventure Campus innerhalb einer Stunde erreichbar. In Treuchtlingen und Umgebung befinden sich wenige Hotelbetriebe, einige Restaurants, ein Tourismusbüro mit Informationszentrum zum Altmühltal und die Altmühltherme.

3.3 Vision

Die ursprüngliche Vision im Hinblick auf Zimmergestaltung und Übernachtungsangebote beinhaltete eine starke Erlebnisorientierung im Stile der Erlebnisökonomie nach Pine und Gilmore (1998). Das Konzept *Adventure* sollte durchgängig gelebt werden, von der Hütten-Gastronomie bis hin zu Themenzimmern. Dadurch sollte ein rundum Erlebnis geschaffen werden, das mit allen Sinnen erlebt werden kann. Bereits im Eingangsbereich sollte das Thema aufgegriffen werden und entsprechende Touchpoints eingerichtet werden. Die Zimmer sollten jeweils ein eigenes Thema haben und bspw. ein Seefahrerzimmer, ein Dschungelzimmer, ein Antarktiszimmer, u.a. beinhalten. Dabei sollte nicht nur die Einrichtung, also die optische Wahrnehmung, dem Thema entsprechen, sondern auch der akustische und der olfaktorische Sinn passend stimuliert werden. Auch gastronomisch sollten verschiedene Erlebnisse von der Almhütte bis hin zum Asia-Imbiss geboten werden.

Parallel zur Inneneinrichtung waren auch vielfältige Outdoorsportmöglichkeiten rund um den Adventure Campus geplant. Zusätzlich zu dem mobilen Hochseilgarten, der bereits auf dem Campus Gelände existierte, sollten Mountainbike Strecken entstehen, ein Wassersportzentrum am nahegelegenen Brombachsee, eine Kayak- und Kanustation an der Altmühl direkt in Treuchtlingen, ein Bürgergolfplatz, sowie ein Klettersteinbruch. Gäste sollten somit in der Natur erleben können, aber auch einen ganz besonderen Aufenthalt in den Räumlichkeiten Adventure Campus haben.

3.4 Tagungszentrum, Trainingslager und Hotelbetrieb

Bereits von Beginn an war eine mehrperspektivische Nutzung angestrebt, um freie Kapazitäten entsprechend zu nutzen. Geeignet schienen hier Tagungen und Seminare von externen Firmen, die am Adventure Campus durchgeführt werden. Optional entwickelte sich ein Angebotsprogramm im Outdoor-Training und Teambuildingbereich, das Firmen in ihr Programm mit einbauen können. Hier lassen sich sehr gut Synergieeffekte mit der Hochschule und dem Outdoorsport und Adventuremanagementschwerpunkt schaffen.

Darüber hinaus eignet sich der Adventure Campus auch hervorragend für Trainingslager und Trainingscamps von Sportvereinen und Sportmannschafften. Mit der Nutzungsmöglichkeit der städtischen Bezirkssportanlage mit ihren drei Fußballplätzen, Leichtathletikanlagen, Tennisplätzen und dem Beachssportzentrum (vier Beachvolleyball Felder und ein Beach-Soccer Feld) stehen vielzählige Möglichkeiten zur Verfügung. Auch Hallenkapazitäten können entsprechend angemietet werden, so dass auch ein Wintertrainingslager in Betracht kommt.

Auch für klassische Übernachtungsgäste kommt eine Übernachtung am Adventure Campus in Frage. Speziell in der Stadt Treuchtlingen, aber auch im gesamten Landkreis Weißenburg-Gunzenhausen mangelt es an Hotels und Übernachtungsmöglichkeiten. Durch die Ausstattung mit überwiegend Einzelzimmern eignet sich der Adventure Campus speziell auch für den Aufenthalt von Geschäftsreisenden, Busreisende und sonstige Gruppen. Gerade in den Sommermonaten ist der Adventure Campus eine hervorragende Ausgangsbasis für Wanderungen und Radtouren im Altmühltal und auf dem Panorama-Wanderweg.

3.5 Abenteuer und Erlebnis

Abenteuer wird nicht nur durch den Namen des Campus suggeriert, sondern findet auch inhaltlich Anwendung. Die Namenswahl fiel ganz bewusst, um die hervorragende Lage im Hinblick auf Adventuresportarten als USP für sich nutzen. Zunächst im Hinblick auf Studienangebote und zur Vermittlung von Schlüsselkompetenzen. Hier sollen gezielt Erlebnisse gestaltet werden, die im Bereich Teamentwicklung und Kommunikation wertvolle Impulse setzen. Die hierfür bestehende Infrastruktur kann auch hervorragend für Outdoor-Trainings mit Firmen genutzt werden. Durch eine steigende Nachfrage nach Teambuildingmaßnahmen in einem naturnahen, aber dennoch schnell erreichbaren Setting besteht hier großes Potential für den Adventure Campus. Studierende und Dozenten können eingesetzt werden, um entsprechende Trainings an den bestehenden Gewerken durchzuführen.

Die Region verfügt über ein breitgefächertes Adventuresportangebot, das auch touristisch von Bedeutung ist. Dieses Potential wird bisher durch regionale Hotels kaum genutzt, so dass der Adventure Campus hier prädestiniert ist entsprechende Angebote zu generieren. Abenteuertourismus ist stark im Kommen, auch wenn Deutschland hier noch viel ungenutztes Potential hat.[19] [20] Somit kann der Adventure Campus seine Lage, seine Infrastruktur und seine Kompetenzen hervorragend nutzen, um zielgruppenspezifische Angebote anbieten zu können und eine große Zielgrupp zu erreichen.

3.6 Status Quo

Der Adventure Campus hat sich heute als Hotelbetrieb etabliert. Die Zimmer stehen Online über diverse Buchungsportale zur Verfügung und können auch über die eigene Homepage gebucht werden. Die Auslastung steigt zunehmend, in erster Linie nutzen Geschäftsreisende und Gruppen das Übernachtungsangebot. Aber auch

19 ATTA, 2016
20 Gross & Sand, 2016

Urlauber und speziell Radfahrer finden den Weg an den Campus. Darüber hinaus entdecken immer mehr Firmen und Einrichtungen den Adventure Campus und Nutzen die Tagungsangebote, teils mit Sport- und Erlebnisprogramm und teils ohne. In den Sommermonaten finden Trainingslager von regionalen und internationalen Fußballmannschaften aus dem Jugend- und Seniorenbereich (u.a. FC Ingolstadt, 1. FC Nürnberg, Fort Lauderdale) und Basketballmannschaften (u.a. FC Bayern München II, Rednitztal Baskets) statt. Zusätzlich zum Studienbetrieb und den damit einhergehenden Übernachtungsgästen finden weitere Bildungsveranstaltungen statt. Neben Summer Schools und Doktoranden-Kolloquiums finden Kongresse (Kongress für Adventuremanagement, Kongress für Schlüsselkompetenz) statt, aber auch Weiterbildungen bringen Gäste an den Adventure Campus. Somit ist der Adventure Campus auf einem guten Weg seine Auslastung zunehmend zu erhöhen.

Im Bereich Outdoor-Trainings haben bereits erste Maßnahmen stattgefunden. Teilnehmer waren bisher eher Auszubildende und junge Menschen aus dem betrieblichen Kontext. Diese Zielgruppe scheint im Hinblick auf den Standard der Übernachtungsmöglichkeiten und des Campus besonders geeignet. Aktuell laufen Gespräche mit einem Großkunden in diesem Bereich. Parallel dazu wirdam Adventure Campus in Kürze ein Institut für Adventuremanagement entstehen, dass sehr positive Synergieeffekte schaffen wird.

Viele der ursprünglichen Visionen konnten bisher aus verschiedensten Gründen nicht, oder noch nicht umgesetzt werden. Im Hinblick auf die innenarchitektonische Umgestaltung spielten bauliche und finanzielle Gründe eine Rolle, aber letztendlich auch strategische Gründe. Durch die Lage im ländlichen Raum und die vielen Einzelzimmer wären zum heutigen Stand erlebnisökonomisch gestaltete Zimmer eher kontraproduktiv und würde das aktuelle kostenbewusste Klientel eher abschrecken. Die aktuellen Belegungszahlen ermöglichen noch keinen durchgängigen Gastronomiebetrieb, bei Gruppenbuchungen und Tagungsgästen kommt ein individuelles, regionales und authentisches Essensangebot sehr gut an. Bei den infrastrukturellen Bauvorhaben bremsten und verhinderten zum Teil kommunale und bautechnische Entscheidungsprozesse, Umweltschutzbedenken und strategische Abwägungen. Bis heute konnten das Beach-Sportzentrum an der Bezirkssportanlage, ein Klettersteinbruch in Möhren, so wie eine Kletter- und Boulderhalle direkt am Adventure Campus realisiert werden in Planung ist noch eine Freilufthalle für den Trainingslagerbereich an der Bezirkssportanlage. Gerade die Boulderhalle erweitert das Portfolio ungemein und bietet für Studenten, Gäste und Firmenkunden gleichermaßen eine Schlechtwetteralternative. Statt dem Bau von eigenen Adventure- und Erlebnissportmöglichkeiten wurde in den vergangenen Jahren ein Netzwerk mit regionalen Anbietern geschaffen, dass für beide Seiten eine Win-Win Situation generiert. So können Gäste des Adventure Campus alleine, aber überwiegend als Gruppe z.B. den Hochseilgarten in Pappenheim, die Golfanlage Zollmühle in Ellingen, Kayak- und Kanutouren, Quad-Touren, 3D Bogenschießen in Treuchtlingen, die Wakeboardanlage am kleinen Brombachsee, Mountainbiketouren und Gyrokopter-Rundflüge zu Sonderkonditionen nutzen. Das Adventure Campusteam hilft bei der Organisation der Abenteuersportangebote, die in der Region vielzählig vorherrschen.

3.7 SWOT Analyse

Im Folgenden (vgl. Abbildung 1) sollen Stärken und Schwächen, Chancen und Risiken von Adventure, Erlebnis und Bildung für ein Mittelklasse Hotel im ländlichen Raum dargestellt werden.

Stärken	**Schwächen**
- Adventureaktivitäten - Freundliches Personal - Saubere Zimmer - Angenehme Atmosphäre	- Ältere Bausubstanzwenig Mehrbettzimmer - Kleine Zimmer - keine durchgehende Gastronomie
Chancen	**Risiken**
- Mix an Nutzern mit Chance zur Interaktion - Zielgruppenspezifische Angebote - Sehr breite Zielgruppe - Freizeiträume und Außenanlagen - Profitieren von Image der	Konflikte zwischen Nutzergruppen ständiger Renovierungsbedarf

Abbildung 1: SWOT Analyse

3.8 Diskussion

Das Ziel sollte es sein, die ländliche Region nicht zu einem Freizeitpark zu stilisieren, sondern authentische Erlebnisse in der Natur zu ermöglichen, die mit einem angenehmen Gesamtpaket abgerundet werden.[21] Dies ist besonders entscheidend, wenn verschiedene Zielgruppen ein Hotel gemeinsam nutzen und dabei unterschiedliche Erwartungen mitbringen. Somit sollte die Kundenzufriedenheit durch individuelle Erlebnisse sichergestellt werden, die spezifisch inszeniert werden. Speziell unter einem pädagogischen Gesichtspunkt sollten ‚echte' Erlebnisse im Mittelpunkt des Aufenthalts stehen, die nicht durch vielschichtige, inszenierte Erlebnisse überlagert werden.

Erlebnisse leben sowohl von Menschen mit denen sie erlebt werden können, aber auch von Menschen denen sie erzählt werden können.[22] Somit sollte viel Wert auf Austausch und Interaktion gelegt werden. Dies findet durch Gemeinschaftsräume und Freizeiteinrichtungen am Adventure Campus statt, so dass sich Menschen mit verschiedenen Hintergründen, die aus unterschiedlichen Motiven angereist sind austauschen und somit ihren Aufenthalt bereichern können.

21 Müller & Scheurer, 2004
22 Müller & Scheurer, 2004

Speziell im Abenteuertouristischen Bereiche sollte die Umwelt nicht zum Wohle des Erlebnisses bedingt werden[23], vielmehr sollte die Umwelt als Raum zur Verfügung gestellt werden in dem Erlebnisse möglich sind. Diese Erlebnisse sind dann einzigartig und stets anders, so dass sie immer wieder neu erlebt werden können. Erlebnisse im Bereich Adventure müssen authentisch sein und oftmals wirken ‚kleine' Erlebnisse am längsten nach. Abenteuertouristische Angebote bieten somit erlebnisökonomische Erlebnisse, die nie langweilig werden, für jeden individuelle Herausforderungen darstellen und das Leben der Gäste positiv beeinflussen.

4. Fazit

Erlebnisökonomische Überlegungen und Strategien haben die Tourismusbranche und speziell auch die Hotels zum Nachdenken gebracht. Immer mehr Erlebnisse werden angeboten und sollen Kunden und Gästen ein einzigartiges Erlebnis bieten. Oftmals sind die Erlebnisangebote dabei aber überfrachtet und es können gar nicht alle aufgenommen und verarbeitet werden. Speziell im ländlichen Raum sollten die Erlebnisse authentisch sein und an die Bedürfnisse der Kunden angepasst werden. Oftmals ist auch bei Erlebnissen weniger mehr. Speziell Erlebnisse und Abenteuer in der freien Natur sind hier zu empfehlen, da sie neben einer Entschleunigung auch die Möglichkeit zur Selbstreflexion und Selbsterkenntnis liefern. Die Kombination aus Hochschulbetrieb, Weiterbildungsstätte, Tagungszentrum, Erlebnispädagogik, Trainingscamp und Abenteuer- und Erlebnistourismus hat sich für den Adventure Campus bewährt. Hierdurch kann, nicht zuletzt durch die Studiengänge Sportmanagement mit Outdoorsport und Adventuremangement und Tourismus- und Hotelmanagement, eine positive Verknüpfung geschaffen werden, die bei allen Beteiligten gut ankommt.

Quellenverzeichnis

Amt für Wirtschaft und Tourismus Graubünden: Tourismus-Destination als Erlebniswelt. Chur 2012.

ATTA: Adventure Tourism Destination Index. The 2016 Report, ATTA document, Seattle 2016

ATTA (2013). Adventure Tourism Market Study 2013. Seattle: ATTA document.

Beedie, Paul/Hudson, S: Emergence of mountainbased adventure tourism, Annals of Tourism Research. Vol. 30, Nr. 3, S. 625-643, 2003.

Brunner-Sperdin, Alexandra: Erlebnisprodukte in Hotellerie und Tourismus. Erfolgreiche Inszenierung und Qualitätsmessung, Berlin 2008.

Buckley, Ralf: Adventure tourism products: price, duration, size, skill, remoteness. Tourism Management 28, S. 1428-33, 2007.

Bulencea, Paul/Egger, Roman: Gamification in Tourism. Designing Memorable Experiences.

Cater, Carl: Playing with risk? Participant perceptions of risk and management implications in adventure tourism. Tourism Management 27, S. 317-25, 2006.

[23] Müller & Scheurer, 2004

Gross, Sven/Sand, Manuel: Abenteuertourismus in der Hochschulausbildung in Deutschland – Ist-Analyse und Plädoyer für stärkere Berücksichtigung von Abenteuerangeboten. Zeitschrift für Tourismuswissenschaft 8 (1), S. 73-84. 2016

Michl, Werner: Erlebnispädagogik. Ziel 2007.

Müller, Hansruedi/ Scheurer, Roland: Tourismus-Destination als Erlebniswelt; Ein Leitfaden zur Angebots-Inszenierung. Bern 2004

Schad, Niko: Outdoor-Training – Regenwürmer oder Spanferkel? In: Niko Schad & Werner Michl (Hrsg.). Outdoor-Training. Personal- und Organisationsentwicklung zwischen Flipchart und Bergseil (S. 89-104). München 2004.

Schweiz Tourismus: Tourismus-Destination als Erlebniswelt, Zürich 2004.

Swarbrooke, J., C. Beard, S. Leckie, & G. Pomfret: Adventure tourism: the new frontier. London 2003.

Weiermaier, Klaus: Von der Dienstleistung zum Erlebnis. In: Williams, P. & Soutar, G. N.: Value, satisfaction and behavioural intentions in an adventure tourism context. Annals of Tourism Research 36 (3), S. 413-438, 2009.

Zehrer, Anita: Authentizität – Inszenierung. Die subjektive Wahrnehmung des touristischen Produkts. In: Roman Egger (Hrsg.) Tourismus im Spannungsfeld von Polaritäten, S. 259-272, 2010.

Teil 4:

Personal/Operations

HARTWIG BOHNE

Innovative Netzwerke für erfolgreiche Personalarbeit in der Hotellerie: Kooperationen zwischen Hotelketten und Hochschulen

1. Ausgangslage

„Lage, Lage, Lage", damit wird Conrad Hilton seit Jahrzehnten zitiert, um die wichtigsten Kriterien für ein erfolgreiches Hotel zu umschreiben. Und die Bedeutung dieser Aussage ist heute noch unbestritten, auch wenn sich die Gewichtung der Erfolgskriterien in der Hotellerie verschoben hat. Sogar in Bestlagen sind die Folgen nachlassender Attraktivität, demografischer Umwälzungen und mangelnder Flexibilität unübersehbar. Denn die Hotellerie zählt zu den personalintensivsten Branchen einer Volkswirtschaft.

Sowohl die Begrenztheit der ersetzbaren Leistungen als auch die Option, sich mittels herausragender Mitarbeiter im Markt hervor heben zu können, führt zu ansteigendem Druck bei der Suche, Auswahl, Bindung und Entwicklung qualifizierter Fachkräfte. Zudem ist die starke Zunahme von Hotelkapazitäten in allen Sternekategorien und Größenordnungen Garant für die Attraktivität der Standorte und die Vielfalt der Hotelkonzepte – aber eben auch für einen immer härter werdenden Wettbewerb um Mitarbeiter.

- Seit 2013 gehen mehr Menschen in den Ruhestand als neu in den Arbeitsmarkt eintreten.
- Dadurch sinkt das Erwerbspersonenpotenzial um fast ¼ von 49 Mio. (2013) auf 38 Mio. im Jahr 2060.
- Bis zum Jahr 2030 werden in den Dienstleistungsbranchen voraussichtlich ca. 4 Mio. Arbeitskräfte fehlen.
- Die Zahl von hotelleriespezifischen Studiengängen in deutschsprachigen Ländern steigt und jährlich verlassen ca. 4.000 Absolventen die entsprechenden Bildungseinrichtungen.
- Das Angebot an Fachkräften ohne Studium wird folglich sinken.
- Die Schulabgangszahlen von Realschulen sinken bundesweit um ca. 25%.
- Durch Wanderungsbewegungen werden diese Entwicklungen nicht ausgeglichen.
- Die aktuelle Geburtenrate ist zu niedrig, um diese Veränderungen abzumildern.

Tabelle 1: Demografische und strukturelle Entwicklung bis 2016
(in Anlehnung an: Hotelverband Deutschland (IHA) e.V. (2016): Hotelmarkt Deutschland, Berlin 2016)

Dabei steigt auch die Nachfrage anderer Branchen nach Fachkräften aus dem Gastgewerbe, denn deren Serviceorientierung, Belastbarkeit und Gewöhnung an moderate Gehälter machen Hotel- und Restaurantfachkräfte beliebt und begehrt in allen kundenaffinen Bereichen. Ein weiterer wichtiger Aspekt liegt in der Erweiterung fachlicher Erwartungen an künftige Führungskräfte. Die Bandbreite der Betriebsmodelle und die Diversifikation operativer Fähigkeiten setzen zunehmend auch strategische Kenntnisse und Erfahrungen in den Bereichen Hotelinvestition, Vertragsgestaltung, Personalwirtschaft und Nachhaltigkeit voraus.

2. Arbeits- und Ausbildungsmarkt

Die sich seit Jahren positiv entwickelnden Beschäftigtenzahlen im Hotel- und Gaststättengewerbe geben keine Auskunft über die strukturellen Nöte und den in allen Betrieben spürbaren Fachkräftemangel. Die Herausforderung besteht daher darin, die noch positiven Vorzeichen mit kreativen und zukunftsfähigen Strategien zu untermauern und damit für mehr Beschäftigung zu sorgen. Ergänzend zu den offiziellen Statistiken ist es bemerkenswert, wie sich die Wahrnehmung des Arbeitsmarktes für heutige Bewerber entwickelt. Die vielfach geforderte und geförderte Mobilität führt auch dazu, dass Bewerber – über alle Hierarchiestufen hinweg – den internationalen Arbeitsmarkt als hochinteressant einschätzen und darunter die Attraktivität interner Stellenoptionen und des heimischen Arbeitsmarktes leiden.

Gerade die international aufgestellte Kettenhotellerie kann von diesen Verschiebungen profitieren. Betriebe ohne Netzwerke werden dadurch jedoch noch mehr unter Druck geraten, könnten sich allerdings durch den Aufbau bspw. von Austauschprogrammen und die Kooperation mit Verbänden oder Bildungsnetzwerken dieses Merkmal auch zu Eigen machen.

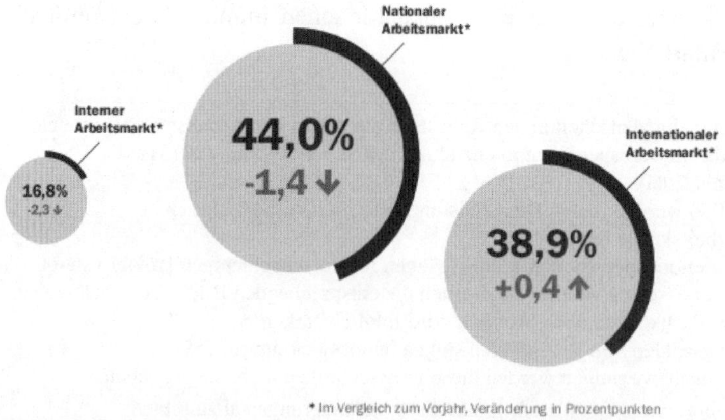

Abbildung 1: Wahrnehmung des Arbeitsmarktes aus Bewerbersicht
(Maier, Christian u.a. (2014): Bewerbungspraxis 2014, Bamberg/Frankfurt 2014)

Alarmierend ist die Lage am Ausbildungsmarkt. Seit dem Jahr 2008 ist die Zahl der in Ausbildung befindlichen Nachwuchskräfte um rund 50% gesunken, über ein Drittel der Betriebe kann offene Stellen drei Monate und länger nicht besetzen, das Gastgewerbe kämpft mit überdurchschnittlich hohen Abbruchquoten bei Lehrlingen. Außerdem bilden nur noch ca. 3/4 der Betriebe selbst aus, so dass auch die Strukturen zur Nachwuchsbildung nach und nach abgebaut werden – inkl. Rückbau von Berufsschulkapazitäten.

3. Auswirkungen und Reaktionen

Die Auswirkungen des demografischen Wandels sind bisher nicht in voller Härte auf den Arbeitsmarkt durchgedrungen. Auch die sogenannte „Generation Y“ setzt andere Schwerpunkte, stellt gesteigerte Erwartungen an Vorbilder sowie Führungskräfte und fokussiert stärker die individuelle „work-life-balance“. Die Wechselbereitschaft zwischen Arbeitgebern wird entsprechend größer, eine ausgeprägte Loyalität zum Arbeitgeber muss härter „erkämpft“ werden.

Akademische Bildungsangebote sind eine mögliche Antwort auf eben diese gestiegenen Anforderungen. Allerdings können nicht alle Programme das einhalten, was ihre Werbetexte versprechen – und was die Branche wirklich braucht. Viele Abschlüsse sind „Eigengewächse“, d.h. nicht staatlich anerkannt. Intransparenz lässt Wildwuchs zu, schmälert die Qualität und suchende Hoteliers sind oftmals nicht mit allen Detailkenntnissen über Fort- und Weiterbildungs- sowie Studienangebote ausgestattet.

Dies zieht auch nach sich, dass viele motivierte und qualifizierte Absolventen von Akademien und Hochschulen kommend mit unnötiger und unangemessener Skepsis seitens der Hotellerie betrachtet werden, weil ihre Ausbildungswege, -formen und -abschlüsse im Gastgewerbe unbekannt sind. Einheitlich qualitative Standards und verständliche Transparenz sind daher in beiderseitigem Interesse dringend geboten.

Auch die Aktivitäten im Bereich Ausbildungsmarketing im Gastgewerbe Einzelakteuren oder Bildungsanbietern zu überlassen, wird der Größe der Problemstellung und der Bedeutung der Hotelbranche jedoch keinesfalls gerecht. Die Initiative „Exzellente Ausbildung“ der Hoteldirektorenvereinigung (HDV) ist ein Beispiel für eine sehr gute und qualitativ hochwertige Initiative, um der Herausforderung Ausbildungsattraktivität bundesweit Herr zu werden.

Die gleichzeitige Entwicklung verschiedener länderspezifischer Angebote, Initiativen und Siegel untermauert jedoch die Uneinheitlichkeit des Branchenauftritts und das Festhalten an regionalen Ausprägungen und historisch gewachsenen Strukturen. Dem ausgedehnten Such- und Aktivitätsradius heutiger Schüler und potenzieller Bewerber, ihrem vergleichenden Informationsdrang und ihrem hohen Anspruch an Arbeitgeber und deren Branchendarstellung wird dieser „Flickenteppich“ jedoch nicht gerecht.

Das Ansehen der klassischen dualen Ausbildung im Gastgewerbe hat in den letzten Jahren so stark gelitten, dass die Qualitätsanstrengungen der führenden Branchenverbände im Rahmen einer konzertierten und bundeseinheitlichen, schlagkräftigen Kampagne unumgänglich sind.

Denn die Schwäche im Umgang mit dem Wettbewerb um Nachwuchskräfte färbt auch auf akademische Laufwege ab und verdeckt die vielfältigen Ausbildungs- und Aufstiegsoptionen in der Hotellerie. Gleichzeitige ist eine starke Nachfrage nach dualen Studiengängen im Bereich Hotelmanagement erkennbar. Auf diesen Trend sollte mit angepassten Stellenprofilen und modernen Angeboten reagiert werden, sonst kommt es zu weiteren strukturellen Verschiebungen.

Initiative	**Anbieter/Träger**	**Reichweite**
Exzellente Ausbildung	**Hoteldirektorenvereinigung (HDV)**	**Bundesweit einheitlich**
Ausbildung mit Qualität	8 DEHOGA-Landesverbände: Berlin, Brandenburg, Hamburg, Mecklenburg-Vorpommern, Lippe, Nordrhein-Westfalen, Sachsen und Sachsen-Anhalt	Berlin, Brandenburg, Hamburg, Mecklenburg-Vorpommern, Nordrhein-Westfalen, Sachsen und Sachsen-Anhalt
Ausbilderversprechen	DEHOGA Baden-Württemberg	Baden-Württemberg
Ausbildungsversprechen	DEHOGA Hessen und Niedersachsen	Hessen und Niedersachsen
TOP Ausbildungsbetrieb	DEHOGA Bayern	Bayern
Qualitätsinitiative für die Ausbildung in Gastronomie, Hotellerie und Tourismus Schleswig-Holstein	DEHOGA Schleswig-Holstein	Schleswig-Holstein
Qualitätssiegel „Garantierte Ausbildungsqualität"	DEHOGA Thüringen	Thüringen
Qualitätssiegel „Hervorragender Ausbildungsbetrieb“	DEHOGA Rheinland-Pfalz	Rheinland-Pfalz

Tabelle 2: Initiativen zur Ausbildungsförderung und -qualitätssicherung
(Eigene Darstellung in Anlehnung an https://www.dehoga-bundesverband.de/ausbildung-karriere/ausbildungsqualitaet/ und www.exzellente-ausbildung.de)

Der Fach- und Arbeitskräftebedarf wird in den kommenden Jahren das arbeitsintensive Gastgewerbe vor eine existenzgefährdende Aufgabe stellen. Hotellerie und Gastronomie mit ihrem hohen Anteil praktisch ausgebildeter Fachkräfte, den individuellen Anforderungen an die Mitarbeiter, der kleinteiligen Betriebsstruktur und einer oftmals angespannten Ertragslage stehen hier vor einer besonderen Herausforderung.

Die Branche muss zur Sicherung des zukünftigen Fach- und Arbeitskräftebedarfs mehr tun als bisher. Offenheit für Quereinsteiger und bisher vernachlässigte Zielgruppen können nur zwei Aspekte aus einem großen Katalog an Möglichkeiten sein. Auch die bildungspolitische Diskussion macht deutlich, dass der Wettbewerb um die Mitarbeiter wächst. Initiativen der Politik, wie bspw. die Anerkennung von

Leistungen von Studienabbrechern bei Beginn einer Fachausbildung sind Instrumente, die auch auf das Gastgewerbe übertragen werden könnten.

Die Diskussion um den Status als Mangelberufe und der Drang, Fachkräfte aus dem Ausland leichter akquirieren zu können, greift als Lösungsansatz jedoch viel zu kurz. Auch eine vermeintliche „Glorifizierung der akademischen Ausbildung“ zu kritisieren, entlarvt eine verzerrte Wahrnehmung der heutigen Bewerberstrukturen, Schülerpräferenzen und dokumentiert eigene Versäumnisse.

Studienergebnisse legen nahe, dass sowohl „Arbeitgeberattraktivität und -marketing sowie Rekrutierung“ als auch die „Steigerung der Führungsqualitäten“ zu den wichtigsten Handlungsfeldern der kommenden Jahre gehören. Dazu ist auch die Entwicklung moderner Instrumente zur Attraktivitätssteigerung von Unternehmen in ihrer Rolle als Arbeitgeber und außerdem eine Stärkung von Führungsqualifikationen und -kompetenzen erforderlich.

Führungskultur wird zum Erfolgsfaktor und hat massiven Einfluss auch auf das wirtschaftliche Geschehen eines Unternehmens – erst recht in einer personenfokussierten Branche wie dem Gastgewerbe.

4. Positionierung

Es gibt nicht DIE eine Antwort auf die großen personalpolitischen Herausforderungen in der Hotellerie. Aber es gibt viele Bausteine, die zusammen gefügt das Bild einer modernen und mitarbeiterorientierten Branche ergeben können. Dabei kann die Individualität der Hotelbetriebe das Pfund zum Wuchern und der Wettbewerbsvorteil gegenüber anderen Branchen sein. Die Wirkung einer glaubhaften und gut positionierten Arbeitgebermarke kann nicht hoch genug eingeschätzt werden. Die Strahlkraft des Marketings sollte dabei bereits in Schulen einsetzen und bis zu einem spezialisierten Zielgruppenmarketing differenziert werden.

Die im Oktober 2016 gegründete Initiative „Fair Job Hotels“ greift diesen Gedanken eines strukturierten Arbeitgebermarketings betriebsübergreifend auf und hat sich zum Ziel gesetzt, die positiven Seiten des Gastgewerbes in den Mittelpunkt zu stellen, die vielen Vorzeigebetriebe auch angemessen zu bewerben und dadurch Nachwuchskräften aber auch langjährigen Fachkräften die Vorteile der Hotellerie (wieder) bewusst zu machen. Allerdings wird es langfristig nicht ausreichen, die Einhaltung von Gesetzen und Normen sowie andere Selbstverständlichkeiten als besondere Leistungen darzustellen. Eine solch besondere Situation bedarf auch besonderer Maßnahmen.

Hotelbetriebe jedweder Größe und Ausrichtung können mithilfe gezielter Öffentlichkeitsarbeit, passender Netzwerker und Präsenz an Bildungseinrichtungen den Auftritt als interessanter Arbeitgeber betonen und verdeutlichen. Eine wertvolle Marke zu entwickeln ist dabei ein langfristiger und vor allem lohnenswerter Prozess, der sich nachhaltig positiv auf die wirtschaftliche Situation des Betriebes auswirkt. Ein erfolgreiches Arbeitgebermarketing kann analog zum erfolgreichen

Gästemarketing aufgebaut werden, so dass beide kongenial von einander profitieren.

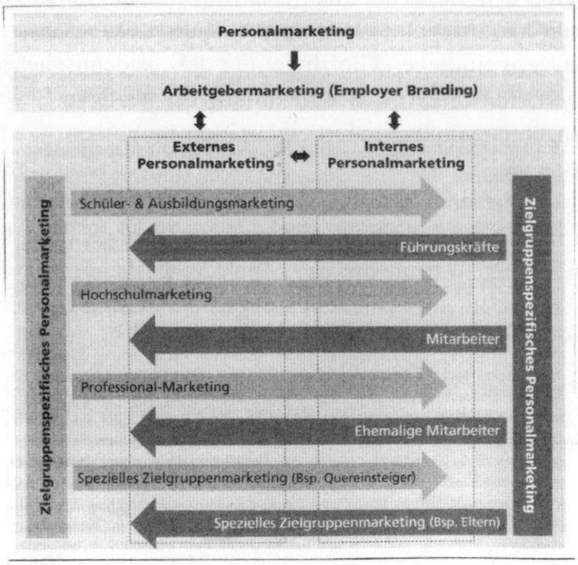

Abbildung 2: Ebenen des Personalmarketings
(Beck, Christop (2012): Personalmarkting 2.0, Köln 2012)

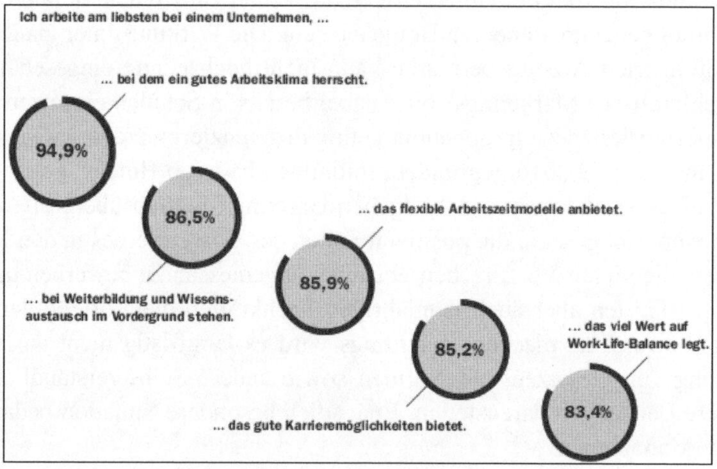

Abbildung 3: Kriterien der Arbeitgeberattraktivität
(Maier, Christian u.a. (2014): Bewerbungspraxis 2014, Bamberg/Frankfurt 2014)

Die Arbeitgeberattraktivität hängt auch sehr stark von der Unterstützung der Mitarbeiter bei Weiterbildung und Wissensaustausch ab. Durch den systematischen Aufbau eines professionellen Weiterbildungsmanagements und die organisatorische

Einbindung in die Führungsaufgaben einer Hotelgruppe kann ein weitreichendes Spannungsfeld von Aufgaben und Funktionen abgedeckt werden.

5. Betriebliche Weiterbildung

Die betriebliche Weiterbildung profitiert sehr davon, wenn sie als Businesspartner aufgestellt und verstanden wird. Gerade auch praxisrelevante Weiterbildungsangebote sollten in einen „Bildungs-Lifecycle" eingebettet fachliche und soziale Kompetenzen, Methodenwissen und Betriebsspezifika an die Mitarbeiter vermitteln.

Ein Instrument intensiver und moderner Bildungsarbeit in der Hotellerie kann die Gründung einer Firmenakademie (auch als Kooperationseinrichtung eines Netzwerkes möglich) sein, die – im Regelfall ohne staatlichen Abschluss oder ähnliche Anerkennung – das Weiterbildungsangebot eines Unternehmens professionalisiert weiterführt.

Abbildung 4: Zielformen betrieblicher Weiterbildung
(Münch, Joachim (2002): Status und Rolle der Corporate Universities zwischen betrieblicher Bildungsabteilung und öffentlicher Hochschule, Kaiserslautern 2003, S. 13)

Effizienz	Kostenersparnis
Wissensvermittlung	Wissensaufbau und -transfer
Imagegewinn	Stärkung externes Employer Branding
Stärkung Mitarbeiterbindung	Teamwork
Förderung Kreativität und Ideenentwicklung	Internes Employer Branding
Innovationsentwicklung	Bessere Positionierung
Langfristige Strategie	Alleinstellungsmerkmal
Unabhängigkeit von externen Angeboten	Wirtschaftliche Sicherheit

Tabelle 3: Vorteile einer firmeninternen Akademie
(in Anlehnung an: Wijnbeek, Danie et. al. (2002): 'The corporate university' – training and learning solution for a South African Airline industry, in: South African Journal of Human Resource Management, 4/2006, S. 36)

Damit ist vor allem das Ziel verbunden, firmenindividuelle Schulungen zu institutionalisieren und stärker zu strukturieren. Dadurch können moderne Lehrmethoden vermittelt und in kurzer Zeit bestmögliche Erfolge erzielt werden. Drei mögliche Ausprägungen sind zu beachten:

a) Aus strategischer Perspektive heraus werden Lehreinheiten in Kooperation mit einem externen Anbieter entwickelt, um die wirtschaftlichen Herausforderungen und Gegebenheiten des Unternehmens zu verdeutlichen. Es geht dabei weniger um operative Trainings als um das Verständnis für die Grundlage des Unternehmens.
b) Führungskräfteprogramme und entsprechende Themen sollen vor allem in einer Firmenakademie angeboten werden.
c) Eine firmeninterne Akademie mit einem akademischen Partner hat auch den Anspruch Klarheit zu verschaffen im Hinblick auf die Intransparenz am Bildungsmarkt, der sich die Betriebe ausgesetzt sehen. In der Akademie sollen langfristige Unternehmensziele in adäquate Schulungen umgesetzt werden.

Gleichzeitig ist erkennbar, dass Unternehmer mit der Gründung einer Firmenakademie auch die Außenwirkung und die Rolle als Arbeitgeber schärfen können. Um den bestmöglichen Effekt aus solchen strukturierten Angeboten zu erzielen, sollten drei Hauptaufgaben definiert werden.

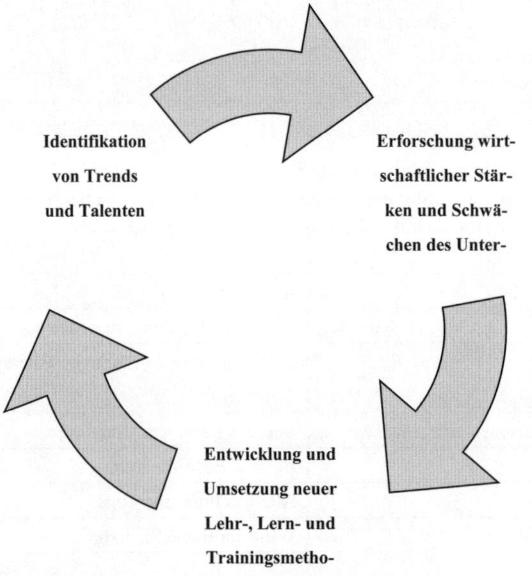

Abbildung 5: Kreislauf der Hauptaufgabe einer Firmenakademie
(eigene Darstellung)

Firmenakademien fungieren als „Bildungs"abteilungen mit einem gemischten Angebot auf internen und extern zugekauften Lernangeboten. Dazu passend werden von den Teilnehmern der Bildungsangebote Projektarbeit, Eigeninitiative, Unternehmergeist und Ideenmanagement erwartet. Der Aufbau strukturierter kooperativer Bildungsangebote zielt auf Effizienzsteigerung und Professionalisierung des Unternehmens, zunehmend aber auch zum Aufbau von Führungskräfteprogrammen und als Ausgleich aufkommender Fachkräfteengpässe. Die Entstehung folgt vor allem fünf Gründen:

a) Mangel ausreichend ausgebildeter Mitarbeiter in expansiven Unternehmen
b) Zu gering ausgeprägte Kontakte zu zeitnah ausbildenden Bildungseinrichtungen
c) Intern aus- und fortgebildete Mitarbeiter sind bereits im Betrieb, außerdem loyaler und flexibler
d) Mitarbeiterbindung und Verringerung von Fluktuations- und Anwerbekosten
e) Verbesserung der Arbeitgeberattraktivität

6. Kooperation im Bildungs- und Personalbereich der Hotellerie

Für eine nachhaltige Weiterbildungsstrategie gilt es, passende Ziele zu definieren und adäquate Partner zu finden. Die aktuellen Entwicklungen am Arbeitsmarkt, auch beeinflusst durch den demografischen Wandel, die erforderliche Modernisierung der Führungskultur und vor allem das persönliche Engagement vieler Akteure im Bildungsbereich sind die besten Innovationstreiber.

Die Bandbreite der Zusammenarbeit ist sehr groß und vielfältig, denn obwohl die Hotellerie zu den personalintensivsten Zweigen der deutschen Wirtschaft gehört, werden ihr symptomatisch Ausbildungs- und Facharbeiteraufgaben, aber keine akademischen Tätigkeiten zugeschrieben.

Die Situation in der mittelständischen Hotellerie in Österreich und der Schweiz stellt sich ähnlich dar. Nur ca. 20% der österreichischen und ca. 38% der schweizer Hoteliers halten eine Kooperation mit Hochschulen im Bereich Personalgewinnung für sinnvoll und erforderlich. Der „traditionelle" berufliche Ausbildungsweg ist vor allem in der familiengeführten Hotellerie fest verankert und die Skepsis klassischer Hoteliers und der Mehrheit der Hotelmanager gegenüber akademisch Ausgebildeten bleibt ausgeprägt.

Doch die wirtschaftliche Realität führt dazu, dass sich Innovationsinkubatoren entwickeln, zumeist durch die Geschäftsmodelle privater Hochschulen und als Kompetenzmodelle staatlicher Hochschulen. Dadurch wird der Wissensaustausch befördert und die Mitarbeitersuche sowie –bindung unterstützt. Die Zusammenarbeit von Hochschulen und Hotels bzw. Hotelketten hat dabei zu verschiedenen Innovationsmodellen geführt.

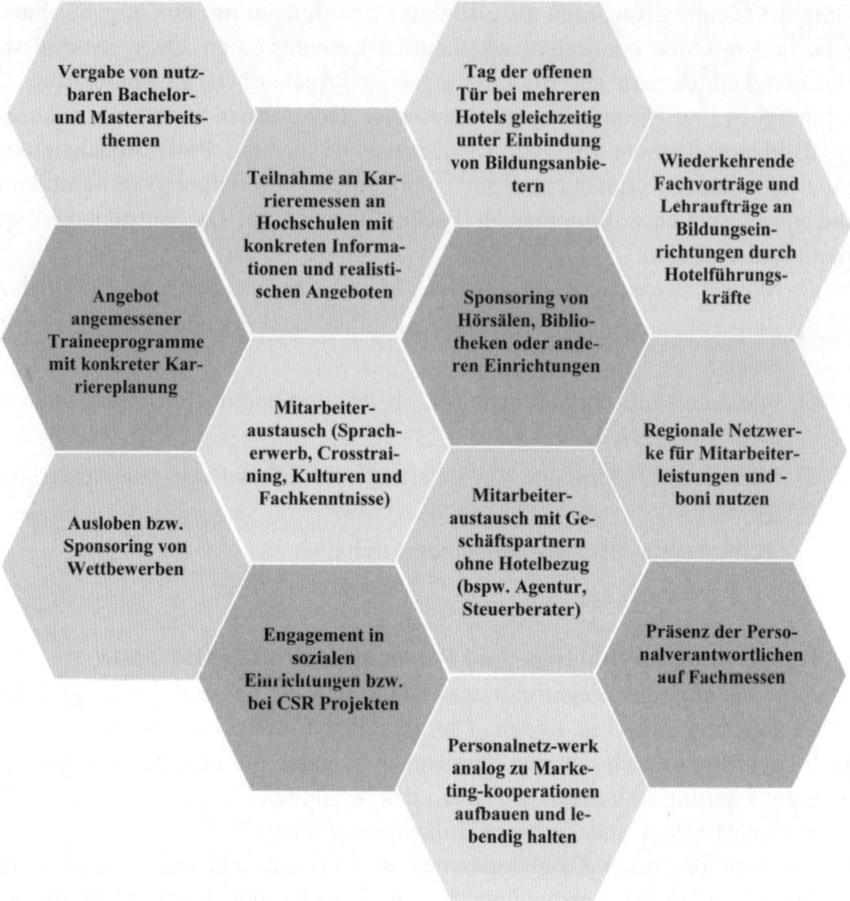

Abbildung 6: Kooperationsoptionen im Personalbereich
(eigene Darstellung)

Kooperationstitel	Inhalte	Beispiele
Bildungs-Sponsoring	Hotel finanziert (temporär) (Teil)Infrastruktur an einer Hochschule, bspw. Bibliothek	• Motel One Lounge, Hilton Lounge und Starwood Studiergarten an der Hochschule München
Infrastruktur	Unternehmen übernimmt Teil der (sozialen) Infrastruktur	• Dallmayr Café auf dem Campus der IUBH Bad Honnef
Projekt-Kooperation	Hotel vergibt zeitlich begrenzte Projekte an eine Hochschule, Ergebnisse werden ggf. kettenweit umgesetzt	• SRH Hotel-Akademie Dresden und Azimut Hotels • Hochschule Heilbronn und Greenline Hotels • Hochschule München und Geisel Privathotels
Stipendien-Modell	Hotel unterstützt Studium an privilegierter Hochschule und sichert Praxisanbindung während des Studiums,	• Berthold Kempinski Stipendium für Hotelmanagement an der IUBH Bad Honnef

	ggf. Rück- bzw. Übernahmegarantie	• Stipendium der Arcona HOTELS & RESORTS an der FHM Schwerin
Kontingent-Kooperation	Hotel bucht feste Anzahl an Studienplätzen im (dualen) Lehrangebote der Hochschule, ggf. Ergänzung durch firmenspezifische Kurse und Schulungen	• Leonardo Hotels und HWTK Berlin – dualer Bachelor Dienstleistungsmanagement • Leonardo Hotels – IUBH bundesweit – dualer Bachelor Hotelmanagement
Praxis-Kooperation	Hotelgruppe bindet Studenten und Absolventen in Praxis-projekte und Betriebe fest ein	• Upstalsboom Hotels & Hochschule München
Bildungs-Aktivierung	Hotelgruppe organisiert eine eigene Klasse im Studiengang der Hochschule und passt zeitlich die Lernstruktur den betrieblichen Anforderungen an	• A&O Hotel & Hostels – IUBH Berlin – dualer Bachelor Hotelmanagement • Hilton Class an der Breda University
Kompetenz-Transfer	Hotelgruppe und Hochschule entwickeln neues, individuelles und exklusives Studienangebot	• Motel One & IUBH Bad Honnef: One University
Führungskräfte-training	Individualisierter Zertifikatslehrgang	• Lindner Hotels & Munich Business School • Vienna House & Modul University Vienna • Steigenberger Hotels & IST Hochschule
Internationale Bildungskooperation	Hotelkette und zwei internationalen Hochschulen entwickeln gemeinsames Fortbildungsangebot	• Falkensteiner Hotels & Freie Universität Bozen & Cornell School of Hotel Administration: „Universitärer Zertifikatslehrgang in Hospitality Management"
Übernahme	Hochschule übernimmt Fortbildungseinrichtung einer Hotelgruppe	• Steigenberger Akademie durch IUBH Bad Reichenhall übernommen

Tabelle 4: Kooperationsarten im Personalbereich der Hotellerie (eigene Darstellung)

Besonders anschaulich wird das durch Auszüge aus dem im Mai 2015 veröffentlichten Bericht auf www.*hospitalityinside.com* über die Initiierung der One University, der Mitarbeiterakademie der Hotelgruppe Motel One, aktualisiert im November 2016:

„Mit der "One University" lebt Motel One Mitarbeiter-Motivation vor. Und setzt einen neuen Standard in der Branche. Die allermeisten Hotelgruppen üben sich immer noch in Lippenbekenntnissen. Dabei spüren alle den Personal-Mangel inzwischen massiv und täglich. Motel One hat gehandelt. Ausgerechnet eine Budget- Hotelgruppe macht vor, wie es geht: Wie man aus einem schnell wachsenden Pool junger, weiterbildungswilliger Mitarbeiter verlässliche Mitarbeiter und Führungsnachwuchs macht. ...Der Personal-Bedarf ist überall groß. Motel One zählt derzeit 1.900 Mitarbeiter in fast 60 Hotels mit fast 15.000 Zimmern. Je nach Zimmer-Zahl eines Hauses rechnet die Gruppe mit ca. 30 bis 50 Mitarbeitern, so

dass für die 22 geplanten Häuser ein Personalbedarf von weiteren 660 bis 1.100 Mitarbeitern entsteht. Wer gleichzeitig die Qualität halten will, um wettbewerbsfähig zu bleiben, muss mehr tun als Leute von der Straße rekrutieren. Das hat auch Motel One-Gründer Dieter Müller erkannt. Auszeichnungen wie "Bester Arbeitgeber" im Tourismus oder der „Human Resources Excellence Award" sind stille Treiber im Hintergrund. Sein Anspruch geht weiter: "Wir wollen in jeder Stadt das beste Hotel und der beste Arbeitgeber sein!" Und dabei soll Motel One durchaus mit Ketten wie Hyatt oder Privathotels wie dem Bayerischen Hof mithalten können. Die staatlich anerkannte, private Hochschule IUBH– mit Standorten in Bad Honnef, Bad Reichenhall und Berlin heute – ist Kooperationspartner für den "Motel One Campus" und hat deren gesamtes Studien- und Trainingsangebot zertifiziert. Zertifizierte Trainer der IUBH werden auch die Motel One-Studenten unterrichten. Das Studium der Tourismuswirtschaft mit Schwerpunkt Hotel-Management ist dual angelegt; den praktischen Ausbildungsteil werden die Studenten in verschiedenen Motel One verbringen. Im Unterschied zu einem "normalen", wöchentlich wechselnden Rhythmus bei einem solchen dualen Studium wird Motel One in größeren Zeitintervallen agieren. Das Bachelor-Studium läuft bereits. Im Oktober 2015 starteten 25 Motel One-Mitarbeiter ins erste Semester. Die Nachfrage dafür war dreimal so hoch. Ziel ist es, pro Jahr drei Klassen à 25 Studenten auf den Weg zu bringen. Das BA-Studium stellt das Top-Level der von Motel One angebotenen Aus- und Weiterbildung dar. Für die übrigen Positionen gibt es diverse, gezielt zugeschnittene Module, die ebenfalls von der IUBH zertifiziert wurden. Das Schulungsprogramm ist maßgeschneidert für Motel One. Jeder Mitarbeiter aus Reservierung, Front Office, Sales, Housekeeping und Technik startet im ersten Jahr bei Motel One mit einem Basis-Training, das die Kommunikationsfähigkeiten fördert. Darauf setzt jeder entsprechend seinem Fachgebiet drei bis vier Trainings auf. Im zweiten Jahr führt dies in die nächste Trainingsstufe, in der die Mitarbeiter u.a. – auch mithilfe von Videos – ein interkulturelles Training erhalten, im Schriftlichen wie auch in Sprachmustern/Gast- Rhetorik gefördert werden. Vier Jahre lang erhält jeder Mitarbeiter drei bis vier Trainings pro Jahr. Am Ende steht ein Test. Wer diesen erfolgreich abschließt, kann sich an fünf Lehrgängen an der IUBH anmelden, z.B. für Rooms Division oder Personal-Management. Darauf setzt die IUBH dann noch einmal einen dreitägigen Lehrgang auf und der Teilnehmer erhält "Credits". Diese kann er sich für ein späteres Studium an der IUBH anrechnen lassen und damit z.B. auch seine Studienzeit verkürzen. Gemessen an 1.900 Mitarbeitern heute investiert die Budget-Hotelkette damit jährlich pro Mitarbeiter rund 2.000 Euro und kommt auf ein Gesamt-Budget von 3,5 Millionen Euro – ohne Sachkosten. Motel One übernimmt die kompletten Kosten für das Training, An- und Abreise sowie für Übernachtung inkl. Mahlzeiten. Es wird ebenso keinerlei Bindung an Motel One verlangt; derartige Paragraphen – die zudem in Deutschland rechtlich schwierig sind – sind in den Verträgen nicht zu finden. Wer zum Studium zugelassen wird, entscheidet Human Resources-Chefin Kerstin Winkelmann. "Ein guter Arbeitgeber zu sein, ist der beste Schutz gegen Abwerbung," ist CEO Dieter Müller überzeugt. Und er ist sich ziemlich sicher, dass viele gut ausgebildete "Motel One'ler" später vielleicht zurückkehren. Motel One bietet die ‚One University' ausschließlich den eigenen Mitarbeitern an und ist damit Benchmark der Mitarbeiterbildung in der Hotellerie!" (Ursprungstext wurde auf www.hospitalityinside.com am 1.5.2015 veröffentlicht, Aktualisierung erfolgte im November 2016)

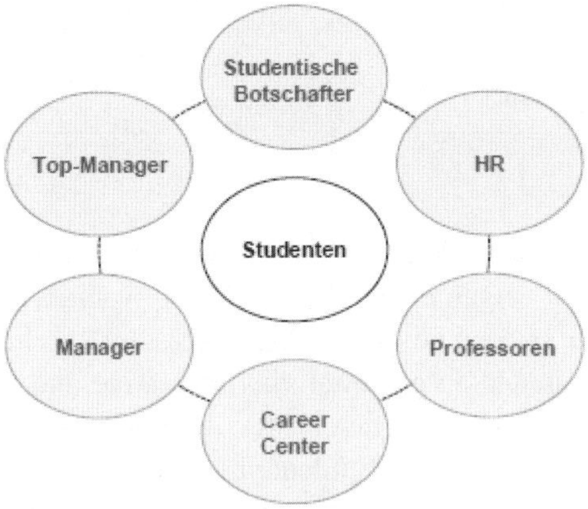

Abbildung 7: Rollenverteilung bei HR Partnerschaften (www.armintrost.de)

Partnerschaften im Personalbereich stellen ein System gegenseitiger Chancen und Abhängigkeiten dar. Beteiligte Hochschulen profitieren durch Praxiskontakte und eine hohe Rate an vermittelten Absolventen, die Studenten werden bereits früh an praxisrelevante Projekte und Anforderungen herangeführt. Partizipierenden Unternehmen wird der direkte Zugang zu vorausgewählten Studentengruppen ermöglicht und eine passgenaue Auswahlmöglichkeit für offene Stellen und zum Aufbau langfristiger Nachwuchskanäle eingeräumt.

Allerdings muss allen Partnern bewusst sein, dass Kooperationen im Personalbereich keine Einmalmaßnahme mit schnellen Ad-Hoc-Effekten und auch keine Einbahnstraße der Leistungen sind. Sie stellen vielmehr eine strategische Antwort auf die personellen Herausforderungen mit der gleichen Wertigkeit wie eine langfristige Vertriebs- oder Finanzierungsstrategie dar. Insofern bedarf es sorgsamer Planung und einer geschickten Umgehung möglicher Innovationshemmnisse wie z.B. zögerliche Führungskräfte, mangelndes Verständnis für langfristige Personalpolitik sowie Diskontinuität bei Personalverantwortlichen. Eine insgesamt zu geringe Wertschätzung der Personalarbeit und der Druck der Operative verhindern oftmals strategische Mitarbeiterorientierung, verhindern dadurch aber eine rechtzeitige Befassung mit unternehmerisch notwendigen Personalmaßnahmen und verschieben Probleme in die Zukunft.

• Mangelnde Wertschätzung der Personalarbeit bei der Unternehmensführung	• Mangelnde persönliche Verbundenheit mit Kooperationsansätzen
• Zögerliche Führungskräfte	• Eingeschlafene Netzwerke
• Operative Erfordernisse verhindern strategische Planung	• Diskontinuität bei Personalverantwortlichen
• Kein „Wagniskapital" im Budget für kreative Personalkonzepte	• Festhalten an klassischen „Rezepten"

Tabelle 5: Innovationshemmnisse im Personalbereich
(eigene Darstellung)

7. Initiativen zur Förderung hotelleriespezifischer akademischer Leistungen

Verschiedene Netzwerke und Initiativen zeigen einen Trend auf und machen deutlich, wer sich wie im Markt der Kooperationen positioniert. Der seit 2007 verliehene „Hyatt Student Prize" ist an Masterstudenten gerichtet, die innovative und tragfähige Projekte für die Hotellerie erarbeiten und zu den besten ihrer Jahrgänge gehören. Die Hyatt Hotels vergeben diesen Preis an Studenten an einer von Hyatt ausgewählten internationalen Hochschule für Hotelmanagement. Als Vertreter der deutschen Hotelmanagement-Studiengänge ist die IUBH Bad Honnef im Kreise der Partnerschulen und konnte im Jahr 2011 auch den Sieger des Wettbewerbs präsentieren.

Den gleichen Ansatz verfolgt der jährlich ausgelobte Preis von HotelloTop und der Mise-en-Place Group („Mise-en-Place-Cup"). Die Entwicklung innovativer Ansätze und Konzepte im Hotelmanagementbereich von Studenten der besten Hotelhochschulen Europas wird hierbei prämiert und anschließend in praxistauglichen Projekten umgesetzt.

Der dritte hervorzuhebende Wettbewerb ist der „Worldwide Hospitality Award", bei dem Beiträge von Hotelunternehmen, Zulieferern und Studenten der renommiertesten Hotelhochschulen der Welt in den Kategorien „Beste Kommunikationsstrategie", „Beste Marketingstrategie", „Beste Nachhaltigkeitsstrategie" und „Beste Unternehmensführung im Luxushotelsegment" ausgezeichnet werden.

Ergänzend fördert die Deutsche Gesellschaft für Tourismuswissenschaften (DGT) den akademisch ausgebildeten Nachwuchs mit Preisen für praxisorientierte Abschlussarbeiten, bei denen regelmäßig auch Themen aus der Hotellerie behandelt werden.

Zudem lobt die Hoteldirektorenvereinigung (HDV) jährlich Preise für engagierte Absolventen aus, um hiermit einen Wissenstransfer zwischen Hochschulen und Hotellerie zu unterstützen. Diese Innovatoren sind auch Gradmesser für die Möglichkeiten der Zusammenarbeit, gerade auch, weil die Verantwortlichen im ständigen Austausch zwischen Praxis und Theorie stehen.

Einen direkten Weg zu potenziellen Bewerbern und eine innovative Initiative für einen engen und effektiven Praxisaustausch stellt die „TourKon on Bord“ dar. Initiiert von Tourismusstudenten der Leuphana Lüneburg (Lüneburger Universitäts-Studentenkreis Touristik e.V.) findet bereits seit 1990 einmal jährlich eine Flusskreuzfahrt mit rund 150 Tourismusstudenten aus Deutschland, Österreich und der Schweiz statt. Unternehmen aus dem Tourismus können sich für die Teilnahme bewerben und während der Zeit auf dem Schiff eine Firmenpräsentation, einen Workshop sowie Zeit für Vorstellungsgespräche anbieten.

Ebenfalls zur Förderung des Austausches zwischen akademischen Konzepten und der Tourismusindustrie verleiht der Führungskräfteverband *Skål International* ein Stipendium für Studenten in touristischen Studiengängen.

8. Fazit

Personalgewinnung, -bindung und -entwicklung werden zu einem, wenn nicht dem, zentralen Wettbewerbsparameter der Hotellerie in Deutschland und Europa und stellen eine essentielle Herausforderung für Hotelbetriebe aller Größenordnungen dar.

Gefragt sind sowohl kreative Einzelunternehmer, die ihre Mitarbeiter aktiv als Werbeträger für ihren Arbeitgeber nutzen, wie auch innovative Hotelkooperationen, die mit engagiertem Gemeinsinn Mitarbeiterförderung für alle Kooperationsmitglieder betreiben als auch in der Personalentwicklung nachhaltig agierende Hotelketten. Hotelunternehmen sollten vermehrt auf eigene Talente und Quellen zurückgreifen, intensivere Netzwerke bilden und die Bindung bestehender Mitarbeiter und ihre Identifikation mit dem Unternehmen nachhaltig stärken. Auch der Kontakt zu ehemaligen Mitarbeitern – mit flexiblen Optionen zur Rückkehr – muss zum Portfolio der Personalmaßnahmen gehören.

Die ambitionierte Herausforderung – und zugleich auch Chance – für die Hotellerie im branchenübergreifenden Wettbewerb um Human Resources ist es aber, ihre Rolle als attraktiver Arbeitgeber für alle Gruppen von Bewerbern aktiv anzunehmen. Die Hotellerie wird daher noch stärker praxisnahe Modelle und Lösungen für zeitgemäße Ausbildungsberufe, aktuelle Lehrinhalte und attraktive Weiterbildungsangebote in enger Kooperation mit den hierfür verantwortlichen Institutionen und Bildungsträgern entwickeln müssen. Kooperationen im Personalbereich werden, analog zum Marketing und Vertrieb, entscheidenden Einfluss auf die Wettbewerbsfähigkeit und die Attraktivität der Unternehmen haben.

Es ist dabei nicht die Frage, ob Kooperationen zur Mitarbeiterakquise und Personalentwicklung sinnvoll sind, sondern, wer sie sich am besten zunutze macht.

Abbildung 8: Partnerschaft zwischen Hotel und Hochschule (www.armintrost.de)

Gerade Partnerschaften in der Hotellerie und vor allem im Personalwesen hängen dabei von persönlicher und betrieblicher Verlässlichkeit, von Durchhaltevermögen und Berechenbarkeit, vor allem aber von einer großzügigen Perspektive und konsequenter Planungsfähigkeit ab.

Die Resultate einer ertragreichen und wirkungsvollen Kooperation können meist erst nach fünf Jahren gemeinsamer Arbeit an einem idealen Konzept, einer mitarbeiterorientierten Umsetzung und einer unverrückbaren Verankerung in der Unternehmensstrategie abgelesen und beurteilt werden. Soviel Zeit sollte einem Unternehmen eine beständige und langfristig wirkende Personalmaßnahme Wert sein. Nur gemeinsame Anstrengungen in Form innovativer Netzwerke werden den teilnehmenden Hotels, aber auch der Branche insgesamt, helfen, modernisiert und gestärkt im generationsabhängigen individualisierten Präferenz- und Bedürfniswettbewerb zu bestehen.

Auch den Bildungseinrichtungen kommt eine große Verantwortung zu, denn die Komplexität immer neuer Studien- und Ausbildungsgänge hat enorm zugenommen und ist bereits heute für die Hotellerie intransparent und schwer nachvollziehbar. Praxisnahe, qualitativ hochwertige Lehrprogramme mit integrierter Fremdsprachenausbildung und Auslandseinsätzen als fester Bestandteil von Lehr- und Lernverbünden mit internationaler Zertifizierung und Anerkennung sollten das gemeinsame Ziel sein.

Es muss ein Ruck durch die Branche gehen, der dazu führt, dass sich Hotellerie und Hochschulen als Partner auf Augenhöhe verstehen. Mit einem Mehr an unternehmerischer Kreativität und leidenschaftlichem Engagement für Mitarbeiterinteressen und bewährter Verlässlichkeit sowie Berechenbarkeit sind diese Herausforderungen auch zukünftig – aber gemeinsam – zu meistern.

Quellenverzeichnis

Literatur

Beck, Christop (2012): Personalmarkting 2.0, Köln 2012

Bohne, Hartwig: Kommentar zur Personalmanagement, in: Harvard Business Manager April 2015, Frankfurt 2015

Bohne, Hartwig: Erwartungen der Generation Y, in: YOUCA Österreich, Wien 2015

Bohne, Hartwig/Luthe, Markus (2014): Aus Theorie und Praxis-Ansätze für nachhaltige Mitarbeitergewinnung in der europäischen Hotellerie, in: Brysch, Armin/ Gardini, Marco (2014): Personalmanagement im Tourismus, Berlin 2014

Brysch, Armin (2014): Personalmanagement im Umbruch, in: Brysch, Armin/Gardini, Marco (2014): Personalmanagement im Tourismus, Berlin 2014

Bundesinstitut für Berufsbildung BIBB, Pressemitteilung, 23.01.2014

Deutscher Industrie- und Handelskammertag (2015): Ausbildung 2015, Berlin 2015

Cisco, Augustino: Von Inhouse Schulungen zur Corporate University: die Académie Accor, in: Brysch, Armin/Gardini, Marco (2014): Personalmanagement im Tourismus, Berlin 2014

DEHOGA Bundesverband (2016): Pressemitteilung vom 22.11.2016 zum DEHOGA Branchentag, Berlin 2016

Diesner, Ilona (2008): Bildungsmanagement in Unternehmen, Wiesbaden 2008

Fairmas Hotel Report (2013): Nachwuchs- und Fachkräftemangel in der Hotellerie, Berlin 2013 und GVO-Studie „HR-Trends in Hotellerie und Gastronomie 2013“, Berlin 2013

Feninger, Gerd/ Bruhn, Horst-Dieter (2008): Weiterbildung in einem führenden deutschen Industrieunternehmen, in: Meifert, Matthias (2008): Strategische Personalentwicklung: ein Programm in acht Etappen, Berlin 2008

Fischer, Klaus: Führungskräfteentwicklung, in: Brysch, Armin/Gardini, Marco (2014): Personalmanagement im Tourismus, Berlin 2014

Frauenrauth, Myriam: Personalmarketing: Etablierung einer Arbeitgebermarke, in: Hänssler, Karl-Heinz (2011): Management in Hotellerie und Gastronomie, München 2011

Gebauer, Annette (2007): Einführung von Corporate Universities, in: OrganisationsEntwicklung, Ausgabe 02/2007

Hotelverband Deutschland (IHA) e.V. (2016): Hotelmarkt Deutschland – Branchenreport, Berlin 2016

Kobjoll, Nicole: Mitarbeiter-Motivation und Förderung in der Privathotellerie, in: Brysch, Armin/ Gardini, Marco (2014): Personalmanagement im Tourismus, Berlin 2014

Maier, Christian u.a. (2014): Bewerbungspraxis 2014, Bamberg/Frankfurt 2014

Münch, Joachim (2003): Status und Rolle der Corporate Universities zwischen betrieblicher Bildungsabteilung und öffentlicher Hochschule, Kaiserslautern 2003

Simmeth, Frank (2013): Gebrauchsanleitung Mitarbeiter – Mitarbeiter gastorientiert führen Stuttgart 2013

Teske, Birga (2014): Das Comeback der Corporate Universities, in: Human Resources Manager, http://www.humanresourcesmanager.de/ressorts/artikel/das-comeback-der-corporate-universities-9459 (28.12.2015)

Wijnbeek, Danie et. al. (2002): 'The corporate university' – training and learning solution for a South African Airline industry, in: South African Journal of Human Resource Management, 4/2006

Online

www.hospitalityinside.com

www.exzellente-ausbildung.de
www.dehoga-bundesverband.de/ausbildung-karriere/ausbildungsqualitaet/
www.thehyattstudentprize.com/
www.fair-job-hotels.de/
www.emcup.eu
http://www.motel-one.com/de/group/jobs/motel-one-als-arbeitgeber/ueber-motel-one/www.hospitalityawards.com
www.youngskalnow.org

CONNY MAYER-BONDE

Zur Arbeitsplatzperspektive und zum Arbeitskräftepotential syrischer Flüchtlinge in Hotellerie und Gastronomie

1. Zielsetzung und Fragestellung

Die Flüchtlingskrise und deren Auswirkungen bewegt wie wenig andere Themen die Menschen in Deutschland. Dies schlägt sich medial und in den sozialen Netzwerken nieder. Eine der zentralen politischen wie gesellschaftlichen Herausforderungen der kommenden Jahre wird die Integration der nach Deutschland geflohenen Menschen sein. Dabei ist die Eingliederung in Beruf und Arbeitsleben ein wichtiger Schlüssel zum Erfolg. Seit 2015 sind mehrere Hunderttausende aus dem Bürgerkriegsland Syrien nach Deutschland geflohen. Ein Teil dieser Menschen wird dauerhaft in Deutschland bleiben. Nach wie vor ist die humanitäre, politische und wirtschaftliche Situation in Syrien desolat, es ist mit weiteren Flüchtlingen aus Syrien zu rechnen.

Im Rahmen umfangreicher Forschungen zwischen Oktober 2015 und März 2016 wurden qualitative Leitfaden-Interviews sowie narrative Interviews mit syrischen Flüchtlingen geführt. Untersucht wurde dabei die Frage, welche Chancen der deutsche Arbeitsmarkt, vor allem die Hotellerie und Gastronomie, für Flüchtlinge bietet. Eine heterogene Branche mit vielen KMUs aber auch weltweit tätigen Konzernen und unterschiedlichen Fähigkeiten zu interkulturellem Management und Kommunikation.

Ziel war es, Aussagen darüber zu treffen, welche Arbeitsplatzperspektiven für die unterschiedlichen Gruppen syrischer Einwanderer in Restaurations- und Hotelbetrieben bestehen und welches Arbeitskräftepotential die aktuellen Einwanderungsentwicklungen bieten. Konkret wurden dabei die beiden folgenden Fragen aufgeworfen:

- Welche Arbeitsmarktperspektive ergibt sich aus dem Fachkräftemangel in Hotellerie und Gastronomie?
- Wie ist das Profil der syrischen Flüchtlinge (Biografie, Bildungsstand und Weiterbildungen, Arbeitserfahrung, wirtschaftliche Situation)?

2. Methodische Vorgehensweise

Für die Forschung wurde ein qualitativer Ansatz gewählt. Zwar gibt es mittlerweile umfassende statistische Daten zu syrischen Flüchtlingen in Deutschland; umfassende Erhebungen zu Einstellungen, Werten und Erwartungen liegen bislang aber nicht vor. Eine spezifische Untersuchung zu den Profilen syrischer Flüchtlinge und Einwanderer in Hotellerie und Gastronomie gibt es ebenfalls nicht. Dabei wurde zunächst, mit vorhandenen statistischen Daten sowie Sekundärliteratur eine Übersicht über das Forschungsfeld gewonnen. Basis der Befragungen und theoretische Grundlage waren die Erkenntnisse von Esser zur Sozialintegration.[1]

Auf dieser Grundlage wurden rund 70 Gespräche mit syrischen Flüchtlingen geführt, dies waren Leitfaden-Interviews und narrative Interviews. Die Studie wurde im Rahmen von eigenen Forschungen sowie im Rahmen von forschungsintegrierenden Modulen an der Dualen Hochschule Baden-Württemberg Studienakademie Ravensburg durchgeführt.[2]

Die Befragungen fanden zwischen Oktober 2015 und März 2016 statt. Beteiligt waren rund 50 Studierende. Die Interviews dauerten zwischen 30 Minuten und 2 Stunden und wurden auf Deutsch, Englisch und auf Deutsch/Arabisch (mit Dolmetscher) geführt. Die Gespräche fanden in Flüchtlingsunterkünften, kirchlichen Räumen und Privatwohnungen statt. Häufig wohnten dem Gespräch weitere Teilnehmer als Zuhörer bei.

Ein Interviewpartner war bereits ein Jahr und acht Monate in Deutschland, die allermeisten kamen erst im Zeitraum zwischen Juni 2015 und Februar 2016 nach Deutschland, waren also erst wenige Wochen oder Monate in Deutschland. Nur zehn Prozent der Befragten waren weiblich. Der Wunsch, mehr Gesprächspartnerinnen zu gewinnen, konnte nicht realisiert werden, weil zum einen deutlich mehr Männer als Flüchtlinge nach Deutschland kommen und zum zweiten bei den weiblichen Flüchtlingen englische und deutsche Sprachkenntnisse noch weniger vorhanden waren. Das Alter der Befragten lag zwischen 18 und 64 Jahre. Über drei Viertel der Befragten gab an, muslimischen Glaubens zu sein, die weiteren Befragten waren überwiegend christlichen Glaubens. Es gab ledige und verheiratete Interviewpartner, einige waren mit der Familie nach Deutschland gekommen, bei manchen lebte die Familie noch in Syrien.

Insgesamt 35 Interviews wurden auf Basis eines Gesprächsleitfaden geführt. Dabei konnten lediglich zwei weibliche Gesprächspartner gewonnen werden. Der Gesprächsleitfaden wurden auf Basis der theoretischen Überlegungen entwickelt. Wichtig war dabei, den syrischen Gesprächspartnern Raum und Zeit zu geben, eigene Überlegungen einzubringen und nicht schon durch eine beeinflussende Wortwahl oder Fragestellung eine erwünschte Antwort zu erhalten. Ebenfalls 35

---

1 Esser, Hartmut (2001).

2 Die Befragungen wurden unter anderem durchgeführt von den Kursen WTB 513 und WTB 413 unter der Leitung der Verfasserin. Neben den Gesprächen mit syrischen Flüchtlingen wurden auch einzelne Interviews mit Vertretern aus der Hotellerie und Gastronomie sowie der Freizeitwirtschaft geführt. Die Auswertungen sind nicht veröffentlicht.

syrische Flüchtlinge wurden im Rahmen von narrativen Interviews befragt, hiervon waren 5 weiblich und 30 männlich. Grundlage war hierbei die Bitte „Erzählen Sie uns Ihren schulischen und beruflichen Werdegang".

Die gewonnenen Texte wurden im Wortlaut transkribiert und mit der Methode der qualitativen Inhaltsanalyse ausgewertet. Dabei hielten sich die Auswerter an die Vorgehensweise der qualitativen Inhaltsanalyse nach *Mayring* oder noch präziser einer „kategoriengeleiteter Textanalyse".[3] Es wurde deduktiv vorgegangen und auf Grundlage der vorhandenen theoretischen Basis wurden nach *Esser* Kategorien gebildet. Nach ca. 20 Prozent der Auswertungen wurden die Kategorien überarbeitet und erweitert. Diese Form der Inhaltsanalyse wird nach *Mayring* als „Qualitative Technik der Strukturierung" bezeichnet.[4] Die Inhaltsanalyse wurde mit dem Computer umgesetzt, verwendet wurde das Programm MAXQDA. Damit konnten die großen Datenmengen der 70 geführten Interviews ausgewertet werden. MAXQDA ermöglichte die Kategorienbildung, die Ergänzung des Materials durch Memos und eine zielgerichtete Auswertung. Die Kategorienbildung erfolgt dabei auf Basis der vorab festgelegten theoretischen Grundlage und den Überthemen: Kulturation, Plazierung, Interaktion und Identifikation.

3. Zuwanderung in Deutschland durch syrische Flüchtlinge

Zuwanderung ist ein weltweites Phänomen und in vielen Ländern wechseln sich Phasen der Zu- und Abwanderung ab. Auch hierzulande wanderten immer schon Menschen aus und ein. In der jüngeren Vergangenheit hat besonders die Anwerbepolitik ab den 1950er Jahren dazu geführt, dass viele Migranten aus dem Mittelmeerraum nach Deutschland gekommen sind. Im Zuge der Entspannung zwischen Ost und West kam eine größere Zahl an Spätaussiedlern und Einwanderern aus Osteuropa nach Deutschland. Ende der 1980er wurde Deutschland erstmals mit einer großen Zahl an Asylsuchenden konfrontiert. Nach einem ersten Höhepunkt Anfang der 1990er erreicht Deutschland derzeit einen neuen Höchststand.

In der Studie wird der Begriff „Flüchtling" verwendet. Dabei werden unterschiedliche Menschengruppen aus Syrien, zusammengefasst: Asylsuchende, Asylbewerber bzw. -begehrende, Asylberechtigte sowie Geduldete. Da die genannten Gruppen jeweils einen anderen Aufenthaltsstatus in Deutschland haben, wurden Vertreter aller Gruppen interviewt.

Die Unterscheidungen sind hierbei wie folgt:

- Asylsuchende: Ausländer, die in Deutschland Schutz vor politischer Verfolgung suchen, werden als Asylsuchende bezeichnet.[5]
- Asylbewerber und –begehrende: Asylsuchende, die einen Antrag auf Asyl bei der zuständigen Außenstelle des Bundesamtes für Migration und Flüchtlinge

[3] Mayring 2010: 13.
[4] Vgl. Mayring 2015: 92.
[5] §3 AsylG.

stellen, gelten als Asylbewerber bzw. Asylbegehrender.[6]

- Asylberechtigte: Wird einem Asylbewerber die Zuerkennung des Flüchtlingsschutzes ausgesprochen, so gilt er als Asylberechtigter[7].
- Geduldete: Ein Geduldeter ist eine Person, deren Asylantrag abgelehnt und deren Abschiebung vorübergehend ausgesetzt wurde, z.B. wegen Krieg im Heimatland oder Reiseunfähigkeit.

Im Jahr 2015 nahm das Bundesamt für Migration und Flüchtlinge (BAMF) rund eine halbe Million Erstanträge auf Asyl entgegen. Bei diesen Zahlen handelt es sich um die gestellten Erstanträge. Dabei wurden 162.510 Anträge (158.657 Erstanträge und 3853 Folgeanträge) von Syrern gestellt, dies entspricht rund 35,9 Prozent.[8] Damit ist Syrien das häufigste Herkunftsland der Flüchtlinge in Deutschland.[9] Auch im Zeitraum Januar bis Mai 2016 war Syrien das Herkunftsland, das mit den meisten Asylanträgen in der Statistik zu finden war, rund 140.000 Anträge.[10]

Die Situation in Syrien ist weiter instabil. Das Assad-Regime, oppositionelle Kräfte und der „Islamische Staat" liefern sich einen blutigen Krieg bei dem kein Ende abzusehen ist. Die Flüchtlingswelle aus diesem Land wird daher auf absehbare Zeit nicht abebben.

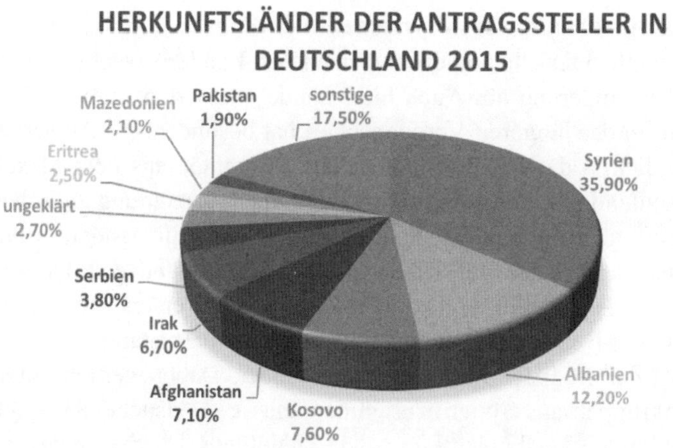

Abbildung 1: Herkunftsländer der Antragssteller in Deutschland 2015[11]

Der Arbeitsmarktzugang für Flüchtlinge ist abhängig von ihrem aufenthaltsrechtlichen Status. Die erste Herausforderung für syrische Flüchtlinge ist es, das Asylver-

[6] Vgl. BAMF 2015a.
[7] Vgl. BAMF 2014.
[8] Vgl. BAMF 2015b: 8. Diese Zahlen spiegeln nur bedingt die tatsächlichen Zahlen wieder weil die Zahlen in 2015 sprunghaft angestiegen sind und weil das BAMF nicht tagesaktuell die Asylbewerber erfasst.
[9] Vgl. BAMF 2016a.
[10] BAMF 2016b: 8.
[11] in Anlehnung an BAMF 2015b: 8.

fahren zu durchlaufen und sich in den Arbeitsmarkt zu integrieren. Viele Flüchtlinge bringen Qualifikationen mit, die in Deutschland Nachfrage finden. Die Anerkennung von Abschlüssen erfordert allerdings oft langwierige Verfahren. Arbeitssuche und Bewerbungsphase stellt eine weitere Herausforderung dar. Häufig werden Migranten im Niedriglohnsektor eingesetzt. Sprachliche Barrieren erschweren häufig die Integration in den Arbeitsmarkt.

4. Arbeitsmarktsituation in Hotellerie und Gastronomie

Fachkräftemangel gilt als eine der zentralen Herausforderungen von Hotellerie und Gastronomie. Branchenverbände und Unternehmensvertreter beklagen schon seit Jahren, dass es zunehmend schwieriger werde, geeignete Mitarbeiter zu finden und zu halten. Bei der Analyse dieser Thematik richtet sich das Augenmerk zunächst auf die Tätigkeiten in Hotellerie und Gastronomie. Die Arbeitsbedingungen gelten als wenig attraktiv und familienunfreundlich, u.a. durch lange Arbeitszeiten sowie Abend- und Wochenendtätigkeit. In vielen Unternehmen fehlen die Aufstiegsmöglichkeiten und eine voraussehbare, strukturierte Personalentwicklung. Kritisiert wird darüber hinaus die schlechte Bezahlung. Zu diesen Herausforderungen für qualifizierte Fachkräfte kommt eine stark ausdifferenzierte Unternehmenslandschaft, die einerseits von inhabergeführten kleinen und mittleren Unternehmen und andererseits von Hotelketten bestimmt wird. Eine organisierte betriebliche Mitbestimmung findet kaum statt.

Die Ausbildungs- und Qualifizierungswege für eine berufliche Tätigkeit in Hotellerie und Gastronomie sind vielfältig. Von großer Bedeutung sind die dualen Ausbildungen. Daneben findet zunehmende eine Akademisierung statt. Ebenfalls von Bedeutung ist die Qualifizierung durch Verbände und Kammern und die Integration von fachfremden Mitarbeitern und Mitarbeiterinnen. Bei der Integration syrischer Flüchtlinge kommt hinzu, dass potentielle Arbeitgeber ein hohes Maß an interkultureller Kompetenz und die Bereitschaft, teilweise hohe bürokratische Hürden zu bewältigen, benötigen.

Der Personalbereich ist eine der zentralen Herausforderungen des deutschen Gastgewerbes, sowohl im mittel- bis langfristigen Betriebsablauf. Offene Stellen für Servicekräfte, Köche, Küchenhilfen und Auszubildende bleiben seit einigen Jahren häufig lange unbesetzt.[12] Es besteht eine stetige Nachfrage nach Arbeitskräften. So wurden im Februar 2015 insgesamt 10.935 offene Stellen im Beherbergungsbereich bei der Bundesagentur für Arbeit gemeldet.[13] Ein Jahr später, im Februar 2016, waren es bereits 11.963. Ähnlich die Situation in der Gastronomie: 19.206 offene Stellen wurden im Februar 2015 gemeldet, sogar 23.322 im Februar 2016.[14]

---

[12] Vgl. Warnecke 2016: 176.
[13] Vgl. Bundesagentur für Arbeit 2016.
[14] Vgl. Bundesagentur für Arbeit 2016.

5. Sozialintegration nach Esser

Grundlage der empirischen Studie sind die Überlegungen und Thesen des Soziologen Hartmut Esser. Hartmut Esser beschäftigt sich mit der „'Integration' von fremdethnischen Migranten“[15] und unterscheidet dabei nach dem britischen Soziologen David Lockwood zwischen Systemintegration und Sozialintegration.[16] Für die an der DHBW Ravensburg durchgeführten Studie wurde das Konzept der Sozialintegration als theoretische Basis der Befragungen genommen. Bei der Systemintegration geht es um den Zusammenhalt eines sozialen Systems. [17] Sozialintegration bezeichnet hingegen die „Integration der *Akteure* (bzw. der von ihnen gebildeten Gruppen) ‚in‘ das System hinein“[18], und es geht darum, wie stark die Akteure in die jeweiligen sozialen Systeme integriert sind. Nach Esser sind bei der Sozialintegration vier Dimensionen unterscheidbar. Diese hängen voneinander ab und bauen teilweise auch aufeinander auf, d.h. es bestehen kausale Beziehungen.

Bei der **Kulturation** geht es um den Erwerb von Wissen und Fertigkeiten, einschließlich der Sprache. Damit sich syrische Flüchtlinge erfolgreich verständigen sowie agieren und interagieren können, müssen sie bestimmtes Wissen und Kompetenzen erwerben. Nach Esser sind „Wissen, Kompetenzen und (sprachliche) Fertigkeiten [...] dabei eine Art von (Human-)Kapital, in das die Akteure auch investieren können oder müssen, wenn sie für andere Akteure interessant sein wollen und, etwa, an der Besetzung gesellschaftlich angesehener Positionen interessiert sind oder an für sie selbst interessanten Interaktionen und Transaktionen teilnehmen möchten.“[19]

Plazierung bezeichnet die Übernahme von Positionen und die Verleihung von Rechten. Die wichtigsten Formen der sozialen Integration durch Platzierung nach Esser sind „die Verleihung bestimmter Rechte, wie etwa das Staatsbürgerschaftsrecht oder, meist damit zusammenhängend das Wahlrecht, die Übernahme beruflicher und anderer Positionen...“[20] Plazierung setzt ein gewisses Ausmaß an Kulturation voraus. Erst dann ist eine Plazierung (auf zentralen Positionen einer Gesellschaft) möglich.

Interaktion meint die Aufnahme sozialer Beziehungen im alltäglichen Bereich (wie Freundschaften oder Heirat). Dabei sieht Esser als „typische Arten der Interaktion, etwa eine („gute“) Nachbarschaft, eine Freundschaft oder eine eheliche Beziehung“.[21] Interaktion seien Formen sozialen Handelns, bei dem sich die Akteure wechselseitig über Wissen und Symbole aneinander orientieren und so, und über ihre Orientierungen und ihr Handeln, Verbindungen eingehen. Interaktion setzt ein gewisses Maß an Kulturation und Plazierung voraus. Damit Interaktion stattfinden

---

15 Esser, Hartmut (2001): 3.
16 Vgl. Esser, Hartmut (2001): 3.
17 Vgl. Esser, Hartmut (2001): 78.
18 Esser, Hartmut (2001): 3.
19 Esser, Hartmut (2001): 8f.
20 Esser, Hartmut (2001): 9.
21 Esser, Hartmut (2001): 11.

kann, bedarf es Möglichkeiten für die Flüchtlinge zur Begegnung. Darüber hinaus müssen diese sprachlich in der Lage sein, Interaktion mit den Menschen im Gastland aufnehmen zu können.

Identifikation bezeichnet die emotionale Zuwendung zu dem betreffenden sozialen System. Nach Esser ist die Identifikation eines Akteurs mit einem sozialen System jene besondere Einstellung eines Akteurs, in der er sich und das soziale Gebilde als eine Einheit sieht. Der Akteur wird dann mit der Gesellschaft in der er integriert wird identisch. Dabei entstehen Emotionen wie beispielsweise ein Wir-Gefühl oder der Nationalstolz.[22] Nach Esser gibt es die soziale Integration über Identifikation in drei Stufen: Werte, Bürgersinn und Hinnahme. Für diese Studie wird lediglich die Werteintegration betrachtet. Für die Identifikation mit der Gesellschaft sind ebenfalls ein gewisses Maß an Kulturation und Plazierung notwendig.[23]

6. Empirische Ergebnisse: Syrische Flüchtlinge in Hotellerie und Gastronomie

Hier werden die im Kapitel Sozialintegration nach Esser vorgestellten Elemente und deren Ausprägung bei den Befragungen vorgestellt. Folgende Abbildung zeigt die vier Bestandteile der Sozialintegration und die in der Studie untersuchten Kodierungen:

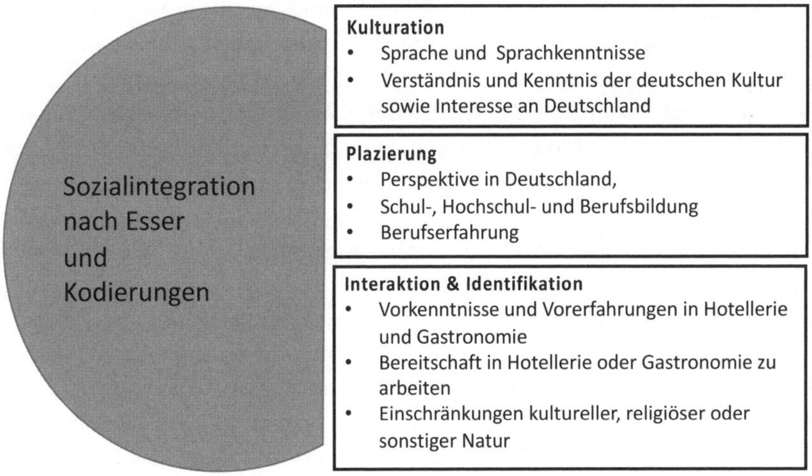

Abbildung 2: Sozialintegration nach Esser und Kodierungen, eigene Abbildung[24]

[22] Vgl. Esser, Hartmut (2001): 12.
[23] Vgl. Esser, Hartmut (2001): 12.
[24] Vgl. Esser, Hartmut (2001): 3-12.

Bei der **Kulturation** geht es wie schon dargestellt um den Erwerb von Wissen und Fertigkeiten, einschließlich der Sprache. Für die durchgeführten Interviews bedeutete das, festzustellen, welches Wissen und welche Kompetenzen bei einer Tätigkeit in der Hotellerie und Gastronomie notwendig sind und zu reflektieren, welche Bedeutung die Kenntnis der deutschen Sprache hat. Laut Esser ist Sprache bzw. Sprachkenntnis die Grundvoraussetzung für eine erfolgreiche Sozialintegration in Form von Kulturation.[25]

Für die Tätigkeit in Hotellerie und Gastronomie werden Fachwissen und spezifische Kompetenzen benötigt. Diese müssen vorhanden sein oder es muss die Bereitschaft vorhanden sein muss, diese zu erwerben. Geeignet für eine Tätigkeit in Hotellerie und Gastronomie sind demnach nur solche syrischen Flüchtlinge, die entweder bereits über Vorerfahrungen verfügen, die gesuchten Fertigkeiten bereits haben oder bereit sind, diese zu erwerben.
In den Interviews wurden mit Blick auf die Kulturation folgende Aspekte beleuchtet:

- Sprache und Sprachkenntnisse (deutsch, englisch, ggf. andere Sprachen),
- Verständnis und Kenntnis der deutschen Kultur sowie Interesse an Deutschland.

Sprache und Sprachkenntnisse:

Hier wurde die Sprachkenntnis der Befragten kodiert aber auch deren Bereitschaft, Deutsch zu lernen. Manche syrischen Flüchtlinge sprachen bei den Interviews noch nahezu kein Deutsch, andere haben Grundkenntnisse oder sind sogar in der Lage ein Interview auf deutsch zu führen. Alle männlichen interviewten Flüchtlinge nehmen oder nahmen an Deutschkursen teil. Ob sie dieses aus eigener Motivation tun oder weil es für einen längerfristigen Aufenthalt vorausgesetzt wurde, wurde nicht systematisch erfragt. Alle empfinden es als wichtig Deutsch zu lernen. Oft wird als Hauptgrund für das Erlernen der deutschen Sprache die Steigerung der Chancen auf dem Arbeitsmarkt angegeben, aber auch der Aufbau von Freundschaften und das Durchsetzen des Asylrechts werden angegeben.

Verständnis und Kenntnis der deutschen Kultur sowie Interesse an Deutschland:

Bei dieser Kodierung wurde abgefragt, ob die Interviewpartner die sogenannten Integrationskurse belegen und wie ihr Bild von Deutschland, der Kultur und den Menschen ist. Dabei wurde möglichst offen gefragt, um zu neuen Erkenntnissen zu gelangen. Die Kenntnisse über Deutschland stammen in hohem Maße aus den Integrations- und Sprachkursen. Darüber hinaus bestand in den Köpfen der meisten Geflüchteten schon ein Bild von Deutschland als sie noch in ihrem Heimatland waren. Von den deutschen Bürgern haben die Syrer häufig einen positiven Eindruck. Es wird erwartet, dass Deutschland ihnen aufgrund seiner politischen Situation und Struktur eine bessere Zukunft verspricht. Es gab keine Aussagen in die Richtung,

[25] Vgl. Esser, Hartmut (2001): 8.

dass die in Deutschland wahrgenommene oder erwartete Kultur, Religion, Lebensweise o.ä. komplett abgelehnt würde. Dies kann allerdings auch nur darauf hindeuten, dass „sozial erwünscht" oder taktisch geantwortet wurde.

Plazierung bezeichnet – wie dargestellt – die Übernahme von Positionen und die Verleihung von Rechten. Bezogen auf die Hotel- und Gastronomiebranche bedeutet dies, dass eine Stelle als Mitarbeiter eingenommen wird. Dies kann als Zimmermädchen oder Spüler, als Koch, Marketing-Managerin oder Rezeptionist sein. Die Verleihung von Rechten meint demnach die damit zusammenhängenden Rechte wie die Entlohnung, Urlaub, Rechte auf Weiterbildung etc. Plazierung in Hotellerie und Gastronomie bedeutet demnach, dass Flüchtlinge in unterschiedlichsten Funktionen und Positionen in Hotellerie und Gastronomie eingestellt werden und die damit verbundenen Rechte erhalten.

Plazierung ist eng mit Kulturation verbunden. In den Interviews wurden mit Blick auf Plazierung folgende Aspekte beleuchtet:

- Perspektive in Deutschland,
- Schul-, Hochschul- und Berufsbildung,
- Berufserfahrung.

Perspektive in Deutschland:

Nur, wenn es für die Flüchtlinge vorstellbar oder gar wünschenswert ist, in Deutschland zu bleiben, kann eine Integration und damit Plazierung in der Hotellerie und Gastronomie erfolgreich stattfinden. Deshalb wurde untersucht, welche Perspektive die Flüchtlinge für sich selbst in Deutschland sehen. Grundsätzlich lässt sich sagen, dass sich die Befragten in drei verschiedene Gruppen einteilen lassen: Erstens gibt es Syrer, die in Deutschland bleiben wollen und eine hohe Motivation haben, sich hier beruflich und gesellschaftlich zu integrieren. Zweitens gibt es Flüchtlinge, die für sich klar formulieren, dass sie zurück nach Syrien wollen, sobald der Krieg vorbei ist. Die dritte Gruppe schließlich ist sich bei der Frage nach der Bleibeabsicht unklar. Der überwiegende Teil der Befragten will in Deutschland bleiben oder ist sich noch unsicher. Die genannten Gründe, weshalb die Syrer in Deutschland bleiben wollen, waren vielfältig. Genannt wurden Sicherheit, Angst vor weiteren Kriegssituationen und Repressalien, der starke Wirtschaftsstandort Deutschland, Einbettung in die EU, Verwandte in Deutschland etc.

Schul-, Hochschul- und Berufsbildung:

Das Schulsystem in Syrien ist dem deutschen Schulsystem ähnlich. Es besteht eine neunjährige Schulpflicht. Der höchste Schulabschluss wird nach 12 Jahren erreicht. Dieser ist mit dem Abitur gleichzusetzen und qualifiziert unter bestimmten Voraussetzungen für ein Hochschulstudium. Alle Befragten sind zur Schule gegangen und viele von ihnen geben an, auch 12 Jahre zur Schule gegangen zu sein. Problematisch ist, dass häufig keine Schulzeugnisse vorhanden sind oder deren Anerkennung noch nicht vollzogen ist. Das berufliche Bildungssystem ist nicht mit dem Deutschen vergleichbar ist, es gibt keine Berufsabschlüsse nach deutschem Verständnis. Das Verständnis von beruflicher Bildung und Hochschulbildung weicht von dem deutschen ab. Das duale Ausbildungssystem ist den Interviewpartnern in aller Regel fremd. Ein Studium in Syrien ist nicht zwingend ein Studium im deutschen oder europäischen Verständnis. Mehrere Befragte gaben an, ihre Schul-, Hochschul- oder Berufsausbildung wegen des Bürgerkrieges und der Flucht abgebrochen zu haben.

Berufserfahrung:

Es gibt eine Vielzahl von genannten Berufsbildern; unter anderem Anwalt, Bäckerin, Erzieherin, Fliesenleger, Friseur, Koch, Landwirt, Lehrer, Mechaniker, Psychologe, Rezeptionist und Zahnarzthelfer. Beim Thema Beruf und Erwartungen an die Zukunft gibt es in zahlreichen Gesprächen widersprüchliche Aussagen. So wird gesagt, dass eine Tätigkeit in der Hotellerie und Gastronomie in Frage kommt und vorstellbar ist, zum anderen wird darauf hingewiesen (meistens an anderer Stelle im Gespräch), dass es Wunsch und Erwartung ist, im erlernten, studierten oder ausgeübten Beruf, i.a.R. außerhalb der Hotellerie und Gastronomie zu arbeiten.

Interaktion meint die Aufnahme sozialer Beziehungen im alltäglichen Bereich. Im übertragenen Sinne bedeutet dies die Begegnung und Zusammenarbeit mit Vorgesetzten und Kollegen in Hotel oder Restaurant. In einer solchen Beziehung sehen sich beide Seiten regelmäßig oder gelegentlich, es wird gegrüßt, miteinander gesprochen und Informationen ausgetauscht. Dies kann bis zum Aufbau einer Freundschaft gehen, auch Probleme können entstehen und müssen gelöst werden. Ein syrischer Flüchtling muss sich auf die Situation im Betrieb einlassen können; er muss Hierarchien akzeptieren, die Rolle von Vorgesetzten und Kollegen realisieren und annehmen. Darüber hinaus entsteht (zumindest bei einigen Berufsbildern) auch Interaktion mit dem Gast. Interaktion zwischen Männern und Frauen ist notwendig. Hotellerie und Gastronomie ist eine Dienstleistungsbranche; „Dienst" oder anders formuliert, ein Service am Gast ist Teil der Berufsbilder in dieser Branche. Bei allen Formen der Interaktion ist die Kenntnis der deutschen Sprache (zumindest rudimentär) notwendig. Auch ist die Kenntnis der Bedeutung nonverbaler Gesten wichtig.

Identifikation schließlich bezeichnet die emotionale Zuwendung zu dem betreffenden sozialen System. Übertragen auf die Hotellerie und Gastronomie bedeutet dies, dass sich der Angestellte mit seinen eigenen Werten in dem Hotel bzw. dem gastronomischen Betrieb wiedererkennen kann und die eigenen – ichbezogenen – Beweggründe zum Wohl der Gemeinschaft in den Hintergrund treten. Das kann heißen, dass jemand bereit ist, für sein Team länger zu arbeiten oder einen freien Tag zu tauschen. Außerdem, dass der Angestellte sich nicht nur die angenehmen Arbeiten im Team aussucht, sondern diese auch anderen überlässt.

In den Interviews wurden mit Blick auf Interaktion und Identifikation folgende Aspekte beleuchtet:

- Vorkenntnisse und Vorerfahrungen in der Hotellerie und Gastronomie,
- Bereitschaft in der Hotellerie oder Gastronomie zu arbeiten,
- Einschränkungen kultureller, religiöser oder sonstiger Natur.

Vorkenntnisse und Vorerfahrungen in der Hotellerie und Gastronomie:
Als problematisch stellt sich hier dar, dass die Hotel- und Gastronomiebranche in Syrien nur teilweise mit Deutschland vergleichbar ist. Die Aufteilung in inhabergeführte Hotels und Hotelketten ist zwar grundsätzlich vorhanden, jedoch spielen internationale Hotelketten eine weitaus geringere Rolle als in Deutschland. Die ganz überwiegende Mehrzahl der syrischen Gastronomieunternehmen sind kleine inhabergeführte Unternehmen mit fünf oder weniger Mitarbeiter. Gleichwohl hat die Hotelbranche in Syrien durch die Tourismusindustrie hohe Bedeutung. Der Zugang zum Thema Dienstleistung ist kulturell überformt und entspricht nicht dem westeuropäischen Dienstleistungsverständnis. Hotellerie und Gastronomie wird bei den syrischen Gesprächspartnern häufig mit schlecht bezahlten Tätigkeiten in Verbindung gebracht. Ca. 20 Prozent der Interviewpartner haben im weitesten Sinne bereits Vorerfahrungen in Hotellerie und Gastronomie.

Bereitschaft in Hotellerie oder Gastronomie zu arbeiten:
Bei der Untersuchung dieses Fragekomplexes trat ein schon an anderer Stelle thematisierter Widerspruch häufig zutage. Zum einen konnten sich fast alle syrischen Gesprächspartner vorstellen, in der für sie zumeist fachfremden Hotellerie und Gastronomie zu arbeiten. Es wurde eine hohe Bereitschaft signalisiert, sich hierzu entsprechende Kenntnisse anzueignen oder eine Ausbildung zu absolvieren. Zum anderen wurde die Vorstellung formuliert, (bei der Frage nach Ausbildung und/oder Berufserfahrung) in der Branche zu bleiben, in der eine Ausbildung gemacht oder schon gearbeitet wurde. Einen Wechsel in eine andere Branche wurde häufig kritisch betrachtet oder ausgeschlossen. Hier tritt möglicherweise, wie auch an anderer Stelle, das Problem zutage, dass häufig so geantwortet wurde, dass die Syrer den vermeintlichen Erwartungen der deutschen Interviewer gerecht wurden. Bei einer Überprüfung, ob Flüchtlinge mit einem höheren Bildungsstand eine andere Bereitschaft zur Arbeit in der Hotellerie und Gastronomie aufweisen, konnte festgestellt werden, dass bei den Flüchtlingen mit höherer Schulbildung oder akademischer Ausbildung tendenziell eine geringere Bereitschaft zur Tätigkeit in Hotellerie und Gastronomie besteht.

Festgestellt werden konnte auch, dass es bereits Flüchtlinge gibt, die in Hotellerie oder Gastronomie in Deutschland Praktika machen, arbeiten oder Probe gearbeitet haben. Diese verneinten eher eine berufliche Zukunft in dieser Branche. Anders die Situation bei denen, die noch über keinerlei Vorerfahrung verfügten und die in Deutschland bleiben wollten. Hier könnten sich alle eine berufliche Zukunft in Hotels oder Restaurants vorstellen.

Einschränkungen kultureller, religiöser oder sonstiger Natur:

Hier wurden die Gesprächspartner gefragt, welche Einschränkungen Sie selbst hinsichtlich einer Tätigkeit in Hotellerie und Gastronomie sehen. Angesprochen wurde – sofern die syrischen Gesprächspartner das nicht von sich aus thematisierten – den Umgang mit Schweinefleisch und Alkohol, Gebetszeiten, das Bedienen von Frauen und Kindern, Arbeiten an religiösen Feiertagen. So sollte Aufschluss über mögliche Schwierigkeiten Ausschlussgründe für eine Beschäftigung in Hotels oder Restaurants gewonnen werden. Wissend, dass auch hier vielleicht sozial erwünscht geantwortet wurde, ist doch festzuhalten, dass nahezu alle Gesprächspartner in den angesprochenen Punkten keine Schwierigkeiten sehen. So wurde von mehreren darauf hingewiesen, dass die Gebetszeiten verlegt werden können. Viele Moslems wiesen darauf hin, dass es kein Problem darstelle, mit Schweinefleisch oder Alkohol zu arbeiten oder diese Speisen und Getränke zu servieren. Lediglich das Verzehren wurde abgelehnt. Auch die Interaktion mit weiblichen Gästen scheint für die männlichen Befragten unproblematisch zu sein. Die in Deutschland erwarteten Schwierigkeiten scheint es zumindest nach den Aussagen der syrischen Gesprächspartner nicht zu geben.

7. Zusammenfassung und kritische Reflexion

Ziel der vorgestellten Studie war es, Aussagen darüber machen zu können, welche Arbeitsplatzperspektiven sich für syrische Einwanderer in Hotellerie und Gastronomie ergeben und welches Arbeitskräftepotential die aktuellen Einwanderungsentwicklungen bieten. Die narrativen Interviews und Leitfadeninterviews wurden dabei auf der theoretischen Basis der Thesen zur Sozialintegration von Hartmut Esser geführt. Diese systematischen Befragungen haben dabei zusammengefasst folgende Erkenntnisse gebracht:

Kulturation: Für eine berufliche Perspektive in der Hotellerie und Gastronomie sind Kenntnisse der deutschen Sprache unabdingbar. Nahezu alle syrischen Gesprächspartner nahmen oder nehmen an Sprachkursen teil. Bei den syrischen Flüchtlingen besteht eine hohe Motivation Deutsch zu lernen. Die Gründe hierfür sind sehr unterschiedlich. Die Interviewten haben ein sehr positives bis positives Bild von den Menschen in Deutschland und dem Land. Die Kenntnisse über Land und Leute stammt teilweise aus den Sprach- und Integrationskursen, teilweise aber auch noch aus der Zeit in Syrien.

Plazierung: Der überwiegende Teil der Befragten sieht eine langfristige Perspektive in Deutschland und möchte hierbleiben oder ist sich was die Zukunft angeht noch unsicher. Der kleinere Teil der Befragten will wieder zurück in sein Heimatland. Die Gründe, weshalb jemand in Deutschland bleiben möchte sind unterschiedlich. Die berufliche Bildung und Hochschulbildung lässt sich, vor allem mit Blick auf die Hotellerie und Gastronomie, nur schwierig miteinander vergleichen. Es gibt es ein unterschiedliches Verständnis von den Tätigkeiten und Berufsbildern in der Dienstleistungsbranche. Die befragten syrischen Flüchtlinge haben vielfältige berufliche Hintergründe, dies reicht vom ungelernten Arbeiter bis zum Akademiker. Viele geben an, sich eine berufliche Zukunft in einem Hotel- oder Restaurantbetrieb vorstellen zu können. Gleichzeitig betonen die meisten, dass sie gerne im erlernten oder ausgeübten Beruf arbeiten möchten.

Interaktion und Identifikation: Die Vergleichbarkeit von Hotellerie und Gastronomie in Deutschland und Syrien ist schwierig, weil sich Arbeitsfelder, Berufsbilder, Größenstruktur, Arbeitsweise u.a.m. anders darstellen. Nur ein kleiner Teil der syrischen Flüchtlinge verfügt über Vorerfahrungen in der Hotellerie und Gastronomie, einige wenige sammeln oder sammelten bereits erste Branchenerfahrungen in Deutschland. Grundsätzlich gibt es eine hohe Bereitschaft in Hotels oder Restaurationsbetrieben zu arbeiten. Diese Aussagen kollidieren allerdings mit dem häufig geäußerten Wunsch, im bisherigen Beruf zu arbeiten. Für besser qualifizierte Syrer oder Akademiker ist eine Tätigkeit in Hotellerie oder Gastronomie nicht attraktiv. Weniger problematisch stellen sich, zumindest den Aussagen der Interviewten zufolge, die kulturellen und religiösen Unterschiede zwischen Christen und Muslimen bzw. Deutschen und Syrern dar. So sei es kein Problem mit Schweinefleisch oder Alkohol zu arbeiten und Frauen und Kinder zu bedienen. Gebetszeiten könnten verschoben werden, auch eine Arbeit an religiösen Feiertage sei unbedenklich.

Es hat sich gezeigt, dass ein qualitativer Forschungsansatz den kulturellen Herausforderungen der Forschungsthematik gerecht wird. Bislang gibt es keine weiteren Untersuchungen zur Fragestellung der Eignung syrischer Asylberechtigter für die Hotellerie und Gastronomie in Deutschland. Der theoretische Hintergrund nach *Esser* hat sich für die Fragestellung als theoretische Leitschnur bewährt und kann als geeignet angesehen werden.

Allerdings muss die methodische Vorgehensweise durchaus auch kritisch beleuchtet werden: Die sprachlichen und kulturellen Hürden zwischen deutschen Interviewern und syrischen Frauen und Männern sind hoch und konnten durch die qualitative Herangehensweise nur teilweise abgesenkt werden. Eine Vergleichbarkeit von Interviews, die in unterschiedlichen Sprachen (Deutsch, Englisch, mit und ohne Dolmetscher) geführt werden, ist kritisch zu sehen. Zielführend könnte hier eine weitere Auswertung der Daten nach Interviewsprache sein, dies wurde bislang nicht vorgenommen.

Als nicht problematisch erwies sich, dass mehrere Befragungstandems- oder -teams ausschließlich weiblich besetzt waren. Es gab über den kompletten Befragungszeitraum keine Situation, in der männliche Flüchtlinge es ablehnten, von Frauen befragt zu werden. Die weiblichen Befrager berichteten alle, dass ihrem Eindruck nach die Frage, welchem Geschlecht sie angehörten, keine wesentliche Relevanz im Gesprächsverlauf hatte. Dieser Frage wurde im Vorfeld der Befragungen Aufmerksamkeit geschenkt, weil erwartet wurde, dass dies ein kritischer Moment sein könnte.

Abschließend soll darauf verwiesen werden, dass weitere wertvolle Erkenntnisse gewonnen werden könnten, indem die erhobenen Daten systematisch in „für die Hotellerie und Gastronomie geeignete" und „weniger geeigneten Personen" unterteilte werden. Auch Befragungen in der Hotellerie und Gastronomie, beispielsweise bei Geschäftsführern, Inhabern oder Personalverantwortlichen, könnten den Erkenntnisgewinn steigern.

Quellenverzeichnis

Bundesagentur für Arbeit (2016): Arbeitsmarkt in Zahlen-Arbeitsmarktstatistik: Gemeldete Arbeitsstellen nach Wirtschaftszweigen, Februar 2016, Nürnberg (https://statistik.arbeitsagentur.de/nn_31894/SiteGlobals/Forms/Rubrikensuche/Rubrikensuche_Form.html?view=processForm&resourceId=210368&input_=&pageLocale=de&topicId=17330&year_month=201604&year_month.GROUP=1&search=Suchen, zugegriffen am 06.05.16).

Bundesamt für Migration und Flüchtlinge (BAMF) (2014): Flüchtlingsschutz. (http://www.bamf.de/DE/Migration/AsylFluechtlinge/Fluechtlingsschutz/fluechtlingsschutz-node.html, zugegriffen am 17.04.2016).

Bundesamt für Migration und Flüchtlinge (BAMF) (2015a): Antragstellung (http://www.bamf.de/DE/Migration/AsylFluechtlinge/Asylverfahren/Antragstellung/antragstellung-node.html, zugegriffen am 17.04.2016).

Bundesamt für Migration und Flüchtlinge (BAMF) (2015b): Aktuelle Zahl zu Asyl, Ausgabe: Dezember 2015 (http://www.bamf.de/SharedDocs/Anlagen/DE/Downloads/Infothek/Statistik/Asyl/aktuelle-zahlen-zu-asyl-dezember-2015.pdf?__blob=publicationFile, zugegriffen am 01.06.2016).

Bundesamt für Migration und Flüchtlinge (BAMF) (2016a): 476.649 Asylanträge im Jahr 2015. (http://www.bamf.de/SharedDocs/Meldungen/DE/2016/201610106-asylgeschaeftsstatistik-dezember.html, zugegriffen am 13.04.2016).

Bundesamt für Migration und Flüchtlinge (BAMF) (2016b): Aktuelle Zahlen zu Asyl, Ausgabe: Mai 2016 https://www.bamf.de/SharedDocs/Anlagen/DE/Downloads/Infothek/Statistik/Asyl/aktuelle-zahlen-zu-asyl-mai-2016.pdf?__blob=publicationFile, zugegriffen am 01.06.2016)

Esser, Hartmut (2001): Integration und ethnische Schichtung. Arbeitspapiere – Mannheimer Zentrum für europäische Sozialforschung, Nr.40, Universität Mannheim.

Mayring, Philipp (2010): Qualitative Inhaltsanalyse, 11. überarb. Aufl., Beltz, Weinheim, Basel.

Mayring, Philipp (2015): Qualitative Inhaltsanalyse, 12. überarb. Aufl., Beltz, Weinheim, Basel.

Warnecke, T. (2016): Hotelmarkt Deutschland 2016. (Hrsg. V. Hotelverband Deutschland (IHA) e.V.: Hotelmarkt Deutschland). Bonn: IHA Service.

JAN SPECHT

Facility Management in der Hotellerie: Möglichkeiten zum wirtschaftlichen Betrieb von Hotelimmobilien

1. Einführung

Ein wirtschaftlicher und reibungsloser Betrieb der selbst genutzten Immobilien gehört für viele Unternehmen zu den Grundvoraussetzungen, um im Wettbewerb bestehen zu können. Fällt zum Beispiel in einer Fabrikanlage ein Fließband aus, kann der gesamte Herstellungsprozess ins Stocken geraten. Gebäude und Anlagen sollen zuverlässig funktionieren und dabei möglichst geringe Kosten verursachen. Auch Hotelimmobilien bilden hier keine Ausnahme und müssen sich dabei besonderen Herausforderungen stellen. So entsteht – im Gegensatz zu anderen Branchen – in Hotellerie und Gastronomie ein direkter Kontakt des Kunden bzw. Gastes zum Ort der Leistungserstellung. Das heißt, dass immobilienbezogene Mängel nicht nur von den eigenen Mitarbeitern, sondern auch den Gästen mittel- oder unmittelbar wahrgenommen werden. Hinzu kommt die branchentypische Heterogenität von Besitz- und Betriebsverhältnissen. Während die Marken- oder Kettenhotellerie im Rahmen der funktionellen Entkopplung häufig Eigentum und Betrieb der Immobilie trennt, ist in der klein- und mittelständischen Individualhotellerie der Eigentümerbetrieb auch weiterhin die Regel. Hier trägt der Hotelier nicht nur die Verantwortung und das Risiko für Umsatz und Personal, sondern auch für das eigene Gebäude. Während meist jedoch der Hotelbetrieb ganz selbstverständlich als Kernkompetenz verstanden und gelebt wird, mangelt es nicht selten an Kenntnis und Weitsicht beim Betrieb und der Instandhaltung der Immobilie. Als Konsequenz droht dann nicht nur ein substanzieller Wertverlust beim Gebäude, sondern auch eine sinkende Auslastung durch unzufriedene Gäste.

Der vorliegende Beitrag befasst sich zunächst mit der grundsätzlichen Bedeutung des Facility Managements im Lebenszyklus eines Gebäudes. Dabei wird der Schwerpunkt auf die Bewirtschaftungs- bzw. Nutzungsphase gelegt. Anschließend werden sowohl die Besonderheiten der Hotelimmobilie erläutert, als auch die speziellen Herausforderungen, denen sich der Hotelier beim Gebäudebetrieb stellen muss. Es werden Chancen und Risiken der externen Vergabe von Facility Management Leistungen erörtert und Möglichkeiten zur Auswahl und Kontrolle damit einhergehender Vereinbarungen und Vertragsmodelle diskutiert.

2. Grundlagen des Facility Managements

2.1 Begriffsdefinitionen

Seinen gedanklichen Ursprung fand das Facility Managements in den Vereinigten Staaten der 50er Jahre, im Rahmen der Entwicklung und Bewirtschaftung komplexer Bürolandschaften. In den 80er Jahren kam das Konzept dann auch nach Europa, wo es sich zunächst im Vereinigten Königreich etablierte. 1985 wurde dort die *Association of Facility Managers (AFM)* gegründet. Deutschland folgte 1989 mit der Gründung der *German Facility Management Association (GEFMA)*, die sich als Netzwerk der Entscheider im Facility Management versteht und unter anderem in der Normungsarbeit engagiert (vgl. GEFMA 2016; Nävy & Schröter 2013, S. 26 f.; Teichmann, 2009, S.15 f.).

Je nach Land und Branche variiert das Verständnis von Facility Management; eine einheitliche Definition gibt es nicht (vgl. de Bruijn, van Wezel & Wood 2001; Hirschner, Hahr & Kleinschrot 2013, S. 1; Nävy & Schröter 2013, S. 2). Die GEFMA versteht das Facility Management als eine Managementdisziplin, welche die notwendigen Unterstützungs- (Sekundär-) Prozesse des Kerngeschäfts eines Unternehmens vereint. Demnach erfolgt beim Facility Management „die permanente Analyse und Optimierung der kostenrelevanten Vorgänge rund um bauliche und technische Anlagen, Einrichtungen und im Unternehmen erbrachte (Dienst-) Leistungen, die nicht zum Kerngeschäft gehören" (GEFMA 100-1 2004, S. 3). Erst mit der 2007 erschienenen DIN EN 15221 entstand eine europaweite Definition für Facility Management, als „Integration von Prozessen innerhalb einer Organisation zur Erbringung und Entwicklung der vereinbarten Leistungen, welche zur Unterstützung und Verbesserung der Effektivität der Hauptaktivitäten der Organisation dienen" (DIN EN 15221-1 2007, S. 5). Auch wenn, anders als bei der GEFMA, in dieser Definition nicht mehr die Immobilie im Fokus steht, wird das Facility Management in beiden Fällen als eine notwendige Voraussetzung für die eigentliche Leistungserstellung im Unternehmen verstanden, indem es die Kernprozesse unterstützt und damit erst ermöglicht (vgl. Hirschner, Hahr & Kleinschrot 2013, S. 3).

2.2 Aufgabenbereiche und Verantwortungsebenen

Entsprechend der unterschiedlichen Auslegungen des Facility Managements bestehen in Literatur und Praxis auch keine einheitlichen Abgrenzungen zu anderen immobilienbezogenen Leistungen und Strategien. Während das *Immobilienmanagement* in der Regel als übergeordneter Begriff für immobilienwirtschaftliche Aufgaben verstanden wird, gibt es für andere Bereiche, wie das *Portfolio Management*, das *Asset Management* und das *Property Management,* unterschiedliche Auslegungen zum jeweiligen Leistungsumfang und den Schnittstellen bzw. Schnittmengen zum Facility Management (vgl. Hirschner, Hahr & Kleinschrot 2013, S. 4 f.). Die Abgrenzung des in der Praxis häufig synonym verwendeten *Gebäudemanagements* liegt in dessen Konzentration auf die Betrachtung der Nutzungs- oder Bewirtschaftungsphase. Das Facility Management hingegen umfasst die gesamten Lebenszyklusbetrachtung eines Gebäudes (vgl. Zahn 2013, S. 81). Häufig wird das Gebäudemanagement auch als *Operatives Facility Management* bezeichnet, dem das *Strategische Facility Management* gegenübersteht (siehe Abb. 1).

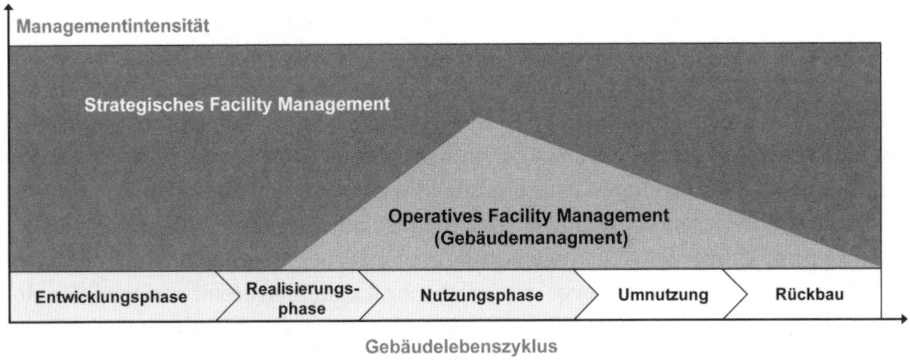

Abbildung 1: Strategisches und Operatives Facility Management
(Eigene Darstellung in Anlehnung an Preuss & Schöne 2016, S. 81)

Die DIN EN 15221 (2007) ergänzt diese Aufteilung noch um die taktische Ebene (siehe Abb. 2), wobei die strategische Ebene dem langfristigen Erreichen der Ziele dient und die taktische (Management-) Ebene die mittelfriste Umsetzung der strategischen Vorgaben verantwortet. Die tatsächliche Erbringung der Dienstleistungen (Facility Services) hingegen ist Aufgabe der operativen Ebene (vgl. Nävy & Schröter 2013, S. 8 f.).

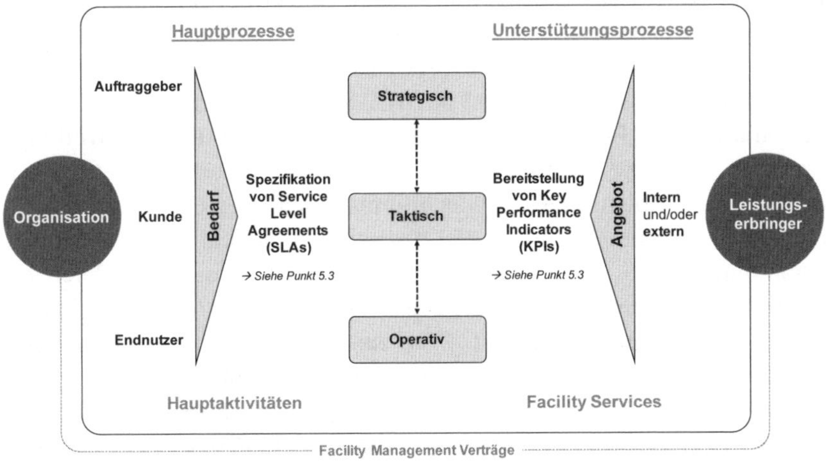

Abbildung 2: Facility Management-Modell
(Eigene Darstellung in Anlehnung an DIN EN 15221 2007)

Zu den strategischen Aufgabenfeldern gehören unter anderem die Flächenplanung, die Planung und Durchführung von Maßnahmen zur Fortentwicklung der Gebäude und die Steuerung und Überwachung der Leistungserbringung (vgl. DIN EN 15221-1 2007, S. 9). Dem Operativen Facility Management können Dienstleistungen zugeordnet werden, wie z.B. das Betreiben und Instandhalten der technischen Gebäudeausrüstung und die Durchführung von Reinigungsdiensten. Entsprechend erfolgt in Literatur und Praxis häufig auch eine Einteilung in kaufmännische, technische und infrastrukturelle Aufgabenfelder (vgl. DIN 32736).

Die Abgrenzung zwischen Haupt- und Unterstützungsprozessen ist eine wesentliche Voraussetzung für ein funktionierendes Facility Management und muss von jedem Unternehmen selbst vorgenommen werden. Insbesondere, wenn in diesem Rahmen auch Leistungen extern erbracht werden sollen, kann das eine Organisation vor große Herausforderungen stellen (siehe auch Punkt 3.2 und Punkt 3.3).

Die Spezifikation der Leistungen erfolgt bei externer Vergabe dann in den Facility Management Verträgen, über entsprechende Leistungsvereinbarungen, den sogenannten *Service Level Agreements (SLAs)*. Gemessen werden diese nach Erbringung dann anhand von Schlüsselleistungsindikatoren, die auch als *Key Performance Indicators (KPIs)* bezeichnet werden (siehe Abb. 2 und Punkt 5.3).

2.3 Gebäudeinformationssysteme

Entlang des Lebenszyklus einer Immobilie kommen unterschiedliche EDV-Systeme zum Einsatz. Dazu gehören in der Entwicklungs- und Realisierungsphase z.B. *CAD-Systeme* und *CAAD-Systeme*, mit denen Pläne erstellt sowie Flächendaten und Masseneigenschaften ermittelt werden. In der Nutzungsphase nehmen auf kaufmännischer Ebene dann sogenannte *Enterprise Ressource Planning (ERP) Systeme* den größten Stellenwert ein (vgl. Poltermann, Holzer & May 2013, S. 168). Auf der technischen Ebene spielen Systeme, wie die *Gebäudeleittechnik (GLT, auf englisch BMS)* oder *Instandhaltungsplanungs- und -steuerungssysteme (IPS, auf englisch CMMS)*, eine Rolle (vgl. Lai & Yik 2012, S. 229 ff.).

Ziel des Strategischen Facility Managements ist es, diese Systeme sinnvoll miteinander zu vernetzen bzw. notwendige Daten und Kennzahlen zu identifizieren und zu nutzen. Dabei sollen alle Gebäudeinformationen über den Lebenszyklus gesammelt und zu einem einheitlichen und überschaubaren Bild zusammengefügt werden (vgl. Pfnür 2011, S. 366). Um auf dieser Basis die systematische Unterstützung aller gebäuderelevanten Prozesse zu gewährleisten, kann das sogenannte *Computer Aided Facility Management (CAFM)* eingesetzt werden. Die Grundfunktion dieser meist modular aufgebauten CAFM-Systeme besteht zunächst darin, die Arbeitsprozesse des Facility Managements zu unterstützen. Dabei sind sie aber nicht nur Werkzeuge, um Prozesse zu planen und durchzuführen, sondern sammeln auch notwendigen Informationen und liefern entsprechende Berichte und Auswertungen, um Managemententscheidungen zur Gebäudebewirtschaftung zu treffen (vgl. Reents 2013, S. 192). Im Gebäudebetrieb stellt das CAFM-System damit eine der wichtigsten Schnittstellen zwischen dem Operativen und Strategischen Facility Management dar (vgl. Preuss & Schöne 2016, S. 683). Laut May (2013) werden dabei unter anderem Prozesse, wie die Bestandsdokumentation, das Flächen- und Umzugsmanagement, die Verwaltung und Steuerung von Verträgen, das Betriebskostenmanagement, das Reinigungsmanagement, das Energiecontrolling und das Instandhaltungsmanagement unterstützt (S. 7).

3. Herausforderungen für das Konzept eines integrierten Facility Managements in der Hotellerie

3.1 Besonderheiten von Hotelimmobilien

Hotelimmobilien gehören zu den *Spezialimmobilien*, da sie für eine besondere Art der Nutzung über den gesamten Lebenszyklus konzipiert wurden. Laut Schulte, Schäfers & Pfrang (2007) sind solche Spezialimmobilien insbesondere hinsichtlich ihrer Architektur, Lage, Raumaufteilung und ihrem Material auf die angestrebte Nutzung ausgerichtet. Eine spätere Umnutzung dieser Immobilien ist nicht ohne Weiteres möglich (S. 32).

Hotelunternehmen lassen sich nach verschiedenen Kriterien unterteilen. So können Betriebstypen in der Hotellerie z.B. nach dem Leistungsumfang, dem Aufenthaltszweck, der Betriebsgröße, dem Konzeptionsgrad, dem Grad der wirtschaftlichen Selbstständigkeit oder den Eigentumsverhältnissen unterschieden werden (vgl. DIN EN ISO 18513; Hänssler 2016, S. 53 ff.; Rabe 2011, S. 24 ff.). Je nach Betriebstyp verändern sich auch die Anforderungen an die Architektur, Ausstattung und das Management der Hotelimmobilien. Wesentlich ist dabei nicht zuletzt die direkte Kundenbeteiligung. Kommt der Kunde beim Kauf eines Sachguts nur selten in Kontakt mit dem Ort der Erstellung, so sieht das bei einer Dienstleistung in der Regel anders aus. Damit kommt nicht nur der Gestaltung bzw. der Entwicklung und dem Bau der Hotelimmobilie eine besondere Rolle in Bezug auf die spätere Qualität der Beherbergungsleistung zu, sondern insbesondere auch deren reibungslosem Betreib. Fällt in einem Fabrik- oder Bürogebäude eine Klimaanlage oder ein Aufzug aus, dann ist das zwar störend für die Mitarbeiter, der Kunde wird davon in der Regel aber nicht berührt. Im Hotel können dieselben Probleme aber nicht nur zu Einschränkungen für das Personal führen, sondern auch zu Kundenunzufriedenheit und Schadenersatzansprüchen. Dabei spielt der Vorfall selbst eine ebenso große Rolle, wie der adäquate Umgang damit (z.B. Kommunikation und Reaktionszeit). Da Produktion und Konsumption in der Hotellerie zeitlich zusammenfallen (Uno-Actu-Prinzip), beides direkt mit der Immobilie verbunden ist und der Kunde die erbrachte Leistung weder umtauschen noch zurückgeben kann, sind auch an den Gebäudebetrieb höchste Maßstäbe anzulegen.

Eine weitere Besonderheit stellen die Eigentumsverhältnisse in der Hotellerie dar. Grundlegende Erscheinungsformen sind dabei zum einen die im Eigentum des Betreibers befindlichen Hotels und zum anderen die Pacht-, Management- und Franchisehotels. Wesentliches Merkmal Letzterer ist die *funktionelle Entkoppelung* von Eigentum und Betrieb (vgl. Gardini 2015, S. 45 ff.; Jaeschke & Fuchs 2016, S. 75 ff.). Bezogen auf die Erstellung und den Betrieb der Immobilien können dabei sehr unterschiedliche Interessenslagen bestehen. Wünscht sich der Hotelbetreiber z.B. besonders hochwertige Materialien und energieeffiziente Analgen, so hat der Investor bzw. Eigentümer zunächst ein Interesse an möglichst niedrigen Erstellungskosten. Ähnliche Konfliktpotenziale können auch im späteren Betrieb, z.B. bei Wartung und Instandhaltung, entstehen. Wer dabei für welche Gewerke zuständig ist und die jeweiligen Maßnahmen verantworten und finanzieren muss, sollte daher vertraglich genau geregelt und abgegrenzt werden.

3.2 Einsatzebenen im hotelspezifischen Facility Management

Aufgrund der hohen Bedeutung gebäuderelevanter Prozesse für die Beherbergungsleistung ist es unabdingbar, dass die Leitung eines Hotels mit der Organisation des Facility Managements vertraut ist (vgl. Adeyemi 2015 S. 39 ; Kincaid 1994, S. 21). Insbesondere die funktionelle Entkopplung von Eigentum und Betrieb kann hier zu sehr komplexen und schwer steuerbaren Strukturen führen, da die für ein und dasselbe Hotelgebäude zuständigen Facility Manager bzw. die im Rahmen des Facility Managements beschäftigten Personen für unterschiedliche Arbeitgeber oder Auftraggeber tätig sein können. Dazu gehören der Eigner der Kernprozesse (i.d.R. der Hotelbetreiber), der Eigentümer der Immobilie und – im Falle von Outsourcing – der externe Dienstleister. Darüber hinaus muss im Hinblick auf die eingenommene Verantwortungsebene zwischen dem Einsatz auf strategischer und administrativer Ebene differenziert werden (vgl. Albert et al. 2007, S. 15). Trotz oder gerade wegen dieser komplexen Strukturen – mit internen und externen Beteiligten – ist eine bewusste Integration des Facility Managements in den Hotelbetrieb entscheidend für die Dienstleistungsqualität. Ein wesentlicher Erfolgsfaktor ist dabei eine offene, systematische und wertschätzende Kommunikation zwischen allen am Gebäude- und Hotelbetrieb beteiligten Personen. Wie Lai und Choi (2015) feststellen, kennen sich die in der Hotellerie tätigen Facility Manager in der Regel zwar mit ihren Aufgaben aus, können sich aber oft nicht mit dem Unternehmen identifizieren bzw. keine Aussage darüber treffen, wie sie mit ihrer Arbeit zum gesamtwirtschaftlichen Erfolg des Hotels beitragen. Grund dafür ist auch, dass in der Hotellerie die Leistungen des Facility Managements kaum systematisch gemessen und evaluiert werden (S. 48).

3.3 Abgrenzung gebäuderelevanter Unterstützungsprozesse

Laut Jones (2002) sind integrierte Facility Management Strukturen vor allem in Branchen zu finden, in denen die Immobilien nicht direkter Bestandteil der Kernprozesse sind. In der Hotellerie hingegen hängt ein wesentlicher Teil der Beherbergungsleistung mittel- oder unmittelbar vom Gebäude ab, wodurch die Grenzen zwischen Kerngeschäft und Unterstützungsprozessen im Rahmen des Facility Managements verschwimmen (S. 72). Auch deshalb war der Begriff des Facility Managements in der Hotellerie lange unüblich und noch heute tut sich die Branche schwer damit, das Konzept eines integrierten Facility Managements anzunehmen (vgl. Jones 2002, S. 72; Lai & Choi 2015, S. 49). Gebäuderelevante Unterstützungsprozesse, wie Reinigung, Sicherheit, Instandhaltung und Instandsetzung der technischen Gebäudeausstattung oder Landschafts- und Gartenleistungen, werden traditionell den einzelnen Abteilungen zugeordnet. Eine strategische und ganzheitliche Betrachtung, Planung und Steuerung findet dabei kaum statt (vgl. Lai & Choi, 2015, S. 49 f.). Wie schwer die Abgrenzung zwischen Kern- bzw. Hauptprozessen und Unterstützungsprozessen ist, zeigt sich am besten beim Housekeeping. Während die Reinigung in anderen Brachen bzw. bei anderen Arten von Gebäuden klar den unterstützenden Prozessen zugeordnet werden kann und häufig extern vergeben wird (Outsourcing), kann die Zimmerreinigung in der Hotellerie nicht so einfach vom Kerngeschäft abgegrenzt werden und umfasst im Rahmen des Housekeepings auch weitere, über die Reinigung hinausgehende, Leistungen. Dennoch erfolgt heute das Housekeeping, auch in der Hotellerie, häufig durch externe Dienstleister. Aufgrund des direkten Kundenkontakts der dort tätigen Personen, der hohen Bedeutung eines sauberen und ordentlichen Zimmers für eine hochwertige Beherbergungsleistung und des vergleichsweise hohen Anteils an den Gesamtkosten muss insbesondere in diesem Bereich eine gute Unterweisung und systematische Kontrolle gewährleistet sein. Auch im Zuge des Outsourcings kann bzw. sollte der Hotelbetreiber dabei nicht auf eigenes Personal verzichten. Petersen (2007) bezeichnet in einem Beitrag in der Allgemeinen Hotel- und Gastronomie-Zeitung (AHGZ) externes Facility Management ohne Kontrolle durch den Kostenträger gar als die „Lizenz zum Gelddrucken“ für den Facility Manager.

Dass sich nicht nur die Hotelbranche mit dem Konzept des integrierten Facility Managements schwertut, sondern die Probleme auf Gegenseitigkeit beruhen, zeigt sich bei einem Blick in Teil 4 der DIN EN 15221 (2007). Unter dem Begriff „Hospitality“ versteht die Norm die „Bereitstellung einer freundlichen Arbeitsumgebung, die dazu beiträgt, dass sich die Menschen wohl fühlen“ (S. 37). Gemeint ist damit unter anderem die Versorgung von Grundbedürfnissen, wie Essen und Trinken, die Bereitstellung einer sauberen Arbeitsgarderobe, die Organisation von arbeitsförderlichen Tagungs- und Besprechungsräumen und die persönliche Begrüßung und Betreuung durch einen Empfangsmitarbeiter (vgl. Nävy & Schröter 2013, S. 294). Die aufgeführten Leistungen beziehen sich dabei aber auf das allgemeine Arbeitsumfeld verschiedener Branchen, außerhalb der Hotellerie, und damit verbundene „gastfreundliche" Facility Management Leistungen. Der Gast im Sinne der Tourismuswirtschaft wird nicht berücksichtigt. Tatsächlich finden die Besonderheiten der Hotellerie und die damit verbundenen Anforderungen an das Facility Management bislang kaum Berücksichtigung in einschlägigen Normen. Darüber hinaus tun sich mitunter auch externe FM-Dienstleister schwer, die branchenspezifischen Anforderungen und Bedingungen zu verstehen oder zu akzeptieren (siehe auch Punkt 4.2).

4. Outsourcing von Facility Management Leistungen in der Hotellerie

4.1 Gründe und Chancen des Outsourcings

Bei denen in 2014 in Deutschland über 45.000 Beherbergungsbetrieben handelte es sich zu einem großen Teil um Kleinstunternehmen sowie kleine und mittlere Unternehmen (vgl. Statistisches Bundesamt 2016). Bei vielen dieser Hotels sind die Betreiber auch Eigentümer der Immobilien. Das sorgt zwar für weniger komplexe Strukturen in Bezug auf den Gebäudebetrieb, stellt die Unternehmen dafür aber vor andere Herausforderungen. So ist im Umgang mit der Immobilie zwar häufig operative Erfahrung vorhanden, der strategische Aspekt geht im Tagesgeschäft aber manchmal verloren. Hinzu kommen fehlende finanzielle Kapazitäten, um teure Spezialisten für die einzelnen Bereiche des Gebäudebetriebs fest im Unternehmen zu beschäftigen, so wie es in großen Betrieben der Individualhotellerie und in der Kettenhotellerie möglich ist. Sinnvoll wäre eine solcher Ansatz aber ohnehin nicht, da z.B. ein Anlagentechniker in einem kleinen Boutique-Hotel kaum ausgelastet wäre und seine freien Kapazitäten auch nicht ohne Weiteres in anderen Bereichen eingesetzt werden könnten.

Eine gängige Möglichkeit, dennoch nicht auf die Leistungen von Spezialisten verzichten zu müssen, bietet das bereits angesprochene Konzept des Outsourcings. Hier werden einzelne Aufgaben – die bisher unternehmensintern erbracht wurden – mittels vertraglicher Regelungen an – meist externe – Dritte vergeben (vgl. Gondring & Wagner 2012, S. 393). In einer Studie zum Einsatz von Facility Management in mittelständischen Hotelunternehmen im Vereinigten Königreich stellte Jones bereits in 2002 fest, dass der Hauptgrund für Outsourcing nicht etwa potenzielle Kosteneinsparungen war, sondern die Möglichkeit, auf Leistungen von Spezialisten zurückgreifen zu können. Der Grad des Outsourcings variierte bei den befragten Hotels zwischen 23 und 88 Prozent (S. 72 f.). Neben dem Zugang zu Spezialisten-Knowhow und damit einhergehenden Potenzialen zur Qualitätsverbesserung, ist die Chance auf Kosteneinsparungen dennoch einer der wichtigsten Beweggründe für Outsourcing. Erzielt werden können diese z.B. durch Skaleneffekte (auf englisch Economies of Scale), eine Verschiebung von fixen zu variablen Kosten und eine höhere Ausgabentransparenz (vgl. Beaumont 2006, S. 383). Insbesondere in der Hotellerie ist aber auch die Fähigkeit entscheidend, jederzeit angemessen auf zyklische Schwankungen reagieren zu können. Mit eigenen Angestellten ist das oft nur begrenzt leistbar, während im Rahmen des Outsourcings – je nach Art der Leistung, Vertragsgestaltung und Dienstleister – flexible Kapazitätsanpassungen möglich sind. Dabei muss der Hotelier nur eine Kontrollfunktion wahrnehmen und kann sich ansonsten auf sein Kerngeschäft konzentrieren. Um dabei den nötigen Einfluss auf alle Beteiligte nicht zu verlieren, sollte Facility Management im Unternehmen aber entsprechend weit oben in der Hierarchie angesiedelt werden. Das kann z.B. in Form einer Stabsstelle geschehen, die direkt an die Geschäftsleitung angebunden ist (vgl. Braun 2013, S. 46).

4.2 Grenzen und Risiken des Outsourcings

Wo genau das eigene Kerngeschäft aufhört und die Unterstützungsprozesse anfangen bzw. welche Aufgaben oder Aufgabenbereiche fremd vergeben werden können oder sollen, muss jedes Unternehmen individuell entscheiden. Auch eine komplette Auslagerung des Facility Managements an einen entsprechenden Dienstleister ist denkbar. Laut Braun (2013) kann mit einer relativ kleinen Kernmannschaft, unter Einbeziehung externer Dienstleister, das komplette Facility Management abgehandelt werden (S. 47). Allerdings muss sich insbesondere ein Hotelunternehmen dabei nicht nur die Frage stellen, ob es sinnvoll ist, soviel Verantwortung aus der Hand zu geben. Ein solches Vorhaben kann auch daran scheitern, dass sich kein geeigneter Gesamtdienstleister findet, der fähig oder gar williger ist, das hotelspezifische Facility Management zu übernehmen. In einem Beitrag in der Welt-Online zitiert Maaß (2016) Christine Sasse, die Personalchefin des FM-Dienstleisters Dr. Sasse AG, mit folgender Aussage: "Für Hotels arbeiten wir grundsätzlich nicht. Wir behandeln unsere Mitarbeiter mit Respekt. Dazu gehört auch, dass wir sie vernünftig bezahlen. Aber dafür reichen die Konditionen, die deutsche Hotels für Reinigungsleistungen zu zahlen bereit sind, nicht aus." Ähnlich äußert sich der Branchenverband GEFMA, der Hotels dennoch als wichtige Zielgruppe für FM-Unternehmen sieht. Es würden vielfältige Dienstleistungen erbracht, etwa im Bereich des technischen Gebäudemanagements, bei Sicherheitsdiensten oder in der Grünpflege. Allerdings, so der Verband, seien das Housekeeping und Reinigungsdienste im Hotel davon ausgenommen (Maaß 2016). Tatsächlich konzentrieren sich nur wenige der großen FM-Dienstleister auf das komplette Leistungsspektrum in der Hotellerie und bieten stattdessen vermehrt technische Dienste für die Branche an (vgl. Maslyk 2011). Für die Housekeeping- und Reinigungsleistungen ebenso wie für die Wäscherei gibt es entsprechende Spezialanbieter. Ein integriertes Facility Management aus einer Hand, wie in anderen Branchen üblich, ist damit für viele Unternehmen der Hotelbranche nicht zu haben bzw. schlicht zu teuer.

Damit bleibt es in der Verantwortung der Hotelbetreiber und -eigentümer, sich um die operative und strategische Steuerung der vielen unterschiedlichen Beteiligten und Aufgabenbereiche des Facility Managements zu kümmern und dafür zu sorgen, dass dennoch Synergieeffekte erzielt und die Aspekte der Nachhaltigkeit berücksichtigt werden. Eine wesentliche Voraussetzung dafür sind ganzheitliche Konzepte sowie passende Verträge und Kontrollinstrumente (siehe auch Punkt 5.2 und Punkt 5.3). Ansonsten drohen Mehrkosten und Kontrollverluste und die vermeintliche Entlastung durch externe Dienstleister entpuppt sich am Ende zusätzliche als Belastung. Bei der Auswahl und Prüfung möglicher Dienstleister sollte daher viel Zeit investiert werden. Passt die Unternehmensphilosophie zum Hotel? Werden die Mitarbeiter regelmäßig geschult? Können sie auch mit einem möglichen Gästekontakt umgehen? Gibt es eine hohe Fluktuation in der Belegschaft und lassen sich die externen Mitarbeiter überhaupt in die interne Organisation integrieren (vgl. Hassanien & Dale 2013, S. 111 ff.)? Einmal getroffene Entscheidungen sind nur schwer rückgängig zu machen, selbst wenn der Vertrag dies zulassen sollte. Ist die Kompetenz in einem bestimmten Bereich erst aus dem Unternehmen abgewandert, kann es Jahre dauern, sie wiederaufzubauen. Auch die finanzielle Leistungsfähigkeit des möglichen Partners kann entscheidend sein. So wäre eine Insolvenz in der Hochsaison kaum auszugleichen und kann das Hotel am Ende sogar Kunden kosten. Die würden sich nämlich kaum damit zufriedengeben, dass die defekte Klimaanlage aktuell nicht repariert werden kann, weil der dafür verantwortliche Dienstleister Pleite ist. Im Rahmen des Outsourcings bleibt aber nicht nur die Verantwortung für die eigenen Endprodukte beim Hotelier – egal wer daran mitgewirkt hat. Auch die Auftraggeberhaftung muss beachtet werden. Das heißt, dass außer den Qualitätsanforderungen auch auf tarif- und sozialrechtliche Bestimmungen geachtet werden muss und die externen Mitarbeiter unter anderem ordnungsgemäß angemeldet sein und über eine gültige Arbeits- und Aufenthaltserlaubnis verfügen müssen (vgl. Schlag 2015).

Die Entscheidung für oder gegen ein Outsourcing von Sekundärprozessen im Rahmen des Facility Managements verlangt nach einer sorgfältigen Abwägung von individuellen Chancen und Risiken. Im Bedarfsfall sollten unabhängige Experten hinzugezogen werden, um die Entscheidungsfindung und einen möglichen Outsourcing-Prozess zu unterstützen.

5. Auswahl und Kontrolle von Facility Management Verträgen

5.1 Ausschreibungsarten zur Vergabe von Facility Management Leistungen

Bereits im Rahmen der Ausschreibung von Facility Management Leistungen muss sich der Auftraggeber Gedanken über die späteren Vertragsmodelle machen. Die Wahl hängt dabei von seinem Risikobewusstsein, den gewünschten Einflussmöglichkeiten, dem Kenntnisstand und der Frage ab, inwieweit er die Facility Management-Prozesse steuern bzw. sich selbst einbringen kann und will. Grundsätzlich kann zwischen drei verschiedenen Ausschreibungsarten gewählt werden: Der

Leistungspositionsausschreibung, der *Funktionalausschreibung* und dem *Konzeptwettbewerb* (vgl. Nävy & Schröter 2013, S. 345).

Für durchschnittliche Objekte, mit geringem bis mittlerem Schwierigkeitsgrad, ist die *Leistungspositionsausschreibung* in Deutschland aktuell noch die Regelausschreibung (vgl. Nävy & Schröter 2013, S. 345). Dies gilt auch für die Mehrzahl der Hotelbetriebe. Beschreiben werden im Rahmen dieser Ausschreibungsart zunächst die erwarteten Leistungen, einschließlich der geforderten Frequenz. Aussagen zur Qualität und Art der Leistung sowie dem gewünschten Ergebnis sind dabei häufig aber nicht Bestandteil der Beschreibung. Vorteile dieser Ausschreibungsart sind die hohe Vergleichbarkeit der Angebote, die einfache Übertragbarkeit des Leistungsverzeichnisses in das spätere Vertragswerk und die gute Messbarkeit der Leistungserfüllung. Dafür sind die auf diesem Konzept vereinbarten Verträge häufig nur wenig flexibel und bieten weder für den Auftraggeber, noch den Auftragnehmer Spielräume zur pragmatischen Anpassung. So müssen, durch den Bezug auf die Häufigkeit und nicht auf das Ergebnis, Leistungen ggf. auch dann erbracht werden, wenn sie eigentlich gar nicht notwendig sind. Umgekehrt kann auf kurzfristige Auslastungsspitzen kaum reagiert werden, ohne entsprechende Zusatzzahlungen zu leisten oder mittelfristig umständliche Vertragsanpassungen vornehmen zu müssen. Als Beispiel kann hier die Reinigung der Lobby dienen. Wird in diesem Rahmen z.B. eine zweimal tägliche Reinigung (mit oder ohne fixe Zeitangaben) vereinbart, so könnte das an Tagen mit niedriger Auslastung und gutem Wetter zu häufig bzw. unnötig sein. An regnerischen Tagen, mit einer hohen Auslastung, könnte hingegen der Verschmutzungsgrad so stark zunehmen, dass eine deutlich höhere Reinigungsfrequenz sinnvoll wäre. Ohne weitere Differenzierungen bzw. eine grundsätzliche Ergebnisorientierung im späteren Vertrag wäre eine solche bedarfsorientiere Leistungserstellung aber nicht möglich. In einer zyklischen Branche, wie der Hotellerie, bietet das sicher keine idealen Voraussetzungen zur Erreichung einer hohen Dienstleistungsqualität gegenüber den Gästen sowie einer wirtschaftlichen und harmonischen Zusammenarbeit zwischen Auftraggeber und Auftragnehmer.

Bei einer *Funktionalausschreibung* steht nicht, wie bei der Leistungspositionsausschreibung, die einzelne Leistung im Fokus, sondern eine zu realisierende Funktion. Es wird ein zu erreichendes Ziel bzw. Ergebnis beschrieben, während die Art der Umsetzung dem Dienstleister grundsätzlich freisteht. Diese Art der Ausschreibung wird in Deutschland vor allem für anspruchsvolle Spezialobjekte mit hohem Schwierigkeitsgrad genutzt (vgl. Nävy & Schröter 2013, S. 347 f.). Obwohl das Hotelgebäude zu den komplexen Spezialimmobilien gezählt wird, hat sich hier die Funktionalausschreibung in der Hotellerie bislang aber kaum durchgesetzt. Während beim Einsatz von Leistungspositionen die vollständige und widerspruchsfreie Beschreibung der zu erbringenden Leistung zentraler Bestandteil ist, gilt bei der Funktionalausschreibung dasselbe für die Leistungsqualität bzw. das Leistungsergebnis, das im späteren Vertrag in einem sogenannten *Service Level Agree-*

ment (SLA) festgehalten wird (siehe auch Abb. 2 und Punkt 5.3). So könnte hier – neben den entsprechenden Verweisen auf gängige Normen – z.B. stehen, dass die Aufzüge über den gesamten Tag zu mindestens 99 % funktionsfähig und verfügbar sein müssen, während der definierten Kernnutzungszeiten sogar zu 99,7 %. Auch im Bereich der Reinigung wäre das Ergebnis und nicht der Prozess entscheidend. Hier würde im entsprechenden SLA z.B. ein bestimmter Grad an Sauberkeit vereinbart. Herausforderung wäre dabei dann, die genaue Definition und ein gemeinsames Verständnis von Sauberkeit zu finden und zu formulieren. Fotografien der gewünschten Soll-Zustände sowie nicht tolerierbarer Abweichungen können dabei unterstützen. Vorteil der Funktionalausschreibung sind die hohe Flexibilität sowie durch die Ergebnisorientierung generierte Einsparungspotenziale und mögliche Qualitätssteigerungen. So werden nur Leistungen erbracht, die auch wirklich nötig bzw. sinnvoll sind und der Auftraggeber kann sich auf die Kontrolle der Ergebnisse konzentrieren, statt den gesamten Prozess zu überwachen. Je nach Vertragsgestaltung profitieren Auftraggeber und Auftragnehmer dann gleichermaßen von Effizienzsteigerungen und damit einhergehenden Einsparungseffekten. Andererseits sind sowohl die Ausschreibung als auch die Vertragsgestaltung deutlich komplexer, als bei der Funktionalausschreibung und auch an die Kontrollsysteme werden höhere Anordnungen gestellt. So ergibt sich bei einem nicht eindeutig definierten Zielzustand eine gewisse Interpretationsfähigkeit in der Ausschreibung und dem entsprechenden SLA, da eben nicht die Leistung selbst, sondern der zu erreichende Zustand Vertragsgegenstand ist (vgl. Nävy & Schröter 2013, S. 349 f.). Das erhöht auch die Gefahr von Fehlkalkulationen auf Seiten des Auftragnehmers, der Risiken im Rahmen der Ergebniserreichung ggf. unterschätzt bzw. nicht ausreichend einpreist. Um dem vorzubeugen, sollten nicht nur neutrale Experten an der Ausschreibungs- und Vertragsentwicklung mitwirken; der Vertrag sollte auch klare Regelungen umfassen, wie mit möglichen Konflikten umgegangen wird.

Bei einem *Konzeptwettbewerb* wird lediglich das übergreifende Ziel des Auftraggebers im Zusammenhang mit der Leistung beschrieben. Wie der Dienstleister den Auftraggeber dann bei der Erfüllung der Gesamtaufgabe unterstützt, steht ihm zunächst weitestgehend frei (vgl. Nävy & Schröter 2013, S. 349 f.). Solche Konzeptwettbewerbe, die in der Erstellungsphase einer Immobilie durchaus üblich sind, kommen zur Leistungsvergabe in der Nutzungsphase bislang eher in außergewöhnlichen Fällen zur Anwendung, wenn der Auftraggeber selbst noch kein schlüssiges Betriebskonzept für die Immobilie(n) hat. In der Hotellerie sind sie kaum von Bedeutung. Vorteil ist hier, dass das Expertenwissen und die Kreativität der Anbieter optimal genutzt werden und so vielleicht Lösungen gefunden werden können, auf die man bei anderen Ausschreibungsarten nicht gekommen wäre. Nachteil sind die schwere Vergleichbarkeit der einzelnen Angebote und die möglicherweise mangelnde Bereitschaft von Dienstleistern, hier ohne konkrete Erfolgsaussichten den deutlich höheren Aufwand zu akzeptieren und ihr Geld, Wissen und ihre Ideen in den Konzeptwettbewerb zu investieren. Dies gilt insbesondere, wenn es sich um vergleichsweise geringe Ausschreibungsvolumen handelt, so wie es in der Hotellerie häufig der Fall ist. Anreiz kann hier eine beschränkte Ausschreibung bieten, bei der nur eine sehr begrenzte Zahl von Anbietern eingeladen wird, so dass die Erfolgschancen für die einzelnen Teilnehmer steigen. Auch eine teilweise Übernahme der Ausschreibungskosten durch den Auftraggeber ist denkbar.

5.2 Vertragsmodelle für Facility Management Leistungen

Beim Abschluss eines Vertrages für Facility Management Leistungen (FM-Vertrag) besteht grundsätzlich Vertragsfreiheit. In der Regel wird dabei der überwiegende Teil der Leistungen als Dienstleistungen verstanden, deren Vereinbarungen dem Charakter eines *Dienstvertrages* gemäß § 611 BGB entsprechen. Bestimmte Instandsetzungen, Verbesserungen oder Erneuerungen von Bestandteilen des Gebäudes können allerdings dem *Werkvertrag* gemäß § 631 ff. BGB zugeordnet werden (vgl. Hirschner, Hahr & Kleinschrot 2013, S. 64 ff.). Während beim Werkvertrag aber das erfolgreiche Ergebnis und nicht die Tätigkeit selbst vereinbart wird, wird beim Dienstvertrag lediglich die Leistung als solche, nicht aber ein positives Ergebnis geschuldet. Um hier einem mangelhaften Ergebnis entgegenzuwirken, können entsprechende SLAs formuliert werden, deren Bewertung – z.B. im Rahmen einer sogenannten *Bonus-Malus-Regelung* – dann eine Minderung oder auch Erhöhung der Vergütung nach sich ziehen kann (siehe auch Punkt 5.3). Je nach Leistung können aber auch Elemente des *Kaufvertrages* gemäß § 433 ff. BGB oder des *Mietvertrages* gemäß § 535 ff. BGB eine Rolle beim FM-Vertrag spielen. So entstehen meist gemischte FM-Verträge, die nicht mehr eindeutig einer bestimmten Vertragsart zugeordnet werden können. Laut Hirschner, Hahr und Kleinschrot (2013) ist insbesondere bei solchen gemischten Verträgen darauf zu achten, dass die Inhalte vollständig und widerspruchsfrei beschrieben sind und einzelne Bestimmungen nicht gegen gesetzliche Vorgaben verstoßen (S. 65). In der Praxis können dabei sehr unterschiedliche Vertragsmodelle bzw. -gestaltungen gewählt werden. Ein Beispiel ist das *Festpreismodell*, bei dem eine konstante Pauschale bzw. ein verbindlicher Gesamtpreis über die vereinbarte Vertragslaufzeit gezahlt wird. Dabei können sogenannte Optimierungsklauseln dafür sorgen, dass der Auftragnehmer trotz der starren Vergütungspauschale motiviert wird, Einsparungspotenziale zu identifizieren und umzusetzen. Realisierte Kosteneinsparungen können dann zwischen den Vertragsparteien aufgeteilt werden. Präzise formulierte SLAs sind beim Festpreismodell unabdingbar (siehe auch Punkt 5.3). Weitere Modelle sind z.B. reine *Service- und Wartungsverträge*, *Managementverträge*, *Verträge mit vereinbartem Höchstpreis* (Guaranteed Maximum Price) oder *Einheitspreisverträge* (vgl. Hirschner, Hahr & Kleinschrot 2013, S. 73 ff.).

5.3 Messung und Bewertung von Facility Management Leistungen

Bei der Auswahl und Gestaltung von FM-Verträgen muss von Anfang an deren spätere Kontrolle und Durchsetzung berücksichtigt werden. Während die Bewertung von technischen Leistungen dabei meist noch ohne große Probleme möglich ist, hängen vor allem infrastrukturelle Leistungen (z.B. Reinigung) in ihrer Beurteilung stark von dem subjektiven Empfinden der einzelnen Beteiligten ab (vgl. Hirschner, Hahr & Kleinschrot 2013, S. 91). Um in diesem Kontext möglichen Konflikten vorzubeugen, müssen verbindliche Qualitätsstandards vereinbart werden und eine klare Aufgabenverteilung und Transparenz zwischen Auftraggeber und FM-Dienstleister gewährleisten werden. Wie bereits in Punkt 5.2 erläutert, bietet sich dazu der Einsatz von Service Level Agreements an, in denen fest definierte und messbare Vereinbarungen für ständige oder wiederkehrenden Leistungen getroffen werden. Dabei wird eine bestimmte Dienstgüte oder Leistungsqualität (Service Level) zugesichert und durch eindeutig definierte Eigenschaften beschrieben. Beispiele sind Reaktionszeiten (Zeitspanne zwischen dem Eingang einer Fehlermeldung und der Reaktion des Auftragnehmers), Vorhaltekapazitäten (Bereitschaft von Personal oder Material) und Bereitschaftsgrade (z.B. die Betriebsfähigkeit oder Verfügbarkeit einer technischen Anlage).

Bei der Messung und Bewertung eines SLA kommen vorher gemeinsam zwischen Auftraggeber und Auftragnehmer festgelegte Schlüsselleistungsindikatoren – sogenannte *Key Performance Indicators (KPIs)* – zum Einsatz, die sich aus verschiedenen operativen und taktischen Kennzahlen zusammensetzten (siehe auch Abb. 2). Diese beschreiben z.B. aggregierte Kosteninformationen, Anlagenverfügbarkeiten oder die Anzahl von Störfällen. Leistungsqualitäten, die nicht direkt über eindeutige Messgrößen definiert werden können, müssen in der Regel anhand einer regelmäßigen und gemeinsam durch Vertreter des Auftraggebers und Auftragnehmers durchgeführten Bewertung gemessen werden. So können z.B. zur Kontrolle der „Sauberkeit" eines Hotelzimmers Bewertungsbögen, mit denen im SLA festgelegten Kriterien, und entsprechende Fotografien genutzt werden (siehe auch Punkt 5.1). Um den Grad der Erfüllung der Anforderungen des Hoteliers an den externen FM-Dienstleister festzustellen, können für bestimmte Bereiche auch Gästebefragungen sowie die Erhebung relevanter Kundenbeschwerden herangezogen werden. Die Dokumentation sollte dabei möglichst nicht manuell, sondern über entsprechende EDV-Systeme erfolgen (siehe Punkt 2.3). Dies erleichtert auch die spätere Auswertung und ermöglicht ein effektives Berichtswesen.

Zur Identifikation und Festlegung geeigneter KPIs im Facility Management kann auch Teil 3 der DIN EN 15221 dienen. Hier wird bei der Messung von Leistungsergebnissen klar zwischen harten, messbaren Merkmalen und weichen, erlebbaren Merkmale unterschieden. Wie Lai (2015) im Rahmen einer Studie herausfand, sind die üblicherweise im Facility Management genutzten KPIs aber nicht ausreichend zur Messung von Leistungen für Hotelimmobilien. Vielmehr müssen spezielle Schlüsselleistungsindikatoren identifiziert werden, die sich je nach Art und Anspruch des Hotels stark voneinander unterscheiden können. Insbesondere im Bereich der weichen, erlebbaren Faktoren, die sich auf die wahrgenommene Dienstleistungsqualität des Gastes beziehen, sollten zusätzliche KPIs identifiziert und eingesetzt werden.

Ziel der kontinuierlichen Messung und Bewertung von SLAs anhand der entsprechenden KPIs ist es, eine langfristige und vertrauensvolle Zusammenarbeit zwischen Auftraggeber und Dienstleiter zu erreichen, die sich für beide Parteien auszahlt und so zu nachhaltigen Qualitätssteigerungen und Kosteneinsparungen führt. Dazu werden die Ergebnisse der Leistungskontrolle in ein gemeinsames und möglichst faires Vergütungssystem eingepflegt, über das die endgültige Höhe der Vergütung des Dienstleisters geregelt wird. Üblich ist in diesem Zusammenhang z.B. der Einsatz eines sogenannten Bonus-Malus-Systems, bei dem Minderleistungen sanktioniert und besonders gute Leistungen durch Sonder- bzw. Bonuszahlungen honoriert werden. Dies sollte vor allem dann der Fall sein, wenn besondere Qualitätsverbesserungen oder außerordentliche Einsparungen (z.B. beim Energieverbrauch) erzielt werden. Nur wenn Auftraggeber und Dienstleister sich als Partner mit gemeinsamen Interessen verstehen, können solche „Win-win-Situationen“ entstehen. Im Rahmen des Outsourcings von Facility Management Leistungen ist das kein selbstverständlicher, sicher aber ein erstrebenswerter Zustand. Voraussetzung ist dabei allerdings zunächst ein gegenseitiges Verständnis für die Leistungen und Bedürfnisse des jeweiligen Partners.

6. Fazit und Ausblick

Neben dem Personal gehört die Immobilie zu den wichtigsten Ressourcen eines Hotelunternehmens. Der direkte Kundenkontakt, aber auch die hohen Kosten, die im Rahmen der Gebäudeerstellung und insbesondere der späteren Nutzung entstehen, verlangen nach einer kontinuierlichen strategischen und operativen Auseinandersetzung mit der Hotelimmobilie. Dabei werden nicht nur die Betreiberstrukturen komplexer; auch an die Architektur und technische Ausstattung eines Hotels werden immer höhere Ansprüche gestellt. Gleichzeitig werden die Innovationszyklen immer kürzer. Will der Hotelier sich in diesem Kontext auf sein Kerngeschäft, den Hotelbetrieb konzentrieren, ist die Einbindung externer Dienstleister unausweichlich. Dabei reicht es aber nicht mehr, einzelne gebäudebezogene Leistungen fremd zu vergeben. Vielmehr muss der Gebäudebetrieb ganzheitlich betrachtet und sinnvoll in den Hotelbetrieb integriert werden. Während Unternehmen anderer Branchen hier häufig auf Gesamtdienstleistern zurückgreifen, die alle gewünschten FM-Leistungen aus einer Hand anbieten, so ist das in der Hotellerie aufgrund der speziellen Rahmenbedingungen oft nicht möglich. Mehr als in anderen Branchen bleibt daher in der Hotellerie die Verantwortung für die Steuerung und Kontrolle aller immobilienrelevanten Vorgänge sowie der daran beteiligten Personen und Unternehmen beim Hotelier. Während die Kettenhotellerie mit zentralen Facility Management Abteilungen und Immobilienexperten auf diese Anforderungen reagieren kann, werden sich insbesondere die Führungskräfte der Individualhotellerie in Zukunft noch stärker mit der Immobilie auseinandersetzen müssen. Um hier aber einen entsprechenden Wissensvorrat aufbauen zu können, sollte die Hotelimmobilie bereits in der Ausbildung und Lehre adäquat Berücksichtigung finden. Gleichzeitig könnten Branchenverbände, wie die GEFMA und der Deutsche Hotel- und Gaststättenverband (DEHOGA), gemeinsam an zukunftsfähigen Lösungen für den wirtschaftlichen Betrieb von Hotelimmobilien arbeiten. Spartendenken ist hier nicht mehr zeitgemäß; stattdessen sind offene und interdisziplinäre Ansätze gefragt.

Quellenverzeichnis

Adeyemi, T. O. (2015). Integration of Facilities Management in Hotels. Dissertation. Verfügbar unter: www.academia.edu/14631328

Albert, K., Ehrenheim, F., Homann, K., Lehmann, M., Respondek, M. & Ritter von Lacroix, Y. (2007). Der Facility Manager – ein vielseitiges Berufsbild. Berlin: GEFMA.

Beaumont, N. (2006). Service Level Agreements: An Essential Aspect of Outsourcing. The Service Industries Journal, 26(4), 381–395.

Braun, H.-P. (2013). Praxistips zur Einführung von Facility Management. In Braun, H. P., Reents, M., Zahn, P. & Wenzel, P. (Hrsg.), Facility Management: Erfolg in der Immobilienbewirtschaftung (6. Aufl.) (S. 45-54). Heidelberg: Springer Vieweg.

de Bruijn, H., van Wezel, R. & Wood, R. C. (2001). Lessons and Issues for Defining "Facilities Management" from Hospitality Management. Facilities, 19(13/14), 476–483.

DIN EN 15221 (2007). Facility Management (Deutsche Fassung EN 15221:2006).

DIN EN 32736 (2000). Gebäudemanagement: Begriffe und Leistungen (Deutsche Fassung 32736:2000-08).

DIN EN ISO 18513:2003-12. Tourismus-Dienstleistungen – Hotels und andere Arten touristischer Unterkünfte – Terminologie (Dreisprachige Fassung EN ISO 18513:2003).

Gardini, M. A. (2015). Marketing-Management in der Hotellerie (3. Aufl.). München: Oldenbourg.

GEFMA 100-1 (2004). Facility Management – Grundlagen (Ausgabe 2004-07).

GEFMA (2016). Ein innovativer Markt braucht Ideen, Engagement und Sie. Verfügbar unter: www.gefma.de/gefma.html (zugegriffen am 08.09.2016).

Gondring, H. & Wagner, T. (2012). Facility Management: Handbuch für Studium und Praxis (2. Aufl.). München: Vahlen.

Hassanien, A. & Dale, C. (2013). Facilities Management and Development for Tourism, Hospitality and Events. Boston: CABI.

Hänssler, K. H. (2016). Betriebsarten und Betriebstypen des Gastgewerbes. In K. H. Hänssler (Hrsg.), Management in der Hotellerie und Gastronomie: Betriebswirtschaftliche Grundlagen (9. Aufl.) (S. 49–73). München: Oldenbourg.

Hirschner, J., Hahr, H. & Kleinschrot, K. (2013). Facility Management im Hochbau: Grundlagen für Studium und Praxis. Heidelberg: Springer Vieweg.

Jaeschke A. M. & Fuchs, W. (2016). Zusammenarbeit in der Hotellerie – Funktionelle Entkopplung, Betreiberformen und Kooperationen. In K. H. Hänssler (Hrsg.), Management in der Hotellerie und Gastronomie: Betriebswirtschaftliche Grundlagen (9. Aufl) (S. 75–91). München: Oldenbourg.

Jones, C. (2002). Facilities Management in Medium-Sized UK Hotels. International Journal of Contemporary Hospitality Management, 14(2), 72–80.

Kincaid, D. (1994). Integrated Facility Management. Facilities, 12(8), 20-23.
Lai, J. H. K. & Choi, E. C. K. (2015). Performance Measurement for Teaching Hotels: A Hierarchical System Incorporating Facilities Management. Journal of Hospitality, Leisure, Sport & Tourism Education, 16, 48–58.
Lai, J. H. K. & Yik, F. W. H. (2012). Hotel Engineering Facilities: A Case Study of Maintenance Performance. International Journal of Hospitality Management, 31(1), 229–235.
Maaß, S. (2013, 1 April). Gebäudeverwalter: Facility-Management, unterschätzte Boom-Branche. Welt-Online. Verfügbar unter: www.welt.de/wirtschaft/karriere/article114917330/Facility-Management-unterschaetzte-Boom-Branche.html?wtrid
Maslyk, M. (2011). Outsourcing und Betreiberverantwortung = Kosteneinsparung für Hotels: Die Behaglichkeitskriterien im Blick. Facility Management. 5(11). Verfügbar unter: www.facility-management.de/artikel/fm_Die_Behaglichkeitskriterien_im_Blick_1266059.html
May, M. (2013). CAFM-Handbuch: IT im Facility Management erfolgreich einsetzen (3. Aufl.). Heidelberg: Springer.
Nävy, J. & Schröter, M. (2013). Facility Services: Die operative Ebene des Facility Managements. Heidelberg: Springer.
Petersen, V. (2007, 7 April). Facility Management unter der Lupe. AHGZ-Online. Verfügbar unter: www.ahgz.de/konzepte-und-management/facility-management-unter-der-lupe,704237047.html
Pfnür, A. (2011). Modernes Immobilienmanagement: Immobilieninvestment, Immobiliennutzung, Immobilienentwicklung und -betrieb (3. Aufl.). Wiesbaden: Springer.
Poltermann, J., Holzer, F. & May, M. (2013). IT-Unterstützung für Nachhaltigkeit im FM. In K. Kummert, M. May & A. Pelzeter (Hrsg.), Nachhaltiges Facility Management (S. 167-184). Heidelberg: Springer Vieweg.
Preuss, N. & Schöne, L. B. (2016). Real Estate und Facility Management: Aus Sicht der Consultingpraxis. Heidelberg: Springer.
Rabe, O. (2011). Bewertung von Hotelimmobilien. Berlin: Logos.
Reents, M. (2013). Produktivitätssteigerung durch CAFM-Lösungen. In Braun, H. P., Reents, M., Zahn, P. & Wenzel, P. (Hrsg.), Facility Management: Erfolg in der Immobilienbewirtschaftung (6. Aufl.) (S. 187-230). Heidelberg: Springer Vieweg.
Schlag, M. (2015, 28 Oktober). Outsourcen oder selber putzen? AHGZ-Online. Verfügbar unter: www.ahgz.de/news/outsourcen-oder-selber-putzen,200012226162.html
Schulte, K.-W., Schäfers, W. & Pfrang, D. (2007). Erkenntnisstand der Immobilienökonomie. In J. Frehse & K. Weiermair (Hrsg.), Hotel Real Estate Management: Grundlagen, Spezialbereiche, Fallbeispiele. Berlin: Erich Schmidt.
Statistisches Bundesamt (2016): Unternehmen, Beschäftigte, Umsatz und weitere betriebs- und volkswirtschaftliche Kennzahlen im Gastgewerbe: Deutschland 2014. Verfügbar unter: www.genesis.destatis.de/genesis/online
Teichmann, S. (2009). Integriertes Facility Management in Europa. Köln: Immobilien Manager.
Zahn, P. (2013). Gebäudemanagement. In Braun, H. P., Reents, M., Zahn, P. & Wenzel, P. (Hrsg.), Facility Management: Erfolg in der Immobilienbewirtschaftung (6. Aufl.) (S. 81-102). Heidelberg: Springer Vieweg.

Teil 5:

Nachhaltigkeit

RAINER HARTMANN

Das nachhaltige Hotel – Marktperformance und kritische Betrachtung von Zertifikaten

1. Einleitung

Der Hotelmarkt differenziert sich immer weiter aus, orientiert am Kundennutzen bzw. an den Anforderungen, die der Kunde an die Unternehmen stellt. In der Entwicklung von neuen Hotelkonzepten spiegelt sich in den letzten Jahren auch der Megatrend Nachhaltigkeit wider. Nachhaltiger Tourismus erfreut sich einer konstant steigenden Nachfrage und die Berücksichtigung der ökologischen und der sozialen Verträglichkeit sind für 40-50 % der deutschen Kunden im Bereich des Tourismus von großer Bedeutung (vgl. FUR 2015).

Inzwischen gibt es eine Reihe von Labeln und Zertifikaten für Übernachtungsbetriebe, die für sich beanspruchen nachhaltig oder (zumindest) ökologisch zu agieren. Auch auf der Ebene der Vermittlungsplattformen wurden an Nachhaltigkeit orientierte Seiten entwickelt.

Der vorliegende Beitrag fokussiert auf die Fragen, wie zuverlässig diese Aussagen bzw. Zertifikate sind und ob die zertifizierten Betriebe tatsächlich allen Anforderungen für einen nachhaltigen Tourismus entsprechen. Es soll geklärt werden, was nachhaltiger Tourismus überhaupt bedeutet, wenn man ihn konkret auf die Ebene der Hotellerie überträgt und wie ein Angebot effektiv an den spezifischen Anforderungen des nachhaltigen Tourismus gemessen werden kann. Abschließend wird die Relevanz des Themas Nachhaltigkeit für die zukünftige Entwicklung in der Hotellerie beleuchtet.

2. Nachhaltigkeit und Corporate Social Responsibility (CSR) im Tourismus

Spätestens seit dem Brundtland-Bericht 1987 wird das Thema Nachhaltigkeit, als Drei-Säulen-Modell mit den Dimensionen soziale Gerechtigkeit, ökologisches Gleichgewicht und ökonomische Sicherheit öffentlich diskutiert und als Antwort auf globale Probleme, wie z.B. dem Klimawandel oder den sozialen Missständen in den Produktionsketten international agierender Unternehmen verstanden. Auch die Verantwortlichen im Tourismus erkannten die Bedeutung einer nachhaltigen Unternehmensführung bereits früh, denn ihre Unternehmen sind in besonderer Weise von intakten sozialen und ökologischen Rahmenbedingungen in den Zielgebieten abhängig (vgl. Stecker 2010, S. 244ff).

Unter anderem ist der Tourismus ein wichtiger Mitverursacher des Klimawandels: Der Anteil des Tourismus an den globalen Treibhausgasemissionen beträgt zwischen

5 % und 14 % (UNEP 2016). Dabei entfallen 75 % auf den Transportsektor, insbesondere den Flug- und den Pkw-Verkehr, sowie 21 % auf die Übernachtungsbetriebe (vgl. Abb 1).

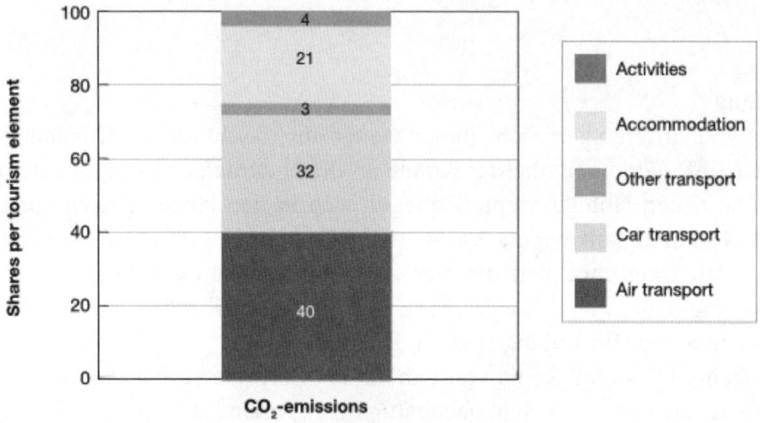

Abbildung 1: Anteil der Tourismussektoren (in %) an den globalen CO2-Emissionen (UNWTO & UNEP 2008, S. 34)

Parallel zur Beschäftigung mit der nachhaltigen Entwicklung hat sich im Laufe der letzten zwei Jahrzehnte in Europa die Diskussion um Corporate Social Responsibility (CSR) verstärkt. Unter dem Begriff CSR wird im Allgemeinen die freiwillige Verpflichtung von Unternehmen zur gesellschaftlichen Verantwortung verstanden. Es handelt sich dabei nicht nur um punktuelles Sponsoring, sondern vielmehr um ein Konzept, bei dem das strategische gesellschaftliche Engagement mit der Absicherung des operativen Geschäftes verknüpft werden kann (vgl. Riess 2010, S. 8).
Loew & Rohde (2013, S. 10) definieren CSR als die Verantwortung eines Unternehmens für:

- die Auswirkungen seiner Aktivitäten auf die Gesellschaft und die Umwelt und
- sein CSR-Management, also die Verwendung von geeigneten Verfahrensweisen sowie die Durchführung von Projekten, die dazu führen, dass vom Unternehmen und seinen Aktivitäten
- negative Auswirkungen auf einzelne Menschen, die Gesellschaft, und die Umwelt vermieden oder minimiert werden,
- anzuwendendes Recht eingehalten wird,
- die Interessen der Stakeholder angemessen berücksichtigt werden und
- zu einer nachhaltigen Entwicklung beigetragen wird.

Für die Anwendung des CSR-Konzeptes im Gastgewerbe spricht auch der Einstellungswandel vieler Konsumenten, die besonders Umweltthemen, aber auch soziale Kriterien in ihren Kaufentscheidungen berücksichtigen (vgl. Abb. 2). Eine stetig wachsende Zielgruppe ist z.B. der LOHAS (Lifestyle of Health and Sustainability).

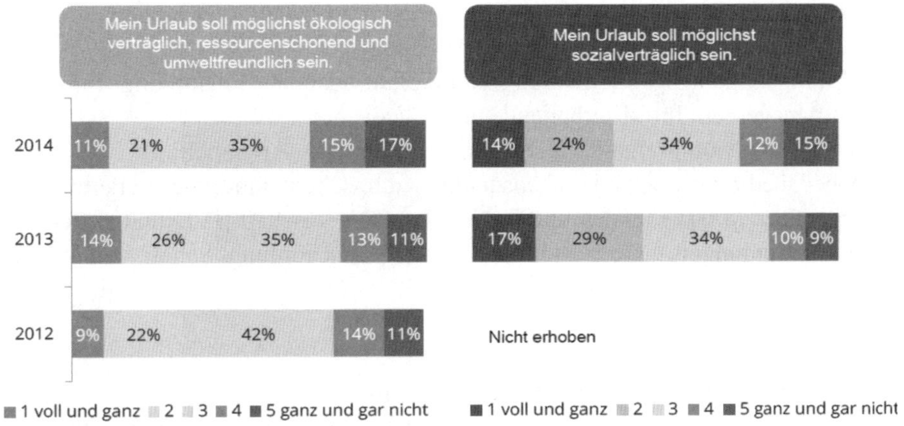

Summe teilweise ungleich 100% durch Rundungen bzw. Befragte, die keine Angabe gemacht haben
Basis: Deutschsprachige Wohnbevölkerung 14 Jahre+ (2014: n = 7.795; 70,3 Mio.)
Quelle: RA 2012 bis RA 2014 *face-to-face*

Abbildung 2: Einstellung deutscher Urlaubsreisender zur Umwelt- und Sozialverträglichkeit von Urlaubsreisen
(FUR 2015)

Auch auf andere europäische Länder bezogen ist die Nachhaltigkeit ein wichtiges Thema. In der Studie "Wie umweltfreundlich reisen Europäer?" im Auftrag des Unternehmens Opodo wurden in Deutschland, Großbritannien, Frankreich und Italien 1492 Personen befragt (Mirbach 2014):

- 90 % von ihnen dachten über ökologische Auswirkungen ihrer Reise nach,
- 86 % gaben an, sich im Urlaub mit ÖPNV, per Fahrrad oder zu Fuß zu bewegen,
- 70 % waren sogar bereit, für umweltfreundliche Leistungen im Urlaub mehr zu bezahlen (Deutschland 76 %, GB & Frankreich 66 %, Italien 47 %),
- 70 % machten der Umwelt zuliebe im Hotel gerne Abstriche beim Komfort,
- aber nur für 7 % der Deutschen kam es in Frage, ein zertifiziertes Öko-Hotel zu buchen (Frankreich 27 %).

Die Öffentlichkeit verlangt von den Touristik-Unternehmen die Übernahme von Verantwortung entlang der gesamten Produktionskette. Für das Gastgewerbe ergeben sich aus diesem Anspruch eine Reihe von zentralen Nachhaltigkeitsaspekten (Balas & Strasdas 2015, S. 253ff):

- Architektur und Bauplanung (Erhaltung des Landschaftsbildes, Vermeidung von Flächenverbrauch, Umweltverträglichkeit, Verwendung lokaler Baustoffe, Sicherstellung regionaler Wertschöpfung, ÖPNV-Anbindung etc.)
- Energiemanagement (v.a. Verminderung des Verbrauchs, Verwendung erneuerbarer Energien)
- Wassermanagement (v.a. Verminderung des Verbrauchs, Vermeidung von Verschmutzung, natürliche Abwasserbehandlung)
- Abfallmanagement (Vermeidung von Abfall, adäquate Entsorgung, Informationsmanagement für Mitarbeitende und Gäste)
- Arten- und Biotopschutz (v.a. Schutz und Erhalt der Artenvielfalt)
- Arbeitsbedingungen und Lebensqualität, d.h. Übernahme von Verantwortung gegenüber Mitarbeitenden und der lokalen Gemeinschaft (faire und sichere Arbeitsbedingungen, faire Bezahlung, lokale Wertschöpfung, Schutz von Minderheiten und Schutz vor Ausbeutung).

3. Hotellerie und Nachhaltigkeit – Status Quo

Laut einer Studie der Unternehmensberatung Deloitte wird die Nachhaltigkeit für das gesamte Gastgewerbe zukünftig immer mehr als entscheidender Faktor der gesellschaftlichen Akzeptanz gesehen und damit zwangsläufig auch zur „business norm" in der Branche. Lange vor dem eigentlichen Konsum am Point of Sale spielt die Nachhaltigkeit eine zunehmende Rolle bei Kaufentscheidungsprozessen. In der letzten Dekade haben deshalb fast alle großen Hotelketten Umwelt- oder Nachhaltigkeitsprogramme initiiert (Accor, Hilton, Marriott, Starwood u.a.). Die Nachhaltigkeit wird dabei nicht länger nur als operatives Marketinginstrument verstanden, sondern als wichtiger Faktor der strategischen Entscheidungsfindung – jedoch ohne dass es bislang den gesamten Managementprozess der Unternehmen schon durchwirken würde (vgl. Deloitte 2010, S. 41ff).

Als zentrale Herausforderung gilt die Anpassung des gegenwärtigen Immobilienbestandes an entsprechende Nachhaltigkeitsanforderungen – das wird für die Hotelunternehmen teuer und kennzeichnet gleichzeitig einen Umbruch in der Branche. Unternehmen, die diese Entwicklung verpassen, laufen Gefahr von neuen, innovativen Wettbewerbern überholt zu werden. Ein unter Nachhaltigkeitsaspekten schwaches Portfolio wird negative Auswirkungen auf die Markenwahrnehmung und Rentabilität haben. Die Wahrnehmung und das Interesse der Konsumenten sind jedoch nicht die stärksten Treiber der Entwicklung, sondern Regulierungen/Gesetze, ökonomische Aspekte und der Druck von Stakeholdern (Deloitte 2010, S. 41ff).

Nachhaltige Anwendungen in der Unternehmenspraxis des Gastgewerbes konzentrieren sich bislang vornehmlich auf die Themenbereiche Energie- und Abfallmanagement sowie die lokale Wertschöpfung und nachhaltige Zulieferer (vgl. Abb. 3).

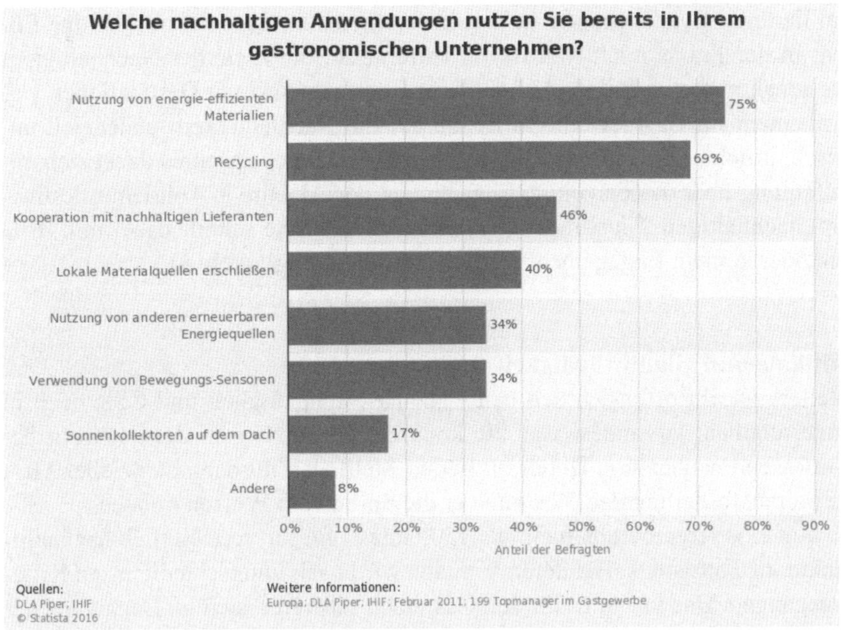

Abbildung 3: Nachhaltige Anwendungen im Gastgewerbe (Statista 2011)

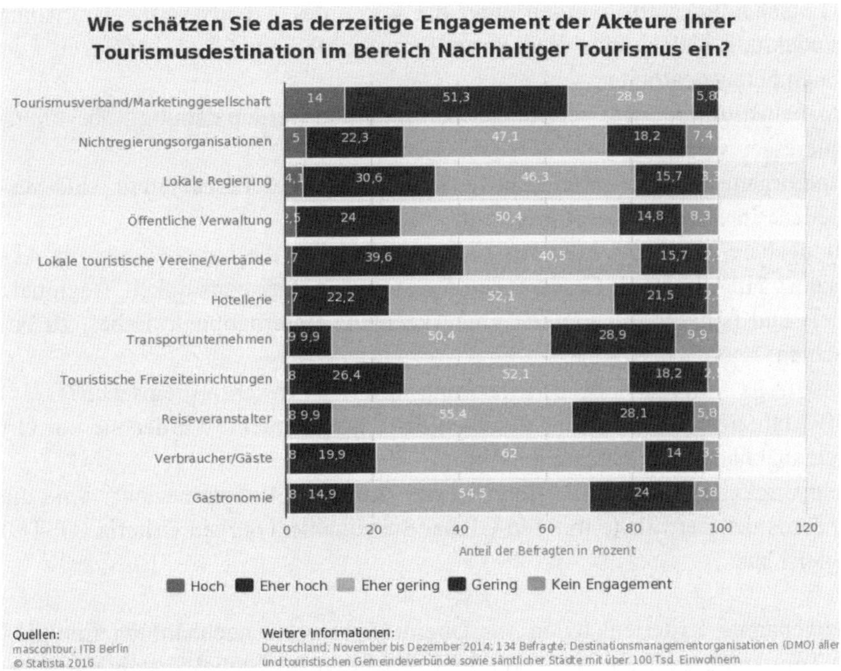

Abbildung 4: Engagement im Nachhaltigen Tourismus (Statista 2014)

Bei detaillierteren Evaluierungen ist jedoch festzustellen, dass das nachhaltige Engagement in der Praxis noch weit davon entfernt ist, die Ziele der Nachhaltigkeit auch nur annähernd zu erfüllen. Auf der Ebene der untersuchten Destinationen war das Engagement im Gastgewerbe in Bezug auf die Nachhaltigkeit tendenziell unterdurchschnittlich (vgl. Hartmann & Stecker 2014). Dieses Ergebnis deckt sich mit einer Befragung über das derzeitige Engagement der Akteure in Tourismusdestinationen im nachhaltigen Tourismus. Der Bereich Hotellerie schnitt dabei mit 78 % geringem oder keinem Engagement relativ schwach ab (vgl. Abb. 4).

4. Zertifikate und Glaubwürdigkeit

Die Hotellerie steckt offensichtlich beim Thema Nachhaltigkeit und CSR noch in den Kinderschuhen, zumindest was die konkrete Umsetzung in den Häusern betrifft. Umfassend nachhaltige Hotels zu finden, stellt sich für den potenziellen Gast als echte Herausforderung dar. Wie kann er die Spreu vom Weizen trennen?

Weltweit existieren bereits mehr als 150 Gütesiegel für vermeintlich nachhaltige Produkte im Tourismus. Bei deren Vergabe wird nach unterschiedlichsten Kriterien vorgegangen. Das macht es für den Gast noch schwerer, sich im Dschungel der Zertifikate zurechtzufinden. Am Ende haben nur glaubwürdige Gütesiegel die Chance, eine richtige Entscheidungshilfe zu geben (vgl. Arbeitskreis Tourismus & Entwicklung 2016).

Als Entscheidungshilfe wurden unter der Regie des Arbeitskreises Tourismus und Entwicklung (2016) eine Reihe von Kriterien für die Glaubwürdigkeit von Zertifikaten herausgearbeitet:

- Vergabeinstitution – wer vergibt das Zertifikat und werden damit ggf. bestimmte Interessen verfolgt?
- Partnerorganisationen – wer steht hinter dem Zertifizierungssystem, sind verschiedene Interessengruppen beteiligt?
- Geltungsbereich – wo wird zertifiziert und erreichen die Label eine breite Akzeptanz? Hier ist eine Gradwanderung zwischen Passgenauigkeit (regionale Label) und höherer Bekanntheit und Akzeptanz (internationale Label) zu beobachten.
- Transparenz – kann ich die Zertifizierungskriterien (kostenfrei) einsehen?
- Prüfverfahren – wer prüft die Angaben der Unternehmen? Werden sie vor Ort durch unabhängige Fachleute geprüft?
- Nachhaltigkeit – werden alle Bereiche der Nachhaltigkeit untersucht? Sind die Standards der Zertifikate mit den Global Sustainable Tourism Criteria (GSTC) vergleichbar?

Der letztgenannte Kriterienkatalog zur Überprüfung einer nachhaltigen Entwicklung im Tourismus wird seit 2008 von der Partnership for Global Sustainable Tourism Criteria (GSTC) entwickelt. Darin haben sich 27 Organisationen zusammengeschlossen, u.a. nationale Regierungen, UN-Organisationen (UNWTO, OECD), große Tourismusverbände, Unternehmen und NGOs, wie die Deutsche Gesellschaft für Internationale Zusammenarbeit (GIZ). In einer breit angelegten Metastudie hat diese Allianz über 60 Regelwerke (Leitlinien, Kriterien- und Indikatorenkataloge), mit denen mehr Nachhaltigkeit im Tourismus umgesetzt werden soll, untersucht.

Die Global Sustainable Tourism Criteria for Hotels and Tour Operators streben es an, ein global gültiges Verständnis von nachhaltigem Tourismus zu erwirken. Anhand von Kriterien und Indikatoren wurde ein Konsens geschaffen, was Betriebe im Sinne der nachhaltigen Entwicklung des Tourismus erreichen müssten. Es geht dabei um folgende Bereiche: (1) effektives nachhaltiges Management; (2) Maximierung des sozialen und ökonomischen Nutzens für die lokale Bevölkerung; (3) Förderung des kulturellen Erbes; (4) Reduzierung der negativen Einflüsse auf die Umwelt. Der Katalog wird in diversen Sprachen zur Verfügung gestellt.

Neben den Kriterien für Hotels und Reiseveranstalter liegt seit November 2013 auch ein Katalog für destinationsbezogene Kriterien vor, der über mehrere Jahre in einem offenen Beteiligungsprozess entstanden ist (vgl. GSTC 2016 und Hartmann & Stecker 2014).

Beim methodischen Verfahren in der Praxis werden vorgefundene Zustände mit theoretischen Vorgaben (Sollzustände oder Qualitätsziele) verglichen. In einem ersten Schritt werden dazu die Ziele einer nachhaltigen Tourismusentwicklung definiert und in ein in sich konsistentes Zielsystem zusammengeführt. Hieraus werden im zweiten Schritt Kriterien abgeleitet. Diese beschreiben, welche Maßnahmen anzustreben sind, damit die gesetzten Ziele erreicht werden können. Den Kriterien werden im dritten Schritt Indikatoren zugeordnet, deren Funktion es ist, die Kriterien mit quantitativen oder qualitativen Parametern zu erfassen. Sie sind der Maßstab zur Beurteilung, ob bzw. inwieweit die Kriterien erfüllt sind und somit den o.g. Hauptzielen gefolgt wird. Indikatoren sind also Messgrößen zur Bewertung eines Ist-Zustands und sollen bestenfalls das Zielsystem vollständig abbilden (vgl. Hartmann & Stecker 2014). Die Aufstellung, Erfassung und Bewertung der Indikatoren ist somit das „inhaltliche Kernstück des methodischen Verfahrens" (Stecker 2010, S. 316).

Der Arbeitskreis Tourismus & Entwicklung (2016) hat eine Übersicht erstellt, die neben der Überprüfung der Anerkennung seitens der GSTC auch alle anderen Kriterien für die Glaubwürdigkeit von Zertifikaten beurteilt und online frei zur Verfügung steht. Nur sehr wenige Zertifikate, die auch für die Hotellerie von Relevanz sind und international gelten, haben alle Kriterien vollumfänglich erfüllt:

- „Biosphere Responsible Tourism" umfasst (nur) 92 zertifizierte Betriebe in acht Ländern
- „Green Globe" umfasst 540 zertifizierte Betriebe
- „Travelife" umfasst über 700 zertifizierte Hotels
- „Fair Trade Tourism" umfasst (nur) 129 Betriebe in acht Ländern Afrikas

– „Rainforest Alliance Certificate“ umfasst (nur) 57 Betriebe in zehn Ländern Südamerikas.

Die Auffindbarkeit dieser und anderer Zertifikate im Internet ist gut gewährleistet. Auch die Seite des Arbeitskreis Tourismus & Entwicklung ist bei Google sehr hoch gelistet und schnell zu erreichen. Kunden, die sich etwas länger auf der Seite aufhalten, bekommen einen guten Überblick, worauf es bei der Glaubwürdigkeit von Zertifikaten ankommt. Auch gibt es auf der Seite Hinweise auf Plattformen, die (vornehmlich) nachhaltige Reisen bewerben bzw. vertreiben (z.B. fairunterwegs.org oder bookdifferent.com). Über die weitere Problematik der Nutzung dieser Angebote und Informationen bei der Reiseplanung wird im nächsten Abschnitt eingegangen.

Greenwashing oder erste Annäherung? Die erhöhte Nachfrage potenzieller Gäste bringt auch die großen Reiseveranstalter und konventionelle Buchungsplattformen in Bewegung. Die drei großen, TUI, DER Touristik und Thomas Cook, haben sich schon lange die Nachhaltigkeit auf die Fahnen geschrieben. Und inzwischen hat auch das Bewertungsportal Tripadvisor reagiert und das Label „Green-Leaders“ initiiert. Damit werden Hotels, die sozial- und oder umweltverträglich agieren (Kriterien sind Recycling und Kompostierung, Einsatz von Solarzellen, Bereitstellung von Elektroauto-Ladestationen, Dachbegrünungen etc.), als „Öko-Spitzenreiter“ in den Kategorien Bronze, Silber, Gold oder Platin ausgezeichnet (Tripadvisor 2016). Das Manko gegenüber den o.g. Zertifikaten bleibt die ausschnitthafte Betrachtung von Nachhaltigkeit. Außerdem sind die „Öko-Spitzenreiter“ für User der Webseite schwer zu finden (erst bei Aktivierung in der Filter-Kategorie „Stil“). Auch die Auswahl ist bislang dürftig: In Bremen gab es im Dezember 2016 genau ein „Öko-Spitzenreiter“-Hotel.

5. Ausblick: Die Zukunft der Nachhaltigkeit in der Hotellerie

Der Prozess der nachhaltigen Entwicklung ist in der Hotellerie offenbar erst in Ansätzen angekommen. Entsprechend schwer ist es, die umfängliche Zertifizierung von Betrieben einigermaßen flächendeckend zu erreichen. Balas & Strasdas (2015, S. 265ff) haben verschiedene Herausforderungen für touristische Zertifizierungen erkannt, die einige der o.g. Aspekte zusammenfassen: Insgesamt werden bei den bestehenden Zertifikaten zentrale Nachhaltigkeitsaspekte und wichtige Akteure/Stakeholder nur teilweise berücksichtigt. Die Rolle von Reiseveranstaltern und Plattformen bleibt zu wenig berücksichtigt und soziokulturelle Maßnahmen zu sehr im Hintergrund. Der Zertifizierungsdschungel führt zur Verunsicherung beim Kunden bzw. sind viele Systeme und Inhalte bei Kunden weitgehend unbekannt und besitzen kaum eine Kaufrelevanz. Wie schon beschrieben ist die Marktrelevanz der Zertifikate viel zu gering, da weniger als 1% der Betriebe europaweit zertifiziert sind. Weil die meisten Zertifizierungssysteme von NGO oder öffentlichen Institutionen betrieben werden, verfügen sie über viel zu wenig Mittel für das Marketing (vgl. Balas & Strasdas 2015, S. 265). Eine flächendeckende Bekanntheit z.B. über Image-Kampagnen zu erreichen, ist kaum denkbar. Es bleibt eine schmale Zielgruppe, die sich entsprechende Informationen mühsam sucht und bei der Reiseplanung berücksichtigt. Das Potenzial von 40-50 % aller deutschen Kunden, die für nachhaltiges Reisen empfänglich sind, bleibt damit sehr rudimentär ausgeschöpft.

Es bleibt die Frage, ob es im Sinne der nachhaltigen Entwicklung zielführender ist, höchsten Ansprüchen zu genügen und nur wenige mit im Boot zu haben oder mit Kompromissen eine deutlich höhere Breitenwirkung zu erzielen? Zertifizierungen sind immer eine Gratwanderung zwischen Praktikabilität und Reliabilität. Die Akteure müssen die Frage beantworten, ob sie mit einem geringeren Aufwand an Datenerhebungen ggf. einen höheren Nutzen für das Unternehmen erzielen können oder es ihnen wichtiger ist, alle Aspekte der Nachhaltigkeit vollumfänglich zu beleuchten und zu berücksichtigen (vgl. Balas & Strasdas 2015, S. 266f). Je nachdem entscheiden sie sich – wie die meisten großen Unternehmen – dafür, das Thema Nachhaltigkeit pragmatisch und möglichst kostenneutral anzugehen oder bestehen auf absolute Gründlichkeit und betrachten damit ggf. betriebswirtschaftliche Kriterien/Kennzahlen zumindest zeitweise mit geringerer Priorität.

Insgesamt betrachtet wächst der Druck auf die Hotellerie nachhaltig zu agieren. Strategisch dürfte es für Unternehmer klüger sein, freiwillig in Bezug auf die Nachhaltigkeit in „Vorleistung“ zu gehen – innovativ zu sein – als später zur „Nachbesserung“ gezwungen zu werden und damit den unternehmerischen Erfolg (z.B. durch einen Imageverlust) aufs Spiel zu setzen.

Die strategische Bedeutung der Nachhaltigkeit für die Hotellerie wird offenbar in vielen Fällen noch unterschätzt. Branchenführer engagieren sich zwar für die Nachhaltigkeit, aber nur wenige begreifen, welche grundlegenden Auswirkungen diese auf die Art und Weise haben wird, wie sich das Gastgewerbe zukünftig aufstellen muss. Jene, die den Veränderungsprozess mitgestalten und Nachhaltigkeit von der Strategie bis zur Umsetzung in ihre Performance integrieren, könnten künftig eine herausragende Position einnehmen. Andere, die sich dem Prozess versagen, riskieren, sich in der Hotellandschaft von gestern zu verlieren (vgl. Deloitte 2010).

Quellenverzeichnis

Arbeitskreis Tourismus und Entwicklung (2016): Wie Sie ein verantwortliches Angebot finden. Abgerufen am 10.12.2016, online: http://www.fairunterwegs.org/vor-der-reise/#labelfuehrer.

Balas, M. und Strasdas, W. (2015): Nachhaltiges Tourismusmanagement. In: Rein, H. & Strasdas, W.: Nachhaltiger Tourismus, S. 231-333. Konstanz/München: UVK.

Deloitte (2010): Hospitality 2015. Game changers or spectators. London: Deloitte.

Forschungsgemeinschaft Urlaub und Reisen (FUR) (2015): Urlaubsreisetrends in der FUR-Reiseanalyse 2015. Abgerufen am 10.12.2016, online: www.itb-berlin.de/media/itb/itb_dl.../RA2015_ITB_webinar_GE_1130am.pdf.

Global Sustainable Tourism Council (GSTC) (2016): Global Sustainable Tourism Criteria for Hotels and Tour Operators. Abgerufen am 10.12.2016, online:

https://www.gstcouncil.org/en/gstc-criteria-hotels-tour-operators-destinations/criteria-for-hotels-and-tour-operators.html

Hartmann, R. und B. Stecker (2014): Nachhaltiger Städte- und Kulturtourismus in Osteuropa: Vergleichende Erfassung, Analyse und Beurteilung in Danzig, Vilnius und Sibiu. In: Hartmann, R. & F. Herle (Hrsg.): Interkulturelles Management in Freizeit und Tourismus. Schriften zu Tourismus und Freizeit, Bd. 17., S. 207-218. Berlin: Erich Schmidt Verlag.

Loew, T. und Rohde, F. (2013): CSR und Nachhaltigkeitsmanagement. Definitionen, Ansätze und organisatorische Umsetzung im Unternehmen. Berlin: Institute for Sustainability.

Mirbach, J. von (2014): Nachhaltig und umweltfreundlich reisen. Abgerufen am 10.12.2016, online: http://www.opodo.de/blog/nachhaltig-und-umweltfreundlich-reisen/

Riess, B. (Hg.) (2010): Verantwortung für die Gesellschaft - Verantwortlich für das Geschäft: Ein Management-Handbuch. Gütersloh: Verlag Bertelsmann-Stiftung.

Statista (2011): Unternehmen im Gastgewerbe: Nutzung von nachhaltigen Anwendungen. Abgerufen am 10.12.2016, Online, via Campus-Lizenz der Staats- und Universitätsbibliothek Bremen.

Statista (2014): Engagement der Akteure deutscher Tourismusdestinationen im Nachhaltigen Tourismus. Abgerufen am 10.12.2016, Online, via Campus-Lizenz der Staats- und Universitätsbibliothek Bremen.

Stecker, B. (2010): Ökologie und Nachhaltigkeit in der Freizeit. In: Freericks, Hartmann & Stecker: Freizeitwissenschaft, S. 241-352. München: Oldenbourg.

Tripadvisor LLC (2016): Öko-Spitzenreiter. Abgerufen am 10.12.2016, online: https://www.tripadvisor.de/GreenLeaders

United Nations Environment Programme (UNEP) (2016): Climate Change. Abgerufen am 10.12.2016, online: http://www.unep.org/resourceefficiency/Business/SectoralActivities/Tourism/Activities/WorkThematicAreas/ClimateChange/tabid/78787/Default.aspx

World Tourism Organisation (UNWTO) und United Nations Environmental Programme (UNEP) (2008): Climate Change and Tourism. Responding to Global Challenges. Abgerufen am 10.12.2016, online: sdt.unwto.org/sites/all/files/docpdf/climate2008.pdf

KERSTIN HEUWINKEL

CSR in Luxusunterkünften – Verantwortung als Element des Change Management, dargestellt am Beispiel des Grootbos Private Nature Reserve

1. Einleitung: Luxus und Verantwortung

Nachhaltigkeit und Corporate Social Responsibility (CSR) werden entlang der gesamten touristischen Dienstleistungskette diskutiert (Swarbrooke, 1999; Lund-Durlacher et al., 2017). Neben Reiseveranstaltern und Transportunternehmen sind Beherbergungsbetriebe, vor allem die internationale Kettenhotellerie (Lund-Durchlacher, 2012, S. 881), wesentliche Akteure bei der Entwicklung und Umsetzung eines verantwortungsvollen Tourismus-Managements. In diesem Beitrag wird anhand des Grootbos Private Nature Reserve und der Grootbos Foundation (Stiftung) gezeigt, wie unternehmerische Verantwortung und Change Management miteinander verbunden werden können.

Der Beherbergungsbereich ist sehr heterogen. Sowohl Größe und Typ als auch Organisationsform unterscheiden sich, so dass international mehr als 80 verschiedene Kategorien identifiziert werden können (Malhado, 2010). Vor diesem Hintergrund ist eine pauschale Bewertung kaum möglich, da Größe, Typ und Organisationsform die Ausgestaltung des CSR beeinflussen. Beispielsweise gehen zahlreiche CSR-Initiativen von internationalen Hotelkonzernen (z.B. Accor Ethics and Corporate Social Responsibility Charter; ITC Hotels Responsible Luxury) aus. Eine Studie von Font et al. (2012) zeigt, dass größere Hotelketten zwar umfassendere Richtlinien entwickeln, die Umsetzung jedoch oft lückenhaft ist. Kleinere Unternehmen hingegen beschränken sich häufig auf Umweltschutzmaßnahmen, setzen diese dann konsequent um.

Bei Luxusunterkünften liegt aufgrund des hohen Ressourcenverbrauchs die Vermutung nahe, dass sie mehr negative als positive Auswirkungen auf Umwelt, Wirtschaft und Gesellschaft haben. Andererseits gibt es gerade in diesem Umfeld viele Bemühungen, verantwortungsvoll mit der natürlichen und sozialen Umgebung umzugehen und auf die Anforderungen aller Anspruchsgruppen einzugehen. Somit bedarf es einer differenzierten Betrachtung und einer Konkretisierung anhand eines Fallbeispiels.

2. Ziele und Aufbau des Beitrags

Eine pauschale Bewertung von Luxusunterkünften hinsichtlich ihres Beitrags zum nachhaltigen Tourismus im Rahmen des CSR ist nicht angemessen. Vielmehr ist eine differenzierte Betrachtung der Folgen für Wirtschaft, Umwelt und Gesellschaft erforderlich. Sowohl positive als auch negative Auswirkungen müssen aufgezeigt werden. Im Anschluss ist zu untersuchen, welche Faktoren darüber entscheiden, wie das Management mit den sich bietenden Optionen umgeht. Ob die Potentiale genutzt werden, hängt davon ab, wieviel Nachhaltigkeit das Management den Mitarbeitenden und Gästen im Rahmen von CSR zumutet, respektive sich traut, dieses zu tun. Es kann gezeigt werden, dass verantwortungsvolles und nachhaltiges Verhalten erlernt werden muss. Eine Option ist die Definition von CSR als (Teil des) Change Management (Bolton et al., 2011). In diesem Beitrag wird anhand eines Fallbeispiels Grootbos Private Nature Reserve gezeigt, wie dieses sowohl strategisch als auch operativ umzusetzen ist.

Der Aufbau des Beitrags ist wie folgt. Nach einer Darstellung der eingesetzten Methoden werden im darauffolgenden Kapitel wesentliche Aussagen zu Luxusunterkünften und Nachhaltigkeit unterteilt nach ökologischen, ökonomischen und sozialen/kulturellen Aspekten dargestellt. Dem folgt eine Analyse des Grootbos Private Nature Reserve und der Grootbos Stiftung. Die Erkenntnisse der Analysen werden genutzt, um Empfehlungen zu formulieren. Der Beitrag schließt mit einem Ausblick.

3. Methoden

Grundlage für diesen Beitrag ist eine Literaturanalyse zum Thema Luxusunterkünfte und CSR. Ausgehend von einem Artikel von Savener (2015) wurden Publikationen recherchiert und ihre Hauptaussage analysiert. Die Ergebnisse der Literaturanalyse wurden in ein Raster übertragen, das sich an den GSTC-Kriterien für Hotels und Reiseveranstalter (GSTC, 2012) orientiert. Im Anschluss fand eine Analyse des Grootbos Private Nature Reserve statt. Dazu wurden Berichte und Audits von Grootbos analysiert. Ergänzend fanden Expertengespräche in Gansbaai mit Grootbos Verantwortlichen sowie Vor-Ort-Begehungen statt.

4. Stand der Diskussion

Corporate Social Responsibility und Nachhaltigkeit stehen in einem engen Zusammenhang. So kann die freiwillige Berücksichtigung und Integration ökologischer und sozialer Belange in die betriebliche Tätigkeit als Element nachhaltigen Handelns verstanden werden (Commission of the European Communities, 2001). Es handelt sich somit um einen ganzheitlichen Managementansatz, der fest in Strukturen und Prozesse eines Unternehmens verankert wird (Schulz, 2015). Die thematische Aufsplitterung in die Bereiche Ökologie, Ökonomie und Gesellschaft muss demnach durch einen entsprechenden Managementansatz geklammert werden.

4.1 Management

Es stehen zahlreiche Instrumente zur Verfügung, um CSR in die unternehmerische Tätigkeit zu verankern. Zu diesen zählen Kriterienkataloge, Zertifikate und Normen, wie z.B. „Guidance on Social Responsibility" (ISO 26000:2010). Die tatsächliche Umsetzung ist für viele Unternehmen weiterhin eine Herausforderung, da ein holistischer Ansatz notwendig ist. Luxusunterkünfte sind in diesem Bereich wie eingangs erläutert häufig Vorreiter, da viele von ihnen CSR-Strategien formuliert haben. Die Überprüfung der tatsächlichen Umsetzung ist aufwändig und wird stellenweise durch die Unternehmen blockiert (Font et al., 2012). Hinzu kommt, dass CSR und Nachhaltigkeit inzwischen beliebte Marketingthemen sind, so dass entsprechende Publikationen mit Vorsicht zu behandeln sind. Schließlich erfordert Nachhaltigkeit eine rückblickende Betrachtung, die mehrere Jahrzehnte umfasst. Dafür gibt es bisher nur wenige Unternehmen, die infrage kommen.

4.2 Ökologische Aspekte

Ein erster thematischer Bereich sind ökologische Aspekte. Ökologische Aspekte umfassen den Verbrauch von Ressourcen wie Wasser und Energie, das Müllaufkommen, Lärmemission sowie den Verbrauch von Flächen und Materialien. Grundsätzlich hat jede unternehmerische Tätigkeit Auswirkungen auf das natürliche Umfeld, da Ressourcen genutzt werden und Müll, Abgase etc. entstehen. Aktivitäten können unterschieden werden nach solchen, die negative Auswirkungen eher maximieren und anderen, die negative Auswirkungen minimieren.

Luxusunterkünfte stehen schnell unter dem Verdacht, dass sie mehr negative als positive Effekte auf Umwelt, Wirtschaft und Gesellschaft haben (Gollub et al. 2003; Weaver & Lawton, 2002). Diese Einschätzung basiert auf einem in mehreren Studien nachgewiesenen absolut höheren Ressourcen-Verbrauch, z.B. Wasser (Deng & Burnett, 2002), Energie (Gössling, 2010; Bohdanowicz et al., 2011), sowie einer hohen CO2-Emission und hoher Müllproduktion (Savener, 2015).

Eine differenzierte und auf Übernachtungen bezogene Betrachtung des Energieverbrauchs relativiert jedoch diese Aussagen. So zeigt Malhado (2010, S. 33) dass der Energieverbrauch pro Übernachtung mit steigendem Serviceangebot (Sterne) sinkt. Gründe dafür sind, dass solche Hotels zumeist über ein professionelles Management und Monitoring verfügen. Auf diese Weise können Einsparpotentiale erkannt und genutzt werden. Der wesentliche Beweggrund ist allerdings weniger der Umweltschutz als die Kosteneinsparungen für das Unternehmen und somit die Gewinnsteigerung (Heuwinkel, 2017).

Ein weiterer Aspekt ist, dass gehobene Unterkünfte aufgrund der in vielen Fällen guten finanziellen Grundausstattung eher in der Lage sind, in neue umweltschonende und ressourcensparende Technologien zu investieren (vgl. diverse CSR-Berichte). Ein Beispiel für eine Hotelkette, die dieses für alle Luxushotels umgesetzt hat, sind ITC Hotels. Diese sind alle LEED® Platinum zertifiziert (ITC, 2014).

Sämtliche Maßnahmen basieren auf der Einbindung der Mitarbeitenden. Sowohl Wasser- und Energiesparmaßnahmen als auch Müllvermeidung durch Mülltrennung basieren auf der aktiven Mitarbeit aller Mitarbeitenden (Bolton et al., 2011). Somit sind Schulung und Sensibilisierung für ökologische Themen erforderlich. Damit verbunden sind personelle und finanzielle Ressourcen sowie organisatorische Strukturen, um entsprechende Maßnahmen umzusetzen.

Die Tabelle 1 zeigt, dass Luxusunterkünfte in Abhängigkeit von der Ausgestaltung ihrer unternehmerischen Tätigkeiten sowohl zu einer Maximierung als auch zu einer Minimierung der ökologischen Folgen beitragen können.

Maximierende Maßnahmen	Minimierende Maßnahmen
Höherer Ressourcenverbrauch, vor allem Wasser (Deng & Burnett, 2002) und Energie (Gössling, 2010; Bohdanowicz et al., 2011)	Einsatz umweltschonender und ressourcensparender Technologien (diverse CSR-Berichte)
	Effizientes Energiemanagement (Malhado, 2010)
Großer Flächen- und Materialbedarf	Verwendung nachhaltiger Baumaterialien (Holz, Farben etc.)
Hohe CO2-Emmission bei An- und Abreise aufgrund der geographischen Lage vieler Luxusunterkünfte	
Hohe Müllproduktion (Coggins, 1994)	Recycling-Programme (diverse CSR-Berichte)
	Einsatz umweltschonender Reinigungsmittel (diverse CSR-Berichte)
	Schulung und Sensibilisierung der Mitarbeitenden (diverse CSR-Berichte)

Tabelle 1: Ökologische Aspekte

4.3 Ökonomische Aspekte

Die finanzielle Grundausstattung steht in Zusammenhang mit ökonomischen Effekten, die Luxusunterkünfte auf die ökonomische Situation des Umfelds haben. Mit dem Umfeld sind einerseits die Mitarbeitenden gemeint. Hinzu kommen Menschen, Gemeinschaften (Communities) und Unternehmen in der Nähe.

Es gibt Beispiele dafür, dass Gelder nicht im Land bleiben, sondern aus diesem herausfließen (Leakage). Das ist dann der Fall, wenn Inhaber und Investoren – wie es bei Luxusunterkünften häufig der Fall ist – aus dem Ausland kommen (Hemmati & Koehler, 2000). Hinzu kommt, dass anspruchsvollere Stellen häufig mit ausländischem Personal besetzt werden. Die lokale Bevölkerung erhält somit nur minderwertige Jobs und schlechtbezahlte Stellen. Weiterhin werden benötigte Luxusgüter oft mit dem Argument importiert, dass sie vor Ort nicht verfügbar und lokale Güter minderwertig sind (Lange, 2011).

Grundsätzlich ist allerdings der Personalbedarf in Luxusunterkünften höher und vielseitiger (Supradist, 2004). Somit besteht bei Luxusunterkünften das Potential, mehr Ausbildungs- und Karrieremöglichkeiten anzubieten. Unternehmen können diese Situation nutzen, um besondere Personengruppen zu berücksichtigen. Beispiele sind Female- und Black Empowerment Programme sowie Arbeitsstellen für Menschen mit Behinderungen (Heuwinkel, 2016). Ebenfalls steigt somit die Möglichkeit, die im vorherigen Absatz angesprochen CSR-Maßnahmen zur Sensibilisierung der Mitarbeitenden umzusetzen.

Mögliche negative Aspekte	**Mögliche positive Aspekte**
Ausländische Inhaber und Investoren (Ioannides, 2001)	
Ausländische Mitarbeitende im oberen und mittleren Management (Hemmati & Koehler, 2000)	Bessere Ausbildungsmöglichkeiten für lokale Bevölkerung (Supradist, 2004)
	Höhere Anzahl von Mitarbeitenden, höhere Anzahl Ganztagsstellen (Supradist, 2004)
	Spezielle Programme für Mitarbeitende mit Behinderungen (Heuwinkel, 2016)
Import von Nahrungsmitteln (Lange, 2011)	Initiierung von regionalen Projekten (z.B. Farm to Fork)
Import von Materialien, Luxusgütern (Maurer, 1992)	Verwendung regionaler Materialien

Tabelle 2: Ökonomische Aspekte

Zusammenfassend können Luxusunterkünfte verschiedene Strategien verfolgen. Sie können einerseits sowohl Güter als auch Personal „importieren", um damit unabhängig von den Bedingungen vor Ort zu sein. Andererseits können sie in regionale Strukturen investieren und somit die lokale und regionale Produktion von Luxusgütern und die Ausbildung von Personal ermöglichen.

4.4 Soziale, kulturelle Aspekte

Eine Betrachtung der sozialen und kulturellen Auswirkungen zeigt, dass Luxusunterkünfte die sozialen und kulturellen Besonderheiten der Region nutzen und inszenieren können (Wells et al., 2016). Ob und in welchem Maße das zugunsten der Community erfolgt, hängt von der Phase des CSR ab (Maon et al., 2010). Ein wesentlicher Aspekt ist dabei die Übernahme einer Vorreiterrolle seitens der Luxusunterkünfte für neue Tourismuskonzepte. Solche Konzepte werden benötigt, um der Branche Alternativen für gängige Geschäftsmodelle aufzuzeigen.

Weiterhin bedeutet CSR im Tourismus ebenfalls ein Umdenken und Umlernen seitens der Gäste. Auf Nachhaltigkeit bezogene Verantwortung geht meistens mit Verzicht einher. Dass dieser Verzicht auch und vielleicht gerade in einer Luxusunterkunft möglich ist, kann nur durch Praxisbeispiele vermittelt werden.

4.5 Ergebnisse

Eine Betrachtung der einzelnen Aspekte zeigt, dass Luxusunterkünfte weder per se negative oder positive Effekte haben. Es sind zwei extreme Szenarien denkbar:

1. Die bessere finanzielle Ausstattung und die Anforderungen der Gäste können dazu führen, dass das Umfeld lediglich als Kulisse genutzt werden. Natürliche Ressourcen und Arbeitskräfte werden für die Geschäftszwecke genutzt. Eine nachhaltige Betrachtung fehlt.
2. Die bessere finanzielle Ausstattung und die Anforderungen der Gäste werden als Chance gesehen, in das Umfeld zu investieren und entsprechende Projekte zu initiieren. Mit der Landschaft und den Ressourcen wird verantwortungsvoll umgegangen. Es wird in entsprechende Technologien investiert sowie neue Lösungen werden entwickelt. Menschen vor Ort erhalten die Möglichkeit sich in die unternehmerischen Tätigkeiten einzubringen.

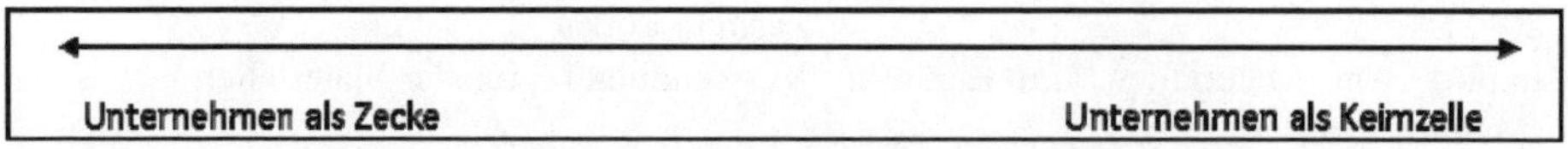

Abbildung 1: Unternehmen und Umwelt
(eigene Darstellung)

Bei beiden Szenarien handelt es sich um Extreme, die in dieser Form in der Realität wohl kaum zu finden sind. Die meisten Unternehmen werden sich zwischen den beiden Extremen einordnen mit einer Tendenz nach links. Anhand der Case Study soll untersucht werden, wie ein kontinuierlicher Wandel und eine Entwicklung hin zum Unternehmen als Initiator verantwortungsvollen Handelns erreicht werden kann.

5. Case Study – Grootbos Private Nature Reserve

Grootbos Private Nature Reserve ist ein Naturreservat in Privatbesitz mit einer Fläche von 2700 Hektar. Es liegt in Gansbaai, Western Cape, Südafrika. Bei den zwei separaten Lodges, Garden Lodge mit 11 Cottages und Forest Lodge mit 16 Lodges, handelt es sich um Luxuslodges mit exklusiven Produkten und Dienstleistungen. Die Auslastung liegt bei 72,5 Prozent. Der Großteil der Gäste kommt aus Europa

(27,9 Prozent BRD, 15,6 Prozent UK, 14,8 Prozent Schweiz). 17,8 Prozent der Gäste kommen aus Südafrika. Die durchschnittliche Anzahl der Übernachtungen liegt bei zwei Nächten. (Grootbos, 2016a)

Die gemeinnützige Grootbos Stiftung wurde 2003 ins Leben gerufen. Sie koordiniert die Grootbos Naturschutz- und Sozialprojekte und verfolgt zwei zentrale Ziele: Den Schutz der Biodiversität auf Grootbos und im Umland sowie die Entwicklung nachhaltiger, naturbasierter Lebensgrundlagen durch nachhaltigen Tourismus, Forschung, Management und Bildung. Mittel, die durch den nachhaltigen Tourismus auf Grootbos (10 Prozent), durch Spenden (50 Prozent) und öffentliche Gelder (40 Prozent) generiert werden, setzt die Stiftung dafür ein, Naturschutz- und Entwicklungsprojekte zu finanzieren. So fördern alle Grootbos Gäste direkt den Schutz der Biodiversität sowie die Armutsbekämpfung in der Walker Bay Region. Die Schlüsselprojekte der Stiftung sind: Green Futures, Growing the Future, das Jugendentwicklungsprogramm und Future Trees.

5.1 Management, Leadership und Instrumente

Die Entwicklung eines verantwortlichen und nachhaltigen Tourismus verlief in mehreren Phasen und wird kontinuierlich fortgeführt. Laut Privett (2016) entwickelte er sich langsam und war nicht von Beginn an explizit formuliert. Zunächst standen botanische Projekte, vor allem der Erhalt der einmaligen Flora (Fynbos) im Vordergrund. Während der Arbeiten wurde erkannt, dass die lokale Bevölkerung über die Bedeutung der Vegetation aufgeklärt werden muss, damit sie bereit ist, einen Beitrag zu leisten. Aus diesen Aufklärungsarbeiten ergaben sich Schulungsprogramme bis hin zur Ausbildung von Gärtnern. Seit 2003 werden jährlich zwölf junge Erwachsene (ca. 22-26 Jahre alt) mit geringer oder keiner Schulausbildung auf dem Grootbos-Gelände ausgebildet. Neben botanischen Kenntnissen können sie ihren Führerschein machen und erlernen den Umgang mit Computer und Internet. Bis zum Jahre 2014 begannen 112 Personen die Ausbildung. 101 schlossen diese erfolgreich ab. 94 fanden nach der Ausbildung direkt eine Anstellung, 74 waren zwei Jahre nach Beendigung der Ausbildung weiterhin beschäftigt (Fütterer, 2015). Das Programm ist AGRISeta akkreditiert.

Durch Kontakte mit den Communities in Gansbaai und Umgebung wurden weitere Handlungsfelder erkannt. Seit einigen Jahren werden die anliegenden Gemeinden jährlich mit standardisierten Fragebögen befragt. Die Ergebnisse der Befragungen werden genutzt, um neue Ziele und Projekte zu definieren. Ein Beispiel ist das Thema „Food Security". 2013 äußerten 97 Prozent der Befragten, dass sie sich regelmäßig Sorgen um eine ausreichende Ernährung machten und auf Essen verzichteten, damit die Familie satt wird (Johannsen et al., 2013, S. 14). Die Bewertung basiert auf der Household Food Insecurity Access Scale (Coates et al., 2007). Diese Problematik wurde aufgegriffen und in Projekte überführt in denen unterschiedliche Optionen getestet wurden, wie Familien selbst Gemüse anbauen können. Die Durchführung der Maßnahmen wurde wissenschaftlich begleitet und evaluiert. Ein Ergebnis war die Notwendigkeit, die Bevölkerung für die Bedeutung von Wasser sowie den Schutz der Umwelt zu sensibilisieren. Um dieses zu erreichen, wurden Schulungen konzipiert (Dibanisia, 2016).

Die Umsetzung sämtlicher Vorhaben setzt die Zustimmung der Communities voraus. Diese unterscheiden sich hinsichtlich der Ansprechpartner und Organisation. In Masakhane müssen „Ward community", das „Council of Churches" und Schuldirektoren in einer gemeinsamen Sitzung informiert werden und Vorhaben genehmigen. In Blompark hingegen gibt es zehn „Führer", die entscheiden.

Die Auswahl der Themen wird innerhalb der Stiftung hinsichtlich der Umsetzbarkeit diskutiert. Manche Themen, z.B. illegaler Handel mit Abalone Muschel oder Drogenhandel, werden nicht angegangen.

In den Gesprächen mit Verantwortlichen der Grootbos Stiftung wurde mehrfach und übereinstimmend darauf verwiesen, dass sowohl im Unternehmen als auch in der Stiftung ein Ethos und eine Philosophie gelebt werden, die von den Gründern Michael Lutzeyer und Sean Privett ausgehen. Das Management Board setzt sich aus sechs Personen zusammen, die alle dieselben Überzeugungen teilen. Für die Akquirierung von Spenden und Fördergeldern gibt es eine Vollzeitstelle.

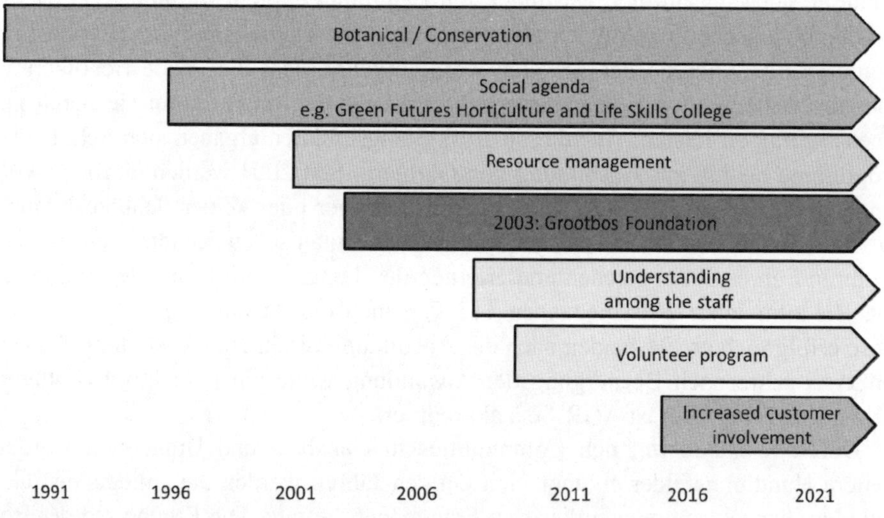

Abbildung 2: Entwicklung CSR des Grootbos Private Nature Reserve
(eigene Darstellung, 2016)

Sämtliche CSR Themen werden so formuliert, dass sie in die üblichen Arbeitsprozesse eingebunden werden können. Grootbos Mitarbeitende werden als eine wichtige Personengruppe für die Umsetzung des CSR gesehen. Sie werden zu marginalen Verhaltensänderungen motiviert, die in der Gesamtheit große Effekte haben. Im Zentrum steht die Vermittlung des erforderlichen Wissens an die Mitarbeitenden.

Energie- und Wassereinsparungen, die Vermeidung von Müll sowie die Mülltrennung basiert auf der Mitarbeit der gesamten Belegschaft. Stellenweise ist die Vermittlung aufgrund kultureller Unterschiede und geringer schulischer Vorbildung kompliziert. Allerdings werden gerade durch die Verknüpfung von CSR-relevanten Themen mit Arbeitsroutinen Erfolge verzeichnet.

Bisher werden zur Umsetzung der sozialen und Sportprogramme jährlich 16 Volunteers, zumeist Studierende aus Europa, eingesetzt. Sie erhalten eine kostenlose Unterkunft und müssen für das Volontariat nichts bezahlen. Dieser Ansatz kann kritisch diskutiert werden, da der regelmäßige Einsatz ausländischer Personen die Entwicklung heimischer Arbeitsplätze verlangsamt oder verhindert. Bei Praktika hat die Regierung bereits eingegriffen und verweigert zunehmend die Ausstellung erforderlicher Visa. Grootbos hat in diesem Bereich ein Forschungsprojekt zum Thema „Volunteering Responsibly“ initiiert.

Die Umsetzung der Programme basiert auf einem Vier-C-Modell in Anlehnung an das Modell der Zeitz Foundation: Conservation, Community, Culture und Commerce (Zeitz Foundation, 2016). Für jeden der vier Bereiche wird ein Jahresplan als Balanced Scorecard erstellt. In diesem werden Ziele definiert und konkretisiert. Ein Beispiel wird in Tabelle 3 dargestellt.

Result 2.3 Guests understand and experience the social responsibility work of the Grootbos Foundation	Target: 25% of guests to Grootbos go on the Social Responsibility tour	Ensure that Grootbos Foundation postcard tents, outlining conservation and community efforts of Grootbos to guests, and inviting them to engage and support these activities, are consistently placed in each guest room, as well as the Foundation annual report.

Tabelle 3: Auszug aus dem Jahresplan
(Grootbos, 2016b)

Das in Tabelle 3 genannte Beispiel zeigt bereits eine mögliche Verbindung zwischen Tourismus und Grootbos Foundation. Neben der organisatorischen und finanziellen Verknüpfung wird versucht, Gäste über die Aktivitäten und Programme zu informieren. Gäste können an einer Social Responsibility Tour teilnehmen. Diese beginnt mit einem Besuch des Green Future Projekts. Danach wird das Projekt Growing the Future (Nahrungsmittelproduktion und die Vermittlung von Lebenskompetenzen) besucht. Nächstes Element der Tour ist das Jugendentwicklungsprogramm (Sport- und Bildungsaktivitäten) im Gemeinde-Sportcenter in Gansbaai. Auf Wunsch kann anschließend das lokale Townships Masakhane besucht werden. Eine weitere Option ist ein Besuch des Aufforstung-Projekts Future Trees. Gäste können selbst einen Baum anpflanzen. Sie erhalten dafür ein Zertifikat und die GPS-Koordinaten ihres Baumes.

Weder Effekte auf die Community noch Auswirkungen auf die Einstellungen und Verhaltensweisen der Gäste sind bisher untersucht worden. Die Aktivität wird kritisch diskutiert, da nicht klar ist, ob tatsächlich positive Auswirkungen erreicht werden. Es besteht die Gefahr, dass die Social Responsibilty Tour eine ähnliche Attraktion wie das Shark Cage Diving ist und vor allem dazu dient, das Gewissen der Gäste zu beruhigen. In diesem Bereich besteht Forschungsbedarf.

Grootbos verfügt über keine Policy für nachhaltigen Tourismus mit dem Argument, dass solch eine Policy die Handlungen und Aktivitäten zu sehr einschränken würde (Grootbos, 2016a). Seit 2015 ist Grootbos allerdings eins von weltweit neun Global Ecosphere Retreats (GER). Da in Südafrika keine Strukturen existieren, um einen Wissensaustausch und -transfer im Luxussegment zu realisieren, bleiben Wissen und Erfahrungen von Grootbos bisher auf persönliche Kontakte beschränkt und werden nicht weitergegeben. Um hier Nachhaltigkeit zu erreichen, ist der Aufbau eines Netzwerks geplant.

5.2 Ökologische Aspekte

Nach Einschätzung des Managements ist der Umgang mit Wasser, Energie und Müll eine wesentliche Aufgabe. Grootbos liegt in einer wasserarmen Gegend mit dem meisten Regen im Winter (Juni und Juli). Gärten, Wäscherei, die Küchen sowie die Pools und Bäder in den Lodges sorgen für einen hohen Wasserverbrauch. Um die Anforderungen der Gäste zu erfüllen, werden sehr viel Wasser und Energie benötigt. Bisher werden keine alternativen Energien genutzt. Maßnahmen zur Minimierung negativer Effekte sind in Tabelle 4 erfasst.

5.3 Ökonomische Effekte

70 Prozent der 124 festangestellten Mitarbeitenden kommen aus der Region. Die in Abschnitt 5.1 beschriebenen Maßnahmen sollen dazu führen, dass mehr Menschen aus der Region in die Lage versetzt werden, auf Grootbos zu arbeiten. Eine Schwierigkeit ist die schlechte schulische Bildung. Um eine Veränderung in diesem Bereich zu erreichen, arbeitet Grootbos eng mit Schulen zusammen.

Ein weiteres Beispiel ist der Spaza Shop. Es handelt sich dabei um einen Shop, der in einem "informal settlement" liegt. Absolventen der Green Futures Initiative können dort frische lokale Produkte, traditionelle Kleidung und andere Produkte verkaufen. So sollen alternative Einkommensquellen für die Community geschaffen werden.

5.4 Soziale, kulturelle Effekte

Die in 5.1 beschriebenen Programme haben durch mehrere Studien belegte positive Effekte auf die Menschen in der Umgebung (Grootbos, 2012; Grootbos, 2015). Beispiele dafür sind eine sinnvolle Beschäftigung für Kinder am Nachmittag und in den Ferien, die Aufklärung über HIV/Aids und die Entwicklung eines Selbstbewusstseins bei Mädchen und Frauen. Weiterhin lernen Menschen, Gemüse anzubauen und können dieses für sich und die Familie nutzen oder verkaufen.

Durch die regelmäßigen Befragungen und Treffen mit Vertretern der Communities können Ansprüche der Communities erkannt und in die Aktivitäten von Grootbos übertragen werden, wobei Grootbos Foundation als Mittler fungiert.

5.5 Ergebnis

Zusammenfassend kann Grootbos Private Nature Reserve als ein Unternehmen bezeichnet werden, das Anforderungen des natürlichen und sozialen Umfelds in die unternehmerischen Tätigkeiten integriert. Eigeninteressen werden mit den Interessen der umliegenden Communites in Einklang gebracht, um ein langfristiges Miteinander zu ermöglichen. Mit der Grootbos Foundation wurde eine Organisation geschaffen, die aufgrund des Nonprofit Hintergrunds, entsprechend agieren kann. Zukünftig wird die Stiftung versuchen, Produkte und Dienstleistungen zu verkaufen, um eigenständiger zu sein.

Kritisch zu diskutieren ist die Verbindung zwischen CSR und nachhaltigem Tourismus. Bisher sind es vor allem die organisatorische Verzahnung zwischen Grootbos Private Nature Reserve und Grootbos Foundation sowie die finanzielle Beteiligung, die den Grootbos Tourismus nachhaltig werden lassen. Weitere Elemente sind die Einsparung von Ressourcen resp. die Minderung des tendenziell hohen Energie- und Wasserverbrauchs.

Um einen nachhaltigen Tourismus zu erreichen, müssten Gäste im stärkeren Maße in die Programme einbezogen werden. Studien legen nahe, dass Reisende mit höherem Einkommen und höherer Bildung ein größeres Interesse an Begegnungen mit Einheimischen (Kösterke, 2009) und an nachhaltigen Reisen haben. Ansätze zur Sensibilisierung und Schulung von Mitarbeitenden könnten auf Gäste übertragen werden.

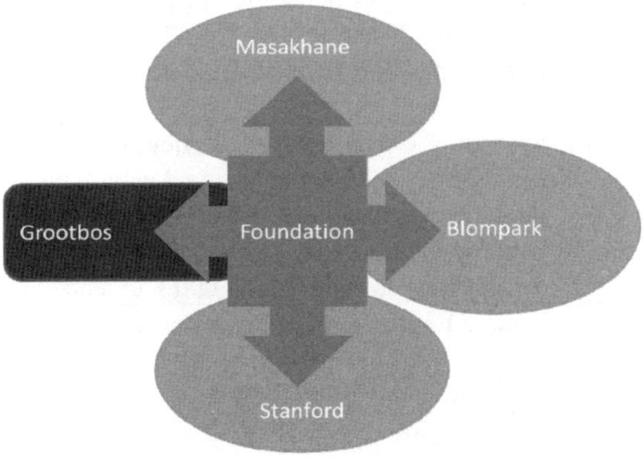

Abbildung 3: Grootbos – Foundation – lokale Communities
(eigene Darstellung)

Bereich	Unterbereich	Detail	Bewertung
Management/ Organisation	Institution	Grootbos Stiftung seit 2003	+
	Instrumente	Jährliche Community Studie Jährliche 4-C Plan	+ +
	Koordination	Abstimmung mit lokalen Communities	+
	Policy/Akkreditierung	Global Ecosphere Retreat (GER)	+
Ökologisch	Konservierung	Umfangreiches Fynbos-Programm	+
	Wasser	Jede Lodge verfügt über einen Hauptpool	-
		Zwei Cottages verfügen über Privatpool	-
		Spa, Wäscherei, Garten	-
		Eigener Brunnen und Wasserabfüllung in Glasflaschen seit 2014	+
	Energie	Stabile Energieversorgung, um den Anforderungen der Gäste gerecht zu werden (60 KWh pro Gastnacht)	-
		Klimaanlage, Heizung, Kamin	-
		Küche, Kühlschrank, Gefriertruhen, Beleuchtung	-
		Großer Anteil internationaler Gäste, die mit dem Flugzeug anreisen / Mietwagen	-
		Mit Ausnahme des Fynbos Spaziergangs wird für alle Aktivitäten ein Transportmittel (Minibus, Safari-Wagen) benötigt.	-
		Keine Nutzung alternativer Energien	-
	Müll	Organic Waste Converter	+
	Transport	30 % des Gemüses ist selbst erzeugt	+
Ökonomisch	Beschäftigung	70 % der 124 Vollzeitbeschäftigten kommen aus der Region	+
		16 Volunteers	?
	Ausstattung	Die Ausstattung der Suiten erfolgte abgestimmt auf das natürliche Umfeld Lokale Handwerker und Künstler wurden beauftragt	+ +
	Ausbildung	Seit 2003: Green Futures Horticulture and Life Skills College, einjährige Ausbildung für 12 arbeitslose junge Erwachsene	+
Sozial/ Kulturell	Kinder	Umfangreiche Sportprogramme für Kinder der Region (jährliche 5.000 Kinder)	+
	Female Empowerment	Female Empowerment Programme	+
	Gäste	Social Responsibility Tour	?

Tabelle 4: Grootbos Effekte
(eigene Darstellung)

6. Kritische Diskussion

Der Beitrag basiert zum einen auf einer Sichtung relevanter Literatur und zum anderen auf einem Fallbeispiel. Deswegen handelt es sich primär um explorative Aussagen, die in weiteren Studien eingehender analysiert und im Anschluss generalisiert werden müssen. Kritisch zu hinterfragen ist die Übertragbarkeit der Erkenntnisse eines südafrikanischen 5-Sterne-Luxusressorts auf andere Destinationen. Es kommt hinzu, dass Grootbos eine Vorreiterrolle einnimmt und dadurch Vorteile bei der Umsetzung von Projekten nutzen kann.

Viele CSR-Systeme fokussieren auf die Einhaltung von Richtwerten resp. die Erfüllung von Kriterien. Wenig berücksichtigt sind die dynamische Komponente und die Frage wie Prozesse im Unternehmen so gestaltet werden können, dass eine kontinuierliche Veränderung erreicht werden kann. Letzteres ist wesentlich, um den sich ändernden Anforderungen der natürlichen und sozialen Umgebung gerecht zu werden. Aufgrund der mehr als 20jährigen CSR-Erfahrung ist Grootbos ein gutes Beispiel für kontinuierliches und verantwortungsvolles nachhaltiges Handeln. Grundlage dafür ist die Überzeugung, dass solch unterschiedliche Ziele wie Erhalt und Schutz der Flora, soziales Engagement und die Bereitstellung von Luxusunterkünften miteinander verbunden werden können. Durch die enge Zusammenarbeit mit den Communities und die Ableitung von Projekten aus Anforderungen heraus, kann ein kontinuierlicher Wandel erreicht werden.

Wesentliche Elemente des Change Management sind dabei:

- die Öffnung hin zum Umfeld,
- die Integration der Projekte in sämtliche Handlungsfelder,
- die Einbettung von CSR-Aktivitäten in die Arbeitsroutinen sämtlicher Mitarbeitenden.

Alle CSR-Aktivitäten beeinflussen das unternehmerische Umfeld und sind in Folge als neue Realitäten zu berücksichtigen.

Abschließend kann festgehalten werden, dass trotz eines umfassenden CSR-Managements in einem touristischen Unternehmen nicht automatisch von nachhaltigem Tourismus gesprochen werden kann. Um diesen umzusetzen, ist die konsequente Einbeziehung der Gäste erforderlich.

Quellenverzeichnis

Accor Ethics and Corporate Social Responsibility Charter (2015). Online Quelle. Abgerufen von: http://www.accorhotels-group.com

Bohdanowicz et al. (2011). Bohdanowicz, P., Zientara, P., & Novotna, E. (2011). International hotel chains and environmental protection: An analysis of Hilton's we care! programme (Europe 2006–2008). Journal of Sustainable Tourism, 19 (7) (2011), pp. 797–816

Bolton et al. (2011). Bolton, S.C., Kim, R.C., & O'Gorman, K.D. (2011). Corporate social responsibility as a dynamic internal organizational process: A case study. Journal of Business Ethics, 101 (1) (2011), pp. 61–74

Coates et al. (2007). Coates, J., Swindale, A., & Bilinsky, P. (2007). Household Food Insecurity Access Scale (HFIAS) for Measurement of Household Food Access: Indicator Guide (v. 3). Washington D.C.: Food and Nutrition Technical Assistance Project, Academy for Educational Development

Commission of the European Communities (2001). Green Paper: Promoting a European framework for Corporate Social Responsibility. Online Quelle. Abgerufen von: europa.eu/rapid/press-release_DOC-01-9_en.pdf

Deng, S.M., & Burnett, J., (2002). Water use in hotels in Hong Kong, International Journal of Hospitality Management, 21 (2002), 57–66.

Dibanisia (2016). Dibanisia booklet. Internes Dokument. 2016

Font et al. (2012). Font, X., Walmsley, Cogotti, McCombes & Häusler, N. (2012). Corporate social responsibility: the disclosure-performance gap. Leeds Metropolitan University. Abgerufen von: www.icrtourism. org

Fütterer, A. (2015). Annual statistic on the Horticulture and Lifeskills College. Internes Dokument Grootbos Foundation.

Gössling, S., (2001). The consequences of tourism for sustainable water use on a tropical island: Zanzibar, Tanzania. Journal of Environmental Management 61(2), 179–191.

Gössling, S. (2002). Global environmental consequences of tourism. Global Environmental Change 12: 283–302.

Gössling, S. (2010). Carbon management in tourism: Mitigating the impacts on climate change. London: Routledge.

Gollub, J., Hosier, A., & Woo, G. (2003). Using Cluster-Based Economic Strategy to Minimize Tourism Leakages.

Grootbos Foundation (2012). Umtana Survey Results. Internes Dokument

Grootbos Foundation (2015). Community Survey 2015. Internes Dokument

Grootbos Foundation (2016a). Grootbos Sustainability Case Study V1 . Internes Dokument

Grootbos Foundation (2016b). Annual Activity Plan. Internes Dokument

GSTC Global Sustainable Tourism Council (2013). Global Sustainable Tourism Criteria for Hotels and Tour Operators (GSTC-HTO) version 2.0 December 2013. Abgerufen von: http://www.gstcouncil.org/sustainable-tourism-gstc-criteria/criteria-for-hotels.html.

Hemmati, M., & Koehler, N., (2000). Financial Leakages in Tourism Sustainable Travel and Tourism. 25-29.

Heuwinkel, K. (2016). CSR in medical tourism – new markets, new responsibilities. BEST EN Think Tank 2016. Eberswalde

Heuwinkel, K. (2017). CSR, Tourismus und Gesundheit. Neue Märkte, neue Verantwortung. In: Lund-Durlacher et al. (2017). Lund-Durlacher, D.; Fifka, M. S.; Reiser, D. (Hrsg.) (2017). CSR und Tourismus. Springer.

Ioannides, D. (2001). Sustainable development and the shifting attitudes of tourism stakeholders: Toward a dynamic framework. In: McCool, S.F., & Moisey, R.N. (Hrsg.) (2001). Recreation, and Sustainability: Linking Culture and the Environment, Wallingford: CABI, 55-76.

ITC Hotels Responsible Luxury (2014). Online Dokument. Abgerufen von: http://www.itchotels.in/responsibleluxury/

Johannsen et al. (2013). Johannsen, N., Lutzeyer, M., & Privett, S. (2013). Community Needs Assessment. Internes Dokument. Grootbos Foundation

Kösterke, A. (2009). Meet-the-People. Studienkreis für Tourismus und Entwicklung.

Lund-Durlacher, J. (2012). CSR und nachhaltiger Tourismus. In: Schneider, A. & Schmidpeter, R. (Hrsg.) Corporate Social Responsibility: Verantwortungsvolle Unternehmensführung in Theorie und Praxis (S. 559-570). Springer Verlag, Berlin, Heidelberg.

Lund-Durlacher et al. (2017). Lund-Durlacher, D.; Fifka, M. S.; Reiser, D. (Hrsg.) (2017). CSR und Tourismus. Springer.

Malhado, A. (2010). The real costs of tourism to climate change: An analyses in the CO2 emission from transport, hospitality and attraction sectors. (Unpublished Master Thesis). Technical University Munich, Munich, Germany.
Maon et al. (2010). Maon, F., Lindgreen, A., & Swaen, V. (2010). Organizational stages and cultural phases: A critical review and a consolidative model of corporate social responsibility development. International Journal of Management Reviews, 12 (1) (2010), pp. 20–38
Maurer, M. (1992). Impacts on the economy. In: Institute for Research in Leisure and Tourism, 1992. Tourism and the Third World. Bern: University of Bern.
Privett, S. (2016). Persönliches Gespräch am 13. Oktober 2016. Grootbos Private Nature Reserve, Gansbaai, Südafrika.
Savener, A. (2015). Luxury and sustainability in tourism accommodation - an exploration of how to reconcile apparently incompatible objectives using a case study approach. BEST EN Think Tank XV
Schulz, O. (2015). Nachhaltige ganzheitliche Wertschöpfungsketten. In: Schneider, A. & Schmidpeter, R. (Hrsg.) Corporate Social Responsibility: Verantwortungsvolle Unternehmensführung in Theorie und Praxis (S. 325-338). Springer Verlag, Berlin, Heidelberg.
Supradist, N. (2004). Economic leakage in tourism sector. Master Thesis.The International Institute for Industrial Environmental Economics
Swarbrooke, J. (1999). Sustainable tourism management. Cambridge: CABI
Wong, S. (2006). Responisble Luxury: Six Senses Resorts and Spas. Business Leadership and Strategic Corporate Citizenship.
Weaver, D. & Lawton, L. (2002). Tourism Management. 2n Edition. Milton: John Wiley & Sons Australia, Ltd
Wells et al. (2016). Wells, V. K., Gregory Smith, D., Taheri, B., Manika, D., McCowlen, C. (2016). An exploration of CSR development in heritage Tourism. Annals of Tourism Research 58 (2016) 1–17
Zeitz Foundation (2016). 4CS. Online Dokument. Abgerufen von www.zeitzfoundation.org/4CS

GABRIELE MIELKE & SVENJA-MARIA MINTERT

Was kommt nach Olympia in Rio 2016? Regionalwirtschaftliche und standortpolitische Chancen und Risiken für den Tourismus in Rio de Janeiro

1. Einleitung

In Rio de Janeiro wird darüber diskutiert, inwieweit die Ausrichtung Olympischer Sommerspiele eine sinnvolle Option sein kann, die Stadtentwicklung langfristig positiv zu beeinflussen und die Standortattraktivität insbesondere für den Tourismus zu erhöhen. Durch Olympia erhofft man sich als sog. Event Legacy z.B. positive wirtschaftliche und touristische Effekte. Die Olympischen Spiele 2016 werden zudem als Mittel gesehen, sich im Sinne des Stadtmarketings als wirtschaftlich ernstzunehmender Partner (Global City) zu positionieren und die Standortattraktivität der Destination zu erhöhen (Event-Signaling). Die Ergebnisse zahlreicher Studien weisen jedoch darauf hin, dass Effekte meist nur temporär auftreten (vgl. etwa Maennig & Zimbalist, 2012; Preuss, 2004). Die bisherigen Erfahrungen zeigen auch, dass die Ausrichterstädte sehr unterschiedlich von Olympischen Spielen profitiert haben. Olympische Spiele verschaffen der ausrichtenden Stadt für die Dauer von zwei Wochen die weltweite Aufmerksamkeit von einigen Milliarden Menschen, die potenzielle Touristen, Investoren und Fachkräfte für die Stadt sind. Das Rio Convention Bureau geht davon aus, dass die Zahl der Touristen durch Olympia in den Jahren nach 2016 um jeweils 10 % bis 2018 ansteigt (vgl. Vidor, 2016). Die Ausrichtung großer Sportereignisse wird demzufolge als Katalysator für den brasilianischen Tourismus sowie als Werbung für Brasilien angesehen. Es stellt sich daher die Frage, ob Brasiliens Tourismus im Allgemeinen und der Rio de Janeiros im Besonderen von der Austragung der Olympischen Sommerspiele 2016 langfristig profitieren wird, oder die Effekte in der Tourismusindustrie nur temporär auftreten werden. Um dieser Forschungsfrage nachzugehen, müssen die stadtentwicklungspolitischen Ziele und das Standortprofil daraufhin geprüft werden, inwieweit die Effekte Olympischer Spiele positiv auf diese wirken. Denn im Rahmen eines standort- und stadtentwicklungspolitischen Konzepts gilt es, den Primärimpuls Olympischer Spiele auf Bekanntheit und Image in nachhaltige Effekte zu transferieren. Es müssen also mögliche Instrumente im Hinblick auf ihre Effektivität und Effizienz zur Erreichung der Ziele bewertet werden. Eine SWOT-Analyse zu den Stärken und Schwächen sowie den Chancen und Risiken des Standorts kann Hinweise auf die strategische Bedeutung Olympischer Spiele für die langfristige Tourismusentwicklung Rios geben. Gerade diese Kombination von Stärken und Schwächen bietet die Chance, durch die Ausrichtung Olympischer Spiele einen Impuls bzw. eine Entwicklungsdynamik zu schaffen, indem Rio sich als attraktiver Standort für Touristen, Investoren und hochqualifizierten Fachkräften präsentiert. In einem zweiten Schritt werden die Transmissionskanäle identifiziert, über die der anfängliche Impuls auf die relevanten Standortfaktoren wirkt. Schließlich sollten zusätzliche Maßnahmen entwickelt werden, die als „Hebel" die Effekte Olympischer Spiele verstärken und verstetigen (Event-Leveraging). Entsprechend gilt es, die erhöhte Aufmerksamkeit durch die Olympischen Spiele zu nutzen, um mit komplementären Maßnahmen und Instrumenten die Attraktivität des Standorts zu erhöhen. Im positiven Fall kann ein exogener Anfangsimpuls einen endogenen Entwicklungsprozess auslösen. Es kommt also darauf an, persistente Effekte zu induzieren, die auch dann fortwirken, wenn das auslösende Ereignis schon lange vorüber ist.

2. Event- und Entwicklungsökonomische Betrachtung der Olympischen Spiele 2016 in Rio de Janeiro

2.1 Stand der Event-Impaktforschung zu touristischen und gesamtwirtschaftlichen Auswirkungen

Den primären Impuls zur Untersuchung ökonomischer Effekte von Großveranstaltungen gab die Tourismusforschung (vgl. Getz, 1997; Hall, 1992). Neben den eventinduzierten Effekten für den Tourismus beschäftigen sich Studien mit den Einkommens- und Beschäftigungsverhältnissen infolge von Investitions- und Konsumausgaben. Dabei ist zwischen kurzfristigen Effekten (induziert durch Eventbesucher) und langfristigen Effekten zu differenzieren (vgl. Preuss & Solberg 2015; Preuß et al., 2009). In der Literatur zur Eventforschung gibt es inzwischen zahlreiche Arbeiten, die sich auf Effekte von Sportgroßveranstaltungen im Besonderen sowie auf verschiedene Methoden, diese zu evaluieren, konzentrieren (vgl. zusammenfassend Zimbalist, 2015; Breuer & Mutter, 2013; Maennig & Zimbalist, 2012; Girginov, 2010; Mangan & Dyreson, 2010).

Obwohl sich die meisten dieser Studien auf Nationen im globalen Norden konzentrieren, können die bereits gewonnenen Erkenntnisse wichtige Hinweise für die Untersuchung der Auswirkungen auch auf Städte und Nationen im globalen Süden, wie auch Brasilien, geben. Insbesondere, weil dort Mega-Sportevents zunehmend als Vehikel zur Erhöhung von Macht und Prestige angesehen werden, oder um globale Beziehungen und Entwicklungsziele für soziale, wirtschaftliche und politische

Bereiche des Lebens zu erzielen (vgl. etwa Cornelissen, 2009). Neben dem Mangel an wissenschaftlichen Abhandlungen, die sich auf Nationen im globalen Süden beziehen, besteht bisher auch ein Mangel an Ex-Post-Studien, die erst einen Vergleich mit den stark nachgefragten Ex-Ante-Studien und den tatsächlichen Ergebnissen zuließen (vgl. Preuss & Solberg, 2015; Porter & Fletcher, 2008). Ziel des Beitrages ist es daher zu analysieren, inwieweit es der Stadt Rio de Janeiro im Rahmen ihres standort- und stadtentwicklungspolitischen Konzepts gelingen kann, den eventinduzierten Primärimpuls in nachhaltige (Tourismus)Effekte umzusetzen.

2.2 Theorie und Methode zur Bewertung touristischer Effekte

Ökonomische Impaktanalysen nutzen die theoretischen Grundlagen der Volkswirtschaftslehre (vgl. etwa Preuss, 2015; Smith, 2014). Um die eventinduzierte Tourismuswirkung über die Zeit abzubilden, wird auf die allgemeingültigen Erklärungsansätze zur nachhaltigen Wirkung aus ökonomischer Perspektive zurückgegriffen. Besonders aufschlussreich hierzu sind die langfristigen Event-Impakt-Modelle von Spilling (1999) aus der ökonomischen Eventforschung (vgl. Abb. 1).

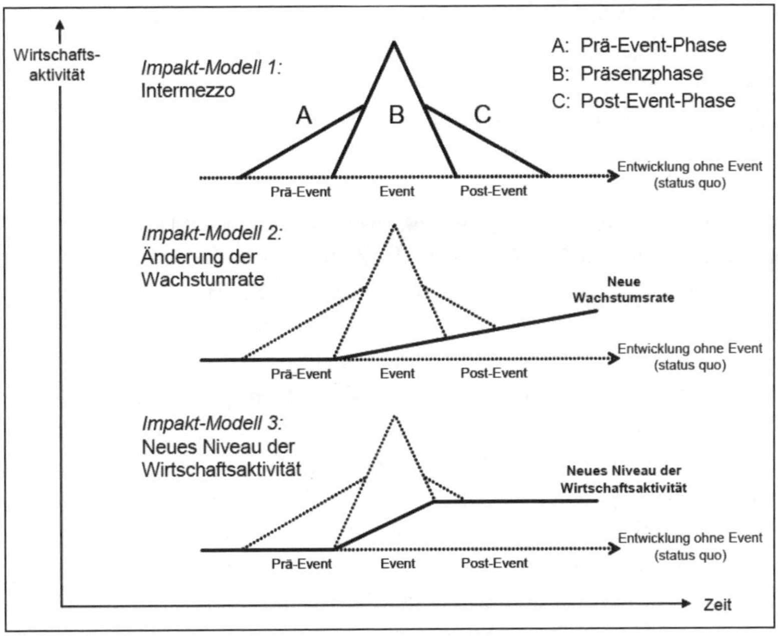

Abbildung 1: Langfristige Event-Impakt-Modelle
(Spilling, 1999, S. 138)

Das „Intermezzo" gilt in der Theorie als „Status-quo-Situation" und wird als normale durch Mega-Events bedingte Entwicklung betrachtet (vgl. auch Preuß et al., 2009, S. 50ff.). Es geht darum, den eventinduzierten Primärimpuls durch Hebel und komplementäre Maßnahmen in eine nachhaltige Entwicklung und somit einen Sekundärimpuls zu übersetzen (vgl. auch Chalip, 2004). Die effizienztheoretische Idealvorstellung wäre, wenn das Event die Fähigkeit des Standortes derart verändert, dass wie im Modell 2 ein nachhaltig steilerer Wachstumspfad erschlossen wird. Modell 3 dagegen beschreibt eine Niveauverschiebung der Wirtschaftsaktivität. Die Intensität der exogenen, wirtschaftlichen Einflüsse reicht jedoch nicht für ein kontinuierliches Wachstum aus. Im positiven Fall kann also ein exogener Anfangsimpuls, durch die Ausrichtung der Olympischen Spiele in Rio de Janeiro, einen endogenen Entwicklungsprozess auslösen. Die Ausstrahlungseffekte könnten sich räumlich demnach auf Brasilien insgesamt erstrecken ("Trickle-down-Effekt") und so im Sinne der Entwicklungstheorie einen Big Push erzeugen, d.h. als möglicher Auslöser für anhaltende ökonomische Wachstumsprozesse, durch einen kräftigen Investitionsstoß, angesehen werden (vgl. Rosenstein-Rodan, 1943). Der induzierte Wachstumsprozess würde sich später auf andere Wirtschaftsbereiche wie den Tourismus verbreitern. Die Entwicklungsstrategie Rio de Janeiros kann, abgeleitet aus dem analytischen Rahmen von Entwicklungstheorien, somit als eine aufeinander abgestimmte entwicklungspolitische Maßnahme verstanden werden, die darauf ausgerichtet ist, konkrete entwicklungspolitische Ziele nachhaltig zu erreichen. Die daraus resultierende Entwicklungsstrategie setzt auf moderne Technologie, Großprojekte, in dem Fall Mega-Sportevents und damit Kapital der Industrienationen zu nutzen (Big Push), um auf der Basis der getätigten Investitionen ein selbsttragendes Wachstum im Land zu initiieren (Aufholstrategie).

2.3 Analyserahmen für Auswirkungen von Eventstrukturen auf die Tourismusförderung und methodische Herangehensweise

Zur Analyse der Auswirkungen von Eventstrukturen auf die nachhaltige Tourismusförderung wurde ausgehend von den theoretischen Überlegungen ein Modell entwickelt, das in nachstehender Abbildung 2 dargestellt ist.

In der Pre-Event-Phase erfolgen eventbasierte Veränderungen, die zu veränderten Standortfaktoren führen. Es ist davon auszugehen, dass sich die Destination durch die eventinduzierten Stadtentwicklungsprojekte verändert und ihre Bekanntheit als Reiseziel steigert, vor allem wegen der medialen Aufmerksamkeit von globaler Reichweite. Olympische Spiele verschaffen der Stadt als direkten Effekt für zwei Wochen eine weltweite Aufmerksamkeit von einigen Milliarden Menschen, die potentielle Touristen, Investoren und Fachkräfte für die Stadt sein können. Die Medien können neben Unternehmen/Sponsoren, Athleten, Funktionären, Volunteers und Eventbesuchern als entscheidende Transmissionskanäle identifiziert werden, über die der anfängliche Impuls auf die relevanten Standortfaktoren wirkt. Als Event Legacy ist aus effizienztheoretischer Sicht davon auszugehen, dass (a) Sozio-Kulturelle Wirkungen (b) Wohlfahrtswirkungen und (c) Imagewirkungen zu erwarten sind. Daraus erhofft man sich als Event Legacy steigende Tourismuszahlen und zusätzliche Investitionen, die wiederum zu Beschäftigungs- und Einkommenseffekten sowie zusätzlichen Steuereinnahmen führen. Innerhalb einer relativ kurzen Zeit erlebt die städtische Wirtschaft den Zustrom eines unverhältnismäßig hohen Anteils an Investitionen und Konsum und es kommt zu einem „Big-Push" im Sinne der Entwicklungsökonomie. Entsprechend gilt es, die erhöhte Aufmerksamkeit durch die Olympischen Spiele zu nutzen, um mit komplementären Maßnahmen und Instrumenten die Attraktivität des Standortes für den Tourismus zu erhöhen.

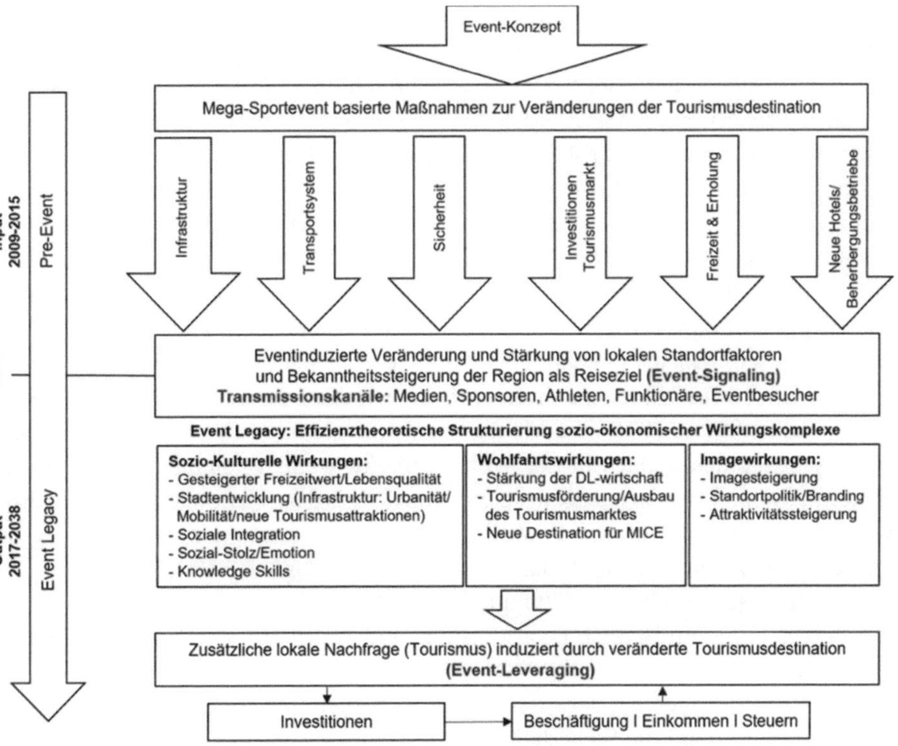

Abbildung 2: Auswirkungen von Eventstrukturen auf die Tourismusförderung

Um Chancen und Risiken für nachhaltige Tourismuseffekte auf Basis des Modells zu identifizieren, wurde ein „Bottom-Up" Ansatz herangezogen. Die Datenerhebung erfolgte von April bis August 2016 sowohl sekundär mittels Dokumentenanalyse als auch primär durch qualitative Beobachtungen sowie teilstandardisierte qualitative Interviews zur besseren Interpretation der Ergebnisse.

Die Analyse erfolgte in zwei Schritten: (1) Prüfung der standortpolitischen Ziele und Entscheidungen über die Flächennutzung im Hinblick auf Tourismusförderung und Erhöhung der Standortattraktivität. (2) Identifikation der Maßnahmen, die eine Post-Event-Nutzung von Einrichtungen und Infrastruktur für touristische Zwecke maximieren können und somit als Hebel für langfristige touristische Effekte dienen. Die getroffenen Maßnahmen werden im Anschluss auf ihre Effektivität und Effizienz mittels SWOT-Analyse bewertet.

3. Darstellung der Ergebnisse und Diskussion über touristische Effekte der Ausrichtung Olympischer Spiele in Rio 2016

3.1 Stadtentwicklungspolitische Ziele und Standortprofil

Aus Effizienzsicht und demzufolge um eine langfristig, steigende touristische Nachfrage zu induzieren, stellt sich die Herausforderung einerseits nach einer eventspezifischen und andererseits nachhaltigen Infrastrukturplanung. Inwieweit aus dem Primärimpuls der Ausrichtung Olympischer Spiele, ausgelöst durch die identifizierten Transmissionskanäle, nachhaltig positive Effekte resultieren, hängt entscheidend von dem übergeordneten standort- und stadtentwicklungspolitischen Konzept ab. Zu diesem Zweck müssen zunächst die Stadtentwicklungsziele im Sinne der Standortpolitik definiert werden. Rios Vision wurde im Kontext einer langfristigen Planungsstrategie der Stadt und des Landes formuliert (Government Rio de Janeiro, 2015). Rio hat sich die Vorteile von anderen Host Cities, wie z.B. Barcelona, als Beispiel genommen und ist entschlossen, Spiele mit einem dauerhaften Vermächtnis zu liefern. Brasilien hat durch die Ausrichtung der Olympischen Spiele 2016 eine Managementstrategie mit einer Mission entwickelt, die das Image des Landes in der Welt vermarkten und verstetigen soll. Folgende Zieldimensionen der Event-Konzeption von Rio 2016 "Viva sua paixão" wurden vor dem Hintergrund infrastruktureller Voraussetzungen und Tourismusförderung festgelegt (Government Rio de Janeiro, 2015):

- Erfolgreiche Ablieferung Olympischer Spiele,
- Verbesserung im Bereich Dienstleistung und Tourismus durch verbesserte Infrastruktur,
- Besseres Management der öffentlichen Sicherheit und Verbesserung der Situation in Bezug auf die Sicherheit,
- Höhere Investitionen in öffentliche Dienstleistungen,
- Verbesserung der Mobilität für mehr Urbanität und Lebensqualität,
- Tourismussteigerung in Brasilien insgesamt,
- Bevölkerungsvielfalt und Wertschätzung der Kultur (Internationalität/ Offenheit).

Diese Ziele und das Standortprofil sind im weiteren Verlauf daraufhin zu prüfen, inwieweit die Effekte Olympischer Spiele positiv auf diese wirken. Schließlich ist zu untersuchen, ob Olympische Spiele in Bezug auf die definierten Ziele und die als relevant identifizierten Standortfaktoren passen und im Vergleich zu alternativen Instrumenten effizient sind. Rio de Janeiro hat im Zuge der Ausrichtung der beiden Mega-Sportevents und der damit verbundenen Modernisierung ein zukunftsfähiges Standortprofil entwickelt, das gekennzeichnet ist durch Strukturwandel, Modernität, Mobilität und Urbanität.

3.2 Maßnahmen zur Verstärkung und Verstetigung von Event Legacies für Rio de Janeiro

Um das Event-Konzept umzusetzen, die ausformulierten Ziele zu erreichen und das Standortprofil zu adressieren, wurden unterschiedliche Maßnahmen im Rahmen der Stadtentwicklungspolitik ergriffen. Die eventbezogenen Investitionen der Maßnahmen zur Verstärkung und Verstetigung von Event Legacies belaufen sich insgesamt auf rund 12 Milliarden Euro. 8 Milliarden Euro davon wurden in Projekte investiert, die langfristig der Allgemeinheit dienen sollen (vgl. auch Government Rio de Janeiro, 2016b). Durch die ergriffenen Maßnahmen werden vornehmlich die stadtpolitischen Ziele im Sinne der Stärkung der Standorteigenschaften zur Tourismusförderung anvisiert. Die Ausrichtung der Olympischen Spiele adressiert aber auch das Engagement eines Landes zu einer offeneren und liberaleren Handelspolitik und vermittelt mehr Offenheit und Transparenz. Die einzelnen Maßnahmen zur Erzielung nachhaltiger touristischer Effekte wurden über folgende Standortfaktoren angesprochen: *Bessere Anbindung und Infrastruktur, Entstehung neuer Hotels und Beherbergungsbetriebe, Entstehung neuer kultureller Angebote und touristischer Attraktionen, Netzwerkpotentiale und neue Investitionen (Erschließung neuer Märkte und Zielgruppen, Lebensqualität.*

Insgesamt zielen diese Maßnahmen auf eine Steigerung der Attraktivität der Stadt ab. Durch die mediale und weltweite Aufmerksamkeit in den zwei Wochen der Ausrichtung der Olympischen Spiele sollen sowohl die Stadt Rio de Janeiro als auch Brasilien insgesamt eine Bekanntheitssteigerung als Reiseziel erfahren Die identifizierten Transmissionskanäle (Medien, Athleten, Funktionäre, Volunteers, Eventbesucher) tragen dabei zwar indirekt aber wesentlich zur Imagebildung und -profilierung der Stadt und des Landes bei. *Die verbesserte Transportinfrastruktur führt zu einer gestiegenen Mobilität und kann in der Folge auch zu einer gesteigerten Lebensqualität für die Bewohner führen. Investitionen in die Infrastruktur, wie z.B. in ein besseres Transportsystem, Gewerbeparks und Hotels führen aber auch zu einer besseren Umgebung für zukünftige Investoren und Touristen. Ebenso ist eine Long-Term-Legacy für den Tourismus durch Hotelexpansionen möglich. Vor dem Hintergrund der Steigerung der Attraktivität fand auch die Umgestaltung* innerstädtischer *Bereiche in Räume der Freizeit und des Konsums statt. Das wichtigste Projekt, das im Kontext mit den Olympischen Spielen steht, ist die Verschönerung des Hafenviertels.* Mit der Revitalisierung des Hafens wurde ein neues Kulturangebot mit gleich zwei Museen geschaffen. Ziel war es, durch Kultur- und Unterhaltungseinrichtungen ein neues Touristen-Zentrum zu erschaffen. Mit den Großprojekten der Infrastruktur und der städtebaulichen und „sozio-ökonomische Sanierung" der Hafenzone beabsichtigen die Entscheidungsträger die Neuplatzierung Rio de Janeiros im globalen Gefüge der Städte. Gleichzeitig können die hier getroffenen Maßnahmen zu einem erhöhten Sicherheitsempfinden führen. Um die Besucherzahlen für Brasilien im Allgemeinen und Rio de Janeiro im Besonderen zu steigern, wurde die Tourismuskampagne „Rio + 3“ zur Förderung der Bekanntheit von touristischen Reisezielen in der näheren Umgebung von Rio de Janeiro innerhalb von drei Stunden Fahrtzeit initiiert. Außerdem kann der Post-Olympia Tourismus von zwei wichtigen Zielgruppen, dem sog. MICE-Tourismus und dem privaten Tourismus profitieren. Durch die Renovierung des Hafenviertels sind auch neue Möglichkeiten für den privaten Tourismus, v.a. Kreuzfahrttouristen, entstanden. Beide Tourismusströme werden motiviert durch ein in der Öffentlichkeit verbessertes Bild der Gastgeberstadt sowie der aktualisierten Tourismusangebote und Infrastruktur. Darüber hinaus können neue Unternehmen und Fachkräfte angelockt werden. Es ergibt sich demzufolge ein Netzwerkpotential für neue Investitionen. Wenn die Olympischen Spiele strategisch sinnvoll durch die Gastgeberstadt und das Gastland genutzt werden, können die Auswirkungen des Post-Olympia-Tourismus die Stadt auf einen höheren Wachstumspfad heben.

3.3 Regionalwirtschaftliche und standortpolitische Stärken, Schwächen, Chancen und Risiken

Mittels SWOT-Analyse kann eine effizienztheoretische Bewertung vor dem Hintergrund der Zielerreichung im Sinne der Stärkung von Standorteigenschaften erfolgen und daraus entsprechende Handlungsimplikationen abgeleitet werden. Das Standortprofil Rio de Janeiros zeigt Stärken vor allem in der ökonomischen Inwertsetzung und Schaffung neuer Konsumorte, die wiederum für die Erschließung neuer Märkte und Zielgruppen ausschlaggebend sind. Rio de Janeiro hat der Welt gezeigt, dass es in der Lage ist, die Olympischen Spiele als erster Gastgeber Südamerikas erfolgreich auszurichten und hat damit das Ziel der „erfolgreichen Ablieferung Olympischer Spiele“ erfüllt. Die Ausrichtung der Olympischen Spiele sowie die mediale Aufmerksamkeit von etwa vier Milliarden Zuschauern und 1,17 Millionen Olympia-Touristen können als Multiplikator angesehen werden, um die Bekanntheit Rio de Janeiros als Destination zu steigern (vgl. Government Rio de Janeiro, 2016a). Die ergriffenen Maßnahmen, wie der Ausbau des Transportsystems oder der Flughäfen und die Expansion von Hotels, die Verschönerung des Hafens sowie die in Gang gesetzte urbane Transformation können als Stärken im Hinblick auf touristische Legacies angesehen werden. Rio de Janeiro ist es gelungen, eine bessere Anbindung und Mobilität durch die neu geschaffene Infrastruktur zu schaffen. Die Stadt hat eine neue touristische Attraktion, die bereits als neues Wahrzeichen der Stadt angesehen wird errichtet und das kulturelle Angebot erweitert. Durch die Revitalisierung des Hafengebiets können zukünftig neue Märkte und Zielgruppen für den Tourismus und die lokale Wirtschaft erschlossen werden. Somit lassen sich Synergien erzielen und Spill-Overs der Investitionen in die Ausrichtung Olympischer Spiele maximieren. Die Maßnahmen im Bereich Post-Olympia-Tourismus sowie die Tourismuskampagne können dem Tourismus darüber hinaus einen Wachstumsschub bringen. Zusätzlich kann zumindest ein Teil der Bevölkerung zukünftig von einer gesteigerten Lebensqualität profitieren. Damit werden die stadtentwicklungspolitischen Ziele nach Verbesserungen in den Bereichen Dienstleistung, Tourismus und Infrastruktur umgesetzt und zwar in einem für den Standort förderlichen Charakter, da die ergriffenen Maßnahmen stark kapital- und immobilienorientiert und somit auf Marktinteressen ausgerichtet sind. Außerdem wirken die identifizierten Transmissionskanäle Offizielle, Sportler und Eventbesucher durch ihre positiven Erfahrungen verstärkend. Diese erhöhte Sichtbarkeit und positive Wahrnehmung kann zu einem potentiellen Wachstum des touristischen Interesses in Zukunft führen. Das Standortprofil Rio de Janeiros zeigt Stärken vor allem in Bezug auf die Modernisierung der Stadt. Gleichwohl geraten diese Errungenschaften durch die aktuelle wirtschaftliche Lage des Landes zunehmend unter Druck. Rio de Janeiro zählt immer noch zu den Städten mit enorm starken sozialen Disparitäten und einer damit verbundenen hohen Kriminalitätsrate. Favelas der Stadt werden seit Jahren von Räumungen und Zwangsumsiedlungen bedroht, was nicht gleichermaßen für alle Einwohner der Stadt eine Verbesserung ihrer Lebenssituation bedeutet. Schwächen können zudem in infrastrukturellen Defiziten (weiterer Ausbau der Metro, Reinigung der Gewässer) und der vergleichsweise geringen Investitionstätigkeit (z.B. in den Bereichen Gesundheit, Bildung, Wirtschaft) gesehen werden. Zudem verbleibt ein Großteil der Einnahmen aus dem Tourismus nicht in Brasilien oder Rio de Janeiro, sondern wird von internationalen Hotelketten oder Gastronomiebetrieben aus dem Land geschafft. Durch die Ausrichtung der Olympischen Spiele wird sich die wirtschaftliche Situation der Stadt eher verschlechtern und die Verschuldung ansteigen, da gewährte Kredite zurückgezahlt werden müssen. Die Wirtschaftsleistung ist bereits 2015 um 3,8 % eingebrochen, für 2016 könnte es ähnlich schlimm sein. Zwei entscheidende Faktoren für die touristische Nachfrage sind Weltoffenheit und Internationalität. An beiden mangelt es noch in Brasilien insgesamt und auch in Rio de Janeiro. So ist der Ausländeranteil unter den Einwohnern noch sehr gering. Wegen des vergleichsweise schlecht entwickelten Bildungssystems mangelt es auch an Fremdsprachenkenntnissen wie z.B. Englischkenntnissen was wiederum für eine zukünftige Tourismusentwicklung hinderlich ist. Als Schwäche für die Attraktivitätssteigerung der Destination kann des Weiteren auch eine Verschlechterung des Images als Ergebnis von inadäquaten Einrichtungen (Athletendorf), Kriminalität (Überfälle/Diebstähle), baulichen und organisatorischen Mängeln und ungeeigneten Bräuchen (Stimmung) angesehen werden. Im Hinblick auf die Tourismusförderung sind die vielen negativen Bilder und Medienberichte, die über diesen Transmissionskanal um die Welt gingen, eher hinderlich. So können die vielen Negativschlagzeilen imageschädigend sein. Denn eine hohe Kriminalität und Sicherheitsbedenken sowie die politische Lage haben einen großen Einfluss auf die touristische Nachfrage.

Als Chance kann generell die Ausrichtung sportlicher Großereignisse wie die Fußball Weltmeisterschaft 2014 und die Olympischen Spiele 2016 in Brasilien und Rio de Janeiro angesehen werden, da durch die Ausrichtung von Mega-Sportevents positive Effekte zu erwarten sind. Diese umfassen in einer effizienztheoretischen Strukturierung drei zentrale sozio-ökonomische Wirkungskomplexe: Wohlfahrtswirkungen, Imagewirkungen und Sozio-Kulturelle Wirkungen. Außerdem eröffnet die Austragung von Olympischen Spielen die Chance, dass Stadtentwicklungsprojekte schneller realisiert bzw. überhaupt ausgeführt werden. Im Zuge ihres wirtschaftlichen Aufschwungs sehen Schwellenländer die Austragung sportlicher Großereignisse darüber hinaus als ein Mittel, sich als ernstzunehmender Partner in den Reihen der westlichen Industrienationen zu etablieren und sich von dem Image eines sog. Entwicklungslandes zu befreien. Somit liegt eine Chance im Aufstieg zu einer internationalen Metropole (Global City), was wiederum Vorteile im Standortwettbewerb der Städte untereinander eröffnet und in der Folge zu einer zusätzlichen lokalen Nachfrage (Einkommen, Beschäftigung, Tourismus) führt. Der steigende Tourismus, die Ankurbelung der Wirtschaft und die damit einhergehende Schaffung zahlreicher Arbeitsplätze, wenn auch oftmals temporär, können dazu beitragen, dass viele Menschen ihren Lebensstandard steigern können. Gleichzeitig resultiert daraus eine Stärkung der Standorteigenschaften im Sinne der Attraktivitätssteigerung. Im Gegensatz zu Städten wie New York, Paris oder auch London dürften die Effekte Olympischer Spiele auf die Tourismus- und Stadtentwicklung in Rio de Janeiro weitaus größer sein, da das Ausgangsniveau deutlich geringer war. Die Ausrichtung Olympischer Spiele birgt jedoch auch substanzielle Risiken. Die Bedrohung liegt für Rio de Janeiro demzufolge in einem allmählichen Bedeutungsverlust, wenn die Standortattraktivität im Vergleich zu konkurrierenden Städten nicht erhöht wird. Viele Beispiele zeigen auch, dass Event Legacies häufig nur temporär auftreten. So sind z.B. auch neu geschaffene Arbeitsplätze durch Olympia hauptsächlich befristet und saisonbedingt. Ebenso treten touristische Effekte meist nur temporär auf, so dass die erhoffte Steigerung der Tourismuszahlen langfristig ausbleibt. Gleichzeitig birgt eine zu starke Fokussierung auf den Tourismus als Schlüssel aus der Krise Risiken, da ein erneuter Ansturm an Besuchern ausbleiben könnte und den Investoren Insolvenzen drohen oder die erhöhte Kapazität an verfügbaren Hotelzimmern nicht ausgelastet werden kann und sich somit eine Nachnutzungsproblematik ergibt. Zudem besteht die Gefahr, dass die lokale Politik die kurzfristigen Effekte zu stark gewichtet und damit gegen die langfristigen Interessen der Bürger agiert. So kann die Ausrichtung von Olympia städtische Projekte an falscher Stelle auslösen, die eine unsachgemäße Dimension haben oder einfach unnötig sind. Oftmals verbleiben z.B. überdimensionierte Sportstätten, für die es keine anschließende Verwendung gibt, aber sehr wohl noch Folgekosten für ihre Instandhaltung erzeugen. In Brasilien hat sich aufgrund der prekären politischen Situation massiver Widerstand gegen das Kartell von Politik und Funktionären formiert. Daher sollten, um das Risiko zu reduzieren, spezifische Investitionen vermieden werden. Gerade im Zusammenhang mit alternativen Entwicklungsoptionen und möglicher Flächennutzungskonkurrenz ist der effiziente Einsatz knapper öffentlicher Ressourcen zu gewährleisten. So wären Mittel beispielsweise ebenso gut im Bildungs- und Gesundheitswesen oder in der sozialen Infrastruktur angelegt. Gerade in Brasilien als Schwellenland mit einer vergleichsweise geringen Investitionsquote dürften sich reichlich Alternativen bieten, um die Rahmenbedingungen für künftiges Wachstum von Wirtschaft und Tourismus und höherem Wohlstand der Gesellschaft zu verbessern.

4. Fazit

Die Effekte von Mega-Sportevents sind ganz offensichtlich vergänglich, und ein Return on Invest (ROI) ist abhängig von der langfristigen und konzeptionellen Einbindung in die strategische Entwicklungsstrategie des Landes. Es ist davon auszugehen, dass die im Zuge der Ausrichtung der Olympischen Spiele 2016 getroffenen Maßnahmen der Stadtentwicklung zu einer Attraktivitätssteigerung der Destination beigetragen und das Standortprofil Rio de Janeiros gestärkt haben (Event-Signaling im Standortwettbewerb). Die Infrastruktur wurde an das Stadtbild angepasst, um vornehmlich die Bedürfnisse von potentiellen Investoren und Touristen zu erfüllen. Die Umgestaltung Rio de Janeiros erfolgte demnach vorwiegend als strategisches Instrument einer „unternehmerischen" Stadtpolitik und ausgerichtet an privatwirtschaftlichen Interessen und Vermarktungslogiken im Sinne des Standortmarketings. Die stadtentwicklungspolitischen Ziele adressieren die Standorteigenschaften und können als strategisch sinnvoll für die zukünftige Tourismusentwicklung identifiziert werden. Die getroffenen Maßnahmen können somit eine entscheidende Rolle als Hebel für die Verstärkung und Verstetigung von Event Legacies im Tourismussektor einnehmen, da diese langfristig und konzeptionell in die strategische Entwicklungsstrategie des Landes eingebunden wurden. Die Voraussetzung hierfür war, dass das Standortprofil und die Stadtentwicklungsziele zu den Effekten Olympischer Spiele passen. Rio de Janeiro erfüllt diese Voraussetzung und ist in der Lage, mit der Ausrichtung der Olympischen Spiele eine neue Entwicklungsdynamik in Gang zu setzen. Um die Effekte zu optimieren und zu verstetigen, wurde die Ausrichtung der Spiele in ein übergeordnetes Konzept integriert. Die getroffenen nichteventspezifischen Maßnahmen sind größtenteils auch unabhängig von der Ausrichtung der Olympiade in Bezug auf die Stadtentwicklung sinnvoll. Die Ausrichtung der Olympischen Spiele 2016 wurde somit als Chance begriffen, die Stadt neu zu positionieren und die Standorteigenschaften auch in Zukunft für den Tourismus zu stärken. Diese Chancen müssen aber weiterhin proaktiv genutzt werden, um die gewünschte Hebelwirkung zu erzielen. Ob die Austragung der Olympischen Spiele 2016 durch die getroffenen Maßnahmen als exogener Anfangsimpuls einen endogenen Entwicklungsprozess im Sinne der Steigerung der touristischen Nachfrage auch langfristig auslösen wird, bleibt allerdings abzuwarten und ist zum jetzigen Zeitpunkt nicht absehbar. Von den Effekten profitiert dann im Idealfall nicht nur die Stadt Rio de Janeiro, sondern im Sinne eines Trickle-down-Effekts ganz Brasilien. Olympia 2016 wäre im Sinne der Entwicklungstheorie ein möglicher Auslöser für einen Big Push und somit einen anhaltenden ökonomischen Wachstumsprozess. Eine weitere Diskussion und tiefere Analyse ist für eine fundierte Prognose allerdings notwendig. So sind weiterführende Modellierungen aufschlussreich, die den Primärimpuls empirisch exakt erfassen sowie eine Erhebung zur Erfassung intangibler Effekte (Imageänderung/Attraktivitätssteigerung, Reiseabsichtsänderung), da gerade diese maßgeblich für die Tourismusentwicklung sind. Darüber hinaus ist eine Längsschnitterweiterung des Datensatzes notwendig, um einen Sekundärimpuls, bezogen auf den Tourismus über die nächsten 15-20 Jahre, zu ermitteln.

Quellenverzeichnis

Breuer, C. & Mutter, F. (2013). Zum Wert des Sports aus ökonomischer Perspektive. Köln: Deutsche Sporthochschule.

Chalip, l. (2004). Beyond impact: a general model for host community event leverage. In B. W. Ritchie & D. Adair (Eds.), Sport Tourism. Interrelationships, Impacts and Issues (pp. 226-252). Clevedon: Channel View Publications.

Cornelissen, S. (2009). A delicate balance: Major sport events and development. In R. Levermore & A. Beacom (Eds.), Sport and International Development (pp. 76-97). New York: Palgrave MacMillan.

Getz, D. (1997). Event Management and Event Tourism. New York: Cognizant Communications Corporation.

Girginov, V. (Ed.). (2010). The Olympics: A Critical Reader. New York: Routledge.

Government Rio de Janeiro (2016a). 1,17 milhão de turistas visitaram a capital carioca durante os Jogos Olímpicos. Zugriff am 13. September 2016 unter: http://www.rj.gov.br/web/setur/ exibeconteu do?article-id=2921461

Government Rio de Janeiro (2016b). Plano de Políticas Públicas. Zugriff am 19. September unter: http://www.brasil2016.gov.br/pt-br/legado/plano-de-politicas-publicas

Government Rio de Janeiro (2015). Federal Government: one year to the Rio 2016 Olympic Games. Zugriff am 21. September 2015 unter: http://www.brasil2016.gov.br/en/news/one-year-to-the-rio-2016-olympic-games/press-kit-one-year-to-the-rio-2016-olympic-games

Mangan, J. A. & Dyreson, M. (Eds.). (2010). Olympic Legacies: Intended and Unintended. Political, Cultural, Economic and Educational. London: Routledge.

Hall, C.M. (1992). Hallmark Tourist Events: Impacts, Management and Planning. London: Bellhaven.

Maennig, W. & Zimbalist, A. (Eds.). (2012). International Handbook on the Economics of Mega Sporting Events. Cheltenham: Edward Elgar.

Mielke, G. (2016). Tourismusförderung durch Mega-Sportevents. Eine Analyse touristischer Legacies für Brasilien und Rio de Janeiro nach Olympia 2016. Discussion Paper 4/2016 der Hochschule für Wirtschaft, Technik und Kultur. Berlin: HWTK.

Porter, P.K. & Fletcher, D. (2008). The economic impact of the Olympic Games: ex ante predictions and ex post reality, Journal of Sport Management, 22 (4), 470-486.

Preuss H. (2015). A framework for identifying the legacies of a mega sport event, Leisure Studies, 34 (6), 643-664.

Preuss, H. (2004). The Economics of the Olympics. A Comparison of the Games 1972-2008. Cheltenham Glos: Edward Elgar Publishing Limited.

Preuss, H. & Solberg, H. A. (2015). Major Sporting Events and long-lasting tourism impacts. FIFA World Cup 2006 in Germany. In R. Holt & D. Ruta (Eds.), Routledge Handbook of Sport and Legacy. Meeting the challenge of major sports events (pp. 202-216). New York: Routledge.

Preuß, H., Kurscheidt, M., & Schütte, N. (2009). Ökonomie des Tourismus durch Sportgroßveranstaltungen: Eine empirische Analyse zur Fußball-Weltmeisterschaft 2006. Wiesbaden: Gabler.

Rosenstein-Rodan, P. (1943). Problems of Industrialization of Eastern and South-Eastern Europe. Economic Journal, 53, 202-211.

Smith, A. (2014), Leveraging sport mega-events: New model or convenient justification? Journal of Policy Research in Tourism, Leisure and Events, 6 (1), 15-30.

Spilling, O. R. (1999). Long-term impacts of mega-events: The case of Lillehammer 1994. In C. Jeanrenaud (Ed.), The economic impact of sport events (pp. 135-166). Neuchâtel: Editions CIES.

Vidor, G. (2016). The multiplication of hotel rooms. How Rio surpassed its goal for the Games. Economia Rio, 3 (9), 17-21.

Zimbalist, A. (2015). Circus Maximus: The Economic Gamble Behind Hosting the Olympics and the World Cup. Washington D. C.: Brookings Institution Press.

[illegible]

[illegible]

[illegible]

[illegible]

[illegible]

[illegible]

[illegible]

[illegible]

[illegible]

[illegible]

Verzeichnis der Autorinnen und Autoren

Marc Aeberhard, lic. rer. pol und Hotelier EHL, Luxury Hotels & Spa Management Ltd., Talstrasse 82, CH-8001 Zürich, aeberhard.marc@bluewin.ch

Prof. Dr. Heike Bähre, Hochschule für Wirtschaft und Recht Berlin, Badensche Straße 50-51, 10825 Berlin, baehre@integron.de

Hartwig Bohne, Dipl. Kfm., hpc bohne, Cantianstraße 18, 10437 Berlin, bohne@hpc-bohne.de

Ass.-Prof. Dr. Carmen Chasovschi, Suceava University Stefan cel Mare, Fachbereich Wirtschaftswissenschaften, Wirtschaftsinformatik und Business Management, Str. Universitatii No.13, RO-720229 Suceava, carmenc@seap.usv.ro

Thomas Corinth, MBA, IST-Hochschule, Erkrather Str. 220 a-c, 40233 Düsseldorf, tcorinth@ist-hochschule.de

Prof. Dr. Andreas Deuber, Hochschule für Technik und Wirtschaft Chur, Institut für Tourismus und Freizeit, Pulvermühlestraße 57, CH-7004 Chur, andreas.deuber@htwchur.ch

Prof. Dr. Tobias Ehlen, Hochschule Worms, Fachbereich Touristik/Verkehrswesen, Erenburgerstraße 19, 67549 Worms, ehlen@hs-worms.de

Jochen Eisentraut, Dipl. Ing. Architekt, Nestorstraße 15, 10709 Berlin, mail@jochen-eisentraut.de

Wolfgang Feldner, Hochschule für angewandtes Management Ismaning, Adventure Campus Treuchtlingen, Hahnenkammstraße 19, 91757 Treuchtlingen, wolfgang.feldner@adventure-campus.com

Prof. Dr. Ulrike Fergen, Fachhochschule des Mittelstandes, August-Bebel-Straße 11/12, 19055 Schwerin, fergen@fh-mittelstand.de

Dr. Robert E. Frash jr., Associate Professor, College of Charleston, Department of Hospitality and Tourism Management School of Business, 66 George Street, Charleston, SC 29424-0001 USA, FrashR@cofc.edu

Prof. em. Dr. Walter Freyer, Am Berg 2, 01156 Dresden, prof.freyer@mail.de

Prof. Dr. Marco A. Gardini, Hochschule Kempten, Fakultät Tourismus, Bahnhofstraße 61, 87435 Kempten, marco.gardini@hs-kempten.de

Prof. Dr. Stephan Geisler, IST-Hochschule Erkrather Str. 220 a-c, 40233 Düsseldorf, sgeisler@ist-hochschule.de

Stefanie Haselwanter, M.A., MCI Management Center Innsbruck, Universitätsstrasse 15, A-6020 Innsbruck, stefanie.haselwanter@mci.edu

Prof. Dr. Rainer Hartmann, Hochschule Bremen, Fakultät 3, Gesellschaftswissenschaften, Freizeit- und Tourismusmanagement, Neustadtswall 30, 28199 Bremen, Rainer.Hartmann@hs-bremen.de

Prof. Dr. Marcus Herntrei, IUBH, Hildebrandstraße 24c, 40215 Düsseldorf, m.herntrei@iubh-dualesstudium.de

Prof. Dr. Kerstin Heuwinkel, htw saar, Fakultät für Wirtschaftswissenschaften, Waldhausweg 14, 66123 Saarbrücken, kerstin.heuwinkel@htwsaar.de

Norbert Hörburger, Dipl. Betriebswirt (FH), MBA, Hochschule für Technik und Wirtschaft Chur, Institut für Tourismus und Freizeit, Pulvermühlestraße 57, CH-7004 Chur, norbert.hoerburger@htwchur.ch

Prof. Dr. Germann Jossé, Hochschule Worms, Fachbereich Wirtschaftswissenschaften, Erenburgerstraße 19, 67549 Worms, josse@hs-worms.de

Prof. Dr. Felix M. Kempf, IST-Hochschule, Erkrather Str. 220 a-c, 40233 Düsseldorf, fkempf@ist-hochschule.de

Prof. Dr. Conny Mayer-Bonde, DHBW Ravensburg, Rudolfstraße 19, 88214 Ravensburg, mayerbonde@dhbw-ravensburg.de

Dianelys Duarte Mazquirán, B.A., Hochschule Worms, Fachbereich Touristik/ Verkehrswesen, Erenburgerstraße 19, 67549 Worms, dianeduarte86@gmail.com

Prof. Dr. Gabriele Mielke, Hochschule für Wirtschaft, Technik und Kultur Berlin, Friedrichstraße 189, 10117 Berlin, gabriele.mielke@hwtk.de

Dr. Svenja-Maria Mintert, Hochschule Fresenius, Alte Rabenstraße 1, 20148 Hamburg, svenja.mintert@hs-fresenius.de

Lukas Mittelbach, B.A., Hochschule für Wirtschaft, Technik und Kultur Berlin, Friedrichstraße 189, 10117 Berlin

Prof. Dr. Markus Pillmayer, Technische Hochschule Deggendorf, Max-Breiherr-Straße 32, 84347 Pfarrkirchen, markus.pillmayer@th-deg.de

Prof. Dr. Hans Rück, Hochschule Worms, Fachbereich Touristik/Verkehrswesen, Erenburgerstraße 19, 67549 Worms, rueck@hs-worms.de

David Ruetz, Messe Berlin GmbH, Messedamm 22, 14055 Berlin, ruetz@messe-berlin.de

Prof. Dr. Manuel Sand, Hochschule für angewandtes Management Ismaning, Adventure Campus Treuchtlingen, Hahnenkammstraße 19, 91757 Treuchtlingen, manuel.sand@fham.de

Prof. Dr. Knut Scherhag, Hochschule Worms, Fachbereich Touristik/Verkehrswesen, Erenburgerstraße 19, 67549 Worms; scherhag@hs-worms.de

Prof. Dr. habil. Nicolai Scherle, FOM Hochschule München, Arnulfstraße 30, 80335 München, nicolai.scherle@fom.de

Dr. Markus Schreyer, Design Hotels, Inc., NeueHouse, 110 East 25th Street, New York, NY 10010, US, m.schreyer@designhotels.com

Aline Schröder, B.A., Referentin für die Enquete-Komission Tourismus im Landtag Rheinland-Pfalz, Niedwiesenstraße 64a, 60431 Frankfurt am Main, aline.schroeder1990@gmail.com

Prof. Dr. Jan Specht, DHBW Ravensburg, Rudolfstraße 19, 88214 Ravensburg, specht@dhbw-ravensburg.de

Prof. Dr. Carolin Steinhauser, SRH Hochschule Berlin, Campus Dresden, Georgenstraße 7, 01097 Dresden, carolin.steinhauser@srh-hochschule-berlin.de

Prof. Dr. Matthias Straub, SRH Hochschule Berlin, Campus Dresden, Georgenstraße 7, 01097 Dresden, matthias.straub@srh-hochschule-berlin.de

Jörg Tittnack, Jörg Tittnack Consulting, Karl-Lange-Straße 8, 47877 Willich, office@jtittnack.de

Prof. Dr. Dr. Christian Werner, IUN World GmbH, Steinheilstr. 4, 85737 Ismaning, christian.werner@iunworld.com

Stefanie Wilczek, B.A., IST-Hochschule, Erkrather Str. 220 a-c, 40233 Düsseldorf

Prof. Dr. Nicola Zech, IUBH Internationale Hochschule, Berg-am-Laim-Straße 47, 81673 München, n.zech@iubh-fernstudium.de

FH-Prof. PD MMag. Dr. habil. Anita Zehrer, MCI Management Center Innsbruck, Zentrum Familienunternehmen, Universitätsstrasse 15, A-6020 Innsbruck, anita.zehrer@mci.edu